कश का विनाश

रॉबर्तो कलासो

प्रसिद्ध इतालवी लेखक।

जन्म : 1941, फ्लोरेंस (इटली)।

रॉबर्तो कलासो 1962 में रॉबर्तो बेजलेन तथा लुचियानो फोआ के नेतृत्ववाले उस समूह में शामिल हुए जो तब एक नया प्रकाशन गृह खोलने की दिशा में काम कर रहा था। जब एडेल्फी नाम से प्रकाशन संस्थान की शुरुआत हुई तो 1971 में कलासो को उसका प्रधान सम्पादक बनाया गया। आगे चलकर वे इस संस्थान के प्रबन्ध निदेशक बने। 1980 के दशक में उन्होंने मिथकों पर काम करना शुरू किया। इस श्रृंखला में अब तक उनकी चार पुस्तकें प्रकाशित हो चुकी हैं। इसके अतिरिक्त, उनके एक उपन्यास और तीन निबन्ध-संग्रह भी प्रकाशित हैं।

कलासो ने अपने प्रकाशन संस्थान के लिए कई महत्त्वपूर्ण पुस्तकों का अनुवाद भी किया है। वे 'अमेरिकी अकादमी ऑफ आर्ट्स एंड साइंसेज़' के मानद सदस्य हैं। उनकी पुस्तकों का दुनिया की लगभग सभी प्रमुख भाषाओं में अनुवाद हो चुका है।

क : स्टोरीज ऑफ माइंड एंड गॉड्स ऑफ इंडिया तथा *द रुइन ऑफ कश* हिन्दी में प्रकाशित।

आवरण : सोरित

इलाहाबाद में जन्म और शिक्षा। जनसत्ता (कलकत्ता) से पॉलिटिकल कार्टूनिस्ट की शुरुआत। दिल्ली में *आब्जर्वर, पायोनियर, सहारा टाइम्स, टाइम्स ऑफ इंडिया* में कार्टूनिस्ट, इलस्ट्रेटर के रूप में कार्य किया। वर्तमान में *आउटलुक* में बतौर इलस्ट्रेटर।

प्रकाशित कृतियाँ : 'द गेम' (ग्राफिक्स नॉवेल), महाश्वेता देवी के '19वीं धारा का अपराधी' (उपन्यास) का बांग्ला से हिन्दी में अनुवाद। राजकमल प्रकाशन से बच्चों की किताबों का एक सेट शीघ्र प्रकाश्य।

Charles-Maurice de Taleyrand-Périgord, 1808, after a portrait by François Gérard. Courtesy of François Bonneau, Curator, Château de Valençay.

रॉबर्तो कलासो

कश का विनाश

अनुवाद
बृजभूषण पालीवाल
पुनरीक्षण
देवेन्द्र कुमार

राजकमल पेपरबैक्स

राजकमल पेपरबैक्स में
पहला संस्करण : 2011

राजकमल पेपरबैक्स : उत्कृष्ट साहित्य के जनसुलभ संस्करण

राजकमल प्रकाशन प्रा. लि.
1-बी, नेताजी सुभाष मार्ग, दरियागंज
नई दिल्ली-110 002
द्वारा प्रकाशित

शाखाएँ : अशोक राजपथ, साइंस कॉलेज के सामने, पटना-800 006
पहली मंजिल, दरबारी बिल्डिंग, महात्मा गांधी मार्ग, इलाहाबाद-211 001

वेबसाइट : www.rajkamalprakashan.com
ई-मेल : info@rajkamalprakashan.com

बी.के. ऑफसेट
नवीन शाहदरा, दिल्ली-110 032
द्वारा मुद्रित

आवरण : सोरित

मूल्य : ₹ 250

KASCH KA VINASH
by Roberto Calasso
Translated by Brijbhushan Paliwal

ISBN : 978-81-267-2051-4

अनुक्रम

प्रारम्भ में पर्वतों के बड़े-बड़े पंख होते थे। जब भी उनका मन होता वे हवा में उड़ जाते और भूमि पर उतर आते। तब पृथ्वी काँपती और थरथराती। किन्तु इन्द्र ने पर्वतों के पंख काट डाले। उसने पृथ्वी को स्थिर करने के लिए, पर्वतों को पृथ्वी से बाँध दिया। पंख बादल बन गए। उस दिन से बादल पर्वतों के शिखरों के चारों ओर मँडराने लगे।

टैलीरॉ : मैं इस पुस्तक के प्रारम्भ में ही कह देता हूँ, संस्कारों-समारोहों के विषय में मैं कुछ नहीं जानता हूँगा और मैं जो भी कहता हूँ, हमेशा की तरह, धोखा देने के लिए। यह पुस्तक मुझे या किसी अन्य को समर्पित नहीं की गई है। यह पुस्तक *समर्पण को समर्पित* है।

"राजनीतिक जीवन की भूलभुलैया में मूस्यों द टैलीरॉ के साथ-साथ चल पाना कठिन है," ऐब्रैंटीज़ की डचैस ने *सैलून द मूस्यों द टैलीरॉ* का द्वार खोलते हुए कहा। प्रवेश द्वार पर ऐसी प्लास्टर सज्जा थी जिससे प्राचीन व्यवस्था की गन्ध आती थी। निकास के पास रात्रि-भोज के लिए एक बुर्ज़ुआ एकाकी कोना था। बीच में, हर कुर्सी के हत्थों से साम्राज्य के पशु अपनी सम्मोहिनी नज़रों से हमें घूरते थे। पार्श्व में बाहर की ओर छोटे कमरों में हमारा सामना गिलोटीन और अमेरिका के जंगलों से हुआ। कमरे के दूसरे छोर पर, कांग्रेस के प्रतिनिधि नृत्य करती महिलाओं के फर्श पर फिसलते लम्बे परिधानों पर अटकते, ठोकर खाते, गिरते दिखते थे। हर कोने से युवराज की चुटकीली उक्तियाँ मेहमानों की ओर गूँजती आती थीं। एक नाज़ुक ढोल, एक वाद्ययन्त्र, जिसे पहली बार मीराबॉ की शवयात्रा में सुना गया, इन्हें प्रेमिल उद्गारों की तरह यहाँ की भूलभुलैया में फैला रहा था। बहुत-सी भिन्न आवाज़ें, जिनमें राजकुमार की आवाज़ शायद ही कभी रही हो, उन्हें दुहराती थीं; जब इन्हें लिखने की बात आती, तो राजकुमार एकदम आलस कर जाता। वह कुछ भयानक सत्यों को चुटीले वाक्यों में भरकर बातचीत के उलझाव में फेंक देता और हर बार यही मानता कि लोग उन्हें समझ नहीं पाएँगे। किन्तु किसी भी यात्रा पर जाने से पहले, टैलीरॉ एक चीज़ में गहन और भव्य आस्था लेकर निकलता : उसका मानना था समाज में, जिसे वह एक गूँजता सैलून कहता था, कोई न कोई तो ऐसा होता है जो शब्दों को पकड़ने के लिए तैयार रहता है। और इस प्रकार उसकी *व्यंग्योक्तियाँ* मरहम में भीगी पट्टियों में लिपटी हुई, वर्षों बाद, बड़े मोटे ग्रन्थों की भाँति आगे पहुँचेंगी। कुछ बड़े (अभिजात) लोग ऐसे होते हैं कि वे बूढ़े होने के साथ-साथ अपने निजी नौकर जैसे दिखने लगते हैं। इन पन्नों में शानदार चैम्बरलेन धीरे-धीरे औपचारिक अनुष्ठानों का पुरोहित-मात्र, एक भूतों से भरे हुए घर का रखवाला या प्रश्न करने वाले सैलानियों का

गाइड मात्र बनकर रह जाएगा। उसके जीवन और उसके सैलून की भूलभुलैया ऐसे अपावन प्रदर्शन के फ्रेम जैसी लगेगी, जिसे तब से अनगिनत बार दुहराया गया है, हालाँकि इसनें अनेक परिवर्तन भी किए गए हैं, इसने उस मिथक का स्थान ले लिया है जिसे समाज आसानी से भूल गया है।

इन ड्राइंग रूम्स में, जहाँ वियेना कांग्रेस की अन्तिम बैठक हो रही थी, खिड़कियों की दरारों में गूँजते वार्तालाप को गुप्त पुलिस तुरन्त नोट लेती थी। बैठक में जो चीज़ दाँव पर थी वह प्रेमालापी षड्यन्त्रों से बड़ी थी, जिसे इतिहास की पुस्तकें बाद में यूरोप में नए सन्तुलन की संज्ञा देंगी। एक प्रश्न था जो किसी भी दूसरे प्रश्न के पहले और बाद में भी उठाया गया : वह था सुनिश्चित रूप से *ऋत*–स्वर्ग और पृथ्वी के बीच सम्बन्ध का रूपान्तरण जिससे जीवन सम्भव होता है और इसे व्यवस्था मिलती है। इस सबकी शुरुआत उस दिन हुई जब आदिकालीन अस्तव्यस्तता की घनी और अपारदर्शी वेदना से दुखी देवताओं ने एक चरम इच्छा व्यक्त की : "हमारे ये जगत एक-दूसरे से और अधिक दूर कैसे हो सकते हैं? हमारे लिए अधिक स्थान कैसे बन सकता है?" तब उन्होंने इन दुनियाओं में 'वी-ता-ये'–ये तीन अक्षर (शब्द के रूप में) फूँके, फिर ये दुनियाएँ एक-दूसरे से बहुत दूर हो गईं, और देवताओं के लिए काफ़ी स्थान बन गया। बाद में मानवों के लिए भी। अठारहवीं शताब्दी में इस मुद्दे पर चर्चा करने का कोई औचित्य नहीं रह गया था; वस्तुतः, किसी को भी यह ठीक से याद ही नहीं था। किन्तु इस सबके बावजूद एक पारिवारिक मसले को, जो वास्तव में *ऋत* के पुराने समय से चला आ रहा था, हमेशा के लिए हल किया जाना ज़रूरी था–*ऋत* के उत्तराधिकारी के रूप में *वैधता* को वैध बनाने का मसला। यहाँ तक कि कानून भी एक परेशानी का कारण बन गया था। वास्तव में इस समय जो शब्द प्रयोग किया जा रहा था, वह था–'वैधता' और इसे पकड़ने वाला एक ही आदमी हो सकता था–टैलीरॉ, जिसका कानून से रिश्ता विनम्र अनासक्ति का था। यह परिवर्तन एक बहुत बड़ा कदम था और इसलिए ज़रूरी था कि जहाँ तक हो सके मामला ऐसे चलता रहे ताकि लोगों की नज़रों में न आए। यानी इसे शानदार बाल नृत्यों, उबाऊ पैतृक झगड़ों और कभी-कभी घरेलू झगड़ों में भी, डुबो दिया जाए। 'वैधता' अन्तिम आश्वस्ति थी लेकिन उसके पीछे मँडरा रही थी एक और संज्ञा, एक और क्षेत्र : 'परम्परा' का क्षेत्र, मनमाने समकक्षों और समझौतों का राज्य जो अन्ततः सम्पूर्ण शक्ति-सम्पन्न बनने जा रहा था। उससे पहले यह सदैव ही मानस की युवा शाखा रही थी। और इसकी शक्ति भी निरन्तर बढ़ती रही, किन्तु अनुल्लेखनीय छायाओं में, इसका कारण यह था कि इसमें वैधता की कमी थी। इसे प्राप्त करने के लिए जरूरी था कि परम्परा वैधता में से इसकी विषयवस्तु निकालकर इसे खाली कर दे और फिर इसका वेश धारण कर ले। अब वैधता को एक तथ्य के रूप में स्वीकार किया जाना था और तथ्य को सम्प्रभुता-सम्पन्न बनना था। स्पष्ट है कि राजनीतिक आवश्यकता

के कारण यह स्थिति पैदा हुई थी। रूस में अपना अभियान चलाकर, नैपोलियन ने असीमित युद्ध के राक्षस को बुला लिया था। वह ऐसे प्रदेश, भूमि की ओर आकृष्ट हुआ था, जो अपने आपमें असीमित, अनियन्त्रणीय था—ऐसा असाध्य मिश्रण जिसमें यूरोप की अपनी विशिष्टता थी तथा जो सभ्यताओं और इसकी सुरुचियों से दूर, बहुत दूर था। यही सीमाहीनता यूरोप में भी उभरकर आने वाली थी, जिसे कूटनीतिज्ञ, जिनके पास कोमल पर्यायवाची शब्दों के प्रयोग करने की क्षमता होती है, 'एक सामाजिक प्रश्न' कहनेवाले थे। अतः एक ऐसी एकमात्र शक्ति को यह सत्ता सौंपने का क्षण आ गया था, जो असीमित के साथ बराबरी के स्तर पर व्यवहार करने या सम्भवतः इस पर प्रभुत्व जमाने का (यद्यपि उस समय कम लोग ही इस पर विश्वास करने को तैयार थे।) वादा कर रही थी : परम्परा ही वैधता का रूप लेने वाली थी। समय अर्थों की बारीकियों पर बहस करता रहेगा। स्पष्ट कर देगा, और उन्हें धो-माँजकर साफ़ कर देगा। कम्बोडिया और थाइदेश की सीमा पर जंगलों में एक समय पोलपॉट अपने अनुयायियों के साथ घूमता रहता था। आसपास की दुनिया उसे अभी भी अपने देश की एकमात्र वैध सत्ता के रूप में देख रही थी। उसकी शाही ताकत के लूटे हुए मन्दिर विस्तृत और अनेकानेक सामूहिक कब्रों में बदल गए थे जो ज़मीन में बहुत नीचे तक चली गई थीं। उनमें दफ़न शव कई परतों में थे जो हमारे धर्मतन्त्रीय चरणों का समानान्तर था : सबसे निचले स्तर पर दबे शवों पर अभी भी बहुरंगी चिथड़े थे—ये लॉन नॉल (प्राचीन राज्य) के भक्त थे; उनके ऊपर बौद्धों के शव (बौद्ध चैत्यालयों के साधु) थे; उनके ऊपर की परत साधारण नागरिकों की थी, क्योंकि जन सुरक्षा में पुलिस किसी को भी अपना शिकार बना लेती थी। और अन्त में सबसे ऊपर थे स्वयं ख़्मेर रूज़ के काले गन्दे चिथड़े (प्रथम आतंकवादी, सच्चे बोलशेविक, षड्यन्त्रकारी और भगोड़े देशद्रोही)। कब्र खोदनेवालों ने खोपड़ियों के ढेर कुछ इस प्रकार (इस आकार में) लगाए थे जैसे कम्बोडिया के किसान प्राचीन काल से अनन्नासों की वार्षिक फ़सल के ढेर लगाते आए हैं। ऐसी सामूहिक कब्रों में, इतिहास एक बार फिर से प्राकृतिक इतिहास बन गया।

ऐब्रैंटीज़ की डचैस : यह कब की बात है जब हम सबने मुखौटे पहनना शुरू किया था? मेरा खयाल है हाँ, यह उस समय से पहले की बात है जब मुझे समाज में जाने आने छूट मिली थी और मेरे तेज़-तर्रार भाई-बन्द मुझसे मिले और सब कुछ बतला दिया...। यह डायरेक्टरी के अविचारी वर्षों की बात है जब इंग्लैंड से भेजे गए बैंगनी चोगे तटकर अधिकारियों ने ज़ब्त कर लिये...जब बोनापार्ट का लग्जमबर्ग के महल में पाँच डायरेक्टरों ने स्वागत किया; उनके सिर कलगियों से सजे थे और वे मध्ययुगीन शैली में बने अरबी कशीदाकारी लबादे पहने हुए थे। हाँ, क्योंकि उन्होंने अभी तक रोमन सद्गुणों का अनुसरण करने का निश्चय नहीं किया था...जनरल के सामने चिन्तावश उनका रंग फ़क पड़ गया था, वह जनरल जो खुद को वीर ओसियन समझते

हुए जमीन से जैसे दो इंच ऊपर उठा हुआ था। यह कहा था हमारे प्रिय मित्र, हमारे (और सबके) चिरस्थायी देशद्रोही, टैलीरॉ ने—एकमात्र ऐसा व्यक्ति जिसने, स्टाइल के अपवाद को छोड़कर, हर चीज़ छोड़ दी थी...और ऐसा निश्चय ही किसी कोमल भाव को ध्यान में रखकर नहीं किया गया; अपितु इसलिए कि उसके खयाल में स्टाइल वह स्वर्णिम राजदंड है जिसके सामने एक विशाल साम्राज्य, इस दुनिया में और दूसरी दुनिया में भी, अन्ततः झुक जाता है...उन दिनों पेरिस एक कैम्प जैसा लगता था जो भौचक्के खानाबदोशों से भरा हुआ था और जिसे असावधान यात्रियों से चुराए गए कपड़े के टुकड़ों से सजा दिया गया था...उन दिनों हर कोई राजदरबार के सपने देखता था, किन्तु राज्योचित हाव-भाव, व्यवहार की स्मृतियाँ पहले ही धूमिल हो चली थीं...डायरेक्टर लोगों का प्रतिनिधित्व करते थे, किन्तु यह पर्याप्त नहीं था। सत्य तो यह था कि वे उन घुमन्तू सेल्समैनों जैसे लगते थे जो मुसाफिर ढोनेवाली बग्घियों में बैठकर दूसरे प्रान्तों में अपनी नई मूल्य सूचियों के साथ हल्ला बोलनेवाले थे।

बातचीत जैसे अपने आप टैलीरॉ की ओर मुड़ जाती है : "एक बार, अपनी जवानी के दिनों में, और बाद के वर्षों में भी, जब मुझे साहसिक उपन्यास और उत्तेजना भरे नाटक बेहद प्रिय थे, मैंने पाया कि एक चीज़ जो मुझे सबसे अधिक मुग्ध कर देती थी वह थी *लोगों की पहचान की अनिश्चितता।*" हम टैलीरॉ के मुखौटे के विषय में भी ऐसा ही क्यों नहीं महसूस कर सकते। जिसे इतने सारे लोगों ने 'अभेद्य' या 'संवेदनहीन' या 'मृत्यु का मुखौटा' कहा है और जिस पर अन्य बहुत से लोगों ने अलग-अलग बुराइयों तथा अप्रत्याशित गुणों को आरोपित किया है। एक मुखौटा जिसने धर्मतन्त्र के सोपानों के समस्त अस्त-व्यस्त इतिहास पर निगरानी रखी है, जिनकी अपनी पहचान ही संदिग्ध थी : वे स्वयं नहीं जानते थे, न कभी जान पाएँगे कि वे शुभ थे या अशुभ, उन सभी पर अंकित था : *neveis atrisque lapillis*। अन्ततः उन सबके विषय में एक ही बात कही जा सकती थी जिसे लियॉन ब्लॉय ने (अपने विशिष्ट लट्ठ मार ढंग में) कहा था : "ज़ाहिर है कि ईश्वर की समझ में नहीं आया कि पुरानी दुनिया का वह क्या करे? वह नई चीज़ें करना चाहता था और उनकी शुरुआत करने के लिए एक नैपोलियन की ज़रूरत थी।" इस कटु निश्चिंतता को छोड़कर सब कुछ डगमगा रहा था। अन्त में बाहरी लक्षणों को ही निष्कर्षों का आधार बनाया गया। वैसे देखा जाए तो बाह्य लक्षण ही सारे ज्ञान का आधार हैं।

पहचान-विज्ञान के अन्तिम विशेषज्ञ, जॉहन कास्पर लेवेटर ने युवा गेटे से पूछा क्या वह उनकी Physiognomische Fragmente पर उसके साथ मिलकर काम करना पसन्द करेगा? क्या वह पहले से ही 'प्रकृति के रूपाकारों की सामान्य एकरूपता' के प्रति आश्वस्त नहीं था? गेटे का उत्तर था 'अवश्य ही' और लेवेटर के काम में उसका योगदान बहुत आगे तक चला। उसके मतानुसार, सभी विषय, कपड़े और पर्यावरण भी पहचान-विज्ञान का अंग थे। प्रकृति मनुष्य को बनाती है, फिर

आदमी अपना रूपान्तरण कर लेता है और यह रूपान्तरण फिर अपने आपमें प्राकृतिक होता है। वह इस बड़ी दुनिया में स्वयं को स्थित पाता है और फिर एक अन्य दुनिया अपने भीतर बना लेता है–एक छोटी-सी दुनिया जो दीवारों द्वारा सुरक्षित और उसी में घिरी है, और उसके अपने बिम्बाकार में फिट है।''

आधी सदी से भी अधिक समय बाद, वृद्ध गेटे 1826 में पेरिस में *उरबेन कैने* द्वारा प्रकाशित *कलेक्शन द पोर्ट्रेट्स हिस्टोरिक द मूस्यों लबैरॉं गैरार* के पन्ने पलट रहा था। पुस्तक में कुछ संदिग्ध रेखाचित्र भी थे जो पीयरे एडम ने यूरोप भर में फैले अनेक बढ़िया चित्रों को देखकर बनाए थे। गेटे के मित्र *बोइसेरी* ने, एक भेंट के दौरान गेटे से शिकायत की कि रेखाचित्र बड़े भौंडे ढंग से बनाए गए हैं। गेटे ने उत्तर दिया–''मेरे प्यारे, हम अपनी *वाइमार* विनयशीलता में ऐसी चीज़ों से सन्तुष्ट हैं। आप अत्यन्त परिष्कृत और कुछ अधिक कड़े पारखी हो।'' उसने अकेले में उन चित्रों के अध्ययन में कई घंटे लगाए। उन दिनों वह कला की अधिक चिन्ता नहीं करता था। वह तब अपने ही पहचान-विज्ञान के सपने के पीछे पड़ा हुआ था। एक बार वह एक एलबम के पन्ने उलट रहा था, तो उसने एक आदमी की छवि देखी जिससे वह अब 'एरफुर्ट अवसर' के नाम से प्रसिद्ध मौके पर मिला था। तब वह नैपोलियन की दाईं ओर बैठा था। उस अवसर पर नैपोलियन ने एक क्षोभजनक टिप्पणी *(Voila un H Lomme')* *(There is a man आदमी तो वह है)* की थी। टैलीरॉ के चित्र को देखकर उसने लिखा–''जितना ही कोई इस संग्रह को देखता है, यह उतना ही महत्त्वपूर्ण जान पड़ता है।'' किन्तु ऐलैक्जेंडर प्रथम, चार्ल्स X और ऑरलींस के लुई-फिलिप के विषय में उसकी टिप्पणियाँ सामान्य प्रशंसा ही थीं। केवल जब वह टैलीरॉ को ध्यानपूर्वक देखता है उस समय जरूर एक गहरी, मनन निश्चलता में प्रवेश कर जाता है जिससे उसका सर्वाधिक श्रेष्ठ लेखन निकला है : 'यहाँ हमारे सामने इस शताब्दी का सर्वोच्च कूटनीतिज्ञ है। पूरी तरह शान्त बैठा हुआ, घटनाओं की विश्वासपूर्वक प्रतीक्षा कर रहा है। परिवेश राजसी किन्तु दिखावे से रहित है। वह सादा और दरबार के अनुकूल पोशाक में बैठा है। उसका कलग़ी वाला हैट उसके पीछे दीवान पर रखा है, ऐसा लगता है जैसे अपने मन की सुननेवाला यह व्यक्ति इस सन्देश की प्रतीक्षा में है कि उसकी गाड़ी उसे मीटिंग में ले जाने के लिए तैयार है। उसकी बाईं बाँह मेज़ के कोने पर आराम से टिकी है, पास ही में कुछ काग़ज़ और कलम हैं; उसकी दाईं बाँह उसकी गोद में है; और दायाँ पैर बाएँ पैर पर रखा है, और वह पूरी तरह निश्चल प्रतीत होता है। इसे देखकर बरबस एपीक्यूरस के देवताओं की याद आ जाती है, जो 'ऐसी जगह रहते हैं जहाँ कभी वर्षा नहीं होती या बर्फ़ नहीं पड़ती और जहाँ कभी तूफ़ान नहीं गरजते', इस आदमी में ऐसी शान्ति है, वह अपने चारों ओर घुमड़ते तूफ़ानों से बिलकुल अछूता है। एक आदमी यह तो समझ सकता है कि उसने ऐसा व्यवहार कैसे अपनाया, किन्तु वह इस बात को नहीं समझ पाता कि वह इसे कैसे बनाए रखता है।

उसकी दृष्टि पूरी तरह अभेद्य है। वह सीधा सामने देख रहा है, किन्तु इसमें सन्देह है कि वह किसी ऐसे व्यक्ति को देख रहा हो जो उसे देख रहा है। उसकी निगाह न तो किसी चिन्तक की भाँति अन्तर्मुखी है और न किसी देखनेवाले की भाँति बाहर की ओर केन्द्रित। उसकी निगाह अन्दर अपने आप पर टिकी है, वैसे उसकी आकृति लापरवाह भाव का आभास नहीं देती पर यह जरूर लगता है कि उसका परिवेश से तालमेल नहीं है।

"बस बहुत हो गया। हम जी भर खुद को भावभंगिमा पढ़ने में दक्ष समझकर इस सबका मनमाना अर्थ लगा सकते हैं। किन्तु ऐसे व्यक्ति को पूरी तरह समझने के लिए हमारी समझ-बूझ अपर्याप्त है, हमारा अनुभव बहुत कम और हमारी कल्पनाशक्ति बहुत सीमित। और शायद यही बात भावी इतिहासकारों के विषय में भी सही होगी, जो देखेंगे कि हमारे विचार किस हद तक उनके लिए उपयोगी हैं।"

अस्सी वर्ष की आयु के ग़ेटे के लिए, जिसे अपनी *महान कृति* अभी पूरी करनी थी, जो आदर्श चरित्रों के बीच मँडरा रही थी (और उस जैसे नैसर्गिक और आत्मतुष्ट प्राणी के लिए यह अत्यावश्यक था कि वह अपना काम अधूरा न छोड़े) इस छिछले, हाशिए पर पड़े निबन्ध में खोई टैलीरॉ के लिए कही गई पंक्तियाँ संकेत देती हैं कि असल में तो *महाकवि* स्वयं अपने विषय में सावधानीपूर्वक कुछ उजागर कर रहा था। ग़ेटे भी वह हुनर जानता था कि हर बात को सतह पर कैसे छिपाया जाता है। प्रसिद्ध लोगों की उकेरी गई तस्वीरों वाली एलबम में ऐसे व्यक्ति के लिए उपयुक्त अवसर था जो स्वयं को 'यदा-कदा का कवि' कहता था—उस एलबम में इतिहास की उथल-पुथल रेखाओं में आकर ठहर गई थी और पैनी निगाहें भी कुछ मद्धिम पड़नी शुरू हो गई थीं, जैसा *मैगेसिन पिटोरेस्क* में बाद में मुद्रित चित्रों से झलकता था। और इस बात को ऐकरमैन या अपने किसी अन्य भक्त के साथ अपनी बातचीत में व्यक्त करने के बजाय, ग़ेटे ने इस एलबम वाले अपने निबन्ध में ही उस समानान्तर जीवन का ज़िक्र किया जो उठापटक वाली इस भूमि में उसके साथ-साथ चला था। सार रूप में कहें तो ग़ेटे और टैलीरॉ ही ऐसे दो अति महत्त्वपूर्ण व्यक्ति थे जो सब कुछ नष्ट हो जाने के बीच भी बचे रह गए थे। बर्फ़ पर स्केटिंग और एकान्त प्रेमालाप के आनन्द वाले प्रारम्भिक वर्षों से लेकर सम्मानित, संस्कारित और ग़लत समझी जाने वाली वृद्धावस्था—उन लोगों की वृद्धावस्था जो बहुत अधिक जानते हैं—तक बने रहे थे। ग़ेटे पहले ही *महाकवि* के खोल में प्रवेश कर चुका था। टैलीरॉ वैलेंश में अत्यन्त जिज्ञासु लेखक *ऑनौर द बाल्ज़ाक* का स्वागत कर रहा था, जो उसे ऐसे देख रहा था मानो वह एक प्राचीन मगरमच्छ हो—भयावह और नाज़ुक; या वह तूफ़ानी जॉर्ज सैंड और उसकी टोली से मिल रहा था (मदाम द दिनो हमेशा की तरह राजकुमार के बराबर में मौजूद थी) उसने कहा था—"कुल मिलाकर, अल्प शालीनता; और टोली के अन्य सदस्य बेहद साधारण।"

उस पैराग्राफ़ में गेटे एक तीखी चेतावनी जारी कर रहा था—ऐ विद्वानो! टैलीरॉ की दृष्टि को समझ पाने की किसी भ्रान्ति में मत रहना; वयोवृद्ध सभासद गेटे के परिष्कृत शान्त भाव का मर्म जानने का भ्रम भी मत पालना। और इस खेल को उकसावे के बिन्दु तक ले जाया गया। खुद 'ओलिम्पियन' गेटे (जर्मन आलोचक भविष्य में कहनेवाले थे) भी टैलीरॉ की इस दृष्टि का अर्थ नहीं समझ पाया था। फिर उसे यह अवश्य मालूम रहा होगा, इस सम्बन्ध में एक आम धारणा थी कि टैलीरॉ की उस दृष्टि ने हर शैतानी को देखा था—और कुछ कुटिल योजनाएँ तो उसने ही बनाई भी थीं।

लोग शीघ्र ही इन दो शान्त, धीर चेहरों को एक दूसरे पर आरोपित करने के साहसिक प्रयास को समझ भी गए और इन पर अपने विचार भी प्रकट किए, जिसकी ओर गेटे ने अप्रत्यक्ष संकेत दिया था। ये सेंट बौवे था (जो लगभग सब चीज़ें समझता था। और दूसरे उसकी इस क्षमता को जान न लें, अतः यह इसे छिपाने के हर सम्भव प्रयास करता था) जिसने *इलस्ट्रीज रोमांटिक्स* के सुन्दरतम चित्रों की प्रस्तावना में इस विषय पर कुछ पंक्तियाँ लिखने का साहस किया—मॉलियर का एक संस्करण जिसकी साज-सज्जा टॉमी जोहानो ने भी की और जिसे 1835 में पेरिस में *र्‌यू द सियेन* से पाउलिन ने प्रकाशित किया (टैलीरॉ उस समय जीवित था; गेटे की अभी हाल ही में मृत्यु हुई थी); "और इस तरह उसकी (मॉलियर की) सुबोधता, उसके पात्र का आदतन ठंडापन, ऐसी सजीव रचना के मध्य कतई भी गेटे, कला के टैलीरॉ, में पाई जानेवाली बर्फीली, सुविचारित तटस्थता की बराबरी नहीं करता। उन दिनों, कविता में ऐसे आलोचनात्मक परिष्कार का अभी तक आविष्कार नहीं हुआ था।" ये पंक्तियाँ भी फ्रेम के समीप ही छिपी थीं, जो जल्दी से ध्यान में नहीं आती थीं। किन्तु शरारती, धाकड़ बारबी द'औरविली ने उन्हें देख लिया जो सेंट बौवे की हर स्थिति को चतुराई से टाल जाने की आदत के प्रति ("सेंट-बौवे बहस करना नापसन्द करता था; ऐसे में उसके कान लाल हो जाते और उसकी तेज़ जबान क्रोध और परेशानी से अटकने लगती") अपनी सामन्ती घृणा व्यक्त करने के अवसर को हाथ से नहीं जाने देता था, वैसे उसने उसे एक अनायास प्रज्ञा का धनी जरूर माना : "एक दिन सेंट-बौवे को एक प्रेरणा हुई : उसने गेटे को साहित्यिक टैलीरॉ कहा। आज वह उस सही विचार पर अफ़सोस करता है।" किन्तु इस बिन्दु पर बारबी ने अपना तीखा प्रहार साधा : 'स्वभाव से गेटे भले ही पोज़ मारनेवाला न हो, किन्तु उसके प्रशंसकों ने उसके प्रति अत्यधिक सम्मान और श्रद्धा व्यक्त करके उसे अति विशिष्ट बनाया है। उसने अपने उदासीन और अव्यावहारिक व्यवहार में अपने अस्तित्व के खालीपन को बड़े यत्नपूर्वक छिपाया है, जैसे टैलीरॉ ने भी, जो उतना ही खोखला था, भव्य वयोवृद्ध के—उनींदे, तिरस्कार भरे पोज के नीचे अपने खालीपन को छिपा लिया है...ऐसा बूढ़ा होने का दिखावा—*जिसने दुनिया में न जाने क्या-क्या देखा है*।

"वास्तव में, इन दोनों शानदार हस्तियों, गेटे और टैलीरॉ, में एक और समीपी साम्यता है। गेटे साहित्यिक टैलीरॉ है। वह भी टैलीरॉ की तरह गले में स्कॉर्फ पहनता है। किन्तु यदि यह भी मान लिया जाए कि उसने वह प्रसिद्ध स्कॉर्फ पहना था जिसे एक बार नहीं अट्ठारह बार बाँधना पड़ता था—फिर भी गेटे में एक अन्तर जरूर था—गेटे में टैलीरॉ की तरह सिर का न तो एक गुस्ताख़ झुकाव था और न ही उसकी जैसी आकर्षक, अधखुली आँख, जो मरनेवाले नाग की याद दिला देती थी। क्योंकि टैलीरॉ में ये सहज और स्वाभाविक थीं—ये विशिष्टताएँ उसे ईश्वर या शैतान के दिए उपहार थे—किन्तु गेटे में कुछ भी सहज और स्वाभाविक नहीं था; एक ओपेरा का अभिनेता था, जिसकी आँखें दर्पण में हमेशा स्वयं पर ही टिकी रहती हैं।"

क्रान्ति टैलीरॉ के सामने कैसे प्रकट हुई?—"वह पुराने ज़माने की भव्य जीवन शैली से प्यार करता था, बिलकुल वैसे ही जैसे उसकी हैसियत और योग्यता वाले लोग करते थे। वह औरतों का दिल फेंक और जुआ खेलने का शौकीन था—हर उस चीज़ को पसन्द करता था जो किसी पुरुष को फ़ैशनेबल बनाती थी। तो सन् 1789 ने इस प्रकार के मुस्यों द टैलीरॉ का दीदार किया।" इसके अलावा इसने (क्रान्ति ने) पाया कि टैलीरॉ की अपने ज़माने की रफ्तार पर असाधारण और पैनी पकड़ थी। उसकी राजनीतिक बुद्धि पहले ही साफ़ दिखती थी। "जिन विशेषाधिकारों का लाभ वह उठा रहा था उन्हें घटनाचक्र उससे छीनने ही वाला था; इसलिए, उसकी राय में, यह बेहतर था कि उन्हें पहले ही त्याग दिया जाए (किन्तु यदि मुझे यह कहने दिया जाए)।" यह उनकी विडम्बना थी कि, द ऐब्रैन्टीज की डचैस उन थोड़े से लक्षणों में से एक की ओर संकेत कर रही थी जो टैलीरॉ के विषय में विश्वासपूर्वक बताया जा सकता है : ज़माने की हवा सूँघने की योग्यता। (एकान्त में स्त्रियों के साथ) उस व्यक्ति ने अभिजात ढंग से उन चीज़ों को छोड़ने का फैसला किया जिन्हें अगले क्षण उससे जबरदस्ती छीन लिया जाने वाला था (उपाय एक ही था : सब कुछ छोड़ने की विवशता सामने आने से पहले ही समर्पण कर देना ताकि स्वेच्छा से निर्णय करने की वाहवाही अगर मिल सके तो ले लेना")। एक टैलीरॉ अपनी कोई भी चीज़ दूसरों को लेने नहीं दे सकता; किन्तु हाँ स्वयं दे देने के लिए अपने को जरूर तैयार कर लेगा। और ख़ासतौर पर यदि यह चीज़ एक उपहार है—ज़हर में बुझा हुआ उपहार। उसकी अन्दरूनी घृणा की कोई चीज़—उदाहरण के लिए, धार्मिक विशेषाधिकार, पादरी हो जाने से मिलते थे और जिसे अपनाने की मज़बूरी उसके माता-पिता की जन्मजात हुकूमतशाही ने उस पर थोप दी थी। राष्ट्र को उन आमदनियों और विशेषाधिकारों का दान करके वह अभिजात वर्ग के राक्षसी रूप से बदला ले रहा था; इसकी (अविजित, सम्पूर्ण सत्ता) जिसके सामने वह जन्म से ही झुकने पर मज़बूर रहा था।

तथ्यों की आपाधापी के पीछे, कसमों और धोखाधड़ी के पीछे, टैलीरॉ में एक दृढ़ निष्ठा भी देखने को मिलती है। लगता है कुछ अवधारणाओं ने उसमें शुरू से ही जड़

जमा ली थी, और बाद की कोई भी घटना उन्हें कमज़ोर नहीं कर पाई। उसे जैसे समय से पहले यह अनुभूति हो गई थी कि 'क्रान्तियों के युग'—की शुरुआत हो गई है; कि अब आगे हर आन्दोलन में प्रचलित धाराओं की ही लहर दिखाई देगी और यह कि इसे अब आगे हर क्रियाकलाप में एक उपयुक्त एवं सुनिश्चित उभार की ज़रूरत होगी। अब से आगे, शक्ति के कुछ चिह्न हास्यास्पद रूप से नपुंसक होंगे, जबकि दूसरे कुछ हाव-भाव युद्धों से भी अधिक निर्णायक होंगे (उदाहरण के लिए, टैलीरॉ द्वारा 3 जनवरी, 1798 में होटल गैलीफे में मदाम नैपोलियन के सम्मान में आयोजित नृत्य समारोह)। दूसरे, उसने देखा कि अब से राजनीतिक क्रिया की अदृश्य दिशा इन उभारों को बढ़ावा देते या रोकने की नहीं है (दोनों ही रूपों में यह क्रूर बचकानापन था) अपितु *चोट का प्रभाव हल्का* करने में, तेज़ किनारों को मरहम के मीठे सार से ढँकने, उन्हें उदात्त भावों की रूई में लपेटने की होगी जिसे भुला दिया गया था। और सबसे बड़ी बात यह होगी कि इन आन्दोलनों को *आस्था* या *धर्म* से अलग रखा जाए और उन्हें उस *अतिरिक्त आधिक्य* का श्रेय न लेने दिया जाए जिसका प्रतिनिधित्व करने का दावा वे हमेशा करते आए हैं—संक्षेप में इस बात को मानने से इनकार किं व्यापक नर-संहार को आसानी से बलिदान में रूपान्तरित किया जा सकता है। किसी भी प्रकार के सार्वजनिक अनुशासन के अभाव में लोग पहले से ही जैसे एक विशाल बूचड़खाने में भटक रहे थे।

तत् त्वम असि : 'वह तुम हो'। ये ब्रह्म वाक्य—ब्रह्मांड और मन के द्वार खोलने के लिए कूट-शब्द है, सारे वेदान्ती आधार-वाक्यों का आधार वाक्य—अन्ततः साधारण जीवन के सन्दर्भ में इतना अकल्पनीय तो नहीं है। निश्चय ही डेकाटे के *कोजिटो* (Cogito) ("मैं सोचता हूँ इसलिए मेरा अस्तित्व है।") के आधार भाव से अधिक दूर नहीं। किन्तु सभ्य पश्चिम, अठारहवीं शताब्दी जिसका केन्द्र थी, को लगता था (और अभी भी लगता है) कि एक राँगे की दीवार उसे उस चीज़ से दूर रख रही थी जो व्यक्ति की दृष्टि को आत्म-ब्रह्म की ओर मोड़ सकती थी। तपस्वियों का जीवन फैलता जा रहा था, किन्तु इस समय तक इसने स्वयं को विभिन्न सम्प्रदायों के चलन के अनुरूप ढाल लिया था और प्रेत बुलाती काँपती मेज़ों के लिए स्वयं को तैयार कर रहा था। कुल मिलाकर, इसे गुप्त राजनीतिक तन्त्र-मन्त्र विधियों में शामिल होने में आनन्द आता था जो अन्ततः व्यक्ति को आत्म-चिन्तन करने से विचलित करते हैं। *क्लारटे* (पूर्ण स्पष्टता) मनुष्य को, सर्वोपरि रूप में, कुछ चीज़ें न देखना सिखाती है। डेकाटे जिस महत्त्वपूर्ण बिन्दु पर ज़ोर देता था वह था अपने लिए क्षेत्र परिभाषित करना, ताकि सीमाहीन-मानस पर विजय प्राप्त की जा सके, मन को अपने ही कम्पायमान स्वर्णिम पिंजरे की सीमा में स्वतन्त्र विचरण करने देना। किन्तु इतिहास के साथ भूगर्भीय घटनाएँ भी होती हैं—इस बार यूरोप में एक नए, जंगली प्रायद्वीप 'जर्मनी' का उदय हुआ। *नेवेल मीर* शीर्षक कैस्पर डेविड फ्रैडरिख कुहासे में घिरी भूमि

की पेंटिंग, उस उदय की मरणोपरान्त श्रद्धांजलि है, जो भाववाद के तत्त्वावधान में घटी। भारत जर्मनी बनकर रह गया। यह उल्लेखनीय उक्ति विक्टर ह्यूगो ने उस समय कही जब उसने 'शताब्दियों की दीवार पर' थरथराते छोटा नाटक को देखा।'' हर सभ्यता को अपने भीतर अपने ही विशिष्ट पूर्व रूप को पोषित करना है। जब भाववाद के प्रथम स्वर गूँजे, तब यूरोप ने उस चीरती आवाज़ में अपना 'पूर्व' पाया—एक ऐसा 'पूर्व' जिससे पीछा छुड़ाने की वह मुद्दत से कोशिश में लगा हुआ था।

टैलीरॉ का सबसे पहला काम था अनुष्ठानों का पुरोहित (मास्टर ऑफ़ सेरेमनीज़) होना—जब समय अनुष्ठानों का अर्थ ही भूल गया था और उनके बिना ही काम चलाने का दावा करता था, हालाँकि वह हर कदम पर भौंडे ढंग से पिछड़ता जा रहा था। इसलिए टैलीरॉ ने धीर भाव से *अपना हाथ बढ़ाया* और असमंजस को दूर करने में सहायता की। किन्तु जब वह सहायता का हाथ आगे बढ़ा रहा था उस समय कहीं दूर टिकी उसकी निगाह को सबको सतर्क कर देना चाहिए था। आतंक के जलाते मध्यान्तर को छोड़कर, कई दशकों से टैलीरॉ, किसी सुविचारित प्रज्ञा के आग्रह पर *समाज* में इतिहास को लाता जा रहा था—कुरूप इतिहास, भारी-भरकम, रक्त-रंजित और अपने अनेक शृंगारगृहों में परेशानी पैदा करने वाला इतिहास। इस प्रकार, डायरेक्टरी के दौरान, उसने नव धनाढ्यों की सरकार खड़ी कर दी थी, तब पहली बार सामाजिक रूप से पतित समझी जानेवाली महिलाओं ने भी सत्ता सुख भोगा। और लगभग 40 वर्ष बाद लन्दन में, जब उसकी आयु 80 की थी, उसने समाज में बुर्जुआओं की सरकार स्थापित कर दी थी, जिसमें मध्यवर्ग के सदस्य अपने *उद्घोषित नामों के साथ सत्ता में प्रकट* हुए, वकील और व्यापारी अब केवल नागरिक मात्र नहीं थे। उसकी राय में, इतिहास निरन्तर एक प्रगतिशील गिरावट का स्वर दर्शा रहा था। किन्तु इसे (इतिहास को) उन लम्बे कालीनों पर आराम से चलने के लिए अभी भी सहायता की आवश्यकता थी। टैलीरॉ इतिहास की अचानक फिसलनों, हिचकोलों से बुरी तरह स्तम्भित रह गया था। इसलिए उसने इतिहास के गियरों में तेल की कुछ बूँदें डाल दीं, वह सोचता था कि दूसरे लोग उन्हें रेत से पाट देंगे। टैलीरॉ ने यह पहले ही समझ लिया, जान लिया, वह इस प्रक्रिया को पहले ही देख चुका था और यह सब बार-बार होगा। किन्तु वह फिर भी डटा रहा : पतन और पतन, गिरावट, पर। अन्त में कुछ तो बचा रहेगा। कम-से-कम एक भाव, इशारा।

एम*** : भूमध्य रेखीय जंगलों में नैपोलियन का दरबार स्थापित कर दिया गया है; बाज़ार के सौदागर धर्माधारित राज्य को खोज रहे हैं; लेनिन ने पैराट्रपर की वर्दी पहन ली है और वह डेवीडॉफ़ सिगार पीता है। पवित्र प्रयोग धान के खेतों को लाशों से भर रहे हैं। यह अधिकाधिक स्पष्ट होता जा रहा है कि भविष्य में राजनीति का रंगमंच रेमंड रसैल का अफ्रीका होगा। अति उत्साह ने जिन चीज़ों को मिटाने की कोशिश की है, अब से आगे हम उन्हें दुबारा खोजने के लिए बाध्य होंगे। हम विश्वास

करते थे कि विचार सबसे महत्त्वपूर्ण होते हैं; लेकिन अब वे हमारे सामने कतार बनाए खड़े हैं, कोकाकोला के पिचके हुए डिब्बों की तरह। हम सोचते थे कि पहली ज़रूरत आधारभूत *ज्ञान* की है। (लोकप्रिय घिसी-पिटी बातों का अन्तिम बैनर था—''संसार में बुराई की जड़ अज्ञान है।'')—और अब हम महसूस करते हैं कि सारी शिक्षा को किसी मन्तव्य और अन्तर्निहित इरादे से चुम्बकीय बना दिया गया है, और निर्देश के रूप में केवल तीखी और घृणास्पद आवाज़ मौजूद है, किसी जेल में वार्डन के जन्मदिवस पर बोले गए रेसीन के गद्यांश की तरह। *ऐक्सप्रैसा नौसैंट* (मात्र अभिव्यक्ति, भड़भड़ी)।

टैलीरॉ को देखकर कभी सम्मान का भाव पैदा नहीं हुआ। युवावस्था में गिरजाघर के पादरी के पद से लेकर मृत्युपर्यन्त क्लेश, सन्ताप और व्यंग्य-बाण उसका पीछा करते रहे—भर्त्सना, कटाक्ष, शाप। दशकों तक उस पर फब्तियाँ कसी गईं क्योंकि वह लँगड़ा था। चेतुब्रियॉ ने लिखा—''चूँकि वह इतनी घृणा का पात्र बन गया था कि यह घृणा टैलीरॉ में गहरे घर कर गई। और उसने इसे अपने मुँह के दो ढलकते कोनों में समेटकर रख लिया।'' उसकी माँ ने लुई XIV से प्रार्थना की कि उसे पादरियों के प्रशासक मंडल के लिए नामांकित न किया जाए, क्योंकि वह इसके अयोग्य है। पादरी के रूप में उसे अपने अधार्मिक व्यवहार के आरोपों (जुआ, सट्टेबाज़ी, औरतों) से अपनी रक्षा करनी पड़ी। डायरेक्टरी के शासन में विदेश मन्त्री के कार्यकाल में, जिन डायरेक्टरों ने उसे निरन्तर चुना था, उन्होंने ही लगातार उस पर कटूक्तियाँ कीं और रियुबैल बराबर यह कहता रहा, ''टैलीरॉ हर बुराई का भंडार है, धोखाधड़ी और भ्रष्टाचार का तो वह मॉडल है। वह प्राचीन साम्राज्य का चिकना-चुपड़ा पिछलग्गू है। यदि वह ठीक से चल सकता तो वह उसे ज़्यादा-से-ज़्यादा एक नौकर बतलाया जा सकता था; किन्तु उसके पैर ख़राब हैं—उसके दिल की तरह।'' समाचार-पत्र उसकी चमड़ी उधेड़ना चाहते थे, और उन्हें ऐसा करने के कारण भी आसानी से मिल जाते थे। और एक दिन तो सम्राट का क्रोध भी उस पर बरस गया। नैपोलियन ने, जो उसे वास्तव में चोट पहुँचाना चाहता था और कम-से-कम एक मौके पर तो उसकी संवेदनहीनता को समाप्त कर देना चाहता था, बड़ा हास्यास्पद और आक्रामक काम किया—उसने टैलीरॉ की ठोढ़ी पकड़ी और उसका सिर दीवार से दे मारा। और ऐसा करते हुए उसने अपनी प्रसिद्ध *टिप्पणी* की : ''तुम रेशम की जुर्राब में भरा हुआ मल हो।'' टैलीरॉ के विषय में सही सोचने वालों की घृणा *भाववादियों*—चैतुब्रियॉ, जार्ज सैंड, ह्यूगो के समय में शीर्ष पर पहुँच गई। आदर्श के प्रति समर्पित, उनमें से प्रत्येक टैलीरॉ को बढ़िया शाब्दिक ठोकर मारना चाहता था, मानो वे एक आवारा कुत्ते को ऐसे युग में ठोकर मार रहे थे जो (युग) उसका नहीं, उनका था। नैतिक भोंपू चिंघाड़े और क्रोध अपने विशाल पंख पसारकर भविष्यगामी हो गया और अपने अन्दर उन सभी को लपेट लिया जो आने वाले वर्षों में परिवारों के पिता होंगे; वह महत्वाकांक्षी

नवयुवकों का हवाला दे रहा था। इसके अतिरिक्त किसी भी ऐसे व्यक्ति के लिए, जो साहित्य में व्यावसायिक दृष्टि से गम्भीरतापूर्वक लगा हुआ था, टैलीरॉ घटिया गद्य लिखने के लिए एक सरल बहाना बन गया था। लगता था लेखकों में अलक्क्षेन्द्रीय वाक्‌पटुओं जैसी प्रतिस्पर्धा शुरू हो गई थी। कौन टैलीरॉ के प्रति अपनी घृणा सर्वाधिक अलंकृत भाषा में व्यक्त कर सकता था। कौन आकाश में शब्दों के तारामंडल को जन्म दे सकता था। इसी दौरान इधर-उधर से आने वाले मत भी जुटते और आत्मसात् होते गए, सधन्यवाद और लबरेज। अन्त में इसने घिसी-पिटी बातों का सबसे शुद्ध क्रिस्टल तैयार किया—यानी, फ्लॉबेयर : टैलीरॉ, शाहजादा है...क्रोध किए जाने के लिए।' यह एक आवश्यक कदम था, रूमानीवाद और बाज़ारी साहित्य की खिचड़ी के बीच सन्धि बनाने के लिए अनेक कदमों में से एक। यह 1830 के बुखार और 1850 के वीरानेपन के बीच संवेदनाओं के भोथरे हो जाने का पहला सोपान था।

टैलीरॉ की तुलना में, चेतुब्रियाँ रक्त सम्बन्धों का दूसरा मार्ग है, अपने पूर्वजों को उत्पादक (और लाभकारी) बनाने का रास्ता। टैलीरॉ थोड़े विवेक से उन सभी शक्तिशाली लोगों को गाइड कर रहा था, जो नाजुक स्थितियों से गुजरते हुए भय खाते थे। इसके विपरीत चेतुब्रियाँ सर्वसाधारण को नए तरल-पदार्थ में पूरी तरह डुबो देना चाहता था। नामहीन सूर्यास्त, कुहासे में ढके प्रपात, खोखली अनुगूँज। कलात्मक कॉटेज के हरी फुई लगे दरवाज़े, मृत्यु का भराव, भीड़-भाड़ वाले जाले और प्राचीन पत्थर की पटियाओं के बीच खिलते अविजित श्वेत, हल्के बैंगनी फूलों वाली झाड़ियाँ। टैलीरॉ उसका शत्रु था, ख़ासतौर से इसलिए कि वह अतीत को वर्तमान युग में लाभंदायी बनाने की कला में उसका मुख्य प्रतिद्वन्द्वी था।

सेंट पीटर्सबर्ग का सीनेटर : जैसे ही हम इस ढलती हुई सन्ध्या, इस चिथड़े बनी रोशनी, ऐसे दिन के शेष चिह्नों को देखते हैं जो कभी दुबारा नहीं उगेगा, जैसे हम अपना मनोबल बढ़ाने के लिए अपारदर्शी रात्रि की प्रतीक्षा कर रहे हैं कि यह हमें अपने ख़ालीपन में वापस ले जाए, मैं आपको बतलाना चाहता हूँ, यहाँ जहाँ हम पथ-विचलित लोग अपनों के बीच ही हैं, यह सोचकर मैं कितना खुश हूँ कि मेरा जन्म इस दोगले स्थान पर हुआ, ऐसे हलचली युग में हुआ जिसे इसके कृत्यों की सज़ा दिलाने के लिए हम प्रतिदिन प्रार्थना करते हैं। किन्तु मैं फिर आपके साथ यहाँ इस छज्जे पर खड़ा हूँ जो चार चीनी स्तम्भों पर आधारित है और मैं स्वयं को अपनी पसन्दीदा आदत के हवाले कर देता हूँ : वह है—बातचीत। अपने पीछे मुझे अपने पुस्तकालय की शान्ति का आभास हो रहा है। मैंने उस आदर के बारे में लिखा तो कभी नहीं, किन्तु चर्चा अक्सर की है, जो मैंने कुछ शैतानी सिद्धान्तों के विषय में सोचकर अनुभव किया और आज भी करता हूँ, जिनसे मैंने सदैव घृणा की है। मैं उनमें ईर्ष्या और साथ ही एक औपचारिक श्रेष्ठता को कार्यरत देखता हूँ जो दोनों

मिलकर कुछ ऐसी चीज़ बनाते हैं जिसके प्रति मन में सम्मान का भाव पैदा होता है। कुछ विचार हैं—किन्तु हमें इस अनुचित शब्द का प्रयोग नहीं करना चाहिए। कुछ कथन जिनमें इस भाव की अभाव है कि हम क्या हैं, वास्तव में हम क्या हैं। व्यवहार के थोड़े से सतही नियम, जिन्होंने पूरी पृथ्वी पर लगाम लगाई हुई है। हम तो यह भी नहीं कह सकते कि उन्हें किसने (प्रथम बार) प्रस्तावित किया या यह कि वे कभी किसी लिखित रचना में पाए भी गए थे।

अपनी अस्थिरता और असंयत संयोजन में ये कथन बिलकुल वैसे ही हैं जैसे कभी मुहावरे हुआ करते थे। ये उस हवा की तरह हैं जिसमें हम साँस लेते हैं और जानते भी नहीं कि हम साँस ले रहे हैं। उनका खालीपन उनकी विशाल सत्ता से जुड़ा है—शक्ति विस्तार करने की उनकी क्षमता से—पृथ्वी पर हलचल मचा देने से जुड़ा है और ये विप्लव करके पृथ्वी को कुछ ऐसे बना देते हैं कि कोई यह भी नहीं कह सकता कि शब्दों के ये शेषांश किस प्रकार निरन्तर एक गूँज पैदा करते रहते हैं। और कहीं गहरे में, मैं इन दुष्टताओं को दूसरे किसी से भी ज्यादा ईमानदारी से चखता-भोगता हूँ—किन्हीं भी दूसरे ऐसे आदमियों से ज़्यादा जो उनकी चर्चा यों करते हैं मानो देहात में घूमने के इरादे से गए हों। ऐसा ही तब हुआ जब मैं कौशे से मिला; शुरू में हम दोनों ने एक-दूसरे को ऐसे देखा मानो दोनों ही स्वच्छन्द क्लब के दो मनमौजी हों। शायद यही वह समय था जब मैंने उसे बताया कि केवल एक ऐसा कारण है जिसकी वजह से मैं उसके साथ नहीं हूँ: क्योंकि *अच्छाई* बस एक ऐडवेंचर ही है।

साम्राज्य : निलम्बन का एक क्षण, गुप्त आतंक का क्षण। शक्ति स्वयं अपने आपसे भयभीत है, और भय प्रतिदिन इसका क्षरण करता रहता है। घोर, *पाशविक पतन* को, बुर्जुआ युग के ध्वंस को (फर्नीचर पर मिस्र देश की छाया) में समेट लेने की इच्छा। *साम्राज्य* एक बार फिर अपने लिए (इच्छानुकूल शासन के अनुसार इसे हर चीज़ आविष्कार करने का हक हासिल है) अभिजात वर्ग का आविष्कार करने की चेष्टा करता है; *पुनर्स्थापना युग* जो कुलीनों को फिर से उनके वैध स्थानों पर बैठा देता है, क्षण भर को भी यह नहीं छिपा पाता कि वह *दुकानदार* को सत्ता सौंप रहा है। मिस्र : अत्यन्त नाजुक स्थिति पर सम्पूर्ण स्थिरता की मुद्रा अंकित कर देना। नैपोलियनी मिस्र उस अन्तिम समय का चिह्न है जब इतिहास के सामने आतंक बिम्ब विधान के रूप में प्रकट होगा। इसके बाद *इतिहास* हर चीज़ को घसीटता हुआ पास के नदी मुख में डुबा देगा। ताजे पानी का खारे पानी में मिलना, लिफ्फी का अंधमहासागर में विलय, भयानक तन्द्रा : इतिहास अपने कूड़े-करकट को पश्च-इतिहास के हवाले कर जाता है। हमेशा चलने वाली बर्खास्तगी जो बार-बार पुनर्नवीन कर दी जाती है।

एक कजाख को साथ लिये हुए, बैरियर सेंट मार्टिन के पास से गुजरकर, नेसेलरोड ने "पेड़ों की कतार वाले मार्ग लिये जहाँ लोग अपने इतवारी कपड़ों में भीड़ लगाए हुए थे। ऐसा लगता था कि शत्रु की फौजों के आगमन के बजाय वे किसी

त्योहार के लिए इकट्ठे हुए हैं। ऐसे शहर में जहाँ चन्द घंटों के लिए कैसी भी, कोई भी सत्ता नहीं थी। उसने तुरन्त ऐसे स्थान की तलाश की जहाँ कुछ सुरक्षा थी, एक मकान जहाँ सत्ता हमेशा एक कमरा रखती थी। वहाँ, होतेल द किन्तीफाडो के फीके आयाताकार स्तम्भों के पीछे मुस्यों द टैलीरॉ प्रतीक्षा कर रहा था। उत्तर का श्वेत देवदूत, ज़ार, जो बेहद कसी हुई वर्दी में था, अपनी अत्यधिक विनम्रता के साथ, हर एक को प्रसन्न करने की उत्सुकता से भरा हुआ, हालाँकि उसके पीछे स्टैपीज़ के जंगलों की तूफ़ानी आवाज़ें आ रही थीं, उसे किसी अज्ञात पार्टी ने चेतावनी दी थी (कुछ लोग, हमेशा ही की तरह शायद ऐसा मानते थे कि वह टैलीरॉ का ही कोई ऐजेंट रहा होगा) कि ऐलिसी राजमहल में, जिसे वह अपना मुखयालय बनाने की योजना बना रहा था, सुरंगें बिछा दी गई हैं, वह एक जाल है। फिर भी टैलीरॉ ने, जो पराजित सरकार में ऊँचा अफ़सर था और उन नीतियों पर नियन्त्रण रखता था जिन्हें अब बदला जाना था, स्वयं को व्यवस्थित रूप में प्रस्तुत किया। उसने नेसेलरोड को (जिसने उस समय प्रवेश किया जब टैलीरॉ शिरोवस्त्र धारण कर रहा था) पाउडर के बादल में लपेट लिया—एक सुरक्षात्मक बादल, अन्तिम प्रभामंडल, जो सिंहासन से निकला था और फिर भाप में बदल गया था। किन्तु मुद्दे की बात थी एक कलंकी दृश्य पर वर्षों पुराने रिवाज़ का मुलम्मा चढ़ाना : एक विजेता विजित शक्ति के पास अतिथि की तरह आता है, जैसे किसी पुराने मित्र से मिलने आए, ताकि खुद को सुरक्षित महसूस कर सके। कुछ दिनों बाद सीढ़ियों पर हर समय अफ़वाहें सुनी जा सकती थीं। टैलीरॉ ने मेज़ेनाइन मंज़िल अपने लिए रखी थी, नेसेलरोड ने तीसरी मंज़िल ली थी और ज़ार ने पहली, उसके साथ उसके सहायक भी थे। सामने चौक में पुआलों के ढेरों पर कजाख नींद ले रहे थे।

यह समझने वालों में टैलीरॉ पहला था कि नई दुनिया को—जो नैपोलियन के काल से निकली थी और एक समय अवस्था पाने की आशा कर रही थी—अब न तो कानून की आशा थी और न ही इसकी माँग कर रही थी, उसे तो अब कानून का दिखावा चाहिए था। इसके अतिरिक्त कोई भी और समाधान अत्यन्त कठोर होता और तेज़ी से इसे ध्वस्त कर देता। एक अछूत कानून ऐसी चीज़ था जिसे लोग अब सहन नहीं कर सकते थे—शायद इसकी बाबत सोच भी नहीं सकते थे; हाँ, सेंट पीटर्सबर्ग में अपने छज्जे पर बैठे जोसेफ द मैइस्त्रे जैसे सनकी की बात अलग थी। कानून की अनुपस्थिति, शक्ति के सामने और फ़ौज़ों की अस्थायी रस्मों के सामने पूरी तरह झुक जाना—लोगों की समझ में बिलकुल ही नहीं आ रहा था कि वे इसे क्या नाम दें हालाँकि ऐसा रोजाना ही हो रहा था। या इसे ऐसे भी कह सकते हैं (जनता) इसे कोई नाम नहीं दे सकता था, कारण : *इसे स्वयं* उसी ने बनाया था। कानून का सन्दर्भ देना अभी भी ज़रूरी लगता था। इसी कारण, किन्तु कानून तो स्वयं को लगभग खोखला सिद्ध करने वाला था, यह किसी परीक्षा में खरा नहीं उतर सकता था। इस

प्रकार कानून घटनाओं का आभूषण मात्र रह गया था, शब्दाडम्बरी वाक्पटुता की चमकीली उड़ान, किसी स्मारक के समर्पण के समय लाभदायी शब्द, कैफ़े में भाषण करते किसी फार्मेसिस्ट के लिए छलाँग लगाने के उपादान। पूरी शताब्दी के दौरान, जैसा पहले किसी युग में नहीं हुआ था, सिद्धान्तों के प्रति अपीलों की भरमार होनी थी, किन्तु अपने मन की गोपनीयता में सिद्धान्तों में यह केवल एक ही सिद्धान्त था : नैपोलियन का कथन, "सिद्धान्त अच्छे होते हैं, क्योंकि ये आपको किसी चीज़ के प्रति वचनबद्ध नहीं करते।" जैसे ही टैलीरॉ भावपूर्ण मुद्राएँ और कुछ सशक्त शब्दों के साथ वैधता का पत्ता मेज़ पर डाल देता है, तो शानदार जश्न के साथ मूर्खताओं की शुरुआत हो जाती है। इसे इतिहास के पन्नों में चमकते शब्दों में व्यक्त करने वालों में होंगे बादीलेयर और फ्लाबेयर, बाद में लियोन ब्लॉय और कार्ल क्लॉस; और 1914 में इसके शताब्दी समारोह आयोजित किए जाएँगे, फ़र्क़ सिर्फ़ इतना होगा कि वर्साई की आतिशबाजी का स्थान अब रॉकेट्स ले लेंगे और बेल्जियन मोर्चे पर मोर्टारों की गड़गड़ाहट होगी। उसके बाद से, फिर आगे, *'वैधता'* की कोई बात नहीं हुई—किन्तु कुछ सूक्ष्म भाव तो सदैव होता ही है, जो अपने पूर्ववर्ती से कुछ कमज़ोर होता जाता है और यह उस स्थान को ले लेता है जहाँ पहले कभी कानून हुआ करता था। अब 'तटस्थता' की बारी थी। पवित्रता में अब राजवंशीय कोट ऑफ आर्म्स का रंग नहीं था, अब वहाँ सन्धि-पत्र था। इस बिन्दु पर करने के लिए एक ही काम रह गया था, जर्मन राजनेता बैथमन हॉलबैग के साथ यह उल्लेख, "यह सब एक शब्द—'तटस्थता' के लिए। यह सब 'काग़ज़ के टुकड़े' के लिए। इस तरह काग़ज़ के टुकड़े और नए प्रकार के नरसंहार में समकक्षता स्थापित कर दी गई थी। नरसंहार जो अधिक व्यापक, अधिक अच्छे ढंग से निपटाया गया, सबके लिए खुला था, जो युद्ध के प्राचीन देवता को उस बेमतलब के कानून की हमेशा के लिए भर्त्सना करने देगा जिसने उसे सदा इस काम में साक्षी बनाया था।

"वाहनुंग्वे की उद्गम गाथा, मद्सिवोआ नामक सम्प्रभुता-सम्पन्न राजा का जिक्र करती है। यह नाम सिवोआ (झील, नाला, तालाब) से निकला माना जाता है। वैधता की कोई भी पश्चिमी धारणा इस पक्ष में कमज़ोर है—यह उद्गम जल के विषय में कुछ नहीं जानती। 'तुम्हें राजा किसने बनाया?' ऐल्डेबर्ट, पैरीगोर्डर का काउंट और चार्ल्स-मॉरिस द टैलीरॉ का पूर्वज, इली-द-फ्रांस के राजा ह्ययूकैपे से पूछता है, जो फ्रांस के राजाओं की पंक्ति में पहला था। किन्तु कैपे कोई उत्तर नहीं दे पाता, "मैं उद्गम सरोवर दसिवोआ से आया हूँ : मैं उन बुलबुलों में से एक से निकला हूँ जो इसकी सतह पर अपने आप बन जाते हैं।" इन जल राशियों के बिना, *सब* ज़बरदस्ती कब्ज़ा करनेवाले ही हैं। और सबसे पहले कब्ज़ा करने वाले एक मित्र से ही सहायता की अपील कर सकते हैं : वह है समय। जब एक सार्वभौम सत्ता *कुछ निश्चित समय तक बनी* रहती है, तो वह क्रूरता, जिसके साथ इसने पहले पहल अपनी शक्ति जताई थी,

रीति-रिवाज के दिखावे से, लम्बी स्वीकृति से, ढँक जाती है, चारों ओर से घिर जाती है—संक्षेप में, परम्परा से। इस प्रकार, परम्परा एक व्यक्ति को उद्‌गम का दावा करने योग्य नहीं बनाती, बल्कि इसे अब ढँक लेती, छिपा देती है। शुरू से लेकर नीत्शे और फ्रॉयड तक सारे महान और धुरन्धर प्रबोधनकर्ता उद्‌गम और वंशावलियों के आश्चर्यजनक खोजी रहे हैं। और यही पश्चिमी दुनिया की विचित्र विकृति रही है, जिसने उन्हें आकृष्ट और चमत्कृत किया है। उन्होंने सोचा यदि किसी तरह उस खो गए उद्‌गम के रिक्त स्थान को भरा जा सकता, तो एक आदमी शुरू से लेकर आज तक का अपना रास्ता बिना किसी धोखे के बना सकता था। तब उन्होंने उद्‌गम को ही धोखे के रूप में खोज निकाला और इस प्रकार उन्होंने उसी धोखे का स्वरूप चुन लिया जिस गड्ढे में वे गिरना चाहते थे—और जो उन्हें आख़िर तक परेशान करता रहेगा।

वैधता की अवधारणा मन की दो आधारभूत क्रियाओं को मिश्रित कर देती है : सादृश्य और रीति-रिवाज़ (यानी मनगढंत समकक्षों को स्थापित करने की प्रक्रिया)। ये वे शाखाएँ हैं जो एक ही तने से निकलती हैं, यानी स्थानापन्नता। सादृश्यता के मामले में, एकमात्र वैधता पवित्र अलंकरण की है, जो अनुगूँजों और सहानुभूतियों द्वारा अस्तित्व के समस्त उतार-चढ़ाव में उतरता जाता है। जहाँ वह अनुगूँज समाप्त हो जाती है, वहाँ कोई वैधता प्रदान नहीं की जा सकती। रीति-रिवाज़ के मामले में, वैधता मनमानी सहमति का वह सर्वप्रथम एवं महत्त्वपूर्ण उदाहरण है जो भाषा से लेकर समाज तक फैली सभी प्रकार की व्यवस्थाओं का कार्यशील हो पाना सम्भव करता है। जिनमें भाषा से लेकर समाज तक सब कुछ समाहित है। जैसा सदैव होता आया है, रीति-रिवाज़ का लेना-देना सार या पदार्थों से नहीं है अपितु कार्य से है—और यह एक (कार्य) का दूसरे (कार्य) से अदल-बदल करने को तैयार रहती है (क्योंकि यही स्थानापन्नता की आत्मा है)।

1956 में जॉन वॉन न्यूमान ने अपनी सिलीमन व्याख्यान माला में उन मशीनों का जिक्र जो अपने आप गिनती कर सकती थीं, हाल के तथा चालू विकास कार्यों का विवरण दिया जब उसने डिजिटल (अंक आधारित) कम्प्यूटर्स और ऐनालॉग (सादृश्य आधारित) कम्प्यूटर्स के बीच भेद बतलाना शुरू किया तो उसने उन दो ध्रुवों को नए नाम दिए, जो गुप्त रूप से हमें बनाए रखते हैं। डिजिटल ध्रुव जीव-वैज्ञानिक दृष्टि से गौण (पर) निर्भर होते हैं, क्योंकि विनिमय उस विषय से सदा गौण होता है जिसका विनिमय किया जा रहा हो। किन्तु फिर डिटिजल ध्रुव कमान सँभाल लेता है, और अपनी उस योग्यता को उजागर करता है जिससे यह दूसरे ध्रुव को घेर लेता है, आत्मसात् कर लेता है। स्वाभाविक है कि वह इसका फायदा उठाएगा। डिजिटल ध्रुव से बड़ी ताकत मिलती है, किन्तु इसमें, मशीन के अन्दर, बदलते (घटते-बढ़ते) मूल्यों का भौतिक सत्य नहीं होता, जो बाहरी दुनिया की अन्तिम अनुभव की जाने वाली

स्मृति है। डिजिटैलिटी चिह्नों की शुद्ध (आगे बढ़ती) शृंखला है : जब इसका प्रभाव हर चीज़ तक विस्तृत हो जाता है, तो हमें यह पता नहीं चलता कि कौन-सी पृथ्वी हमको धारण किए हुए है—या यह कि कोई पृथ्वी है भी कि नहीं। हम सादृश्य (ऐनालॉग) ध्रुव का अनुभव करते रहते हैं, किन्तु अब हमें यह पता नहीं कि इसे क्या नाम दें : यह मौन मनोभाव है, जो प्रभावित तो करता है पर अपने पुराने विलय स्थान की ओर नहीं बहता। डिज़िटैलिटी ने इसे एक नया सिलिकॉन का बना बिस्तर (आधार) प्रदान कर दिया है जिसे नष्ट नहीं किया जा सकता। इसके ऊपर नाव की प्रतीक्षा करती हुई, एक शान्त धारा बहती रहती है।

"मुस्यों द टैलीरॉ, फ्रांस के सबसे पुराने परिवारों (वास्तव में, सम्प्रभुता-सम्पन्न काउंट्स) के उत्तराधिकारी, तीन बेटों में सबसे बड़ा था। बचपन से ही लँगड़ा होने के कारण, उसे समाज में घूमने-फिरने के अयोग्य माना गया और इसलिए लगता था कि वह चर्च के लिए पैदा हुआ है, हालाँकि उसमें ऐसे विचारों का नितान्त अभाव था जो उसे रोमन कैथोलिक चर्च के लिए स्वीकार्य बनते। कई बार मैंने उसे यह कहते सुना कि अपंग होने के कारण उसके माता-पिता उसे तिरस्कार की दृष्टि से देखते थे क्योंकि उनके विचार से वह जीवन में कुछ नहीं बन सकेगा, उसने बचपन से ही अपना स्वभाव चुप्पा और गम्भीर बना लिया था। वह कभी अपने माता-पिता के साथ उनके घर में नहीं रह पाया और उन्होंने उसे अपना ज्येष्ठ पुत्राधिकार अपने छोटे भाई के पक्ष में त्याग देने के लिए विवश कर दिया।" मीराबॉ का जीवनी लेखक *इतियन ड्यूमा*, टैलीरॉ का एक भावहीन और विस्तृत वर्णन करता है जो तुरन्त एक घाव दिखला देता है। टैलीरॉ अचानक विकलांग बना था। यह इतिहास और भाग्य की आकस्मिकता के कारण था। चार वर्ष की अवस्था में, जब एक किसान स्त्री उसकी देखभाल करती थी, तो चैस्ट ऑफ ड्राअर्स से गिर जाने के कारण उसके पाँव में चोट लग गई। और उस दुर्घटना के कारण, जो बिलकुल एक आकस्मिक घटना थी टैलीरॉ को वैधता से वंचित कर दिया गया। टैलीरॉ का ऐसा *भाग्य* हो गया जैसे वह कहीं पड़ा मिला, अज्ञात माता-पिता की सन्तान था। इस बिन्दु से आगे, उसने दुहरी वंशावली स्वीकार की जिनका सम्बन्ध जीवन-सीढ़ी के सबसे निचले और सबसे ऊँचे सोपान से था। उसमें प्राचीन रक्त (भी) था, जो दुर्भाग्य की चोट से अभिशापित हो गया किन्तु वह जंगली पौधा भी बन गया जो एकान्त निर्जन में बढ़ता रहता है। उसका जन्म एक स्मृति-सम्पन्न देश में हुआ। पर वह अपने पिता के साथ कभी न रह पाया। बहुत पुरानी जड़ जो (ज़मीन से) उखड़ी हुई थी। वह ऐसा व्यक्ति था जिसके पास दूसरों को शरण देने की शक्ति थी और (साथ ही) ऐसा व्यक्ति भी था जिसे निरन्तर शरण माँगनी पड़ती थी।

टैलीरॉ पैरीगोर की कुलीनता न तो श्रेष्ठ भावों की कुलीनता है और न ही यह इससे आकृष्ट होती है। ये जैव कुलीनता है, जो स्वयं को न तो न्यायोचित ठहराने देती

है और न ही स्पष्ट होने देती है। *Re que Diou* कि परिवार इस बारे में केवल ईश्वर को जवाब देगा। यदि कोई उत्तर दिए जाने हैं, तो वे अदृश्य होंगे और कोई उनका आकलन-सत्यापन नहीं कर सकेगा। शेष लोगों के लिए, कुलीनता "एक नाम, और एक शौर्य-चिह्न है।" एक विरासत है, व्यक्ति जिसका अस्थायी वाहक है। और इस प्रकार, उस व्यक्ति पर अधिक ध्यान नहीं दिया जाता, सिवाय उन स्थितियों में जहाँ 'परिवार' पर विचार के सन्दर्भ में व्यक्ति की बात होती है ("क्योंकि बड़े घरों में ये *परिवार* ही होता था जिसे लोग युवा सदस्यों की तुलना में प्रेम करते थे। क्योंकि तब उनके विषय में कुछ भी ज्ञात नहीं होता था।")। यह बलिदान का अन्तिम स्वरूप है–जो अब आकर बिलकुल खोखला, बस सिर्फ़ छिलका रह गया था–जो कुलीनों के अन्दर चला आ रहा था जो केवल अपना परित्याग करके बलिदान त्याग सकता था। इस कारण, टैलीरॉ उस क्रूरता, उदासीनता और सनकीपन की भयंकर यन्त्रणा सहने वाला था जो व्यक्ति के रूप में उसके चारों ओर फैली हुई है और जो बलिदानी शिकार की युवा भूमिका में उसका सुरक्षा कवच है (प्रथम जात लँगड़ा शिशु जिसे फेंका और चर्च के लिए छोड़ा जा सकता है, क्योंकि वह एक सच्ची शान, हथियारों की, प्राप्त करने में अक्षम है; किन्तु वह बलिदान की व्यवस्था को साफ-तौर पर कभी अस्वीकार नहीं करेगा। इसके विपरीत, उसकी राजनीति की नींव बलिदानी वंशानुक्रम के प्रति सम्मान में निहित है–असह्य पर एकमात्र सत्य। ऐसे युग में किन्तु बलिदान से अधिक असह्य दूसरा कुछ और नहीं है जो इसे अस्वीकार करता है। ऐसा युग जिसमें टैलीरॉ रहता है। उसकी राजनीति का प्रवाह और पकड़ में न आने वाला गुण उस डरावनेपन को कुछ कम कर देता है, थोड़ी देर के लिए इस पर कुलीन और रक्तरंजित अतीत के रंग चढ़ा देता है।

टैलीरॉ के अनुसार राजनीति का प्रथम दृश्य उसकी दादी माँ, मौरटेमा के घर "शाटो (महल) के विशाल कमरे में जिसे हम 'द फार्मेसी' कहते थे" खुला। वहाँ अपनी दादी माँ की मख़मली आरामकुर्सी के बगल में बैठकर (जहाँ उसको जन्म-अधिकार के कारण बिठा दिया गया था–जैसा वह ज़ोर देता है–पाँच वर्ष की उम्र में उसी तरह जैसे वह बाद में बारी-बारी से नैपोलियन, लुई XVIII, चार्ल्स X, लुई-फिलिप के बराबर में बैठनेवाला था) बालक टैलीरॉ ने शक्ति के आदिकालीन रहस्य का अवलोकन किया; वह भी रोग मुक्त करने की योग्यता, जो दिव्य शक्ति-सम्पन्न राजा क्षय से पीड़ित लोगों पर दर्शाते थे। (लुई XVI इस शक्ति को रीम्स के गिरजाघर में प्रयोग करता रहा और युवा पादरी के रूप में टैलीरॉ ने देखा कि राजा सुदूर प्रान्तों से आए दो हज़ार चार सौ पीड़ितों के लिए ये शब्द दुहराता था, "ईश्वर आपको ठीक करने की कृपा करे; राजा आपको स्पर्श कर रहा था है।") दादी माँ मौरटेमा इस शक्ति का प्रयोग रोगी ग्रामीणों पर करती थी और अपने बचपन में टैलीरॉ इन अनुष्ठानों में श्रद्धापूर्वक भाग लेता था। ऐसे अवसरों पर दादी माँ "लेस लगी हुई रेशमी पोशाक

पहनती थी। वह अनेक प्रकार के फीतों से सजी होती और उसकी बाँहों पर ऐसी बो होती थीं जिनका रंग मौसम के रंगों से मेल खाता था। कलाइयों पर उनकी पोशाक की चुन्नरदार झालर बड़ी होती थी और उसमें तीन परतें होती थीं। गले में स्कॉर्फ़, बौनेट पर तितली के आकार की बो होती और एक काली टोपी, जिसे नीचे फीते से ठोड़ी के साथ बाँध दिया जाता था—यह होती थी उनकी इतवार की पोशाक। अन्य दिनों की तुलना में यह पोशाक कहीं ज्यादा सजावटी होती थी। उनके चारों ओर, पैरीगोर के कुलीनों का समूह होता जिसमें वे अपनी पदवी के अनुसार बैठते थे; और यहाँ मौजूद लोगों को नियन्त्रित करते थे दादी माँ के लिए थोड़ी-सी जगह खुली छोड़ दी जाती, दोनों ओर कुलीन होते और दादी माँ काली पॉलिश वाली मेज़ के पीछे अपनी मख़मली कुर्सी पर बैठती थी। और कई तरह के मरहम, शर्बत और दूसरी दवाएँ अनुष्ठान के हाव-भाव और मुद्राएँ बनाकर कृषकों में बाँटती थी।

उसकी दादी माँ बतला देतीं कि कौन-सा मरहम लगाया जाना है और "भद्र पुरुषों में से कोई एक, जो उसके साथ यहाँ उपचार-सम्मेलन में आते थे, जाता और वह मरहम ले आता। दूसरा उस पेटी को पकड़े रहता जिसमें पट्टी का कपड़ा रहता। छोटा टैलीरॉ तब इसमें से कपड़े का एक हिस्सा बाहर निकालता, उसे खोलकर पकड़े रहता और दादी माँ इसमें से पट्टी काट लेती। चीन में शांग वंश के समय से ये धर्म गुरु का कर्तव्य होता था—यह सुनिश्चित करना कि पट्टी का कपड़ा सही नाप का काटा जाए। इस गम्भीर, पवित्र दृश्य का वर्णन करते हुए (हालाँकि उसने ऐसा कहा नहीं) टैलीरॉ राजनीति के अपने महान विचार प्रस्तुत कर रहा था, जो बाद में ऐसी चालों और योजनाओं के होंगे, कि जिन चालों को दुबारा चलने का दावा कोई दूसरा व्यक्ति नहीं कर सकता। और इसी दृश्य में उसने एक ऐसा यथार्थ देखा जिसे अब तक कोई स्पष्ट नहीं कर पाया और जो सदैव उसके पथ-प्रदर्शक की भूमिका निभाने वाला था। 'भावनाओं की परम्परा' में समय और किसी गुणवत्ता के बीच सम्बन्ध मूल रूप से पोषक, किन्तु विनाशक, रिश्ता। केवल समय ही हर यथार्थ को अपनी *मधुरता* स्रवित करने देता है। अन्यथा स्वाभाविक रूप में सब कुछ कठोर, स्वादहीन और बंजर है। पुराने पैरीगोर कुलीन, जो मदाम द मौरटेमा के प्रति सम्मान व्यक्त करते थे और इतने विनम्र थे कि अपने अस्तित्व का कोई भी चिह्न पीछे न छोड़ जाने के लिए तैयार थे, किसी अप्रत्याशित स्थिति के आगमन की सूचना अपनी मौन पदचाप से दे रहे थे और बालक टैलीरॉ को यह संकेत कर रहे थे कि वह इसे कैसे सहन करे : "पैरीगोर कुलीनों की आदतें उनके पुराने शातो जैसी ही थी : उनमें एक भव्य और स्थिर गुण था; प्रकाश उनमें मद्धिम रूप से, किन्तु कोमलता से प्रवेश करता था। लोग उपयोगी धीमेपन के साथ एक अधिक प्रबुद्ध सभ्यता की ओर बढ़ रहे थे।"

टैलीरॉ के सारे ही कार्यों में शक्ति का पावन स्रोत अन्तर्निहित है (हालाँकि उसने इसका वर्णन कहीं नहीं किया और शायद इस विषय में अधिक विचार भी नहीं

किया होगा)। इसमें उसकी कला का अन्तर्विरोध मौजूद है : उसने देखा कि यह स्रोत एक ऐसे युग में—प्रथम युग में—काम करता आ रहा था जिसमें अलंकरण का सम्प्रेषण अनिवार्य रूप से समाप्त हो गया है। इस प्रकार, अब पावनता को गल्प बनना था और चुनौती यही थी कि इसे सशक्त गल्प कैसे बनाया जाए : एक राजवंश का, नैपोलियन के साथ, आविष्कार करना; वियेना की कांग्रेस के साथ ही यह दावा भी करना कि अभी भी 'सिद्धान्त' पर निर्भर किया जा सकता है—निश्चित तौर पर उस 'वैधता' पर जिसे हाल ही में दफ़ना दिया गया था; लुई-फिलिप के साथ (मिलकर) यह सुनिश्चित करना कि समाज एक विद्रोह को भी स्वीकार्य मानेगा। दूसरे किसी की तुलना में स्वयं टैलीरॉ अपने ही द्वारा प्रस्तावित गल्पों में कम विश्वास करता था। 'वैधता' कुछ ऐसी चीज़ से मिलती-जुलती बन गई थी जो मैक (मैकियावेली) के युग में 'अहं' कही जा सकती थी : एक अस्थिर किन्तु उपयोगी मार्गदर्शी। वह जानता था कि हर बार लक्ष्य यही होगा गल्प को कुछ और वर्षों के लिए बनाए रखा जाए। उसके बाद, नकल या अनुकरण अपने अन्त तक पहुँच जाएगी : और यह नकली सच्चाई की आधारशिला से जा टकराएगी। किन्तु शक्ति का सम्प्रेषण (साथ ही विचार का सम्प्रेषण) भी उन फिसलन भरी, अस्थिर, खतरनाक गल्पों जैसा होगा—इनके अतिरिक्त कुछ और हो ही नहीं सकता—जो एक बार फिर शक्ति सार को अपनी पकड़ में ले लेंगी, या बोतल से ढक्कन को कम-से-कम क्षणिक रूप से तो हटा ही देंगी। जहाँ तक *नवीन* और *प्राचीन* शक्ति के बीच छिपे हुए अन्तर का प्रश्न है या *नई* शक्ति की रहस्यमयी दुर्बलता की बात है, जो ख़ासतौर से सत्ता के आडम्बरपूर्ण ढाँचे से जुड़ी हुई है, टैलीरॉ ने हमारे लिए अपनी दादी माँ की फार्मेसी की नीति-कथा के साथ एक कटु, संक्षिप्त, निर्णायक टिप्पणी छोड़ी है : "ऐसी औषधशालाएँ हो सकती हैं जहाँ दवाएँ अधिक हों वे अधिक वैज्ञानिक हों और उन्हें निःशुल्क चलानेवाले प्रसिद्ध डॉक्टर हो सकते हैं, किन्तु वे अपनी ओर इतने गरीब लोगों को आकृष्ट नहीं कर सकतीं या इससे भी महत्त्वपूर्ण यह है कि वे लोगों का इतना भला नहीं कर सकतीं (जितना उसकी दादी माँ की फार्मेसी करती थी)। उन फार्मेसियों में आम आदमियों को रोगमुक्त करने के शक्तिशाली साधनों की कमी होगी—जैसे सदाशयता, सम्मान, आस्था और कृतज्ञता।" अत्यन्त सुस्पष्टता और बिना दिखावे के टैलीरॉ का उद्देश्य, यहाँ और केवल यहाँ, शक्ति के करिश्मे का वर्णन करना था।

लाफेयेत द माक्वी प्रजातन्त्रों का नायक है। हमेशा घोड़े पर सवार, खाली निगाह भीड़ को नापती हुई। वह उत्सुकतापूर्वक "जन-समूह की मुस्कान से मिलने वाली स्वादिष्ट अनुभूति" को तलाशता रहता है। वह जानता है कि कम, किन्तु दृढ़ता से सोचना महत्त्वपूर्ण है। और सबके ऊपर व्यक्ति के लिए यह जानना ज़रूरी है कि विशिष्ट हाव-भाव के सही क्षणों को जो बाद में उदाहरण का काम करें, कैसे पकड़ा

जाना चाहिए : जैसे एक खिड़की के सामने खड़े होकर एक आलिंगन, जबकि नीचे एक भीड़ शोर मचा रही हो; एक सफ़ेद घोड़ा, हवा में फहरती एक कलगी। समय से विश्वासघात के साथ, जो इस मौके पर आवश्यक प्रशंसा के नीचे लगभग दबा दिया गया है, सेंट-बौबे कहता है कि लाफेयेत ने "सम्मान की मूर्ति को दूसरी मूर्ति में बदल डाला : लोकप्रियता की मूर्ति में।" अगला व्यंग्य है : "लाफेयेत का मुख्य लक्ष्य है सम्माननीय अर्थों में मत प्रकट करना और प्राचीन अर्थ में *गौरव* है"—स्तुति के उस ढंग की ओर संकेत, जिस तरह यह बदली गई है, यह छवि की प्रकट प्राचीन भव्यता से बदलकर समसामयिक दिमाग़ी भूसा बन गई है।

नए कर्मकांड को देखकर टैलीरॉं को हँसी आती थी, क्योंकि यह किसी भी नए और धर्मनिरपेक्ष कर्मकांड की तरह ही कर्णभेदी और बेढंगा था। किन्तु लाफेयेत के लिए ये शुद्ध ताज़े पानी जैसे हैं जो उसकी वर्दी को निरन्तर रूप से ऐसे साफ़ किए जा रहे हैं कि कोई भी फोटोग्राफ़िक प्लेट उन्हें दर्ज नहीं कर सकती थी (और न ही अगले कुछ और वर्षों में करने वाली थी)। यह नायक अनेक अश्लीलताओं का मॉडल बन जाएगा, किन्तु यह नहीं कहा जा सकता कि उसके व्यक्तित्व में कोई अश्लीलता है। यदि कुछ है तो बस इतना कि वह कुछ हास्यास्पद है। वह अभी तक प्राचीन व्यवस्था के धुँधले प्रभामंडल से आरक्षित है, उन अनेक सुन्दर महिलाओं की स्मृति से जिनका हृदय उसने जीता था, यहाँ तक कि कठोर मदाम द सिमियाँ जैसी हस्ती का भी। उसकी देशभक्तिपूर्ण वृद्धावस्था एक सम्मानित बदरंग झंडे की तरह होगी और उसी से बड़े-बड़े अक्षर निःसृत हो रहे होंगे जिनकी गूँज अनेक संसद भवनों में सुनाई देगी, और फिर शहरों के चौक में। इसके बाद अगस्त 1914 के फ़ौलादी तूफ़ान में कुछ आश्चर्य और अनिच्छा से वह गूँज पुनः प्रकट होगी। अन्य व्यक्तियों की तरह ही, उन्होंने इसकी इच्छा नहीं की थी।"

लाफेयेत के साथ, *अच्छे उद्देश्यों* और मूर्खता के बीच एक गठबन्धन स्थापित हो जाता है। इस बिन्दु के आगे, अब जो कोई भी मानव की भलाई की बात सोचेगा, वह एक व्यक्ति की अत्यधिक अस्पष्ट—उदार, कुंठित, दिखावे वाली छवि की कल्पना करेगा। लाफेयेत की सुरक्षा के लिए एक अज्ञात सैनिक साथ चलता है। साहस का आकर्षण पुनः प्राप्त करने के लिए सीमौन वील की प्रतीक्षा करनी होगी। और ऐसा इसलिए कि वील प्लेटो द्वारा बतलाई गई *अच्छाई* पर गहराई से ध्यान देता है।

लाफेयेत पूरी तरह से टैलीरॉं के विपरीत है। वे दोनों ही एक-दूसरे के थोड़ा आगे-पीछे पैदा हुए और मरे; दोनों के शानदार पूर्वज थे; दोनों ने ही हर चीज़ में भाग लिया। प्रारम्भ में ही इस विषय में आश्वस्त होकर कि *वह समय के साथ चल रहा है,* लाफेयेत कभी-कभी ऐतिहासिक पोज बनाने और कैसे-न-कैसे जीवित रहने पर आमादा है। चीज़ों की परख से बचने का उसमें अचूक गुण था। उसी के समान, टैलीरॉं भी *समय के साथ चलता है,* वर्तमान के रंग में रँग जाता है, कमीजें और कसमें

बदल लेता है। किन्तु यह वह कारण नहीं है जिसके लिए लोग उसे क्षमा नहीं करेंगे। इसके विपरीत ऐसा इसलिए है कि लोग सोचते हैं उसका नैतिकता-निरपेक्ष रुख तर्कसंगत और सच्चा है, और यह कि उसके निरन्तर बदलते और बेचैन पानी के नीचे ऐसी ठोस प्राचीन शिला छिपी हुई है जो लाफेयेत की काग़ज़ी मढ़ैया की तुलना में समय के अपमान का कहीं ज्यादा बेहतर ढंग से मुकाबला कर सकती है।

लाफेयेत के नाम पर टैलीरॉ के बहुत अपमान कर दिए गए, तो लाफेयेत से टैलीरॉ का बदला एक ऐसे न्यायाधीश ने लिया जो इस काम के सर्वथा उपयुक्त था : बाल्ज़ाक का वॉत्रिन। रास्तीग्नाक की दीक्षा के दौरान पूर्व-सजायाफ्ता उसे इन शब्दों से आनन्दित कर देता है : ''मेरे एक मित्र हैं जिनके लिए मैंने बहुत-कुछ किया है, वे लॉयर की फौज में कर्नल हैं, जिन्हें हाल ही में शाही गार्ड्स में शामिल कर लिया गया है। उसने मेरी सलाह मानी और एक क्रान्तिकारी बन गया : वह उन मूर्खों में से नहीं है जो अपनी राय को बहुत महत्त्व देते हैं। यदि मैं आपको कुछ सलाह दूँ तो, मेरे देवदूत, वह यह होगी—अपने मन में अपनी राय या अपने शब्दों को मत पालो। जब लोग आपसे सलाह माँगें, तो उन्हें (सलाह) बेच दे। एक व्यक्ति, जो अपनी राय कभी न बदलने की शेखी बघारता है ऐसा आदमी है जो स्वयं को सदैव एक सीधी लाइन में चलते रहने के लिए विवश करता है, एक ऐसा मूर्ख जो यह विश्वास करता है कि वह कभी ग़लती नहीं कर सकता। (दुनिया में) सिद्धान्त नहीं हैं; वहाँ केवल घटनाएँ हैं। वहाँ कानून नहीं हैं; केवल परिस्थितियाँ हैं। श्रेष्ठ आदमी घटनाओं और परिस्थितियों को अपनाते हैं ताकि वे उन्हें निर्देशित कर सकें। यदि सिद्धान्त और स्थायी कानून होते तो राष्ट्र उन्हें इतनी सरलता से न बदलते जैसे हम कमीज़ बदलते हैं। एक आदमी से यह आशा नहीं की जाती कि वह समूचे देश से अधिक बुद्धिमान होगा। जिस आदमी ने दूसरे की तुलना में फ्रांस की कम सेवा की है, उसका सम्मान उसकी पूजा करके किया जाता है क्योंकि उसे हर समय ख़तरा दिखाई देता था : ज़्यादा-से-ज़्यादा उसे *अकादेमी* में स्वचालित लोगों में 'लाफेयेत' का लेबल लगाकर रखा जाना चाहिए, जबकि उस राजकुमार ने, जिस पर हर कोई पत्थर फेंकता है और जो मानवता को इतना धिक्कारता है कि उसने इसके द्वारा माँगी गई हर शपथ को लेकर इसके मुँह पर थूका है, वियेना कांग्रेस में फ्रांस के विभाजन को रोक दिया। लोगों को यह चाहिए था कि वे उसे राजमुकुट पहनाते, किन्तु इसके बजाय उन्होंने उस पर कीचड़ उछाली है। ओह, मुझे भी कुछ बातें मालूम हैं। मैं बहुत से लोगों की गुप्त बातें जानता हूँ। किन्तु इस विषय में बस इतना ही।''

लाफेयेत पर अपने उबलते क्रोध को पूरी तरह उड़ेलना कठिन है। अन्य सब बातों के अलावा वह प्यारा-सा बौड़म है जो प्लूटार्क का नायक बनने का फैसला करता है उसी तरह जैसे दूसरे आम लोग धन के मामले में चतुर होने का दम भरते हैं। और वह इसका फ़ैसला इसलिए भी करता है क्योंकि इस पेशे में रुक-रुककर

काम किया जा सकता है, यानी यह आपको अन्तरालों में रहने का अवसर प्रदान करता है। जब वह विचारक देस्तू द ट्रेसी की सैलून में प्रवेश करता है, तो वहाँ की संचालक। 'मोहक स्वर में' उसे 'आइए प्रिय श्रीमान' कहकर पुकारती है, और वहाँ उपस्थित हर कोई उसके लम्बे कद की प्रशंसा करता है, जिसमें ऊपर "एक ठंडा भाव-शून्य चेहरा है, एक व्यर्थ पुरानी पारिवारिक पेंटिंग, एक ऐसा सिर जो भोंडे ढंग से बनी छोटी विग से ढँका है।" किन्तु स्टैंडहल के मन में कोई सन्देह नहीं थे : "किसी दूसरे को मुझे बतलाने की ज़रूरत नहीं थी, मैंने खुद अनुभव किया कि मुस्यो द लाफेयेत सीधे-सीधे प्लूटार्क का एक नायक था। वह एक-एक दिन करके जीवन जी रहा था, उसमें ज़्यादा अक्ल तो थी नहीं, जो भी सामने आ गया उसी बड़े काम को ऐपेमिनोन्डाज़ की तरह कर डाला। हालाँकि उम्र काफ़ी बढ़ चली थी और करने को कुछ था नहीं तो वह प्यारी-प्यारी लड़कियों की स्कर्ट्स को खींचने का काम करता था *(अशिष्ट :* नितम्ब की तरफ़ से छूना), और उसने यह हरकत चुपचाप कई बार की।" वह बेवकूफ था किन्तु उसके भाषणों की अस्पष्ट सामान्यताओं में एक तरह की 'मौलिक भव्यता' थी। जिन उच्च विचारों की वकालत वह बड़े जोश के साथ करता था, उनके लिए उसके मन में एक गहरी उदासीनता थी, एक स्वेच्छाचारी आदमी की तरह जो पथभ्रष्टता को बढ़ावा देने के लिए कोई भी मूर्खतापूर्ण उद्घोषणा कर देता है। मुस्यों द लाफेयेत अत्यन्त विनम्र है और प्रत्येक के प्रति स्नेहभावी है, किन्तु वह *राजा की भाँति विनम्र है।"* एक 'अद्‌भुत' प्रकार से वह इस बात को जानता था कि "सबसे अनिवार्य चीज़ है कभी किसी को अप्रसन्न मत करो और हर एक का नाम याद रखो।" जब लोग उससे दिन भर की राजनीतिक घटनाओं के बारे में बात कर रहे होते (और यहाँ उसे "सभी षड्यन्त्रकर्ताओं, सभी मूर्खों और उन सबको जो अपनी ही फूँ-फाँ में बह जाते हैं" उकसाने में कोई हिचक नहीं होती थी) उसकी आँखें केवल नए आगन्तुक को देखतीं, पुर्तगाल से आई एक नवयुवती जो, "मुस्यों द लाफेयेत की पन्द्रह या बीस कम उम्र भतीजियों के बीच दिखाई देती, लगभग सभी सुनहरी केशों, गोरे रंग और साधारण चेहरों वाली" जो "नीले सोफ़े पर जैसे युद्ध सज्जा में कतार में बैठी होतीं")।

"लूसियैं को भले आदमी गौतिय की कुछ ऐसी बातें सुनने के लिए विवश होना पड़ा, कि किस तरह पेरिस के नौजवान अमेरिका, प्रजातन्त्र और प्रिफैक्ट्स्ट जिन्हें सत्ता द्वारा आम सभा के सदस्यों में से होता है—जैसे विषय पर कैसी चरपरी चर्चा करते हैं।

"जब वह इन तर्कों को सुन रहा था, जो छपे रूप में सब जगह उपलब्ध हैं, तो लूसियैं ने सोचा : द यू पौरिय और गौतिय के भावों में कितना अन्तर है। पर यह भी सच है कि गौतिय उतना ही सच्चा है जितना दूसरा शैतान। हालाँकि मेरे मन में उसके लिए गहरी श्रद्धा है, फिर भी मैं जगा नहीं रह सकता। यह सब होने के बाद मैं अपने

आपको रिपब्लिकन कैसे कह सकता हूँ? इससे यही सिद्ध होता है कि मैं गणतन्त्र में रहने के लिए नहीं बना हूँ; मेरे लिए तो यह अति सामान्य, तुच्छ दिमाग़ वालों का अत्याचार होगा और मैं तो इनमें सबसे अधिक सम्माननीय कहे जाने वाले को भी बर्दाश्त नहीं कर सकता। मेरे लिए तो जिस चीज़ की ज़रूरत है वह है शैतान और विनोदी प्रधानमन्त्री, जैसे वाल्पोल या मुस्यों द टैलीरॉं।''

''उधर गौतिय इन शब्दों के साथ अपना भाषण समाप्त कर रहा था; 'किन्तु फ्रांस में कोई अमेरिकन नहीं है।''

''रोयेन या लियो से किसी लालची और कल्पनाहीन छोटे व्यापारी को पकड़ लाओ, और बस आपकी भेंट अमरीकी से हो जाएगी।

'' 'अरे, आप मुझे कितना दुखी करते हो,' गौतिय चिल्लाया, वहाँ से जाने के लिए उठा, वह दुखी था। उस समय एक बज रहा था।''

लूसियैं के लिए टिप्पणी

मेरे प्रिय,

भद्र गौतिय से तुम्हारी भेंट हुए लगभग डेढ़ सौ वर्ष बीत गए हैं, और बैस्तील के किले पर धावा हुए लगभग दो सौ साल हो चुके हैं; मैं तुम्हें कुछ ख़बर देना चाहता हूँ। गौतिय ने, जिसके पीछे उसके अनुयायी उसके विचार फैलाते रहे हैं–जो अब प्रदेशों में दफ़न नहीं हैं अपितु जिन्होंने साहसपूर्वक उन सब दुनियाओं में प्रवेश कर लिया है जो 'मुक्त' होने की प्रक्रिया में हैं–गौतिय ने कभी एक क्षण के लिए भी बोलना बन्द नहीं किया। सच तो यह है कि वह उधर से गुज़रने वाले हर किसी को बातचीत के लिए आमन्त्रित कर लेता है। इसी दौरान Ligue des compagnons (उसके साथियों के समूह) ने पक्की तरह साबित कर दिया है कि वे साधारण जीवन जीने के विरोधी हैं। और जब कभी इसकी (कोई) सद्‌गुणी नारी प्रतिनिधि स्वयं को यदा-कदा पथभ्रष्ट होने देती है, तो वह चुपके से लजाते हुए दफ़्तर आ जाती है। हम चाहते हैं कि वे निनोश्क जैसे बौने नज़र आएँ, किन्तु आजकल इस प्रकार के बौने शरीर वाले भी नहीं मिलते। एक अच्छे लक्ष्य को लेकर जो नर-संहार किए गए वे सब व्यर्थ गए। और उसी के समान भाई द्वारा भाई का गला काटना भी बेकार गया। उबाऊपन की धाराओं के बीच अच्छे इरादों की लहर अभी भी उठती-गिरती रहती है। जनता की इच्छाएँ और न्याय का लक्ष्य अभी भी अपनी निगाह छोटी-छोटी पवित्र देव-छवियों पर गड़ाते हैं, किन्तु उनकी कलात्मक कोमलता कभी प्राप्त नहीं होती। आज दिन तक भी, कम ही लोगों को यह अहसास है कि *अच्छाई* के लिए साहस दिखाने में क्या-क्या शामिल है, हमने मजबूरी में मक्कार लोगों के पोषण में, उनकी निरन्तर दुरभिसन्धियों और चालबाज़ियों में न जाने कितने वर्ष यूँ ही गुजार दिए। हमारे चारों ओर जीवन को बदलने का निरन्तर आग्रह है, किन्तु इन आग्रह करने वालों को जीवन के तथ्यों का ज्ञान बिलकुल नहीं है। जब तुम सिवितावेशिया में *सूवैनीर दई गोतिज़्ये* की रचना में अपने ढंग के स्वतःलेखन का प्रयोग कर रहे थे, तो तुम्हें यह आशा थी कि वे पृष्ठ तुम्हारी मृत्यु के दस वर्ष बाद प्रकाशित किए जाएँगे। तुम्हें डर था मरने के बीस वर्ष बाद तो शायद ज़्यादा देर हो जाएगी : किन्तु एक बार यदि *जीवन के ढंग बदल गए,* तो पाठक केवल जनसमूह को ही देखेगा। किन्तु तब

तुमने अपने आपसे पूछा, ''किन्तु इन खेलों में, जिन्हें मेरी लेखनी खेल रही है, *जनसमूह* हैं कहाँ?'' जरा सोचो : गौतिय, तुम्हारा अर्थभेद ही जनसमूह या असंख्य लोगों की भीड़ बन गया है (जैसा एक स्त्री प्रोफ़ेसर ने कहा, जो अपने समय के नारों से किसी प्रकार का समझौता नहीं करना चाहती थी)। तुम्हें मेरा प्यार और इस आशा के साथ कि आज शाम तुम अपने ताश के खेल–व्हिस्ट–के लिए तो आ रहे हो न?

–टैलीरॉं

प्रिंस ऑफ़ वेल्स को सदैव की भाँति ही कपड़े पहनने में बहुत ही ज्यादा समय लग रहा था। लाक्लॉस, अपने दूरस्थ और खोए-खोए अन्दाज़ और बोलचाल में ठंडेपन के साथ, उस जाल में फँस गया जो कॉम्टे द टिली ने–एक शातिर आदमी–उसके लिए फैलाया था। ''मुस्यों द लाक्लॉस ने, जिसे दरबारी कौशल में कोई ख़ास योग्यता-कुशलता प्राप्त नहीं थी किन्तु जिसमें एक दार्शनिक या एक षड्यन्त्रकारी की नैराश्य-भरी अधीरता जरूर थी, जेब से अपनी घड़ी निकालकर देखने या आह भरने के बजाय बातें करना अच्छा समझा।'

''ले लायजों देन्जरियसेज़ का जन्म कैसे हुआ?'' जैसे ही लाक्लॉस को कमज़ोर होते देखा, वैसे ही टिली ने यह सवाल पूछ डाला। अन्ततः लाक्लॉस ने उसे बतलाया : यह एक सपना था जो उसने अपने प्रदेश में, ग्रेनोबल में देखा था, यह फ़ौजी जीवन की बोरियत का परिणाम था। उसका एक साथी सैनिक था, जो अब एक प्रसिद्ध वैज्ञानिक है, उसके कई औरतों से कई अफेयर चले थे। वह ऐसा आदमी था जो मानो औरतों के लिए ही पैदा हुआ था। उनमें से एक ग्रेनोबल की ही महिला थी, जो उपन्यास में काफ़ी टोन डाउन रूप में माकी द मैरटील के रूप में अवतरित हुई थी। लाक्लॉस और सैनिक आपस में बात करते थे, और कभी-कभी लाक्लॉस उसे सलाह देता था कि औरतों को पटाने में वह कैसे आगे बढ़े। बीते वर्षों में उसके कई और भी अफ़ेयर हुए थे–उसकी विष पेटी। उसे बस सिर्फ़ इतना करना था कि उन सब मामलों को अच्छी-सी सैटिंग में, पेरिस में जमा दे। और लगभग ऐसा ही हुआ। इतना बतलाकर लाक्लॉस अचानक रुक गया और उसने जल्दी से यह कहकर समाप्त किया, ''शैली में जितना हो सकता था उतना मैंने ध्यान रखा, और कुछ और महीने काम करके मैंने अपनी पुस्तक जनता के सामने प्रस्तुत कर दी। बाद में उसका क्या हुआ, मुझे कुछ नहीं मालूम। किन्तु मुझे बतलाया गया है कि पुस्तक अभी भी पढ़ी जा रही है।''

उस समय, जैसे वालमौं सैसिल वोलॉन्जे की टाँग को नियन्त्रित रहा था, वैसे ही लाक्लॉस अभी भी ड्यूक द ऑरलींस को नचा रहा था, जिसे लोग राजनीति का भयंकर वालमौ समझते थे। लन्दन से ड्यूक महत्त्वपूर्ण रणनीतिक पत्र भेजता था जिन्हें उसने अपने सलाहकार लाक्लॉस के मसौदों में से सावधानी और कुशलता से

नकल किया होता था। यह कैसा क्रिस्टल की तरह साफ़, पारदर्शी नशा था, वह उस आदमी को नियन्त्रित कर रहा था जो सम्भवतः क्रान्ति की योजना को अपने नियन्त्रण में लिये हुए था। री द्वीप की सैन्य नीरवता से लेकर, जहाँ ले लियेज़ौं की रचना की गई थी, वह एक उन्माद-भरी मकड़ी बन गया था, जो यह सोचती है कि सारी दुनिया उसके जाल में फँसी हुई है। कुछ महीने बाद, लाक्लॉस न केवल ड्यूक द ऑरलींस पर षड्यन्त्र रच रहा था अपितु जैकोबिन क्लब पर भी फन्दा फेंक रहा था और एक हद तक उसने किया भी। फिर घटनाओं के तेज़ बहाव में मकड़ी का जाला बह गया। *ला स्काला* (थिएटर) के बॉक्स में बैठे तोपखाने के जनरल लाक्लॉस ने अपने चारों ओर देखा तो नितान्त वीराना लगा, : उसे शायद *ऑपेरा सीरिया* को छोड़कर इटालियन ऑपेरा बफा से अधिक उबाने वाला कुछ और न दिखा। *फ़ौजी* अधिकारियों के लिए सुरक्षित बाक्स में लाल-लाल गालों वाले घुड़सवार सैनिक ने जो अभी भी लजीला और जिज्ञासु लड़का ही था, प्रवेश किया। जब लाक्लॉस को यह पता लगा कि वह नौजवान, सेकंड लेफ्टीनेंट बेल, भी ग्रेनोबल प्रदेश का ही है तो उसकी भंगिमा कुछ 'ढीली' पड़ी। प्रदेशों से प्रदेशों तक, वह सोच रहा था, उसने मिलान के विषय में सोचा, एक ऐसा शहर जिसमें उसे कोई आकर्षण ही प्रतीत नहीं हुआ, जिसमें सिर्फ़ मकान और गलियाँ ही थीं। शायद वह क्षण आ गया था कि वह फिर लेखन की ओर लौट चले। एक प्रोजेक्ट, जिस पर उसने अपनी वृद्धावस्था में काम करने की योजना बना रखी थी, उसे बड़ा प्रिय था : एक ऐसी रचना जो *'जीवन में सुख केवल परिवार में है'* विचार को लोकप्रिय बनाने को समर्पित होती। यह कोई छोटा-मोटा लेखन नहीं था। "घटनाओं को उचित ढंग से क्रमवार लगाना काफ़ी कठिन काम होगा, और सबसे बड़ी कठिनाई तो यह थी कि उपन्यासीय युक्तियों का सहारा लिये बिना विषय में रुचि कैसे जाग्रत् की जाएगी?"

1790 में प्रचलित शैलियों और बिम्बों का मिश्रण शीघ्र ही एक ऐसी एकता में ढलने जा रहा था जिससे लोग संदूषण की भाँति भयभीत होंगे। कोई भी दोगली चीज़ ख़राब थी। गलियों में, पोशाक की शैलियों में दिखाई देनेवाली विभिन्नता ग़ायब हो गई और लोगों ने "नई दुनिया के यूनिफॉर्म कोट पहनना शुरू कर दिया," जो इस बात का पहला चिह्न था कि बुर्जुआओं को गुज़रते देखकर भी कोई उन्हें पहचान नहीं पाएगा। मंच पर भी लोगों ने उस एकता को पुनः खोज लिया, जिसे मानवता ने कदाचित् कल्पित सर्वाधिक पेचीदा स्वर्ण युग में पाया था। शैतूब्रियाँ ने, जिसने अमरीका में भ्रमण-भटकाव में अछूते वन-जंगलों के पेड़-पत्तों की सरसराहट, क्रियोल यौनाकर्षण और नियाग्रा प्रपात की 'दिव्य अव्यवस्था' को अभी हाल ही में अनुभव किया था, मुक्तिदाताओं के मधुर संगीत को सुना : "जहाँ एक ओर त्रासदियों ने सड़कों को रक्तरंजित किया, वहीं रंगमंच पर देहाती प्राकृतिक कविता फूट पड़ी। सभी को केवल अबोध चरवाहे, कुमारी चरवाहिने लड़कियाँ ही दिखलाई दीं : खेत,

जल-धाराएँ, चारागाह, मेंढे, शान्ति के प्रतीक कबूतर, छप्पर के नीचे स्वर्णिम युग—बाँसुरी की धुन के साथ-साथ ये सब जैसे पुनर्जीवित कर दिए गए, गुटरगूँ करती हुई थरसेज, बुनाई करती भोली-भाली स्त्रियाँ जिन्होंने हाल ही में गिलोटीन के भयानक दृश्य देखे थे। यदि सैंसन के पास समय होता तो वह कोलिन की भूमिका अदा करता और थैरोइन द मैरीको बाबे की भूमिका में होता। कन्वैंशन के सदस्यों को इस बात का अभिमान था कि वे सर्वाधिक उदार हृदय एवं दानी हैं। अच्छे पिता, अच्छे बेटे, अच्छे पति—वे अपने बच्चों को टहलाने ले जाते; वे आया की भूमिका निभाते; अपने बच्चों को मामूली खेल खेलते देख उनकी आँखें खुशी से छलछला आतीं; वे अपने छोटे अबोध बच्चों को अपनी गोद में लेकर घोड़ों द्वारा खींची जा रही वे सैनिक गाड़ियाँ दिखाते जो कैदियों को फाँसी दिए जाने के लिए ले जाती थीं। वे प्रकृति, शान्ति, पवित्रता, दान, उदारता, भोलेपन और घरेलू सद्गुणों के गीत गाते। ये धर्मांध परोपकारी अपने पड़ोसियों के सिर अत्यधिक संवेदनशीलता से कटवा देते थे ताकि मानव जाति की खुशी को हमेशा-हमेशा के लिए बढ़ाया और बरकरार रखा जा सके।

पेरिस की फिज़ाँ : हीगल पेरिस में और 'पेरिस के अन्दर पेरिस' में भौचक्का-सा घूमता फिरा; उसने पैले रॉयल देखा; उसने मैनुएल द इत्रेंजर्स में दी गई हिदायतों का ईमानदारी से पालन किया, भले ही विक्टर कजिन उस पर हँसे। बर्लिन में अपनी प्रतीक्षा करती मैरी हेलेना को वे चीज़ें बतलाना वह नहीं भूला जो उसे सबसे अधिक उल्लेखनीय लगीं : "आज, उदाहरण के लिए, हम एक *ऐबेटॉय* देखने गए—यानी एक बूचड़खाना। दुनिया के किस और शहर में मैं एक बूचड़खाना देखने जा सकता था भला? किन्तु यह एक उल्लेखनीय चीज़ है—और ऐसे अन्य सैकड़ों हैं—जिसके लिए पेरिस नैपोलियन का ऋणी है...वहाँ जाने से पहले, हमने स्टॉक एक्सचेंज देखा, इसकी नींव भी नैपोलियन ने ही रखी है। क्या शानदार मन्दिर है।"

आइए, हम टैलीरॉ को उसके युग के चित्र से हटाने की कोशिश करें, उसके सारे निशान मिटा दें। फिर कमी किस बात की है? तरलता। क्रान्ति का भोंडापन शेष रह जाता है, और रह जाता है वैधता दर्शाते वर्षों का, डायरेक्टरी का, बोनापार्ट के समर्थकों का और बुर्जुआओं का भोंडापन। बार-बार टक्कर मारकर तोड़ते लट्ठे की तरह, वे सभी एक ही दीवार पर सिर मारते हैं। जब नगरपालिका का हर एक पक्षधर *पार्टी* के दर्शन में अन्ततः अपनी तत्त्व मीमांसा खोज रहा था, उस समय टैलीरॉ आकाश और जल की भाँति उदासीन, अछूता बना रहा : गतिमान, सबकी पकड़ से दूर, विभिन्न आस्थाओं के बीच अक्षुण्ण, अटूट।

टैलीरॉ को *सुभाषित* पसन्द नहीं थे। उसके लिए, पूर्ण एवं श्रेष्ठ व्यवहार केवल उस व्यक्ति का था जिसे वह बहुत कम जानता था—अपनी माँ। और टैलीरॉ की माँ *अच्छे शब्द* बोलने से ऐसे बचती फिरती थी जैसे आदमी प्लेग से बचता है; वह उन्हें हर वार्तालाप का नाश करने वाला मानती थी। "जब मैं अपनी माँ से मिलने गया, तो

मैंने वह समय चुना जब वह अकेली थी, ताकि मैं उसकी कुशाग्र बुद्धि कौशल को अच्छी तरह समझ सकूँ। बातचीत में, मुझे कोई ऐसा आदमी नहीं मिला जो तुलना में उसके आगे ठहर सके। उसे किसी भी तरह का मिथ्याभिमान नहीं था, बिलकुल नहीं। वह केवल बारीकियों, सूक्ष्म सन्दर्भों में ही बोलती थी। सुभाषित कभी नहीं बोली : ऐसा करना बेबाक होना समझा जाता। *अच्छे शब्द* याद रखे जाते हैं और वह तो केवल अच्छे स्वभाव वाली महिला के रूप में दिखना चाहती थी और चाहती थी कि उसके शब्द भुला दिए जाएँ।''

''निरन्तर हल्का-फुल्का ढंग जिसमें वह भारी-से-भारी मामले को उठाता था... ।'' टैलीरॉ की सहजता और सबसे ऊपर 'सबसे कठिन मामलों' को निबटाने में उसका हल्कापन वह संकेत है जो उस छिपे हुए उद्देश्य को बतलाता है जिसे उसने अपने लिए निर्धारित कर लिया था। दुनिया में कोई ऐसी चीज़ नहीं है जिसको हल्के-फुल्के ढंग से न लिया जा सके; यह उसका मूल तर्क है। लोग इसे स्वीकार करने से डरते हैं, किन्तु टैलीरॉ इसे स्वीकार करता है और अपनी सब क्रियाओं में इसी से काम लेता है।

यही वह एक विशेष बात थी जो उसके और अन्य व्यक्ति के बीच न मापी जा सकने वाली दूरी—कई लोग इसे राक्षसी कहेंगे—तय करती थी। टैलीरॉ जानता है कि वह हल्केपन का प्रयोग कर सकता है क्योंकि चीज़ों में अब एक निश्चित वजन नहीं रह गया है। वे घटती-बढ़ती रहती हैं—बहुत विशाल, वाष्पीय, विषैली-संस्थाएँ। वे अपने आपमें एक जगह स्थिर नहीं रहतीं। कुछ भी स्थिर नहीं रहता। इच्छा (शक्ति) से अधिक अशरीरी और अधिक रिक्त चीज़ कोई दूसरी नहीं है और न ही यह सम्भव है कि मौन रिक्तता, शुद्ध संपीडित ऊर्जा एवं इससे प्रेरित दुनिया-भर के रूपान्तरणों के बीच निकटस्थ द्रष्टव्य कड़ी ढूँढ़ी जा सके, प्रायः विध्वंस से पहले विराम का पल नहीं होता।

धारा के बीच रहना

टैलीरॉ ने जल्दी ही यह भाँप लिया कि अब सत्ता संघर्ष शतरंज की बाजी की तरह नहीं होंगे जहाँ एक चाल के बाद दूसरी चाल बहुत सोच-समझकर धीमेपन से चली जाती है, अपितु एक ऐसी धारा के बीच होंगे जो उन सब चीज़ों से अधिक शक्तिशाली है जिन्हें वह अपने साथ बहा ले जाती है। उसने क्रान्ति के वर्षों को वह 'प्रचंड धारा' कहा था—वही प्रचंड धारा जिसे हम उसके अनेक समसामयिकों के पृष्ठों में पाते हैं। सेंट-सिमौन ने एक बार *रीजेंट* के विषय में लिखा था, "वह *मामलों* की हलचल और प्रचंड धारा के बीच ही रह सकता था।" किन्तु वह चीज़ जिसे 'पैदाइशी ऊबे हुए' व्यक्ति ने एक उत्प्रेरक के रूप में चुना, अब हर एक को और हर चीज़ को अमेज़न के भयानक प्रपातों की ओर लिये जा रही थी। यह प्रचंड वेगवान धारा कोई अद्‌भुत या आकस्मिक दुर्घटना नहीं थी जिसने इतिहास को उद्वेलित किया और फिर ग़ायब हो गई। नहीं, वह तो वास्तव में नई प्रचलित प्रेरणा की—प्रयोग करने का—अभिव्यक्ति थी जो इतिहास का एक भाग बन चुकी थी, और जिसने इसे सदैव के लिए बदल डाला था। टैलीरॉ को यह सभी जगह मिली थी, नैपोलियन के राज में ही नहीं *रैस्टोरेशन* (पुनः स्थापन) के अन्तर्गत भी दिखाई दी, और अन्ततः लुई-फिलिप के बुर्ज़ुआ शासन में भी। ओछे बुर्ज़ुआओं के पहले फलों को चखने के लिए उसके पास काफ़ी समय था, और ऐसा उसने प्रदेशों के अति उत्सुक पत्रकार, ऐडाल्फी थीय के उत्थान को प्रोत्साहित करके किया। टैलीरॉ जैसे सहानुभूतिहीन दृष्टिकोण से, *द रिएक्शन* एवं *व्हाइट टैरर* तो जैकोबिन रेस के पीछे आनेवाले रिले-धावक मात्र थे : "मैं क्रान्तिकारी चेतना दिखलाने के लिए ऑस्ट्रियन फौज के इन्टैंडेंट जनरल, काउंट वर्मसर के उस आदेश का ज़िक्र करना चाहता हूँ—इसे और कुछ नहीं कहा जा सकता—जो सरकारों की क्रान्तिकारी चेतना को इस दावे में दिखती है कि वे *रिवॉल्यूशन* के ख़िलाफ़ ही युद्ध कर रहे थे, जिसका मूर्त रूप बोनापोर्ट था।" जैसा टैलीरॉ ने सहयोगी सरकारों को भेजे गए अपने 31 जुलाई, 1815 के नोट में कहा था *रिवॉल्यूशन* से नैपोलियन तक की संक्रान्ति *समानता की चेतना* से *विजय की चेतना* की संक्रान्ति है। और यह कहा जा सकता था कि *रैस्टोरेशन* के कट्टरपन का सहारा लेकर *विजय की चेतना* सारे यूरोप में घुसपैठ करने के अपने लक्ष्य को प्राप्त करने वाली थी।

कुछ भ्रान्तियाँ टैलीरॉ ने कभी नहीं पालीं, जैसे—*व्यवस्था :* उसने अपने चारों ओर व्यवस्था को कभी नहीं स्वीकारा, यद्यपि वह इसे स्थापित करने के लिए प्रयत्नशील था। 1789 से लेकर उसकी मृत्यु तक, टैलीरॉ के लिए *रिवॉल्यूशन* कभी समाप्त नहीं हुआ और उसे दिखलाई दे रहा था कि आने वाले काफ़ी समय तक *रिवॉल्यूशन* समाप्त नहीं होगा। जुलाई 1830 से पहले उसने बैराँ द बरन्त को लिखा, "हम बिना चालक या कम्पास के एक अज्ञात दुनिया की ओर बढ़ रहे हैं। हाँ, एक चीज़ निश्चित है कि इसका अन्त जहाज़ के टकराकर नष्ट होने में होगा। *इंग्लिश रिवॉल्यूशन* आधी सदी तक चलता रहा। हमें अभी चालीस वर्ष ही हुए हैं, इसलिए मुझे इसके समाप्त होने की कोई आशा दिखलाई नहीं देती। मुझे इसमें भी सन्देह है कि वर्तमान पीढ़ी इसका अन्त देख पाएगी; और जब तक कोई ऐसी अप्रत्याशित घटना ही न घटे जिस पर हम भरोसा नहीं कर सकते, मेरा ख़याल है कि इसका अन्त देखने वालों के लिए भी यह कोई खुशी मनाने का अवसर नहीं होगा। हम नई जोखिम-भरी दिशा में जा रहे हैं।' टैलीरॉ के लिए, *क्रान्ति*—कार्यों और शब्दों का वह युग था, जिसमें ये किसी आकस्मिकता और तोप के गोलों की तरह ढीले फेंके जाकर निरन्तर जीवन पर आक्रमण कर रहे थे, अपनी खुरदरी उँगलियों से इसे रूपाकार दे रहे थे और इसे प्रतिक्रिया में ढल जाने के लिए बाध्य कर रहे थे। आगे बढ़ने की प्रक्रिया में भाग लेने का नशा, जैसे लहर समुद्र में न उठकर हमारी इच्छा का परिणाम हो, इसे काफ़ी समय तक उदार भ्रान्ति माना जाता रहा, किन्तु अन्त में स्पष्ट प्रज्ञा वालों को (1848 के बाद बॉदीलेयर और फ्लाबेयर) इससे मितलाहट होने लगी। इसके शानदार आरम्भ को दो शताब्दियों के अन्तराल से देखने पर, इस भ्रान्ति से केवल घृणा ही की जा सकती है; किन्तु यह अभी भी पश्चिम के (ऐसा पश्चिम जो दुनिया को चिपकाने वाले टेप की तरह बाँधे हुए है) बुद्धिजीवियों की चेतना का पोषण करती है। व्यक्ति आज भी निरन्तर 'जनता के पास' जाने का सपना देखता है, और अन्त में स्वयं को उनके साथ एक यन्त्रणा कक्ष में बन्द कर लेता है।

टॉकेवील के लिए भी फ्रेंच रिवॉल्यूशन *एक 'स्थायी* राज्य' की शुरुआत थी, सिद्धान्त और हिंसा का ऐसा नया गठबन्धन जो लम्बा चलेगा, ऐसा आभास दे रहा था। इसी दौरान मनुष्य की एक नई प्रजाति निरन्तर काम पर लगी हुई थी, यह दुनिया को ऐसी नई एकता देने की बात कर रही थी, जो इसके चारों ओर मौजूद सब चीज़ों को विखंडित करती जा रही थी, बिलकुल उसी तरह जैसे अपने चैत्यालयों में भिक्षुओं ने दुनिया के अदृश्य जोड़ों को सी दिया था जबकि उसके भीतर सभ्यता आक्रमणों से तार-तार हो रही थी। यह प्रजाति "एक उथल-पुथल मचाती नाशकारी नस्ल है, जो हमेशा ध्वंस के लिए तो तैयार रहती है लेकिन कुछ बना नहीं सकती। यह केवल हिंसा करती है, व्यक्ति के अधिकारों का तिरस्कार करती है और अल्पसंख्यकों को उत्पीड़ित करती है किन्तु (और यह नई बात है) दावा यह करती है कि ऐसा ही होना चाहिए।

यह इस सिद्धान्त से चिपकी हुई है कि एक व्यक्ति के अधिकार जैसी कोई चीज़ नहीं है, और न ही व्यक्ति का अस्तित्व है; केवल जनसमूह है, जिसे अपने लक्ष्यों की प्राप्ति के लिए कुछ भी करने की सदैव स्वतन्त्रता है। और यदि टॉकेवील इतिहास का वर्णन न करके केवल इसके बाबत सोचना चाहता, तो भी उसका वर्णन पहले ही रूसी उपन्यास की दिशा में भटक गया था : ''साठ वर्षों से दुनिया के किसी भाग में क्रान्ति का एक महान विद्यालय जनता के लिए सदैव ही खुला रहा है। एक विद्यालय जहाँ सारी बेचैन, हिंसक आत्माएँ, कर्जे से दबे हुए आदमी...पढ़ने और प्रशिक्षित होने गए।'' उदाहरण के लिए, बर्लिन विश्वविद्यालय, जहाँ बाकूनिन अपनी जड़ों से उखड़ा हुआ, अपने मित्र हरजैन से रुपया उधार लेकर 'विनाश की भरभराहट' चखने के लिए गया था।

टैलीरॉ जिस हत्यारी 'प्रचंड धारा' की बात करता है, वह 15 दिसम्बर, 1820 में एलैक्जेंडर प्रथम के प्रति ट्रोपौ में लिखित, मैटरनिख़ की 'आस्था की स्वीकारोक्ति' 'तूफ़ान' बन जाती है। इस पुस्तक के पढ़ने की संस्तुति सभी प्रतिक्रियावादियों के लिए की जाती है। इसके दो अन्तिम वाक्य हैं : ''किसी भी बड़े राज्य के लिए, जो वर्तमान तूफ़ान में बचे रहने के लिए कृत संकल्प है, अभी भी बचे रहने का बहुत बढ़िया अवसर है। यहाँ आलेखित सिद्धान्तों पर आधारित राज्यों का मज़बूत संघ स्वयं इस तूफ़ान पर विजय पा लेगा।'' दहाड़ती भँवरें अब बदलकर चमचमाती बर्फ़ बन गईं। यथार्थ अपने समर्पित द्रष्टा को जमा देने की धमकी दे रहा था। कुछ दिन बाद, लाइबाख की कांग्रेस के लिए यात्रा करते समय, मैटरनिख़ ने, 'दक्षिण के पहले हवाई झोंके' एक अनुपयुक्त उपहार की भाँति महसूस किए। उन्होंने ''एक घंटे से भी कम समय में गाड़ी की खिड़कियों के शीशों पर जम गई बर्फ़ को, जो कभी-कभी आधा इंच भी मोटी हो जाती थी,'' चौथाई घंटे से भी कम समय में पिघला दिया। एक क्षण के लिए वह समय में पीछे चला गया—तब वह राजकुमार नहीं था, अपितु एक घरेलू नौकर था किन्तु फिर भी खुश था : ''मैंने एक नए जीवन में साँस ली, जैसे घर के नौकर ड्राइंग रूम का दरवाज़ा खोलने पर प्रायः अन्दर से आती सुगन्ध का झोंका सूँघते हैं। निलम्बित नशे का वह क्षण अत्यन्त ही संक्षिप्त था। शीघ्र ही, बर्फ़ फिर पड़ने, जमने लगी : ''कल हम हिम स्खलन देखेंगे, राजनेताओं का दुख-भरा हिम स्खलन।''

एक जादूगर की तरह, शैतूब्रियाँ अपने लेखन में निरन्तर चतुराई और शरारतपूर्ण ढंग से, बाह्य और रहस्यमय संस्करणों से खेलता चलता है। इस प्रकार एक मननशील, स्वप्नद्रष्टा शैतूब्रियाँ उभरकर आता है जिसके लेखन में दोनों ही पहलू मौजूद हैं—एक अत्यन्त हास्यास्पद, तो दूसरा अत्यन्त दिव्य, शालीन, गण्यमान्य तथा अत्यन्त रहस्यमय। एक ओर हम उस शैतूब्रियाँ को देखते हैं जिसने फ्रांस के सेकंडरी स्कूलों के विद्यार्थियों

की कई पीढ़ियों को प्रताड़ित किया है—वह आदमी जिसे हमेशा ही अपनी मनपसन्द पृष्ठभूमि मिल जाती है, जो चतुराई से मंच सज्जा कर लेता है, लाइट्स को एडजस्ट कर लेता है, और फिर मनन की स्थिति में अपने 'मन का बोझ' उसी प्रकार उतार फेंकता है जैसे कोई क्लर्क कॉफी ब्रेक के समय, अपने सहकर्मियों को अपनी कार की समस्याएँ बतला दे। इस प्रकार शैतूब्रियाँ वाटरलू के सन्दर्भ से एक सुरक्षित दूरी बनाए रखता है, पृष्ठभूमि में दूर तोप की गरज के बीच भी, उस ऐतिहासिक घटना पर शान्तिपूर्वक विचार कर लेता है। और इस प्रकार उसकी स्वयं की स्वीकारोक्ति के अनुसार, शायद ही कभी ऐसा हुआ हो कि उसने "टूलैरी के मौन और निर्जन बड़े कक्षों को बिना गम्भीर चिन्तन के पार किया हो।" किन्तु उसके गद्य की दोनों ही शैलियाँ कभी-कभी एक-दूसरे के साथ-साथ देखी जा सकती हैं। अचानक, कुछ रहस्यमय, आडम्बरपूर्ण, अस्पष्ट निरर्थकताओं के बीच कुछ जंगली, चौंका देने वाली पंक्तियाँ फूट पड़ती हैं और फिर स्तम्भित हो जाती हैं—और उसके बाद तुरन्त हम वही संभ्रान्त बड़बड़ाहट को फिर से शुरू होते सुन सकते हैं। उसके श्मशानी, वैराग्यपूर्ण चिन्तन में (जो प्रायः उसके चाँदनी की चर्चाओं से सहज ही अदले-बदले जा सकते हैं, जिन्हें वह मदाम द विले पारिसी के पिता के घर मेहमानों के सामने करता रहता था) हमें ये शब्द मिलते हैं : "क्या यह सम्भव है कि मकबरों के परिवेश में सब कुछ खालीपन और शून्य है? क्या कोई ऐसा जीवन नहीं होगा जो शून्यता से बनता हो, ऐसे विचार जो धूल से निर्मित होते हैं? क्या ऐसा नहीं हो सकता कि इन हड्डियों में किसी प्रकार का जीवन हो जिससे हम अनभिज्ञ हैं? इन मृतकों के मनोभावों, आनन्द और आलिंगनों के विषय में कोई क्या जानता है?"

1830 के आसपास साहित्य की 'ऊँची राजनीति' में, एक धुरी बनती है—शैतूब्रियाँ-जॉर्ज सैंड-विक्टर ह्यूगो। श्रेष्ठ भावनाओं का प्राधान्य रहता है—चाहे वे अभिजात या दूरस्थ हों जैसी शैतूब्रियाँ में मिलती हैं; या ऊपर तक लबरेज चमचों से जनता का गाढ़ा सूप परोसा जाता हो जैसा जॉर्ज सैंड में मिलता है; या कल्पना के मेघों पर मँडराते सूक्ष्म विचार जैसे विक्टर ह्यूगों में पाए जाते हैं। आदर्श और ऊँची महत्त्वाकांक्षाएँ अब अनुशासित, सशस्त्र प्रहरियों की टुकड़ियाँ बन जाती हैं, कला के गर्भगृह के बाहर पहरा देती हुई। दूर से केवल उनके अत्यन्त व्यस्त क्रिया-कलाप देखे जा सकते हैं, यदा-कदा राइफलें खाली गोली चलाती हैं, हमें यह याद दिलाने के लिए प्रहरी मर तो सकता है किन्तु समर्पण नहीं करेगा। यह कि हृदय की दुनिया सबसे गहरी है, यह कि 'अनियन्त्रित आत्मा कभी भी शत्रुतापूर्ण दुनिया के सामने समर्पण नहीं करेगी। गर्भगृह के अन्दर—जनसाधारण की निगाहों से छिपे हुए, तम्बुओं और चिथड़ों के बीच, चैस्टों और सन्दूकों में, आदर्शों या दर्शकों की बिलकुल परवाह न करते हुए—कला के पुराने निर्दयी लेस के किनारे पड़े हैं।

सेंट-बौवे ने अफ़सोस और अवज्ञापूर्वक सोचा कि कुछ मदिराओं की भाँति,

शैतूब्रियाँ फ्रांस की भाषा सीमाओं के आगे नहीं जाएगा। क्योंकि तब वह अपना 'जादू' खो देगा जो सारा-का-सारा स्वरांशों, अक्षरों में निहित है। और क्योंकि वह अपने 'फ्रेम के बिना' ज़िन्दा नहीं रह सकता, फ्रेम, जो फ्रांस है—प्रतिभापूर्ण, अहंकारी, विक्षिप्त, मधुर फ्रांस।'' वह विचारों से अनजान है किन्तु जब बिम्बों की बात आती है तो शैतूब्रियाँ हर शब्द के अन्दर खेलती ध्वनियों के प्रति बहुत ही संवेदनशील हो जाता है; वह यह बतलाने में सिद्धहस्त है कि अनिश्चित काल कैसे साँस लेता है, वह नीले-हरे स्वरांशों का आविष्कारक है। उसका विशिष्ट संगीतमय भाव उसके गद्य के हर शब्द में पाया जाता है—ठीक वैसे ही जैसे वैग्नर के रंग उसकी रिंग की हर स्वर-पंक्ति में बसते हैं। इन रचनाओं की नियति उतनी ही अपने टोन में है जितनी उनमें वर्णित घटनाओं में।

कामातिरेक के उदाहरण

स्वयं को परीकथा लेखन में डुबो देने से पहले (पूर्ववर्ती मदाम द ऑलनॉय की भाँति) कुमारी मैडिमौइले द ला फोर्स मैलिनमाटें में मुस्यों द ब्रियो के साथ नाचती, जिसे सारी *ला स्त्री* कंठस्थ थी। वह सुन्दर चेहरे वाला छोटा-मोटा कुलीन और अत्यन्त धनवान था। मुस्यों द ब्रियो के पिता उन दोनों की इस गहन प्रेम-भावना के विरोधी थे और उन्होंने अपने बेटे को महल के एक कमरे में बन्द कर दिया। जो आँगन के ऊपर बना था। इसलिए कुमारी फोर्स ने एक घुमन्तू बाजीगर को रिश्वत दी। ताकि वह नंगी और पसीने में तरबतर अपने प्रशिक्षित रीछों को मुस्यों द ब्रियो के आँगन में ले जाकर नाच दिखाके मैडिमौइले द ला फोर्स ने स्वयं को रीछ की खाल के अन्दर सिलवा लिया और अपने प्रेमी की खिड़की के नीचे जाकर नाची। वह वह जैसे-तैसे अपने प्रेमी के निकट पहुँच गई और उससे दुबारा अलग कहीं मिलने का समय और स्थान तय कर लिया। उसने अपने पंजों से समय को छल लिया। बाद में बाजीगर ने अपने रीछों को टोकरी भर अंजीर खिलाए और उन्हें पॉट निओफ़ की ओर ले चला।

''एक पड़ोसी जो कोम्बर्ग रियासत के निकट रहता था, अपनी अत्यन्त सुन्दर पत्नी के साथ, महल में, कुछ दिन बिताने के लिए आया था। गाँव में कुछ हुआ, मुझे नहीं मालूम क्या; पर बाहर देखने के लिए हम ड्राइंग रूम की एक खिड़की की तरफ़ भागे। मैं वहाँ सबसे पहले पहुँचा। वह औरत मेरे बिलकुल पीछे-पीछे आ रही थी। मैं उसे अपनी जगह देना चाहता था इसलिए मैं उसकी ओर मुड़ा। अनायास उसने मेरा रास्ता रोक लिया और मैंने स्वयं को खिड़की और उसके बीच दबा हुआ पाया। फिर मुझे पता न रहा कि मेरे आसपास क्या हो रहा है।''

''तेरह या चौदह वर्ष की, लगभग नग्न और अत्यन्त सुन्दर नीग्रो लड़की ने हमारे लिए रात की युवा देवी की भाँति बाड़े का गेट खोला। हमने कॉर्नमील केक, चिकन, दूध और अंडे खरीदे और अपने बड़े-बड़े गिलास और टोकरियाँ वह लेकर घर चले गए। मैंने इस छोटी अफ्रीकी लड़की को अपना रेशमी रूमाल दे दिया। इस प्रकार, वह एक दासी थी जिसने स्वतन्त्रता के देश में हमारा स्वागत किया।''

''इन्ही फुटपाथों पर जहाँ गन्दे, मैले-कुचैले लोग और फ्रॉककोट पहने आदमी टहलते दिखाई दे रहे हैं, किसी समय, अपने गले और कन्धों पर सफ़ेद स्कॉर्फ और

फर डाले हुए वहाँ युवा लड़कियाँ टहला करती थीं। वे तिनकों के बने हैट पहने हुए होतीं जो उनकी ठोड़ी के नीचे रिबन से बँधे होते थे, हाथों में लटकी टोकरियों में फल या पुस्तक होती थीं। उनकी निगाहें नीचे झुकी होती थीं, और जब कोई उनकी ओर ताक लेता तो वे लजा जातीं। 'इंग्लैंड,' शेक्सपियर कहता है, 'जलराशियों के बीच हंसों का घोंसला है।'

एक जिज्ञासु महिला : कामातिरेक कल्पना की एक अवस्था है जो आनन्द के पहले, इसके साथ और इसके बाद तक चलती है। इसकी तुलना उन चीज़ों से की जा सकती है जब वे चाँदनी में नहा उठती हैं–पार्क में पेड़, सीढ़ियों की पैड़ियाँ, ग्रामीण मकान की छायाकृति। एक प्रकाशवान चमक उनके सही स्वरूप को उजागर कर देती है और उनके चारों ओर एक अद्भुत कोमल प्रभामंडल फैल जाता है।

ऐबेल गॉशे की फिल्म *नैपोलियन* में (जो कामुकता में भी पॉपुलर कथा का सच्चा चित्रण है। 'बॉल दे विक्तीम' में मदाम टैलीय, जूलियत रिकैमिय और मौजेफाइन द बाँहारने तीन देवियों जैसी लगती हैं फोलीय-बरजीय की। वे रोशनी से चमचमाते पथ पर जुलूस के अन्दाज़ में नहीं चलतीं; केवल कुछ पैड़ियों से नीचे उतरती हैं, कोमल प्रभा बिखेरती हुई (जैसा उनके बारे में एक समाचार-पत्र ने लिखा था) और पृष्ठभूमि में, जेल की सलाखों से होकर, बाहरी दुनिया का मद्धिम प्रकाश उनके कन्धों और टोपियों विन्यास को प्रभावान बना देता है। फिल्म बुन्दकियाँ काले बैंगनी रंग में है; कैमरा *डायरेक्टरी* के युग की इन युवा सुन्दरियों के खुले ट्यूनिक्स पर ठहरता है। नृत्य जब दुबारा शुरू होता है, तो बोनापोर्ट, एक चिड़चिड़ा कामुक की भाँति, एक कोने में पीछे की तरफ़ चला जाता है। कैमरा फिर फिल्माने लगता है। नाचते हुए ही शरीर एक-दूसरे में घुलने-मिलने लगते हैं, तथा दृश्य और भी कोमल हो जाते हैं। ऐसी घुल-मिल में घुटने के पीछे के घुमाव और गर्दन तथा बाँहों के घुमावों के बीच फ़र्क़ करना मुश्किल हो जाता है। इस सैल्यूलायड कामुकता में क्रान्ति की बोरी से निकला गौरव खिल उठता है।

द ग्रेट बॉल

वियेना की कांग्रेस के साथ ही, राजनीति में शानदार प्रदर्शन के दिखावे का एक नया आयाम प्रकट हुआ। उस लम्बे चले सामाजिक सम्मेलन में, कोई यह विश्वास ही नहीं कर पाया कि समझौता वार्ता का उद्देश्य वही था जो कहा जा रहा था : यानी राजशाही प्रभुसत्ता की पुनर्स्थापना। इसके विपरीत, बातचीत के भव्य दिखावे के बीच *दुराव की भाषा* को परखने की उत्सुकता भी थी, जो आने वाले कई दशकों तक राजनीतिक प्रक्रिया में बहुत बड़ा योगदान करने वाली थी। 'सामाजिक व्यवस्था का पुनःर्निर्माण' 'यूरोपीय राजनीतिक व्यवस्था का पुनरुद्धार' 'सत्ता के विभाजन पर आधारित स्थायी शान्ति की स्थापना' आदि-आदि बड़ी-बड़ी उद्घोषणाएँ असल में लोगों को आश्वस्त करने के लिए थीं और इस गम्भीर सम्मेलन को गौरव एवं भव्यता प्रदान करने के लिए थीं। किन्तु कांग्रेस का वास्तविक मकसद विजेताओं में उन चीज़ों का बँटवारा करना था जो उन्होंने पराजितों से लूटी थीं। फ्रैडरिख द गैंज ने उपर्युक्त उल्लेख अपने 12 फरवरी के मेमोरेंडम में किया जो उसने वैलेंशिया के शासक, केरेजा के युवराज को भेजा था। विजेताओं में लूट के माल का बँटवारा तो किसी भी युद्ध के बाद का अत्यावश्यक अन्तिम कार्य होता ही है। यदि गैंज़ जैसे पारखी पर्यवेक्षक को इस प्रकार का उल्लेख करने की ज़रूरत पड़ी तो इस कारण से कि उसने भाँप लिया था कि सम्मेलन की चकाचौंध ही, इसके अन्तिम निर्णयों की तुलना में, वास्तविक नवीनता थी। राजनीति का नया सौंदर्यशास्त्र प्रकट हो रहा था। और गैंज़ ने इसे इतनी गहराई से भाँप लिया था कि वह बड़ी-बड़ी उद्घोषणा और बड़े सम्मेलनों के मुखौटों के पीछे छिपे राजनीति के प्राचीन, अदम्य उद्देश्य, लूटमार का बँटवारा की असलियत को *प्रारम्भ में ही* रिकॉर्ड कर लेना चाहता था।

मैटरनिख़ ने गैंज़ के मेमोरेंडम के हाशिए पर नोट किया कि ये गद्यांश लेखक के 'अपने छिछोरेपन से प्रभावित हैं, हालाँकि उसने लेखक को 'दुर्लभ बौद्धिक प्रतिभा और सकारात्मक ज्ञान के सच्चे धनी होने का सम्मान भी दिया। मैटरनिख़ के अनुसार, गैंज में एक बुरी आदत थी कि वह परिस्थितियों के अपने आकलन पर बहुत भरोसा रखता था, ''और जो प्रायः लोगों को वार्तालाप के आधार पर निश्चित होते थे।'' किन्तु क्या कांग्रेस स्वयं वैसी नहीं थी—लोगों के बीच निरन्तर बातचीत जिसमें

जासूसों और महिलाओं की भूमिका मन्त्रियों और प्रभुता-सम्पन्न राजाओं से कम नहीं थी। इस बात को मैटरनिख़ अधिकांश लोगों से अधिक जानता था, और मेमोरेंडम पर उसकी अन्तिम टिप्पणी इसकी पुष्टि करती है, "कुल मिलाकर यह रिपोर्ट सही है।"

वियेना की कांग्रेस में, पश्चिमी शक्तियों के सम्मेलन में पहली बार, सार्वजनिक आम सहमति के लिए चिन्ता देखी गई। डर ने इस सावधानी को आवश्यक बना दिया, स्थिति की माँग थी कि भाषा और तौर-तरीकों में नयापन लाया जाए। टैलीरॉ, जिसने हमेशा की तरह इसे सबसे पहले समझ लिया था। कांग्रेस में यह कह सकता था कि कांग्रेस में उसने जनता के हितों का पक्ष लिया था। आखिर ऐसा एकदम उल्टा बदलाव कैसे हो गया?

इतिहास ने एक चमत्कारी ढंग से, समय को पीछे की ओर दौड़ा दिया। प्राचीन राजवंशों के शासक वियेना कांग्रेस में नव धनाढ्यों, पुराने लूटने-खसोटने वालों की तरह उमड़ पड़े। उन सबको नैपोलियाई रोग लग चुका था। नैपोलियन की सबसे सिरफिरी 'उपलब्धि' थी उस लम्बी अवधि की स्मृति को मिटा देना जिसमें राजाओं ने अपने सत्ताकाल को शालीन और सहनीय बनाने का प्रयास किया था। अब वे भाग्यवान षड्यन्त्रकारियों जैसे लग रहे थे, जिन्हें अभी भी अपने शासन की क्रूरताओं पर इतिहास की सुन्दर परत चिपकाने की ज़रूरत थी। इसलिए वे सब वैधता के जाल में फँस गए, जिसे टैलीरॉ ने बिछाया था। और इसलिए वे ऐसी 'बड़ी-बड़ी उद्घोषणाएँ' लेकर आए जिनका उद्देश्य जनता के मन से भय दूर करना था।

अपनी अदूरदर्शिता में उन्होंने इतना ही सोचा कि इन उद्घोषणाओं के बल पर लम्बे समय तक चलते सह सकेंगे। उन्होंने इस बात पर विचार नहीं किया कि उन शब्दों में तो जैसे अफ़ीम पड़ी हुई थी—जो कोई व्यक्ति उन्हें एक बार प्रयोग करेगा वह इस बात के लिए विवश हो जाएगा कि इन्हें अधिक विस्तार से और बार-बार प्रयोग करता रहे, और तब तक करता चला जाए जब तक वह इन विचारों के सुरक्षित खोल में कीड़ा न बन जाए और अपनी प्रजा के लिए भी उन्हें प्रयोग करना ज़रूरी न बना दे। क्योंकि इस प्रक्रिया के दौरान ये शब्द सत्ता में बने रहने के लिए अत्यावश्यक साधन बन गए होंगे।

फिर भी वियेना की कांग्रेस के शुरू होने से कुछ महीने पहले, इस शब्द को एक नए उपयोग का वर्णन एक ऐसे परिदृश्य से किया गया है जो स्टॉलिन के युग में चले झूठे मुकदमों की झलक दिखलाता है। मुद्रकों ने 30 जनवरी, 1814 को, बैंज़ामिन कांस्टैंट की *ऑन द स्पिरिट ऑफ़ कॉन्क्वैस्ट एंड यूजरपेशन* जारी कर दी थी :

"स्वेच्छाचारिता सभी प्रकार की स्वतन्त्रताओं को नष्ट कर देती है। अधिकार छीनने की प्रक्रिया स्वाधीनता का स्थान लेने के लिए जरूरत पड़ती है लेकिन उन्हें हटाते समय वह उन्हें हीन बना देती है।

''स्वेच्छाचारी विचार-विमर्श पर रोक लगा देता है और केवल आज्ञापालन चाहता है। अधिकार छीनने वाला स्वीकृति से पहले हास्यास्पद परीक्षा निर्धारित करता है।''

''जब ये आम सहमति के चिह्न पाने के प्रयास करते हैं तो अत्याचारों की कोई सीमा नहीं रहती है।''

''अधिकार छीनने वालों या छीना-झपटी करने वालों ने ही तथाकथित आम प्रतिबन्धों का आविष्कार किया था, उन भाषणों का, उन नीरस बधाइयों का, उन रस्मी श्रद्धांजलियों का जिन्हें हर युग में वे ही आदमी, बड़ी उदारता के साथ लगभग एक से शब्दों में देते हैं, जबकि परस्पर विरोधी नियम लागू होते रहते हैं। डर उनमें साहस के सभी दिखावों की नकल करता है, अपनी लज्जा पर स्वयं को बधाई देता है और अपने दुर्भाग्य पर धन्यवाद देता है। एक विचित्र चाल जिसकी सच्चाई को सब समझते हैं। एक ऐसा खेल जो किसी को प्रभावित नहीं करता और जिसे बहुत पहले ही उपहास के तीरों से बिंधकर समाप्त हो जाना चाहिए था। उपहास सब पर तो प्रहार करता है किन्तु किसी को नष्ट नहीं करता।''

''संक्षेप में, स्वेच्छाचारितावाद चुप्पी के साथ शासन करता है और आदमी के पास केवल मौन रहने का अधिकार छोड़ता है; अधिकार छीनने वाला मनुष्य को बोलने के लिए मजबूर कर देता है, उसके विचारों के निजी अन्तरतम तक उसका पीछा करता है और उसे अपनी ही आत्मा से झूठ बोलने के लिए विवश करके, पीड़ित की अन्तिम सान्त्वना से भी उसे वंचित कर देता है।''

''जनता के अधिकार छीन लेने वाला शासन लोगों को उत्पीड़ित करके उन्हें उस भाव को पाँव तले रौंदने का आदी बना देता है जिसका वह सम्मान करते हैं, उसके लिए लालायित करता है जिसे वे घृणा करते हैं, फिर से अपने आपसे घृणा करने लगते हैं और यदि जन अधिकार छीनने वाला लम्बे समय तक बना रह जाए, तो फिर स्थिति यह हो जाती है कि उसके पतन के बाद भी किसी भी किसी प्रकार की स्वाधीनता और सुधार असम्भव हो जाता है।''

निश्चय ही ये शब्द कोमोडस के पतन अथवा नैपोलियन के साम्राज्य के प्रभावों से कहीं अधिक स्टॉलिन से लेकर ब्रेज़नैव तक के संक्रान्ति काल का वर्णन करते हैं, जैसा निश्चय ही कॉन्स्टैंट का विश्वास रहा होगा। किन्तु वे उन विरोधाभास में वैधतावादी अधिकार छीननेवालों के शासन के आगमन के संदेशवाहक भी हैं, जो शीघ्र ही वियेना की कांग्रेस के स्वर में अपनी फुसफुसाहटें भी मिला देने वाले थे।

क्रॉन्स्टैंट सरसरी तौर पर उन समसामयिकों के विषय में भी सबसे कड़वे और दुर्बोध सत्य बतलाता है, जो टैलीरॉ की भाँति, दिखावे के युग में पैदा हुए थे जब उपहास घातक हुआ करता था : "उपहास सब पर प्रहार करता है किन्तु नष्ट किसी को भी नहीं करता।" यहाँ वह सोवियतवाद की *पुरानी* गुप्त नीति का जिक्र कर रहा था कि सोवियत नेताओं की राजनीतिक शक्ति के मुख्य कारक में निश्चय ही इस बात की समझ थी कि यदि लोग हास्य-व्यंग्य उपहास का अत्यधिक प्रयोग करेंगे—प्रतिदिन, लगातार—तो इसकी मारक शक्ति पूरी तरह निष्क्रिय हो सकती है। पूर्णता तब हासिल हो जाती है जब सोवियत विरोधी हास्य-व्यंग्य शासन की रीति-नीति का अंग बन जाते हैं और परिणाम तब और भी उर्वर तथा स्थायी होंगे जब यह रूसी मानस में गहरे बस जाएगा, जो स्वयं का तिरस्कार करने में (जैसा गोगोल और दॉस्तवस्की ने दिखाया) सिद्धहस्त हैं।

वियेना की कांग्रेस में जिस प्रकार वैधता का सिद्धान्त टैलीरॉ के माध्यम से विजयी बना, वह सार्वजनिक कानून की दो स्वतःसिद्ध मान्यताओं पर आधारित है। "सम्प्रभुता केवल जीत से ही प्राप्त नहीं की जा सकती; और यह विजेता को तब तक नहीं मिलती जब तक सम्प्रभुता-सम्पन्न राजा इसे उसके पक्ष में त्याग न दे।" किन्तु पहला बिन्दु इस स्रोत को अतीत को ढूँढ़ने से रोकता है; क्योंकि जीत की छाया अतीत में इतनी दूर तक फैली हुई होती है कि कुछ पीड़ित, मूक निवासी सदैव ही मिल जाते हैं। दूसरा बिन्दु भी उन मामलों में समाधान प्रस्तुत करने में असफल हो जाता है जहाँ सम्प्रभुता समर्पित किए बिना ही त्याग दी जाती है : यहाँ एक कमी है, बिलकुल वैसी ही जैसी प्रकृति के मौन कानूनों में होती है, यानी अधिकार प्रदान करने वाले की लिखित सहमति वाली परम्परा। राजनीतिक सत्य में भी स्वीकृति की ज़रूरत होती है—और यह 'यूरोप की स्वीकृति' होगी। यहाँ यूरोप स्वयं को *दूसरी प्रकृति,* एक रहस्यमयी सत्ता के रूप में प्रस्तुत करता है ("राज्यों का लगभग एक रहस्यमय समूह," जैसा गुग्लील्मो फेरेरो ने लिखा) जिसके पास सम्प्रभुता प्रदान करने की शक्ति है। संक्षेप में, निष्कर्ष रूप में यह स्वीकार कर लिया गया कि प्रकृति के अध्यादेश जीवन की हर स्थिति पर लागू नहीं होते और कभी-कभी दूसरी प्रकृति (जो इस समय यूरोप था) उनका स्थान ले लेती है और उन्हें पूरा करती है। वियेना कांग्रेस जिस असाध्य समस्या का समाधान ढूँढ़ने का प्रयास कर रही थी वह राजनीतिक कम और शाब्दिक अभिव्यक्ति की अधिक थी। राजनीतिक समाधान तो एक चतुर बहाना था; जहाँ तक शाब्दिक अभिव्यक्ति का प्रश्न था, तो उसके लिए प्रतीक्षा की जा सकती थी। किन्तु सारे मामले की न्यून विश्वसनीयता साफ़ नज़र आ रही थी, क्योंकि यूरोप की सत्ता-संस्था 'रहस्यमयी' नहीं थी—या पुनरुद्धार की साहसी साधिका, मदाम द क्रूदेनर से अधिक नहीं, जो *होली एलायन्स* के झंडे तले यात्रा कर रही थी। इस पराजय को छिपाने के

लिए, वियेना कांग्रेस के बाद ऑर्डर (व्यवस्था) के पक्ष में भाषणबाजी की एक लहर उमड़ चली, और तब से यह अविरल बहती रही है। ये उमड़ते, दहाड़ते समुद्र बाद में शत्रु की क्रोधपूर्ण भाषणबाज़ी में जा मिले, जो प्रजातान्त्रिक और क्रान्तिकारी थी। बौदीलेयर ने अपनी नज़र उस निस्तेज उभार से ऊपर उठाई ताकि वह शिखरों से सुन्दर फूल एकत्रित कर सके।

विजय का अधिकार, जो अपना ही कानून स्थापित करता है, हमें भाषाई चिह्नों के मनमानेपन की ओर ले जाता है। वैध सम्प्रभुता हमें वापस *आदम की भाषा* की ओर ले जाती है, उन ध्वनियों की ओर जो चीज़ों के गुप्त नाम व्यक्त करती हैं। आदम की भाषा के व्याकरण को दुबारा कभी नहीं बनाया जा सका है। और व्याकरण भाषा का कर्म है। व्यावहारिक प्राथमिकता ने *आदम की भाषा* की स्मृति को भी मिटाने का प्रयास किया। किन्तु स्मृति क्रिया की तुलना में ज्यादा समय तक बनी रहती है।

छोटी-छोटी धोखेबाज चीज़ें

निश्चय ही यह तर्क नहीं था, जिसे नास्तिकों ने तोड़ा-मरोड़ा, जिसने पास्कल को भयभीत कर दिया। कुछ दिखावे की कलाबाजियों का प्रयोग करके वह इससे पार पा सकता था। इसके विपरीत, जिस चीज़ ने उसे परेशान किया वह था नास्तिकों का आसानी से विश्वास कर लेनेवाला स्वभाव, विचित्रता या आकस्मिकता के समक्ष स्वयं को त्याग देने की प्रवृत्ति, यद्यपि वे आकस्मिकता के प्रति पूर्णतः जाग्रत् रहते थे और अपना अल्पकालिक छद्म दुराव बनाए हुए थे। अपेक्षाकृत कम आधुनिक आस्तिक, जिस प्रजाति में पास्कल स्वयं कभी नहीं मिला सकता था और न ही इससे कोई सम्बन्ध रखना चाहता था। न कभी इतना क्षुब्ध होता। वह दुनिया और सितारों की तरफ़ इशारा करता और सुझाव देता कि वे वहाँ गूँजती दिव्य मितव्ययिता की ओर, कान लगाएँ, ध्यान से सुनें।

एक अवधारणा में नास्तिक और पास्कल एक थे, कि जो दिव्य तत्त्व है, वह दृश्य जगत में अनुपस्थित था। उसके लिए, दुनिया केवल एक धार्मिक गुलेल का काम कर सकती थी जो हमें किसी ऐसी स्थिति में फेंक दे जो दुनिया से सम्पर्क बनाने में घृणा करती है। किन्तु अनुपस्थिति का प्रमाण मिलना सबसे कठिन है। उसने देखा था कि किस तरह लोग अपने मनोरंजनों में तन्मय रूप से डूबे रहते थे, शिकार करते समय शिकार के पीछे किस अतीव एकाग्रता से भागते हैं, या नृत्य की क्रियाओं की रिहर्सल करते हैं या कपड़े के थान को उँगली से परखने में कितने खो जाते हैं—पास्कल ने उनमें प्राचीन पूजा पद्धति की घृणास्पद छवि को पहचान लिया जबकि दुनिया के कोई भी चिह्न आत्मा को भय और सम्मान से भर देने के लिए पर्याप्त थे।

अपनी कठिन मधुरता में, फेनेलौन अपने आध्यात्मिक सुविचारों के शत्रुओं को साफ़ पहचान सकता था : ‘‘अपने अन्दर, आपको आरामदेह जीवन और अपनी दंभी तथा तिरस्कारपूर्ण भावना के प्रति लगाव पर काबू पाने के साथ स्व को बेकार करने की आदत पर विजय पानी चाहिए,’’ उसने कॉम्टेसे द ग्रैमाँ को लिखा। बुराई का नया रूप बेहद सादा दिख सकता है, किन्तु ये सनकी भँवर ‘‘उस प्रचंड धारा की तरह काम करता है जो आपके दृढ़ निश्चयों के बावजूद हर चीज़ को अपने साथ बहा ले जाती

है।" अभिजातों के सम्पूर्ण शासन, श्रेणीगत अन्तर, भूमि से किसी भी प्रकार के सम्पर्क से विच्छेदित और सामन्ती दायित्व के आदान-प्रदान, कोई तात्कालिक कार्य से अलग होकर दरबार में लाभ पाने के क्रूर खेलों को समर्पित होने की नीति को खोज कर अतिवाद की सीमा तक, पुनः जीवित कर लिया गया—जहाँ ये अव्यक्त पाग़लपन लगते हैं और यह रुचि के परिमार्जन, मनपसन्द चीजों की तलाश की अद्वितीय शैली को शनैः-शनैः खोज के रूप में लिया गया। और अन्त में, दंभ ने इस सबमें एक बड़ी भूमिका निभाना शुरू कर दिया, जैसे किसी स्टूल को या गाड़ी में किसी सीट को लेकर उग्र तर्क करना। कथित संवेदनशीलता की ऐसी अचानक, आवेगपूर्ण ज्यादतियों में फेनेलौन ने 'दुनिया में किए जा रहे नियमोल्लंघनों' को पहचान लिया। इस प्रकार, वार्तालाप के आनन्द घातक बन सकते थे—वास्तव में ये सबसे बुरी बुराई की सबसे ठोस और स्थायी छवि बन सकते थे : "आपके लिए सामाजिक वार्तालाप के आनन्द से एकदम बच पाना बिलकुल असम्भव होगा।"

पास्कल चाहता था कि *उसकी पैंसीज को* जिसे आज आन्तरिक बेचैनी की धर्म-पुस्तक के रूप में पढ़ा जाता है, वह तेज़ घातक हथियारों का शस्त्रागार बना दे, जो प्रयोग के लिए दुनिया में सबको उपलब्ध रहे। पुस्तक के साथ ही व्याख्यात्मक टिप्पणियाँ देने की सजीव-अतीव आवश्यकता आत्मा की धड़कनों की तुलना लेखन से करने की नहीं है (ऐसा करना कितना बेकार होगा!) यह तो उस आदमी की आतुरता को जताती है जो दुश्मन द्वारा चोट करने से जरा पहले ही उस पर हल्ला बोलने *की इच्छा* रखता है।

आधुनिक तब पैदा होता है जब विश्व का अवलोकन कर रही आँखें इसमें 'अस्त-व्यस्तता, राक्षसी भ्रम' को देखती तो हैं किन्तु उससे अनावश्यक रूप से चिन्तित नहीं होतीं। अपितु वे तो इस सम्भावना से रोमांचित हो उठती है कि इस अस्त-व्यस्तता में वे कोई नई रणनीतिक चाल ढूँढ़ लेंगी। एक ऐसा खेल जो सारे पिछले खेलों को सिसरोवादी जैसा दिखला देगा। यह एक ऐसी ईश्वरहीन दृष्टि है जो केवल रहस्यवादियों के पास ही है (पास्कल उनमें सबसे प्रमुख था)।

जिस इतिहास की हम बात कर रहे हैं वह 'संक्षिप्त और समकालिक' है। ये एक ऐसा अनन्तकालीन है जिसका ओर-छोर नहीं है, जहाँ "अपनी आँखों के सामने अत्यधिक भिन्न या दूरस्थ घटनाओं को साथ-साथ रखकर उनकी तुलना करना या उनकी एक दूसरे में गाँठ बाँधना सम्भव है," जहाँ घटनाएँ और घटनाओं की टिप्पणियाँ और घटनाओं के विषय में कहानियाँ और घटनाओं के प्रेत निरन्तर यन्त्रणा और आनन्द की शय्या में निरन्तर गुँथे-फँसे हैं, जहाँ रूपाकार और शक्तियाँ अपने आपको

एक-दूसरे से अलग नहीं कर सकते, जहाँ निगाह के सामने सदैव ही 'मर्मस्पशी प्रतीकों का भयंकर ख़तरा' बना हुआ है। यहाँ कोई भी निर्णय कालीन की गुत्थी में खोया हुआ एक धागा है, और इसका दावा मात्र इतना ही है कि इसने समूचे ताने-बाने में अपना हल्का-सा रंग मिलाया है।

टैलीरॉ : "*नैकर* में कुछ ऐसा था जिसने उसे उन कार्य-कलापों के, जिन्हें वह स्वयं कर रहा था, परिणामों की पूर्व-कल्पना करने और उनसे डरने से रोके रखा। वह आश्वस्त था कि *स्टेट्स जनरल* (विधान परिषद) पर उसकी पूरी पकड़ रहेगी और ख़ासतौर पर आम जनता उसकी बात वैसे ही सुनेगी जैसे देववाणी को सुनते हैं। चीज़ों को उसी की निगाह से देखेगी, ऐसा कुछ नहीं करेगी जिसकी स्वीकृति उसने न दी हो, और उसकी सलाह के विपरीत उन हथियारों का प्रयोग नहीं करेगी जिन्हें वह उनके हाथों में सौंप रहा था। यह एक क्षणिक भ्रम था। उस चोटी से नीचे फेंक दिए जाने के बाद, जहाँ उसे उसके स्वाभिमान ने ला बिठाया था और जहाँ से वह (जैसा वह उद्‌दंडता से सोचता था) घटनाओं पर अपनी पकड़ बनाए हुए था। वह एकान्त में उन बुराइयों पर आँसू बहाने के लिए चला गया जिन्हें करने का उसका कोई इरादा नहीं था। उन अपराधों पर पश्चात्ताप करने, जिन्होंने उसके स्वयं सही समझने के विश्वास को हिला डाला, किन्तु यदि वह अधिक कुशल और कम अक्खड़ होता, तो शायद वह फ्रांस और दुनिया को उनसे बचा सकता था।

"उसके दंभ ने उसे बिलकुल इस लायक नहीं छोड़ा कि वह देख सके कि फ्रांस में चल रहा आन्दोलन उस आवेग या आवेग की प्रचुरता, 'गर्व' का परिणाम था जिसमें सब लोग शामिल थे। यह था उनका मिथ्याभिमान जो सभी में गौण रूप में विद्यमान होता है और उनके राष्ट्रीय चरित्र में एक सूक्ष्म रंग भर देता है, या फिर किसी एक लक्ष्य की ओर पूरी गहनता से उत्प्रेरित होता है। किन्तु फ्रांसीसी लोगों में, जैसा बहुत समय पहले उनके पूर्वज गॉल्स में पाया गया था, यह हर चीज़ में मिला होता है, और लोगों की व्यक्तिगत और सामूहिक ऊर्जा पर ऐसा प्रभुत्व जमा लेता है कि इससे फिर बड़ी-से-बड़ी ज़्यादतियाँ हो जाती हैं।

"फ्रैंच रिवॉल्यूशन के दौरान मिथ्याभिमान ही एकमात्र आवेग नहीं था जो भूमिका निभा रहा था : इसने अन्य आवेगों को भी जगा दिया और उन्हें अपने समर्थन में जुटा लिया किन्तु वे भाव गौण बने रहे। उन्होंने इसका रंग और भावना ले ली, इसी के निर्देश में इसी के लक्ष्यों की ओर बढ़े। इसने वह चिनगारी जगाई और आन्दोलन का नेतृत्व किया, इसीलिए आज हम कह सकते हैं कि *फ्रैंच रिवॉल्यूशन* 'मिथ्याभिमान' से उत्पन्न हुआ था।"

बैंजामिन कॉन्स्टैंट : "लगभग सभी आदमी यह सिद्ध करने की इच्छा से ग्रस्त हैं कि वे जैसे हैं उससे कहीं ज्यादा महान हैं; लेखक यह सिद्ध करने की इच्छा से ग्रस्त हैं

कि वे बुद्धिमान राजनीतिज्ञ हैं। परिणामस्वरूप, पिछली सारी सदियों में न्याय या कानून के दायरे से बाहर मौजूद शक्तियों के सारे बड़े अभियानों में संकट की स्थितियों में अवैध तरीके को अपनाया गया और इन घटनाओं को सम्मान और सन्तोष की भावना से याद किया जाता है। अपने डैस्क पर शान्त बैठा हुआ लेखक हर बात पर अपनी राय व्यक्त करता है, और चाहता है निर्णय लेते समय उसकी शैली में ही तेजी दिखाई जाए। वह क्षणिक रूप से विश्वास कर बैठता है कि उसमें सत्ता निहित है, और वह उसके दुरुपयोग की सलाह देने लगता है और उसकी कल्पित अटकलबाजियों में वही शक्ति और सत्ता का भाव आ जाता है जिनसे वह अपने वाक्यों को सजाता है। इस प्रकार वह स्वयं को सत्ता का यह कल्पित आनन्द लेने देता है। वह अपनी पुरज़ोर आवाज़ में लोगों की मुक्ति, सर्वोच्च कानून और जनता के हित की बातें आडम्बरपूर्ण शब्दों में दुहराता है; उसे अपनी गम्भीरता पर अलौकिक आनन्द आता है, अपनी ऊर्जा पर आश्चर्य होने लगता है। बेचारा मूर्ख! वह ऐसे लोगों से संवाद करता है जिन्हें उसे सुननी पसन्द है, किन्तु यही लोग, अवसर मिलते ही इसी पर इसके सिद्धान्तों की परख करेंगे।

"इसी मिथ्याभिमान ने अनेक लेखकों की निर्णय क्षमता को विकृत किया है, और इसी ने हमारे नागरिक संघर्षों में इतनी कठिनाइयाँ पैदा की हैं कि जिनकी कल्पना करना कठिन है। अति साधारण बौद्धिक क्षमता वाले लोग हैं, जिन्हें सत्ता में कुछ भागीदारी हाथ लग गई, इन्हीं सूक्तियों को याद कर-कर के फूले हुए हैं, और मूर्ख लोगों ने तो आगे बढ़कर इनका स्वागत किया क्योंकि इनका सहारा लेकर उन्होंने वे गाँठें काट डालीं जिन्हें वे सुलझा न सके। मुख्य तो सार्वजनिक सुरक्षा के उपाय, बड़े उपाय, तख्ता पलटने के सपने देखने के अलावा किसी और चीज़ की कल्पना ही न कर सके।"

मिथ्याभिमान बड़ी-बड़ी क्रान्तिकारी घटनाओं के लिए उतना महत्त्वहीन उत्प्रेरक नहीं है—इस थ्योरी को जो टैलीरॉ की भूमिका पर एक कटाक्ष जैसी प्रतीत होती है, कॉन्स्टैंट में ठोस समर्थन प्राप्त हुआ। वास्तव में यह उभरती प्रजातान्त्रिक मूर्खता और मामूली सामाजिक हैसियत के कुछ साहित्यकारों के महत्त्वोन्माद की एक दुरभिसन्धि थी और जो अब अचानक यह महसूस करने लगे कि वे अपने डैस्क से ही सारी दुनिया पर शासन कर सकते हैं। यह सिद्धान्त मैक्स स्टिर्नर में अपने सर्वोच्च शिखर पर पहुँचता और गिरता दिखाई देता है। उसके पूर्ववर्ती डरपोक थे; उन्हें *एकच्छत्र सत्ता* को *अच्छाई* के छद्म आवरण में ढँककर रखने की ज़रूरत थी। और सबसे पहले उन्होंने स्वयं को ही धोखा दिया। स्टिर्नर काफ़ी आगे तक जाता है—यहाँ तक कि उस समय प्रचलित मान्यता के आधार पर वह सबसे उग्र असामाजिकता का, जिसका कारण वह 'अद्वितीय' और 'नासमझ' व्यक्तियों के गिरोह को बतलाता है जो मानसिक रूप से भाषा समझने में अक्षम है। निष्कर्ष निकाल लेता है : सर्वत्र व्याप्त मानसिकता जो समाज को बतलाती रहती थी कि *अच्छाई* क्या है, और फिर (समाज को) इसे मानने के लिए बाध्य करती है।

उदास गौरव

जब नैपोलियन की फौजें रूस की तरफ़ बढ़ रही थीं, उस समय रबियों में एक क्रूर युद्ध प्रारम्भ हो गया। लुबलिन का रबी नैपोलियन द्वारा फैलाई जा रही कथित प्रबुद्धता (एन्लाइटेनमैंट) की तुलना में एलेक्जेंडर प्रथम के उत्पीड़नकारी आदेशों को बहुत अधिक पसन्द करता था। ऐसा कहा जाता है कि एक दिन लुबलिन के रबी का चेहरा नैपोलियन के सम्मुख रूसियों में अग्रिम पंक्तियों में प्रकट हुआ : वह आक्रान्ताओं को समाप्त कर देने की रणनीति पर विचार कर रहा था। किन्तु रबी रिमानोवर का मानना था कि नैपोलियन मानवता के त्राता मसीहा के अवतरित होने के पहले की अन्तिम लड़ाइयों का अग्रदूत था। एक बार फिर वह कल्पना करने लगा कि सम्भव है समय की रफ़्तार तेज़ हो जाए। और वह चाहता था कि रहस्यवादी गूढ़ तरीके अपनाकर नैपोलियन को विजय दिलाई जाए; उसने बिना ख़मीर की रोटी पकने की तुलना रूसी सेना के विनाश से की और अनेक यहूदी माताओं की प्रार्थनाओं की अनसुनी कर दी, जिनके बेटे लामबन्दी में अनिवार्य रूप से सेना में भर्ती कर लिये गए थे। कहा जाता है कि नैपोलियन रबी रिमानोवार को अपना युद्ध रणनीतिकार कहता था, और उसने उसे *तोरा* के लिए दुशाला भेंट किया। किन्तु नैपोलियन की हार के अन्तिम संकेत तब सामने आए जब कोन्हेविट्ज के रबी ने शनिवार की प्रार्थना में एस्थर 6:13 से *नफोल टिपोल* (nafol tippol) ('तू निश्चय ही गिरेगा') को नापोल टिपोल (Napol tippol) ('नैपालियन निश्चय ही गिरेगा') पढ़ा।

यह अब ज़िक्र करने लायक नहीं क्योंकि इसका बहुत बार ज़िक्र हो चुका है, नीति-कथा उसे अपने सैलाब में लेकर बहा चुकी है, वह मेंटल पीस रखा पर भव्य शोक प्रतीक बनकर रह गया है। उसके शिकार अभी भी 'सर्वश्रेष्ठ जैव कानूनों' पर खड़े हैं, लक्जमबर्ग से आदेश जारी किया गया, अति संक्षिप्त राजकीय आदेश, प्रेत तुल्य आह्वान! ''थकान, खुली छावनी में रहने और नींद न आने के कारण मैं मोटा हो गया हूँ,'' उसने अपनी 'ऊबड़-खाबड़' हैंडराइटिंग में; बेहद ग़लत हिज्जों के साथ, पत्नी जोज़ेफाइन को लिखा।'' भयंकर और भव्य –ये थे दो विशेषण जिनका उपयोग उसने ''बरबाद शहर'' (यह मंटुआ था) को लपटों में जलते देखकर और इस दृश्य की याद करते हुए किया।

"एक अत्यन्त चालाक लूटपात करने वाला, अपने गुस्से के दौरों के बावजूद, बेहद शान्त जो उसके लिए मात्र किसी लक्ष्य के साधन थे; कुछ दमख़म वाला आदमी, यदि हम हृदय के घटिया पक्ष को 'दमख़म' कह सकते हैं; अच्छाई और बुराई के प्रति इस सीमा तक उदासीन था कि वह दूसरे तत्त्व की तुलना में सुरक्षा के दृष्टिकोण से प्रथम को पसन्द करता। इन सबके अलावा, उसने अत्याचार की सारी अवधारणाओं का अध्ययन किया था और इससे उसकी आत्मश्लाघा और बढ़ जाती और इसके कारण एक प्रकार के संयम का प्रदर्शन करता जो उसकी योग्यता का प्रमाण बन जाता।"

नैपोलियन की विरासत : इच्छाशक्ति के पन्थ और नियन्त्रण की माँग में है—स्वतःस्फूर्त तनाव, लम्बे स्प्रिंग वाला चाबीदार खिलौना। नियन्त्रण का भाव प्रारम्भ से ही काल्पनिक है, किन्तु इस मशीन की भव्यता यह है कि फिर भी यह काम करती है इसलिए सम्मान की माँग करती है।

टैलीरॉं की विरासत : चीज़ों को दिए गए फिनिशिंग टच में, उस अर्धविराम में है जो अर्थ निर्धारित करता है (ड्यूक द चौइस्यू के नैतिक आदेश), कभी-कभी लगभग उस अदृश्य चिह्न में जिसे शैली पीछे छोड़ जाती है, इस विश्वास से कि हमें नियमतः कम काम करने की अनुमति है, और यह कि यह थोड़ा-सा भी 'कुछ' क्षणभंगुर उपहारों का परिणाम है, जैसे हमारे कान, सही समय की हमारी पहचान-पकड़, हल्कापन, परिवर्तनशीलता के जल में सफलतापूर्वक तैर जाने की फुर्ती।

उन लोगों के लिए उसकी घृणा और तिरस्कार हर क्षण साफ़ झलकते हैं जो खुद को दार्शनिक कहते हैं। जब उसे पता लगा कि नैपल्स में हालात ख़राब हैं, लोग भूखों मर रहे हैं, नए शासन के पास छदाम भी नहीं है, तो उसने निर्ममता से कहा, 'यह देखना उनका काम है। जब देशों पर दार्शनिकों का शासन होता है तो ऐसा ही होता है।' कांसुलेट में वह अपने पुराने सहकर्मी प्रसिद्ध इमैनुअल जोसेफसीज के साथ जैसा व्यवहार करता है उससे अधिक हास्यास्पद कुछ और नहीं हो सकता। "कहिए, श्रीमान सीज, आपकी तत्त्वमीमांसा कैसी चल रही है?' 'इस सबके विषय में दर्शनशास्त्री क्या कहते हैं, श्रीमान सीज?' वह इस व्यंग्यात्मक टोन में बोलता है। जहाँ तक सीज का सवाल है वह अपने होंठ सी लेता है।" तत्त्व मीमांसा के विषय में इन कटूक्तियों ने, जिन्हें गैंज़ ने बताया था, नैपोलियन को बेहद खुशियाँ दीं जो शक्ति दे सकती है। किन्तु एक व्यक्ति था जो इन कटूक्तियों से बचा रहा : वह था टैलीरॉं, ऐसा तत्त्व मीमांसक जो सबसे छिपा रहा, यहाँ तक कि स्वयं से भी।

हम सदैव ही किसी दूसरे के मीमांसाकार होते हैं। नैपोलियन की निगाहों में विचारक सीज़ हास्यास्पद था, किन्तु साहूकार गैब्रील-जूलियेन ओवरार की निगाहों में नैपोलियन भोंडे पत्र रखे प्राचीन लगता था, क्योंकि वह उस मँडराती शक्ति को देखने में असफल रहा था जो सभी साम्राज्यों पर अन्धकार फैलाने जा रही थी : साख-वित्त की शक्ति।

''टैक्स लगाने और देशों को जीतने के अलावा नैपोलियन को राजस्व के किसी अन्य स्रोत का ज्ञान नहीं था,'' ओवरार ने लिखा। ''साख उसके लिए एक अरूप तत्त्व था; इसमें उसे केवल विचारधारा के सपने और अर्थशास्त्रियों के खोखले विचार ही दिखलाई देते थे।'' एक बार उसने नैपोलियन से यह कहने की धृष्टता कर डाली कि एक दिन सम्राट का स्थान कौन लेगा? वह अपनी कुर्सी से उठा, और मुझे एक खिड़की के पास ले जाकर कहा, 'मुस्यो ओवरार, तुमने राजसत्ता का स्तर नीचे गिराकर उसे वाणिज्य के स्तर पर ला दिया है।' 'सर, वाणिज्य तो राज्यों की प्रतिभा है; इसका काम राजशाही के बिना चल जाता है, किन्तु राजशाही का काम इसके बिना नहीं चलता।'

शुरू से ही नैपोलियन की छवि हमें परेशानियों में डालती रही है; ऐसा उसके साथ जुड़ी, दन्तकथाओं अपितु उसके अत्यधिक यश से भी है, जो बिलकुल नए प्रकार का है, और प्लूटार्क की धारा की तरह नहीं है। इसका एक अन्य कारण और भी है। एक बिन्दु पर पहुँचकर हम यह स्वीकार करने के लिए बाध्य हो जाते हैं कि जैसे ही यह नौटंकी आगे बढ़ती है, यह व्यक्ति इच्छाशक्ति के सिद्धान्त का सच्चे अर्थों में ऐतिहासिक अवतार बन जाता है, उस भव्य भ्रान्ति का केन्द्र कि हर चीज़ को शून्य से बनाया, स्थापित किया जा सकता है। वह शून्य *रिवॉल्यूशन* है; इच्छाशक्ति विषय है, जो रिवॉल्यूशन के बाद मुखर होना शुरू कर देती है। टैलीरॉ इसका दूसरा छोर है। वह शुरू से ही यह बात समझता था कि इस बेमिसाल इतिहास में, वह स्वयं भी जिसका एक भाग था, कुछ ऐसी व्यवस्था मौजूद है जो अपने ही तरीके से काम करती है। उसने खुद को इस व्यवस्था में छिपा लिया और बस इधर-उधर एक-दो पेचों को ढीला करने या कसने तक ही स्वयं को सन्तुष्ट रखा। यही छोटे-छोटे *'फिनिशिंग टचेज'* वह जानता था कि इस स्थिति में केवल इतना ही करना सम्भव है। शैतुब्रियाँ ने, जो सोचता था कि वह पैनी धार है, टैलीरॉ के विषय में लिखा, ''उसने घटनाओं पर अपने हस्ताक्षर किए; उसने उन घटनाओं को बनाया नहीं।'' घटनाओं को 'बनाने' की इस तीव्र इच्छा ने, जो उन्नीसवीं शताब्दी की मिथ्याभिमानी विरासत का एक हिस्सा थी, शैतुब्रियाँ को नैपोलियन से जोड़ दिया। जिससे वह घृणा करता था। जहाँ तक टैलीरॉ की बात है, यह निश्चित रूप से सच है कि जहाँ तक हो सका उसने 'घटनाओं पर अपनी छाप छोड़ने की कोशिश की; किन्तु इसी वजह से उसने अपने

आपको उन लोगों से हीन नहीं समझा, जिन्हें उन 'घटनाओं का बनाने वाला' कह सकते थे। उसने यह भूमिका किसी अभिमान या योजना के आधार पर स्वीकार नहीं की; उसने तो यह भूमिका रस्मी क्रिया-कलापों की वजह से अख्तियार की, क्योंकि पेशे से वह इतिहास का *महान चैम्बरलेन* था; यह निर्विवाद सत्य है। किन्तु यदि हम घटनाओं के धुँधलेपन को कुछ निश्चित दूरी से देखें तो पाएँगे कि बड़े प्रभावी उद्यमों की तुलना में उसका अत्यन्त लघु 'फिनिशिंग टच' कम महत्त्वपूर्ण था।

नैपोलियन की शानोशौकत, एक शाही ज्यामिति, जो पृथ्वी को प्रशासनिक चौकोर खानों में बाँट देना चाहती थी, प्रारम्भ से ही एक गुप्त, हानिकारक दुर्बलता दर्शा रही थी : इसमें निस्तेज़ प्रेतों का घुन लगा हुआ था। पेंटर गिरोडे में, आकाश के रिक्त स्थान मानस-तत्त्वों से भरे जाने लगे जिनमें चेहरे मृत लोगों के थे; अब से पाँव ज़मीन पर नहीं, अपितु विच्छिन्न आत्माओं की उँगलियों और बाँहों पर होंगे। इसे हम स्वाधीनता संग्राम में शहीद हुए वीरों के प्रति सम्मान प्रदर्शन के लिए *ऐपोथियोसिस ऑफ़ द फ्रैंच हीरोज़ हू डाइड फॉन द नेशन ड्यूरिंग द वार ऑफ़ लिबर्टी* 1802 में चित्रित पेंटिंग में देखते हैं। यह बारह हज़ार फ्रैंक की कीमत में बिककर मालमेज़ों की *सैलून डोरे* में लगाई गई। किन्तु पेंटर जैरार्ड के लिए वही दूधिया, अल्प पारदर्शी तत्त्व ओसियाँ के हार्प में आह्वान रूप में विद्यमान थे, उसे भी अन्त में मालमेज़ों की *सैलून डोरे* में पहुँचना था। और ज्याँ-पियरे फ्रैंक के पिरामिड से एक भाप उठती थी जिनसे मृत सुन्दरियों की विस्फारित आँखें उभरती थीं, जो इस रूपकीय बोझ को मुश्किल से उठा पा रही थीं।

मैरेंगो के युद्ध से प्रारम्भ करके, टैलीरॉ ने नैपोलियन की राजनीति को एक परिप्रेक्ष्य में देखा। उस समय उसने साहूकार ओवरार से कहा, "उसके सामने दो रास्ते खुले हैं। एक तो संघीय व्यवस्था है, जिसके अधीन प्रत्येक राजकुमार विजय के बाद, विजेता के लिए लाभदायक शर्तों पर अपने ही घर में मालिक बना रह सकता है; इस प्रकार आज प्रथम कौंसुल सारडिनिया के राजा, टस्कैनी के ग्रैंड ड्यूक और इसी प्रकार से अन्य को भी फिर से उन्हीं के स्थानों पर आसीन कर सकती थी। किन्तु इसके विपरीत, यदि उसने सबको मिलाने और एक करने की सोची, तो तब क्या होगा? तब वह एक ऐसे रास्ते पर चल पड़ेगा जिसका कोई अन्त नहीं है।" टैलीरॉ की बुद्धिमत्ता में एक उपहार छिपा था : वह सीमाओं को समझता था। लेकिन वह यह भी भली-भाँति जानता था कि यह नई राजनीति असीम है। साथ ही उसे यह भी मालूम था कि अब तक "पुरानी राजनीति के सारे कलपुर्ज़े या तो टूट चुके हैं या टूटने के कगार पर हैं।" फिर भी टैलीरॉ का अस्तित्व केवल *राजनीतिक मामलों* में ही था। इसलिए वह बिना किसी हिचक के असीम का मार्ग ही चुनेगा जिसके टेढ़े-बाँके मार्ग

में जिसमें नयापन था। क्रान्ति के बाद बाहर भाग गए राजाओं के छोटे-छोटे दरबारों में उसे कोई आकर्षण नहीं दिखता था; वे तो पहले से ही दुर्गन्धयुक्त भूल बन चुके थे। जबकि इसके विपरीत सीमा को उस आदमी की सरकार के साथ सह-अस्तित्व में रखना उत्तेजनापूर्ण, रोचक और भव्य रूप से क्षणभंगुर होगा जो इसका उन्मूलन करना चाहता था। नैपोलियन और टैलीरॉ के बीच का रिश्ता कील और दर्पण से ताबीज भर का था। किन्तु उनके विस्मयपूर्ण जटिलबन्ध में एक चीज़ बिलकुल स्पष्ट थी : अनन्त जिज्ञासा, जिसने दोनों को एक-दूसरे की ओर आकृष्ट किया था। वर्षों तक दोनों ने कोशिश की कि यह प्रकट न होने पाए। दोनों एक-दूसरे को उन दो बड़े शानदार जानवरों की तरह देखते रहे, जिन्हें दूरदराज़ से अलग-अलग प्रकार की जलवायु से लाकर एक ही कटघरे में बन्द कर दिया गया था।

आस्टरलिट्ज़ के युद्ध के बाद नैपोलियन को किस चीज़ का डर था? सबसे प्रसिद्ध युद्ध की पूर्व सन्ध्या पर सौभाग्य से नैपोलियन राजकुमार कौनिट्ज के घर में था, जिसने सात वर्षों तक चले युद्ध के दौरान फ्रांसीसी राजदूत को बहुत अपमानित किया था और जो मेज़ पर अपने दाँतों को माँजता था (मैटरनिख़ ऐसा कभी नहीं कर सकता था)। उसने कौनिट्ज़ के निजी कमरे में ही रहना पसन्द किया था : वहाँ 'ऑस्ट्रियायी झंडों और रूसी झंडों' की अविरल धारा चल रही थी, और साथ ही था "प्रमुख ड्यूकों के सन्देशों का, ऑस्ट्रिया के सम्राट के सन्देशों का ताँता और उन बन्दियों के सन्देशों का ताँता जिनके नाम साम्राज्य के बड़े परिवारों से सम्बद्ध थे।" तभी एक सन्देशवाहक डाक लेकर आया, एक ऐसी घटना, जिसका युद्ध में अत्यधिक खुशी के साथ स्वागत किया जाता है।" नैपोलियन ने टैलीरॉ से डाक को अपनी ही उपस्थिति में देखने और पढ़ने के लिए कहा। पेरिस में विदेशी राजदूतों के पत्र, जो कोड भाषा में थे डिकोड किए गए; पुलिस की रिपोर्ट; बैंकों के मामले। किन्तु उनमें एक चीज़ और थी एक लम्बी रिपोर्ट जो भेजी थी मदाम द जैनलिस ने ("एक स्त्री निश्चय ही कभी भी इतनी *बेबाक* नहीं हुई") जिसने सुने थे कुछ बेहद तीक्ष्ण कटाक्ष, "उन घरों में जिन्हें उन दिनों *फॉबौर्ग सेंट-जरमेन* कहा जाता था"); वे सब उसने अपनी लम्बी रिपोर्ट में लिख भेजे। किसी बूढ़ी असन्तुष्ट औरत ने एक बार फिर उसकी (नैपोलियन) शान के ख़िलाफ़ कड़े शब्द कहे थे। जैसे ही (टैलीरॉ) ने पढ़ा, नैपोलियन तुरन्त भयानक क्रोध से उग्र हो उठा। उसने *फॉबौर्ग सेंट-जरमेन* को गाली दीं—अहा, उन्हें विश्वास है कि वे मुझसे ज़्यादा बलशाली हैं, उसने कहा—"*फॉबौर्ग सेंट-जरमेन* के श्रीमानो, हम देखेंगे, हम देखेंगे।" उनसे बदला निकालने से पहले, खुली छावनियों में उसके अनेक वर्ष गुज़रनेवाले थे। और कॉर्क मढ़ी दीवारों वाली कमरे में नजरबंदी के अनेक वर्ष लगभग एक शताब्दी बाद, प्रूस्ट के लिए।

विजेता की पदचाप *टीलेरी* में उस दिन सुनाई दी जिस दिन उसने इस जगह का कब्ज़ा लिया, उसके साथ *काउंट पीयरे-लुई रोडरर* भी थे, जो उस समय स्टेट काउंसलर थे। जोज़ेफ़ाइन से उसने कहा था, ''आओ, मेरी छोटी क्रिओल गुड़िया, अपने मालिकों के बिस्तर पर आराम करो।'' रोडरर ने देखा कि ''अपार्टमेंट में अँधेरा है और परदे एवं फर्नीचर की सज्जा पुरानी है।'' उसने कहा, 'जनरल, यह तो दुखद है।' और बोनापोर्ट ने यह जानते हुए कि उसका उत्तर तुरन्त काउंसलर के काग़ज़ों में दर्ज हो जाएगा, जवाब दिया, ''हाँ, गौरव की तरह।''

शिक्षा इस अर्थ में विरोधाभासी है कि इसमें अधिकांशतः वे चीज़ें शामिल हैं जिन्हें सीखा नहीं जा सकता। या ऐसे तत्त्वों को दर्शाती हैं जिनका ज्ञान प्राप्त नहीं किया जा सकता। लेकिन नैपोलियन चाहता था कि वह इससे घिरा रहे, क्योंकि वह जानता था कि इसके बिना किसी चीज़ का अस्तित्व नहीं है। किन्तु वह इसे किसी एक व्यक्ति में निहित देखना चाहता था जिस पर वह सही समय पर अपनी घृणा को केन्द्रित कर सके। नैपोलियन के लिए टैलीरॉ इस अर्थ में शिक्षा था कि वह अतीत था, विजेता की निगाहों के सामने वह रोज़ैटा स्टोन, यानी अबूफलिपि की कुंजी था। उसको छोड़कर शेष शाही अधिकारी दिखावे में लिप्त थे—कठोर, सद्गुणी और तड़कीले-भड़कीले, क्योंकि उन्हें अपनी खिल्ली उड़ाए जाने का डर था। नैपोलियन की गुप्त पीड़ा थी वैधता। इसलिए तानाशाह के झूठे तर्क के सहारे, वह अपने चारों ओर वैध जोड़े ही देखना चाहता था। उसने टैलीरॉ जैसे पादरी और फक्कड़ मनमौजी को भी शादी करने के लिए भी विवश कर दिया। इस प्रकार पार्टियों की रंगीनी और बेफिक्री वाले वर्षों का अन्त हो गया जिनमें ''ऊँचे समाज के पति और पत्नियाँ शायद ही कभी आपस में मिलते थे और कभी नहीं झगड़ते थे। नैपोलियन के समय ये पति आडम्बरपूर्ण हो गए, उनके अभिमान को एक ऐसे तानाशाह की सनक ने पुनः जगा दिया जिसने निर्णय किया कि नैतिक व्यवहार चलन में होना चाहिए। और आदेश दिया कि आगे से अपने पति के बिना स्त्रियाँ सर्व-साधारण के सामने न आएँ।'' स्टैंडहाल ने अविश्वासी अंग्रेजों के सामने इस सबके पीछे छिपे कारणों को स्पष्ट किया था। नए दरबार की स्थापना में तानाशाह को सब चीज़ों से अधिक डर खिल्ली उड़ाए जाने का था, जो फ्रांस में प्राण-घातक मानी जाती है और यदि उसके हाल ही में बनाए गए सामन्त पुराने अभिजातों की मूर्खताओं और दुर्गुणों की नकल करते तो खिल्ली उड़ाने के दौर निश्चय ही शुरू हो जाते/चूँकि वह उस चिढ़ से बचना चाहता था जो लचर दरबारियों के छिछले और घोटाले भरे व्यवहार से पैदा होती और चूँकि उसके दिमाग़ में दूसरे महत्त्वपूर्ण मुद्दे थे, इसलिए उसने अडिग इच्छाशक्ति से आदेश जारी किया कि नियमितता और शालीनता हर समय बनी रहनी चाहिए।'' किन्तु उनमें चुप हुई स्त्रियों में, उन रोमांच प्रिय लोगों में, जिनके पैर नए, नाचने के टाइट जूतों में दर्द कर

रहे थे, एक आदमी ऐसा भी था जो तैरता जा रहा था, उसने इस बदली स्थिति पर ग़ौर ही नहीं किया। दूसरों की बोझिल और सम्मानजनक पदचाप के बराबर में उसने अपने लँगड़े पैर की हल्की, व्यंग्यपूर्ण पदचाप सबको सुनवा दी। यह केवल टैलीरॉ ही था जो नैपोलियन पर उस अस्त्र से प्रहार कर सकता था जिसके सामने महान रणनीतिकार असहाय हो जाता था : *हल्के-फुल्के ढंग से चिढ़ाना।* अन्त में, जब टैलीरॉ के दिन ख़राब चल रहे थे और कई लोग सोचते थे कि वे बेधड़क उसका अपमान कर सकते हैं, नैपोलियन जानता था कि *प्रिंस* (टैलीरॉ) अभी भी वही आदमी है जिसने *कॉन्सुलेट* के समय में एक बार उसे *ऑटेइयू* में शिकार खेलने के लिए आमन्त्रित किया था। इतिहासकार स्टैंडहाल, जो नैपोलियन के प्रति सर्वाधिक सहानुभूति रखता था, कहानी को इस प्रकार कहता है : *ऑटेइयू* में टैलीरॉ का एक ग्रामीण घर था। सीयेन और बोइ द बोलोन के बीच एक छोटा सा गाँव था *ऑटेइयू।* 'किसी दिन मैं तुम्हारे घर लंच पर आऊँगा,' नैपोलियन ने उससे कहा था। 'मुझे बहुत प्रसन्नता होगी, *मेरे जनरल!'* टैलीरॉ का उत्तर था, 'और चूँकि मेरा मकान बोइ द बोलोन के बहुत नज़दीक है आप तीसरे पहर कुछ देर शूटिंग करके भी अपना मनोरंजन कर सकेंगे।' 'मुझे शूटिंग पसन्द नहीं है,' नैपोलियन ने जवाब दिया, 'किन्तु मुझे शिकार बहुत अच्छा लगता है। क्या बोइ द बोलोन में कुछ जंगली सूअर हैं?' उस समय नैपोलियन एक नवयुवक था, और चूँकि वह पेरिस में बहुत थोड़े समय तक ही रहा था, वह नहीं जानता था कि आपके हाइड पार्क की तरह ही, बोइ द बोलोन ऐसी जगह थी जहाँ लोग केवल टहलने या घुड़सवारी के लिए जाते थे। वहाँ एक जंगली सूअर पाना पूरी तरह असम्भव था। किन्तु एक फ्रांसीसी आदमी के लिए मज़ाक कर लेने के विचार को रोक पाना नितान्त असम्भव है, भले ही उसे इसकी बड़ी कीमत चुकानी पड़े, यानी कि ऐसे व्यक्ति से मज़ाक जिसके सामने वह हर समय दास भाव प्रकट करता है। टैलीरॉ को, जिसे अपने कुलीन होने का बड़ा अभिमान था, यह देखकर अप्रसन्नता ही हुई होगी कि फौजी तोपखाने का एक मामूली लैफ्टीनेंट इतना लोकप्रिय और शक्तिशाली हो जाएगा और इसके पीछे उच्च कुल में पैदाइश नहीं अपितु अपनी बुद्धि और योग्यता के भौंडे साधन होंगे। उसके ईर्ष्यालु स्वभाव ने उसे नैपोलियन से एक बेहद घटिया मज़ाक करने के लिए उकसाया। जब नैपोलियन ने उससे पूछा कि बोइ द बोलोन में जंगली सूअर हैं? तो उसने उत्तर दिया : 'बहुत कम, मेरे जनरल! किन्तु मैं यह कहने की जुर्रत कर रहा हूँ कि तुम्हें एक-न-एक तो मिल ही जाएगा।' रात्रिभोज और शिकार का कार्यक्रम अगले दिन के लिए तय कर दिया गया और व्यवस्था यह थी कि नेपोलियन ओटेइयू में सवेरे सात बजे आ जाएगा। टैलीरॉ को मन ही मन इतनी हँसी आ रही थी कि उसे खुद पर काबू करना मुश्किल हो रहा था। टैलीरॉ ने दो बड़े काले सूअर पेरिस के बाज़ार से मँगवा लिये। दो नौकर उन्हें तुरन्त बोइ द बोलोन ले गए; नौकरों को आदेश था कि सवेरे सूअरों को खुला छोड़ दें और उन्हें खूब

दौड़ाएँ। निश्चित समय पर नेपोलियन ओटेइयू पहुँच गया, उसके साथ एक सहायक अधिकारी भी था जिसके चेहरे पर आनन्द मिश्रित आश्चर्य की छाप थी। क्योंकि जनरल उससे लगातार शिकार के बारे में अजीब ढंग से बताता आ रहा था। नाश्ते के बाद सब लोग बोइ द बोलोन की तरफ़ चल दिए, साथ में पड़ोसी किसानों से कुछ शिकारी कुत्ते भी उधार ले लिए। अन्त में एक सूअर खुले में छोड़ा गया, और बोनापोर्ट खुशी से चिल्लाया : 'मुझे एक जंगली सूअर दिखलाई दे रहा है।' टैलीरॉ यह बात अच्छी तरह जानता था कि अपना पीछा करनेवालों को देखकर भी यह जानवर एकदम नहीं दौड़ेगा, इसलिए उसने एक नौकर को आदेश दिया कि वह सूअर का पीछा करे। नौकर एक छोटे स्पेनी घोड़े पर लम्बा हंटर लिए चल रहा था। किन्तु बोनापोर्ट का ध्यान तो पूरी तरह अपने शिकार पर था इसलिए वह इस बात पर ध्यान नहीं दे पाया। वह अपने घोड़े को तेजी से दौड़ाता हुआ तथाकथित जंगली सूअर का पीछा करने लगा। आधा घंटे तक पीछा करने के बाद, शिकारियों ने सूअर को जा दबोचा, सहायक अधिकारी ने जो इस समय तक जनरल के पास पहुँच गया था, इस डर से कि कहीं सारी बात का भंडाफोड़ न हो जाए और लोग जनरल की खिल्ली न उड़ाने लगें, इसलिए उसने यह तय किया कि वह जनरल को धोखे में नहीं रहने देगा। उसने जनरल को रोकते हुए कहा : 'श्रीमान, अब तो आपने समझ ही लिया होगा कि यह एक जंगली नहीं बल्कि साधारण सूअर है।'

यह सुनते ही—''बोनापोर्ट गुस्से से आगबबूला हो गया। और तुरन्त घोड़ा दौड़ाता हुआ आटेइयू की तरफ़ मुड़ गया। उसने निश्चय ही टैलीरॉ से बहुत बुरा-भला कहा होता और शायद शब्दों से आगे बढ़कर कुछ कर भी डालता पर उसे याद आ गया कि टैलीरॉ पेरिस के समाज में सारे कुलीनों और ऊँचे लोगों से अत्यधिक अन्तरंग था और सब लोग यह सोचकर नैपोलियन की खिल्ली उड़ाएँगे कि उसने मामूली घटना को इतनी गम्भीरता से ले लिया। और इसलिए, जब वह औटेइयू पहुँचा तो उसने फैसला किया कि वह इस घटना को एक मज़ाक का रूप देगा। लेकिन वह अपने क्रोध को बहुत मुश्किल से छिपा पाया। यह कितना भी अविश्वसनीय क्यों न लगे, पर टैलीरॉ ने, जो उस समय मजाक के मूड में था, एक बार फिर से नैपोलियन का मज़ाक उड़ाने की सोची : 'बोला, जनरल, यह सच है कि जंगली सूअर का शिकार अपने लिए एक निराशा भरा अनुभव रहा। लेकिन कोई बात नहीं, अभी ज्यादा देर नहीं हुई है। पेरिस वापस मत जाओ। बोइ द बोलोन में खरगोश बहुत हैं। लुई XVI प्रायः उनका शिकार किया करता था। उस बेचारे के दो प्रिय मनोरंजन थे—''दरवाज़ों के ताले और खरगोश का शिकार। आप तो जानते हो कि वह बहुत बढ़िया निशानेबाज़ था।'' 'हाँ, किन्तु मैं बढ़िया निशानेबाज नहीं हूँ।' बोनापोर्ट ने कहा, जो अभी तक अपने उखड़े मिज़ाज़ पर काबू नहीं कर पाया था। 'इतनी घुड़सवारी करके तो भूख भी लग आई होगी', टैलीरॉ कहता रहा, 'जब तक आप टेबल पर बैठकर

कुछ खा-पीकर स्वयं को तरोताज़ा करते हैं, मैं पेरिस से अपनी बन्दूकें मँगा लेता हूँ। वे लुई XVI की हैं।'

'वे खाने की मेज़ पर दो घंटे रहे होंगे, जिस दौरान टैलीरॉ ने भावी सम्राट का मूड उस चापलूसी से नरम कर दिया, जिसे करने में वह सिद्धहस्त था। इसी दौरान कुछ नौकर पेरिस भेज दिए गए। आदेश था कि जितने भी खरगोश मिलें खरीद लाओ। पाँच या छह सौ खरगोश उनके हाथ लग गए जिन्हें वे किराए की कई गाड़ियों में भरकर बोइ द बोलोन ले आए। बोनापोर्ट राइफल और अपने निजी सहायक को लेकर चल पड़ा। 'मैं लुई XVI नहीं हूँ', उसने कहा, 'मैं तो एक भी खरगोश नहीं मार पाऊँगा।' फिर भी, उसने काफ़ी जल्दी कई खरगोश मार डाले। उसका सहायक देख रहा था कि नेपोलियन लगातार लुई XVI के बारे में बातें करते हुए किस गम्भीरता से बेचारे खरगोशों का शिकार कर रहा था। अब उससे रहा नहीं गया और वह ज़ोर से हँस पड़ा। जब पचासवाँ खरगोश मार डाला गया तब जाकर नैपोलियन अपनी सफलता पर खुश दिखाई दिया। सहायक अपने मालिक के नज़दीक आकर उसके कान में फुसफुसाया : 'आपसे सच कहूँ, जनरल, मुझे ऐसा लग रहा है कि ये जंगली खरगोश नहीं हैं। मुझे शक है उस बदमाश पादरी ने हमसे एक मज़ाक और कर डाला है।'

"क्रोध से लाल-पीला बोनापोर्ट घोड़े को दौड़ाता हुआ पेरिस लौट गया। छह महीने बाद ही वह टैलीरॉ की इन हरकतों को भूल पाया और शायद उसने टैलीरॉ को यह चेतावनी दे दी कि अगर सूअरों और खरगोशों के शिकार के बारे में कोई भी चर्चा फॉबोर्ग सेंट-जरमेन के ड्राइंग-रूम्स तक पहुँची तो वह उसे देख लेगा। और सच में पेरिस में इन दो चुटकुलों की चर्चा कभी नहीं हुई।" आग की लपटों में धू-धू कर जलते मास्को पर नजर डालते समय भी नैपोलियन जानता था कि कहीं से एक जोड़ी आँखें उसे खरगोशों के खूँखार शिकारी के रूप में देख रही थीं।

नैपोलियन और हिटलर के बीच का अन्तर लीऑन ब्लॉय ने स्पष्ट किया था और यह हिटलर के *नाजीवाद* के आविष्कार (1912 में हुआ था) से भी पहले का है : "उन लोगों के लिए जो सम्पूर्ण सत्ता चाहते हैं, युद्ध का तब तक कोई अर्थ नहीं है जब तक वह सब कुछ *समाप्त न कर दे।* और निकट भविष्य में जल्दी ही यह बात हमें बता देगी कि बन्दी बना लेना मूर्खतापूर्ण या धोखा है। निश्चय ही नैपोलियन न तो मूर्ख था और न धोखेबाज लेकिन हत्यारा कहा जानेवाला व्यक्ति एक *भावुक* था, क्षमा करने के लिए सदैव तत्पर रहता था, एक विशाल-हृदय जो सब चीज़ों के बावजूद दूसरों की विशाल हृदयता में विश्वास करता था, और हमें मालूम है कि इस अबोध भ्रान्ति की उसने कितनी बड़ी कीमत चुकाई...अतः वह वैसा दैत्य नहीं था जो सर्वनाशी युद्ध के लिए जरूरी होता है। युद्ध की खाई बुराई की खाई का आह्वान करती

हुई! और यह साफ़ दिखाई देता है कि वह इस युद्ध-दैत्य का अग्रदूत सिद्ध नहीं होगा।''

यह रूस पर किया गया आक्रमण नहीं बल्कि स्पेनी युद्ध था जिसने ताकतों के बीच बार-बार पैदा हो जाने वाली तड़प को दर्शाया है—यह नैपोलियन के रहस्य का आंशिक उद्घाटन करने वाली चाभी है और उन घटनाओं के पूर्व संकेत हैं जो इतिहास को तहस-नहस करने वाली थी। स्पेन का युद्ध सबसे पहला सफल प्रतिशोध है जो दुर्बलता ने शक्ति से लिया था। ये तगड़े पहाड़ी लोग, 'अभिमानी और गन्दे भिखारी' थे जिन्होंने फ्रांसीसी फौजी टुकड़ियों को निर्दयतापूर्वक छकाया और यही ये प्रथम लोग थे जिन्होंने ''पहली आधुनिक नियमित फौजों के विरुद्ध अनियमित सैनिकों के रूप में लड़ने की हिम्मत की;'' यही थे वे पक्षधर (और बाद के गुरिल्लों और आतंकवादियों के पूर्वज), जो सारी रणनीति और व्यवस्था की अवहेलना करते हैं, जैसा कार्ल श्मिट ने दिखाया है। वे ही अग्रदूत हैं उस विशाल गहरी काली आकृति के जिसके नाक-नक्श अब उभरने और स्पष्ट होने लगे हैं : जातीय विद्रोह वह सब देशों को ढाँपती, उनका गला घोंटती मुलायम ऊपरी खाल के रूप में पश्चिम का अस्वीकार है। अब यह खाल बहुत जल्दी-जल्दी फटती रहती है, जैसे ईरान में हुआ और वहाँ के *शाह* को सत्ताच्युत कर दिया गया और *मुस्तज़ाफ़ियों* अधिकार से वंचित भिखारी, फक्कड़ की हत्यारी आग फूट पड़ी, जो हमें वापस फिर *पक्षधरता* की तरफ़ ले जाती है। उनके पीछे *अकिंचन, ख़स्ताहाल* लोग खड़े हैं। और इन दोनों का सम्मिलन उन्हें सब जगह फैलने की ताकत देता है। और साथ ही उन्हें स्वयं को धोखा देने की क्षमता भी बढ़ जाती है। *क्योंकि* पक्षधर तत्त्व हमेशा अनजाने ही निहित स्वार्थी तीसरी शक्ति के काम आए, और आते रहेंगे। अन्त में यही तीसरी शक्ति विद्रोहियों से अत्यन्त सूक्ष्म ढंग से सब कुछ छीन लेती है, और उन्हें भले एजेंट्स बना देती है (किन्तु क्या यह हमेशा ऐसे ही होता रहेगा?); जबकि *सर्वहारा पक्षधरों* की कोशिश रहेगी (और हमेशा रही है) कि *सम्पन्न* के हथियार छीन लें, ताकि ये उन्हें दूसरे *ख़स्ताहाल* लोगों द्वारा और भी कठोर ढंग से उत्पीड़ित किया जा सके। यह कटुतापूर्ण विद्रोह, यह पश्चिम की अस्वीकृति, जो पश्चिम से निकले विभिन्न विचारों का दोहन करके की गई है, इसके शब्दों को छोटे-छोटे नुकीले टुकड़ों में काट डाला गया है—यह सब लियौन ब्लॉय के उस विचार का विलम्बित क्रुद्ध उत्तर है जिसे वह धर्मशास्त्रीय व्यंग्य की भाषा में 'निर्धन के सामान्य बलिदानवाला उच्च विचार' कहकर परिभाषित करता है। अपने शुद्ध रूप में, आधुनिक सर्वहारा का उन्मूलन चाहता है। सबसे धृष्ट उदाहरण यह है कि एक सर्वहारा ही दूसरे सर्वहारा का उन्मूलन कर दे। इस प्रकार सोवियत रूस में सबसे व्यापक नरसंहार किए गए, जहाँ सर्वहारा कई वर्षों से स्वयं अपने आपको ही त्रास दे रहा था। किन्तु इतिहास में यह तथ्य स्पेन के युद्ध में पहली बार उभरकर सामने आया—इसकी घरघराहट आज दुनिया के हर कोने में देखने और सुनने को

मिल जाती है और जो शीघ्र ही हम पर अन्दर और बाहर से आक्रमण करनेवाली है। नैपोलियन ने *पक्षधरों* का सैन्य महत्त्व समझ लिया (कम-से-कम फार्मूले के रूप में "जहाँ-जहाँ हमें *पक्षधरों* से निबटना है वहाँ हमें भी *उन्हीं* की तरह काम करना चाहिए।" किन्तु उसने उस नई शक्ति को स्वीकार करने से इनकार कर दिया जो *सर्वहारा* और *पक्षधर* तत्त्वों के घालमेल के परिणामस्वरूप तैयार होगी। और स्पेनी युद्ध की विध्वंसक दिशा इसी का परिणाम थी। नैपोलियन समझना नहीं चाहता था और समझ भी नहीं सकता था। वह इसलिए नहीं समझना चाहता था क्योंकि वह सच्चे रूप में मानव-आतंक के भुक्तभोगी की भ्रान्ति से ग्रस्त था : यह विश्वास कि आतंक, भयानकता सब जगह एक ही-सी होती है, और इसीलिए कि वे पुरानी छल-योजनाएँ जो इटली एवं अन्यत्र स्थानों पर सफलतापूर्वक आजमाई जा चुकी हैं स्पेन में भी लागू होगी। जैसा मदाम द रिमूसा ने लिखा, "नैपोलियन के दिमाग़ की एक बड़ी भूल...यह थी कि वह सभी मनुष्यों को मूलतः एक जैसा मानता था और उन भेद एवं अन्तरों को नहीं देखता था जो आदमी के चरित्र में आदतों और रीति-रिवाज़ों के अन्तर से पैदा होते हैं।" वह इसलिए भी नहीं समझ सका कि वह स्वयं भी वैसी ही चीज़ का विस्तार था, जो आज के बाद से पृथ्वी पर अपनी लचीली चमक फैलाना कभी बन्द नहीं करेगी। सर्वहारा जो निरन्तर निर्धन बने रहना चाहता है, *गरीब* जो केवल जिन्दा रहना चाहता है, जो अपनी ज़मीन के विकास की तुलना में केवल अपनी ज़मीन चाहता है, 'भाग्यहीन कृतघ्न' जो रुपए के प्रस्ताव को ठुकरा देता है : ये प्रतिरोध की सबसे धृष्ट बाधा हैं (नैपोलियन के लिए और उसके पीछे आनेवाली दुनिया के लिए)। ये पदार्थ की रुकावट के, अपारदर्शिता के, अभेद्यता के और भूमि के जल्दबाज, अधीर सर्वेयर के विरुद्ध भीषण विद्रोह के संकेत की सबसे बदतमीज़ अभिव्यक्तियाँ हैं। नैपोलियन के विरुद्ध एक ही आरोप लगाया जा सकता है, जैसा ब्लॉय ने देखा, जो ऐसा व्यक्ति था जिसने *नीतिकथा* और भोंडेपन के दुष्कर मिश्रण के जोखिम की भी परवाह नहीं की। नैपोलियन ने "एक प्रसिद्ध नियमावली तैयार की जिसमें यह मान लिया गया कि निर्धन का अस्तित्व है ही नहीं। इसके अलावा उसने यहाँ तक कह डाला, "मैं भिक्षावृत्ति के उन्मूलन को बहुत महत्त्वपूर्ण और महान समझता हूँ।" इसका रक्त-रंजित प्रदर्शन आज भी खेला जा रहा है। *'भीख माँगना वर्जित है।"* उसने सर्वहारा का उन्मूलन कर दिया और यही उसका अपराध था–जिसे निरन्तर चलाया जाता रहा है।

वैधता की रहस्यमयी शक्ति

एक दुष्चक्र : वैधता ही एकमात्र बल है जो एक सरकार के बने रहने की गारंटी है; किन्तु एक सरकार को वैध होने के लिए यह आवश्यक है कि यह पहले ही काफ़ी लम्बी अवधि से चली आ रही हो।

"क्रान्तिकारी चेतना का यह मानना सही है कि वैधता के सिद्धान्त सीमित और पारम्परिक होते हैं, उनमें घट-बढ़ होती रहती है एवं तर्क द्वारा आसानी से नष्ट हो जाते हैं; हम भी यह स्वीकार करते हैं। यह कहना भी ग़लत नहीं है कि वे सिद्धान्त इसीलिए सही और सत्य प्रतीत होते हैं क्योंकि उनके विषय में तर्क-वितर्क करने वाले लोग उस बिन्दु के आगे नहीं जाते जिसके परे जाते ही उनकी दुर्बलताएँ उजागर हो जाएँगी। जब ये उन जर्जर परिपाटियों को ही सिद्धान्त मान लेती है जिनसे समाज भरा पड़ा है। तो यह ग़लती कर रही होती है, और उस दुनिया के प्रति अपनी अज्ञानता दिखलाती है जिसे ये समय-समय पर नष्ट कर डालती है। ये सिद्धान्त कितने भी जर्जर क्यों न हों, फिर भी वे दूसरों से भिन्न होते हैं क्योंकि उनमें एक जादुई गुण होता है : जब भी लोग किसी दुष्टतावश उनके उल्लंघन पर उतर आते हैं तो उन्हें डर सताने लगता है—उल्लंघित नियम का पवित्र भय।"

"वैधता के सिद्धान्तों की गुप्त प्रकृति वह शक्ति है जो भय को निकाल बाहर कर देती है।"

25 जुलाई, 1820 को वैलेंशे से टैलीरॉ ने (जहाँ वैध राजा ने, जिसे टैलीरॉ ने ही सिंहासनारूढ़ किया था, "उसे किसी भी ऐसे काम से बचने के लिए बाध्य किया जिसे वह भली-भाँति कर सकता था।") कुरलैंड की डचैस को एक पत्र लिखा। जिसके अन्त में कुछ गुप्त बातें भी की थीं "वैधता की शक्ति नष्ट हो रही है क्योंकि इसे समझा नहीं गया है। क्रान्ति से जुड़े सभी लोगों ने इसे राजाओं की सत्ता अक्षुण्ण बनाए रखने का साधन मात्र बना डाला है जबकि यह केवल लोगों की शान्ति एवं सुख के लिए प्रथम एवं सर्वप्रमुख आवश्यकता है और राष्ट्रों के अस्तित्व और उनके बने

रहने की सबसे एकमात्र ठोस गारंटी। राजाओं की वैधता, या सरकारों की वैधता राष्ट्रों की सुरक्षा है और इसी कारण यह पवित्र है...''

जिस क्षण टैलीरॉ वैधता के सिद्धान्त की बात करता है और अपने सारे कार्यों को इसके परिप्रेक्ष्य में परखता है, उसी क्षण वह अन्यमनस्क भाव से अपने ही कार्यों में इसकी अनदेखी कर देता है। 23 अप्रैल, 1814 को वह बिना वैध-आदेश के युद्ध-विराम पर हस्ताक्षर कर देता है; राजा अभी पेरिस में पहुँचा भी नहीं है और सीनेट का हस्तक्षेप, हरेक की दृष्टि में एक बड़ी हल्की चाल है। किन्तु टैलीरॉ राजा से पहले ही काम कर लेना चाहता है क्योंकि वह जानता है कि राजा जानता है कि समझौता वार्ता में कठिनाई पैदा करेगा। उसका गुप्त विचार है : वैधता, यह मैं हूँ। बहाने भरी अन्यमनस्कता के लिए तो बाद में सदैव ही समय रहेगा, जैसा अपने *संस्मरणों* में वह लिखता है कि उसने युद्ध विराम पर राजा द्वारा नियुक्त मन्त्री की हैसियत से हस्ताक्षर किए।

यह गुप्त विचार असामान्य नहीं था, और न ही यह उसके अहम् की तुष्टि करता था—उस व्यक्ति के लिए ऐसा सोचना भी हास्यास्पद होगा जिसमें इतना अच्छा सुरुचि-भाव था। इसकी अपेक्षा, एक बार फिर, इसमें सरल आकलन का पूर्वाभास दिखाई देता है। पहले ही वियना कांग्रेस में टैलीरॉ देख चुका था कि वैलिंग्टन और कैस्टरलीह को 'वैधता' शब्द का अर्थ पकड़ने में कठिनाई आ रही थी। जहाँ तक लुई XVIII के राज-दरबार का प्रश्न था, ये तो ज़्यादा-से-ज़्यादा ऊबू जैसा ही था, जैसा ब्लॉय समझ लेता। किन्तु इसकी अन्तिम पुष्टि कुछ वर्षों बाद होनी थी—नवधनाढ्यों की क्रान्ति के साथ। ऑरलींस-वासी होने के कारण भी लुई-फिलिप यूरोपीय राजदरबारों द्वारा खुद को स्वीकार किए जाने की अधीरता से प्रतीक्षा कर रहा था। उसने हस्तलिखित पत्र देकर, जिसमें उसके सिंहासनारूढ़ होने की घोषणा थी, कर्नल ऐथेलिन को सेंट पीटर्सबर्ग भेज दिया था। उत्तर देने से पहले निकोलस-प्रथम ने एक पखवाड़ा बीतने दिया। अवरोधों, चेतावनी की घंटियाँ और गोलीबारी—यह सब वह क्या सुन रहा था? फिर एक दिन उसने *मॉनीटियर* में पढ़ा कि टैलीरॉ को लन्दन में राजदूत बनाया गया है। उसे इतना ही काफ़ी लगा। उसने कहा, ''चूँकि श्रीमान टैलीरॉ ने स्वयं को नई फ्रांसीसी सरकार से जोड़ लिया है, इसलिए इसकी बने रहने की अच्छी सम्भावनाएँ हैं।'' अन्ततः कर्नल ऐथेलिन को उत्तर मिल ही गया। सारे रूसी राज्यों के ज़ार ने फ्रांसीसियों के नए राजा को स्वीकार कर लिया। उसे वैधता समाचार-पत्र में दिखी थी।

पाश्चात्य रूपान्तरण की दिलचस्प कहानी में 'धर्मशास्त्रीय विप्लवों' की पूरी एक शृंखला शामिल है। किस प्रकार, पादरी *मेल्पीजदेक* के बाद *ऑक्टोरिटाज* और *पोटेस्टाज* अलग-अलग हो गए, वे कैसे आपस में सम्बद्ध हैं और कैसे भिड़ते हैं, कैसे

एक दूसरे के अधीनस्थ हैं, वे आपस में सम्मान कैसे व्यक्त करते हैं, वे कैसे ब्रह्मांड के अनेक देवताओं या एक ब्रह्मांडेतर ईश्वर को लेकर एक-दूसरे का पोषण या नियन्त्रण करते हैं, पृथ्वी और आकाश कैसे अलग बँटे हुए हैं और अन्त में किस प्रकार ऑक्टोरिटाज़ पोटेस्टाज़ में समाहित हो जाता है, लेकिन वह इसमें आध्यात्मिक विष भी प्रविष्ट कर देता है जो आगे चलकर इसे दैत्य रूप प्रदान कर देगा—ये सब मुख्यतः धर्मशास्त्रीय चमक-दमक के सोपान हैं।

वे मैकेनिक धर्मशास्त्री थे जिन्होंने इस भारी-भरकम आधुनिक मशीन को परिष्कृत कर इसमें तेल डाला और चालू कर दिया। ये काम पूरे कर लेने के बाद वे समझ-बूझ दिखाते हुए पीछे हट गए। अब शुरू करने के लिए जो शेष रह गया वह सबसे कम रोचक पहलू था : कार्य शुरू करना, क्रान्तियों की शृंखला। समस्त आधुनिक कृत्रिमतावाद दुनिया को प्रभावित करने और शक्ति विकसित करने की सबसे कुशल युक्ति है, और इसके चक्करदार इतिहास का छाप किसी धर्मनिरपेक्ष परीक्षणवादी में नहीं कॉल्विन में मिलती है। लुई ड्यूमॉ की परिभाषा के अनुसार, यह कृत्रिमतावाद "इस दुनिया की चीज़ों पर एक बाह्य और आरोपित मूल्य को प्रणालीबद्ध ढंग से लागू करने में निहित है।" इस दुनिया पर इतनी बारीकी से पैनाए गए चाकुओं को चलाने के कार्य का स्रोत दुनिया के बाहर किसी चीज़ में होना चाहिए; और निःसन्देह यह काल्विन ही वह व्यक्ति है जो इस तत्त्व को ईश्वर से प्राप्त इच्छा में पाता है (ईश्वर, जो 'इच्छाशक्ति का आदर्श, मूलरूप है') कम-से-कम उस सीमा तक जहाँ इसमें मनमाना करने की शक्ति है। कुछ ऐसा तत्त्व जो इस दुनिया का नहीं है—और जो शीघ्र ही यह भूल जाना चाहेगा कि यही इसका मूल स्रोत है—इसे दुनिया के बीच में रख दिया जाता है जो इसे हिला देती है, पंजों से नोंचती है और इसे खोजती है। इस प्रकार की इच्छा के सर्वाधिक विनाशक प्रभाव नियति के रूप में तब अनुभव किए जाते हैं जब किसी को भी यह याद नहीं रहता कि इस शक्ति के स्रोत दुनिया के बाहर है, क्योंकि जो इस दुनिया का है ही नहीं, उसका ज़िक्र कैसा लोगों को इसे पहचानने, स्वीकार किए बिना ही, इसके सामने नतमस्तक होना पड़ेगा। धर्मशास्त्र से आगे बढ़कर हम एक प्रकार के काले जादू पर आ पहुँचते हैं, जिसके स्रोत कभी पता नहीं किए जा सकते। क्योंकि यह सब अज्ञात में है। इस प्रकार, अपनी सारी खलबली में, स्वायत्तता के अपने सारे दावों में, अपने बेकाबू और (अँधेरे में) टटोलते हाव-भावों में, "जिसे हम 'दुनिया का आधुनिक व्यक्ति' कहते हैं, वह अपने अन्दर, अपनी गुप्त, आन्तरिक संरचना में एक अलक्षित किन्तु अत्यावश्यक तत्त्व लिए हुए है जो इस दुनिया का नहीं है।" फिर भी सब कुछ ऐसे होता है मानो वह चमचमाता स्फटिक, मानस में धँसा हुआ बादाम अस्तित्व ही न रखता हो। (GRAEUM EST NON LEGITER) किन्तु वह भाषा जो पढ़ी नहीं जाती वही भाषा कार्यरत होती है।

टैलीरॉ की वंश रेखा पीछे प्रसिद्ध ऐल्डेबेयर तक जाती है। वर्ष 1000 के आसपास, कहा जाता है, उसने निम्न कटूक्ति की। ह्यूकैपे ने उससे पूछा, "आपको काउंट किसने बनाया?" उत्तर में ऐल्डेबेयर ने कहा, "आपको राजा किसने बनाया?" प्राचीन साम्राज्य के साथ अति निकट सम्बन्ध होने की बात के समय असमय दिए गए सन्दर्भों में टैलीरॉ को सदैव ही आनन्द आता था। किसी भी प्रभुसत्ता के लिए सबसे ख़तरनाक बिन्दु इसके प्रादुर्भाव का होता है। ऐल्डेबेयर ने इस बिन्दु को धृष्टता से छुआ था और इस प्रकार अपनी प्रभुसत्ता सिद्ध कर दी थी। जहाँ तक सम्प्रभुता के रहस्य की बात रही, पैरीगोर के काउंट्स का आदर्श वाक्य इस ओर संकेत करता है, 'Re que Diou' 'ईश्वर के अतिरिक्त कोई और नहीं' (इसकी एक भिन्न किन्तु वास्तव में सुविधाजनक व्याख्या है 'ईश्वर को छोड़कर कोई दूसरा राजा नहीं')। सम्प्रभुता पर इसके उद्गम की ओर संकेत करके प्रहार किया जा सकता है, किन्तु प्रभुसत्ता सम्पन्न राजा अपने संकट से यह कहकर साफ़ बच जाते हैं कि एक चीज़ (Diou) जिस पर कोई भरोसा नहीं कर सकता, को छोड़कर वे किसी अन्य के प्रति उत्तरदायी नहीं हैं। यह उस सत्य का स्रोत है जिसे डिज़रैली ने परिभाषित किया, एक ऐसा सत्य जिसका सीधा सम्बन्ध आरम्भ से है : "कभी स्पष्टीकरण मत दो।"

प्रौढ़ा राजकुमारी इसाबैला जारटोरिस्का ने पहले ही अपने खजाने और दुर्लभ वस्तुओं की सूची, कैटलॉग रेज़ौं, पर काम शुरू कर दिया था, इसमें एक छोटी किताब शामिल थी जिसमें वॉबन के विभिन्न विषयों पर बनाए गए रेखाचित्र थे जैसे किलेबन्दियाँ, ऐग्नेस सौरेल के बालों का जूड़ा, मदाम द ला वैलियर की प्रार्थना-पुस्तक और फ्रॉशाई प्रथम से लेकर नैपोलियन तक फ्रांस के सभी शासकों के हस्ताक्षर। शाम को अपने हवेली के बाग में रोज की तरह टहलने के बाद उसने युवा काउंटस पोटोका से कहा कि यदि वह चाहे तो अब उससे प्रश्न कर सकती है। एक बार उसने उस वक्त का ज़िक्र किया जब फ्रैडरिक महान द्वारा अपने अध्ययन कक्ष से चले जाने के कुछ ही क्षण बाद, वह अचानक वहाँ पहुँच गई थी। "काग़ज़ों और नक्शों से ढंकी मेज़ के सामने चैरी की प्लेट पड़ी थी जिस पर राजा के हाथ का लिखा एक नोट था : *मैं अठारह चैरी छोड़े जा रहा हूँ।* एक तरफ़ एक कुर्सी पर हुसार की पुरानी वर्दी फैली हुई थी जो किसी दर्जी के आने और मरम्मत किए जाने की प्रतीक्षा कर रही थी। वाल्टेयर के एक पत्र के बराबर में, जो खुला पड़ा था, परचूनिए का एक बिल था—एक दरबारी सप्लायर। एक संगीत नोटबुक रीडिंग स्टैंड पर लापरवाही से फेंकी हुई थी और लय-ताल की इस अपील के पास ही, कैपीटॉल जैसी कुर्सी की तरह ही एक शाही कुर्सी रखी थी, फ़र्क सिर्फ़ इतना था कि वह पुराने गुलाब की लकड़ी की थी और यह किसी दूसरी खुरदरी लकड़ी की, इसके अतिरिक्त इसके निम्न कार्य को कोई चीज़ छिपा नहीं रही थी।" सम्पूर्ण प्रभुसत्ता सम्पन्न किसी व्यक्ति की यह अन्तिम स्टिल लाइफ थी।

प्राचीन साम्राज्य

प्रारम्भ में सत्ता एक जगह बिखरी पड़ी थी, प्रभामंडल और प्रदूषित कुहासा।
फिर यह मेल्चीज़ेडेक, पादरी और राजा में जा मिली।
फिर यह पादरी और राजा के बीच बँट गयी।
फिर यह राजा में शामिल हो गई।
फिर यह एक राजा और कानून में बँट गई।
फिर यह कानून में शामिल हो गई।
फिर कानून कई नियमों में बाँट दिया गया।
फिर नियम सभी जगह बिखेर दिए गए।

मधुरता के स्रोत

पहाड़ियों पर बैल्टेन के अलावों की परिभाषा फ्रेज़र ने कुछ इस प्रकार की : "क्रीम खा लिए जाने के बाद वे केक को, जहाँ तक सम्भव हो समान आकार और आकृति में बाँट देते थे, इनकी संख्या समूह में मौजूद लोगों की संख्या के अनुरूप होती थी। फिर इनमें से एक टुकड़े को चारकोल से तब तक पोतते रहते। जब तक वह पूरी तरह काला न हो जाए। वे केक के सभी टुकड़ों को एक हैट में रख देते। हर आदमी, आँखों पर पट्‌टी बाँधकर हैट में से एक टुकड़ा उठा लेता। जिस आदमी के हाथ में हैट होता था उसे आख़िरी टुकड़ा मिलता था। काला टुकड़ा उठानेवाला व्यक्ति ही *भक्त* माना जाता, और बाल को उसकी ही बलि अनिवार्य रूप से दी जाती थी।"

विटजैन्स्टाइन कहता है, "यह तथ्य कि लॉट निकालने के लिए केक का प्रयोग किया जाता है, विशेष रूप से भयानक है (चुम्बन द्वारा धोखा देने जैसा)।"

—अन्ततः हमने यह विचार करना शुरू किया कि चारकोल में लिपटे केक के टुकड़े का स्वाद कैसा है...

—दर्शनशास्त्र 'गुणों' की बात करता है, किन्तु व्यक्तिगत गुण कैसे होते हैं इसकी चर्चा नहीं करता...मधुरता क्या है?

बैल्टेन संस्कार में केक का टुकड़ा *मिरोज* (meros) है, जो *मॉइरा* (moira) है, वह भाग जो नियति है। किन्तु यह उल्लेखनीय है कि ढेर में से केक के टुकड़े का निकालना अभी भी किसी चीज़ से जुड़ा है न कि बेतरतीब संख्याओं से, जिसे देहहीन नियति कहते हैं। अपने हिस्से का केक खा लेने में, बैल्टेन का *कारलाइन* (कार्यपद्धति) स्वयं को ही खा जाता है, अपनी नियति को। जो उसके मुँह में होता है आग की लपटों में में उसी की पुनरावृत्ति होगी।

"आप जहाँ हैं, आप कम-से-कम (सार्वजनिक) मामलों की चर्चा न सुनने की मधुरता का आनन्द तो ले ही सकते हैं"—मैरी ऐन्टियोनेट, अप्रैल 1787 के एक पत्र में।

सामान्यतः जहाँ भाषा अधिक शुष्क और नीरस होती चली गई, वहीं कुछ शब्द अधिक चमकीले होते गए; उनके अर्थ कुछ ऐसे ढंग से बहुमुखी हो गए कि वैसे फिर न हो पाए। जैसे Douceur : पहले मधुरता, फिर आनन्द और फिर खुशी, फिर धीमापन, फिर कोमलता, फिर हल्कापन, फिर तन्द्रा और फिर मृदुलता, फिर सुशीलता और फिर चिकनापन। इसकी व्याख्या करना कठिन होगा। अलग-अलग समय में, अलग-अलग लोगों के लिए इसके क्या अर्थ रहे होंगे।

यदि नियति अविभाज्य अंग है, तो बलिदान सम्पूर्णता का भुलावा करके ही किया जा सकता है। बैल्टेन समारोह में नौजूद 'समूह' अकेले एक प्राणी का प्रतिनिधित्व करने का बहाना करता है और बहाना करता है कि एक प्राणी सम्पूर्ण है : कई बराबर टुकड़ों में बँटा हुआ केक। तब यह *एक* भाग को छोड़ सकता है, जो इसका अपना भाग नहीं है। दिव्य बलिदान की अनुपालना में, जो एक सम्पूर्ण (समूह) में होता है, मानव बलिदाता अपनी निज की सर्वशक्ति सम्पन्नता और पूर्णता रखने का बहाना करते हैं। एक ही चिह्न है जो उनकी कलई खोल देता है वह है : केक के टुकड़े पर चारकोल की कालौंस जो अभिषिक्त और अभिशापित पर पड़ती है (जो *भक्त* है)।

''ऐसी स्थायी शान्ति और ऐसी पूर्ण फुरसत के माध्यम से सभ्यता ने चरम मधुरता प्राप्त कर ली है।'' प्रगति का इतिहास दो चरणों में विभक्त है, जो बलिदानी अन्तराल द्वारा अलग-अलग कर दिए गए हैं। प्रथम चरण में अपेक्षाकृत अधिक प्रबुद्ध लोगों के लिए प्रगति का विचार निरन्तर मधुर बनाने वाली प्रक्रिया से कभी अलग नहीं रहा था। व्यक्ति भोंडे, कठोर पदार्थ को पॉलिश कर, किसी चीज़ में डुबो-भिगोकर और सुन्दर ढंग से चिकना कर, बिना संघर्ष या चोट पहुँचाए हुए पूर्णता प्राप्त कर लेता था। किन्तु इसके बाद का चरण क्या है? यदि पूर्णता बैल्टेन केक के पूरी तरह पकाने में है, तो अगली अवस्था बलिदान के लिए लॉटरी निकालने में है। सुस्त आलसी (आदमी) का केक, जिससे मधुरता निकलती रहती थी, गिलोटीन की अन्धी समता से काट दिया जाता है। प्रगति के हृदय में असीमित का दैत्य कुलबुला रहा था, जबकि doceur (मधुरता) के हृदय में वमन जैसा वितृष्णा का भाव था। एक बार bon ton ''यह ठीक है'' का सन्तुलन पा लेने के बाद जो शेष रह गई वह थी सीधे-सीधे अवनति। चिकनी और कोमलतम भाषाएँ भी पूरी तरह अक्रिय हो जाती हैं; तीखे से तीखा तीर भी अख़बारी दफ़्तरों की दूषित वायु में व्यापार का एक औजार बनकर रह जाता है। फ्रांसीसी क्रान्ति के बाद का इतिहास मधुरिमा की दमक से वंचित प्रगति का इतिहास है।

क्रान्ति के बाद, प्रगति मधुरता को भूल जाती है। इसका हृदय इसे नहीं चाहता, क्योंकि अब वहाँ अनिश्चित प्रक्रिया का दैत्य निवास करता है। इसका तर्क इसे नहीं

चाहता, क्योंकि तर्क अब क्रान्ति पर आधारित है, अब आगे केवल वह क्षण हैं जब मधुरता मार दी गई थी। और तर्क के अनन्त भ्रम के अनुसार, बलि के लिए तैयार शिकार को शत्रु के रूप में ही देखा जा सकता था। यहाँ तक कि उसकी विरासत भी संक्रामक हो सकती थी। जब मधुरता की स्मृति तक मिटा दी जाती है एवं जब सारा इतिहास ध्वनि और प्रकाश बन जाता है और अब रक्षात्मक छायाओं के साथ इसका सह-अस्तित्व नहीं रहता, तब कुछ सदाशय, दुखदायी अभिव्यक्तियाँ उभरने लगती हैं ('विश्राम का समय,' 'जीवन की गुणवत्ता') उसी तरह जैसे प्रकृति को विरूप कर देने के बाद लोग 'लैंडस्केप' की बात करने लगते हैं।

मधुरता के अतिरेक से जन्मी मितलाहट ही वह क्षण है जब बलिदान की क्रिया पूर्ण होनी चाहिए। व्यक्ति तभी मितलाहट अनुभव करता है जब वह स्वयं को बलिदान से बचने का दोषी अनुभव करता है।

मधुरता की अवस्था स्थिर नहीं है; यह सामयिक पूर्णता है, क्षणिक और अन्दर से घातक, रहस्यवादियों का मतवालापन। जब यह स्थिर हो जाती है तो मधुरता खाए जाने की माँग करती है। मधुरता का अन्त बलिदान के चाकू में होता है; ऐन्द्रिय सुख ऐंठन में समाप्त होता है।

मधुरता, मतवालापन ही वह परत है जो जीवन पर फैली हुई है, जो जीवन को जीने योग्य बनाती है—तितली के पंखों पर फैली रंग-बिरंगी धूल। इसको पैदा करने के लिए धीमी, नाज़ुक पारस-विधा चाहिए, लम्बी धीमी, हल्की आँच चाहिए। किन्तु फिर भी यह है तो एक अग्नि, जो अनन्तः मारना ही चाहती है।

अन्त में मधुरता सिकुड़कर बुदबुदाहट रह जाती है, एक आवाज़ जो सैलीन के शब्दों में "मृत लोगों की दयालु आत्माओं को मृदुलतापूर्वक एकत्रित कर लेना चाहती है।" दुनिया के हत्यारे भारीपन से यह अनायास बच निकलती है, "क्योंकि इसके थके हुए, हठी और (कीचड़ में) लोटते जाना, जो अपनी इच्छाओं, वासनाओं, दुर्गुणों, अपने गुणों और अभिव्यक्तियों से चिपके रहते हैं।" वाक्य में रिक्त बिन्दु छायाओं के अलंकार में रिक्त स्थानों को दर्शाते हैं : (बाद में और अधिक मृदुलता से बोलने के लिए...)

जब सेंट-साइमन की डचैस को बैरी की डचैस की लेडी-इन-वेटिंग नियुक्त किया गया तो उसे वरसाई में ही अपार्टमेंट (फ्लैट) दे दिया गया था, जिसमें पाँच कमरे और एक एंटी चैम्बर था। दिन का प्रकाश केवल प्रवेश द्वार से ही आता था। सेंट-साइमन के

ड्यूक ने पिछवाड़े के उन कमरों में सबसे एकान्त कमरे को अपना कार्य-स्थल बनाया। वहाँ दिन में दोपहरी के समय भी वह मोमबत्तियों के बिना लिख-पढ़ नहीं सकता था। उस पर लाद दी गई उस अकर्मण्यता में थी उसे पद, ध्वंस की आवाज़ के साथ, नीचे गिरते सुनाई पड़ते। महल के पथरीले पेट के अन्दर सिकुड़कर बैठे हुए, शुरू के पाँच वर्षों में जब मैमुआ (स्मृतियाँ) उसकी मेहनत से आकृति ले रही थी, वह सोच रहा था कि कहीं ऐसा तो नहीं वह कर रहा है वह दुष्टता हो। इस प्रकार उसका पहला पाठक उसका ही एक मित्र था दरबार से, जो वरसाई के गलियारे के उस छोर का न होकर ला ट्रैप का था, एक पादरी, अरमां द रान्से। रीजेन्ट, जो सेंट-साइमन को उतनी ही अच्छी तरह जानता था जितनी अच्छी तरह स्वयं उसे डायरी लेखक जानता था, उसे "ईश्वर के समान ही अपरिवर्तनशील और भयानक रूप में ज़िद्दी" मानता था। वह बहुत अच्छा पाठक था। वह उस समय रेबैले को पसन्द करता था जब हर कोई उसे अभद्र समझता था। अतः अनायास उसी के जिम्मे आ पड़ा कि वह उन शब्दों को लिख डाले, मानो किसी सजावटी लम्बे कागज़ पर, सर्वशक्ति सम्पन्नता के छलावे की तरह। ऐसे लेखक का छलावा, जिसने अपनी कल्पना की दुनिया में इसे पाने के लिए वास्तविक दुनिया को निष्कासित कर दिया था। यह किसी राजा के लोभ-लालच से कहीं बड़ा था। वह बहाने भरी अव्यवस्था बाद में वरसाई को जरूर त्यागने वाली थी, किन्तु ये–प्रूस्ट की कार्क से ढँकी दीवारों के पीछे (छिपकर) स्वयं को दुनिया से सुरक्षित बनाए रखेगी।

पराक्रमी द बी...आप यह न सोचें कि मोस्यूं द मैइस्त्रे अँधेरे में डूबते समय से भयाक्रान्त, एक कट्टर धर्मान्ध व्यक्ति था। वह एक चटपटा बातूनी था–और किसी भी अन्य चीज़ के मुकाबले चाहता था कि उसकी बातों की गूँज बड़े शहर पेरिस में पहुँचे जहाँ उसे काफ़ी बाद पदार्पण करना था। वह चाहता था कि उसके शब्दों की गूँज बहुत जल्दी उन सैलूनों में प्रचारित हो जाए जो हर बात में आत्मा का भाव देखते हैं जो उसे सर्वाधिक घृणास्पद प्रतीत होती थीं और इसीलिए ऐसे स्थान उनके लिए उचित थे।

उसका यह अटल विश्वास था कि वह भीड़ का हिस्सा नहीं, उससे अलग था। वह उसके विचार में उसके समसामयिक को श्रेष्ठ, कोमल, दिव्य, विचारों के विपरीत सोच रखते थे। यह सम्भव था कि वे सही हों। वह प्रायः ही प्रतिशोध के मूड में आ जाता और अपनी तलवार खींच लेता। आक्रोश उस पर हावी हो जाता और उसकी इच्छा होती कि वह हर चीज़ को ध्वस्त कर दे। मैंने उसे सेंट पीटर्सबर्ग में बालकनी की रेलिंग के पीछे चाँदनी रोशनी में देखा, जहाँ मेरे अपने देश में उठे क्रान्ति के झंझावात और अन्य विचित्र घटनाओं ने मुझे उछाल दिया था। मुझे लगा कि मैंने अपने जीवन में इससे पहले उस जैसा अनुकरणीय और बुद्धिमान सज्जन नहीं देखा था।

मेरे किशोर जीवन के वर्ष वैंडोम के पादरियों के कड़े अनुशासन में गुज़रे थे, किन्तु केवल धर्मस्थल के भोजन कक्ष की हल्की गूँज ही शेष है जो मेरे कानों में टिड्डियों के झुंड की तरह गूँजती थी। हाँ केवल एक धर्म-प्रचारक ऐसा था जिसकी आवाज मन को बहुत शान्ति देती थी। मैं ऐसे आदमी से मिलने के लिए तैयार नहीं था जिसमें धर्म-भावना और सैनिक भाव समान जोश से मिल गए थे। मौंस्यू द मैइस्त्रे ने मिलते ही मुझसे आग्रह करना शुरू कर दिया कि मैं फ्रांस की अपनी स्मृतियों का बढ़िया उपयोग करूँ, सभी दोषी दलों का सहानुभूतिपूर्वक, कोमलता से अवलोकन करूँ जो ऐसी असाधारण कुशलता से एक दूसरे को बलिदान किए जा रहे थे। उसके लिए ब्रह्मांड के इतिहास में केवल एक काम था जो निरन्तर होता आ रहा था : मानव रक्त का बहाया जाना। एक बार तो मेरे मन में आया कि वह पागल है, जब उसने मेरी आँखों में घूरते हुए मुझसे पूछा, "क्या तुम नहीं सोचते कि, यदि हमारे पास नरसंहारों के रिकॉर्ड उसी प्रकार हों जैसे मौसम के हैं तो हम कई शताब्दियों के रिकॉर्ड का अवलोकन करके उनमें अन्तर्निहित कानूनों को नहीं खोज निकालेंगे? "किन्तु वह तुरन्त ही मेरे आश्चर्य को समझ गया उसने अनन्त मिलनसारिता से, जिससे वह अपने कुछ भयावह कथनों के प्रति-सन्तुलित कर लेता था, मुझसे क्षमा माँग ली।" कभी-कभी ये सब चीज़ें मेरे साथ इसलिए हो जाती हैं कि मैंने जब से मैंने सोचना शुरू किया, युद्ध के विषय में ही सोचा है।"

जोज़फ द मैइस्त्रे में सबसे अधिक कड़वाहट इस दावे से पैदा होती थी कि कुछ मूल्यवान चीज़ें मानवीय सहमति, परिपाटी और छल से स्थापित की गई हैं। 'कृत्रिम' उसके लिए अत्यन्त अपमानजनक है। जब अमेरिकी लोग एक प्रस्ताव के अधार पर अपनी राजधानी को बनाने का निर्णय लेते हैं तो मैइस्त्रे इस तरह विचलित हो जाता है जैसे यह कोई अपवित्र काम है। और वह तुरन्त कह उठता है, "आप मुझसे एक पर एक हज़ार की शर्त लगा लो कि यह शहर बनेगा ही नहीं, या फिर इसे वाशिंगटन नहीं कहा जाएगा, या फिर कांग्रेस का आसन वहाँ नहीं होगा।" इतिहास ने यह सुनिश्चित कर दिया कि वह अपनी बेहिसाब शर्त हार गया। किन्तु यह मैइस्त्रे के अज्ञान का संकेत न होकर उसके भय की सम्पुष्टि है। जो चीज़ उसे सबसे अधिक परेशान करती थी वह थी असम्भाव्यता, बुराई की प्रकट कमज़ोरी जिसे वह फैलते हुए देख रहा था; जबकि सच्चे अर्थों में शैतानी तत्त्व वह तथ्य था कि यही *असम्भाव्यता* स्थिर बनने वाली थी, और वास्तव में ऐसा हुआ भी था। भले ही मैइस्त्रे इसे मानने से इनकार करता, क्योंकि इससे उसके आगबबूला हुए आक्रोश में कुछ कमी होती, तो भी उसने पूर्वानुमान कर लिया कि *मनुष्य*–वह विचलन है जिसके लिए गणतन्त्रीय विधायक इतनी मेहनत से काम कर रहे थे, वह खोखला शब्द ("अब दुनिया में मनुष्य का अस्तित्व ही नहीं है।")–वह बचा रह सकता है, और वह भी

लम्बे समय तक, बिना ज़मीन के, बिना जड़ों के, बिना किसी अलिखित कानून की अवधारणा के, बिना उस साध के ''जिसे एक अपरिभाषित गुण, *सम्मान* कहते हैं।'' इससे भी अधिक, उसने यह पूर्वानुमान किया कि मनुष्य धुँधलाए सपने की भाँति, उन सब चीज़ों की स्मृति मिटा सकता है जो उसने खो दी हैं। और यह सर्वाधिक खतरनाक क्षण होगा, क्योंकि ''यदि नियति कुछ मिटाती है, तो ऐसा वह पुनः लेखन के लिए करती है।''

वे नए शब्द लिखे जाएँगे स्मृति से वंचित मांस के एक टुकड़े पर और वह और भी ज़्यादा रक्तपात माँगेगा, एक ऐसी दुनिया के उद्घाटन के लिए जो बहुत अधिक निर्जन नहीं थी और जिसमें अत्यन्त विस्तृत और अपरिचित जंगली क्षेत्र हैं लेकिन जिसे पूरी तरह से छान मारा गया है और जो सभ्यता की ज़्यादतियों के तले कुचली जा चुकी है।

कवि और वनस्पतिशास्त्री ऐल्बेयर वाँ कैमिसो, ने गुणी काउंट रयूमैज़ाव के साथ दुनिया का भ्रमण किया। एक दिन उनकी नाव, *रूरिक* एक ऐसे द्वीप पर जा लगी जो उनके नक्शों में कहीं अंकित नहीं था। वहाँ उतरते ही उन्होंने शीघ्र ही अनुमान लगा लिया कि उस स्थान पर पाँव रखनेवाले वे प्रथम पाश्चात्य समुद्री यात्री थे। वहाँ के मूल निवासी सरल और भोले-भाले थे। वे एक मूर्ति की पूजा करते थे। कैमिसो को उसे देखने की अनुमति उन्होंने दे दी। फ्रेम में लगी एक ड्राइंग में एक महिला मुस्कुरा रही थी। उस अद्भुत चेहरे में कैमिसो ने जूलियट रीकैमिय के नाक-नक्श पहचान लिए, जो इसाबे ने पेंट की थी। दोनों लोगों ने उनसे बहुत पूछा कि यह चित्र बहकर वहाँ कैसे पहुँचा, आदिवासियों ने नहीं बताया, क्योंकि वे देवताओं के प्रादुर्भाव के विषय में बात करना धर्मापराध मानते थे।

इयूलोजियस

विश्वसनीय इतिहास, जिसकी हमारे पास कमी है, अधिकतर 'अन्तर्चिह्नों' (जैसे मैसीनॉन उन्हें कहता था), असाधारण चेतावनियों, संयोगों (जैसा कि इतिहासकार उनसे बचने के लिए, कहते हैं), त्रुटिपूर्ण आकारों, भूमि में दबे स्मृतिशेषों, रूपाकार के बाह्य चिह्नों और विचारों के आकाश में अन्तर्निहित नीहारिकाओं का बना होता है। कुछ वर्षों के अन्तराल पर मैटरनिख़ और कवि चार्ल्स नॉडियर स्ट्रासबर्ग में पढ़े थे। उस समय इयूलोजियस श्नाइडर की छाया वहाँ सर्वत्र व्याप्त थी, वह प्रकांड विद्वान् और रक्त-पिपासु कैपूचिन थे। स्ट्रासबर्ग में ही, मैटरनिख़ ने उसी गुरु से (तलवार चलाने) के गुर भी सीखे थे जिनसे बोनापोर्ट ने भी शिक्षा ली थी। नॉडियर हमें बतलाता है कि उसके पिता ने जो 'शास्त्रीय अध्ययनों के प्रति अति उत्साही थे,' मुझे अपने निजी ढंग से 'विद्वान बनाने का निश्चय किया था।' दस वर्ष की आयु में ही बालक लैटिन लेखकों को ऐसी सहज-सरलता से पढ़ रहा था जैसी वह जीवन में पुनः प्राप्त नहीं कर पाया। इसके बाद उसे यूनानी भाषा सीखनी थी। अतः उसे इयूलोजियस श्नाइडर को सौंप दिया गया, जिसके साथ उसके पिता पत्राचार कर रहे थे क्योंकि श्नाइडर जर्मन पत्रिका *ऐनेक्रियॉन* का अत्यन्त विद्वान सम्पादक था। युवा नॉडियर ने जो किताबी सपने देखता था, पता किया कि उसका ट्यूटर एक तानाशाह था जो उन्मूलन के तर्क के आधार पर अन्तिम निर्णय लेने" की प्रबल भावना से ग्रस्त था। "लम्बे गुलाबी पाँवों वाले प्राकृत कृषक समाज, जिसे अठारहवीं शताब्दी कहा जाता था," की पृष्ठभूमि में उसके क्रान्तिकारी समाज प्रोपैगेन्डे ने विनाशकारी घृणा को व्यावहारिक रूप में अपना लिया था। गिलोटीन के भयानक दृश्य की ओर घसीटे जाने के पहले नॉडियर ने श्नाइडर के *प्रोपैगेन्डे* के अनुयायी को "ऐसी चुनींदा भयानक अभिव्यक्तियाँ प्रयोग करते और ऐसे निराशाजनक *ऐनेक्रियॉटिज़्म* का प्रयोग करते सुना। मैंने महसूस किया कि मेरे माथे से ठंडा पसीना बह कर भौंह को गीला कर रहा है।"

मैटरनिख़ का एक टयूटर था "जिसका नाम *अल्सेस* के अभिशाप से जुड़ा है" : वह बाद में इयूलोजियस श्नाइडर के क्रान्तिकारी ट्रिब्यूनल का सदस्य बनने वाला था। और मैटरनिख़ का धार्मिक कानून का प्रोफेसर, जो अब स्ट्रासबर्ग का संवैधानिक

बिशप बन गया था, इसी इयूलोजियस श्नाइडर को *विकार जनरल* नियुक्त करने जा रहा था। तब श्नाइडर ने "अपने धर्म और धर्म प्रबन्धक मंडल का त्याग कर दिया और जनता के बीच अपने पहचान-चिह्न कों जला डाला।" पचास सालों से अधिक समय बाद अपने पारिवारिक संग्रहालय के लिए खंडित स्मृतियाँ लिखने के समय इन दो शैतान अध्यापकों की याद करते हुए, मैटरनिख़ यह स्पष्ट करना चाहता था कि उन्होंने "कभी भी मेरे विचारों के विपरीत हिंसा का प्रयोग करने का प्रयास नहीं किया।"

जूरा से लौटकर नीचे उतरकर युवा नॉडियर रात को स्ट्रासबर्ग पहुँचा और मदाम टैश के 'द लैम्प' में रहने का प्रबन्ध किया। मदाम ने उसे प्यारपूर्वक देखा : उन्हें लगा कि वह तो लड़के की पोशाक में कोई लड़की है। वह बहुत कम सोया था। "सवेरा होते ही, किसी अदम्य बेचैनी से परेशान, मैं सुनसान सड़कों पर चलता गया; मैं हर चीज़ से आश्चर्यचकित था और भव्य गिरजाघर के पास पहुँचा तो, एक दिव्य आनन्दातिरेक मुझ पर छा गया। जिसे प्राचीन दुनिया अपने कुछ आश्चर्यों में सम्मिलित कर लेती; मैंने उस जैसी भव्यता अपने जीवन में पहले कभी नहीं देखी थी; सन्तों और देवदूतों को गायक समूह की अनेक आकृतियों ने इसे घेरा हुआ था और लगता था जैसे ये भी इसके साथ दिव्य भव्य येरूशलम की ओर उठते जा रहे थे। इसकी अद्भुत वास्तुकला सम्पन्न उत्कीर्णता और पारदर्शी लेस से उभरती नज़र आती थी। तभी हथौड़े की चोट की आवाज़ ने मेरा ध्यान झकझोर दिया और मैंने एक सन्त का सिर अपने पैरों के पास लुढ़कता पाया। हथौड़े की दूसरी चोट गूँजी और इस बार *वरजिन* (मैरी, जीसस की माँ) की मूर्ति अपनी बाँहों में बच्चे को लिए हुए, नीचे आ गिरी। मैंने पता करने की कोशिश की कि ये आखिर कहाँ से गिर रही है और मैंने दरवाजे के पास में एक आदमी को बैठे देखा, जो दाएँ-बाएँ चोटें मार रहा था और प्रिय पात्रों की गाथिक निर्मिति के प्रति क्रोधावेश में भयंकर अपशब्द कह रहा था। धीरे-धीरे जनता छोटे-छोटे उत्तेजित समूहों में एकत्रित हो गई। कुछ हँस रहे थे कुछ ज़ोर से चिल्ला रहे थे और कुछ धीमी कानाफूसी कर रहे थे। मुझे इस पाग़लपन, को समझने में कुछ समय लगा, जो अभी तक जूरा की पहाड़ियों के निचले इलाके तक नहीं पहुँच पाया था।"

मदाम टैश ने तुरन्त अपने मेहमान को स्पष्ट किया कि ऐबे *श्नाइडर* अब *सिटीजन श्नाइडर* कहलाता है और अब युवा शिष्य को उसे तुम या तू कहकर सम्बोधित करना होगा। इस बात ने पहले से ही नॉडियर को अप्रसन्न कर दिया। शिष्य का स्वागत एक बड़बड़ाती नौकरानी ने किया। "नाश्ता परोस दिया गया। इसमें एक प्लेट सीप की, उस स्थान की दुर्लभ वस्तु एक प्लेट छोटी खुशबूदार शंख मछली, एक कटोरा जैतून और बीयर का एक मग। सिटीजन श्नाइडर ने प्रवेश किया, अपनी दोनों पिस्तौलें मेज़ पर रखीं और रूखा सा अभिवादन कर बैठ गए।

"मैं उसके पास गया और अपने पिता का पत्र उसे थमा दिया। पहली दो पंक्तियाँ पढ़ने के बाद उसने अपना हाथ मेरी ओर बढ़ाया और वह यूनानी भाषा में कुछ कहा, जो मेरी समझ में नहीं आया और जिसका मैंने यह कहते हुए उत्तर दिया कि मुझे अभी तक यूनानी भाषा का एक भी शब्द जानने का सौभाग्य प्राप्त नहीं हुआ है। तब उसने मुझे रात्रिभोज के लिए आमन्त्रित किया जिसे मैंने अस्वीकार किया तो मुझे सन्ध्या समय अल्पाहार का निमन्त्रण दिया। स्वीकार न करने का अब मेरे पास कोई बहाना नहीं था। फिर भी मेरी इच्छा थी कि सन्ध्या का आहार भी मैं मदाम टैश के यहाँ ही लूँ।"

सिटीजन श्नाइडर प्रकट होता है : "वह पैंतीस साल का आदमी था, भद्दा, हृष्ट-पुष्ट, ठिगना और सामान्य, गोल़ सिर और गोल-मटोल बाँहें। उसका क्रोध भरा भूरा चेहरा जहाँ कहीं-कहीं लाल धब्बे थे सबसे ख़ास चीज़ वह अन्तर था जो उसके काले, छोटे कटे बालों और घनी काली भवों के बीच था जिनके नीचे दो जंगली आँखें ब्राउन-पीली बरौनियों में चमकती थीं। सीखने के प्रति असीम रुझान और व्यंग्य बुद्धि से सम्पन्न, जो मुझे सदा ही क्रूरता से जुड़ी मिली। इस व्यक्ति में ऐसा कुछ नहीं था जो दूसरों की भावनाओं को छूता या जिससे कोई व्यक्ति द्रवित होता या ऐसी चीज़ जिससे दूसरे के हृदय से सम्बन्ध सधता।" पहला उसूल जो नौडियर के यूनानी के प्रोफेसर ने उसे समझाया वह था कि किसी भी कारण से वह 'सामान्य लोगों के समाज' में मिलने-जुलने से बचे; इस समाज पर सेंट-जस्ट का प्रभुत्व था और यह "*कन्वैंशन* के *मध्यम मार्ग* के बुराई के सिद्धान्त से विषाक्त था।"

जहाँ तक सेंट-जस्ट का प्रश्न है, वह अपने बर्फ़ की तरह जमे दिखावे में, विद्वान किन्तु लालची कैपूचिन को बिलकुल पसन्द नहीं करता था। "स्ट्रासबर्ग का मैन-इन-चार्ज कैपूचिन श्नाइडर था—जो प्राचीन विद्या में विशारद था, जर्मन भाषा में मज़बूत, धुआँधार प्रचारक, आंध्यात्मिक सलाहकार, स्त्रियाँ जिसकी पूजा करती थीं। आज भी, इस शहर में, जहाँ उसके चारों ओर घृणा की एक गाथा पैदा हो गई है, कुछ ऐसी स्त्रियाँ हैं जिन्हें वह प्यार करता था (अब वे बूढ़ी हो गई हैं) और जो उसकी याद में अब भी अत्यन्त व्याकुल हैं।

"श्नाइडर एक उग्र प्रजातन्त्री था, पुराने ऐनाबैपतिस्तों या लेडेन के दरजी राजा की शैली में, जो स्त्रियों (स्त्री अनुयायियों) की संख्या में सोलोमन से स्पर्धा करता था। इस धर्म-भिक्षु की वासना अतृप्त थी : जो स्त्रियाँ अपनी स्वेच्छा से उसके पीछे भागती थीं, उनसे भी तृप्त न होकर, वह जहाँ भी जाता और स्त्रियों की माँग करता था।

"फिर भी अब वह चैन से बसना चाहता था और ताकत के बल पर डरा-धमकाकर हाल ही में एक स्त्री से शादी की थी। एक शाम वह अपनी विजित स्त्री के साथ स्ट्रासबर्ग लौटा, उसकी चार पहियोंवाली बग्घी ने खूब हलचल मचाई। एक युद्धरत

शहर के लिए, यह आगमन विलम्बित था। शहर के दरवाज़े बन्द थे, किन्तु उसने उन्हें खुलवा लिया। सेंट-जस्ट ने इस घटना की आड़ में उसे धर दबोचा, और सहयोगियों के साथ उच्च कुलीनता के इस दिखावे के बहाने पर उसने उसी रात उसे दुल्हन के बिस्तर से गिरफ़्तार करवा लिया। अगली सुबह स्ट्रासबर्ग के शहर निवासी इतने चकित थे कि उन्हें अपनी आँखों पर भरोसा ही नहीं हुआ। उन्होंने इस निरंकुश अत्याचारी को गिलोटीन से बँधा देखा। वह तीन घंटे तक वहाँ उस दयनीय अवस्था में बँधा रहा और बाद में पेरिस, मृत्यु के लिए, भेज दिया गया।

"जब उसका इस प्रकार भंडाफोड़ हो रहा था, तब चौराहे की ओर खुलनेवाली बालकनी पर सेंट जस्ट दिखाई दिया। इस आदमी को वह निश्चल घृणा के साथ यों कष्ट उठाते देखता रहा। वहाँ की कैथोलिक जनता ने, इस धर्म-च्युत व्यक्ति के इस प्रकार अपमानित होने में, ईश्वर की इच्छा को पहचाना और ईश्वर तथा रौवे स्पीयर के दूत को खूब आशीर्वाद दिए।"

युवा नॉडियर भी उस दिन स्ट्रासबर्ग में मुख्य चौराहे पर सेंट जस्ट की बालकनी के सामने मौजूद था। उसका विवरण तथ्यों को पूरी तरह स्पष्ट कर देता है। श्नाइडर ने इसलिए शादी की थी क्योंकि वह इस कृत्य द्वारा अपने अतीत में क्लेरिक (धर्म-प्रचारक) होने की किसी भी स्मृति को पूरी तरह मिटा देना चाहता था, जो अभी भी उसके विरुद्ध मानी जाती थी। उसने एक अल्सेशियन औरत चुनी थी, सुन्दर और कुलीन, जिसके पिता को उसने जेल में बन्द करा दिया था और जिसे उसने पिटीशनरों की भीड़ में देखा था। उसने युवती के पिता को मुक्त करा दिया, किन्तु उसे रात्रि-भोज स्वयं को निमन्त्रित करने के लिए विवश किया। इस बीच लड़की अपने कमरे में ही थी। श्नाइडर ने आदेश दिया कि वह भी दावत में शामिल हो और लड़की के सामने ही उसके पिता से उसका हाथ माँगा। पिता कोई उत्तर देता इससे पहले ही वह मेज़ से उठा और खुली खिड़की की ओर बढ़ गया : बाहर गिलोटीन लगाने की तैयारी चल रही थी। यह देखकर लड़की ने अपने पिता से प्रार्थना की कि वह शादी का प्रस्वाव स्वीकार कर ले और फिर अपने भावी पति को सम्बोधित करते हुए कहा कि वह चाहती है कि यह शादी तुरन्त हो, किन्तु उसके छोटे-से कस्बे में न होकर स्ट्रासबर्ग में हो। शादी का समारोह धूमधाम से हो ताकि हर कोई उसकी रखैलों को भूल जाए, जिन्हें अब तक श्नाइडर अपने साथ-साथ लेकर चलता था। प्रेमी ने सहमति दे दी। अगले दिन—एक गाड़ी में जिसे छह घोड़े खींच रहे थे, और जिसके आगे मृत्यु के दूत कह जाने वाले घुड़सवार सैनिक चल रहे थे, वह अपनी सुन्दर भावी दुल्हन के बराबर में बैठाकर चल दिया। उसके पीछे एक चपटी सी लाल गाड़ी में उसका चलता-फिरता गिलोटीन लगा हुआ था और सबसे पीछे एक और गाड़ी थी जिसमें जल्लाद बैठा था, एक पीले, पतले चेहरे और गम्भीर दिखने वाला व्यक्ति जिस पर हर आदमी की

निगाह टिकी थी—तो श्नाइडर ने इस तरह स्ट्रासबर्ग में प्रवेश किया था। उस समय तीसरे पहर के साढ़े तीन बजे थे। तब शहर के दरवाजों को बन्द हुए कुछ ही मिनट बीते थे।

जुलूस सेंट-जस्ट की बालकनी के सामने से गुज़र रहा था, उसी समय बाल्कनी पर आया। उसके हाव-भाव में एक गभीर रूखापन था। उसने भीड़ के हर्षोल्लास को प्रोत्साहित नहीं किया; वास्तव में, तो उसने इसे हाथ के इशारे से दबा दिया। उसके घने बाल, उनमें इतना पाउडर डाला गया कि वे बर्फ़ जैसे श्वेत लगने लगे थे और उनका उसकी सीधी काली भवों में कन्ट्रास्ट स्पष्ट था, उसके स्कार्फ के ऊपर सिर ऊँचा था। इस छोटे से इंसान की प्रतिष्ठा और उसकी सरल पोशाक की शालीनता—ये सब ऐसे तत्त्व थे कि जनसमूह कभी भी उनसे अप्रभावित नहीं रह सकता था। उसने जुलूस को रुकने का इशारा किया, और हर कोई रुक गया।"

उसकी 'चमकीली और गहरी' निगाह, पहले ही उसका क्रोध जतला रही थी। किन्तु इसके पहले कि श्नाइडर कुछ बोलता, उसकी मंगेतर ज़मीन पर अपने घुटनों पर झुक गई थी "न्याय! न्याय! नागरिक। मैं सेंट-जस्ट और कन्वैंशन से अपील करती हूँ।" और फिर चन्द वाक्यों में उसने अपनी कहानी कह सुनाई। जल्लाद ने उसकी पुष्टि कर दी, साथ ही उसने यह और जोड़ दिया कि उसे आदेश दिया गया है कि वह कुलीन द्वारा अपनी लड़की का हाथ न देने की सूरत में तैयार रहे। अन्त में, मंगेतर ने श्नाइडर की सज़ा पर रोक लगाने की याचना भी की। इस पर सेंट-जस्ट आगबबूला हो गया : "सज़ा पर रोक! कोलोन के कैपूचिन की सज़ा पर रोक! गिलोटीन पर ले जाओ इसे!" वह चिल्लाया, ऐसे विस्फोटक स्वर में जो उस जैसे व्यवस्थित और संयत व्यक्ति के लिए अविश्वसनीय था। 'इसे गिलोटीन तक पहुँचाओ।" उसने कहा। 'क्या मैं इसका सिर काट दूँ?' छोटी गाड़ी में उस पतले आदमी ने अत्यन्त विनयपूर्वक पूछा। 'वह अधिकार मेरे पास नहीं है,' सेंट-जस्ट ने गुस्से से काँपते हुए कहा। उसे उसी से सज़ा पाने दो जिसका आविष्कार इस राक्षस ने किया है। इसे गिलोटीन से बाँध दो और अगले आदेश की प्रतीक्षा करो।"

थोड़ी देर बाद नॉडियर ने श्नाइडर को देखा जिसे उसके साथ आए घुड़सवार सैनिक अपनी तलवारों से गिलोटिन की तरफ धकेल रहे थे। "उसकी छोटी आँखें अपने कोटरों में पिघली हुई लग रही थीं।" उसके चारों ओर तेज़ आवाजों की लहरें उठ रही थीं। भीड़ ने नॉडियर को इतना घेर लिया था कि वह अपने सामने खड़े आदमियों के सिर से ऊपर कुछ भी नहीं देख पा रहा था। किन्तु वह मीडी से आए स्वयंसेवक के शब्दों को जरूर सुन पा रहा था, जो अलग ही सबके ऊपर ऊँचा दिख रहा था। उसे लगा कि उसे अपने आसपास वालों को वह सब बताना चाहिए जो वह देख पा रहा रहा है।

मैटरनिख़ जानता है कि उसे सर्वाधिक कार्य-कुशलता और चीजों की अत्यधिक *मितव्ययिता* से पुराने तेज़ हवादार मकान को, जिसकी खिड़कियों के फ्रेमों में जंग लग रही है और पाइप रुँधे हुए हैं, (किसी-न-किसी प्रकार से) चलाना ही है। टैलीरॉ ने कभी भी अपनी पहचान को किसी मकान से नहीं जोड़ा; उस समय भी नहीं जब वह बहुत बढ़िया वर्दी में होता है, उसका कुछ भाग हमेशा ही सड़क से जुड़ा रहा है, फटे-पुराने कपड़े पहनकर खेतों में खेलते हुए उसके चाचा ने उसे बचपन में इसी तरह करते देखा। उसने पिता के मकान में कभी पैर नहीं रखा। कोई चीज़ उसके अन्दर अच्छी तरह छिपी हुई है जो उसे सर्वहारा, और वंचित लोगों के समीप ले आती है—जो उसे नए, बर्बर परिवेश को अन्दर से समझने में सहायता प्रदान करती है; और रणनीतियों में ऐसे बदलाव करने की कुशलता प्रदान करती है कि घटनाओं द्वारा हिंसक मोड़ ले लेने की स्थिति में एक दिशा में न जाकर दूसरी ओर चला जाए।

मैटरनिख़ यूरोप के अजायबघर का बड़ा क्यूरेटर था; किसी सुबोध रूढ़िवादी की भाँति वह जानता था कि उसकी रचनाएँ कुछ निश्चित समय तक ही चलेंगी। इसके विपरीत टैलीरॉ हर हाल में जीवित बने रहने का लक्ष्य लिए हुए है, वह एक अस्थायी महल से दूसरे में चला जाता है, नियमित रूप से अपनी पुस्तकें और नीलामी से बिकने वाली अपनी बहुमूल्य वस्तुओं को देखता रहता है। वह केवल अपना स्टाइल बनाए रखता है, क्योंकि वह जानता है कि जीवित बने रहने के लिए यही एक ऐसा हथियार है जिस पर भरोसा किया जा सकता है। ऐसे व्यक्ति को जो जीवित बने रहने के लिए विशेष क्षण के सामने झुकता रहता है और उसी की शैली अपना लेता है, आगे आने वाला क्षण मार डालेगा। ताओ सन्त की भाँति, टैलीरॉ यह स्वीकार करने के लिए तैयार है कि जीवित बने रहना अनन्त हो सकता है। किन्तु यदि मरना आवश्यक है, तो इसे मालूम है कि इसे स्वाभाविक रूप में स्वीकार कर लेना चाहिए। और तब अपने अन्तिम समय में भी वह अपना स्टाइल बनाए रखता है। "वह ऐसे आदमी की तरह मरा जिसे मालूम कि था जिया कैसे जाता है," एक महिला ने कहा था। यह सदैव ही टैलीरॉ की मूल-आस्था रही है कि घटनाचक्र अपने आप में विनाशक है—और इसलिए आगे से राजनीति की सारी कला परिस्थितियों की पकड़ के बीच जीवित बने रहने की कला ही है। इसीलिए उसका काम मैटरनिख़ की रचना से अधिक स्थायी है; अतीत की विरासत अपने पुनः स्थापित किए जा सकने की योग्यता से गारंटी प्राप्त नहीं करती, अपितु भर्त्सना से बचे रहने की अपनी क्षमता से (करती है), क्योंकि भर्त्सना तो पहले ही निश्चित कर दी गई है, यानी क्षण-प्रतिक्षण मृत्यु को स्थगित करते चलना।

'इतिहास है क्या?' जूल्स मिचैले ने पूछा। "विशेष विवरण। इतिहास जितना ही सुनिश्चित करता है, स्पष्ट करता है, मूर्त रूप देता है, उतना ही यह इतिहास है, उतना ही यह स्वयं है।" द *हिस्टोइ द ला रिवॉल्यूशन फ्रांशाई* लगभग दस वर्ष दिन-रात

उसके साथ रही। उसने नैन्टीज के समीप पूरी शान्ति में अन्तिम दो खंड लिखने का निश्चय किया : ''अपने स्वैच्छिक निष्कासन के लिए मैंने अपने गृह युद्धों की राजधानी को चुना। मैं अपनी पुस्तक ब्रिटानी और वैंडी के बीच पूरी करना चाहता था।'' उसका निर्णायक कदम था अपने पेरिस पुस्तकालय पर ताला लगा देना और अपने साथ ''केवल अत्यावश्यक सन्दर्भ स्रोत ही रखना।'' इस प्रकार मिचैल एक ऐसे एकान्त स्थान पर, 'मौन गवाह' के बीच चला गया जिसे दूसरी पुस्तकों की छूत की बीमारी छू नहीं सकती थी, जो अपनी उपस्थिति मात्र से ही विभिन्न प्रकार की दुनियाओं से गुप्त सम्बन्ध बनाए रखता है और वास्तविक दृष्टि-भ्रम में बाधा डालती हैं। मई के महीने में एक रविवार को सवेरे लगभग दस बजे चलने से पहले, उसने 'आतंक के मुख्य अजायबघर' जाने का फैसला किया।

''इससे मेरा अभिप्राय क्लामार का नहीं है जहाँ मीराबाँ है और मदाम् रोलाँ है; न ही मेरा अभिप्राय मैडेलीन से है, जहाँ राजा के साथ ही गिरॉन्डिस्ट शार्लटी कॉरडे है : और न ही मेरा मतलब पिक्पस से है, जहाँ फ्रांस के कुलीनों के साथ ही आन्द्रे चेनियर भी सोया हुआ है; और न ही बौर्गला-रीन जहाँ कौन्डोर्से को दफ़नाया गया था। मैं मौसो के कब्रिस्तान की बात कर रहा हूँ।''

''ये डॉन्टन और रोबेस्पीयरे, कैमिले डैस्मोलिनस, सेंट-जस्ट, एनाकार्सिर क्लूट्स और लैवॉज़ियर का विश्राम स्थल है।

''मौसम उन शोकपूर्ण स्मृतियों के विपरीत ही था : दिन उजला था, हल्का, पहले ही कलियाँ और फूल खिल रहे थे—एक हल्के, गुनगुने बासन्ती दिन का मौसम, धीमी हवा जिसे सहला रही थी।

''भुला देने वाली प्रकृति! किन्तु फ्रांस तो इससे भी अधिक भुलक्कड़ है। यह मृत्यु का स्थान जहाँ ज़मीन ने पितृदेश का खून पिया है, जहाँ इसने गणतन्त्र का जीवन ही चूस डाला—इसे बदलकर क्या बना दिया गया है?'' 'सड़क के किनारे पीने-खाने की सराय?' आप पूछते हैं। 'पियक्कड़ों का अड्डा?' नहीं, एक संदिग्ध नाचघर! मूर्ख फ्रांस यहाँ अपने मृतकों पर नाचता है।

''ज़मीन का प्लाट, जहाँ छोटे-छोटे पेड़ लगे हैं, उस पुराने फलों के बाग़ का अलग-थलग कोना है जो मौसो इस्टेट थी। ये ज़मीनें, जो कभी ड्यूक द ऑर्लीन्स की सम्पत्ति हुआ करती थी, जो अठारहवीं शताब्दी के उत्तरार्द्ध की अंग्रेजी सुरुचि के अनुरूप सजाई गई थी और जिसे मनचाही वास्तुकला और दिखावटी भग्नावशेषों से अभिशप्त ढंग से सजाया गया था, अब वास्तव में भग्नावशेष हो गए हैं, बड़ी प्यारी किन्तु बड़ी उदास है। मैरी एंटीयोनेटे छायादार वृक्षों से आच्छादित, चौड़ी सड़क पर (20 जून को) अन्तिम बार टहली थी, और ऐबेस्पीयरे अपने निराशापूर्ण दिनों में, प्रेरियल और मैसीडोर में, अनुमान है अपने उद्वेलिन की आग को ठंडा करने यहाँ आता था। बाद में यह उत्सव मनाने की जगह बन गई। जून 1848 में मौसो राष्ट्रीय

वर्कशॉप आयोजित करने का केन्द्र था, जिनको अचानक दबा दिया जाना पेरिस को खून में डुबो देनेवाला था।

''फलोद्यान का वह टुकड़ा, जिसका मैंने वर्णन किया, जिसे 1784 में *फारमर्स-जनरल* ने पेरिस की चहारदीवारी के लिए ज़रूरी ज़मीन बतलाकर खरीदा, बाद में फरवरी 1793 में नगरपालिका ने इसका अधिग्रहण कर लिया, काफ़ी समय से चार भागों में बँटा साधारण कब्रिस्तान रहा है।

''यूँ ख़त्म करके और साफ-सफाई करके इसे बेच डाला गया। बाद में ये माकी द ऐलिग्रे के हाथों में आ गया, जो फ्रांस के सबसे सम्पन्न लोगों में से था, और सबसे अधिक सम्भावना यह है कि वह इन घटनाओं के बारे में (कुछ भी) नहीं जानता था; उसने आधी ज़मीन एक नाचघर को किराए पर दे दी। शेष दीवारों से लगी हुई ज़मीन छोटे, पथरीले बाग़ों में बँटी हुई है, जहाँ पेरिस निवासी कल्पना करते हैं कि वे फूल उगा रहे हैं।''

ऑस्ट्रियन

मैरी ऐन्टोनियेटे ने, जिसकी ''भयावह नियति लगातार अन्तर्चिह्नों में बोई गई थी,'' एक क्रिस्टल कोच में चौदह वर्षीय मंगेतर के रूप में स्ट्रासबर्ग में प्रवेश किया और इस प्रकार वह अर्थों के अतिरेक की उस दहलीज के समीप आ गई जहाँ ये उसे आप्लावित करने वाले थे। बूढ़े, बीमार और अपंग लोगों को उसकी नजरों से उसी प्रकार दूर रखा गया था जैसे युवा बुद्ध से ये सब छिपाकर रखे गए थे। रहाइन नदी के बीच एक द्वीप पर, समारोह संचालकों ने एक स्थान का चयन किया था जहाँ आर्च-डचैस को नग्न अवस्था में उसके पति के ख़ास राजदूतों को सौंपा जाने वाला था। एक विशेष मंडप और इसके कमरे को भावी रानी के सम्मान में सजाया-सँवारा गया था। मेन हॉल में व्यक्ति की नज़र उन विशाल पर्दों आदि में खो जाती थी, जो फ्रांस की ओर से प्रारम्भिक उपहार थे।

गे़टे ने जो उस समय कानून का युवा विद्यार्थी था, मैरी एन्टोनियेटे के जुलूस के शहर में प्रवेश करने से पहले वहाँ के कई चक्कर लगाए। बड़े हॉल में पैर रखते ही उसने कुछ भयभीत कर देने वाली चीज़ देखी। ''कमरे में अनेक चमकीले, भड़कते हुए परदे लटकाए गए थे, सब तरफ से जिनकी भव्य सजावट की गई थी और वे समसामयिक फ्रांसीसी कलाकारों की पेंटिंग्स के मॉडलों पर आधारित थे। अब, लगता है जैसे मैं इस शैली को स्वीकार करने लगा हूँ क्योंकि मेरी भावनाएँ, मेरे बौद्धिक निर्णय के समान ही, तुरन्त किसी चीज़ को पूरी तरह अस्वीकार नहीं करती थीं; किन्तु यह विषय तो मेरे लिए बहुत परेशान करने वाला था। परदों पर अंकित वे छवियाँ-आकृतियाँ जेसन, मेडिया और क्रिउसा की कहानी कह रही थीं—दूसरे शब्दों में, वे अभागे विवाह के उदाहरण को चित्रित कर रहे थे। सिंहासन के बाईं ओर दुल्हन को मृत्यु की अत्यन्त भयानक पकड़ में दर्शाया गया था, उसके चारों ओर सहानुभूति और शोक दर्शाते हुए लोग थे; दाईं ओर उसका पिता था, जो अपने पैरों में हत्या करके डाल दिए गए शिशुओं को देखकर भयाक्रान्त था; उधर मृत्यु अपने अजगरी-रथ पर हवा में उड़ी जा रही थी। इस विकर्षण भरे वीभत्स दृश्य में बेहूदेपन की कमी न रह जाए, इसलिए जादुई बैल की सफ़ेद पूँछ पीछे से घूमकर लाल मखमली सिंहासन के ऊपर बने स्वर्ण बेलबूटों को दाईं ओर से लपेट रही थी। आग

उगलता हुआ दैव्य पशु और जेसन, मल्लयुद्ध में जूझते हुए, विलासपूर्ण झालर में पूरी तरह ढँके हुए थे...'यह क्या!' मैं चिल्लाया तब मुझे साथ में खड़े हुए आदमियों का कोई ध्यान नहीं रहा। क्या यह सम्भव है कि एक युवा रानी को जो अपने राज्य में हाल ही में आई है, विचारहीन ढंग से ऐसी छवियाँ देखने दिया जाए जिनमें अब तक हुई सबसे भयानक शादी के दृश्य चित्रित हैं? क्या फ्रांसीसी वास्तुविदों, सज्जाकारों, परदे बनाने वालों में एक भी आदमी ऐसा नहीं है जो यह बात समझता हो कि चित्र कोई चीज़ दर्शाते हैं, कि चित्र मनुष्य के मस्तिष्क और उसकी भावनाओं पर असर डालते हैं, प्रभाव उत्पन्न करते हैं, कि ये भविष्य की दुश्चिन्ताएँ मन में जगा सकते हैं? अगर ऐसा ही था तो क्या वे इस सुन्दर और आनन्द-प्रिय महिला के स्वागत में सीमा पर सबसे डरावना प्रेत नहीं भेज सकते थे?'' किन्तु ग़ेटे के युवा मित्रों ने उसे शान्त करने का प्रयास किया, उसे विश्वास दिलाया कि आजकल ''चित्रों में अर्थ ढूँढ़ने की कोशिश कोई नहीं क्ररता; यह कि कम से कम उन्हें तो इस तरह की किसी चीज़ ने परेशान नहीं किया होगा; और यह कि स्ट्रासबर्ग और आसपास के कस्बों से इस मौके के लिए आने वाले लोगों में इस बात को लेकर रानी और उसके दरबारियों से ज़्यादा चिन्ता नहीं होगी।''

रीजैंसी और *ऐस्टेट्स-जनरल* की समयावधि के बीच एक क्रूर लापरवाही जिसने फ्रांस को नशे में चूर कर रखा था, जो अन्य चीज़ों के साथ, छवियों के विषय में पूरी उदासीनता का भाव लिए हुए थी। यह एक अस्थायी विस्मृति लेकर आई। जैसा मदाम ज्योफ्रिन ने किसी व्यक्ति से कहा जो उसे एक लम्बी कहानी सुनाकर बोर कर रहा था, ''फ्रांस में सफल होने के लिए एक व्यक्ति को बड़े चाकू और छोटी कहानियों की ज़रूरत है।'' बड़े चाकू तैयार किए जा रहे थे; छोटी कहानियाँ कही जा रही थीं। और हर कोई आदमी आगे बढ़ रहा था। किन्तु छवि उन लोगों से अपना बदला लेती है जो उसे नहीं देखते। मैरी एन्टोनियेटे का जीवन प्रतीकों में उत्तरोत्तर घुटता जा रहा था, भले ही उसके आसपास के लोग उन पर कम ध्यान दे रहे थे।

रहाइन नदी की लहरों से नहाते द्वीप पर, लकड़ी का एक मंडप खड़ा किया गया था : 'यहाँ राजकुमारी को फ्रांस को सौंपा जाना था।' वहाँ मैरिया एन्टोनियेटा, जैसे उसे बचपन में पुकारा जाता था, सदा के लिए मैरी एन्टोनियेटे हो गई। हवाले करने का काम अन्तर्राष्ट्रीय सीमा पर पूरा हुआ, जो मंडप के बीच में से और मुख्य हॉल के केन्द्र में रखी बड़ी मेज़ में से होकर गुजरती थी। मैरी ऐन्टोनियट ने मंडप में ऑस्ट्रिया की ओर से प्रवेश किया। सीमा से पहले, अन्तिम कमरे में वियेना से उसके साथ आई एस्कार्ट के सामने उसे धीरे-धीरे निर्वसन किया गया। कोई रिबन या हेअरपिन का भी उसके शरीर से कोई सम्पर्क नहीं रहना था। इस प्रकार वह उसकी नग्न देह,

फ्रांस में बुने कपड़ों को सौंप दी गई, रेशमी परिधान, लियौन के बने मोज़े, छोटे-छोटे स्लीपर जो दरबार के जूते बनाने वाले ने डिज़ाइन तैयार करके बनाए थे। उसका संक्षिप्त अतीत, घरेलू और मस्त जीवन अब भुला दिया जाना था। फ्रांस उसे एक मेहमान और बन्धक की तरह ग्रहण कर रहा था। वरसाई से आए उसके वस्त्रों की मृदुलता नए ईश्वर का आलिंगन था। वह मंडप, मैरी एन्टोनियेटे के लिए, खेल-कूद विहीन, क्षणिक घोटुल था, क्रूर दीक्षा का स्थान था, जहाँ उस पर नज़र रखने वाली कई आँखों ने उसे रस्मी मृत्यु से गुज़रते देखा और यही आँखें उसे उसकी जैव मृत्यु तक देखती रहेंगी। बलिदानी निर्वसन के बाद ही उसका पूरा हस्तान्तरण उस देश में कर दिया गया जो उसे नियति के परिधान में लपेट रहा था। त्यक्त प्रतीकों को बचाने के लिए प्रोटोकोल अन्तिम शक्ति (हथियार) है। वह इसे सुनिश्चित कर देता है कि प्रतीक, उस समय भी वह जब उन्हें प्रतीक नहीं समझा जाता, काम करते रहेंगे और प्रायः उनमें व्यंग्य रस और भर दिया जाएगा। यहाँ एक अनिच्छापूर्ण मानस स्वयं को अनंग के हवाले कर रहा था जो रेशम और लेस में मूर्त रूप में दिखलाई दे रहा था। जिस देवता के लिए उसे तैयार किया जा रहा था, उसका स्पष्ट आकार-प्रकार था और वह विलासिता और उदासीनता की चरम अवस्था में था; वह पोषक और रक्षक बादलों में नहीं रहता था और न ही वह लुप्त होकर अदृश्य बन सकता था। एक दिन, उसकी बारी आने पर उसे भी वस्त्रहीन करना आसान होगा। जब उसे बन्दी बनाकर बन्दीगृह में डाल दिया गया था। उस समय भी मैरी एन्टोनियेटे के पास पन्द्रह शिफ्ट बढ़िया कपड़े के (शाही गाउन) थे, जिनके किनारों पर बूटेदार लेस लगी थी, एक साटन का लबादा, दो ड्रेसिंग गाउन, पाँच चोलियाँ और बाइस बढ़िया सूती रूमाल थे। उन्हें दरबार में पेश किया गया था। *शरीर के लिए कोमल चीज़ें :* बालों के गुच्छे, रेशमी धागे, छोटा-सा आइना, स्त्री का एक चित्र, मलमल का एक टुकड़ा जिस पर लाल रंग से दिल के बीच से जाता एक तीर काढ़ा गया था। फ्रांसीसियों के लिए, मैरी एन्टोनियेटे स्ट्रॉसबर्ग के रस्मी संस्कार का अन्त केवल विधवा कैपे के रूप में करेगी, कड़े श्वेत सूती परिधान में, जिसे डेविड ने ईर्ष्या भरे रेखाचित्रों में उकेरा था जब उसे टिकटी पर लटकाने के लिए कैदियों की गाड़ी से ले जाया जा रहा था। उसे फ्रांस को सौंपे जाने के लम्बे संस्कार के अन्त में, मेज़ के बीच मौजूद अदृश्य, सीमा को पार कर लेने के बाद एक क्षण के लिए उसने अपना सर कॉम्टैसे द नौएली की बाँहों में, जो उसकी नई लेडी-इन-वेटिंग थी, सुबकी लेते हुए छिपा लिया।

जेल में बन्दी के रूप में वह अपने पहरेदार से केवल उपन्यास पढ़ने की माँग करती है; उसे 'अत्यन्त डरावने रोमांचक वर्णन चाहिए।

उसकी कहानी पूरी तरह अन्धकारपूर्ण शताब्दी की है, बदले पश्चात्ताप, धर्मापराधों और दुखद आशंकाओं के इतिहासेतर आयाम की जिसे उन दिनों की गपशप में भी अच्छी तरह पहचाना जा सकता है। लियौन ब्लॉय और लुई मैसीनॉ उसके मकबरे के द्वार पर दो चमकते संरक्षक जिन हैं। एक ओर तो पड़चूनियों से घृणा करने वाला वकील का भड़काऊ एजेन्ट; और दूसरी ओर फ़ातिमा का बड़ा वज़ीर और नई दूसरी ब्यूरो, लोबाशैव्स्की और *सैवन स्लीपर्स।* दोनों *रहस्यमयी* दुष्टता के इतिहासकार हैं।

ब्रश के एक ही स्ट्रोक से अंडाकार स्थान में चित्रित, बहुत उभरती हुई और बचकानी भौं को प्रतिसन्तुलित करते हुए : हैप्सबर्गस का लटकता हुआ शोक-सिक्त निचला ओंठ अपनी घड़ियों की ओर झुका हुआ—चार्ल्स पंचम की छवि।

'ऑट्रीचियेने' को (जिस नाम से उसे तुरन्त ही लुई XV की तीन बेटियों ने पुकारा) *प्रवेश करने के समय से ही,* जबसे वह स्ट्रॉसबर्ग में मेज़ के इस पार आई, असन्तुष्ट शत्रुओं का सामना करना पड़ा। किन्तु रक्त ने और वर्षों ने लोगों की स्मृतियों को ढँक दिया है; चेहरे एक-दूसरे के ऊपर आ रहे हैं और एक-दूसरे में घुल-मिल रहे हैं। महल की कुपित महिलाएँ, मन्त्री, कसीदाकार, चहेते, निगरानी रखने वाले—घृणा करने में वे सब इकट्ठे हो गए। इसलिए, स्थिति को समझने के लिए हमें प्रिंस द लिने की ओर जाना होगा, मैरी एन्टोनियेटे के बचपन का साथी, जिसने उससे मिलकर एक कोने में लुई XIV की आवक्ष मूर्ति के पीछे छिपना पसन्द किया जो वरसाई के निकुंजों के ऊपर दिखती थी, यह वही आवक्ष मूर्ति थी जिसने किसी समय युवा कॉम्टे द आर्टोइ का अभिवादन ('शुभ दिन, दादाजी') स्वीकार किया था। उस शाम लिने ने अपना विचार छोड़ दिया : उसे डर था कि कष्टकारी स्थिति से नीचे उतरने के लिए उसे सीढ़ी नहीं मिलेगी और सारी रात संगमरमर की आवक्ष मूर्ति के पीछे, हवा में जैसे लटकते हुए ही बितानी पड़ेगी।

लिने ने अनुभव किया कि वह मैरी एन्टोनियेटे पर केवल एक ही अपराध का अनन्त मोहक 'लापरवाही' का दोष लगा सकता है। वह था बारम्बार "ऊबाऊ स्त्रियों और पुरुषों की, जो हमेशा ही असन्तुष्ट बने रहते हैं, अनदेखी।" उसे सज़ा देने के लिए, उन असन्तुष्टों ने आपस में जैसे एक करार कर लिया था कि अब से आगे वे उसी तरह ऊब पैदा करते रहेंगे जैसे कामकाजी अंग्रेज महिलाएँ पिन बनाती रहती हैं, और इस तरह वे अपने काम को आम लोगों के भोजन स्थलों में आपस में बाँट लेंगे, इस तरह जन-अदालतों और कुलीनों का मिथ्याभिमान में सदा के लिए हर प्रकार के 'हलकेपन' के संकेतों और मामूलीपन के पक्ष में गठबन्धन कर लिया। जैसे ही स्टैंडहाल 'अच्छे लोगों की स्वादहीन संगत में शामिल होने पर विवश हुआ तो

उसने इस बात को लक्षित किया। इन लोगों ने 1780 के सैलूनों को 1804 से 1830 के बीच पुनर्जीवित करने का प्रयास किया था। इस बार निश्चय ही बिना लापरवाही के।

एक कष्टकारी अन्तर्दृष्टि डरा रही थी : क्या बोरडम पैदा करने की विशेषता से खोई हुई *अच्छी टोन* को पुनः प्राप्त करना सम्भव हो सकेगा? करार चलता रहा। इसे सींचने-बढ़ाने के लिए खून की कमी नहीं थी। मैरी एन्टोनियेटे का मुकद्दमा, बोर लोगों का प्रथम, सफल उपद्रव था, एकमात्र क्षण जब जन-साधारण और कुलीन दोनों मिलकर एक हो गए।

लकड़हारा और मछुआरा

जब रोमांटिक, साहसी, विश्वस्त और आस्थाहीन बिशप, टैलीरॉ अमेरिकी जंगलों में से गुज़र रहा था और उसके पीछे-पीछे उसका सबसे विश्वस्त नौकर कोर्टियाड था, तो टैलीरॉ को समय काटने और उन भयानक समाचारों से अपना ध्यान हटाने में बड़ी कठिनाई आ रही थी, जो फ्रांस से आने वाले जहाज़ ला रहे थे। घनी वनस्पति के बीच आम रास्तों से बहुत दूर, कभी-कभी एक चीख़ गूँजती : "कोर्टियाड तुम कहाँ हो?" तुरन्त दूर से सम्मानपूर्ण स्वर में उत्तर आता : "ईश्वर की कृपा है, श्रीमान मैं यहाँ हूँ।" इस समय *समाज* की सीमा के दूसरी ओर खड़े टैलीरॉ को अपनी सामन्ती विसंगति पर हलकी-सी हँसी आती और वह सब तरफ़ देखने लगता। जैसे-जैसे वह अपनी यात्रा में शहर, गाँव, खेत तथा मैदान पीछे छोड़ता हुआ विशाल दलदलों में से गुज़रते और जंगलों में होते हुए कौनक्टीकट के उन स्थानों से गुज़रता जहाँ लोग ऊदबिलाव का शिकार करते मिलते तो उसे कुछ ऐसा भास होता मानो वह इतिहास की धारा के विपरीत चल रहा है और उसे समय तथा स्थान अपनी जगह से हटते नज़र आते। उसे लगता मानो वह उन बिम्बों में सभ्यता के असम्भव्य संलयन को अपनी आँखों के सामने सड़ते-टूटते देख रहा है जो थोड़ा-थोड़ा करके अपेक्षाकृत सरल तत्त्वों की ओर लौट रहे थे। उसने नोट किया, "हर गुज़रने वाले दिन के साथ वे आविष्कार हमारी आँखों के सामने से लोप होते जा रहे हैं जिन्हें हमने अपनी बढ़ती आवश्यकताओं की पूर्ति के लिए ज़रूरी समझ लिया था। मानव भावना की प्रगति के इतिहास में हम पीछे की ओर जाते प्रतीत होते हैं।" किन्तु 'प्रगति' के इस युग में कई आश्चर्य सामने आने वाले थे। जब वह मूलभूत, न्यूनातिन्यून आवश्यकताओं पर पहुँचा तो टैलीरॉ का सामना दो अनुकरणीय पात्रों से हुआ : लकड़हारा और मछुआरा। उसने उनके चित्र बनाए जो उन दो स्वरूपों के रेखाचित्र नहीं थे जिन्हें इतिहास ने अपने एकदम शुरुआती दिनों के बाद त्याग दिया था, अपितु वे उन दो चेहरों की पूर्व छायाएँ थीं जिन्हें इतिहास अंगीकार करने जा रहा था : प्रथम *नए मनुष्यों* के छायाचित्र जो पहले ही तोकेवील के लिए प्रतीक्षारत थे। अपने देहाती बियाबान में वे, जन-प्रतिनिधि के रूप में मंच सँभालने की तैयारी कर रहे थे। निश्चय ही वे उनका प्रतिनिधित्व कर रहे थे, जो विरोधाभास हीन युग में 'जनसाधारण के आदमी' कहलाएँगे। जन-जन की

विशिष्ट गन्ध टैलीरॉ को शहर में न मिलकर, अछूती प्रकृति की निर्जनता के बीच मिली। यह एक विचित्र तथ्य था, नोट किए जाने लायक। टैलीरॉ ने इन दो चित्रों को, ज्ञानदायी प्रायोगिक मामलों की तरह अपने *"मैमुआ ऑन द कॉमर्शियल रिलेशंस बिट्वीन द यूनाइटेड स्टेट्स एंड इंग्लैंड* के साथ जोड़ दिया, जिसे वह 4 अप्रैल, 1797 को *इन्स्टीट्यूट द फ्रांस* में पढ़ने जा रहा था।

लकड़हारा : "अमेरिकी लकड़हारे की रुचि किसी चीज़ में नहीं है। संवेदनशीलता का कोई भी विचार उसे नहीं छूता। वे डालियाँ जिन्हें प्रकृति ने इतनी श्रेष्ठ-सुरुचि से उगाया है, बढ़िया पत्तों का झुरमुट, चमकीला रंग जो जंगल के एक भाग को सजीव बनाता है, गहरा हरा रंग जो इसके दूसरे भाग को घना करता है–इन सबका उसके लिए कोई अर्थ नहीं है। किसी विशिष्ट स्थान पर पहुँचकर उसमें कुछ स्मृतियाँ नहीं उभरतीं। उसके दिमाग़ में तो कुल्हाड़ों की चोटों की वह गिनती घूमती रहती है जिनके पूरा होते ही एक पेड़ कट जाता है। उसने कभी पौधा नहीं रोपा; वह इस प्रकार के आनन्द जानता ही नहीं। उसके द्वारा रोपा गया कोई भी पेड़ उसके लिए बेकार है क्योंकि वह इसे कभी नहीं देख पाएगा जब यह बड़ा हो जाएगा तो उसे काट डाला जाएगा। विनाश ही वह चीज़ है जो उसे ज़िन्दा रखती है। विनाश सर्वत्र है; इसलिए, हर जगह उसके उपयुक्त है। यह उस खेत का कतई ध्यान नहीं रखता जहाँ इसने अपना काम किया है, क्योंकि उसका काम केवल श्रम करना है। इसके साथ मधुरता का कोई विचार नहीं जुड़ा हुआ है। जो कुछ उसके हाथों से उभरकर, निकलकर आता है वह बढ़त के उन चरणों से होकर नहीं गुज़रता, जो किसान के हृदय को छूते हैं। वह अपने उत्पाद की नियति का ध्यान नहीं रखता। उसे नए कामों के आनन्द का ज्ञान नहीं है। और जब तक वह अपने कुल्हाड़े को अपने साथ ले चलना नहीं भूलता, तब तक उसे उस स्थान को छोड़ने में कोई अफ़सोस नहीं होता जहाँ वह वर्षों से रहता रहा है।"

मछुआरा : "अमेरिकी मछुआरा अपने व्यवसाय से ऐसी भावना प्राप्त करता है जो लगभग उतनी ही उदासीन है। उसकी रुचि, स्वार्थ और उसका जीवन समाज के उस हाशिए पर पड़े हैं जिसे वह अपने चिन्तन में अपना मानता है। हमारा यह मानना गलत होगा कि वह अपने समाज का विशेष उपयोगी सदस्य है। क्योंकि हमें इन मछुआरों की तुलना यूरोप के मछुआरों से नहीं करनी चाहिए या हमें विश्वास भी नहीं करना चाहिए कि नाविकों को प्रशिक्षित करने का यही तरीका है–ताकि समुद्र से जूझने के लिए तगड़े, मज़बूत, कुशल व्यक्ति पैदा हो सके। अमेरिका में, नान्टुकेट के निवासियों को छोड़कर जो व्हेल का शिकार करते हैं, मछली पकड़ना आलसी आदमियों का काम है। ये बस इतनी-सी हिम्मत दिखाते हैं–यदि ख़राब मौसम की आशंका नहीं है तो किनारे से दो लोग आगे तक चले जाएँगे और जब मौसम अनिश्चित हो तो वे समुद्र में केवल एक मील तक ही आगे जाएँगे और केवल हुक

ही वह हारपून है जिसे वे चलाना जानते हैं। इस प्रकार उनकी कुशलता केवल एक ट्रिक या चाल से ज़्यादा नहीं है और उनका क्रिया-कलाप, जो एक हाथ को नाव के बाहर लटकाए रखने तक सीमित होता है, उनके आलसीपन से बहुत मिलता-जुलता है।

"उन्हें किसी ख़ास जगह से कोई प्यार नहीं है और उनकी अपनी भूमि की जानकारी वह भद्दा मकान है जिसमें वे रहते हैं। यह समुद्र ही है जो उन्हें भोजन प्रदान करता है। अतः उनकी मातृभूमि लगभग कुछ कॉड मछलियों के मिलने से निर्धारित होती है। अगर एक जगह ये कॉड कम होती नज़र आती हैं तो मछुआरे तुरन्त मातृभूमि की तलाश में दूसरी जगह चल देते हैं, जहाँ कॉड अधिक मिल सकें।

"जब कुछ राजनीतिक लेखकों ने कहा कि मछली पकड़ना एक प्रकार की खेती है, तो वे एक ऐसा वक्तव्य दे रहे थे जो चतुराई तो दिखलाता है किन्तु इसमें सत्य नहीं है। जो आदमी मछली पकड़ने के व्यवसाय में लगा है उसमें ऐसा कोई गुण या श्रेष्ठताएँ नहीं हैं जो कृषि से जुड़ी होती हैं। कृषि सच्चे अर्थों में राष्ट्रभक्त पैदा करती है। मछली पकड़ना केवल *कॉस्मोपोलिटन्स* या सर्वदेशीय बना सकता है।"

इंस्टीट्यूट के सदस्यों के समक्ष इस प्रकार की शब्दावली में बोलने वाला व्यक्ति ला ब्रूयेर की बर्बरता वाला नहीं था, अपितु मुद्रास्फीति और पैरामिलिट्री गिरोहों के युग का समाजशास्त्री था। उसके आसपास राथेनॉ और हिटलर की, मालगाड़ी के डिब्बों से लटकते बेकार आदमियों की और घुड़सवार पुलिस की गूँज सुनाई देती है। हमें बड़े, शानदार पेड़ों के तने दिखलाई नहीं देते, अपितु वॉल स्ट्रीट में इतवारी छुट्टी की चुप्पी में रद्दी काग़ज़ों की फड़फड़ाहट सुनाई देती है। यदि हम टैलीरॉ के भव्य वनप्रदेशीय हरियाले फ्रेम से लकड़हारे को हटा दें तो हमें जुंगर के *आरबीटर* दिखलाई देते हैं : सैनिक और मज़दूर की यूनिफार्म पहले ही उस पर चिपकी हुई हैं, जबकि फ़ौलाद का तूफ़ान उठाने की कोई ज़रूरत नहीं थी। यह आदमी तकनीकी हिंसा का घोड़ा (ट्रिगर) है : उसकी जगह कहीं भी हो सकती है क्योंकि इसका दिमाग़ वह सूक्ष्म तकनीकी केन्द्र खो चुका है जहाँ बिम्ब टिके हुए या लटकते होते हैं ("किसी एक विशिष्ट स्थान पर पहुँचकर उसे कोई पुरानी चीज़ याद नहीं आती") उसकी छाया वह परजीवी मछुआरा है जिसे समाज अपने मन की विस्मृति में अपना सदस्य मानता है, यद्यपि यह व्यक्ति इस समाज का नहीं है। उसका आलस विद्वेषपूर्ण और हानिकारक है : वह एक खानाबदोश *मूर्ख* सर्वहारा *स्टार फिश* है।

लकड़हारे और मछुआरे को एक दिन पता चलेगा कि वे आपस में शत्रु हैं; हाँ आज अमेरिकी वीराने में पृथ्वी के प्रति घृणा को लेकर वे जरूर एक-दूसरे के साथ हैं, जो फिर भी उदारतापूर्वक उन्हें चारों ओर से घेरे हुए है। उनके मन में उन सब चीज़ों के प्रति घृणा है जो उगती हैं और उगने की प्रक्रिया में मीठी हो जाती हैं और फिर मुरझा जाती हैं। उनकी रफ्तार किसी भी अन्य व्यक्ति की रफ़्तार से भिन्न है : ये चोट

मारते हैं, ये खींचते हैं चीज़ों को घसीटते हैं—ऐसे रूपक हैं जो पासा फेंकने वाले जुआरी के जैसे लगते हैं और चोट मारने से इस प्रकार के लगाव में उनका सर्वदेशीय लक्ष्य है : उनकी चोट सभी जगह एक-सी है ("विनाश सर्वत्र है; इसलिए हर स्थान उनके उपयुक्त है।"); पौधे में तो केवल एक जगह की ही गन्ध होती है। बातून, झगड़ालू *शहरी निवासी* जिन्हें टैलीरॉ पीछे पेरिस में छोड़ आया था फिर भी अच्छे, ठोस, खेतिहर देशभक्त थे। किन्तु वे इन दो नए पात्रों की तुलना में अतिप्राचीन और वक्त से पिछड़े हुए दिखते थे, जबकि ये नए पात्र सीमाओं के परे, उभरते इतिहास के संकेतों के अनुसार काम करते दिख रहे थे।

वेनिस में ग़ेटे

बंजारी लड़कियाँ छिपकलियों की तरह
छोटे से दरवाज़े में ग़ायब हो गई।
पथरीले ताबूत, वास, गुलदस्ते, गोंडोलाओं की फफूँद
छोटी कविताएँ उसे चरती हैं
बच्चे की कुहनी की तरह
जैसे ही वह दौड़ती हैं। नम, मैले-कुचैले कदम, बेकार गति
काले-घंटे पत्थर और पानी के घोंसले में।
विदेशियों से हर हाल में धोखा।
गज़ट ख़बर देता है नेशनल एसेम्बली की
हे आलसीपन, प्रेरणाओं की जननी।
एक ही प्रतिभा शेष है :
जर्मन भाषा लिखने के लिए
मदारियों की जनजाति के पीछे-पीछे।
किन्तु सेवक पहले ही खोद लाया है ढूहों के बीच से
एक खोपड़ी यहूदी कब्रिस्तान से।
और एक मेंढे के क्षरित जबड़े में
गोलाकार, जातीय, कान के साँचे में,
चमकती है असली हड्डी।
रीढ़ की एक गाँठ से
सब कुछ निकलता है।

''हमारे जीवन का सर्वश्रेष्ठ दिन इस तरह समाप्त हो गया'', फ्रांसीसी गाँव के फेडरर ने जनरल फेडरेशन दिवस, बैस्टील की पहली वर्षगाँठ, 14 जुलाई, 1790 को अपने अवकाश के दिन की समाप्ति का वर्णन करते हुए लिखा। 'फ्रांस से फ्रांस की शादी', मिचैले ने लिखा, उसकी कलम से निकलते दर्जनों बिम्बों, छवियों में से यह एक था। उसने कहानी के प्रवाह को अपनी किसी टिप्पणी द्वारा अवरुद्ध नहीं होने दिया :

''छोटी-से-छोटी (टिप्पणी) भी एक रुकावट या खरखराहट शायद, इस पवित्र क्षण में पैदा कर सकती थी।'' एक युग, जो सुधार से परे था, जब रिवॉल्यूशन 'भोलेपन और सहज विश्वास' में निहित था। 'परितृप्ति के ठीक पहले के क्षण (जैसे चिंग-I की कछवी पीठ पर लिखा था), चरम कृत्य का वादा, क्षण जो स्मृति में प्रेमरोग में—स्वयं कृत्य बन जाते हैं; बाद में 'छोटी लोमड़ी अपनी पूँछ गीली कर लेती है' और चरम कृत्य अत्याचारी बन जाता है। अतीव प्रसन्नता की ओर, उत्पीड़न के पुट के साथ पूरा ज़ोर लगाकर बढ़ते रहने का प्रयास कभी मत करो। बस अच्छे समय के वादे के साथ बने रहो।

नौकरशाही की नई चीज़ों (सीज़ द्वारा प्रस्तावित विभाग) और कारावास (वासनात्मक ज्वालाओं और क्रूर पारिवारिक विवाद के बीच जलते बैस्टील) परे कब्ज़े के घालमेल की स्थिति से जन्मे उस दिन ने आदिकालीन छवियों को गतिशील कर दिया जो *मन्दिरों* और बड़े-बड़े पुजारियों से भी पहले की हैं, जो सारे पवित्र स्थानों पर मौजूद थी, *मिट्टी* की *वेदियाँ*, जो सारे ग्रामीण क्षेत्रों में ज्यादा हैं *पावनता* से भी पहले की और धूप और छायाओं में बँटी हुई है।

इस बात की गारंटी कि यह सचमुच में मूल स्रोतों की ओर वापस लौटना था, सभी के द्वारा इसमें शामिल होने में छिपी है, जो सभी छवियों, बिम्बों को प्राधिकृत करता है—हर चीज़ उस दिन की शपथ पर आधारित थी—प्रान्तीय फेडररों की मिचैले को जौरे को भेजी गई अनाम रिपोर्टों से लेकर, यहाँ तक कि प्रजातन्त्रीय स्वर के अविरल कम्पन भी उसे ही सत्यापित करते हैं। 14 जुलाई को दोपहर के समय लगता है कि सब लोग शहर छोड़ गए; बस कभी-कभी एक कुत्ता गली पार करता दिखाई देता है। ''आज के दिन कोई भी मन्दिर नाकाफ़ी होता।'' आज कोई गवाह नहीं है : क्योंकि सब (आयोजन में) सम्मिलित हैं। धूप और छाया के बीच, *पवित्र स्थान* के बीच, मिट्टी की वेदी पुनः स्थापित की गई है : युवाओं की पंक्तियाँ आमने-सामने हैं किन्तु स्मृति *शिह चिंग* की कविताओं की ओर इशारा नहीं करती, ये नारीहीन स्टैग पार्टी में शामिल पुरुषों की तरह एक दूसरे की तरह को हो-हुल्लड़ से जवाब देते हैं। स्वतन्त्रता के इस उदास समूह को कुछ नया करना होगा और यदि मस्तिष्क नींद में चलता हुआ अतीतगामी हो जाता है और एक बार फिर से मानव बलिदान के विचार उभरने लगते हैं, तो प्रबोधन का मंगल भाषण यही दृश्य प्रस्तुत देगा ''नवजात शिशु, एक जीवित पुष्प को, फ़सल के फूलों के बीच रखा गया। उसकी माँ ने उसकी भेंट दी, उसे वेदी पर रख दिया गया। किन्तु उसकी भूमिका केवल अक्रिय भेंट की नहीं थी; वह भी सक्रिय था, उसने भी एक आदमी की तरह सब कुछ देखा था, अपनी नागरिक शपथ माँ के शब्दों में ली, उसने एक आदमी, एक फ्रांसीसी के रूप में अपने सम्मान का दावा पेश किया, उसे पहले ही अपने *पितृदेश* का कब्ज़ा मिल गया था, वह भी आशा शामिल हो गया।''

प्रान्तीय फ्रांस इस उत्सव को खुले में मना रहा था, किन्तु पेरिस को इसे मनाने के लिए अपनी सीमाओं में ही उपयुक्त स्थान तलाश करना था। इसके लिए विशाल चैम्प द मार्स चुना गया और एक अदृश्य वास्तुविद् ने इसमें पर्याप्त फेरबदल करके इसे *पवित्र स्थान* का औपचारिक उत्सवीय स्वरूप प्रदान कर दिया : अब यह कोई आकारहीन विस्तार नहीं रह गया था, अपितु दो पहाड़ियों के बीच फैली घाटी बन गया था, जिसे हज़ारों हाथों ने समतल किया था। "दिन में, रात में, सभी वर्गों और आयु के लोगों ने, यहाँ तक कि बच्चों ने भी, हर एक ने, शहर में रहने वालों ने, सिपाहियों, सैनिकों, पुरोहितों, साधुओं, अभिनेताओं, *सिस्टर्स ऑफ़ चैरिटी* ने सुन्दर महिलाओं, बाज़ार से आई औरतों ने, हरेक ने फावड़ा, गाड़ी या ठेले आदि अपने हाथ से चलाए। आगे-आगे बच्चे चल रहे थे, आराम से रास्ता दिखाते हुए; चलते-फिरते आर्केस्ट्रा ने श्रमिकों का उत्साह बढ़ाया। और जब ये ज़मीन को एकसार कर रहे थे तो स्वयं श्रमिक भी एकसार करने वाला गाना गा रहे थे : 'आह! शा इरा! शा इरा! जो भी उठता है नीचे लाया जाएगा।' भूमि को एकसार करने का काम भी सप्ताह की एक सामाजिक घटना थी। लुयैन की डचैस ने महोगनी की सुन्दर पहिया गाड़ी बनवाने के आदेश दिए थे; उसने भी सबके साथ काम में हाथ बँटाया और अपने विशेष ढेले में कंकड़-पत्थर और मिट्टी भरकर एक स्थान से दूसरी जगह ले गई।

उत्सव के दिन, तेज़ हवाओं और बारिश की बौछारों के बीच, जिसे 'भगवान' ने भेजा था, जो स्वयं भी तो 'एक कुलीन' है (ऐसा कहा जाता है), एक लाख साठ हज़ार (या दो लाख पचास हज़ार?) (या चार लाख?) लोगों ने चैम्प द मार्स की कृत्रिम पहाड़ियों से यह दृश्य देखा, नीचे विशाल केन्द्रीय घाटी में एक बहुत चौड़ा पिरामिड उभरा : *पितृदेश* की वेदी। एक साक्षी के अनुसार, "वेदी एक विशाल रचना थी, सौ फुट ऊँची। यह चार खम्भों पर खड़ी थी जो विशाल चौकोर स्थल के कोनों पर अतिविशाल आकार के तिपाइयों को सँभाले हुए थे। इन खम्भों को एक-दूसरे के साथ इतनी चौड़ी सीढ़ियों से जोड़ा गया था कि उनमें से हरेक पर पूरी बटालियन ही खड़ी हो सकती थी। सीढ़ियाँ ऊपर एक प्लेटफार्म तक जाती थीं जो उठता हुआ और अनेक पैड़ियों से होता हुआ एक पिरामिड के पुश्तों का आकार ले रहा था जिसके ऊपर पितृदेश की वेदी थी, जिस पर एक ताड़ के पेड़ की छाया थी।"

फेडरेशन के प्रीतिभोज से कुछ सप्ताह पहले, एक सम्पन्न और कुलीन प्रशा निवासी, ज्याँ बैप्तिस्ट क्लूट्स, मैनीज के दरवाज़े पर उपस्थित हुआ, वह एक प्रतिनिधिमंडल का नेतृत्व कर रहा था, जो स्वयं को '*एम्बैसी ऑफ़ द ह्यूमन रेस*' ('मानव जाति का दूतावास') कहता था। जिस प्रकार रूसो द्वारा वर्णित मायावी 'सार्वजनीन इच्छा' चैम्प द मार्स में कुदालों और व्हीलबैरो में मूर्त रूप लेकर प्रकट हुई, उसी प्रकार *मानवता* की महिला ने जिसका इस शताब्दी ने आविष्कार किया था, अपने प्रतिनिधि आगे भेज

दिए थे। 'आप कौन हैं?' उनसे पूछा गया। "हम यूरोप से आ रहे हैं, हम एशिया से आ रहे हैं, हम अमेरिका से आ रहे हैं", उन्होंने उत्तर दिया। 'हम मानवता हैं।' क्लूट्स की जीवनी का उन्नीसवीं शताब्दी का उत्साही लेखक, जार्जेज ऐवेनेल, इनके आगमन को वैलोड्रोम द हीवर में साइकिल धावकों की रेस की उत्तेजना की गुदगुदाहट के साथ बतलाता है, "उत्तेजना बढ़ती जा रही है—सब ओर भावातिरेक छाया है। अब मानव जाति की बारी है। राष्ट्र और मानव जाति के बीच बस उँगली की चौड़ाई भर का ही तो फ़ासला है। हाँ, यह बिलकुल स्पष्ट है : मानव जाति स्वयं दरवाज़े पर आई खड़ी है। ये प्रतीक्षा कर रही है। इसके लिए जगह बनाइए। सब इसे सुनते हैं, सब इसे पसन्द करते हैं। यह अपने रास्ते पर चली आ रही है। और लो, यह पहुँच गई।" अन्त में वे एसेम्बली के सामने आ पहुँचे। वे 36 लोग थे। उनमें एक था पिओ, नेपल्स का पिओ, डॉन पैब्लो ओलिवरेज़, धर्माधिकरण की जाँच का स्पेनी शिकार; बैरन वॉन ट्रैन्च, जिसने प्रशा के कारागार में अड़सठ पौंड वज़न की ज़ंजीरें पूरे दस साल तक पहनी थीं। उनमें हॉलैंड और इंग्लैंड के देशभक्त भी थे। कुछ ऑपेरा से आए तुर्क, अरब और चाल्दिया वासी थे, जिन्हें भाड़े पर बुला लिया गया था। कुछ दर्शकों ने पहचान लिया कि उनमें एक कॉलेज द फ्रांस में पूर्वीय भाषाओं के दुभाषिया था और बहुत से घरेलू नौकर जो अब बेरोजगार थे। मानव जाति के दूतावास के आगमन से पैदा उत्तेजना से प्रेरित होकर, असेम्बली ने उसी शाम पैतृक कुलीनता के उन्मूलन का प्रस्ताव पास कर दिया और परिणामस्वरूप कुछ नाम हटा दिए गए। क्लूट्स के प्रतिनिधिमंडल ने जो *ऑपेरेटा साम्राज्य* की ओर से यह घोषणा करने के लिए भेजा गया था कि यूरोप में इसकी प्रजा की घुसपैठ शीघ्र ही होने वाली है, इससे कुलीन नामों की समाप्ति को और बढ़ावा मिल गया। अब आगे ऑपेरेटा उनकी सुगन्ध पर जीवन बसर करेगा।

फेडरेशन का प्रीतिभोज बस अभी समाप्त ही हुआ था। अभी भी काँपते रहे, ज्याँ बाप्तिस्टे क्लूट्स इसका वर्णन 'सैफो ऑफ द गॉल्स' अपनी मित्र फैनी द बॉहार्ने को, जो एक अत्यन्त उग्र लेखिका थी और विवाह के अनुसार जोज़ेफाइन की चाची थी, लिखना चाहता था : "हम जीत गए, हमने विजय प्राप्त कर ली। तुम वहाँ नहीं थी। जल्दी करो, मदाम, जल्दी करो। आओ और स्वतन्त्र लोगों की प्रसन्नता, खुशी देखो जो अपने आनन्ददायी उपक्रम में यूनानियों और रोमनों के समकक्ष स्थान ग्रहण कर रहे हैं। अब हमें इतिहास के जनक और उसके अनुकरण करने वाले थ्यूसी- डाइड्स और टाइटस लिवी की आश्चर्यजनक कहानियों में विश्वास हो रहा है। किन्तु मैं एक पवित्र समारोह के बारे में तुम्हें नहीं बताऊँगा। जो सारे प्राचीन और आधुनिक, समारोहों की स्मृति को मिटा देता है। वह तस्वीर जो बारह घंटे तक मेरी आँखों के सामने रही है, किसी भी प्रकार शब्दों में नहीं कही जा सकती, न ही उसे चित्रों में उतारा जा सकता है। जो जगह हमने अपने ही हाथों से तैयार की है वह अपने

आकार, सरलता और स्थिति में बेमिसाल है। कल्पना कीजिए दुनिया के सबसे बड़े कॉलीज़ियम की, जिसे चारों ओर से शैलॉ, पासी, म्यूडॉ और मॉटमार्त्रे की ढलानें सुशोभित कर रही हों और घने हरियाले पेड़ों की आठ पंक्तियाँ ऐसी हरी झालर बना रही हों जो सारे क्षेत्र को आगे के मैदान में उपस्थित तीन लाख दर्शकों सहित अपने फ्रेम में समेट रही हो। विजय की मेंहराब, नदी के ऊपर पुल, सुरुचिपूर्ण वेदी और रोमन शैली का महल अत्यन्त मनमोहक दृश्य की सृष्टि कर रहे थे और इनके साथ ही दुनिया-भर के झंडे, झंडियाँ सभी प्रकार के आक्रामक और बचाव के अस्त्र-शस्त्र फ्रांसीसी साम्राज्य के। तोपों की गड़गड़ाहट, संगीत, लोगों की तालियों की गड़गड़ाहट—ये सब आकाश और पृथ्वी को जैसे हिला रहे थे।

"विदेशी प्रतिनिधिमंडल के मुखिया के रूप में मानव जाति के राजदूत की हैसियत में मैं आगे था, महल की गैलरी में, और आतताइयों के मन्त्री हमें द्वेषपूर्ण, शंकालु नज़रों से देख रहे थे। यह राष्ट्रीय समारोह हमें दो हज़ार वर्ष पीछे ले जाता है, कारण पूरे समारोह पर जैसे प्राचीनता की एक अपरिभाष्य परत चढ़ी थी। और यह हमें दो हज़ार वर्ष आगे भी ले जाता है, कारण : तर्क की त्वरित प्रगति और यह फेडरेशन इसी तर्क का प्रारम्भिक, मधुर फल है। मदाम, मैं आपको वह सब नहीं बता पा रहा हूँ जो मैंने कल अनुभव किया। मेरा हृदय संवेदनशील है और मेरी राष्ट्रभक्ति दृढ़ है। शेष का अनुमान आप स्वयं लगाएँ और जितनी जल्दी हो सके, यहाँ चले आएँ।"

लँगड़ाते हुए चैम्प द मार्स की वेदी तक पहुँचकर रस्म का उत्सव मनाने के लिए एक व्यक्ति ऐसा था जिसे पुराने और नए, दोनों ही धर्म वाले सबसे बड़ी बुराई मानते थे—टैलीरॉ, ऑटन का बिशप। यह भोंडा राजा या देशद्रोही रानी न होकर, समारोह का बड़ा पुजारी था जो सारे उत्सव पर एक धब्बा था—वह *सार्वजनिक इच्छा* से जुगाड़ रूप में बनाए गए स्वर्ग में धोखे की उपस्थिति की गारंटी कर रहा था। अन्य सभी चीज़ों के अतिरिक्त वह *इच्छा* अपनी तुमुल अस्पष्टता में, एक हलका-सा फिनिशिंग टच चाहती थी—जो वास्तव में टैलीरॉ ने दिया था—जिससे *समारोह* वास्तव में सम्भव हो सके। कुछ सीमा तक, उस दिन के लिए यह उसका ऋणी है, एक ऐसा दिन जो उन लोगों के लिए सर्वाधिक पसन्दीदा था जो जनसमूह के शान्त और तुरत आलिंगन का सपना देखते हैं। एक महीने पहले, संविधान सभा में बोलते हुए, टैलीरॉ ही वह व्यक्ति था जिसने दावा किया था कि "फेडरेशन की दावत कभी पर्याप्त रूप से गम्भीर नहीं होंगी" और उसने इसकी उपादेयता के कारणों की ओर इशारा किया था : "सारे नागरिकों में भ्रातृत्व के बन्धनों को मज़बूत करने के लिए, हर एक को उस राष्ट्र प्रेम से अवगत कराने के लिए जो फ्रांसीसी लोगों को अनुप्राणित करता है और अन्त में यह रिवॉल्यूशन के शत्रुओं को, यदि अभी तक कोई रह गया है, यह बतलाने के लिए कि इसे नष्ट करने के उनके प्रयत्न व्यर्थ होंगे।"

बिशप के रूप में, टैलीरॉ ने चर्च में ज्यादा प्रार्थना सभाओं को सम्बोधित नहीं किया था। *समारोह* से पहले दिन, उसने रयू द लिल स्थित माक्वी द सैसवाल के घर में इसकी रिहर्सल की थी; साथ में उसका मित्र मीराबां भी था जो उसकी तुलना में कर्मकांड आदि बेहतर जानता था; उसने समय बिताने के लिए कारावास में इसे सीखा था। वेदी के लिए उन्होंने एक मेंटलपीस का प्रयोग किया। आरामकुर्सियों पर बैठे दूसरे मेहमान हँस रहे थे। इस बात से टैलीरॉ के छोटे कुत्ते ने भयभीत होकर उसके धार्मिक लबादे को काट डाला।

अत्यन्त विशाल जुलूस बैस्टील से सवेरे सात बजे शुरू हुआ। आसमान नीचे झुके काले मटमैले बादलों से भरा, था। बार-बार तेज़ बारिश। विलम्ब हुआ। भीड़ चारों ओर से उमड़ रही थी। लोग पंक्तियाँ तोड़ रहे थे। लोग नावों के बने पुल से होकर नदी पार कर रहे थे। फिर दूर और पास मौजूद, हर आदमी ने शाही ट्रिब्यून के नीले और सुनहरी, मख़मली तम्बू को घेर लिया। सीढ़ियों पर राजा था, डॉफिन (युवराज) था, रानी थी, ये सब तिरंगी कलगियों से सज्जित थे। झंडों का झुरमुट; सफ़ेद घोड़े पर बैठा लाफायेत इसे दुलकी चला रहा था। तीन सौ पुजारी सफेद ऊपरी लबादे पहने आगे आए, उनके साथ उनके सहायक ढीले लबादों में, कमरबंध बाँधे हुए। उनके पीछे टैलीरॉ था, चर्च की ऊँची रस्मी टोपी पहने और सहारे के लिए अपनी टेढ़ी घड़ी के सहारे लँगड़ाता चल रहा था। आर्केस्ट्रा बज उठा—सारे बारह सौ वाद्य एक साथ। लाफेयेत के आगे से गुज़रते हुए जो अभी अपने घोड़े से उतरा था, टैलीरॉ ने फुसफुसाते हुए उससे कहा "कृपा करके मुझे हँसाइए मत..."

जब रस्मी संस्कार निबट गए—तो तीक्ष्ण मन्त्रोच्चार करने वाला, जिसने जनसमूह की राजनीति का उद्घाटन किया था—तो टैलीरॉ ने अपने धार्मिक वस्त्र उतार डाले और तुरन्त अंगरक्षकों की छाया में एक जुए के कमरे में चला गया। खेल में वह जीता और खूब जीता। खूब धन बटोरा फिर वहाँ से चल दिया। "काग़ज़ के नोटों की क्या बात कहूँ मैंने इतना सोना जीता है कि वह मेरी जेबों में नहीं समा रहा।" वह वाई कॉम्टेसे द लावल के घर गया और अपने मित्रों की उपस्थिति में, सोने के उन सिक्कों को मेज़ पर उँडेल दिया। शाम का हल्का भोजन करके उसने फिर जुआ खेलना शुरू कर दिया। वह फिर खूब जीता। "मैं फिर वाई कॉम्टेसे के यहाँ लौटा, उसे अपना सोना और नोट दिखाने के लिए। मैं उनसे पट गया था; यहाँ तक कि मेरा टोप भी नोटों से भरा था और एक बात याद रखना : यह चौदह जुलाई का दिन था।"

फेडरेशन की दावत के बाद, अगले दिन टैलीरॉ ने अपनी प्रिय, मदाम द फलाहॉ को एक व्यंग्य भरा पत्र लिखा : "यदि कल की हास्यास्पद दावत के दौरान आप अपने स्थान को लेकर उतनी प्रसन्न थीं जितना मैं आपको वहाँ बैठे देख प्रशंसा कर रहा था, तो आपने उस आँधी-तूफ़ान को उतने ही दार्शनिक भाव से सहन कर लिया होगा जैसे आपके मित्र सीज़ ने किया। उसने सोलह आदमियों की उपस्थिति में मुझसे, अपनी

उस व्यंग्य भरी मुस्कान के साथ, पूछा जिससे तुम खूब परिचित हो, कि मैं चैम्प द मार्स कौशलपूर्ण ढंग से सम्पन्न उस दिखावे में अपना चेहरा गम्भीर कैसे रख पाया और यह कि क्या मुझे मालूम है कि एक लाख साठ हज़ार ईसाई दर्शकों में से कितनों ने राष्ट्र के या ईसाई धर्म के नाम पर शपथ ली। मैंने इस विषय में अपनी अज्ञानता जता दी। 'मेरी गणना के अनुसार' उसने कहा, 'वे करीबन पाँच सौ रहे होंगे जिसमें ड्यूक [द बिराँ], आप, मैं और हमारी पार्टी के लोग शामिल हैं।' तुम्हें सच बतलाऊँ, तो प्रिय मुझे डर है कि उसने विश्वासियों की संख्या का अनुमान कुछ अधिक ही लगाया है। और मैं ये कहूँगा : यद्यपि मैं एक दार्शनिक हूँ, मैं लोगों में आस्था की घटती प्रवृत्ति को बुरी चीज़ मानता हूँ। मैं वाल्टेयर की राय से सहमत हूँ : हम व्यक्तिगत रूप से ईश्वर में स्वयं विश्वास करें या न करें, किन्तु यह चीज़ समाज के लिए ख़तरनाक होगी यदि इसमें बहुसंख्यक लोग ऐसा सोचते हैं कि इस या अगली दुनिया में उनके ग़लत कामों का उन्हें कोई दंड नहीं मिलेगा और यह कि वे इस दुनिया में चोरी करने, ज़हर देने और हत्या करने के लिए स्वतन्त्र हैं। हम एक ऐसे युग में रह रहे हैं जब नैतिकता के विपरीत सिद्धान्तों से सबसे अधिक डरने की ज़रूरत है क्योंकि हमारे कानूनों में न तो ताकत है और न ही उन्हें लोगों का समर्थन प्राप्त है और इसलिए भी कि अधिकांश लोग स्वयं को कानूनों से उत्तम समझते हैं और सबसे अधिक निन्दनीय तो यह बात है कि नेशनल एसेम्बली जनता में *राजनीतिक और नैतिक अराजकता* की भावना उभारने में ज्यादा रुचि रखती है। मैं इस बात को अच्छी तरह जानता हूँ कि अपनी प्रिय को दार्शनिक दिवा-स्वप्नों द्वारा धोखा देना कोई बहादुरी का काम नहीं है। किन्तु यह तो बतलाओ कि मैं अपने सबसे गुप्त विचार तुमसे न कहूँ तो किसे बतलाऊँ, तुम, आम औरतों के सन्देहों और विद्वेषों से बहुत ऊपर हो?...

"जहाँ तक मेरा सवाल है, बस मैं गुप्त रूप से तुम्हें बतला रहा हूँ कि मेरी समझ ही में नहीं आ रहा कि अधिक दयनीय कौन है : सम्प्रभु लोग, फ्रांस या यूरोप। यदि राजकुमार लोगों के प्यार पर भरोसा करता है, तो समझो वह गया। और दूसरी ओर यदि लोग, अपनी तरफ़ से राजकुमार के चरित्र के विषय में सावधान नहीं रहते, तो मैं भविष्य में भयानक घटनाओं की पूर्व कल्पना कर सकता हूँ : मुझे वर्षों तक रक्त की नदियाँ बहती दिखलाई दे रही हैं, जो पिछले कुछ महीनों के उत्साह को बिलकुल समाप्त कर डालेंगी; मैं देख रहा हूँ कि निर्दोष भी अपराधियों जैसी बरबादी में खो जाएँगे। चाहे जो भी हो, दोनों ही सूरतों में या तो स्वतन्त्रता के (लक्ष्य) आदर्श को ख़तरा है, या फ्रांस की शान्ति भंग हो सकती है।

"मेरे लिए यह सन्देह करना कठिन होगा कि लुई XVI खून का प्यासा है। किन्तु ख़राब सलाहकारों से घिरा एक कमज़ोर राजा आराम से क्रूर बन जाता है या (यह बात भी वैसी ही है) राजा की दुर्बलता दूसरों द्वारा उसके नाम और अधिकार के सहारे

क्रूरताएँ हो जाने देती है। कुल मिलाकर मैं कल की घटनाओं के परिणाम देखता हूँ, तो भविष्य को लेकर काँप उठता हूँ...

''इस पत्र को जला देना।''

इतिहासकार की अविश्वसनीयता–एक विख्यात नैपोलियनी इतिहासकार लुई मैकेलिन की राय में, फेडरेशन की दावत में लाफेयेत को की गई टैलीरॉ की टिप्पणी का वर्णन विश्वास करने योग्य नहीं है, क्योंकि ''इससे सत्य की ध्वनि नहीं आती।'' चान्सैलर पैस्कीय, जो इस टिप्पणी का उल्लेख अपने *मैमुआ* में दुहराता है, कहता है कि यह बातें उसने स्वयं लाफेयेत से सुनी थी। किन्तु मैडेलिन जोर देकर कहता है कि टैलीरॉ ''एक अपवित्र बकवासी नहीं था; और लाफायेत, जो एक अत्यन्त गम्भीर व्यक्ति था, कभी किसी को हँसा नहीं सकता था।''

नामों के पतन को बढ़ाने और उकसाने में क्लूट्स के प्रतिनिधिमंडल ने अप्रत्यक्ष भूमिका निभाई और फेडरेशन की दावत के बीच, मिचैले पर एक उदासी का भाव छा जाता है; महान क्षणों की अभिव्यक्ति में बहकर वह ''भविष्य संकेतक प्रतीक'' के सामने नतमस्तक हो जाता है। किन्तु साथ ही, अतिशयोक्तिपूर्ण अभिव्यक्ति रिवॉल्यूशन के चमकते केन्द्रक की रक्षा का काम भी करती है : ''इस प्रणाली में पूर्ववर्ती योग्यताओं को आगे बढ़ा देने का विधान नहीं है, इसमें कुलीनता की जाति नहीं है। किन्तु उसी प्रकार इसमें पूर्ववर्ती दोष की जिम्मेदारी दूसरों पर डालने की व्यवस्था भी नहीं है।'' रिवॉल्यूशन का काम मूल पाप का ही सफ़ाया कर देना है। जन्म के साथ जुड़े विशेषाधिकारों का उन्मूलन तो और भी उग्र क्रान्तिकारी उन्मूलन का केवल बाहरी हिस्सा है : जाति का अपराध, आदम का अपराध, मूल पाप से माफी, मुक्ति। अब से आगे, एक व्यक्ति द्वारा जानबूझकर की गई चीज़ ही बुराई कहलाएगी; ये कोई ऐसी विरासत नहीं है जो इच्छा और चेतन से मुक्त जीवन के ताने-बाने पर एक बोझ हो और हर चीज़ पर अपने निशान छोड़ती चले। यहाँ मिचैले अचानक एक धर्मशास्त्री बन जाता है और छायाओं में से वह अपने शत्रु, जोज़ेफ द मैइस्त्रे को निकाल लाता है–धर्मशास्त्री जो, रिवॉल्यशून की बात करने के बावजूद सदा ही, मूल पाप के इस पहलू को महत्त्व देगा कि इसे मिटाया नहीं जा सकता।

फेडरेशन की दावत के बारे में जो चीज़ फ़ौरन दिमाग़ में टकराती है वह है प्रतीक का नंगापन। जब प्रतीक नींद से, अनदेखी से, खिल्ली उड़ाने से जगकर फिर (वापस) आते हैं तो उन्हें कोई भी नहीं पहचानता–और फिर वे चाहते हैं कि में उनका रूपान्तर कार्यों में कर दिया जाए। जो प्रेत रिवॉल्यूशन को रास्ता दिखाता चलता है, वह एकत्रीकरण का है, एक मिलन का, *पवित्र विवाह* का। किन्तु मिलन का ऊषःकालीन (प्रथम) कार्य ही तुरन्त नीचे बढ़कर एकता की ओर चल देता है : ''आह! संसार-भर का अनुभव हमारे सामने इस दुखद तथ्य, विचित्र किन्तु सत्य, को उजागर कर देता

है कि *मिलन* प्रायः *एकता* में खो जाता, अस्त हो जाता है।'' इसलिए होता यह है कि ''कल रिवॉल्यूशन एक धर्म था; आज यह पॉलिसी बन रहा है।'' कल, मिचैले के सपने में, फेडरेशन की दावत मनाई जा रही थी; अब यह नरसंहार है जिसे, पूरे एक साल बाद उसी *पवित्र स्थान* पर क्रियान्वित किया जाएगा।

लाफेयेत का सफ़ेद घोड़ा एक बार फिर इतवार, 17 जुलाई, 1791 को चैम्प द मार्स में अपना कौशल दिखा रहा था। रस्म अभी भी हास्यास्पद थी, किन्तु इस बार ये उस प्रतीक को पा जाएगी कि जो पहले संस्कार के समय नहीं मिल पा रहा था, एक ऐसा प्रतीक जो सब प्रतीकों का प्रतिनिधित्व करेगा; रक्त बहाना।

मिचैल के अनुसार, ''सम्भवतः राजाशाही के सबसे उग्र पक्षधर कुलीन या पुजारी नहीं थे, अपितु केश-सज्जा करने वाले थे।'' युग का नारा—''प्रकृति की ओर लौटो'' —सबके हृदय में भीतर प्रवेश कर गया था। ''हर चीज़ भयावह सरलता की ओर बढ़ी जा रही थी।'' एक बेरोज़गार और विलासी, केश-सज्जा करने वाला 16 जुलाई की रात में चैम्प द मार्स में इधर-उधर भटक रहा था। उसका अपना एक बेहद गड़बड़ विचार था। वह *पितृदेश* की वेदी की तख्ती के नीचे छिपना चाहता था, ताकि नीचे से अपने खोए ग्राहकों की स्कर्ट्स की चुन्नटों को देख सके। उसके ग्राहकों में थी, ''अभिमानी रिपब्लिकन औरतें, टोप लगाए लोकप्रिय वक्ता, क्लबों में बढ़-चढ़कर बोलने वाली, बढ़ी उम्र की रोमन महिलाएँ, साहित्यिक महिलाएँ'' जो अब शीघ्र ही, ''साभिमान प्लेटफॉर्म पर चढ़ जाने वाली थी।''

शहर बेचैन था; एसेम्बली ने बस अभी, कुछ बहस-मुबाहसे के बाद, आदेश जारी किया था कि राजा की 'अवज्ञा' नहीं की जा सकती। किन्तु विरोधियों ने एक याचिका तैयार कर ली थी जिसमें माँग की गई थी कि ''न तो लुई-XVI और न ही किसी अन्य राजा'' को स्वीकार किया जाना चाहिए और इसे चैम्प द मार्स में ले आए थे। उस इतवार को लोग पितृदेश के वेदी पर इस पर हस्ताक्षर करने वाले थे। केश-सज्जा करने वाले ने अपना सहयोगी एक बूढ़े, पंगु को बनाया। उन्होंने कुछ खाना और पानी का एक डिब्बा अपने साथ रख लिया। फिर अँधेरे में छिपकर, नीचे से ड्रिल द्वारा लकड़ी के तख्तों में छेद करना शुरू कर दिया। किन्तु अगले दिन सवेरे एक घुमन्तू फेरी वाली जो पहले से ही पितृदेश की वेदी पर प्रतीक्षा कर रही थी, अपने पैरों के नीचे एक अजीब आवाज़ सुनी : दोनों बदमाश ड्रिल से छेद करने में लगे हुए थे। आखिर उनका पता लग गया। आनन-फानन में आख़िर भीड़ ने उन्हें घेर लिया। ग्रोस-कैलो की तगड़ी डरावनी धोबिन दौड़ती हुई वहाँ आ गई। अफ़वाह फैली कि दो लोग एक डिब्बे में बारूद लिए पकड़े गए हैं, क्योंकि ये ''लोगों को उड़ा देना चाहते थे।'' थोड़ी देर बाद, उनके गले काट डाले गए। सवेरे नौ बजे के करीब दोनों के सिर एक जुलूस के रूप में में शाही-महल तक ले जाए गए। फिर शुरू हुआ एक सिलसिला, आदेशों का, प्रति-आदेशों का, चालों का, कानाफूसियों का, गलतफहमियों का और गुस्से के दौर था। इस दौरान चैम्प द मार्स

पर भीड़ इकट्ठी हो रही थी। याचिका पर कई हस्ताक्षर हुए कई X (जो अनपढ़ों के हस्ताक्षरों के प्रतीक थे) जोड़े गए। एक छुट्टी का-सा वातावरण बन गया और दोपहर होने तक, लोग कुछ नृत्य के आयोजन में लग गए। एक व्यक्ति ने देखा कि पितृदेश की वेदी "जैसे एक सजीव पर्वत है, जो एक दूसरे के ऊपर खड़े असंख्य आदमियों से बना हुआ था।" फिर आया लाफेयेत अपने आदमियों के साथ। किसी ने उस पर गोली चलाई और उसे तुरन्त गिरफ़्तार कर लिया गया; किन्तु लाफेयेत ने, जो एक विशाल हृदय और घमंडी व्यक्ति था, उसे तुरन्त रिहा करवा दिया। बाद में और पहरेदार घुड़सवार, तोपखाना, पेरिस का मेयर आए। खगोलशास्त्री बैली घटनाक्रम देखकर हतप्रभ था। भीड़ में कुछ सशस्त्र केशसज्जा करने वाले भी शामिल हो गए जो अपने सहकर्मी की हत्या का बदला लेना चाहते थे। गोलियाँ दाग़ी गईं, धूल उड़ी और चीखें गूँजने लगीं। पितृदेश की वेदी के तख़्तों पर मृत लोग पड़े हुए थे। मृतकों की सही संख्या किसी को नहीं मालूम, बहुत सारे लोग सियेन नदी में फेंक दिए गए। तबसे इतिहास की पुस्तकें 'चैम्प द मार्स में नरसंहार' की बात कहती आई हैं।

उस दिन तीसरे पहर की गर्मी में, गौवरनीयर मॉरिस जो सदैव ही जिज्ञासु रहता था, पैसी की ओर से पहाड़ी पर चढ़ा ताकि वह चैम्प द मार्स में हुई मुठभेड़ों पर निगाह डाल सके। किन्तु वह समय पर वहाँ नहीं पहुँच पाया। मॉरिस फिलाडेल्फ़िया से पेरिस उस समय आया था जब *एस्टेट्स-जनरल* खोले जा रहे थे। संयुक्त राज्य में उसने तथ्यों और सम्भावनाओं पर ठोस पकड़ बनाए रखते हुए संविधान के अन्तिम मसौदे को भी संशोधित कर लिया था। एक दुर्घटना में उसका एक पैर चला गया था। वह हकलाकर जिस तरह फ्रेंच बोलता था वह किसी सुदूर प्रान्त की लगती थी और वार्तालाप में विद्वता की चमक बनाए रखने में बाधा डालती थी। किन्तु पेरिस में सहृदय जिज्ञासा पैदा करने के लिए अमेरिकन कोट ऑफ़ आर्म्स अभी भी पर्याप्त था। शीघ्र ही कई विशिष्ट घर-परिवारों में एक निष्ठावान अतिथि के रूप में उसका स्वागत होने लगा। वह किसी हद तक मदाम द फ्लाहॉ का ध्यान आकर्षित करने में सफल भी हो गया। उस समय लूवरे में मदाम का एक फ्लैट था और वह पहले ही टैलीरॉ के हृदय में स्थान बना चुकी थी। गौवरनीयर ने उसे (टैलीरॉ को) वह 'बिशप' कहा और उससे जान-पहचान कर लेने के बाद, उसे 'चालाक, संयत, चतुर और महत्वाकांक्षी' कहा।

पैसी से नीचे आते हुए उस इतवार, 17 जुलाई को मॉरिस ने अपनी शाम मदाम द सीगू के घर बिताई। घर लौटते हुए सियेन नदी को देखकर वह विचारमग्न हो गया, ऐसा उसके साथ बहुत कम होता था; "मेरा विचार है कि जो दृश्य मैंने देखे हैं उनमें उस शाम पौंट-रॉयल से देखा गया दृश्य सबसे बढ़िया है। सुन्दर चाँदनी, पूर्ण नीरवता, ऊँचे-ऊँचे मकानों के साथ पुलों के नीचे से होकर धीरे-धीरे बहती नदी; सारे मकानों में रोशनी (पुलिस के लिए) और नदी के दूसरी ओर जंगल और पीछे दूर पहाड़ियाँ। हवा एकदम चुप थी। आज मौसम बहुत गर्म रहा है।"

सुरुचि

"दुर्भाग्यवश तर्क विश्वसनीयता पाता जा रहा है।"

—वाल्टेयर ने मदाम दू देफ़ाँ को लिखा।

सुरुचि अस्तित्ववान होती है विरासत में पाने के लिए—किन्तु वास्तव में, क्या? कहना कठिन है। पर एक बात निश्चित है, प्रतिक्रियावादियों ने जितनी भी सभ्यताओं का सपना देखा, उनमें सुरुचि नहीं थी। इसको दबाने के लिए *अर्थ* काफ़ी था। और *अर्थ* को अपनी नींव पर इधर-उधर झूलने की ज़रूरत है, उसी के बाद सुरुचि प्रकट हो सकती है।

शायद किसी दिन एक महान नृतत्वशास्त्री, दूरदराज़ के बियाबान से एक 'मॉस' ढूँढ़ निकालेगा, यह खोज निकालेगा कि *सुरुचि* क्या थी?—यह एक अध्ययन का एक विषय होगा, जिसे कुछ दस्तावेज़ों के आधार पर परिभाषित किया जा सके। क्योंकि इसका प्राकट्य—और इसका अन्तर्धान होना भी—समाजों के इतिहास में निश्चय ही एक असम्भाव्य गुण रखता है। ये एक ऐसा प्रस्फुटन है जिसके दोबारा आने का कोई चिह्न नहीं दीखता। यह अल्पकालिक होता है और आसानी से तिरोहित हो जाता है, किन्तु इसके प्रकटीकरण के प्रभाव मिटाए नहीं जा सकते। इसकी स्मृति को मिटाया नहीं जा सकेगा।

'समानताओं' (प्रतीकात्मक समरूपताएँ—अन्तिम मापक) के पतन के कुछ वर्षों बाद, तौर-तरीके, हाव-भाव और आकृति विज्ञान का स्पष्ट मेल कानून की तरह काम करता रहा। यद्यपि इसकी जर्जरता स्पष्ट थी, फिर भी यह मौन सहमति ठोस और दीर्घकालिक नींव पर आधारित होने का दिखावा करती रही और स्पष्ट था कि यह अपने प्रत्येक बर्बर पूर्ववर्ती की तुलना में कहीं अधिक वैध थी।

सुरुचि के विकास में, अठारहवीं शताब्दी के फ्रांसीसी लोगों ने साहित्य के अर्थ को कैद कर इसे गौण बना दिया। उनके दुखान्त नाटक, जिन्हें वे इतना सन्तोषदायी मानते हैं,

हास्यास्पद रूप से हलके हैं; किन्तु नैपोलियन निरर्थक ही एक नए प्रकार के दुखान्त नाटक की माँग करेगा। इसी प्रकार का हलकापन उनके काव्य में भी एनाकिओन जैसी है—स्वादहीन कामुक अभिव्यक्ति। जहाँ तक शेक्सपियर के विषय में उनकी राय का प्रश्न है : वाल्टेयर *जूलियस सीज़र* को कार्डिनल द बरनी के पास भेजता है ताकि वह इस पर हँस सके। उसे ये जानकर आघात लगता है कि *रीजेंट रैबेले* को पसन्द करता है। फौंटेनेले वर्जिल के *छठे एक्लोग* को भोंडा, अजीब पाता है। मदाम द देफाँ सेंट-साइमन को चटखारे लेकर पढ़ती है, किन्तु यदि कोई इसके लिए उसकी आलोचना करता है तो वह उसे निरुत्तर कर देती है : उसकी 'शैली घृणित' है और इसमें *'पौरुष'* का अभाव है।

यदि यह साहित्य की सही समझ में वास्तव में बाधा डालती है तो फिर सुरुचि है क्या? क्या साहित्य की यह सही समझ, इतिहास से छनकर बाहर आनेवाला आकस्मिक सूक्ष्मसार नहीं है, ऐसा सार जिसका अभी तक आधिकारिक रूप से विश्लेषण नहीं किया गया है, और बॉदिलेयर और मलारमे के समय तक अभी और काफ़ी देर नहीं किया जाएगा? दूसरी ओर सुरुचि जल्दी सुनिश्चित हो जाती है और इसके स्रोत कलाओं से दूर हैं। पेंटिंग, साहित्य, फर्नीचर : केवल ये कुछ ऐसे क्षेत्र हैं जिनमें इसका प्रयोग होता है। किन्तु सुरुचि का स्रोत कहीं अन्यत्र है। सुरुचि आज तो प्रारम्भ करने की पहचान बन गई है; इसे हर चीज़ में प्रयोग किया जाता है और ऐसा कुछ नहीं है कि इसे केवल किसी ख़ास चीज़ में ही प्रयोग किया जाए। यह एक व्यक्ति के अस्तित्व पर लगी मुहर है, बुद्धिमत्ता का वह अन्तिम विकल्प, जिसकी ओर बिना कुरुचि दिखलाए आदमी इशारा भी नहीं कर सकता।

ऐंटोइन हैमिल्टन को सन्दर्भित करते हुए, सेंट बोवे ने "लाब्रूयेर या फैनीलोन के अन्त और ज्याँ जेकस के प्रारम्भ" के बीच विशिष्टता, अलग पहचान की खोज, को स्थित किया। ये वे दशक थे जब कुछ अनुत्क्रमणीय चीज़ बन गई—एक रूपाकार पाश्चात्य गाम्भीर्य की सुगन्ध जो शीघ्र ही भ्रष्ट हो जाने वाली थी, हालाँकि यह एक अमिट गुण के रूप में लम्बे समय तक चलती रहेगी, हर चीज़ पर छाई हुई मौन सहमति। यदि कोई व्यक्ति शिकायत करता है कि कैसे भाषा की स्पष्टता ने दिखावे भरी स्वादहीनता का (जो अभी भी खूब फैली हुई है) रास्ता तैयार कर दिया, तो उसे हमेशा याद रखना चाहिए कि "पास्कल से शुरू होकर फ्रेंच भाषा पूर्णतः *सभ्य व्यक्ति की भाषा* बन गई।" वाल्टेयर द्वारा छोटे वाक्यों के प्रयोग को लोकप्रियता प्रदान करने से कुछ ही पहले, जिनमें व्यक्ति सीमित होकर रह गया था, वह दो बिन्दुओं के बीच खाली स्थान में टहलता रहा—और कोई चीज़ उसे हमेशा एक चमकीली झलक की याद दिलाती रही, साफ़ पानी में एक परछाईं, पानी जो बस हलका-सा गंदा हो गया था।

लज्जा ने, जो अनाम की ओर इशारा करने की क्रिया है और अन्तिम रूप में जिसे 'सुरुचि' कहा जाता है, भाषा को मृत्यु के बाद का जीवन प्रदान किया, जिसकी व्यवस्था दुनिया की धुरी पर आधारित थी। यही कारण है कि जब दुनिया की धुरी समाज का स्तर निर्धारण करने लगी तो यह अतीव ईश्वर विरोधी कार्य समझा गया। ऐसे समाज में हर चीज़ किसी दूसरी के समरूप होती है, एक आईना दूसरे आईने में प्रतिबिम्बित होकर दृष्टव्य हुए बिना भी विपरीति को बनाए रखता था अब ऐसी एकमात्र चीज़ बन गया है जिसे दृष्टि पकड़ सकती है। विपरीतियों को क्षण-भर को प्रकाशमान कर दिया जाता है। उस समरूप पृष्ठभूमि को, ठोस बनाने के लिए जिससे ये निकलते हैं, रेखावत् संस्कृति का तिरोहित हो जाना शब्द और दूसरे बलिदानी विषयों, जैसे नाद और बिम्ब, को अधर छोड़ देता है; जबकि एक नई जमात, उस जमात के, जिसे दफ़ना दिया गया है, रिक्त और भव्य भग्नावशेषों को निरन्तर अपने हित में बलिदान करती चलती है। अन्तिम मुक्ति पूर्ण अन्धेपन की अवस्था में होती है। यदि कोई भी चीज़ धुरी की ओर इशारा नहीं कर सकती तो शब्द ही स्वयं उस चीज़ के नक्षत्रीय समूह बन जाते हैं। ये नाज़ुक तन्तु होते हैं और आसानी से टूट जाते हैं, किन्तु केवल यही होते हैं जो किसी मनमाने निर्णय की तात्कालिक सहायता के बिना अस्तित्व में आए हुए हैं। इस प्रकार की क्षीणता उस अन्तर को पुनःस्थापित कर देती है जिसे मिटा दिया गया है। अब जो मिटाए जाने के लिए शेष रह गया है वही निष्ठावान है।

1828 के सैलून में एक दर्शक की भेंट टैलीरॉ से हो गई : "एक प्रकार की स्थिर आकृति हमारी ओर बढ़ रही थी, या किसी प्रकार अपने को आगे की ओर घसीट रही थी, उसके दोनों ओर काले कपड़े पहने दो युवा नौकर थे, वह अपनी ठिठकती चाल से बढ़ता हुआ अनगढ़ चित्रों और महान कृतियों के बीच से चला आ रहा था, जिनमें कोडेयर की पेंटिंग्स और पिको की ज़ारीना थी। वह कर्टियस की आकृतियों में से एक नज़र आता था जिसमें मोम थोड़ा अधिक ही पीला पड़ गया था या वह एक स्वचालित यंत्र-जैसा दिखता था जो लूवरे में फ्रांसीसी उद्योग प्रदर्शनी में अपना स्थान ग्रहण करने के लिए चला जा रहा था।" उन अन्तिम वर्षों में, टैलीरॉ की शारीरिक छवि यह संकेत देती लगती थी कि उसके निर्देशन में सारा इतिहास *म्यूज़ी ग्रेविन* (ग्रेविन संग्रहालय) में प्रवेश की तैयारी कर रहा था। बुर्जुआ युग इतिहास से थक चुका था और यही इसके यदा-कदा अक्खड़ उल्लासोन्माद के लिए उत्तरदायी था। किन्तु किसी ने इस पर ध्यान नहीं दिया कि यह थकान उस अगोचर तथ्य का परिणाम थी—कि वर्तमान को अतीत से जोड़ने वाली पारिवारिक गाँठ टूट गई थी। सेंट-साइमन में, सामन्तों और लुच्चों की सारी पीढ़ियाँ इस गाँठ में उलझी पड़ी हैं; मृत लोग वरसाई में हॉल से कुछ सूइट आगे रहते चले आ रहे थे। किन्तु मिचैले के लिए तो हर चीज़ पहले ही दृष्टिभ्रम

बन चुकी है : वर्तमान केवल एक परेशान करने वाला दृष्टिभ्रम है। इतिहास, *पारिवारिक इतिहास* के अर्थ में, हमेशा के लिए दफ़नाया जा चुका है। लम्पटों की शेखीखोरी से संक्रमित, बुर्जुआ फ्रेंच लोग लुई-फिलिप की छत्रछाया में सदैव ही ''सारे इतिहास को समझ लेने का अभिमान अनुभव करते रहें'', जैसा सेंट-बॉवे ने व्यंग्यात्मक टिप्पणी में कहा। किन्तु वे तो केवल इसे *मैगेसिन पिटोरैस्क* के चित्रों में दफ़नाने की तैयारी करने में लगे हुए थे। स्वचालित मानव और मोम की मूर्ति नए ड्योढ़ी रक्षक हैं। अब अतीत और भविष्य में प्रवेश पाने के लिए यह जरूरी है कि लोग उन दोनों के प्रति सम्मान प्रदर्शित करें।

प्रथम बार जनता के सामने सार्वजनिक रूप से आने के बाद जीवन भर, टैलीरॉ को हर प्रकार के अपमान और दोषारोपण डँसते रहे। अनाम गज़ट लिखने वाले से लेकर राजाओं तक नए सम्राट से लेकर प्रजातांत्रिक दुकानदारों तक, हर एक ने उसकी कटु आलोचना करने का मजा लूटा। अदल-बदल कर जो आरोप उस पर बार-बार लगाए जाते थे उनमें—भ्रष्टाचार, धोखेबाज़ी, चालबाज़ी, विश्वासघात, अपराध जैसे कार्य थे। एक ऐसे युग में जहाँ अच्छी भावनाएँ पनप रही थीं, वह बुराई का ज्वलन्त उदाहरण माना गया। उसकी मृत्यु के बाद इतिहासकार भी उस पर टूट पड़े, और उनके लिए अभी भी इस विषय पर बहुत कुछ कहा जा सकता था। उसके ग़लत कार्यों का पुलिन्दा भारी है; भर्त्सनाओं पर भर्त्सनाएँ चढ़ी हुई हैं और कई बार एक-दूसरे को ही प्रतिध्वनित करती हैं। तिहत्तर वर्ष की आयु में एक आक्रमणकारी ने सार्वजनिक रूप से उसको चाँटा मारा और लात-घूँसे मारे। जब चार्ल्स X ने घटना का विस्तृत ब्यौरा उससे पूछा, उसका उत्तर था, ''मुझे घूँसे मारे गए, महाराज।'' एक राजनीतिज्ञ के जीवन में अपमानों का कोई अर्थ नहीं है, केवल शर्मिन्दगी का महत्त्व है। टैलीरॉ के लिए, उसका राजनीतिक महत्त्व कम होते और उतार-चढ़ाव के दौरान, वास्तविक असमंजस के क्षण बहुत कम थे और शर्मिन्दगी के तो और भी कम। शर्मिन्दगी वाले मामले में, सबसे ख़राब वे प्रसिद्ध दृश्य नहीं थे जब नैपोलियन ने उसे गालियाँ दीं और उसे धमकियाँ दीं, अपितु लुई XVIII के साथ हुई दो मुठभेड़ें थीं—राजा ऊबू, बूढ़ा शिकार इंचार्ज जिसे चोरी से शिकार करने वाले को गोली मारने की आदत थी। टैलीरॉ ने निःसन्देह ही उसे फिर से सिंहासन दिलवाया था। पर उसकी निगाहों में टैलीरॉ हमेशा ही एक चोरी से शिकार करने वाला बना रहनेवाला था। हालाँकि इस बात के लिए राजा उसका ऋणी था कि टैलीरॉ ने उसका फ्रांस वापस आना (राजा के रूप में) सम्भव बनाया। जैसा शैतूब्रियाँ ने कहा है। लुई XVIII ''हालाँकि वह क्रूर नहीं था, (किन्तु) वह मानव नहीं था।'' एक बार देर रात मोंस में जैसे ही राजा अपनी गाड़ी में रवाना हो रहा था, टैलीरॉ उसके पीछे लँगड़ाता-दौड़ता गया। हालाँकि दिन में उसके मन में राजा के प्रति सम्मान दर्शाने की इच्छा नहीं थी। ''मैं जल्दी में नहीं हूँ,'' उसने टिप्पणी की थी। उसका एक प्रिय

वाक्य हुआ करता था, ''कम ही राजनीतिक काम ऐसे हैं जिन्हें स्थगित किया जा सकता है।'' किन्तु उस रात उसे अचानक जगाया गया, उसे उतना समय भी नहीं दिया गया जो वह टायलट में लगाता था और उसे दौड़कर सड़क पर आना पड़ा, मुस्यों द रिशे का सहारा लेते हुए और सुनने को मिले वे थोड़े से शब्द जो व्यंग्यात्मक ढंग से उसके लिए कहे गए थे : ''बैनेवेंटो के राजकुमार, क्या तुम हमें छोड़कर जा रहे हो? समुद्री यात्रा तुम्हारे लिए अच्छी रहेगी। हमें लिखिएगा जरूर।'' अन्य मुलाकात दूसरी बार *पुनः स्थापना* के दौरान हुई; उस समय टैलीरॉ प्रधानमंत्री था और उसने राजा से और अधिक विश्वास-निष्ठा की शपथ लेने के लिए कहा। बैराँ द विट्रौले के अनुसार, ''मुस्यों द टैलीरॉ ने, जो विनम्र कटाक्ष की भाषा प्रयोग करने में पटु था, उस मौके पर हिसाब लगाया कि इस समय उसे अधिक अलंघनीय भाषा का प्रयोग करना चाहिए। राजा, जिसे इस तरह की टोन में बात सुनने की आदत नहीं थी, काँप गया और एक क्षण के लिए चुप रहा और छत की ओर देखता रहा। 'ठीक है', उसने शान्त स्वर में उत्तर दिया, ''मैं नया मंत्रिमंडल चुनूँगा। अगले ही दिन कुरलैंड की डचैस को लिखते हुए, टैलीरॉ ने माना कि उसे कितना आघात पहुँचा था। (उस सीमा तक जितना उसकी शैली में सम्भव था)—उसकी कृतघ्नता पूरी तरह प्रच्छन्न नहीं थी। नैपोलियन से लेकर अब तक जितने भी नए आदमियों से टैलीरॉ का साबका पड़ा उनमें से किसी ने भी इतने सर्द ढंग से उसे चोट नहीं पहुँचाई थी। इस मोटे, थुलथुल और संवेदनहीन जीव से, जो केवल अपनी ही शान्ति की चिन्ता करता था, *बॉरबॉ* (एक व्हिस्की) की ज़रूरत पड़ी होगी ताकि एक राजकुमार से, अनजाने में ही, ऐसा बदला ले लिया जो उसके खून की गहराइयों से पैदा हुआ था।

साहित्य सम्पूर्ण बनने की ओर जब अपनी कठिन यात्रा पर बढ़ता है तो इसका सामना शैतानियत से होता है। उस समय इन दोनों की एक ही तीव्र इच्छा रहती है, वह है जिज्ञासा—एक पाप जिसे बड़े-से-बड़े धर्मशास्त्री भी मर्त्य लोगों के कार्यों में शामिल कर लेते हैं। उस समय लेखक की छवि मिल्टन के शैतान जैसी बन जाती है जब वह ''भूतल के स्वर्ग में पहुँचते ही, तुरन्त उड़कर *जीवन वृक्ष* पर जा बैठा, यह बाग़ में सबसे ऊँचा पेड़ था, और वहाँ बैठकर, एक (समुद्री चिड़िया) की भाँति अपने जीवन को पुनः प्राप्त करने का कोई प्रयास न करके, उसने उस पेड़ का प्रयोग और अधिक दूर देखने की *सम्भावनाओं* का पता लगाने के लिए किया।'' इसे प्रयोग करने के बुखार के उद्‌देश्य के रूप में लिया जा सकता है जो सेंट-बॉवे के समय से लेकर आज तक रूपाकारों को अस्त-व्यस्त करने से रुकी नहीं है : सम्भावनाओं का (पता लगाने का बुखार) अन्ततः क्या धर्मशास्त्री नए विज्ञान की खाली जिज्ञासा के उसी आधारभूत पाप के लिए, भर्त्सना नहीं करते?

ऐसा कहा जाता है, ''साहित्य की और कला की बीमारी, हमारे समय में बहुत आम है...। यदि मुझे कहने का अवसर दिया जाए तो मैं कहूँगा कि वाक्यांश और रंग, साहित्यिक शब्द की जैसी झूठ अभी हाल ही में देखने में आई है, ऐसी मूल कथ्य और सत्य की तुलना में कभी नहीं देखी गई थी। कलम के साम्राज्य ने, वास्तव में, तलवार के साम्राज्य का स्थान ले लिया है।'' जैसै मार्क्स, इसके छोटे-छोटे चरणों में विनिमय मूल्य की मुक्ति की बात निरन्तर कहनेवाला था, उसी प्रकार सेंट-बॉवे ने शब्द की मुक्ति को बारीकी से (उभरते) देखा। यह एक ऐसी प्रक्रिया थी जिसमें उसने स्वयं को एक भागीदार पाया, यद्यपि कभी-कभी उसने विकर्षण भी महसूस किया। नए लेखकों की आडम्बरी शब्दावली के स्रोत, उसने पाया, वहीं थे जहाँ शैतूब्रियाँ के गम्भीर गद्य के स्रोत थे। ये नए लेखक पत्रकारों के कमरों में चक्कर लगाते थे और अनायास ही उन्हें शब्द के औद्योगिक प्रयोग का पता चल गया और जब उन्होंने पाया कि शब्द तो कुछ भी करने को तैयार है, इनमें कुछ भी लिखा जा सकता है तो उन पर एक नशा तारी हो गया। और यूँ ही शब्द ह्यूगो के स्रोत थे, जो अपने में ''एक बर्बर, ऊर्जावान और चतुर आदमी की भौंडी आत्मा'' को लेकर लिखता रहा। किन्तु इस मामले में आख़िरी ज़हर कहीं और ही पड़ा था। उसी निन्दनीय प्रचुरता से *नया* उभरेगा, जिसका अनुसरण सेंट-बॉवे अपनी डरपोक विचार की सीमाओं में करने के लिए तैयार नहीं था हालाँकि उसकी सूक्ष्म दृष्टि उसे इसका आभास दे रही थी; पहले बौदिलेयर और बाद में फ्लाबेयर सम्पूर्ण साहित्य की भावना के बहाव में बह गए थे। पतित शब्द और श्रेष्ठतम शब्द मिलाने को तैयार थे जैसे कुछ दार्शनिक-धार्मिक संस्कारों में होता है। सेंट-बॉवे ने जो सदैव ही अच्छाई या बुराई से थोड़ा-सा भी दूर जाने से मना कर देता था, निराश होकर यह महसूस किया कि उसके चारों ओर फैली दुनिया में 'आधार' या 'सत्य' जैसी कोई चीज़ नहीं है जिसका वह सहारा ले सके। और उसने अपनी गुप्त टोने में संशयवादी की तरह स्वयं से कहा, ''एक नौजवान के रूप में मैं एक छोटा चोर था; बूढ़े आदमी के रूप में मैं एक समुद्री लुटेरा बन जाऊँगा। ओह, उसकी रियासत में एक कवि की तरह रहते हुए, अच्छा साहित्यिक व्यक्ति बनना मुझे कितना अच्छा लगता।

शैली के रूपान्तरण

गुएज़ द बालज़ाक ने एक बार शेखी-भरे स्वर में कहा कि उसने "कुछ ऐसी चीज़ पा ली है जिसकी तलाश में बहुत से लगे हुए थे—यानी शब्द संयोजन और फिर उन्हें सही स्थान पर रखने की छोटी-सी विशिष्ट कला।" इसमें से 'छोटी-सी कला' शब्दों को हटा दीजिए और फिर जो बच रहता है वह "गुप्त शक्ति है जो शब्दों को प्राणवान बनाती है और स्वर्ग से आती है, जहाँ से महानता और शान आते हैं।"

सेंट-बॉवे ने गुएज़ द बालज़ाक का परिचय इन शब्दों से कराया : इस '*मैन ऑफ़ लैटर्स* से अधिक, सहज रूप में कोई भी अन्य व्यक्ति भाषा की भव्यता और शान के प्रति इतना सम्मान नहीं दर्शाता तथा उसमें आदिम गाम्भीर्य है, धारा को अक्षुण्ण बनाए रखने के लिए त्रुटिहीन अवस्था और प्रान्तीय भलमनसाहत है। इसके अतिरिक्त वह हर चीज़ के प्रति भोलापन दर्शाता है।

"...गुएज़ द बालज़ाक की तरह, जिसके पास, सेंट-क्रियाँ द्वारा मुक्ति और कृपा की चर्चा करते समय, कहने के लिए इसके अतिरिक्त और कुछ नहीं था, 'कितना सुन्दर।' जिस पर नाराज़ सेंट-क्रियाँ ने कहा, "मुस्यों द बालज़ाक, तुम तो मुझे उस आदमी जैसे लगते हो, जो दर्पण में अपने मुँह पर एक धब्बा देखने पर, इसके अलावा कुछ और नहीं कहता कि दर्पण बढ़िया है, सुन्दर है। बिम्ब की समानता और औचित्य से प्रभावित बालज़ाक यह कहे बिना नहीं रह पाया, "अहा! तुमने जो कहा है वह कितना सुन्दर है।" यह सुनकर सेंट-क्रियाँ उससे और अन्य सभी साहित्यकारों से यह सोचकर निराश हो गया कि वे बिम्ब, छवि और कहने के अन्दाज़ के अलावा किसी और चीज़ की परवाह नहीं करते।"

शब्द की भड़कीली फ़ैशनेबल वेश्या, गुएज़ द बालज़ाक, पोर्ट-रॉयल की सरलता की प्रशंसा कुछ दूर से करता था। और सेंट-क्रियाँ किसी कठोरतम और सर्वाधिक संयमी पिता की भाँति, उसे अपने कटाक्ष और व्यंग्य की चोट से अन्दर तक हिला, कँपा देता था। एक बार बालज़ाक ने सेंट-क्रियाँ को एक पत्र का मसौदा बनाते और इसे माँजने, चमकाने में तीन महीने लगा दिए। शुरू से ही उसने अतिशयोक्ति और

रूपक का मेल रखा किन्तु अपने अडिग अभिमान के साथ उसने एक चिन्तित प्रेमी की वेदना को भी दर्शाया : "मैं अच्छी तरह जानता हूँ मेरी भाषा पढ़कर तुम खुश नहीं होगे और तुम इस पत्र पर नाराज़ होगे।" किन्तु वह तुरन्त फिर उड़ान भरने लगता है : "मुस्यों, यह बात कहना जरूरी है कि तुम आज दुनिया में सबसे बड़े आततायी हो; यह कि शीघ्र ही सब लोग तुम्हारे अधिकार से डरेंगे; और यह कि जब तुम बोलते हो तो किसी के लिए भी अपनी राय पर बने रहना असम्भव हो जाता है यदि उसकी राय तुम्हारी राय के अनुरूप न हो...निश्चय ही, प्रसन्नता का आलिंगन करने पर बाध्य किए जाने पर तथा ऐसे व्यक्ति के सामने समर्पण करने में खुशी होती है जो हिंसा का प्रयोग नहीं करता, सिवाय तब जब समर्पित व्यक्तियों को इस हिंसा से लाभ होता है।

सेंट-क्रियाँ ने उस लम्बे पत्र को बिना खोले मेंटलपीस पर रख दिया। मुस्यो द एंडीली को लिखे पत्र में उसने इसका वर्णन इस प्रकार किया "मेरे पास मुस्यो द बालज़ाक का एक पत्र आया है जिसे मैं आज से तीन दिन बाद पढ़ूँगा।" एक महीने बाद भी जब उसके पत्र का कोई उत्तर नहीं मिला तो परेशान बालज़ाक ने अपने एक मित्र से सेंट-क्रियाँ के पास जाकर यह पता लगाने के लिए कहा कि उन्हें वह पत्र मिला भी है या नहीं। सेंट-क्रियाँ ने उत्तर दिया कि हाँ उसे वह पत्र मिला था और उत्तर देने में देरी के लिए उसने क्षमा माँगी कि वह अभी, तुरन्त कर रहा है। बालज़ाक के मित्र की उपस्थिति में ही उसने प्रत्युत्तर लिखा, जिसे बहुत पसन्द किया गया।

"प्रसिद्ध लेखक ने इस प्रकार, बिना किसी व्यवधान के, तीस वर्ष अपने निवास स्थान पर गुज़ारे और इस दौरान वह स्वयं अपने और अपने साहित्यिक कर्म के चिन्तन में खोया रहा; उसकी रचना अकाल प्रौढ़ और अत्यन्त सुन्दर थी किन्तु यह परिपक्व कभी न हो सकी। उसके शत्रु उसे *नार्सिसस* (एक यूनानी कथा नायक) कहते थे; वह दिन भर केवल स्वयं को निहारता रहता, वास्तव में चेरेन्टे नदी की नहर में, या अपनी वक्तृत्वकला के *दर्पण* में जो उसे बेहद सुन्दर दिखता था। उसने बाहरी दुनिया में लोगों से सम्बन्ध बनाकर अपनी योग्यता को नहीं निखारा। अन्त में उसने शून्य में स्वयं को ही फुला लिया। एकान्त ने उसकी रचना और कला-कौशल को उसी तरह ख़राब कर दिया जैसे दुनिया दूसरे लोगों का कौशल ख़राब कर देती है।"

"अपनी मृत्यु से तीन दिन पहले तक वह अपनी पांडुलिपियों में संशोधन कर रहा था, उन्हें दुहरा रहा था। मुद्रक के पास भेजने से पहले वह उनकी साफ़ प्रतिलिपियाँ बनवाता था, क्योंकि वह इन छोटे-छोटे विवरणों और पुस्तक में मामूली अलंकरण को भी बहुत महत्त्व देता था। इसी प्रकार अपनी पुष्प की तरह सज्जित अभिव्यक्तियों और अपनी आत्मा के विषय में भ्रमित बना हुआ 18 फरवरी, 1654 को वह इस दुनिया से चल बसा; निःसन्देह ही, वह निष्ठावान था, क्योंकि उसने स्वयं को गम्भीरतापूर्वक बदला था, किन्तु यह बदलाव उसकी कमी और दुर्बलता के अनुरूप था जो दुर्गुण बार-बार उभरकर सामने आते रहें।"

"प्रकृति, इतिहास, भूगोल—सम्पूर्ण ब्रह्मांड—इन सबका अस्तित्व उसके लिए एकमात्र और उसकी एकमात्र प्रिय वस्तु प्रदान करने के लिए था : रूपक। हम अपनी ओर ध्यान से देखें; हम अपनी साहित्यिक चेतना में अवगाहन करें। मुझे लगता है कि कई महत्त्वपूर्ण आधुनिक लेखक गुएज अपने विचारों में द बालज़ाक से उतने दूर नहीं है जितना वे सोचते हैं।" सैंट-बौवे को सन्देह था कि कहीं वह स्वयं भी उन्हीं में से एक नहीं था "जो केवल बिम्बों और अच्छे लच्छेदार वाक्यांशों का ध्यान रखते हैं।"

किसी दुर्भावनाग्रस्त वंशक्रम जानकार की तरह जो पारिवारिक इतिहास में परोक्ष रूप से ज़हरीली टिप्पणी भर देता है, सेंट-बौवे ने गुएज़ द बालज़ाक को फ्रांसीसी गद्य के शैली-ग्रस्त लेखकों के पूर्वज के रूप में स्थापित कर दिया। जन्म से ही अत्यन्त बुद्धू और हास्यास्पद इस पन्थ का जीवन जिसके स्रोत समस्त अनुमानों से परे हैं और हमेशा ही अस्पष्ट रहेंगे, लम्बा और साहसिक रहा है। यह अपनी छवि को केवल चैरेन्टे के जल में नहीं निहारता था, अपितु सभी दिशाओं में चलता रहा, यहाँ तक कि प्राचीन सागर में भी जा पहुँचा। अपनी साहित्य-नौका में बैठे-बैठे राह भटक गया। रूसो के लेखन में, उसके 'विचारों और मूल प्रतिभा' से भी अधिक सेंट-बौवे के कानों ने "गति, स्वरक्रमों, विरामों, शब्दायनों और कुछ अर्थों के ढाँचे" में गुएज़ द बालज़ाक के गद्य को सुना और पहचाना। किन्तु कुछ अन्य करतब भी थे : शैतुब्रियाँ तक पहुँचकर शैली अच्छी-ख़ासी लूट बन गई और हर चीज़ को इसने अपने आधिपत्य में ले लिया। *विजय की भावना* अब केवल राजनीति की ही सम्पत्ति नहीं रह गई थी। "शैतुब्रियाँ एक महान लेखक, एक महान विजेता और शैली के मामलों में आक्रमणकर्ता हैं। (मूलतः यह उसके आवेग और भावना की एकमात्र एकता है : एक शैली-प्रिय कलाकार की एकता।) वह यथार्थवादी और एक ईसाई या रिपब्लिकन या एक समाजवादी नहीं है; अपितु ये सारे तत्त्व उसमें घुले-मिले हैं। वह एक ही साथ या बारी-बारी से इनके रूप ग्रहण कर लेता है। यह इस पर निर्भर करता है कि वह विचारों के सभी क्षेत्रों से किस समय बिम्ब अथवा छवियों के रूप में; या लगभग सुन्दर और मनोहारी रूपकों की, कौन-सी फ़सल काट सकता है। वह उनका लोभ संवरण नहीं कर सकता, वह अपने आपको उनके ऊपर फेंक देता है। वह शानदार लुटेरा है, भव्य पुष्पित शीर्षकों का संग्रहकर्ता—शाही लिलियाँ, लाल कारनेशन पुष्प और यहाँ तक कि बैंगनी फूलों का भी जो बौस के मक्का के खेतों में घास और ब्लू बॉटल्स में छिपे रहते हैं। खेतों में घूमते, भटकते हुए वह हर उस चीज़ की ओर आकृष्ट होता है जो प्यारी है और तोड़ी जा सकती है। हालाँकि उसने खुद वहाँ कुछ भी नहीं बोया है, किन्तु फिर भी वह मनचाहा माल लूट लेता है—सारी फसलों के रंग-बिरंगे फूल।"

प्रूस्ट ने शैली के सन्दर्भ में यह बतलाया कि यह "रूपान्तरण का वह चिह्न है जो लेखक का मस्तिष्क यथार्थ पर आरोपित करता है।" एक बार यदि 'आकार' और

कथ्य के बीच शास्त्रीय विभेद समाप्त कर दिया जाता है, एक विभेद सेंट-बौवे जिसका सम्मान करता था, तब विचार स्वयं को उस प्रकार व्यक्त करता है जिसे लम्बे अरसे से मात्र सजावट समझा गया है। शैतूब्रियाँ की जी अनुनादी लूट के बाद, बिखरी हुई और टुकड़े-टुकड़े सामग्री फ्लाबेयर में समा जाती है। "यथार्थ के सारे तत्त्व एक समरूप पदार्थ में रख दिए जाते हैं उनकी सतह चौड़ी और एकसार चमकीली दिखाई देती है। कोई कमी नहीं रह जाती। इसको रगड़-रगड़कर दर्पण की सतह जैसा चिकना बना दिया गया है। हर चीज़ वहाँ दिखलाई देती है किन्तु केवल प्रतिबिम्ब के रूप में और यह समग्रता की एकसारता को प्रभावित नहीं करती। जो असल में अलग-अलग है।

रैनी डॉमल ने कहा, "जो हम हैं और हम जो करते हैं शैली उस पर छोड़ी गई छाप है।"

प्रूस्ट सेंट-बौवे पर जल्लादी तलवार लेकर टूट पड़ता है। यहाँ बौदीलेयर, फ्लाबेयर और स्वयं प्रूस्ट का सम्पूर्ण साहित्य उस आदमी से अपना बदला लेता है जो बौदीलेयर के प्रति एक अतिरिक्त शब्द व्यक्त करने के बजाय, नोएलीज़ परिवार के किसी भी सदस्य के सामने, या मंत्रियों की शक्ति के सामने झुकना पसन्द करता था। बदला लेने वाले देवदूत के रूप में, प्रूस्ट शंकाओं से मुक्त है; किन्तु न्याय उसे अचानक अन्धा बना देता है। जिस प्रकार सेंट-बौवे साहित्य के सम्पूर्ण होने के सभी दावों को विषैली शंका से देखता था, मानो ये खेल के नियमों का उल्लंघन करते हों। इस प्रकार प्रूस्ट ने सेंट-बौवे को इस विचार का दोषी ठहराया, जो अपने टेढ़े-मेढ़े रास्ते से होता हुआ उसे *प्रिय विकल्प* के मुख्य विचार के समीप ले आया "सेंट-बॉवे ने अपने जीवन में कभी भी साहित्य के विषय में गम्भीरता से नहीं विचारा। वह इसे वार्तालाप के स्तर पर रखता था। वास्तव में, उसकी पुस्तकें "एक-दूसरे से जुड़े ड्राइंग रूमों की श्रृंखला प्रतीत होती हैं जिनमें लेखक ने विभिन्न वार्ताकारों को आमंत्रित किया हुआ है। उनसे उन गण्यमान्य व्यक्तियों के विषय में सवाल किए जाते हैं जिन्हें वे जानते हैं और उनके द्वारा दिए गए प्रमाणों का दूसरे के द्वारा दिए गए प्रमाणों से टकराना अनिवार्य है; इस प्रकार हम जानते हैं कि जिन आदमियों की हम आदतन प्रशंसा करते हैं उनके विषय में दोनों ही तरह की बातें कही जा सकती हैं या जो सहमत नहीं होते, उनकी विचारधारा भिन्न है।" यहाँ, ठीक उसी स्थान पर जहाँ प्रूस्ट सेंट-बॉवे के 'तरीके' के बारे में प्रखर खुलासा प्रस्तुत करना चाहता था, उसने उसका रहस्य ही खोल डाला, जो वास्तव में उसके अपने रहस्य के बहुत करीब था। यदि सेंट-बौवे की हलकी-फुलकी बातचीत जो सोमवार-दर-सोमवार इकट्ठी होती रहती थीं, बल्कि उसके शैतुब्रियाँ को और यहाँ तक कि उसके भारी भरकम *पोर्ट-रॉयल* को अगर दूरी से और एक क्रमबद्ध ढंग से देखें तो वार्तालाप की कृत्रिमता के कारण, किस्तों में लिखित श्रुति-भ्रम एवं दृष्टि-भ्रम वाला विशाल उपन्यास प्रतीत होती है जो अफ़वाहों, सन्दर्भों, रुक-रुककर

उभरती स्मृतियों, गपशप, क्षणिक छवियों, गूँजों और पुनः प्रवेशों से भरा पड़ा है। हर चीज़ एक, अकेली, धीमी न रुकने वाली निर्दयी धारा की तरह बहती चलती है जो अन्त में सेंट-बौवे में ही लुप्त हो जाती है, छायाओं से ढँकी उसकी कुछ डरपोक ज़िन्दगी में और उसे नाज़ुक आत्माओं की पंक्ति के छोर पर खड़ा दर्शाती है। उसके 'तरीकों' में जो ''व्यक्ति को उसकी रचनाओं से अलग न करने में निहित था'' वह निश्चय ही किसी सैद्धान्तिक सार का दावा नहीं करता था। किन्तु इस शानदार बहाने की आड़ में उसने गुस्ताख़ ढंग से—कभी-कभी छवियों (पात्र-चरित्रों) की अत्यधिक रक्षा करते हुए भी सैकड़ों लोगों, कमरों, लैंडस्केपों, मुठभेड़ों, करुण आनन्दों, चुभते हुए व्यंग्य वाणों का वर्णन कर डाला, जिनके दिवास्वप्न वह अपने अध्ययन-कक्ष में बैठा निरन्तर देखा करता था। यह दबी-ढँकी साहित्यिक आलोचना का घटिया तरीका ''ईसाई धर्म के आचरण के सर्वथा प्रतिकूल एवं असंगत है, ''जैसा स्वयं सेंट-बौवे ने अपने *पुस्तक खंडों* में स्वीकारा, जो ''उसके लिए लिखने के डेस्क के सबसे नीचे वाले ड्रॉअर थे; अन्दर के एक कमरे में रखा फर्नीचर था जिसे दूसरे लोगों को देखने की अनुमति नहीं थी।'' ऐसा इसलिए नहीं था कि धार्मिक नियमों के अनुसार इसने उसे सदैव ही ''दूसरों को जाँचने की सुविधा प्रदान की थी।'' (यहाँ वह जिस लघु छद्म का सहारा लेता है वह उसके पीछे-पीछे उसके गुप्त कमरे तक भी चला जाता है), अपितु उसने इसे निरन्तर ऐसा लोभ अदम्य पाया, जो ''दूसरे का पुनः सृजन, अपने आपको उसमें रूपान्तरित कर देना, (जैसा मैं प्रायः करता हूँ), एक प्रक्रिया जो सारतः पूरी तरह से (धर्म से अछूती है) और ओविडवादी का सम्पूर्ण रूपान्तरण है।'' किन्तु एक बार हम स्पष्ट स्वीकारोक्ति पाते हैं : ''कुछ लोग लेखकों से सम्बन्धित मेरे निबन्धों को साहित्यिक आलोचना मानते हैं और शिकायत करते हैं कि मैं अपने विषय में डूब जाता हूँ। किन्तु वे यह नहीं देख पाते कि उन लेखों में आलोचना का तत्त्व गौण है : मेरे लिए, प्रत्येक निबन्ध, सबसे पहले एक पोर्ट्रेट है, एक पेंटिंग, भावना की एक अभिव्यक्ति। वे नहीं समझते कि *पत्रिकाओं* के लिए लिखना मेरी विवशता है, मैंने उस विधा में बने रहने के लिए कुछ बदले हुए रूप में एक तरीका ढूँढ़ निकाला, और यह था उपन्यास और मर्सिया। किन्तु तीन-चौथाई पाठक जैसे कि आजकल के बौद्धिक हैं, इस पर ध्यान नहीं देते।''

इन कथनों के सत्यापन के लिए एक प्रयोग है, एक परीक्षा है। *इलियड* का कोई भी पाठक, जो जलयानों के नामों की सूची पर ध्यान नहीं देना चाहता, अच्छा पाठक नहीं हो सकता। इसी प्रकार, सेंट-बौवे के प्रति प्रारम्भिक रूप में, एक पाठक *टेबल जेनेरेल ए एनेलेटीक* को खोलने की कोशिश कर सकता है जो चार सौ पृष्ठों में फैली उन नामों की सूची है जिनका *काज़रीज़* के पन्द्रह खंडों में वर्णन आया है। वहाँ हमें अनेक अज्ञात व्यक्ति और इतिहास पुरुष, राजा और साहित्यकारों, भव्य महिलाएँ और राजनयिक, दुनियादार आदमी और दुनिया से दूर, मठवासी मिलते हैं। ये स्वरों,

निर्णयों, घटनाओं, रिपोर्टों और एक बार खो गए किन्तु यहाँ फिर पकड़ में आए शब्दों की अनन्त चित्र श्रृंखला हैं। हफ़्ते-दर-हफ़्ते अपनी प्रतिभा को उन पुस्तकों पर बरबाद करते हुए जिन्हें प्रकाशन की उथल-पुथल उसके डेस्क पर ला रखती थी, सेंट बौवे ने कई वर्षों बाद, दाँत कुरेदनियों और काई से, कुछ ऐसा बना लिया था जो भव्य, बहुत बड़ा और पागल महल-सा था। जो उपन्यास जैसा तो था किन्तु जिसे वह इस रूप में प्रस्तुत करने का साहस कभी नहीं कर सकता था। न केवल अपने बड़े आकार के कारण, अपितु मूल धारणा में मौजूद समरसता के कारण भी, *काज़रीज़* की *टेबल जेनेरेल ए ऐनेलेटीक* का स्थान तीन महान अनुक्रमणिकाओं के बराबर है : सेंट-बौवे के *मैमुआ*, बालज़ाक की *कॉमेडी ह्यूमेन*, और प्रूस्ट का *रिचर्चे*।

ग़ेटे और नैपोलियन के (जो सामान्य रूप में अविस्मरणीय साधारण बातों पर चर्चा करने के लिए निकट आए, मानो *रीडर्स डाइजैस्ट* में उनका वर्णन किया जाना पूर्व-निर्धारित था) समय से बहुत पहले, नवयुग का विश्व मानुष, था गॉटफ्राइड बिल्हैल्म लाइबनिज़, जिसके पाँव आकाश के पितृदेश में थे और जिसके दिमाग़ ने सारे, अनेक प्रकार के नक्षत्रों को, बिना किसी अपवाद के, पहली बार एक सूत्र में पिरोया। उसके लिए, अत्यन्त सूक्ष्म विभाजक एवं गुणक प्रबुद्ध एवं क्रूर ज़ार पीटर के साम्राज्य—कामचटका से अमेरिका तक—के विस्तार की भूमिका थी, क्योंकि विभिन्न ईसाई पन्थों की प्रान्तीय असहमतियाँ उसी प्रकार ज्ञानोदय के *प्रथम-पदार्थ* में समाहित हो गई थीं, जैसे चीन में जेसुइटों ने सम्राट कॉग-सी को आप्टिकल उपकरणों के निरन्तर प्रयोग के लिए राज़ी किया था ताकि कन्फ्यूशस पन्थ के ज्ञान को इसकी अत्यधिक एशियाई अशुद्धताओं से मुक्त किया जा सके। इस सर्वज्ञानी व्यक्ति के अनुसार उसके मित्र कर दे कर्सलैंड हैनोवर में 'लुटेरे' की तरह दफ़नाया गया था। इस प्रथम ब्रह्मांडीय सचिव और दिव्यता के गुप्त सलाहकार की अर्थी के पीछे एकमात्र मातम करता चलता उसका साधारण निजी सचिव, एक्हार्ट था।

फीज़ियोक्रेट (Physiocrat) फ्रांशाई क्वेस्ने कुछ ''बन्दर जैसे हाव-भाव वाला'' एक अक्खड़ व्यक्ति, मदाम द पौम्पेदू का डॉक्टर था। वह उसके फ्लैट के मैज़नाइन तल के छोटे से आवास में रहता था, जहाँ प्रतिदिन फ्रांस की नीतियाँ तय की जाती थीं। सपर के समय वह प्रायः डिडेरो, डालेम्बेयर, ड्यूक्लोस, हैल्वेशियस, तूरगो, बफौं आदि का स्वागत करता। कभी-कभी मदाम द पौम्पेदू भी मेहमानों से मिलने, उनका स्वागत करने डॉक्टर के कमरों पर आ जाती थी और फिर चर्चा में भाग लेने के लिए रुक जाती थी। क्योंकि प्रोटोकोल और औचित्य को ध्यान में रखते हुए इन मेहमानों को अपने यहाँ आमन्त्रित नहीं कर पाती थी।

लुई XV ने मदाम द पौम्पेदू के अपार्टमेंट्स में क्वेस्ने को कुलीन घोषित किया। उसने सवेरे के कारखाने में बने एक गुलदान से तीन पैंसी पुष्प लिए (यह कारखाना मदाम द पौम्पेदू के आग्रह पर शुरू किया गया था, क्योंकि उस समय तक फ्रांस में चीनी मिट्टी के बर्तन बनाने की कुशलता नई कला में उपलब्ध नहीं थी, और फ्रांस 5,00,000 लिवरे मूल्य के चीनी मिट्टी के बर्तन सैक्सनी और जापान से आयात करता था), और उसने कहा : "क्वेस्ने, मैं तुम्हें कुलीन बनाता हूँ और तुम्हें एक *कोट ऑफ़ आर्म्स* देता हूँ जो स्वयं बोलता है।" उस क्षण से, राजनीतिक अर्थव्यवस्था का जन्म हुआ।

रिवॉल्यूशन से कुछ ही वर्ष पूर्व भूमंडलीय महत्त्व की एक घटना घटी; वह थी शेख़ीख़ोरों और वामपंथियों के बीच गठबन्धन की सुनिश्चित, औपचारिक स्वीकृति। उस समय लोग 'छद्‌म दिखावा' या 'वामपंथ' जैसी शब्दावली का प्रयोग नहीं करते थे। किन्तु अचानक ही ऐसी महिलाओं ने जो शिक्षित थीं और सुरुचिपूर्ण ढंग से रहती थीं तटकर शुल्क, वरजिनिया तम्बाकू, कताई मिलों और साख आदि पर चर्चा करना आरम्भ कर दिया और यहाँ तक कि उन्होंने शुद्ध आय जैसे विषय पर भी कुछेक बातें कहीं। साधारण रुचि (आह! इसमें भी किसी-न-किसी प्रकार का स्वार्थ ही था) के विषय चर्चा का केन्द्र बन गए, किन्तु ये उस रीतेपन को छिपाए रहे जो भाव को अपने आपमें उन्मुक्त छोड़ देने से उत्पन्न होता है। उस क्षण के बाद से उच्च कोटि का छद्‌म जिसे सदैव ही अच्छे छद्‌म वेश की आवश्यकता रहती है, और उसे पता होता है कि कौन सा नकली रूप फबेगा। यानी, कोई ऐसा रूप जिसे उत्तम लक्ष्य का नाम दिया जा सके। इस प्रकार के 'उत्तम' लक्ष्य सामाजिक और संगीतात्मक, मानवतावादी और प्रगतिवादी, कामासक्ति का भाव लिये हुए और एशियाई थे। किन्तु संगति का नक्षत्र उन महिलाओं के माथे पर उस समय चमकता था जब वे मेहमानों का स्वागत रात्रिभोज अपनी पार्टियों में और अपनी उदासीन पिकनिक पार्टियों में करती थीं।

समानता एक आरम्भिक विचार है। एक अत्यन्त कृत्रिम प्रारम्भन प्रक्रिया द्वारा ही, कोई 'समान' जैसे भाव का आह्वान करने में सफल हो सकता है—जो प्रकृति में मौजूद नहीं है। 1789 के बाद, जब मेसेनिक चिह्न नागरिक जीवन के आधार और अन्तर्निहित धारणा बन गए, यद्यपि चिह्नों के रूप में उनकी प्रकृति और उनका प्रारम्भिक वंशानुक्रम भुला दिया गया है, तब उत्क्रमण की दुनिया ने अपने क्षेत्र की परिभाषा प्रस्तुति की। दुहरी चाल : सब प्रारम्भकर्ता हैं, तात्कालिक सन्दर्भ से प्रारम्भन ग़ायब हो जाता है। यह केवल षड्‌यंत्र की अविरल छाया में बना रहता है और आगे चलकर पुस्तकालयों में महान विद्वान प्रजाति और नस्लविज्ञानियों की कृतियों में उभरता है।

रिवॉल्यूशन के प्रारम्भ में, और बाद में इसके प्रत्येक धर्म-विधि सम्मत चरणों में (आतंक को छोड़कर और किसी आकस्मिक घटना के कारण नहीं : अब से आगे,

इतिहास को दो मुख्य रास्तों में से एक को चुनना होगा—एक तो *टैलीरॉ* वाला और दूसरा आतंक का), हर नई घटना को एक मुख्य संरक्षक चाहिए, एक कूट शिक्षक जो कसके इसकी कलाई पकड़ लेगा और नए समझौते लिखने में इसकी सहायता करेगा : टैलीरॉ। वह हर बार अव्यवस्था को एक स्वीकार्य रूप धारण करने में सहायता करता है। प्रत्येक कार्य में, जिसमें अतिरेकी और इसीलिए पक्षाघात ला देने जैसी प्रतीकात्मक क्षमताएँ होती हैं, हम छायाओं में कहीं उसके दुर्बल हाथ की झलक देखते हैं, दूसरों के हाथों, अनेक के हाथों, मित्रों और शत्रुओं की लम्बी पंक्ति का समर्थन करते हुए। *मानव अधिकारों के घोषणा-पत्र के अनुच्छेद 6 के अन्तिम मसविदे के लिए* हम उसके ऋणी हैं : "कानून सर्वसाधारण की इच्छा की अभिव्यक्ति होता है। इसे बनाने में सभी नागरिकों को निजी रूप से या अपने प्रतिनिधियों द्वारा, भाग लेने का अधिकार है। इसे सबके लिए एक समान होना चाहिए, फिर चाहे यह रक्षा कर रहा हो, या दंड दे रहा हो। सभी नागरिक, चूँकि वे इसकी निगाहों में समान हैं, अपनी योग्यताओं-क्षमताओं के आधार पर सभी पदों, सम्मानों और सार्वजनिक नौकरियों के लिए चुने जाने का समान अधिकार रखते हैं।"

शोक की विलम्बित स्मृति

यह तब की बात है, टैलीरॉ और मदाम द स्तेल प्रेमी हुआ करते थे, और वह, मुस्यो द सरगीयर को दो लोकनृत्यों के बीच का अन्तर समझा करती थीं और बताती थीं कि ये 'पश्चिम के साम्राज्य'' का क्या अर्थ है। यद्यपि टैलीरॉ उसकी दैहिक कुरूपता को भूला नहीं था, फिर भी उसने सहायता के लिए अमेरिका से उसे लिखा और उसने इतनी सहायता की कि वह फ्रांस वापस आ सका। बाद में वह टैलीरॉ के काम से छह बार बारास के पास गई। एक बार वह बदहवास हालत में लक्सैम्बर्ग के महल में जा धमकी और भावविह्वल आवाज़ में उसने बारास से कहा कि यदि टैलीरॉ को विदेशमन्त्री नहीं बनाया गया तो वह सियेन नदी में छलाँग लगा लेगा; उसके पास केवल दस लुई शेष हैं। यदि राजनीति, तत्त्व-मीमांसा के अर्थ में, इस ज्ञान की माँग करती है कि ''एक स्त्री से आज्ञा पालन कैसे कराया जाता है'' (जैसा टैलीरॉ ने बेरुखेपन से बतलाया), तो मदाम द स्तेल ने आदेशों की अनुपालना स्वाभिमानी त्वरा के साथ की और प्रायः ही जो चाहा वह करवा लिया।

वे एक-दूसरे का श्रेष्ठ वार्तालापकारों के रूप में सम्मान करते थे, किन्तु कालान्तर में टैलीरॉ उसके प्रति ठंडा और असहिष्णु बन गया। 1812 में उसने मदाम द कीलमैनेसेज से कहा, ''मदाम द स्तेल मुझे एक उग्र व्यक्ति मान सकती हैं, किन्तु इतना सुनिश्चित है कि बौद्धिक रूप से वह मुझे घिनौनी लगती है।'' माक्विस द बौलेंकार्ट ने एडमंड द गौन्कोर्ट से कहा भी कि उसने अपने जीवन में दो-बार टैलीरॉ के साथ रात्रि-भोज किया है और दोनों ही बार उसने यह कहानी सुनी कि किस तरह नैकर्स ने अपनी बेटी के पंजों और टाँगों को ठीक करने के लिए उपकरण मँगवाए। लम्बे समय तक मदाम द स्तेल टैलीरॉ को उसके घटियापन, धोखे और (उसे) छोड़ देने के लिए क्षमा न करने का प्रयास करती रही, किन्तु वह इसमें सफल नहीं हो पाई। वह अपने उपन्यास डैल्फ़ीन में एक पात्र, मदाम द वरनौं को लाने पर विवश हो गई। यह पात्र टैलीरॉ के ठंडेपन का चतुर चित्रण हैं : ''मुझसे अधिक दूसरा कोई भी अकर्मण्यता का लाभ नहीं उठाना जानता : मैं इसका उपयोग, जहाँ तक स्वाभाविक रूप से सम्भव हो, दूसरों की क्रियाओं को असफल बनाने के लिए करती हूँ...। अपने जीवन में तीन या चार अवसरों को छोड़कर, मैंने किसी प्रकार की इच्छा नहीं की;

किन्तु जब मैं इस दिशा में कुछ करने का निश्चय कर लेती हूँ तो फिर कोई भी मुझे अपने लक्ष्य से विचलित नहीं कर पाता और आप विश्वास रखें मैंने जो चाहा उसे सदैव ही प्राप्त किया है।'' एक बार, 1809 में जेनेवा से एक पत्र टैलीरॉ को लिखते हुए उसने उन शब्दों में सम्बोधित किया जो उसका अदृश्य कवच बींध सकते थे : ''अलविदा! आप प्रसन्न तो हैं? आपने इतनी बढ़िया बुद्धि पाई है, क्या आप कभी चीज़ों की तह तक भी पहुँचे हैं शोक की तह तक?''

किन्तु टैलीरॉ तो पहले ही अप्रत्यक्ष रूप से मदाम द स्तेल को उत्तर दे चुका था, वह उससे अत्यन्त घृणा करता था। किन्तु उस पत्र के उन शब्दों ने मर्मस्थल को छुआ जिसकी उसके अनेक उत्साही अपमानकर्ता कल्पना भी नहीं कर पाए थे। धोखाधड़ी, भ्रष्टाचार, दुष्टता और उग्रता का उस आरोप की तुलना में कहीं नहीं ठहरते थे जिसकी कोई अपील नहीं थी और जिसने उसकी शोक की अज्ञानता पर भयंकर प्रहार किया था। अपनी एक अन्य स्त्री मित्र, मदाम द रीमूसा–जो उसी की जैसी वाक्पटु थी। किन्तु मदाम द स्तेल के समान घमंडी और उग्र नहीं थी–के सामने 1808 में टैलीरॉ ने अपना दिल खोल डाला, उसने लिखा : ''शायद यह अच्छा होता कि मैंने कष्ट सहा होता।'' वह इसके लिए उसे धन्यवाद दे रहा था कि वह सहज ही ऊँघ जाते और अपनी उदासीनता से उसकी आत्मा को हिला दे सकती थी। सम्भवतः टैलीरॉ की व्यवस्था में यह वाक्य (''शायद यह अच्छा होता कि मैंने कष्ट सहा होता'') उसके अनेक सुवचनों में एक था जो फ्लाबेयर के वाक्यांश 'वे सही काम कर रहे हैं' का मुकाबला कर सकता था। एक ईर्ष्यालु, तानाशाही पेशा उन दोनों पर हावी हो गया था। फ्लाबेयर के लिए लेखन का मतलब था जीवन को मारना; और टैलीरॉ के लिए *बड़े शानदार मामलों को जीने* का अर्थ था दर्द को मारना। उनके चेहरों पर चतुर कृत्रिमता का मुखौटा ऐसे चिपक गया था कि इसे हटाया नहीं जा सकता था, एक क्षण के लिए भी नहीं; और यदि इसे हटा दिया जाता तो उनकी विकृति और निष्ठा साफ़ दिखने लगती। वे इसे पहने हुए आख़िर तक चलते रहे, जरा भी विचलित नहीं हुए। एक के पास पुस्तकें और फाइलें थीं जो फूलों के गुलदस्तों जैसे उद्धरणों से भरी पड़ी थीं; और दूसरे के पास भी इसी से मिलती-जुलती कुछ चीज़ें थीं–बेल्जियम के प्रश्न पर 1831 की सौदेबाजी और सबसे अधिक उसकी लम्बी, बेदाग़ मृत्यु की वेदना, जिसमें धर्मतंत्र) की विभिन्न क्षमाओं ने विभिन्न पहलू पैदा कर दिए थे। उसके ताबूत पर अन्त्येष्ठि अलंकरण उकेरते हुए, फ्रांज़ब्लेई ने टिप्पणी की थी : ''दर्द की इन देर से उभरने वाली यादों पर फैला है मुखौटा, और साथ ही एक गाथा जिसे टैलीरॉ भी कहते हैं।''

बेरी में एक पार्क की क्लान्ति

बेल्जियम के मामले को सुलझाने के बाद *राजकुमार* वैलेन्शे के महल में मालिक की तरह, अपनी प्यारी दिनो की डचैस पोती डॉरोथी द्वारा सुरक्षित, शान्तिपूर्वक रह रहा है। अब अपने जीवन के आठवें दशक में, वह साधारण शब्दों में स्वयं को अभिव्यक्त करता है, जो उसकी अन्तिम ढाल : अस्तित्व की नीरसता के पीछे दिखते हैं। मैंने अपने जीवन की व्यवस्था इस प्रकार की है कि यह नीरस बन जाए, मेरी इच्छा स्वयं को घरेलू आदतों की दीवारों के अन्दर बन्द कर लेने की है। मैं न खुश हूँ और न नाखुश; मेरा स्वास्थ्य न अच्छा है और न ख़राब; मेरा जीवन बिना दर्द या बीमारी के चल रहा है। मैं धीरे-धीरे दुर्बल होता जा रहा हूँ और यदि क्लांति की यह अवस्था समाप्त नहीं होती तो मैं अच्छी तरह जानता हूँ कि ये कैसे समाप्त होगी। किन्तु इससे न तो मुझे कोई परेशानी होती है और न ही कोई भय लगता है। मेरा काम समाप्त हो गया है। मैंने कुछ पेड़ लगाए हैं; मैंने एक मकान बनाया है; मैंने और भी कई मूर्खता के काम किए हैं। क्या इन सब चीज़ों के समाप्त होने का समय नहीं आ गया?" लेकिन एकदम उसके अनजाने ही छोटे-छोटे पक्षाघातकारी वाक्यांश यदा-कदा बाहर आ जाते हैं, अतीत को, रहस्य को, खोलते हुए : "कोई चीज़ मुझे वेदना नहीं देती क्योंकि मैं हर चीज़ के लिए तैयार हूँ," "मैं आवश्यकता के विरुद्ध संघर्ष नहीं करता।"

लुई फिलिप के बेटे, ड्यूक द आरलींस को, वैलेन्शे में मेहमान के रूप में, टैलीरॉ की स्त्री-मित्रों की टाँगों के प्लास्टर कास्ट्स देखने का अवसर मिला। हर एक मॉडल का नाम उस पर अंकित था। इस प्रकार पिछले कई दशकों में राजकुमार ने इन स्त्रियों के लिए नाज़ुक मोज़े बुनवाए थे। अब लगभग वे सभी मर चुकी थीं।

इतिहास के आवारा कुत्ते गुर्राते हुए टैलीरॉ पर टूट पड़ते हैं क्योंकि (ऐसा कहा जाता था) वह किसी चीज़ में विश्वास नहीं करता था, यहाँ तक कि इतिहास में भी नहीं जो सबकी *अन्तिम नियति* है। किन्तु कुलीन मदाम द दिनो से, जिसे वह सबसे अधिक

प्यार करता था, कुलीन टैलीरॉ ने एक बार कहा था, "अविश्वसनीयता से कम कुलीन और कुछ भी नहीं है।"

चक्रीय और औपचारिक (यद्यपि अब यह रस्मी नहीं रह गया था) युग के बीच, जिसमें उसने जन्म लिया था और प्रायोगिक युग जिसने अब उसे चारों ओर उसकी अस्सी की अवस्था में घेर रखा था—और जो अभी भी उससे आशा करते थे कि वह कम-से-कम, बेल्जियम की समस्या को तो हल कर ही देगा—(के बीच) जो अन्तर आ गया था जिसे टैलीरॉ ने स्पष्ट देखा था : अन्तर इसमें नहीं है कि पैदा क्या किया जा रहा है अपितु इसमें है कि कम क्या हो रहा है। वॉडेमॉ की राजकुमारी की मृत्यु 1832 में नववर्ष की पूर्व-सन्ध्या में हो गई थी। अपने अन्तिम वर्षों में उसने अपना घर जानवरों से भर लिया था। वह निर्धनों की उदारतापूर्वक सहायता करती थी। टैलीरॉ उससे पचास साल पहले मिला था, तब उसके साथ उसकी प्रेमिका और संरक्षिका कॉम्टेसे द ब्रिओने भी थी; उस समय के बाद से वे एक-दूसरे को मित्र मानकर चलते रहे थे। उसके मकान पर टैलीरॉ ने फौशे से समझौता कर लिया था और ऐमी द कॉयनी की चालों को शान्त उदारता से सुना था। उसकी चायें (चाय पार्टियाँ) "अस्थिर सरकार के लिए सबसे बड़े ख़तरे का केन्द्र थीं। वहाँ बैठकर कोई भी पूर्ण सुरक्षा में षड्यन्त्र रच सकता था। कुर्सियाँ इतनी आरामदेह थीं, जीवन इतना खुशनुमा और निष्क्रिय था कि जासूसों को नींद आ जाती थी। इसी बीच नैपोलियन सत्ता से हटा दिया गया था और मर गया था; और एक बार फिर बोरबॉन्स सत्ता में आ गए थे, मौन्त्राँ एक भ्रष्ट और बेलग़ाम लुच्चा जुआरी, जो सब प्रकार के ग़लत कामों के उपयुक्त था, ऐसा आदमी जिसे बहुत से लोग टैलीरॉ की शैतानी प्रतिभा कहते थे क्योंकि वे शैतान के नाम में भी बुराई की प्रतिभा जोड़ना चाहते थे। इन सबने राजकुमार को केवल एक बार रोते देखा—जब उसके एक मित्र की मृत्यु का समाचार लन्दन पहुँचा था। उस अवसर पर टैलीरॉ ने लिखा : "यह तथ्य हमारे समय की पहचान है कि जिसे हम 'समाज' कहते हैं उसके अन्दर कुछ चीज़ें निश्चित अन्त की ओर जा रही हैं। एक समय वह था जब एक प्रसिद्ध सैलून या अपनी विद्वता अथवा निर्णय शक्ति के कारण प्रभावी एवं महत्त्वपूर्ण कहलानेवाले व्यक्ति को बदला जा सकता था। आज हम केवल उसी को स्पष्ट देख रहे हैं जो हमने खोया है। अब जो पैदा होगा वह तो अभी अज्ञात और गुप्त है। इस प्रकार, नौजवानों की सारी डींगों के बावजूद वर्तमान समय मुझे पुराने वक्त का स्वर्णिम युग लगता है; और यह सिद्ध करता है कि स्वयं समाज ही समाप्त होता जा रहा है।" बूढ़ा आदमी अब किसी अनुभव का मध्यस्थ नहीं था, क्योंकि वह अनुभव हर बार उसी के साथ समाप्त हो जाता था। किन्तु इस प्रकार वह अपने आपसे कोई रहस्यमय और प्रभावशील वस्तु बन गया था; खेत में छोड़ दिया गया पत्थर किन्हीं अज्ञात नियमों के अधीन किसी अनजान हाथ द्वारा तराशा गया। इस प्रकार बचे

रहनेवाले लोगों के चेहरे जिनके कोई उत्तराधिकारी नहीं होते अपने अकेलेपन में विलक्षण होते हैं। उनकी व्यर्थता भव्य होती है और उनकी बुद्धिमत्ता जो शायद उनमें है ही नहीं, और जिसे वे निश्चय ही विरासत में किसी को देना नहीं चाहते, मौन हमें देखते हैं, हर उस स्मृति की भाँति जो स्वयं को समाप्त करने के लिए प्रस्तुत है।

चीनी पॉलिश में चमकते हुए "छोटे तिकोने ब्रैकेट, ड्राइंग रूम के चारों कोनों को सुशोभित कर रहे थे और उन पर प्लास्टर में बनी आवक्ष मूर्तियाँ रखी थीं। आवक्ष मूर्तियों को धूल से बचाने के लिए या शोक के चिह्न के रूप में काले क्रेप से ढँक दिया गया था, क्योंकि ये लुई XVI, मैरी एन्टोइनेटे, मदाम एलिज़ाबेथ और डॉफिन की मूर्तियाँ थीं।" सबसे भयानक अम्ल, एक सड़न-भरा कुमारीत्व, (जैसा कैथोलिक कामुक बारबी द औरेविली ने एक बार कहा) मूर्तियों की मुख रेखाओं में क्षय करता चलता है। प्रान्तीय कुलीनों के सदस्य शोक और धूल के बीच भटकते फिरते हैं, उन लम्बे-चौड़े कमरों में जिनकी धुएँ से काली बन गई दीवारें उन्हें भारी नॉरमन अँधेरे से अलग करती है। किन्तु *रेस्टोरेशन* (पुनःस्थापन) भी इन्हीं की भाँति एक स्मृति रह गया है, एक ऐसी शक्ति का आह्वान, जिससे क्रान्तिकारी निरन्तर वंचित रहेंगे, वे (क्रान्तिकारी) सदैव ही अपने प्रति बड़े निष्ठावान रहते हैं : "फ्रांस के अतिवादी उतने ही बद-मिज़ाज़, गम्भीर और पंडिताऊ थे जितने इंग्लैंड के प्यूरीटन्स।" वैलोन और कूटान्से के क्षेत्र के बीच उनके भयंकर शत्रु, चोउआँ के सामना द टोशे ने उन्हें अन्य चीज़ों के विषय में सोचने पर विवश कर दिया था। उसके सुन्दर स्त्रैण चेहरे के कारण वे उसे 'ला बैले हैलेन' (कुमारी हैलन) कहते थे; और उसे 'वास्प' (ततैया) भी कहते थे, क्योंकि उसके धर-पकड़ छापे डंक जैसे थे, दूसरे वह जानता था कि अपना अभियान पूरा करने के बाद हवा में कैसे ग़ायब हुआ जाता है, या कैसे लहरों में खो जाया जाता है। वह अपनी पुरानी अनगढ़ नौकाओं में, *चैनल* के कुहासे में खो जाने में माहिर था। सामन्ती सम्मान, सामन्ती निष्ठा में एक प्रकार का कामुक लक्षण होता है जो प्रजातान्त्रिक भक्ति में उपलब्ध नहीं है : सामन्त द टोशे से लेकर क्लार्क गैबल तक—सब 'हवा में अन्तर्ध्यान हो गए।' गुरिल्ला युद्ध एक प्रकार का अमूर्त खेल है जिसमें अन्ततः आप यह भी नहीं याद रख पाते कि आप किसके लिए लड़ रहे हैं। अन्तर केवल उस आँख में है जो नग्न शरीर को देखती है। (Aimee) ऐमी द स्पैन्स खिड़की के पास खड़ी होकर अपने कपड़े उतारती है, उसे छिपकर देखने वाले दो हैं : एक तो क्रान्तिकारी ब्लूज़, जिन्हें ये सुझाया गया है कि वह अकेली है और दूसरे चोउआँ के द टोशे जो, उसी के कमरे में छिपकर, प्रकाश के दूसरी ओर से उसके शरीर को देखता है। वर्षों बाद, सामन्त प्रेमी अभी भी रोमी को लजा देते हैं। और जब बारबी द औरेविली एक अविवेकी इतिहासकार के रूप में, द टोशे से केइन की

धर्मशाला में मिलने जाता है तो वह उसे एक चट्टान पर बैठे देखता है : उन आँखों से जो कभी कुहासे, अनन्त विस्तार, समुद्र, शत्रु की सैन्य-पंक्तियों, युद्ध के धुएँ के आर-पार देखती थीं आज वह केवल कुछ लाल फूलों को देख रहा था जिनसे उसने अभी-अभी ऐमी की तुलना की थी और जिसे अपने पाग़लपन की अरूपता में शायद उसने देखा भी नहीं था।''

रिवॉल्यूशन के शुरू के दिनों में, जब भी रक्त बहाया जाता था, तो डेस्नॉ नाम का एक रसोइया कहीं-न-कहीं उस दृश्य में मौजूद होता था। जब बैस्टील के गवर्नर, बरनार्ड-रैनी द लॉने के शरीर में दर्जनों संगीनें घुसेड़ दी गईं तो भीड़ में से एक आवाज़ आई : ''राष्ट्र को उसका सिर चाहिए लोगों को दिखाने के लिए।'' और इस प्रकार डेस्नॉ को जिसे जूझते हुए गवर्नर ने जाँघ में लात मारी थी, यह काम सौंपा गया : ''चूँकि तुम घायल हुए हो, इसलिए तुम्हीं इसका सिर काटो।'' किन्तु डेस्नॉ ने वह तलवार लेने से मना कर दिया जो उसे इस काम के लिए दी गई थी; वह लॉने की गर्दन काले हैंडिल के एक छोटे चाकू से काटना चाहता था, जिसे वह हमेशा अपनी जेब में रखता था और रसोई में मीट को सफ़ाई से काटने में प्रयोग करता था। आठ दिन बाद, फिर उसी तरह का दृश्य सामने आया। कई सारे संगीनों ने लुई बरदियर का शरीर छेद डाला। किन्तु इस बार लोग प्रदर्शन के लिए व्यक्ति का हृदय माँग रहे थे। रसोइए डेस्नॉ ने, जो टुइलेरी में मिला घुड़सवार सैनिक का एक शानदार हैलमेट लगाए घूम रहा था, कहा कि इस बार वह अपनी मर्ज़ी से काम नहीं कर रहा था। उसने केवल एक सिपाही की आज्ञा का पालन किया, जिसने बरदियर के धड़ को एक तलवार से खोलकर उसका दिल काटा और डेस्नॉ को इन शब्दों के साथ दे दिया : ''घुड़सवार, न्याय कर दिया गया है। यह दिल उन तक ले जाओ।'' डेस्नॉ ने, जिसके पीछे-पीछे जल्लादों का एक समूह चल रहा था, इस हृदय को लाफेयेत को दिखाने का निश्चय किया जो उसे देखकर काँप गया। फिर वे उसे लेकर *पैले-रॉयल* (शाही महल) के इर्द-गिर्द घूमते रहे। अन्त में वे एक टैवर्न (शराबखाने) में खाने-पीने के लिए रुके। हृदय उन्होंने एक मेज़ पर रख दिया और पीना शुरू किया। इसी दौरान, खिड़की के नीचे जिज्ञासु लोगों की एक भीड़ इकट्ठी हो गई और बरदियर का हृदय माँगने लगी। डेस्ना के, अपने कथन के अनुसार, उस हृदय को भीड़ में फेंक दिया जो उसे कारनेशन फूलों के ऊपर रखकर *पैले-रॉयल* के बाग़ में चारों ओर घूमती रही।

धर्मशास्त्री येशुओल्ल ने निगाहें उठाईं और मुस्यों गोदू से कहा : ''यदि तुम वास्तव में अपने जीवन को नियन्त्रित और इतिहास का आंकलन करना चाहते हो, तो तुम्हारे लिए कम-से-कम यह जानना ज़रूरी है कि ईश्वर अपने दिन कैसे बिताता है। उसने अपने लिए स्वर्ग में चार गुणा चार क्यूबिट का स्थान निर्धारित किया हुआ है और वह वहाँ बैठकर दिन के पहले तीन घंटे टालमूड का अध्ययन करता है। चौथे

से सातवें घंटे तक ईश्वर बैठकर दुनिया के विषय में न्याय करता है। और चूँकि वह देखता है कि दुनिया दोषी है, वह अपने न्याय के आसन से उठ जाता है और दया के आसन पर जाकर बैठ जाता है। दिन के तीसरे भाग में वह वहाँ बैठता है और संसार के सभी प्राणियों को भोजन कराता है, जिनमें—इनोसिरॉस से लेकर पिस्सू तक सभी शामिल हैं। दिन के चौथे भाग में ईश्वर फिर बैठ जाता है और (विशाल जल सर्प) के साथ खेलने लगता है।"

पोर्ट-रॉयल के आसपास

विशाल अन्धकारपूर्ण आकाश : परिक्रमा करता एक गहन, अज्ञात ब्रह्मांड, जिसमें यदा-कदा कुछ निश्चित स्थानों पर और कुछ निश्चित समय पर जीवन एकत्रित कर लिया जाता है, इसे उत्पन्न किया जाता है, इसे पुनर्नवीन बना दिया जाता है। मनुष्य थोड़े समय तक जर्जर होता है और मर जाता है। साथ में मर जाते हैं घास के विविध प्रकार के कीट। द्वीप पर मौजूद दलदल में घास धीमे-धीमे लहलहाता है। इस आकाश को देख रहा था पोर्ट-रॉयल का ऐबे (चैत्यालय) जो नीचे झाड़-झंखाड़ से भरी खाई से, जिसमें पानी सोता रहता है, उठता हुआ ऊपर आया था। वहाँ वार्साई रो तीन लोग दूर, एक पहले से ही मरुस्थल में था।

ये बदहाल मठ, जो अपने प्रारम्भिक दिनों में भी घास-फूस से ढँका था, इसके महराबों की पंक्तियाँ बीतते हुए वर्षों के साथ ही दर्पणों में विस्तारित होती जा रही थीं—यह मठ, जो एक ही साथ स्कूल और चमत्कारों का केन्द्र भी था, जहाँ घृणा करते अनाम आयरिश बच्चे अनाथ आँसुओं की अविरल कंपकंपाती धारा को बहाने वाले रिएक्शन के घमंडी जल्लाद और उनके जुड़वाँ, *रिवॉल्यूशन* की आग को हवा देने वाले पले और बड़े हुए, यह मठ...ऐसा कैसे हुआ कि लड़कियों के सुधारक कॉन्वेंट के रूप में शुरू होकर, जिसके पास उद्धत साधु लोग इकट्ठे हो जाते थे (जो एक छोटे से टेलीस्कोप से रेगिस्तान पर निगरानी रखते थे)—कि इस घरेलू सूत्र से काबू में न आ पाने वाली घटनाएँ उभरीं? यह बढ़िया (सूना) रस्सी जिसे लेस, जूट, बकरी के बालों की बनी खुरदुरे कमीजों और ताड़ के पत्तों को सड़ाकर बनाया गया था?

प्रथम ख़तरनाक *आधुनिक* लोग नास्तिक और उच्छृंखल मनमौजी नहीं थे, न ही *समय की आत्मा* की भीरु कोंपल थे जिन्हें पोषण काल में विद्वतापूर्ण टिप्पणियाँ सुरक्षित रखे रहीं। जैसा जोसेफ द मैस्त्रे स्पष्ट रूप से कहने वाला था, " 'सामान्यतया' नास्तिक शान्त होता है। नैतिक जीवन का त्याग कर देने के उपरान्त, वह मौन पीड़ा भोगता है और शायद ही कभी सत्ता पर प्रहार करता हो?" संसार की व्यवस्था के लिए ख़तरा बनने के लिए, निरन्तर विनयरत बने रहने की स्थिति से सिर उठाने के लिए ज़रूरत है "एक धर्मशास्त्री क्लब की, इकट्ठा होने के एक स्थान की—चार

दीवारों की; संक्षेप में बस यही और कुछ नहीं।'' *'चार दीवारें'* पोर्ट-रॉयल की थीं; और उसी निर्जन स्थान पर जो वासना के बन्धन से कुछ ज़्यादा दूर नहीं था, वरसाई से कुछ ही मील दूर उस *थिबैड* में वह संक्रमित रुई पड़ी थी जो दुनिया की बैंडेज बननेवाली थी। इस नीरवता ने मैस्त्रे को धोखे में नहीं रखा। यह एक अत्यन्त छोटा-सा भँवर था जो मृतकों और अजन्मों का आह्वान कर लेता था, क्योंकि ''हर सम्प्रदाय को...भीड़ की ज़रूरत होती है और ख़ासतौर से औरतों की।'' एक हलचल-भरा, चटपटा कोलाहल उस झूठी शान्ति का प्रकाश पुंज बन गया। पोर्ट-रॉयल की पाग़ल कुमारियों में, आत्मा की उन दृढ़ मायाविनियों में मैस्त्रे ने गिलोटीन के लालचियों की लम्बी कतार को पहचान लिया, उनमें उसने फक विस्फोटकों के सूटकेस लिए शून्यवादी स्त्रियों को, पृथ्वी के दीन-हीनों को विनाश की काम-शक्ति की अवतार औरतों को पहचान लिया। सामान्य, मूर्ख क्रान्तिकारियों की बात करने की तो ज़रूरत ही नहीं थी, क्योंकि ये लोग हमेशा तथ्यों से बँधे रहते थे और अज्ञात शब्दों की मार से मरे जा रहे थे। हमें और पीछे, भक्तिपूर्ण नीरवता, उद्वेलनों और अनुपस्थित अनुकम्पा के सामने स्व-पतित होने वाले हाव-भावों तक जाना चाहिए। यही वह स्थान था जहाँ 'हमारी दुखी प्रकृति का चिरन्तन अपराध' सबसे पहले इस अनुभूति के रूप में, उभरकर सामने आया—नीरवता और झाड़-झंखाड़ के बीच, कि 'मानव हृदय स्वाभाविक रूप से विद्रोही' है। जो लोग पीछे मुड़कर इस क्षण को देखते हैं उन्हें यह पूर्णतः स्पष्ट दिखलाई देता है कि 1789 के *रिवॉल्यूशन* को तो उन कुछ जिद्दी लोगों के चरणों में डाल देना चाहिए जिनका विश्वास था : 'उस सम्प्रदाय से अधिक कोई और चीज़ सचेतन नहीं है। निश्चय ही, *रिवॉल्यूशन* के दौरान इसने जीवन के इतने स्पष्ट चिह्न दिखाए कि यह मानने का कोई औचित्य ही नहीं है कि ये मृत है।'' एक अदृश्य जेन्सेनवाद दुनिया के लिए आफत बना हुआ था। किसी भी शाही दरबार से अनभिज्ञ, ये अनगढ़ और मननशील, विद्वान धर्म-मुल्ला आग-भी हवा बन गए। ये [रिवॉल्यूशन का] काम पूरा करनेवाले नाचीज़ कार्यकर्ताओं की तुलना में कहीं अधिक दोषी थे, क्योंकि ये जेनसेनवाद ही था जिसने इमारत की नींव पर पहला प्रहार किया। इन बेहद रोषपूर्ण शब्दों को पढ़ने के बाद हमें 'पवित्र आत्मा का खिलौना सैनिक' जोसेफ द मैस्त्रे दिखता है, जो शून्य में अपनी बाँहें लहरा रहा है। और यहाँ कोई व्यक्ति सोच सकता है, जैसा कई मध्यम मानसिकता वाले लोगों ने सोचा भी है कि उसका काल्पनिक व्यंग्य उसे यथार्थ से पूरी तरह दूर रखता है। किन्तु एक दिव्य मित्रता हमारी सहायता करती है। नैपोलियन के लिए 'जेनसेनवादी' शब्द सबसे ख़राब अपमान था (किसी के विरुद्ध नाराजी से गरजते हुए उसे और इस तरह के उग्र विशेषणों का प्रयोग करते सुना गया : ''वह एक *विचारक* है, *एसेम्बली का एक सदस्य* एक *जेनसेनवादी*...'')। यह उसी प्रकार की प्रतिक्रिया थी जैसे वैध राजा लुई XIV ने की थी, छीनने वाला यह जानता था कि

ऐसे लोग *शत्रु* थे। अतः उन दोनों ने ''अपनी स्वाभाविक, तुरत-फुरत घृणा में उसे (शत्रु को) ब्रह्मांड की सारी शक्तियों के सामने लताड़ा था।'' नैपोलियन ने 1797 में मिलान में मैस्त्रे के *कन्सीडरेशन्स सुर ला फ्रांस* पढ़े। सिआरान ने शान्त भाव से कहा कि उस पुस्तक ने ''बोनापोर्ट का स्वयं से साक्षात्कार कर दिया।'' वास्तव में, यदि उस विरोधाभास में (जो यह कहता है कि ''जेनसेनवाद का मुख्य सिद्धान्त हॉब्स से जुड़ा है'') कोई अन्तिम सत्य है तो आपको जोसेफ द मैस्त्रे, उसी रूप में छीनने वाले (नेपोलियन) की सम्पुष्टि करता भी मिलेगा, जिससे वह सदैव ही घृणा करता था और जिसे उसने सहायक गवाह के रूप में पाया। दिव्य समीपताएँ रिश्तों को उलट देती हैं। स्वर्ग में नास्तिकों पर प्रायः अविश्वास का दोषारोपण किया जाता है। इसी दौरान सेंट पीटर्सबर्ग में टैरेस पर खड़े होकर स्थिर सूर्यास्त पर निगाह गड़ाए हुए जोसेफ द मैस्त्रे और बोनापार्ट हँस-हँसकर एक-दूसरे से बात कर रहे थे।

जेनसेनियस

'श्रीमान अध्ययन कर रहे हैं' मात्र यही वे शब्द थे जो जेनसेनियस के दरवाज़े के बाहर सुने जा सकते थे।

वह प्लेग से मर गया; इस शहर में एकमात्र वही इस रोग की भेंट चढ़ा और उसे यह प्लेग विभिन्न संग्रहालयों में संक्रमित काग़ज़ों को छूने से लगी (उसके शत्रु आपस में कानाफूसी कर रहे थे)। सितम्बर 1640 के फ्रेंकफुर्त मेले में लोग केवल आदरणीय जेनसेनियस के बारे में ही बातें करते रहे।

उद्यानों के सुपरिन्टेन्डेन्ट

उसने फलों से भरी सीलड टोकरियाँ भेजीं जिनमें कुछ नाशपातियों की खुशबू बन्द थी। इनका चयन बड़ी शान्ति से सैकड़ों पेड़ों से सोच-विचार करके किया गया था और उन्हें इस प्रकार पैक किया गया था कि वे आपस में रगड़कर एक-दूसरे पर निशान न डाल सकें।

हैमन

ओरान्स, लेजेन्स, लेटेन्स, साइलेन्स

पोर्ट-रॉयल में वह सर्वश्रेष्ठ डॉक्टर था। उसे ऐसा उत्तम ईसाई के रूप में स्वीकारा गया था, जिसका स्वास्थ्य बिगड़ रहा था। सदैव ही उसमें एक शान्त,

निश्चल, उदास सौन्दर्य दिखाई देता था—एक ऐसा व्यक्ति जो सदैव ही प्रकृति के अनुक्रमणीय समन्वयों के विषय में चिन्तन और मनन करता रहता था, किन्तु वह इसके साथ ही एक सरल त्याग और आत्मबलिदान द्वारा दानशीलता के हृदय को भी विचलित करता रहता था। उसकी अभिव्यक्ति और तौर-तरीके सामान्यतया एक मुस्कुराहट भरी विनम्रता दर्शाते थे एक संयत शालीनता कहा जाता है कि वह पहेलियों के माध्यम से चिकित्सकीय शब्दावली का प्रयोग करते हुए ईश्वरीय अनुकम्पा की बातें करता था।

जिस रात उसकी मृत्यु हुई वह रुक-रुककर एक ही शब्द 'शान्त' शब्द दुहराता रहा। और कभी-कभी 'जीसस, मारिया, पुत्र और माता।'

अपने अन्तिम वर्षों में वह गधे पर बैठकर गाँव-गाँव घूमता था। उसके सामने खुली किताब होती थी जिसे टिकाने के लिए काठी पर एक लकड़ी ढालवां रखकर जड़ दी गई थी ताकि वह सफर के दौरान भी पढ़ सके। किताब में उन जगहों पर लाल काग़ज़ लगाए हुए थे जो अंश उसे बहुत प्रिय थे। भले ही उसके चारों ओर का परिदृश्य बंजर सीधा-सादा होता था, किन्तु अपनी कल्पना में वह एक जादुई जंगल में विचरण करता जहाँ हर वस्तु अपने पीछे दूसरी और अधिक सच्ची चीज़ को छिपाए हुए थी।

वह रेसीन का अध्यापक रहा था, जिसने अपनी वसीयत में उसी के पास दफनाए जाने की इच्छा प्रकट की थी।

पास्कल

लोगों ने उसे ज्यादातर मन की किलेबन्दी में ही पाया : एक तर्कपूर्ण, ज्यॉमितीय आत्मा जो सब कारणों को परखती थी। पारदर्शी, अत्यन्त उष्ण, शब्द प्रवण, पास्कल ने आकाश के वीराने को नापने में नई पद्धतियों का प्रयोग किया। लोग मानते थे कि वह अत्यन्त स्पष्ट आत्मसन्तुष्ट सम्पूर्णतः विकसित मानव मस्तिष्क था और विश्व से पूरी तरह असम्पृक्त, विरक्त था। उसके और विश्व के बीच में एक ऐसी डरावनी खाई थी जो उसके मस्तिष्क को प्रकृति की स्वयंभू सत्ता और ईश्वरीय अनुकम्पा के पात के बीच कोई अनुरूपता नहीं बनाने देती थी।

मदाम द जेनेली इस कहानी को बड़े चाव से कहती थीं : 1789 के आसपास ड्यूक द ओरलींस को जो अपने एल्कैमी के प्रयोगों में लगा हुआ था, एक नर-कंकाल की ज़रूरत पड़ी किसी को गरीब पास्कल की हड्डियों से बेहतर कोई चीज़ उसे प्रस्तुत करने के लिए नहीं मिली जो सेंट-ऐतियेने-दयू-मॉ में दफ़न था।

—मुझे तलवार चलाने की सबसे चतुर कला के प्रयोग करने में कोई हिचक नहीं हुई और मैंने अपनी बाँह पादरी के लबादे से ढँक ली। जब तक मेरा द्वन्द्व

युद्ध मृत्यु पर्यंत चलता है तब तक मुझे परिस्थितियों या छद्म की क्या चिन्ता होती।

—यदि उसने अनानुपातिक को विद्रोही रूप में देखा, तो फिर संगत मध्यस्थता का कोई भी रूप इसमें प्रवेश नहीं कर सकता। किन्तु फिर भी एक आकार ऐसा है जो अपने अनुपातों में असीम के लिए ससीम शब्दावली बना लेता है और जो, इन दोनों के बीच एक असम्भव पुल तो नहीं बनाता, तथापि सम्प्रेषण अवश्य स्थापित कर लेता है और इस तरह दुनिया को कभी-कभार उस शून्यता से विक ही जाने देता है जिसमें से होकर अलौकिक का श्वास प्रवाहित होता है।

—चूँकि मनुष्य अपने अन्दर एक अनन्त वार्तालाप करता रहता है इसलिए इसका नियमन करना श्रेष्ठ है, क्योंकि इसे समाप्त नहीं किया जा सकता...।

—अब मैं वह समय आते देख रहा हूँ जब मस्तिष्क के मनमौजियों का न तो सम्मान होगा और न अनुकरण और उनको आज के पादरियों की तरह ज़िद्दी, बेसुरा और नीरस माना जाएगा। ऐसा इसलिए नहीं होगा कि उनके विचार घृणास्पद हैं, अपितु इसलिए कि आनन्द और व्यापार को छोड़कर, शेष सभी चीज़ों के प्रति लोग उदासीन हो जाएँगे।

—किन्तु रहस्यवादी और स्वच्छंद के बीच एक ख़ास दुरभिसंधि है। दोनों ही प्रकृति के विपरीत हैं जो शून्य को मानकर चलते हैं और इसी से वह कड़वापन और निष्ठुरता प्राप्त करते हैं जो उनकी उद्घोषणाओं में व्याप्त रहता है। यदि कैलवेरी उनको प्रबुद्ध अथवा चमत्कृत करती है तो वे इसे एक टैरेसवाले परिदृश्य पर आरोपित न करके, उस विशाल क्षेत्र में आरोपित करते हैं जिसकी लीकें अवसर की बनी हैं, जो शक्ति द्वारा विनष्ट कर दिया गया है या जिसे समाज के रीति-रिवाजों ने बन्ध्य बना दिया है।

—विचार, भावों और स्मृतियों की छाप लेकर प्रकट होते शास्त्रीय मिथकों के कुछ पहेलीनुमा प्राणियों की भाँति जो लहरों से समुद्री झाड़ शैवाल में लिपटे हुए बाहर आते हैं। किन्तु हमारे चारों ओर अपारदर्शक सतह फैली है जो ऐसी प्रेत आकृति को अत्यधिक सुन्दर बनाती प्रतीत होती है। हम अविश्वासी हैं। और बहुत समय से हम शब्दों को तोड़ते-मरोड़ते आए हैं, और सूक्ष्म संवेदनों से आक्रान्त है, किन्तु फिर भी हम यह नहीं कह सकते कि हमारे मन में कोई विचार मौजूद हैं...।

—आप *सॉलिटेयर्स* के विषय में मेरी राय जानना चाहते हैं? ठीक है, एक सन्त ने जो मुझे प्रिय हैं, एक बार कहा था, मैं प्रायः उन्हें अभिमान और छद्म से फूले हुए देखता हूँ जो अपनी सँकरी कोठरियों में ऐसे फँसे हुए हैं मानो कोई विष से फूला हुआ ड्रैगन अपनी गुफ़ा में फँसा पड़ा हो।

—"छोटी-छोटी चीज़ों से चमत्कृत।"

सेंट-क्रियाँ

अतः प्रश्न यह था कि सेंट-क्रियाँ के शरीर का विभाजन कैसे किया जाए, जो उसी मुद्रा में भव्य रूप से जम गया था जिसमें उसको मृत्यु हुई थी; उसके चेहरे पर ऐसा पवित्र भाव हुआ था कि उसका उग्रतम शत्रु भी उस अन्धी निगाह मृत दृष्टि को बर्दाश्त नहीं कर सकता था। एक पुराने करार के अनुसार, जो मुस्यों द ऐंडीली और सेन्ट-क्रियाँ के बीच हुआ था और जिसके अनुसार सन्त ने कहा था कि अपनी इच्छित हृदय पाते ही वह संसार से चल देगा, उसका हृदय मुस्यों द एंडीली के हिस्से में आया था। उसकी अँतड़ियाँ *मदर ऐन्जेलिक* की प्रार्थना-भक्ति के लिए सुरक्षित कर दी गई थीं। लान्सेलॉ के जिम्मे मुस्यों द सेन्ट-क्रियाँ के हाथ काटने का काम था, किन्तु मुस्यों द मैस्त्रे ने उस हाथों पर उसके अधिकार को चुनौती दी, जो देर से आने के कारण 'मामूली धन' से सन्तुष्ट नहीं था जो मुस्यों द सेन्ट-क्रियाँ के शव से उसे छिपा दिया गया था—वह खजाना जिसे बाद में सेंट-जेक्स-दयू-हॉट-पास की दीवारों के बीच दफ़ना दिया गया था।

जेन्किन्स

उसे लोग पोर्ट-रॉयल के माली, मुस्यों फ्रांशॉई के नाम से जानते थे। वह बहुत दूर से आया था। एक अंग्रेज सज्जन और मुस्यों ल मैइत्रे का शिष्य, वह उससे किसी मुकद्दमे के विषय में राय लेने आया था। और मुस्यों ल मैइत्रे ने उसे अध्यात्म की ओर प्रवृत्त कर दिया था।

जब बारह विद्रोही संन्यासिनियों को विहार से निकाल बाहर कर दिया गया तो आर्च बिशप ने, पन्द्रह कर्मचारियों के जुलूस के साथ बाग़ को देखना चाहा। वहाँ उन्हें मुस्यों जैन्किन्स मिले, कुदाली चलाते हुए। आर्च बिशप उसके पास गए और उसे आदेश दिया कि वह तुरन्त वहाँ से चला जाए। फिर, एक मिलनसार भाव से आगे कहा, "तुम्हारे हाथ में इसके बजाय तलवार ज्यादा अच्छी लगेगी।" जैन्किन्स ने अपना मुँह ऊपर किया; चेहरे पर समय से पहले स्थायी रूप से झुर्रियाँ पड़ गई थीं, रंग पक्का था गालों की हड्डियाँ उभरी हुई। उस मधुर विरोधाभास के साथ जो सन्त लोग कभी-कभी दर्शाते हैं, उसने उत्तर दिया : "बीस साल से मैं इस बाग़ में काम करता आया हूँ, और कभी एक पैसा नहीं माँगा, क्योंकि मैं सोचता था कि मैं यहीं अपना जीवन का अन्त करूँगा। किन्तु यदि आप मुझे यहाँ से हटाना चाहते हैं, तो आप मुझे उस सारे काम की मजदूरी दें जो मैंने अब तक किया है।" आर्च बिशप के लिए ये शब्द अत्यन्त सूक्ष्म थे, और वह असमंजस में केवल इतना बुदबुदाया, "तलवार बेहतर रहेगी, तलवार बेहतर रहेगी।"

चालीस वर्ष संन्यासिनियों की सेवा करने के बाद उसकी मृत्यु हो गई। उसकी कब्र पर जो खूब झाड़-झंखाड़ से ढँकी थी और जिनमें लम्बे साँप फिरते रहते थे, मुस्यों डोडार ने जो समाधि-लेख लिखा अभी भी पढ़ा जा सकता है : "खुली हवा में हमेशा अपने काम पर लगा हुआ, हमेशा चुपचाप, हमेशा ईश्वर के समक्ष अकेला, बार-बार प्रार्थना करके जिसकी ओर उसने अपनी आत्मा को मोड़ दिया था। कभी बेकार नहीं बैठा, गिरजाघर में अर्चना के समय के अतिरिक्त कभी भी जल्दी में नहीं रहता था। केवल उस समय को छोड़कर जब वह *मास* (गिरजाघर की श्रद्धालुओं की भीड़) में आने वाला सबसे पहला आदमी होना चाहता था। सबके प्रति मृदुल, मुस्कराते हुए और शान्त; और केवल ईश्वर से परिचित।"

फ्लावी पासार

नौसिखिये के रूप में उसने कुछ मिस्सुओं को सँभालकर रख लिया था जो उसे *मदर* जैनेवीव ल तारदिफ़ के शरीर पर मिले थे; वह इन्हें पवित्र, धार्मिक चिह्नों के रूप में सहेजे हुए थी क्योंकि इन्होंने संन्यासिन का रक्त चूसा था। वह आत्माओं, जादू और दिव्य दर्शनों के बीच पली, बड़ी हुई; कभी-कभी वह इनकी चर्चा उन लड़कियों से करती थी जो उसकी देख-रेख में रहती थीं। उसने छोटी लड़की मारगो की आँखों की आँसू नली में होली थॉर्न (पवित्र काँटा) लगाया और कुछ ही घंटों में वह ठीक हो गई। इस चमत्कार ने वहाँ सनसनी फैला दी और आसन्न उत्पीड़न पर रोक लग गई। जब *फाइव प्रोपोजीशन्स* की *कारमुलरी* (धर्म-न्यायाधिकरण) का सामना करने की बारी आई तब सम्पूर्ण समर्पण का प्रारम्भिक विरोध करने में उससे अधिक उत्साही दूसरा कोई नहीं था। तीन वर्षों तक, दिव्य आत्माएँ उसे बार-बार आदेश देती रहीं कि वह हस्ताक्षर न करे। किन्तु इसी दौरान, कुछ दूसरी संन्यासिनें गम्भीरता और स्थिरता के अभाव के लिए उसे अपमानित करती रहीं। अन्त में उसने हस्ताक्षर कर दिए—और यह वही थी जिसने मुस्यों कैमीलार को उन संन्यासिनों की सूची सौंपी जिन्हें कॉन्वेंट से जबरन निकाला जाना था।

एन्जेलिक द सेंट-ज़्याँ द आरनौल्ड द एंडीली

न्याय विभाग के अफ़सरों और सिपाहियों को, जो उसे ले जाने के लिए आए थे, उसने अपना नाम ऐसे व्यक्ति के अभिमान के साथ बतलाया, जो हर लड़ाई को आरनौल्ड परिवार के साथ बड़े संघर्ष की छुटपुट मुठभेड़ मानता था; ये संघर्ष इस परिवार के साथ-साथ ईश्वर के राजदूत और दुनिया, जिसका प्रतिनिधित्व *जैसुइट्स* रोमन कैथोलिक सम्प्रदाय के बीच भी है। वह शान्त बहादुरी और उग्र यम के आदर्श पर चलती रही,

किन्तु एक अदम्य भय हर समय उस पर व्याप्त था कि उसका दीपक कभी भी बुझ सकता है। धार्मिक चिह्नों के प्रति लालची, घृणित फ्लावी पासार; उसे एक बार स्वप्न में स्पष्ट दिखलाई दी; अन्य सिस्टर्स को हटाती हुई वह *मदर सुपीरियर* का स्थान लेती दिख रही थी। आखिर वह उन्हें कहाँ भेज रही थी? वह स्वयं एक छोटे, अँधेरे कमरे में बन्द थी और उसके साथ *एनन्सियेशन* की *सिस्टर्स* थीं। उसके पीछे तीन तालाबन्द दरवाज़े थे, जो दिन में तीन बार खोले जाते थे। उसे लगता था कि वह एक विचित्र देश में थी, जहाँ से निकलने का कोई ऐसा रास्ता नहीं था जो उसके शेष जीवन से छोटा हो। *जैसुइट्स* के प्रवचन सुनने से बचने के लिए वह अपने कारागार में ही अकेली चर्च सर्विस मना लेती थी; वह गाती और कमरे में इधर-उधर घूमती थी। वह अपने बिस्तर पर पवित्र जल छिड़कती, ताकि आलस्य की आत्मा वहाँ से भगाई जा सके; उस मेज़ पर छिड़कती जहाँ वह खाना खाती थी, ताकि वह स्वयं को दोष-दर्शन की आदत से बचा सके, बिस्तर और दीवार के बीच के स्थान पर छिड़कती जो उसके प्रार्थना गृह देने के स्थान के रूप में प्रयोग किया जाता था, ताकि वह अन्यमनस्कता से बच सके, उस स्थान पर छिड़कती जहाँ वह काम करती थी, ताकि वह जिज्ञासा और काम के प्रति लगाव से स्वयं को बचा सके, (उसका काम स्मृति-चिह्नों की सजावट का था); और इन सबसे अधिक अपने कमरे के दरवाज़े पर पवित्र जल छिड़कती थी, ताकि उसे पथ-भ्रष्ट करने वाली आत्मा अन्दर न आ सके। उसका सबसे खुशी का समय रात का होता था : ''मेरा कितना मन करता है कि दूसरों को बताऊँ कि यह सब कितना सुन्दर और भक्तिभावपूर्ण है—आधी रात को, इस प्रकार अकेले होना, एक कारागार में ईश्वर का स्मरण करना, उसके नहीं किसी और के कानों के लिए नहीं बल्कि उसे सुनाने के लिए उसका गुणगान करना और इस बड़े शहर के मध्य केवल मौन को सुनते रहना, ऐसा शहर जहाँ इन मध्यरात्रि के घंटों को छोड़ शोर कभी बन्द ही नहीं होता क्योंकि गाड़ियाँ रात को ग्यारह बजे तक और बाद तक भी सामने से गुजरती रहती है। शब्द इसे अभिव्यक्त नहीं कर सकते कि यह सब कितना प्यारा और चित्ताकर्षक है। जब ऐसे पैराग्राफ देखे तो सेंट-बौवे को यह कहना पड़ा कि वह कई वर्षों से पोर्ट-रॉयल में क्या तलाश कर रहा था : ''यदि मेरे जैसा धर्म में रुचि न रखने वाला और पूर्व कवि जो हर चीज़ में और (कहने की आवश्यकता नहीं) धर्म तक में भी कविता की खोज करता है—यदि कभी-कभी पोर्ट-रॉयल में कविता पा जाता है, तो कविता निश्चय ही यहाँ है। हमने अभी-अभी यही देखी है कि यह (कविता के अतिरिक्त) और कुछ नहीं है। कविता, जो धूप या पुष्पों के बिना जिसका अस्तित्व *केवल* अन्दर है : विशुद्ध सुगन्ध।''

मदर ऐन्जेलिक ने अचानक *सिस्टर्स ऑफ़ द ऐनन्सियेशन* आर्च बिशप की गाड़ी में छोड़ दिया। जुलाई की रात में, शहर के वीरान चौराहों से होकर गुजरती उस यात्रा ने उसके मन में कविता जगाई। वह भी यही विश्वास करती थी कि ''इस कविता को

धर्म से अलग नहीं किया जा सकता।'' यहाँ सेंट-बौवे फिर क्षण-भर को रुका और धीरे से अपना रहस्य उद्घाटित किया, जिसे सदैव की ही भाँति लोग नहीं सुन पाए : रात को यात्रा करते हुए, 'सिमरना या चिऔज़ की लड़की के मन में होमर के पद्यांश उभरते तो एक आधुनिक लड़की को बायरन या लैमरटाइन की कविताओं की पंक्तियाँ याद आतीं। किन्तु मदर ऐन्जेलिक केवल धर्म ग्रन्थों के पद्यांशों के विषय में सोचती है, जो हर क्षण ईश्वर की उपस्थिति प्रमाणित करते हैं—यहूदियों का ईश्वर *गास्पैल्स* का ईश्वर। इन सच्चाइयों के सामने एक फूल के खिलने या उसकी चयन करने के लिए समय नहीं है; ये सच्चाइयाँ इतनी निकट और गम्भीर हैं कि भुलाई नहीं जा सकतीं। इनमें ज़्यादा विश्वास करना, *ज़्यादा आत्मीयता* से विश्वास करना कल्पना की उड़ान के लिए हितकर नहीं है। ओह, अधिक निष्ठा से विश्वास करना भी एक ग़लती है। कोई कह सकता है कि इस फूल और इस स्वर्णिम फल को तोड़ने का सबसे बढ़िया तरीका उन्हें उनकी पृष्ठभूमि से कोमलतापूर्वक केवल अलग कर देने में है?'' आधुनिक व्यक्ति अत्यधिक दृढ़ता से विश्वास नहीं कर सकता, किन्तु ऐसा इस कारण नहीं है कि वह विश्वास करना नहीं चाहता। एक दूसरी भक्ति उससे कुछ झूठ के साथ चिपके रहने की माँग करती है, बस केवल इतनी कि कल्पना साँस लेती रहे, अन्यथा जो घने माहौल में उत्पीड़ित रहेगी और लगभग घुट ही जाएगी। सारी *आधुनिकता उस पृष्ठभूमि से कोमलतापूर्वक अलग कर देने में है,* उस छोटे से टूटन में उस अदृश्य छेद में जिसमें से होकर शून्य घूमता रहता है, उस अवास्तविक चाकू की धार में जो अब हर आस्था को, हर वासना (आवेग) को स्वयं से अलग कर रही है।

क्रिस्तीन ब्रिके : मैं भक्ति के एक कुलीन स्वरूप का दीवाना था और मुझे ऐसा लगता था कि पोर्ट-रॉयल के लोग दुनिया में अन्य किसी आदमी से इस बारे में बेहतर जानते थे कि ईश्वरीय कृपा क्या होती है। अतः मैंने परिशुद्ध और सम-आस्था वाले लोगों के पन्थ में शामिल हो गया जो उस किसी को पसन्द नहीं करते थे जो उनकी भाषा नहीं बोलता था। कहा जाता था कि हम देवदूतों की तरह पवित्र हैं और शैतानों की तरह घमंडी।

अपने एकान्तवास के समय में हम कभी-कभी बाग़ में टहलते थे, उन पौधों के बीच जिन्हें मुस्यों जेन्किन्स ने सजाया-सँवारा था और जिनके चारों ओर जुगनूओं के यौनांगों का हलका प्रकाश फैला रहता था। कभी-कभी, साफ़ पालाभरी रातों में हम बाहर की दीवार तक भी पहुँच जाते थे। इसके तुरन्त आगे वर्षा की छप-छप में नहाए पेड़ों की शाखों में हमें मुस्यों द सेंट-मर्थे की काली आकृति की झलक मिल जाती थी, जो हम लोगों से बुदबुदाहट में धीरे-धीरे भक्ति विषयक चर्चा किया करता था।

जैसा हमारी उग्र संयमी सिस्टर्स भली-भाँति जानती हैं, हमने देर तक यह जानने का प्रयास किया कि Le Verris des Maitris (''पुराने सिद्ध-पुरुषों की चमक'') क्या

होती है। अपने घने, सुन्दर बाग़ के किनारे गोलाकार लगे पत्थरों पर हम घेरा बनाकर बैठते। अन्त में हमने छोटी मारसेलीन द्वारा प्रस्तुत समाधान पर सहमति जताई; उसे अब इस धारणा में पहली बार एक पारदर्शी एकता दिखलाई दी, एक प्रकार का संलयन की जिसमें सब चीज़ें, अपनी मूल छवि को खोकर एक विशिष्ट व्यवस्था में एक-दूसरे के साथ-साथ लगा दी जाती हैं; यहाँ भी वही प्रकाश होता है जो एक दूसरे में परावर्तित, परिलक्षित होता है और संलयन की इस प्रक्रिया में वह एक भी शब्द भूला नहीं जाता जो इस संलयन का विरोधी होता है। फिर हम उसके द्वारा अत्यन्त ऊँची आवाज़ में उन कठोर परिभाषाओं को सुनने से पहले, काफ़ी देर से उस (धर्म-अनुशासन) को जानने के लिए भटक रहे थे जिसे हमें स्वयं मानना पड़ेगा। और हम अपने ऑगस्टाइन पन्थ में भी यह नहीं देख पाए और न ही उस मशीन की कार्य प्रणाली समझ पाए जिसने पैलेजियन्स को उनके सारे छद्मवेशों के बावजूद नष्ट कर डाला था, वे शान्त संकेत भी प्रायः गुप्त रहते थे जो हमें उस अभीप्सित और घृणित स्थान तक पहुँचा सकते थे—वह स्थान जो 'पुराने सिद्ध पुरुषों की चमक' कहलाता है। अविभाजित प्रकाश! अनुकम्पा की परत! तुम हमें वहाँ मिले जहाँ तुमसे मिलने की सबसे कम इच्छा थी : आकारों के कलात्मक खेल में और छवियों के खेल में। हमारे लिए यह दूरगामी खोज थी; और शायद यह भी कहा जा सकता है कि पोर्ट-रॉयल द चैम्प्स के विहार में पहली एक मौन दरार आई थी।

सेंट पीयरे का मठ (दे ऐबे द सेंट पीयरे)

मुझे ऐसा याद आता है कि पेरिस में यह 1687 को पतझड़ का मौसम था, जब प्रकृति अपने सभी रंगों को त्याग देती है और उन्हें कुछ दिन पानी सोखने देती है, उसके बाद वे गाड़ियों की लीकों में समा जाएँगे। मैं पूरे मनोयोग से संक्षिप्त ज्ञापन और उन प्रसिद्ध आदमियों की *खरखरी बातों के संयोजन* में लगा हुआ था, जिन तक पहुँच बनाने में मैं सफल हो गया था। मठ के अन्य वृद्ध आभाहीन सितारों की तुलना में मुस्यों पास्कल ने मुझे कहीं ज्यादा आकृष्ट किया और मैं उसके व्यवहार में उन संकेतों को जान लेने के लिए कृत संकल्प था, जो मुझे *विचारों* में अव्यवस्थित स्फुरणों को सही समझने में सहायता प्रदान करते। उन दिनों मैं प्लेस द यू पुई-ल'हरमीत में मुस्यों निकोले से भेंट करने प्रायः चला जाता था; उसकी वार्ता दो विषयों के बीच विभाजित रहती, लोगों द्वारा पसन्द किया जानेवाला मुस्यों द ट्रेवील, जिसके साथ सदैव ही कुछ महिलाएँ होती थीं, की स्मृतियाँ और मुस्यों पास्कल की स्मृतियाँ, जो मेरे लिए अधिक महत्त्वपूर्ण थीं। मुस्यों निकोले को मेरी इस लालच भरी रुचि का पता लग गया, और अपनी आँखों के चारों ओर फैली झुर्रियों को और भी गहन बनाते हुए, ताकि उसकी अभिव्यक्ति बिना आवाज़ बदले और प्रभावी हो सके, उसने कहा, "मेरे प्रिय ऐबे द

सेंट पीयरे! मुझे लगता है कि तुम्हारी उत्सुकता तुम्हारी पोल खोल देती है। इन महान लोगों की स्मृतियों की खोज में साफ़ है। तुम आत्मा के विषय में भी उसी तरह सोचते हो, जैसे बालक के रूप में तुम दरबार में अपने स्वागत का सपना देखते थे। आपको मुस्यों पास्कल के कठोर रवैये से अधिक भव्य कोई चीज़ नज़र नहीं आती। लेकिन आपने उसे कभी नहीं जाना, अतः आपके लिए उसकी छवि की कल्पना से आनन्द लेना व्यर्थ है। हाँ, एक चीज़ है जो कम-से-कम, तुम बिलकुल नहीं जानते : वह समुद्र के किनारे सीपियाँ इकट्ठी किया करता था।''

कश का विनाश

कश के बड़े साम्राज्य पर चार मेलेकों (राजाओं) का शासन था। पहला न्यूबिया में था, दूसरा हैबेश में, तीसरा कॉर्डोफ़ेन में और चौथा फॉर में।

कॉर्डोफ़ेन में नैफ्टा का नैप उनमें सबसे धनवान था। उसकी राजधानी हौफ्राटेन-नहस की ओर थी। सारे देश का सोना और ताँबा राजा के अधिकार में था। वहाँ से सोना और ताँबा न्यूबिया जाता था, जहाँ से पश्चिम के राजा लोग मँगा लेते थे। समुद्र पार से, पूरब के राजदूत वहाँ आते थे और दक्षिण में राजा बहुत से लोगों पर राज्य करता था, जो उसके लिए लोहे से विभिन्न प्रकार के अस्त्र-शस्त्र बना देते थे और उसके लिए गुलाम भी भेज देते थे। नैप के दरबार में ऐसे हज़ारों गुलाम मौजूद रहते थे।

नैफ्टा का नैप पृथ्वी पर सबसे धनवान व्यक्ति था। किन्तु संसार में रहने वाले सभी प्राणियों में उसका जीवन सर्वाधिक दुखी और अल्पकालिक था, क्योंकि नैफ्टा का प्रत्येक नैप अपने राज्य पर कुछ निश्चित वर्ष तक ही राज्य कर सकता था। उसके शासनकाल में प्रत्येक रात पुजारी नक्षत्रों का अध्ययन करते थे, बलि चढ़ाते थे और आग जलाते थे। वे अपनी प्रार्थनाओं और बलिदानों की एक भी सन्ध्या छोड़ नहीं सकते थे; अन्यथा दिव्य ग्रहों की गतिविधियाँ उनसे ओझल हो जातीं और उन्हें यह पता ही न लग पाता कि, नक्षत्रों के आदेशानुसार राजा को कब मारा जाना है। ये क्रम बहुत लम्बे समय तक चलता रहा। दिन-प्रतिदिन, वर्ष-प्रतिवर्ष, पुजारी नक्षत्रों का अध्ययन करते और उस दिन को पहचानने में लगे रहते जिस दिन राजा को मार दिया जाएगा।

राजा के मरने का दिन एक बार फिर आ गया। उन्होंने बैलों के पिछले पैरों पर उगे बालों के गुच्छे तोड़ डाले। राज्य में जलती सभी अग्नियाँ बुझा दी गईं। पुजारियों ने नई अग्नि जलाई और नए राजा को बुला भेजा। नया राजा अभी हाल ही में मारे गए राजा की बहन का बेटा था। नए राजा का नाम अक्फ था। उसी के शासनकाल में राज्य की प्राचीन रीति-नीतियाँ पूरी तरह हमेशा के लिए बदल दी गईं और लोग कहते थे कि यह बदलाव ही नैफ्टा के विनाश का कारण था।

नए नैप का पहला काम यह निर्णय करना था कि उसकी मृत्यु का उचित समय आ जाने पर कौन उसके साथ परलोक जाएगा। नैप अपने साथी अपने प्रियजनों,

बन्धु-बान्धवों में से चुनता था। कुछ समय पहले ही, दूर पूरब के एक राजा ने समुद्र पार से एक आदमी को नैफ़्टा भेजा था। यह आदमी कहानी सुनाने की कला के लिए प्रसिद्ध था। इस आदमी का नाम फार-ली-मास था। अतः नैप के दरबार में गुलामों के बीच फार-ली-मास भी पहुँच गया। राजा अक्फ ने उसे देख लिया था। और फार-ली-मास ने राजा अक्फ को खुश कर दिया। राजा अक्फ ने कहा, "यह मेरे साथ जाने वालों में पहला साथी होगा। मेरा अन्त आने में जितना भी समय बाकी है उसमें वह मेरा मनोरंजन अपनी कहानियों से करता रहेगा। और मेरी मृत्यु के बाद भी वह मुझे खुश करता रहेगा।"

राजा के इस निर्णय को सुनने के बाद भी फार-ली-मास भयभीत नहीं हुआ। उसने अपने मन में कहा, 'यही ईश्वर की इच्छा है।'

उन दिनों नैफ़्टा में ये रिवाज़ था कि आग निरन्तर जलती रहती थी, जैसा लोग अभी भी फॉर के दूर-दराज़ के इलाकों में करते हैं। पुजारी लोग आग को जलाए रखने के लिए हमेशा ही एक लड़का और एक लड़की चुनते थे; वे दोनों आग की रक्षा करते और पवित्र जीवन बिताते। उन्हें भी रिवाज़ के अनुसार मार दिया जाता था, किन्तु राजा के साथ नहीं, अपितु उस समय जब नई अग्नि जलाई जाती थी। जैसे ही पुजारियों ने राजा अक्फ के लिए नई अग्नि जलाई, उन्होंने राजा की सबसे छोटी बहन को अग्नि की रखवाली के लिए चुन लिया। उसका नाम था सली (उसे सब इसी नाम से पुकारते थे; वैसे उसका पूरा नाम सली-फू-हम्र था)। जब सली ने सुना कि उसे चुना गया है, तो वह डर गई। उसे मृत्यु से बड़ा डर लगा।

कुछ समय तक राजा ने सुख एवं सन्तोष का जीवन जिया क्योंकि वह अपने देश की सम्पन्नता और शान भोग कर रहा था। वह अपनी शामें अपने मित्रों और उन विदेशियों के साथ गुज़ारता था जो बाहर से नैफ़्टा में राजदूत नियुक्त होकर आए थे। किन्तु एक दिन ईश्वर ने उसके मन में यह विचार पैदा किया कि उसके आनन्द का प्रत्येक दिन उसे निश्चित मृत्यु के समीप ला रहा है। राजा यह सोचकर भयभीत हो गया। उसने इस विचार को अपने मन से निकालना चाहा किन्तु उसे सफलता नहीं मिली। राजा अक्फ बहुत गमगीन हो गया। तब ईश्वर ने उसके मन में दूसरा विचार उभारा कि वह फार-ली-मास को बुलाए और उसे एक कहानी सुनाने के लिए कहे।

फार-ली-मास को बुलाया गया। वह दरबार में आया। राजा ने कहा, "फार-ली-मास आज वह दिन है जब तुम्हें मुझे खुश करना है। मुझे एक कहानी सुनाओ।" "अभी लीजिए हुज़ूर।" फार-ली-मास ने उत्तर दिया और एक कहानी कहने लगा। राजा सुनने लगा। मेहमान भी सुनने लगे। राजा और मेहमान मदिरा पीना भूल गए। उन्हें जैसे साँस लेना भी याद न रहा। गुलाम सेवा करना भूल गए। फार-ली-मास की कहानी हशीश की तरह थी। जब कहानी ख़त्म हुई तो सब सुन्दर विस्मृति में डूबे हुए थे।

राजा अक्फ अपनी मृत्यु का विचार भूल गया था। वहाँ उपस्थित कोई भी यह न जान पाया कि फार-ली-मास सारी रात कहानी सुनाता रहा था। जब मेहमान आज्ञा लेकर चलने लगे, उस समय सूरज आसमान में काफ़ी ऊपर चढ़ आया था।

अगले दिन राजा अक्फ और उसके मेहमान शाम होने का बेसब्री से इन्तजार कर रहे थे ताकि फार-ली-मास कहानी सुनना शुरू करे। अब फार-ली-मास को हर रात एक कहानी सुनानी होती थी। फार-ली-मास की कहानियों की ख़बर सारे दरबार में, राजधानी में और पूरे देश में फैल गई। और हर बार, फार-ली-मास एक ऐसी नई कथा सुनाता था जो पिछली कहानी से बेहतर होती थी। हर रोज़ राजा उसे एक सुन्दर पोशाक भेंट करता, और दूसरे मेहमान और राजदूत उसे सोना तथा बहुमूल्य हीरे जवाहरात देते। जब वह शहर में से होकर गुज़रता तो गुलामों का एक बड़ा समूह उसके पीछे-पीछे चलता। लोग उसे प्यार करते। लोग अब उसके सामने अपना सीना खोल देते।

फार-ली-मास की अद्‌भुत कहानियों की ख़बर दूर-दूर तक फैल गई। सली को भी इस बात का पता लगा। उसने अपने भाई राजा के पास एक सन्देश भेजा, "मुझे भी एक बार फार-ली-मास की कहानियाँ सुनने दिया जाए।" राजा ने जवाब भेजा, "तुम्हारी इच्छा मेरे लिए आदेश है।" और सली आ गई। वह कहानी सुनना चाहती थी। फार-ली-मास ने सली को देखा; एक क्षण के लिए वह सब कुछ भूल गया। फार-ली-मास ने सिर्फ़ सली को देखा और सली ने सिर्फ़ फार-ली-मास को देखा। राजा अक्फ ने कहा "तुम कहानी क्यों नहीं कह रहे? क्या तुम्हें और कहानी नहीं आती?" फार-ली-मास ने जैसे जबदस्ती सली से अपनी नज़रें हटाईं और कहानी कहने लगा। शुरू में फार-ली-मास की कहानी उस हशीश की तरह थी जो सुनने वाले को हलका-सा उनींदा बनाती है; फिर यह उस हशीश की तरह हो गई जो सुला देती है और बेहोश कर देती है। कुछ ही समय बाद, राजा अक्फ और मेहमानों को नींद आ गई। किन्तु वे अपने सपनों में कहानी सुनते रहे और शीघ्र ही परम आनन्द में डूब गए। केवल सली ही अपनी आँखें खुली रख पाई। उसकी आँखें फार-ली-मास पर गड़ी हुई थीं। वे फार-ली-मास को पीती रहीं। फार-ली-मास का व्यक्तित्व पूरी तरह सली पर छा गया।

जब फार-ली-मास ने कहानी ख़त्म की तो वह उठ खड़ा हुआ। सली भी उठ खड़ी हुई। फार-ली-मास सली की तरफ़ बढ़ा। सली फार-ली-मास की तरफ़ बढ़ी। फार-ली-मास ने सली को गले लगा लिया। सली ने भी फार-ली-मास का आलिंगन किया और कहा, "हम मरना नहीं चाहते।" फार-ली-मास ने हँसकर सली की आँखों में देखते हुए कहा, "तुम्हारे अन्दर इच्छा है। मुझे रास्ता दिखाओ।" सली बोली, "अब तुम जाओ। मैं कोई रास्ता तलाश करूँगी। जब मुझे वह मिल जाएगा तो मैं तुम्हें ख़बर करूँगी।" सली और फार-ली-मास अलग-अलग हो गए। राजा और उसके मेहमान सोते रहे।

अगले दिन सली बड़े पुजारी के पास गई और पूछा, "यह फैसला कौन करता है कि पुरानी आग बुझा दी जाए और नई जलाई जाए?" पुजारी बोला, "ईश्वर फैसला करता है।" सली ने पूछा, "ईश्वर अपना फैसला हम तक कैसे पहुँचाता है?" पुजारी ने कहा, "हम हर रात नक्षत्रों को देखते, अध्ययन करते हैं। हम उन पर से एक पल को भी नज़र नहीं हटाते। हर रात हम चाँद को देखते हैं, हर रोज़ हम देखते हैं कौन से नक्षत्र उसके पास आ रहे हैं और कौन से उससे दूर जा रहे हैं। इस तरह हमें वह समय पता लग जाता है।" सली ने पूछा, "क्या आपके लिए हर रात यह करना अनिवार्य है? यदि एक रात आप आकाश की ओर न देखें तो क्या होगा?" पुजारी बोला, "यदि एक रात हम नहीं देख पाते तो हमें एक बलि चढ़ानी पड़ती है। यदि कई रात हम नहीं देख पाए, तब तो हम अपना रास्ता भटक जाएँगे।" सली ने कहा, "और आपको पता नहीं चलेगा कि आपको आग किस समय बुझानी है?" पुजारी ने कहा, "नहीं, तब हम अपना कर्तव्य पूरा नहीं कर सकेंगे?" सली ने कहा, "ईश्वर की लीला महान है। किन्तु उसकी सबसे बड़ी लीला आसमान में लिखा दैवीय लेख नहीं है। उसकी सबसे बड़ी लीला है पृथ्वी पर जीवन और यह मुझे पिछली रात महसूस हुआ।" पुजारी ने कहा, "तुम्हारा मतलब क्या है?" सली ने कहा, "ईश्वर ने फार-ली-मास को कहानी कहने की कला का उपहार दिया है, जैसा पहले किसी के पास नहीं रहा। यह आकाश लेख से ज्यादा बड़ा है।" बड़ा पुजारी बोला, "तुम गलत हो।" सली ने कहा "आप चाँद और सितारों को जानते हैं। क्या आपने कभी फार-ली-मास की कहानियाँ सुनी हैं?" बड़े पुजारी ने कहा, "नहीं, मैंने कभी नहीं सुनीं।" सली ने कहा, "फिर आप कैसे फैसला कर सकते हैं? मेरा विश्वास करो, आप सभी जब उसकी कहानी सुनेंगे तो नक्षत्रों को देखना भूल जाएँगे।" बड़े पुजारी ने कहा, "राजा की बहन यह तो आप आरोप लगा रही हैं?" सली बोली, "तो फिर साबित करो कि मैं ग़लत हूँ और आकाश लेख पृथ्वी के जीवन से बड़ा और ज़्यादा मज़बूत है।" पुजारी बोला, "मैं साबित करूँगा।"

बड़े पुजारी ने राजा अक्फ को एक सन्देश भेजा, "आज शाम पुजारियों को अपने महल में आने की इज़ाज़त दें और सूरज छिपने से चाँद निकलने तक फार-ली-मास की कहानी सुनने दें।" राजा अक्फ ने उत्तर भेजा, "मेरी सहमति है।" सली ने फार-ली-मास को सन्देश भेजा, "आज भी तुम वैसे ही कहानी कहना जैसी कल सुनाई थी। यही वह रास्ता है।"

जब शाम हुई तो राजा अक्फ ने अपने राजदूतों और मेहमानों को इकट्ठा कर लिया। सली आई और राजा के बराबर में बैठ गई। सारे पुजारी आए। उन्होंने अपने सीने खोले और ज़मीन पर झुक गए। बड़े पुजारी ने कहा, "इस फार-ली-मास की कहानियाँ ईश्वर की सबसे शानदार रचना होनी चाहिए।" राजा अक्फ ने कहा, "इसका फैसला आप स्वयं करें।" बड़ा पुजारी बोला, "हे राजन! यदि हम चाँद

निकलने के समय आपके महल से चले जाएँ तो हमें क्षमा किया जाए क्योंकि हमें अपना कर्तव्य पूरा करना होता है।'' राजा अक्फ बोला, ''जैसी ईश्वर की इच्छा हो वैसा करें।'' पुजारी बैठ गए। सभी मेहमान और राजदूत भी बैठ गए। पूरा दरबार भर गया। फार-ली-मास आगे आया। राजा अक्फ ने कहा, ''मृत्यु में मेरे साथी, कहानी शुरू करो।''

फार-ली-मास ने सली की ओर देखा। सली ने फार-ली-मास की ओर देखा। राजा अक्फ ने कहा, ''तुम कहानी क्यों नहीं शुरू करते। क्या सुनाने के लिए और कहानियाँ नहीं रहीं?'' फार-ली-मास ने सली से अपनी नज़र हटा ली। सूरज ढलते ही, फार-ली-मास ने अपनी कहानी कहनी शुरू कर दी। फिर उसकी कहानी हशीश की तरह थी जो सब पर छा जाती है और उन्हें अपने काबू में कर लेती है। फिर उसकी कहानी उस हशीश की तरह हो गई जो विस्मृति पैदा करती है। जब तक चाँद निकला, राजा अक्फ, उसके मेहमान और राजदूत नींद में खो गए, सारे पुजारी भी गहरी नींद में डूबने लगे। केवल सली जागती रही। वह अपनी आँखों से फार-ली-मास के होंठों से निकलने वाले, मीठे बनते जा रहे हर शब्द को पीती जा रही थी।

फार-ली-मास ने कहानी समाप्त की। वह उठ खड़ा हुआ। फार-ली-मास सली की ओर बढ़ा। सली फार-ली-मास की ओर बढ़ी। सली बोली, ''मुझे इन होंठों का चुम्बन लेने दें जिनसे ये मीठे शब्द बाहर आते हैं।'' उन दोनों ने एक-दूसरे के होंठों को ज़ोर से चूमा। फार-ली-मास बोला, ''मुझे इस रूप का आलिंगन करने दें, जिसे देखने मात्र से ही मुझे शक्ति मिल जाती है।'' और उन्होंने आलिंगन किया, उनकी बाँहें और पैर एक दूसरे में गुँथ गए; और वे उन सोने वालों के बीच में ही लेट गए, उन्हें बहुत आनन्द मिला कि मन बिछुड़ने की बात याद करके दुखी हो गया। किन्तु सली बहुत खुश थी। वह बोली, ''क्या तुम्हें रास्ता दिखलाई दिया?'' फार-ली-मास ने कहा, ''हाँ, मुझे दिख रहा है।'' वे चले गए। महल में केवल सोने वाले रह गए।

अगले दिन सली बड़े पुजारी के पास गई और कहा, ''अब मुझे बताओ : क्या मेरी बातों पर आपका हँसना सही था?'' पुजारी ने कहा, ''मैं आज तुम्हें उत्तर नहीं दूँगा। हम एक बार फिर फार-ली-मास से कहानी सुनने जाएँगे, क्योंकि कल हम ठीक से तैयार नहीं हुए थे।'' सली ने कहा, ''बहुत अच्छा।'' पुजारियों ने बलियाँ चढ़ाईं और अपनी प्रार्थनाएँ कीं। उन्होंने कई बैलों के पैर पर उगे बालों के गुच्छे तोड़े। दिनभर मन्दिर में लगातार प्रार्थनाएँ अबाध चलती रहीं। उस शाम सारे पुजारी राजा अक्फ के महल में लौट आए। सली अपने भाई राजा अक्फ के बगल में आ बैठी। शाम को फार-ली-मास ने फिर अपनी कहानी शुरू की। और पौ फटने से पहले ही सबके सब सुनने के आनन्दातिरेक में डूबकर सो गए। सोने वालों के बीच में सली और फार-ली-मास भी लेटे हुए थे, वे दोनों एक-दूसरे के होंठों से आनन्द चूस रहे थे,

उनके पाँव और बाँहें एक-दूसरे में गुंथ गए थे। और इस प्रकार यह क्रम रात-दर-रात, चलता रहा।

लोगों में, पहले फार-ली-मास की कहानियों की ख़बर फैली। फिर ये अफ़वाह कि रात में पुजारी लोग अपनी प्रार्थनाओं और बलियों में लापरवाही बरतने लगे हैं। हर एक का मन गहरी बेचैनी से भर उठा। एक दिन शहर का एक महत्त्वपूर्ण आदमी पुजारियों से मिला। महत्त्वपूर्ण आदमी ने पुजारी से कहा, "इस वर्ष की अगली दावत का आयोजन कब होगा? मैं एक यात्रा पर जाना चाहता हूँ किन्तु मैं दावत के समय तक वापस भी आना चाहता हूँ। दावत के दिन में कितनी देरी है?" पुजारी असमंजस में पड़ गया। उसने कई दिनों से चाँद और नक्षत्रों को ओर नहीं देखा था। उनके परिभ्रमण पथ के विषय में उसे अधिक कुछ मालूम नहीं था। पुजारी ने कहा, "एक दिन और प्रतीक्षा करो, फिर मैं आपको बतला सकूँगा।" महत्त्वपूर्ण आदमी ने कहा, "धन्यवाद! कल मैं फिर आपसे मिलने आऊँगा।"

बड़े पुजारी ने अपने साथी पुजारियों को इकट्ठा किया और पूछा, "पिछले दिनों आपमें से किसने नक्षत्रों की गति को देखा है?" किसी भी पुजारी ने उत्तर नहीं दिया, क्योंकि सारे पुजारी फार-ली-मास की कहानियाँ सुनने के लिए महल में रुके रहते थे। बड़े पुजारी ने फिर पूछा, "क्या तुम में से किसी एक ने भी नक्षत्रों के मार्ग या चाँद की स्थिति का अवलोकन नहीं किया?" सभी पुजारी मौन रहे, बाद में उनमें से एक पुजारी, जो बहुत बूढ़ा था, खड़ा हुआ और कहने लगा, "हम सब फार-ली-मास की कहानियों के आनन्द में डूबे थे। हममें से कोई भी आपको यह नहीं बता सकता कि भोज का आयोजन कब होना चाहिए, आग कब बुझाई जाएगी और नई आग कब जलेगी।" यह सुनकर बड़ा पुजारी काँप गया, उसने कहा, "यह सब कैसे हुआ? मैं लोगों से क्या कहूँगा?" बूढ़े पुजारी ने कहा, "ईश्वर की यही इच्छा है। किन्तु यदि यह फार-ली-मास ईश्वर द्वारा भेजा गया व्यक्ति नहीं है, तो उसे मार डालना चाहिए; क्योंकि यदि वह जीवित रहा और इसी तरह बोलता रहा, तो सब उसे ही सुनेंगे।" बड़े पुजारी ने कहा, "लेकिन मैं लोगों से क्या कहूँ?" सब चुप रहे। फिर वे चले गए।

बड़ा पुजारी सली के पास गया। उसने पूछा, "पहले दिन तुमने क्या शब्द कहे थे। सली ने उत्तर दिया, "मैंने कहा था ईश्वर की लीला अपार है। किन्तु उसकी सबसे बड़ी लीला आसमान में लिखा लेख नहीं है। यह पृथ्वी पर जीवन है।" तुमने मेरे शब्दों के लिए मुझे बुरा-भला कहा और कहा कि वे ग़लत थे। आज आप मुझे बतलाएँ क्या मैं झूठ बोल रही थी?" पुजारी ने कहा, "फार-ली-मास ईश्वर के विरुद्ध है। फार-ली-मास को मरना होगा।" सली ने कहा, "फार-ली-मास राजा अक्फ की मृत्यु में उसका साथी है।" पुजारी ने कहा, "मैं राजा अक्फ से बात करूँगा।" सली बोली, "ईश्वर मेरे भाई, राजा अक्फ में है। उससे पूछिए उसके विचार क्या हैं?" बड़ा पुजारी राजा अक्फ के पास गया, उसकी बहन सली उसके बराबर में बैठी थी। पुजारी ने

राजा अक्फ के सामने सिर झुकाया और कहा, "राजा अक्फ, मुझे क्षमा कर दीजिए।" राजा ने पूछा, "मुझे बतलाएँ आपके मन में क्या तकलीफ़ है?" पुजारी ने उत्तर दिया, "मुझे मृत्यु के समय अपने साथी, इस फार-ली-मास के बारे में बतलाएँ।" राजा ने कहा, "शुरू में ईश्वर ने मेरी मृत्यु के विचार मेरे मन में भेजे। मैं जानता था कि मौत समीप आ रही है और मैं भयभीत हो गया। तब ईश्वर ने मुझे इस फार-ली-मास की याद दिलाई, जिसे मेरे पास पूरब से, समुद्र पार से उपहार स्वरूप भेजा गया था। पहले विचार के साथ, ईश्वर ने मेरी बुद्धि को मलीन कर दिया। दूसरे के साथ, उसने मेरी आत्मा को शान्ति दी और मुझे तथा दूसरों को सुखी कर दिया। इसके लिए मैंने फार-ली-मास को कई परिधान दिए हैं। मेरे मित्रों ने उसे सोना और बहुमूल्य हीरे-जवाहरात दिए हैं। उसने उदारतापूर्वक लोगों को दान किया है। अब वह धनवान है, ऐसा ठीक भी है और लोग उसे तथा मुझे दोनों को प्यार करते हैं।" बड़े पुजारी ने कहा, "फार-ली-मास को मरना होगा। क्योंकि फार-ली-मास व्यवस्था भंग कर रहा है।" राजा ने कहा, "फार-ली-मास से पहले मैं मरूँगा।" बड़े पुजारी ने कहा, "ईश्वर इस समस्या का निर्णय करेगा।" राजा अक्फ ने कहा, "हाँ, यही ठीक है। इसे सब लोग देखेंगे।" बड़ा पुजारी चला गया। सली बोली, "राजा अक्फ, मेरे भाई, रास्ते का अन्त आ रहा है। तुम्हारी मृत्यु का साथी वह होगा जो तुम्हें जीवन के प्रति पुनः जागृत करता है, किन्तु मेरी माँग है कि वह मेरे जीवन की प्रसन्नता बने।" राजा अक्फ ने उत्तर दिया, "सली, मेरी बहन, तब तुम उसे ग्रहण करो।"

सन्देशवाहक सारे शहर में घोषणा करते हुए दौड़ते रहे कि आज शाम फार-ली-मास बड़े चौराहे पर सारी जनता से मुख़ातिब होगा। बड़े चौराहे पर, राजा के महल और पुजारियों के घरों के बीच, राजा के लिए परदों से ढका बैठने का स्थान बनाया गया। जब शाम हो गई तब चारों तरफ़ से आकर लोग वहाँ इकट्ठा होने लगे और उन्होंने एक घेरा बना लिया। लोग हज़ारों की संख्या में इकट्ठा हो गए। पुजारी आए और उन्होंने अपना स्थान ग्रहण किया। मेहमान और राजदूत आए और वे भी अपने-अपने स्थानों पर बैठ गए। सली परदों से घिरे स्थान पर राजा अक्फ के बराबर में आ बैठी। फार-ली-मास को बुलाया गया।

फार-ली-मास आया। फार-ली-मास के पीछे-पीछे उसके नौकर-चाकर आए। वे सभी शानदार कपड़े पहने हुए थे। फार-ली-मास के नौकर पुजारियों के पास बैठ गए। फार-ली-मास ने राजा अक्फ के सामने सिर झुकाया। फिर वह अपने स्थान पर बैठ गया।

बड़ा पुजारी खड़ा हुआ और उसने कहा, "फार-ली-मास ने नैफ्टा में व्यवस्था नष्ट कर दी है। आज रात वह यह दिखलाएगा कि क्या ऐसा ईश्वर की इच्छा से हुआ या कोई अन्य कारण था।" पुजारी बैठ गया। फार-ली-मास खड़ा हुआ। उसने सली की आँखों में देखा। फिर फार-ली-मास ने वहाँ से अपनी नज़रें एकदम हटा लीं और

जनसमूह की ओर देखा। फार-ली-मास ने पुजारियों की ओर देखा। उसने कहा, "मैं ईश्वर का एक सेवक हूँ और मैं मानता हूँ कि ईश्वर मनुष्यों के हृदय में बसने वाली बुराई से घृणा करता है। आज रात निर्णय ईश्वर करेगा।" फार-ली-मास ने अपनी कहानी शुरू की। फार-ली-मास के मुँह से निकलने वाले शब्द शहद की तरह मीठे थे। जिस प्रकार गर्मी की पहली बारिश सूखी धरती में समा जाती है, उसकी आवाज़ सुनने वालों में समाती चली गई। फार-ली-मास के मुँह से मुश्क और अगरबत्ती की खुशबू से भी मोहक सुगन्ध बाहर आ रही थी। फार-ली-मास का सिर रात के अँधेरे में मशाल की तरह चमक रहा था।

शुरू में फार-ली-मास की कहानी उस हशीश की तरह थी जब यह जागरण को सुखद बना देती है। फिर ये कहानी ऐसी हशीश बन गई जो सपनों को मादक बना देती है। सवेरा होने के आसपास फार-ली-मास की आवाज़ ऊँची हो गई। जैसे मनुष्यों के हृदय में नील नदी उमड़ती है, उसके शब्द उसी प्रकार उमड़ते गए। यदि कुछ के लिए उसके शब्द शान्ति लाए, तो कुछ के लिए उसके शब्द मृत्यु के दूत अज़रायल, की तरह डरावने थे। कुछ लोगों के हृदय आनन्द से भर गए, तो कुछ के हृदयों में आतंक व्याप्त हो गया। जैसे-जैसे सवेरा नज़दीक आता गया वैसे-वैसे उसकी आवाज़ अधिक शक्तिशाली होती गई और लोगों के अन्दर गूँजने लगी। जैसा युद्ध में होता है, लोगों के हृदय एक-दूसरे के विरुद्ध उबलने लगे। वे एक-दूसरे के विरुद्ध, तूफ़ानी रात में आसमान में कड़कते बादलों की तरह, क्रोधावेश में आ गए। क्रोध की चमक आक्रोश की गाज से टकराने लगी। जैसे ही सूरज ऊपर चढ़ा फार-ली-मास की कहानी ख़त्म हो गई। लोगों के भ्रमित दिमाग़ अवर्णनीय आश्चर्य से भर उठे। क्योंकि जब जीवित लोगों ने अपने आसपास देखा तो उनकी नज़रें पुजारियों पर पड़ीं। सब पुजारी ज़मीन पर पड़े हुए थे, वे मर चुके थे।

सली उठकर खड़ी हुई। सली आकर राजा के सामने झुक गई। सली कहने लगी, "राजा अक्फ, मेरे भाई! परदा एक तरफ़ कर दो। स्वयं को अपने लोगों के सामने लाओ, और स्वयं बलि दो। क्योंकि ये लोग, ईश्वर के आदेश पर, अज़रायल द्वारा मार डाले गए हैं।" सेवकों ने सिंहासन से परदा हटा दिया। राजा अक्फ खड़ा हुआ। वह पहला राजा था जिसे नैफ्टा के लोगों ने देखा था। राजा अक्फ उगते हुए सूरज की तरह सुन्दर और तेजवान था।

लोगों में खुशी की लहर दौड़ गई। एक सफ़ेद घोड़ा सामने लाया गया। राजा उछलकर उसकी पीठ पर सवार हो गया। उसके बाईं ओर उसकी बहन थी, सली-फू-हम्र और दाईं ओर था फार-ली-मास। राजा घोड़े पर मन्दिर पहुँचा। मन्दिर के अन्दर राजा ने एक फावड़ा लिया और पवित्र धरती में तीन गड्ढे खोदे। उसने उनमें तीन बीज डाल दिए। राजा ने पवित्र धरती में दो गड्ढे और किए। सली ने उनमें दो बीज डाले। और तुरन्त ही पाँचों बीज लोगों की आँखों के सामने अंकुरित हो गए और

बढ़ने लगे। दोपहर होते-होते पाँचों पौधों की बालियाँ पक गई थीं। शहर के सभी आँगनों में पिताओं ने बड़े-बड़े बैलों के खुरों के बाल नोंचे। राजा ने आग बुझा दी। शहर के सभी पिताओं ने चूल्हों की आग बुझा दी। सली ने नई आग जलाई और कुँवारी कन्याएँ इसमें से कुछ आग लेने के लिए चली आईं।

उस दिन के बाद से नैफ्टा में कभी कोई नहीं मारा गया। नैफ्टा के राजाओं में राजा अक्फ वह पहला राजा था जो लम्बी उम्र तक जीवित बना रहा जब तक ईश्वर ने उसे नहीं बुला लिया। जब राजा अक्फ की मृत्यु हुई तो फार-ली-मास उसकी जगह राजा बन गया। उसके शासन में नैफ्टा सुख-शान्ति के शिखर पर तथा अपनी परिणति पर पहुँच गया। एक बुद्धिमान और न्यायी राजा के रूप में अक्फ की प्रसिद्धि जल्दी ही सब देशों में फैल गई। सब राजकुमारों ने उसे उपहार भेजे और अपने चतुर आदमियों को सीखने के लिए उसके पास भेजा। सारे बड़े व्यापारी नैफ्टा शहर में आ बसे। पूर्वी समुद्र में राजा अक्फ के कई जहाज़ थे जो नैफ्टा के उत्पादों को दुनिया के हर हिस्से में पहुँचाते थे। नैफ्टा की खानें इतना सोना और ताँबा नहीं पैदा कर पाती थीं कि सारी दुकानें भरी रहें। राजा अक्फ के बाद जब फार-ली-मास गद्दी पर बैठा, तो देश की खुशी सबसे शिखर पर थी। उसकी ख्याति पूर्वी सागर से लेकर पश्चिम समुद्र तक सब देशों में फैल गई। किन्तु जैसे-जैसे उसका यश बढ़ा, ईर्ष्या ने लोगों के हृदय में अपनी जड़ें जमा लीं। जब फार-ली-मास की मृत्यु हुई तो पड़ोसी देशों ने सन्धियों का उल्लंघन किया और नैफ्टा पर आक्रमण कर दिया। नैफ्टा को हरा दिया गया। नैफ्टा को नष्ट कर दिया गया, महान साम्राज्य टुकड़े-टुकड़े हो गया। बर्बर लोगों ने इसे रौंद डाला। लोग सोने और चाँदी की खानों को भूल गए। शहर ग़ायब हो गए। नैफ्टा के गौरवशाली समय का कुछ नहीं बचा। रह गईं तो फार-ली-मास की कहानियाँ जिन्हें वह अपने साथ पूर्वी समुद्रों के पार से लेकर आया था।

यह कश के विनाश की कहानी है। इसके अन्तिम बचे बेटे फॉर की भूमि पर रहते हैं।

कश के भग्नावशेषों के बीच

1912 के प्रारम्भ में लियो फ्रोबेनियस अपने पाँचवें अफ़्रीकी अभियान पर निकल पड़ा। वह अभी हाल ही में अफ़्रीका से लौटा था। मुझे टाइरॉल में अपनी नन्ही बेटी, पत्नी और अपने भाई को गले लगाने के लिए सिर्फ़ तीन दिन चाहिए थे; और उसके तुरन्त बाद सीधे अफ़्रीका वापसी, किन्तु इस बार इसके पूर्वी हिस्सों की ओर।

सुएज़–पोर्ट सूडान–ख़ारतूम–अल ओबेद...।

''लो हम यहाँ पहुँच गए। एक बार फिर हम खुशी में तैर रहे हैं।'' वह हौफ़्राट-एन-नहस की लुप्त खानों का रास्ता ढूँढ़ रहा था। वह अल ओबेद में उस वक्त पहुँचा जब लॉर्ड किचनर और सर रैजीनाल्ड विनगेट के सम्मान में शानदार आयोजन की तैयारियाँ चल रही थीं। फ्रोबेनियस को इसकी आशा नहीं थी, उसके दिमाग़ में कुछ भिन्न ही समस्याएँ थीं। क़िन्तु ''फॉर का महान व्यक्ति'' इन आनन्दोत्सवों के लिए ''राजदूत और उपहार और अन्य विभिन्न चीज़ें'' अल ओबेद भेज चुका था। वास्तव में 'विभिन्न'। उदाहरण के लिए एक बहुत बूढ़ा ऊँट हाँकने वाला, जिसका नाम अराच बिन हसुल था, जो अपने दिल में पुराने ज़माने की बेहद शानदार दास्तानें लिए हुए था; कश या नैफ्टा की कहानियाँ! मेरे दोस्त, अब तुम भी अपने कान लगा रहे हो, क्या नहीं? बिलकुल पागलपन है। एक ट्रे में सजाकर बस आधा घंटे से कुछ अधिक समय में हज़ारों सालों की बुद्धिमत्ता आपके सामने परोस दी गई है। इन मामलों पर हमारे विचार-विमर्श के बाद, तुम निश्चय ही तुरन्त समझ जाओगे कि इस सबका मेरे लिए क्या मतलब है : यदि मिथकों का बूढ़ा वाहक हमें यह बतलाता है कि ऐसा कैसे हुआ कि पूर्व के एक राजा ने नैफ्टा के दरबार में एक सन्देशवाहक भेजा जिसने शानदार कहानियाँ सुनाईं और राज्य का स्वरूप बदल डाला। सुदूर पूर्व का राजा, समुद्र के उस पार से। यह तो हिन्द महासागर में कोई जगह होनी चाहिए। क्या यह सम्भव है कि भविष्य में हम हिन्द महासागर को कश महासागर के नाम से पुकारने लगे तो हमें सही माना जाए?

और इस तरह ऊँट हाँकने वाले अराच बिन हसुल ने कश के विनाश की दास्तान सुनाई। ''दुनिया भर के देशों से राजदूत और प्रतिनिधि सम्मान प्रकट करने आए। उनमें फॉर के निवासी भी थे। अपने शानदार ऊँटों के कारण वे लोगों के बीच अलग

ही दिखलाई दे रहे थे, यहाँ तक कि ऊँटों की एक दौड़ भी आयोजित की गई थी। एक बहुत चतुर बूढ़ा इन रेस में दौड़ने वाले ऊँटों की देखभाल के लिए ओबेद आया था; यही अराच बिना हसुल था, जो कोर्डोफ़ेन की प्राचीन ताँबा गिल्ड का वंशज था। उस देश में बहुत दिनों से लुप्तप्राय, अन्तिम वंशज दार फॉर में रहते थे...। इस आदमी का अपना ज्ञान बाँटने का ढंग स्वयं इससे कम असाधारण नहीं था। सात दिन तक वह दूसरे लोगों के बीच बैठा रहा, उन लोगों के बीच जो कहानियाँ कहते थे, के मेरे चारों ओर इकट्ठा हो गए थे। सात दिन तक वह औरों के साथ बैठा हुआ कॉफी की चुस्कियाँ लेता रहा। सात दिन तक उसने आते समय अभिवादन या जाते समय सलाम के अलावा एक भी शब्द नहीं बोला। प्राचीन मामलों के बारे में किसी सवाल के लिए उसका एक ही जवाब होता, "मुझे नहीं मालूम।" सात दिन तक वह बैठा रहा और इस खंड में दर्ज (फ्रोबेनियस के 'एटलांटिस' का चौथा भाग, जिसमें कश के विनाश की कहानी पहली बार प्रकाशित हुई) कहानियों को पूरे ध्यान से सुनता रहा, किन्तु सुनने के अलावा किसी भी और तरह उसने अपनी उपस्थिति का भान नहीं होने दिया।

किन्तु जब आठवाँ दिन आया, तो वह खड़ा हो गया और अपने मुँह पर हाथ फिराकर बोला, "मुझे कुछ बोलना है।"

उसके बाद वह *अंगरेब* से नीचे उतरकर, ज़मीन पर बैठ गया और उसने कॉर्डोफ़ेन के कहानी कहने वालों से पूछा, 'क्या आपको मालूम है कि आप *तालिब* से क्या कह रहे हैं? आपको नहीं मालूम। मालूम होना आसान थोड़े ही है।' फिर उसने रेत में एक लाइन खींची और कहा, 'यह फॉर है।' उसने दूसरी लाइन खींची और कहा, 'ये नैफ्ट है। फॉर नैफ्ट का बेटा था।' उसने एक और लाइन खींची और कहा, 'यह हैबेश है। नैफ्ट हैबेश का बेटा था।' उसने चौथी लाइन खींची और कहा, 'यह कश है। हैबेश और उसका भाई मस्र कश के बेटे थे। कश कॉर्डोफ़ेन का *महदी* था। वह बहुत दूर से आया था, समुद्र के पार से। जो कहानियाँ आप कह रहे हैं वे कश के वक्त की दास्तानें हैं, और इन कहानियों में एक और कहानी है लेकिन आप इसे नहीं समझ पाएँगे, क्योंकि उन दिनों हर चीज़ आज की चीज़ों से अलग थी। आज तो कॉर्डोफ़ेन में यहाँ-वहाँ कुछ पेड़ हैं, मगर उस वक्त बहुत से पेड़ थे। आज तो कॉर्डोफ़ेन के खेतों में कुछ पैदा नहीं होता, मगर उस वक्त वे उपजाऊ थे। आज कॉर्डोफ़ेन में बहुत कम बारिश होती है; उस वक्त ज़्यादा होती थी। इस समय कार्डोफ़ेन में कम गाँव हैं और वे भी छोटे हैं; उस वक्त बड़े शहर थे, जैसे मिस्र में हैं उनसे भी बड़े। अब कॉर्डोफ़ेन में ऐसा कोई नहीं है जो ताँबा और सोना, लोहा और पीतल का काम करता हो, उस वक्त दुनिया का सारा ताँबा, सारा सोना और सारा पीतल कॉर्डोफ़ेन से आता था। उस वक्त बड़े-बड़े *मेलेक,* बड़े राजा कॉर्डोफ़ेन पर राज करते थे और सारे देश उन *मेलेकों* के लिए तोहफ़े लाते थे। आपकी दास्तानें उस ज़माने से चली

आ रही हैं और एक दास्तान है जो बतलाती है कि कहानियाँ कैसे कही जाती थीं। लेकिन आप इसे नहीं समझ पाएँगे।''

वर्षों बाद, फ्रोबेनियस ने अराच बिन हसुल की बातों पर विचार किया था : कहानी कहने वाले ने यह कहकर शुरुआत की कि फॉर (दार फॉर का पहला अमीर फॉर था) नैफ्ट का बेटा था और बाद वाला हैबेश (अबीसीनिया) का बेटा था, किन्तु वह और उसका भाई मस्र (मिस्र) कश के बेटे थे। नैफ्ट या नपाटा में आज पहले मालिक को पहचानना मुश्किल नहीं है जो न्यूबिया (जो बहुत पहले, मीरो के वक्त में अपनी बुलन्दियों पर था) का पहला अमीर था। फिर भी यह बड़ा अजीब लगता है कि कश को (जिसका नाम लेते ही मिस्रियों और तोराह के बरबस कशवासियों की याद आ जाती है) को कॉर्डोफ़ेन का अमीर बतलाया जाता है, इसलिए यह उस क्षेत्र की बात है जहाँ से सभ्यता विदा हो चुकी है और जो अब खानाबदोश लुटेरों का इलाका कहा जाता है। हालाँकि इन लुटेरों में बहादुरी की परम्परा के कुछ चिह्न आज भी मिलते हैं।'' अलओबेद, कॉर्डोफ़ेन का सबसे बड़ा शहर, वह जगह थी, जिसमें फ्रोबेनियस ने कश के विनाश की कहानी सुनी थी। वहाँ लोग घंटों कॉफी हाउसों में बैठे हुए कीमतों और फ़सलों की बातें करते रहते। लगता था उनके लिए इनके अलावा किसी और चीज़ का अस्तित्व ही नहीं है और न ही लगता है कि उनकी नीरस बातचीत से पहले किसी दूसरे विषय पर चर्चा होती हो। मैं अफ्रीका के किसी ऐसे प्रदेश में नहीं गया जहाँ का कुदरती नज़ारा एक-सा हो और पुराने ज़माने के बारे में इतना कम बतलाता हो जैसा नील नदी का बीच वाला प्रदेश। और न ही मैं ऐसे लोगों से मिला हूँ जिनमें चीज़ों की गहराई में देख पाने की क्षमता ही नहीं है—व्यापक रूप से ऐसे शान्त और उदासीन कि यह सवाल भी न कर सकें कि वे कहाँ से आए हैं और उन्हें कहाँ जाना है।'' किन्तु एक दिन, एक अपारदर्शी परदे द्वारा अतीत के समय से अलग हुए इस वीराने में कहानियों की नई साँस आई, एक नया झोंका। वह साँस 'पूरब के कश' से समृद्ध अरब से और शायद इससे भी दूर से, शायद भारत के पश्चिमी किनारों से आई। एक दिन यह परम्परा से राजा की हत्या के सिद्धान्त को लेकर आई और आई कश के विनाश की कहानी और *एक हज़ार एक रातों* की खुशबू लेकर।

वर्षों बाद, फ्रोबेनियस ने इतिहास के उस चरण पर विचार किया जिससे कश के विनाश की कथा जुड़ी है : ''कश के विनाश की गाथा केवल अतीत की, सुदूर अतीत की हो सकती है। यह चीज़ों की उस अवस्था की स्मृति है, जो बहुत पहले लुप्त हो गई—उन दिनों की स्मृति जब पूर्ण आत्मनिग्रह को समर्पित लोग, जो कभी-कभी आत्मदाह के बिन्दु तक पहुँच जाते थे, नक्षत्रों की नियति 'निर्धारित' करते थे। किन्तु यह उस काल की नहीं है जब यह विचार फल-फूल रहा था; अपितु तब की है जब यह विचार मिटता जा रहा था—जब लोगों में भावना कमज़ोर हो गई थी और वे

अवधारणाएँ बनाने की आवश्यकता के सामने, अपनी सजीवता की बलि चढ़ाकर, समर्पण करते जा रहे थे। कुल मिलाकर, गाथा में पहले ही एक प्रस्तुतीकरण है। *ऐतिहासिक क्या* है यह विचार अस्तित्व में आ चुका था। यह रचना एक ख़ास ढंग से उस प्रक्रिया को दर्शाती है जिसके द्वारा सभ्यता के क्षेत्र के निर्णायक अंशों ने स्वयं को शेष अन्य से अलग कर लिया था और लौकिक अपवित्रता में प्रवेश कर गए थे। यह बिलकुल अलग एक अनोखी रचना है और मैं विश्व साहित्य में ऐसी किसी दूसरी रचना का उदाहरण नहीं दे सकता।''

यह है कहानी एक दुनिया से दूसरी दुनिया में जाने की, एक व्यवस्था से दूसरी व्यवस्था में—और दोनों के ही विनाश की। यह कहानी है व्यवस्था की दुर्बलता की, प्राचीन व्यवस्था और नई व्यवस्था दोनों की। उनके निरन्तर विनाश की कहानी।

शहरजाद और फार-ली-मास : उनकी कहानियाँ मृत्यु को स्थगित तो कर देती हैं, किन्तु उसे निलम्बित नहीं करतीं। जिसे वे निलम्बित करती हैं वह है मृत्युदंड।

जोसेफ द मैस्त्रे नैफ्टा के पुजारियों में से एक है।

जब लोग सितारों का अभिनय करते थे, तो एक काली पट्टी से उनका गला घोट दिया जाता था।

कानून की अनुपालना अकेले एक व्यक्ति से हो सकती है। बलिदान के लिए दो प्रजाजन चाहिए। इस कारण हम कानून में बलिदान का दूसरा (बाह्य) पक्ष स्वीकार करते हैं। स्वभाव से अतिविशिष्ट होने के कारण बलिदान केवल कहानी कहने में परिणत हो सकता है, कहानी कहना, जो इसे एक संकट में, जिसमें दोनों शामिल हैं, इसे पराजित कर देता है। कहानी सुनाना अतिविशिष्ट में भी अतिविशिष्ट है, रहस्य का भी रहस्य : यह हमें सिखाता है कि चक्र के बाहर कैसे रहा जा सकता है, शब्द के हशीश जैसे निलम्बन में। यह जीवन का वह रास्ता है जो बलिदान की हार के बाद प्रकाश में आता है, किन्तु ये बलिदान के हाव-भाव (संकेत) को हर हाव-भाव में हलके-फुलके रूप में बनाए रखता है। किन्तु यह कश को बचाने के लिए पर्याप्त नहीं है; सच तो यह है कि यह इसके विनाश की प्रक्रिया को और भी तेज़ कर देता है। पुजारियों की कई पीढ़ियाँ नक्षत्रों को देखकर राजा का गला घोंटती रहीं; नैफ्टा के बरबाद होने से पहले, कई वर्षों तक नैफ्टा के निवासी फार-ली-मास के शब्दों की याद में जीते रहे। ''नैफ्टा के गौरवशाली वर्षों में से कुछ भी नहीं बचा सिवाय फार-ली-मास की कहानियों के जो वह पूर्वी समुद्र से परे के देशों से अपने साथ लाया था।''

दूर से देखने पर, फार-ली-मास और सली एक नई व्यवस्था के नायकों जैसे लगते हैं, व्यवस्था, जो बलिदान के विरुद्ध विद्रोह पर आधारित थी। नज़दीक से देखने पर,

फार-ली-मास और सली उसी बलिदान के तत्त्व हैं जो बलिदान के दूसरे तत्त्वों को पराजित कर देते हैं। वे बल और स्वरों को बदल देते हैं। वे एक अप्रत्याशित तरीके से मिलन और निष्कासन, पवित्र बन्धन और हत्या के मिश्रण की गुत्थी को सुलझा देते हैं। कहानी को रक्तपाती बलिदान का स्थानापन्न करने में सफल होने के लिए अपने में कुछ ऐसा चाहिए जो *सोम* से कम शक्तिशाली न हो। *सोम* वैदिक बलिदान का रहस्यपूर्ण पदार्थ और फार-ली-मास का शब्द *सोम* है। पवित्र बन्धन सली और फार-ली-मास के मिलन में दर्शाया गया है, "सोने वालों के बीच में बाँहों और टाँगों का एक-दूसरे में उलझा होना।" बलिदानी निष्कासन दर्शाया गया है पुजारियों की मृत्यु में, जो कठिन परीक्षा में फार-ली-मास के शब्दों द्वारा मार डाले गए। रक्तपाती बलिदान से बचने के लिए, मो-ये और कान-सियांग की प्राचीन बलिदानी कहानी के पात्रों का रूपान्तरण फार-ली-मास और सली में हो गया है।

"कान-सियांग और मो-ये, नर और स्त्री, दो तलवारें थीं। वे पति और पत्नी भी थे। दोनों लुहार थे।

"दो तलवार बनाने का ऑर्डर मिलने पर, कान-सियांग, तलवार बनाने के काम में लग गया; किन्तु तीन महीने की कोशिशों के बावजूद, वह धातु को पिघला न सका। जब उसकी पत्नी, मो-ये ने उससे असफलता का कारण पूछा, तो शुरू में तो उसने टालमटोल कर दी, लेकिन जब वह अपने सवाल पर अड़ी रही और उसे उस सिद्धान्त की याद दिलाती रही जिसके अनुसार पवित्र सामग्री (धातु) को अपने रूपान्तरण के लिए एक आदमी के बलिदान की ज़रूरत पड़ती है। तब कान-सियांग ने उसे बतलाया कि उसका उस्ताद किस प्रकार धातु को पिघलाने में, भट्ठी में अपने साथ *अपनी पत्नी को* डालने के बाद ही सफल हुआ था। मो-ये बोली कि यदि उसका पति धातु पिघलाने के लिए अपना शरीर भट्ठी में डालने को तैयार है तो वह भी अपना शरीर देने को तैयार है।

"मो-ये एक अच्छी पत्नी थी। दोनों में से एक तलवार को अपना नाम देने की सामर्थ्य में वह अपने पति से कम योग्य नहीं थी। उसकी भक्ति, श्रद्धा अटूट थी। किन्तु यह उस सीमा तक नहीं कि उसका शरीर तत्क्षण राख हो जाए। महान यू, टी'आंग और चिओऊ के ड्यूक की भाँति, पति और पत्नी ने अपने बाल और अपने नाखून काटे। फिर उन्होंने *एक साथ,* कटे हुए नाखून और बाल भट्ठी में डाल दिए। सम्पूर्ण को देने के लिए उन्होंने अंश दे दिए।

"जैसे ही दम्पती ने अपनी भक्ति का काम आगे बढ़ाया, यिन और यांग ने पिघलाने में सहायता करने में *अपने साँस मिलाकर एक कर दिए* : धौंकनियों को चलाने में तीन सौ कुमारियों और युवाओं ने, *सब कुँवारे थे,* हाथ बँटाया।

"एक अन्य लेखक भी यही संख्या बतलाता है : तीन सौ। उसके अनुसार केवल कुँवारी कन्याएँ ही हवा का बहाव पैदा करने के लिए बुलाई गई थीं।

"कथा के एक अन्य संस्करण के अनुसार, मो-ये ने *अकेले* ही निष्ठा का कार्य सम्पन्न किया। उसने स्वयं को भट्ठी में झोंक दिया। यह पवित्र मिलन की कहानी थी, भट्ठी के देवता के साथ *शादी।*"

कटे हुए नाखून और बाल भट्ठी में डालने की चीनी विडम्बना, बलिदान के मूल स्वरूप को नहीं छिपाती : पवित्र मिलन और आत्महत्या। चतुर पिघलाने वाले सली और फार-ली-मास बलिदान के तत्त्वों को अलग-अलग कर देते हैं। वे सोने वालों के बीच में यौन-क्रिया में लिप्त होते हैं, शब्द का परदा उनका रक्षक है। इस कठिन परीक्षा में ये पुजारियों को मार डाले जाने देते हैं, उन पर प्रहार होने देते हैं, मानो वे उस तलवार से मारे गए जिसे बनाने में बलिदान सहायता करता है। पुजारियों के निर्जीव शरीर उन पति-पत्नी की देहों का स्थान ले लेते हैं जो भट्ठी में स्वाहा हो जाती हैं, मानो ये मो-ये और कान-सियांग के कटे हुए नाखून और बाल थे।

सली और फार-ली-मास पुजारियों को इसलिए हरा पाए क्योंकि वे जगे रहते हैं, वह कहानी कह रहा है और सली सुन रही है। जागृति की हर चीज़ अपने स्थान से हटकर शुद्ध रूप में आ गई है। बलिदान की प्राचीन व्यवस्था में, जिस खूँटे से बलिदेय को बाँधा जाता था उसका अस्तित्व मन में होता था और दुनिया में होता था। और उन दोनों के बीच कोई भी अन्तर अस्वीकार्य था। अब हर चीज़ अदृश्य हो जाती है : कहानी बलिदानी भेंट है। पुरानी व्यवस्था से विरोध दृष्टिगोचर रहता है, क्योंकि अन्तिम शिकार पुजारी हैं। बलिदान विशुद्ध जागृति में समा गया है।

रक्तपाती बलिदान व्यवस्था जो आसमान में नक्षरों पर निर्भर करती है और लगावहीन जीवन व्यवस्था जो फार-ली-मास की कहानियों से बोलती है और जो बाद में इतिहास में वेश बदलकर छिप जाएगी—नैफ्टा में संघर्ष इन दोनों के बीच होता है। फार-ली-मास संघर्ष जीत लेता है—और इसके साथ ही इतिहास प्रारम्भ हो जाता है। किन्तु यह ऐसी विजय है जो बहुत थोड़ी देर तक रहती है, जो प्रजाजनों के एक युगल की विजय है। फार-ली-मास और सली। वास्तव में, दोनों ही व्यवस्थाएँ नष्ट होने के लिए अभिशापित हैं।

फार-ली-मास बलिदान का विरोधी नहीं है : जब अक्फ घोषणा करता है कि उसने कहानी कहने वाले को 'मृत्यु में अपना साथी' चुना है तो फार-ली-मास भयभीत नहीं होता। जो डरती है वह सली है—विजयी ऐन्टीगॉन और अफ्रीकी यूरीडाइस और फार-ली-मास सली में एक 'इच्छा' पहचान लेता है जो एक नया 'रास्ता' खोज रही है। फार-ली-मास की कहानी कहने की विशेष प्रतिभा जो लहरों की तरह उठती है और सुनने वाले को नशे की अवस्था तक ले जाती है, 'आकाश लेख' का स्थान ले लेती है, जो प्रकृति की बढ़त को और बार-बार की जाने वाली राज-हत्या को नियन्त्रित करता है। जैसा सली ने पुजारी से कहा था 'पृथ्वी पर जीवन' ने—दोलित, परिवर्तनशील और फार-लो-मास की कहानियों की तरह ही बिना किसी पूर्ण-निर्धारित व्यवस्था

के—'आकाश लेख' की तुलना में स्वयं को कहीं 'बड़ी' रचना के रूप में दर्शाया है। सली का 'रास्ता' एक अमिट कथन है : "उस दिन के बाद से, नैफ्टा में किसी दूसरे को नहीं मारा गया।"

"यदि हम एक रात नहीं देखते, तो हमें बलि चढ़ानी पड़ती है," नैफ्टा के पुजारी कहते हैं। पुजारी आसमान की ओर देखते हैं, वहाँ बलिदान का चिह्न पढ़ने के लिए। और जब वे आकाश को नहीं पढ़ पाते तो वे बलि देते हैं। बलिदान अन्त है और बलिदान ही साधन भी है। जो पढ़ा जाता है वह बलिदान है और जो पढ़ लेने देता है वह भी बलिदान ही है। पुरानी व्यवस्था का यही जीवन्त चक्र है।

बलिदान से जो बच जाता है वह युगल प्रजा है, ठीक वैसे ही जैसे बलिदान बनाने की परम्परा को स्थापित करने वाला भी युगल था। अक्फ केवल फार-ली-मास के कार्य द्वारा ही, जो उसकी 'मृत्यु का साथी' था, बच सका है, उपनिषद् के उस पक्षी की भाँति जो सोचता रहता है, यहाँ कहानियाँ कहता है और फार-ली-मास केवल सली की सहायता से ही बच पाता है, जो 'रास्ता' ढूँढ़ निकालती है। पवित्र बन्धन दो युगल प्रजाजन की मुहर है।

दिन में नहीं, अपितु रात में दुनिया की वर्तमान अवस्था, नक्षत्रों की स्थिति का अवलोकन करके देखी जा सकती है और फार-ली-मास अपनी कहानियाँ रात में सुनाता है। पुजारी, जिनका काम जागते रहकर आकाश के विषय में विचार करना है, फार-ली-मास द्वारा उच्चारित शब्दों के प्रभाव में आकर उस समय नींद में डूब जाते हैं जिस समय फार-ली-मास की नज़र सली की नज़र से मिलते ही विशुद्ध जागृति में बदल जाती है। इन दो रेखाओं में, नींद से निगरानी और निगरानी से नींद के बीच में हम इतिहास को साँस लेते देखते हैं।

कड़ी परीक्षा में पुजारियों की मृत्यु उतनी ही भव्य है जितना फार-ली-मास के बाद नैफ्टा का त्वरित और भयंकर विनाश। ईर्ष्यालु पड़ोसी राजा लोग नैफ्टा पर कब्ज़ा कर लेते हैं और इसे बरबाद कर देते हैं, क्योंकि इस दौरान नैफ्टा व्यापार का एक सम्पन्न केन्द्र बन गया था। कहने को और कुछ नहीं है। उन अभिदर्शनों के बीच जो मनुष्यों के हृदयों को नील नदी की भाँति फुला देते हैं, पुरानी व्यवस्था समाप्त हो गई है।

कई हज़ार लोगों द्वारा बनाए गए बलिदानी चक्र के केन्द्र में जब पुजारी शिकार बन गए, तो राजा के सामने पड़ा परदा उठा दिया गया। अन्तिम बलिदान के फल वे पौधे हैं जो पुजारियों की मृत्यु के बाद अक्फ और सली ने लगाए थे और जो तुरन्त ही अंकुरित हो उठे। राजा के सामने से परदे का उठाया जाना यह चिह्न है कि अब वे प्रकट विशिष्टता की व्यवस्था में पदार्पण कर चुके हैं; अब वे संरक्षित नहीं रहे, अब उन्हें घटनाओं के तेज़ी से हो रहे परिवर्तन के हवाले कर दिया गया है।

कश का विनाश राजा अक्फ की मृत्यु के बाद होता है और अन्त तक अक्फ बलिदान की परम्परा प्रक्रिया को बनाए रखता है, हालाँकि वह अपना बलिदान नहीं

करता। दूसरी ओर फार-ली-मास बलिदान नहीं दे सकता। वह न तो राजा है और न पुजारी; वह तो अन्तिम राजा का *दूसरा पक्ष* है। अक्फ के साथ ही राजा मर जाते हैं और संघर्ष में पुजारियों का अन्त अनिवार्य है। वह राजा, जिसका बलिदान नहीं दिया गया, आख़िरी राजा है; वह अपना जीवन किसी उत्तराधिकारी के हाथ में नहीं सौंप सकता। यह स्थिति आधुनिक स्थिति के ठीक विपरीत है। पहला राजा लुई XVI जिसका बलिदान किया गया (चार्ल्स प्रथम को विशुद्ध अनुयायी का पद प्राप्त नहीं है), राजा शाही सम्प्रभुता के अन्त को चिन्हित करता है।

फार-ली-मास के साथ नए प्रकार की सत्ता-शक्ति की शुरुआत हुई : शब्द की सत्ता, जो रक्त की सत्ता के बाद आई। यह ऐसी सत्ता है जो किसी धार्मिक विधि या कर्मकांड के अनुसार नहीं मारती, अपितु ऐसी अव्यवस्था से मारती है जो बहुत तेज़ी से और अपराजेय रूप में आती है। फार-ली-मास के शब्द बलिदान का स्थान ले लेते हैं; उस बलिदान की भाँति, जिसमें अनुपालना करा लेने की शक्ति तो है, किन्तु इसमें चक्र की अवधि तय करने की शक्ति नहीं है। समय अब किसी लगावहीन खाली बहाव के बीच लोलित झूला मात्र है और शब्द के नशे में निलम्बन बनकर रह गया है। फार-ली-मास के शब्द अपनी निजी शक्ति में जीवित हैं, किन्तु वे नक्षत्रों की स्थिति प्रतिबिम्बित नहीं कर सकते।

फार-ली-मास मृत्यु को स्थगित करने में सफल होता है। यह जब भी आएगी, रक्तपात भरा बलिदान नहीं होगी, अपितु यह कश का छिपा हुआ और पेचीदा विनाश होगी। फिर भी कुछ चीज़ उस बरबादी में भी बची रहती है : उसके शब्द। पुजारियों के शासन में कुछ भी नहीं बच सकता था। ईश्वर का हाथ सारे साम्राज्य को चुपचाप नष्ट कर देता था। किन्तु अब एक आवाज़ कश के विनाश की कहानी कहती रहती है।

कश की गाथा हमें सिखाती है कि बलिदान विनाश का कारण है और यह कि बलिदान की अनुपस्थिति भी विनाश का कारण बनती है। समकालिक और विरोधी सत्यों का यह जोड़ा एक अलग और दुर्बोध सत्य की ओर संकेत करता है, जो नीरवता में निहित है : समाज विनाश है। और इस दुर्बोधता से एक चिह्न किसी अन्य और आगे की ओर संकेत करता है, कोई चीज़ आधारशिला पर है : समाज विनाश है क्योंकि इसमें दुनिया की आवाज़ गूँजती रहती है—इसकी अविरल, भक्षक गुन-गुन।

कहानी कहने में एक तत्त्व है जो मर्त्य फैसलों का गहरा विरोधी है, जो इसके ज़बरदस्ती वाले पक्ष से बच निकलता है, जो गिरते हुए चाकू को साफ़ धोखा देता है। कहानी कहना आगे जाना है और पीछे मुड़ना है, आवाज़ में एक लहरनुमा गति, लगातार सीमाओं को मिटाते रहना, तेज़ भालों से साफ़ बच निकलना।

कश का विनाश साहित्य का प्रारम्भ है। *सोम* मधुरता का प्रारम्भ है।

कश का विनाश फार-ली-मास की कहानियों में से एक है।

फार-ली-मास की कहानियों में *सोम* जैसा प्रभाव है : ये बलिदान मधु, इसके फल जैसा काम करती हैं। बलिदान का मधु फैलाकर, फार-ली-मास रक्तपाती बलिदान को पराजित कर देता है। किन्तु वह मधु उसी के साथ समाप्त भी हो जाता है : क्योंकि नक्षत्र चक्र को तिलांजलि दे दी गई है, अतः अब *सोम* की निश्चितता शेष नहीं है। अब यह एक अनिश्चित उपहार है। फार-ली-मास की मृत्यु के बाद नैफ्टा का अन्त विनाश में होगा। इतिहास के बंजर और उत्सुक शरीर को पोषण देने के लिए केवल इसकी कहानियाँ रह जाएँगी। फार-ली-मास के किसी उत्तराधिकारी के बारे में कुछ भी नहीं कहा गया है। ऐसा करना साहित्य में प्रवेश करना होगा।

"चाऊ का राजा फ़ैन के राजुकुमार के साथ बैठा था। (चर्चा में) एक बिन्दु पर चाऊ के राजा के दरबारियों ने ख़बर दी कि फ़ैन का राज्य पूरी तरह ख़त्म हो गया। फैन के राजकुमार ने चाऊ के राजा से कहा, 'मेरे राज्य का विनाश इसके अस्तित्व को बरबाद करने के लिए काफ़ी नहीं है।' यदि फ़ैन का विनाश इसके अस्तित्व को बरबाद करने के लिए काफ़ी नहीं था, तो चाऊ का अस्तित्व चाऊ को बनाए रखने के लिए काफ़ी नहीं होगा। चीज़ों पर इस परिप्रेक्ष्य में विचार करने पर हम स्पष्ट देखते हैं कि फ़ैन का राज्य यह घोषणा नहीं कर सकता था कि वह बरबाद हो गया है, ठीक उसी तरह जैसे चाऊ का राज्य स्वयं को सुरक्षित नहीं कह सकता था।"

बलिदान के तत्त्व

बलिदान अपराध का प्रायश्चित नहीं कराता, जैसा पाठ्य-पुस्तकें कहती हैं। बलिदान अपराध है—एकमात्र अपराध।

बलिदान स्वयं प्रकट होने वाला अपराध है। यह हत्या को आत्महत्या में रूपान्तरित कर देता है। यह हमें हत्या को ऐसे परिप्रेक्ष्य से देखने योग्य बनाता है जिसमें तिरोहित होता हुआ बिन्दु आत्महत्या है—एक बिन्दु जो इतनी दूर है कि हम स्वयं को सभी वस्तुओं के प्रारम्भ को देखता हुआ पाते हैं। जहाँ हमारा सामना दिव्य आत्महत्या यानी सृष्टि से होता है।

बलिदान का आधार इस तथ्य में है कि हममें से प्रत्येक एक नहीं, दो हैं। हम एक घनी और एकसार ईंट नहीं हैं। हममें से प्रत्येक *उपनिषदों* की वे दो चिड़ियाँ हैं जो ब्रह्मांडीय वृक्ष की शाखा पर बैठी हैं: एक कुछ खाती है और दूसरी उसे खाते हुए देखती है। बलिदानी युक्ति का रहस्योद्घाटन यह है कि बलिदाता और शिकार एक नहीं, दो व्यक्ति हैं—हमसे सम्बन्धित, हमारी दुहरी दृष्टि से सम्बन्धित चमचमाता हुआ अन्तिम रहस्योद्घाटन है।

इतिहास का सार इस तथ्य में है कि मनुष्यों ने काफ़ी समय तक दूसरे प्राणियों को मारा और उन्हें एक अदृश्य शक्ति को समर्पित कर दिया, किन्तु एक बिन्दु के पश्चात् वे मारते तो गए पर उन्हें किसी को समर्पित नहीं किया। क्या वे भूल गए थे? या उन्होंने यह मान लिया कि सम्मान दर्शाना व्यर्थ है? या वितृष्णा के कारण वे इसकी भर्त्सना करने लगे? इन सभी कारणों का इस मुद्दे से सम्बन्ध है। बाद में, केवल मारने के अलावा कुछ नहीं रह गया।

सृष्टि प्रथम शिकार का शरीर है। सृष्टि-रचना में देवत्व अपने टुकड़े करता है और अपने एक भाग को त्याग देता है। इसके पश्चात्, देवत्व अपने कटे हुए अवयव को केवल आवश्यकता के हाथों में पड़े हुए देख सकता है।

नहुआत्ल में *क्वैचकोटोमा* (Quechcotoma) के दोनों ही अर्थ हैं : ''किसी का सिर काट लेना'' और ''अपने हाथ से अनाज की एक बाली तोड़ लेना।'' बलिदान के प्रारम्भ के पीछे वास्तव में, भाव यही है कि 'तोड़ लेने' का प्रत्येक कर्म 'मारने' का भी कार्य है—कि किसी चीज़ को जड़ से उखाड़ने या किसी चीज़ को उससे अलग

करने का काम जिससे यह जुड़ी है (और यदि हम एक कड़ी से दूसरी पर जाते हैं, ये फिर *समस्त* ही है), मारने की क्रिया ही है। किन्तु यदि जीवन को आगे बढ़ाते चलना है, तो जीवन की माँग है कि कोई चीज़ तोड़ ली जाए। एक विशाल, नाज़ुक और अत्यन्त महीन संजाल (नेटवर्क) में, जहाँ घाव के खुलते ही इसका गड्ढा स्वयं को *सब* से जोड़ लेता है, बलिदान में सन्निहित है उखाड़ना, प्रथम निर्लिप्ति तथा प्रारम्भिक *डिसीशियो* (decisio) (जो क्रिया Caedo से बना है, जिसका अर्थ बलिदानी शिकार को उसका रक्त बहाकर मारना है)। अनाज की एक बाली को तोड़कर उठा लेना सम्भव है, किन्तु शक्ति का सर्वोच्च संग्रह तभी होता है जब 'बाली तोड़ने' का अर्थ एक आदमी को मारना होता है। केवल एक तने को उखाड़ना नहीं, अपितु एक 'पत्थर तितली' (जैसा कि वे प्राचीन मैक्सिको में कहा करते थे) का प्रयोग ज़मीन पर सीधे पड़े शिकार के अभी भी धड़कते हृदय को धड़ से अलग करने के लिए करना। जब कोई व्यक्ति उस सारे संजाल को तोड़ डालता है जो हृदय को सारे शरीर से जोड़े होता है, तो वह छह या सात लीटर रक्त में नहा जाता है। यह जीवन की बहुतायत है, जिसका आश्वासन केवल उस रक्त में ही सदैव के लिए दिया गया है।

वैदिक ऋषियों को भी, अज्तेक पुजारियों की भाँति, अस्थिर अथवा आकस्मिक का तीव्र भान था। इसके पहले कि सूरज रुक जाए, इसके पहले कि प्रत्येक वस्तु *अहि बुधन्य* में, "उस सर्प में जो आकाश की गहराइयों में रहता है," निराकार अनन्त में, अन्धकार पर अन्धकार में खो जाए, समय के प्रत्येक क्षण को बलपूर्वक छीनकर अलग कर देना आवश्यक था—हिंसापूर्वक, निरन्तर लगे रहकर, बलिदान के सही रूप का प्रयोग करके काटना, तोड़ लेना ज़रूरी था।

अज्तेक लोग निरन्तर युद्ध करते रहते थे, किन्तु उनके युद्ध विजय की इच्छा से प्रेरित नहीं थे। उनके लिए युद्ध केवल एक तरकीब थी जिसके द्वारा उन्हें कैदी मिल जाते थे, जो बाद में बलिदानी शिकार बन जाते थे। कुछ विद्वानों की गणना के अनुसार यह संख्या बीस हजार प्रतिवर्ष थी। बलिदान के सन्दर्भ में युद्ध एक उप-उत्पाद था। जब बलिदान का संस्थागत रूप समाप्त हो गया, तो ये अधीनस्थ शक्ति, यानी युद्ध में सिमट गया। अगस्त, 1914 में बलिदान की समस्त सार्वजनिक पूजा विधियों को बक्सा खोलकर एक बार फिर बाहर निकाल लाया गया। रक्तरंजित छवियों पर से धूल साफ़ कर दी गई और उन्हें घरों तथा समाचार-पत्रों में ध्यान का केन्द्र बना दिया गया। जबकि इसके विपरीत द्वितीय विश्वयुद्ध के दौरान केवल एक शब्द, 'नरसंहार' पर ज़ोर देना काफ़ी था।

परीक्षण करना भी बलिदान है, जिसके अन्दर से समस्त अपराध भाव बाहर निकाल फेंका गया है। बलिदानी पिरामिड, जहाँ बलिवेदी के गर्म पत्थर रक्त में सराबोर हैं, एक विशाल बूचड़ख़ाना बन जाता है, जो किसी अज्ञात, अवर्णित सामान्य शहरी पड़ोस से होता हुआ दूर तक फैला है।

शिकागो के बूचड़खाने, हमारे विश्वविद्यालयों की प्रयोगशालाएँ, जिनके गलियारों में काटे गए मेंढकों की दुर्गन्ध भरी हुई है और रेगिस्तानों में हमारे छद्म-आच्छादित ऊर्जा संस्थान एक ही पंथ के स्थान हैं। वे हिंसक हस्तक्षेप द्वारा ऊर्जा वितरित करते हैं, ऐसे निर्णयों द्वारा जिनसे सब कुछ कार्य-प्रक्रिया में केन्द्रित हो जाता है, ताकि उनकी नियन्त्रण करने की क्षमता सदैव ही श्रेष्ठ बनती रहे। क्या वैदिक ऋषियों ने भी यही बात नहीं कही थी कि "सही होना, यथार्थता बलिदान है?" नियन्त्रण जितना सम्पूर्ण होगा, उतनी ही सम्पन्न वह सामग्री होगी जो विकसित की जानी है; जितनी घनी ऊर्जा निःसृत होगी, उतना ही अनियन्त्रणीय परिणाम होगा।

टेक्नोलॉजी में, *अभिशापित अंश, अग्नि वाला अंग,* परीक्षण की असीम छीजन (रद्दी) बन गया है, और अज्ञात देवता को समर्पित है, जो अज्ञात का देवता है। और जैसा बलिदान में होता है, यह अनुक्रमणीय रूप से विनष्ट अंग (भाग) ही है जो भावी जीवन की गारंटी है। केवल वही अनुसन्धान, जो अँधेरे में किया जाता है, जो अज्ञात के क्षेत्र में आगे बढ़ता है, इस प्रक्रिया को पर्याप्त पोषण दे सकता है। परीक्षणात्मक शोध की *सीमाओं* से सम्बन्धित विवादों से अधिक हास्यास्पद और कुछ नहीं है। मानो वह जो सीमाओं के उन्मूलन पर आधारित है, *सम्पूर्ण* से कम की सीमा-रेखाओं में, स्वयं को नकारे बिना, समाया जा सकेगा। ऐसे विवाद कुछ मूर्ख और अविश्वासी पुजारियों द्वारा अपने पन्थ के कठोर, अनुशासन-प्रिय, स्वामियों के विरुद्ध भड़काए जाते रहे हैं, मानो एक ब्राह्मण ने इस मान्यता पर सन्देह व्यक्त करने का साहस दिखाया हो कि देवता बलिदान माँगते हैं।

कोई भी ऐसा कार्य है, जिसमें एक बलि कर्म करने वाला कर्म के दौरान अपने विषय में सोचता रहता है। शिकार, भेंट, वही है जो (काम को) करता है। बलिदान देने वाली वह आँख है जो उसके विषय में सोचती है। इस प्रकार कोई भी कार्य बलिदान हो सकता है। वास्तव में, आदिम समाज को, इसके कार्यरूप में, 'निरन्तर बलिदान' करते रहनेवाले समुदाय की तरह विचारा जा सकता है—इस वाक्यांश को रेनी ग्वेनॉन ने गढ़ा, और इसका ऐसे प्रयोग किया मानो इसका अर्थ पारदर्शी और स्पष्ट हो : "चूँकि बलिदान श्रेष्ठतम कर्मकांडीय क्रिया है, सभी अन्य कार्यों का स्वभाव भी इस जैसा ही है और वे किसी-न-किसी रूप में इसमें जुड़े हुए हैं, ताकि यह किसी भी पारम्परिक समाज के सामान्य ढाँचे को निर्धारित कर सके। इस कारण, हम कह सकते हैं कि इस प्रकार के समाज में प्रत्येक चीज़ वास्तव में निरन्तर बलिदान ही है।"

वैदिक बलिदान का भव्य भवन—मन्दिरों का वह मन्दिर जहाँ हर ईंट अपने में एक बोरोबुदूर (अति विशाल मन्दिर) है, जहाँ के गुप्त गलियारे बाहर से न दिखाई देनेवाले, उभरे हुए चित्रों से सज्जित हैं—अपनी सारी अभिभूत सम्पुष्टियों के पीछे, सन्देह के स्थान को छिपाने में अक्षम अपर्याप्त हैं, यह बलिदान किए जानेवाले अश्व

की सही-सलामत त्वचा पर बनाए गए छोटे से घाव को नहीं छिपा सकता। सन्देह का केन्द्र शिकार का (वह) अस्तित्व है जो *यजमान* बलिदाता का स्थान ले लेता है। प्रजापति के दिव्य बलिदान का एकमात्र उत्तर बलिदाता की आत्महत्या होगा। किन्तु इसके स्थान पर, शिकार का मारा जाना इसका उत्तर बन जाता है। "विजयी अश्व, अपने विचारों को देवत्व की ओर लगाता हुआ, अपनी बलि के लिए चला गया" और किसी ने उसे पुनः आश्वस्त कर दिया, "कि कुल्हाड़ा तुम्हारे शरीर को दीर्घकालीन हानि नहीं पहुँचाएगा।" बलि के शिकार की स्वीकारोक्ति के प्रति यह चिन्ता कुछ रहस्योद्घाटन करती है, क्योंकि इसके पीछे मान्यता है कि बलि के लिए शिकार की स्वीकारोक्ति शायद न हो। किन्तु यहाँ मामला किसी प्राचीन धोखाधड़ी से परदा उठाने का नहीं है, उस तरह का जो कि *प्रबोधन* के सभी उपादानों को तुष्ट किया जाए, जो केवल छोटी-से-छोटी बुराई (और सबसे छोटी अच्छाई) को समझने में सक्षम हैं। यदि बलिदान के स्थान पर कम-से-कम दो प्राणी उपस्थित हैं—एक शिकार और दूसरा वह जो रस्से से उसका गला घोटता है—तो ऐसा इसलिए है कि मस्तिष्क में पहले ही स्थानापन्न हो चुका है। उस मनमाने निर्णय को बताने की क्रिया में, जो एक चीज़ को नष्ट कर उसके स्थान पर दूसरी चीज़ रखता है, आदिकालीन, प्रथम हत्या सन्निहित है, बलिदान जिसका पर्दाफ़ाश भी करता है और जिसे ठीक करने की चेष्टा भी करता है। यह सब क्या है? समरूपताओं का निरन्तर नवीकृत होता आवरण, एक अकेले अक्षर, अकेले पद को हर बार दिए जाने वाले नए अर्थ : कुल मिलाकर यह शब्द द्वारा पैदा किए गए अत्यन्त छोटे छिद्र के चारों ओर बुने जाने वाले बाने को सुधारने का विशाल प्रयत्न है, मानसिक छवि का वह प्रयास जो एक उपस्थिति को मिटाकर उसके स्थान पर एक अनुपस्थिति का आह्वान करती है, ऐसे संकेत द्वारा जो किसी चीज़ के स्थान पर कुछ और रख देता है। इस अन्तराल के ऊपर एक और भव्य भवन खड़ा कर दिया गया है, जो वैदिक बलिदान के बिलकुल विपरीत है, जो अपने अविरल विस्तार में लगता है इसका पूर्वाभास और इसे छिपाने की क्रिया, दोनों हैं। ऐसा तब तक होता रहता है जब तक कि एक चक्र इसे, इसके वर्तमान रूप में, हमारे अन्दर और हमारे चारों ओर खड़ा नहीं कर देता।

यह तथ्य कि प्रकृति पुनरावृत्तियों द्वारा, समय की श्वास क्रिया में दुलराई जाती है, दर्शाता है कि यह एक बलिदानी वस्तु है। संसार देवत्व द्वारा स्वयं से अलग किया गया देवत्व का ही एक भाग है, जिसे अपने ही नियमानुसार रहने की स्वतन्त्रता है और अब इसे देवत्व की मौज के अनुसार रहना ज़रूरी नहीं है। किन्तु देवत्व और सृष्टि के बीच अदृश्य कड़ी अभी पूरी तरह टूटी नहीं है। देवत्व अपने संसार को वापस ले सकता है और एकदम पाशविक तरीके से इसमें हस्तक्षेप भी कर सकता है : यह व्यवस्था को मिटा सकता है, नक्षत्रों को वापस आने से रोक सकता है। इसीलिए लोग बलिदान देते हैं : उसी कड़ी के सहारे, जहाँ यह पवित्र पाइप से निकलने वाले धुएँ की

लकीर बन (जाती) है, उसी के सहारे मानव-भेंट प्रकट होती है—जीवन का वह अंश जिसे तब तक जीने नहीं दिया जाता जब तक वह उसी आकाश द्वारा पुनः न समाहित कर लिया जाए जहाँ से वह नीचे उतरा था। संसार के अंश को देवत्व को समर्पित करके बलिदान करने वाला चाहता है कि देवत्व संसार का शेष भाग उसके लिए छोड़ दे और इसमें मनमाने और अनियन्त्रणीय ढंग से हस्तक्षेप करना बन्द कर दे। बलिदान कर्ता देवत्व से दुनिया को उपयोग करने की आज्ञा भी चाहता है। अतः बलि क्रिया के समाप्त हो जाने का पहला परिणाम तो यह होगा कि संसार को बिना किसी प्रतिबन्ध के, बिना किसी सीमा के और इसके किसी भाग को किसी अन्य को समर्पित किए बिना प्रयोग किया जाएगा। किन्तु यहाँ भी अन्त फिर से प्रारम्भ से जा मिलता है, प्रतिबिम्ब की भाँति और इसलिए यह (अन्त) उलट जाता है : एक बार बलिदान घुल गया तो संसार अनजाने ही पलटकर एक बड़ा बलिदानी वर्कशाप बन जाता है। अब केवल एक ही कथन है कि सारी व्यापक अनिश्चितता के बीच इस पर सन्देह करने की हिम्मत कोई नहीं दिखा सकेगा क्योंकि इसे (बलिदान को) आत्मसात् कर लिया गया है और स्पष्ट हो चुका है : यानी, संसार तभी तक जीता है जब तक यह पैदा करता है। यह वही स्पष्ट सत्य है जिसे *ऋग्वेद* स्वीकार करता है जब वह कहता है कि संसार तभी तक जीता है जब तक यह बलिदान करता है। जैसे प्रारम्भ में, देवत्व केवल स्वयं का बलिदान कर सकता था, क्योंकि अन्य कुछ का अस्तित्व था ही नहीं, उसी प्रकार अब संसार, दूसरे अन्य नामों के अन्तर्गत, स्वयं अपना बलिदान अपने लिए करता है, क्योंकि देवत्व तिरोहित हो गया है। अब अनायास बलिदाता *साध्य* से मिलते-जुलते हैं, ''देवताओं से पहले के अस्पष्ट देवता'' जिनका बाद में इसलिए पतन हो गया ''क्योंकि वे स्वयं को बलिदान से ऊँचा समझने लगे थे।'' किन्तु एक शक्ति का पतन इसलिए भी हो सकता है क्योंकि वह मानती है कि बलिदान को म्यूज़ी दि ल-होम (Musie de L' homme) (राजनीति के अजायबघर) के एक कमरे में कर दिया गया है।

यदि उद्योग एक बलिदानी वर्कशाप है, तो *नवीन* के सम्मानपूर्ण मूल्य में बलिदानी भस्म की गन्ध सन्निहित है। इसे पैदा करने के लिए ईंधन सामग्री की अज्ञात मात्रा जला दी गई है। *नवीन,* शिकार का वह भाग है जिसे देवताओं ने अपने प्रीतिभोज में छुआ भी नहीं है। देवता तो बहुमूल्य *प्रोटोटाइप* (मूल उत्पाद) का भक्षण करते हैं, और मनुष्यों के लिए उसकी अनन्त प्रतिकृतियाँ छोड़ देते हैं। इस प्रकार उद्योग की आधारशिला है पुनः उत्पादकता। किन्तु हर सिने-अभिनेता एक नक्षत्र समूह है, अधि-पंजीयन देवताओं द्वारा भक्षण कर लेने के उपरान्त जिसे आकाश में समाहित कर लिया गया है।

बाहर से देखने पर, अ-प्रबुद्धों के कार्यों, यद्यपि वे कर्मकांडीय परिपाटी का पालन करते हैं, और प्रबुद्धों के कार्यों में किसी भी तरह अन्तर नहीं किया जा सकता। वे

उन्हीं हाव-भावों का प्रयोग करते हुए खाते हैं, लड़ते हैं, बलिदान करते हैं और एक-दूसरे का आलिंगन करते हैं। केवल एक अदृश्य अन्तर है कि प्रबुद्ध लोग अपने कर्मफल के प्रति *विरक्त* होते हैं। *भगवद्‌गीता* के अनुसार, कर्म तो प्रबुद्ध एवं अप्रबुद्ध सभी को समान रूप से ही करना होता है। ऐसा इसलिए है, सर्वप्रथम कर्म हम सबके अन्दर हर क्षण होता रहता है ["हम कभी भी, एक क्षण के लिए अनचाहे कर्म किए बिना नहीं रहते : हम उन गुणों (त्रिगुणात्मक प्रकृति) के कारण कर्म करने के लिए बाध्य हैं, जिनसे (हमारी) प्रकृति बनी है।"] उस समय भी, जब हम पूरी तरह स्थिर होते हैं, तब भी हम साँस लेते रहते हैं; साँस लेने में भी हम बलि भेंट कर रहे हैं; और बलि भेंट देने में हम संसार भेंट कर रहे हैं। दूसरे, हम कर्म करने के लिए इस कारण विवश हैं क्योंकि, यदि हमारे कर्म *ऋत्*, यानी व्यवस्था का (बलिदानी कर्म की भाँति) अनुपालन कर रहे हैं, तो इससे वैश्वीय व्यवस्था ('इस प्रकार चक्र चलता है') का चक्र चलने में सहायता मिलती है। यदि हम अपने कर्म के प्रति जाग्रत हुए बिना भी कर्म करते रहते हैं, तब भी हम चक्र के घूमने में सहायक होते हैं—किन्तु उस दिशा में जहाँ यह हमें वापस उसी स्थिति की ओर ले जाता है : "यदि मैंने अपना कर्म नहीं किया तो संसार धराशायी हो जाएँगे। मैं स्वयं ही विश्वव्यापी भ्रम पैदा कर दूँगा और इस प्रकार संसारों के प्राणी विनष्ट हो जाएँगे।" हिन्दू ऋषि स्पष्ट आतंक के रूप में, अन्तरहीन स्थिति की ओर वापस लौट जाने की भयावह सम्भावना को देखा था और इसी में शेष संकट सन्निहित हैं। इसके साथ ही वह यह भी जानता था कि आवश्यक कर्म, भले ही यह चैतन्य हो, तब तक मुक्तिदायी नहीं हो सकता यदि इसमें वह रहस्यमय तत्त्व—*अनासक्ति*—नहीं है। ऋषि ने कर्म को उच्चतम अर्थ प्रदान किया और ज़ोर देकर कहा कि इसके निरन्तर समर्थन के बिना संसार किसी भी समय लुप्त हो सकता है। किन्तु इसके साथ ही उन्होंने इस बात पर भी ज़ोर दिया कि व्यक्ति को *अनासक्ति* के द्वारा स्वयं को कर्म से अलग कर लेना चाहिए।

(मनुष्य के सामने) सदैव ही *कर्म का मार्ग* और कर्म के प्रति *जाग्रति का मार्ग* खुला है। बाद वाला जो विशिष्ट है, चित्रित म्यान की तरह कर्म के मार्ग की पूर्व कल्पना करता चलता है, जो बाह्य है। सारा ज्ञान कर्म के प्रति जाग्रति का मार्ग अपनाने पर बल देता है—विचार का, ज्ञान का मार्ग। इस मार्ग तक पहुँचने का सिद्धान्त *उपनिषदों* में बार-बार आता है "जो इस प्रकार जानता है।" इस प्रकार उन दो व्यक्तियों के बीच विशाल और अलक्ष्य दूरी बन जाती है, जिनमें से एक जो इस प्रकार काम करता है और दूसरा, जो काम तो उसी प्रकार करता है किन्तु "जो इस प्रकार जानता है।" आज हम बलात् विशिष्टता की स्थिति में पड़े हुए हैं, क्योंकि कर्म का मार्ग मिटा दिया गया है, क्योंकि किसी एक क्षण में किए जानेवाले ख़ास काम की अब ज़रूरत नहीं रह गई है : सारे कार्य हर क्षण किए जा रहे हैं और उनकी अभिव्यक्ति को एक ही साथ संग्रह या उनके अनन्त सह-प्रदर्शन के रूप में देखा जा

रहा है। विशिष्ट को यहाँ सबसे बड़े जोखिम का सामना करना पड़ता है : अब सब बातों को जानने का एक ही मार्ग, विशिष्ट मार्ग रह गया है और बहुत से लोग विशिष्ट ढंग से सोचते हैं किन्तु वे जानते नहीं कि वे ऐसा सोच रहे हैं। यह सबसे बड़ी बुराई है, सबसे बड़ी चुनौती और उलट जाने की खीझ है, ऐसा हास्य-प्रसंग जिससे होकर सारी ज्ञेयता को गुजरना पड़ रहा है और कभी-कभी तो इसे अज्ञानता का छद्म-वेश धारण करना पड़ता है ताकि इसे पकड़ा न जा सके। किन्तु इसके साथ-ही-साथ विशिष्ट को आज एक असाधरण चुनौती, जो सदैव ही छिपी रही है किन्तु अब उभरकर ऊपर आ गई है, और हर चीज को ज्ञान के समर्थन के रूप में (चित्रित म्यान) ले रही है। अपनी ओर आकृष्ट कर रही है : इनमें कर्म वही नहीं है जो बलिदान के कर्मकांड, तिथिक्रम और चक्र की व्यवस्था के अन्तर्गत आते हैं। सारे फैलाव को, सारे विखंडन को समर्थन के रूप में ले लेना। यह नाज़ुक, चकरा देनेवाली संक्रान्ति *वन* के *सिद्धान्त* का आह्वान करती है : जो वैदिक ग्रन्थों का सबसे साहसिक भाग है जिसमें ये संकेत किया गया है कि, चूँकि बलिदान ही सब कुछ है, हम वास्तव में इसे समाज में करने से बच सकते हैं। इसके विपरीत हम जंगल में प्रतीक्षा करते रहें और अपने शरीर-विधान में, हमारे साँस लेने में भी, हर क्षण इसे होते हुए देखें, बिलकुल उसी तरह जैसे आज हर चीज़ को उत्पादन और उपभोग के चक्र में एक क्षण के रूप में वर्णन किया जा सकता है।

ऐसा कहा जाता है कि विनियम का मूल बलिदान में है; किन्तु विनिमय तो एक नियत सेट (समूह) है और बलिदान उसका उपसमूह है। और विनिमय, अपने क्रम में, एक अन्य श्रेणी में समाहित है और केवल उसी के द्वारा स्थानापन्नता सम्भव होती है : इसका अर्थ है–*(खड़ा) है :* जो यह *देता* है उसे वह मिलता है।

प्रतिस्थापन नाम रखने, निर्धारित करने की (और इस प्रकार उन्हें चीज़ों के स्थान रखने की) योग्यता में नहीं है। यह मानसिक छवि निहित है या वस्तुओं बनाने की अन्तिम और सर्व-समाहित कर लेने की योग्यता में : अदृश्य, क्षणिक, छिटपुट और जाग्रति की उन अवस्थाओं में है जो अवधारित के साथ मिली-जुली हैं–या इसका स्थान भी ले लेती हैं, इसे मिटा देती हैं। यहाँ हम मानस का प्रारम्भिक विभाजन देखते हैं; यहाँ *उपनिषदों* के दो पक्षी आकाश से उतरकर आते हैं और एक ही डाल पर बैठते हैं। खाने वाला पक्षी वह है जो (स्वयं को भोजन देने की) अवधारणा के लिए *बाध्य* है, क्योंकि वह भोजन की उत्प्रेरणा ग्रहण कर रहा है। दूसरा यानी देखनेवाला पक्षी, अपनी आँखें निरन्तर उस दृष्टि पर आरोपित कर रहा है जो दूसरा पक्षी संसार पर लगाए हुए है।

यदि देने और लेने की प्रक्रिया हर हाव-भाव में अंकित, हो तो हर कार्य को बलिदान के रूप में देखा जा सकता है। इस प्रकार बलिदान हर उस कार्य में निहित है जो प्रक्रिया को ज्ञान देता है।

सेंट पीटर्सबर्ग का सिनेटर : रस्मों-रिवाज़ों के कृष्ट अनाथ! क्या तुमने यह नहीं देखा कि तुम सबसे ख़तरनाक जगह पर हो—तुम उत्पत्ति के बिन्दु के बहुत नज़दीक हो? मानसिक बलिदान, यही वह एकमात्र तत्त्व है जिसे तुम जान सकते थे, बूचड़खाने का विशिष्ट गोपन पक्ष है जो उस बलि-वेदी पर (ध्यान) केन्द्रित करता है जहाँ भेंट चढ़ाई जाती थी। अब तुम्हें उस प्रजापति की ज़रूरत नहीं है जिन्हें टुकड़े-टुकड़े करके दुनिया के हर कोने में डाल दिया जाता था; या न तुम्हें उस नाम-हीन आदमी की ज़रूरत है, जिसका हृदय उसकी छाती फाड़कर निकाल लिया जाता था; न ही तुम्हें उस पशु की ज़रूरत है जो चाकू के इन्तजार में तुम्हारी ओर मानवीय दृष्टि से देखता है; और न ही तुम्हें उस पौधे की ज़रूरत है जो तरल अग्नि है। तुम मौन, गतिहीन होकर और अपने विचारों में डूबे हुए उस अदृश्य कार्य की ओर बढ़ सकते हो जिससे सभी कार्य निःसृत होते हैं : स्व की *स्व* को भेंट—यही एक मात्र हाव-भाव है जो घूमते चक्र की कटुता को कुछ कम कर सकता है और उसके बाद समाज में बने रहने से तुम्हें कोई चीज़ नहीं रोकेगी, नेवा की भाँति, जो हमारे बात करते हुए भी हमारी पीठ के पीछे बह रही है। तुम एक चीज़ के प्रति आश्वस्त हो, कि ऊपरी जल बलिदानी अग्नि को प्रत्युत्तर नहीं देता; तुमने उस वैदिक अंकगणित को त्याग दिया है जो तुम्हें ब्रह्मांडीय खेल पथ पर चलते रहने की आज्ञा प्रदान करता था। यदि तुम निरन्तर बलिदान नहीं करते रहोगे (क्योंकि कोई भी, यहाँ तक कि तुम भी इसे नहीं जानते), तो तुम्हारे विचार उस मामूली आदमी जैसे हो जाएँगे जो निरन्तर (दूसरों की) राय की माला जपता रहता है। एक और भी अज्ञात बाधा तुम्हारा गला दबोच लेगी और तुम्हें उन सब चीज़ों से एकरूप हो जाने की ओर खींच ले जाएगी, जो अन्ततः महत्त्वहीन हैं—जैसे स्वयं तुम। एकान्त में भी दुनियाभर की आवाज़ें तुम्हें सताएँगी, जैसे (Cafe du Commece) में। और तुम लोगों में से बहुत कम ही उस स्वच्छन्द मुँहफट जैसा होने की हिम्मत कर पाओगे जो जिसे बढ़िया लेसदार स्कार्फ से अपने विचारों के अदल-बदल की आदत है। ऐसे तानाशाह की आज्ञापालन करने से, ये जिसे तुमने कभी नहीं देखा; आख़िर में तुम्हें पता लगेगा कि जीवन जीना बहुत महँगा है।

सबसे निर्लज्ज रूपक वे हैं जिन्होंने कभी बहुत पहले विश्वव्यवस्था के ध्रुवों को स्थापित किया। इसके प्रमाण 'स्त्री-गाय' और 'पुरुष-साँड' ही नहीं अपितु देवी की सभ्यता के प्रति व्यापक अवमानना के भाव भी है। जैसा कुछ प्रतिक्रियावादी मान्यताओं का दावा है; उद्योग परम्परा को समाप्त करने का प्रयास नहीं करते, इसके विपरीत ये इसे पूर्णता तक पहुँचा देते हैं—जैसे मूल स्थिति में आवागमन, लेन-देन। इसमें यह परम्परा की नींव को निरन्तर अतिक्रमण के भाव को छिपाए रखते हैं जिसका उद्देश्य कर्मकांड से बाधित विनिमय के माध्यम से ठीक कर लेना होता था जिसे अभी-अभी निर्लज्जता से अनिवार्य रूप छीन कर दे दिया गया होता है।

बलिदानी विनिमय अपने आपमें विरोधाभास है क्योंकि यह विनिमय और व्यापार के मूल आधार को ही नकार देता है—जैसे, मापने की इकाई, जो मानवीय भाषा और प्रकृति की दुनिया में सामान्य नहीं है। मिथक ने असम्भव प्रतीकात्मक प्रणाली को स्थापित किया जिसके द्वारा विनिमय सम्भव हो सका। इस असम्भाव्यता के कारण विनिमय को उस अतिक्रमण से बचाया जा सका जो इसका आरम्भ था। क्योंकि घटिया कला-रुचि न केवल प्राकृतिक सम्बन्धों के मरण को दर्शाती है अपितु उस अभिशाप को भी दिखाती है जो प्रारम्भिक अवहेलना के क्षण को (जब सम्बन्धों को एक नाम दिया गया था) कभी न समाप्त होनेवाले दुःस्वप्न में रूपान्तरित कर देती है। इस अतिक्रमण को भूल जाना ही उद्योग का आधार है। अतः जो वस्तु विद्यमान है वह सन्देशों की एक शृंखला है, जो वैधता में एकसमान हैं, अर्थों में एक-दूसरे से मिलते-जुलते हैं, किन्तु स्वरूप में भिन्न हैं। जो तत्त्व अनुपस्थित है वे है सजग उपादान जो इन्हें आपस में अदलते-बदलते हैं और वह तत्त्व जो इन्हें प्रस्तावित करता है। यह सब *शब्द* का बिम्ब हो सकता है। अतः उद्योग हमारे धन्यवाद के अधिकारी है : ज्ञान (Per Speculum in Aenigmatic) "एक शीशे से होकर, आच्छादित रूप में" ही आ सकता है।

वीर द बी...किशोरावस्था में मैं उन चीज़ों से गुजरा हूँ जिन्हें मेरे देश में 'क्रान्ति के तूफ़ान' कहते हैं, और मैंने अपने विचार से एक चीज़ सबसे अधिक सीखी। अब मैं जानता हूँ कि हमारा सबसे बड़ा शत्रु (सबसे चतुर) है समाज, समाज की अवधारणा। एक समय था जब यह स्वयं को एक बड़े शरीर, एक ऐसे दैत्य जिसे कभी-कभी समय की करवटें हिला देती थीं, के रूप में चित्रित कर सन्तुष्ट रहता था। आज यह पृथ्वी के नीचे सागरों से लेकर आकाश तक, यलो स्प्रिंग्स से लेकर इरी डैनस तक, हर चीज़ को लील गया है। इसने नक्षत्रों और मैग्मा को अपने अन्दर समाहित कर लिया है; इसने हर विद्यमान चीज़ को, अपने अन्दर ले लिया है। शीशे के उस विशाल गोले की तुलना में, जिसमें आज समाज ने सारी दुनिया को बदल दिया है, वह आदिकालीन दैत्य, विशाल पशु जिसकी परिकल्पना बहुत पहले प्लेटो ने की थी, सीवरे में बनी चीनी-मिट्टी की छोटी सुराही जैसा लगता है। इसके ग्रीन हाउस (नर्सरी) में हर चीज़ एक छोटा-सा पौधा है।

उलट-पुलट की नींव : समाज देवत्व और प्रकृति के सारे बिम्बों को अपने अन्दर समाहित कर लेता है। यह उन सब तत्त्वों को भी अपने अन्दर ले लेता है जो एक समय इसके विपरीत खड़े थे, उन सबको भी जिनसे समाज ने स्वयं को अलग कर लिया था, जिनसे इसने प्रतिक्षण अपने जीवन का सौदा किया था : तिहरी धुरी जो अभिव्यक्ति के चक्र को *त्रि-पद* से जोड़ती है, अस्पष्ट का गुप्त क्षेत्र, जहाँ से अभिव्यक्ति उतरकर नीचे आती है, जिस पर यह आश्रित है और जिसमें यह फिर वापस लौट जाती है। *सम्बन्ध* : दुरख़ैम का फार्मूला—"धार्मिक सामाजिक है"—इस

बात का चिह्न है कि यह लपेटने वाला समाज पहले से ही विद्यमान है; वास्तव में, यह इस सीमा तक साफ़ दिखाई देता है कि इसे एक वैज्ञानिक अवधारणा के रूप में प्रस्तुत किया जा सके। धर्म के इस निरपेक्ष रूप के प्रति पहला विद्रोह हम सिमॉन वील में देखते हैं, जुगुप्सा यह वैसी ही है जैसी ल्यूक्रेशियस ने अनुभव की थी जब उसने "बलिवेदी पर फैले चौपाये पशुओं के प्रचुर रक्त" को देखा था। वील ने पहली बार 'सामाजिक' तत्त्व की सबसे गुप्त हानिकारक विचित्रता को पहचाना : वह 'रहस्य' जिसके माध्यम से "सामाजिक और अलौकिक के बीच स्पष्ट निकट सम्बन्ध" बना हुआ है। इसकी सम्पुष्टि करनेवाली भी सबसे प्रथम वही थी कि यदि कोई मूर्तिपूजा इस रिश्ते के कारण है तो वह समाज के सामने झुकना है और यदि कोई दासता है तो वह 'समाज के प्रति दासता' है।

बुद्ध का यह अभिनन्दन : "शंख? दुग्ध? चन्द्रमा? चमेली? स्फटिक? हिमकण? धुला हुआ साफ़ कपड़ा? पीताभ मेघ? ओह, कैसी धवलता! ओह, कैसा हास? छत्रों की लम्बी कतार आकाश की ओर उठती हुई। सुन्दर छत्र सारी दुनिया को ज्योतित करते हुए! तीस देवता, अद्‌भुत पक्षीगण और उनसे आनन्दित स्वर्ग के दिव्य गायक। सूर्य के सम्बन्धी बुद्ध की निरन्तर अर्चना में नमन करो।" जब बुद्ध ने अपने प्रथम शिष्यों पाँच श्रावकों को यह विश्वास करा दिया कि वह जाग्रत बुद्ध है तो उन्होंने "तुरन्त अपनी तुलना जंगल में रहनेवाले उस हिरन से की जो इसके ढलानों पर दौड़ता फिरता है। वह पूर्ण सुरक्षा में आगे बढ़ता है, उछलता है या लेट जाता है; पूर्ण सुरक्षा में विश्राम करता है। जाल बिछाने वाले उस तक नहीं पहुँच सकते।" बुद्ध के मन में मुक्ति की प्रथम छवि उस शिकार की है जो बलि से बच निकला, उस शिकार की जो शिकारी से बच निकला।

वैदिक संसार से बुद्ध तक का मार्ग भूख से प्यास तक पहुँचने का मार्ग है। ऋषि के लिए "प्रारम्भ में सब कुछ मृत्यु में, भूख में लिपटा हुआ था, क्योंकि भूख ही मृत्यु है।" किन्तु बुद्ध के लिए बनारस में उनके प्रवचन के अनुसार, केवल एक चीज़ से बचने की ज़रूरत है, और वह है 'प्यास'। भूख का सम्बन्ध बलिदान की तत्त्वमीमांसा से है; यह (भूख) वह धुरी है जिसके चारों ओर सब कुछ घूम रहा है। 'प्यास' का सम्बन्ध जंगल की तत्त्वमीमांसा से है; व्यक्ति बलिदान से तो बच गया है किन्तु उसे पता लगता है कि इससे बचकर व्यक्ति कामना से नहीं बच पा रहा। बुद्ध को पता चलता है कि ज़रूरी नहीं है कि कामना मारने से जुड़ी हो—या यह कि मारने की क्रिया तो अत्यन्त सहज कर्मों में भी चलती रहती है। उनकी खोज उस ब्राह्मण की दिशा में आगे बढ़ती है, जो ब्राह्मण से (संन्यासी) त्यागी हो गया। और लगभग एक अपवित्र तरीके में पता लगता है कि कैसे दोनों एक ही जगह जा पहुँचे और यह कि त्यागी भी अधिक दूर तक नहीं जा सका। (ग्राम या नगर से) दूर जंगल में जाकर, बलिदान के स्थान से दूर पहुँचकर, संन्यासी को पता लगा कि मात्र बलि कर्म

से मुक्त होना ही पर्याप्त नहीं है : जीवन का हर क्षण एक कर्म है, और हर कर्म के पीछे एक तृष्णा (इच्छा) उसी तरह लगी हुई है जैसे बलि के पीछे बलि फल की कामना। अब बुद्ध के आ जाने पर *कर्म* (कोई भी कार्य) आवश्यक रूप से बलि कर्म नहीं रह गया है; यह शुद्ध कर्म है, कोई भी कर्म। *सम्पूर्ण,* जो वैश्वीय पारस्परिक निर्भरता से गुंजायमान है, पहचानों की वैदिक कंठी माला—यह वह है, जो कि वह है, जो यह है—अचानक मौन पड़ जाती है। अब विभिन्न अन्तर्गुंथित धागों के नाम महत्त्वहीन, आकस्मिक, क्षणिक प्रतीत होते हैं। केवल एक ही चीज़ महत्त्वपूर्ण रह जाती है और वह है उनकी न बदलने वाली प्रकृति : धागे बने रहना, बुने हुए रहना, कैद करते रहना। यह *प्रतीत्य समुपाद* है : बलिदान का सबको अपने में समेटने वाला संजाल। किन्तु अब यह समन्वय के साथ ध्वनित नहीं होता। जब इसे छुआ जाता है तो इससे एक खोखली आवाज़ उभरती है; किसी समय जो इसके विभिन्न अंगों के साथ सहानुभूति दिखलाती थी, किन्तु अब केवल इसके विशाल अस्तित्व का प्रमाण है। ऋषि के लिए, हर चीज़ की परस्पर निर्भरता बलिदान द्वारा प्राप्त की गई और बनाई गई थी; बुद्ध के लिए यह परस्पर निर्भरता सदैव विद्यमान रही थी और महत्त्वहीन थी। और यदि व्यक्ति को इस गुत्थी को सावधानीपूर्वक खोलना, सुलझाना है, एक-एक धागा लेकर, उसी तरह जैसे वैदिक ऋषि विपरीत क्रिया में बड़ी बारीकी से जाल के इस जंजाल से बाहर जाने का रास्ता तलाश लिया करते थे, तो फिर इसका उत्सव क्यों मनाया जाए और इसे अपने को आगे बुनने में सहायता क्यों दी जाए?

विज्ञान और अज्ञात के बीच का सम्बन्ध, वैदिक ब्राह्मणों और उनके अनेक देवताओं के बीच सम्बन्धों के समानान्तर भी है और भिन्न भी। अज्ञात का अस्तित्व व्यापक स्तर पर ऊर्जा और जीवन के और निरन्तर व्यय की माँग करता है और इस बलिदानी कार्य का फल, जिससे हर *रचना* लाभान्वित होती है, वे यदा-कदा होने वाली खोज है जो अज्ञात अपने पुजारियों को प्रदान करता है। और जिस प्रकार वैदिक देवताओं को यह डर था कि, बलिदान द्वारा, पुजारी अमर बन जाने में सफल हो जाएँ (स्वयं देवताओं के मार्ग का अनुसरण करते हुए, जो पहले पहल बलिदान द्वारा अमर हो गए थे), इसी प्रकार अज्ञात भी इससे डर सकता है कि भेंटों की विपुलता सम्मान भाव का दुहराना न होकर विजय की तैयारी है। फिर भी विज्ञान चतुर और लालची होने के अतिरिक्त विनम्र है और निकट दृष्टि से ग्रस्त है—और यह स्थिति देवताओं को लेकर आश्वस्त करती है, जो अब अज्ञात के पीछे छिपे हुए हैं मानो यह किसी सम्बन्ध का चिह्न हो। विज्ञान केवल एक प्रकार का उपहार चाहता है : इसे सत्यापित किए जा सकनेवाले तथ्य चाहिए, जिनकी नियन्त्रित स्थिति में जाँच की जा सके और जिसे कई बार दोहराया जा सके। अपने लम्बे इतिहास में देवता, अँधेरे के पीछे छिपे रहकर सदैव ही यह जानते थे कि सबसे बहुमूल्य उपहार इस श्रेणी में नहीं आते।

सबसे पहले तो जिस चीज़ का सत्यापन और नियन्त्रण अथवा पुनः उत्पादन नहीं किया जा सकता, वह है प्रसन्नता है। इस प्रकार प्रोमीथियस की घातक चाल को पुनः अभिनीत कर लिया गया है। आदमी यह सुनिश्चित कर लेते हैं कि भेंट का स्थल भाग, ऊर्जा का वह केन्द्रक जो मृत्यु एवं भूख की (फिर भी) पूर्व कल्पना कर लेता है, उन्हें मिले। और हल्के व्यंग्य के भाव से, देवता ठगे जाने के लिए तैयार हो जाते हैं; कि वे बलिदान की केवल गन्धित लौ ही लेंगे। वे अनियन्त्रित सुगन्धियाँ जो हवा में घुल-मिल जाती हैं, किन्तु यह शुद्ध आनन्द हैं और यह भूख एवं मृत्यु की पूर्व कल्पना नहीं करता।

त्यागी (संन्यासी) दुनिया से मुक्ति (मोक्ष) की तलाश करता है; ज्ञेय में विश्वास करने वाला संसार के तत्त्वों की भर्त्सना करता है *(स्तोइशिया ताऊ कोस्मोज* Stoicheia tou Kosmou); मनमौजी मस्त होकर दुनिया का उपयोग करता है, अनाम टेक्नोलॉजी दुनिया का अपने कच्चे माल के रूप में दोहन करती है। त्यागी रूढ़िवादी है; ज्ञेय का विश्वासी विधर्मी है, मनमौजी अनीश्वरवादी है; अनाम टेक्नोलॉजी स्वयं में विश्वास करती है। अवरोहण की अवैध शृंखला, संसार पर शासन कर रही है।

आधुनिक दर्शनशास्त्र का समस्त इतिहास बलिदान से, इसके भयंकर सत्य से अत्यन्त व्यथित है। हीगल में, तर्कशास्त्र एक नकल है, बलिदान का अशुद्ध अनुवाद, शॉपेन हॉवर पश्चिम का *संन्यासी,* त्यागी है और इस कारण वह सदैव ही बलिदान से जुड़ा है; अब्राहम वह बलिदान है जिसके चारों ओर किर्केगार्ड का विचार घूमता है; और डायोनीसस (और शूली पर चढ़ाया हुआ, जो टयूरिन में 4 जनवरी, 1889 के 'पाग़लपन के दो पत्रों पर' हस्ताक्षर करता है) नीत्शे का बलिदान है। इसके विपरीत, कान्ट से लेकर वियेना सर्किल तक चली आ रही ज्ञान मीमांसा से, प्रणाली के औपचारिक रूपाकार में बलिदान नहीं पाया जाता। किन्तु यहाँ मूल-धारणा यह है कि ज्ञान एक कृत्रिम अंग है, जिसकी भेंट विज्ञान को दी जाती है। ये अनकहा छोड़ दिया जाता है कि इस कृत्रिम अंग को बाद में विज्ञान टेक्नोलॉजी को भेंट कर देगा, ताकि वह परीक्षण के नाम पर बलि दे सके, और अन्ततः उत्पादन के तरीकों द्वारा बलिदान को अनन्त गुणित किया जा सके।

एक बुद्धिमत्ता तो अनुष्ठाता या यजमान (बलिदाता) की है और एक बुद्धिमत्ता शिकार की है, और इतिहास में ये आगे विभिन्न दिशाओं में चली गई हैं। अनुष्ठाता की बुद्धिमत्ता से प्रजा की सम्प्रभुता निःसृत होती है, जो अपने से (ही) ज्ञान के भवन का निर्माण करता है। शिकार की बुद्धिमत्ता से ऐस्काइलस के तीन शब्द निःसृत होते हैं : *(to pathei mathos) (वेदना से ज्ञान),* जो आरम्भिक ज्ञान के आवेग की ओर संकेत करती हैं। ईसा मसीह की गड़बड़ यह है कि वह एक ही साथ पुजारी और शिकार दोनों हैं, जैसा प्रारम्भ में था; दोनों रास्ते उनमें आकर मिल जाते हैं।

जब डेकाटे नगण्य की बात करता है, तो हम जानते हैं कि इससे उसका अभिप्राय शिकार से है, वह भाग जो व्यवस्था से काट दिया जाता है और बाद में इसे अनस्तित्व में छोड़ दिया जाता है—यानी मारा गया, किन्तु भेंट के रूप में प्रस्तुत नहीं किया गया। सिमॉन वील ने लिखा ''नगण्य का विचार ससीम से असीम तक जाने का मार्ग है।''

शिकार की चीखें प्रशंसा के तुमुल नाद में डूब जाती हैं। जब किसी सिने *स्टार* या राजनीतिज्ञ को 'अत्यधिक प्रसिद्ध' होने के कारण मार दिया जाता है तो कहा जाता है कि हत्यारा पाग़ल है। किन्तु उसका पाग़लपन ही प्रशंसा के प्रारम्भ को दर्शाता है।

बलिदान के काँटे को शिकार चुनता है। समरूपताओं के वैदिक संजाल में सब कुछ समाहित है और वह हर चीज़ को हर दूसरी चीज़ से जोड़े हुए है; अनेक मूल-पाठ दुहराते हैं कि यजमान ही शिकार है, ठीक वैसे ही जैसे बलिवेदी की ईंटें सघन विचार हैं। किन्तु अनुष्ठान के समाप्त हो जाने पर यजमान घर चला जाता है, जबकि शिकार बलिवेदी पर निर्जीव पड़ा रहता है। शिकार के अन्दर जो चीज़ मार दी जाती है वह वापस न पाए जा सकने वाला तत्त्व है, एक अनुपम सार, तिरोहित होती विशिष्टता जो समरूपताओं के जाल की पकड़ में नहीं आती—*तोलन्द मानव* की आँखों के चारों ओर की छोटी-छोटी झुर्रियाँ, जिसे फाँसी देकर मार डाला गया था, और हजारों वर्ष तक डेनमार्क की नीली मिट्टी में सुरक्षित रह गया। इफीजेनिया, जिसे ऑलिस में बलिदान किया गया था (पौम्पी का एक फ्रेस्को दिख ता है कि उसे बलि-वेदी की ओर घसीटकर ले जाया जा रहा है, उसका वक्ष अनावृत है उसके हाथ आकाश की ओर उठे हुए हैं, और बलिदानी चाकू उसके ऊपर तना हुआ है), वह बाद में टॉरिस की पुजारिन बन गई। मिथक में ऐसे शिकार को, जिसका एक नाम है, देवत्व प्रियोक्ति के *बादल से ढाँप* देता है ताकि असाध्य घाव ठीक हो जाए। इसमें भी, मिथक की गहन पार्थिव यथार्थता बिलकुल स्पष्ट है : यह स्पष्ट बता ही रही है कि कोई भी धर्मशास्त्र, कोई भी सम्बन्ध, मारने का इलाज नहीं है। उन शिकारों के मामलों में भी, जो (मरणोपरान्त) आकाश में नक्षत्र बन जाते हैं, या जिन्हें देवता उठाकर स्वर्ग ले जाते हैं या जो अन्तिम क्षणों में बचा लिए जाते हैं वहाँ, मिथक परी-कथा में बदल जाता है, जैसा इसके प्रारम्भ में और अन्त में होता है। अचानक हमें प्रमाण मिल जाता है कि 'एक समय की बात है' से पहले 'और वे बाद में अनन्त समय तक सुखपूर्वक रहे।' जो बात अनकही, किन्तु अनुकरणीय कार्यों में स्फटिक की भाँति स्पष्ट रूप से मान्य एवं अनुभूत होती है, वह यह है यदि कोई देवता अनुपम शरीर को चुराकर बादलों में नहीं ले जाए, तो इसे बलि-वेदी पर मारा ही जाना है।

बलिदान का सिद्धान्त दो अनुत्क्रमणीय कार्यों, यानी खाने और मारने, के चारों ओर दुहराए जानेवाले और उत्क्रमणीय कार्यों—जैसे साँस लेना, प्रेम करना, संगीत

सुनना या बजाना—का जाल बुनता रहता है। ये दो कर्म ऐसे हैं जिनमें समय का तीर ऐसा घाव करता है जो कभी ठीक नहीं होता। अब इस घाव के चारों ओर ब्रह्मांडीय तम्बू खड़ा हो जाता है, एक विशाल ताना-बाना जिसमें हर चीज़ दूसरी हर चीज़ से जुड़ी होती है, हर चीज़ हर दूसरी चीज़ में स्वयं को दुहराती है। किन्तु इस सबका रहस्य बीच वाले उस छेद में है : शिकार के खुले घाव में, उस जीवन में जो धड़कन के साथ नहीं लौटेगा। यह विशिष्ट से भी (अति) विशिष्ट है, रहस्य का भी रहस्य, पुरातन दुनिया का अन्तिम *महान* (सत्य) और नई दुनिया की सबसे सामान्य और व्यापक धारणा : समय की अनुत्क्रमणीयता। एक बार फिर ईश्वर-विहीन दुनिया स्वयं को अनिवार्य विशिष्टता की दुनिया प्रमाणित कर देती है।

कानून और व्यवस्था

यह ध्यान देने योग्य बात है कि हम कहते हैं 'कानून और व्यवस्था'—कि केवल यह कहना पर्याप्त नहीं है कि केवल 'कानून' या केवल 'व्यवस्था'। वास्तव में, 'व्यवस्था' शब्द न तो 'कानून' के अर्थ को दुहराता है और न ही इसे प्रतिध्वनित करता है। व्यवस्था वह (चीज़) है जिसे कानून अपने आप प्राप्त नहीं कर सकता। व्यवस्था है कानून बलिदान, निरन्तर पूरक, वह अतिरिक्त जिसको विनष्ट करना अनिवार्य है ताकि अव्यवस्था बनी रहे। दुनिया केवल कानून के बल पर ही नहीं बनी रह सकती, क्योंकि इसे वह व्यवस्था चाहिए जो कानून अकेले प्रदान नहीं कर पाता। दुनिया को व्यवस्था बनाए रखने के लिए किसी चीज़ को विनष्ट करना ज़रूरी है; और यह विनाश प्रसन्नतापूर्वक, घृणापूर्वक और उदासीनता के साथ कानून के दायरे से बाहर करना होगा।

आधुनिक युग की नींव इस गलत धारणा पर टिकी है कि 'कानून' और 'व्यवस्था' पर्यायवाची हैं, हम 'कानून और व्यवस्था' इसलिए कहते हैं कि हमारा सशक्त शब्दाधिक्य प्रयोग अधिक सम्मानजनक होगा। विनाश, स्पष्टतः इस कारण से कि अब इसका कोई स्वीकृत अस्तित्व नहीं है, अँधेरे में आकार ग्रहण करता है, इकट्ठा होता है और अपने आयामों को (उस) कानून के अनुरूप ढाल लेता है जो इसके नकारने का दावा करता है। कानून जितना ही विशाल और प्रशाखित होता जाता है, विनाश उतना ही अधिक घातक और इसकी पकड़ के बाहर होता जाता है। हर युद्ध इस उद्देश्य से लड़ा जाता है कि यह एक ऐसी व्यवस्था बनाएगा जिसे बनाने में कानून सदैव ही अक्षम रहा है। क्रान्ति का मार्क्सवादी विचार कानून की इस नपुंसकता को स्वीकार करता है और इसके साथ ही बलिदान की पूरी प्रणाली को अपने कब्ज़े में ले लेता है और फिर इसकी आड़ में शोषण की ऐसी व्यवस्था स्थापित करने में करता है जो बलिदान की तत्त्व-मीमांसा भरी नींव को नकारती है।

कानून की नपुंसकता आधिक्य या फालतू से निबट पाने की इसकी अक्षमता से जन्मती है। कानून की पूर्व-कल्पना है एक अविभाजित विषय। दूसरी ओर बलिदान,

विषय के द्वैत की पूर्व-कल्पना करता है : यानी बलिदाता और शिकार। फालतू तो वास्तव में शिकार ही है। अतः कानून सदैव ही बलिदान का व्यापक स्वरूप है।

एक बार जब हम फालतू से निबटने में कानून की नपुंसकता को स्वीकार कर लेते हैं, तो 'अतिरिक्त मूल्य' 'अभिशापित अंग' के लिए आधुनिक नाम और मार्क्सवादियों का पूँजी पर प्रहार करने का प्रारम्भिक बिन्दु, ऐसे झगड़े का विषय बन जाता है जिसे केवल क्रान्तिकारी हिंसा द्वारा ही निबटाया जा सकता है। अतिरिक्त मूल्य बलिदान की वस्तु है जिससे पुजारियों का नया पंथ एक अलग ही ढंग से निबटना चाहता है। किन्तु प्राचीन रोम के ज्योतिषियों की भाँति मार्क्सवादी पुजारी अपने शत्रुओं से इस बात पर सहमत हैं कि झगड़ा बलिदान की वस्तु (यानी वह जो बलिदान में विनष्ट कर दिया जाता है) को लेकर नहीं है। मार्क्सवादी निजी सम्पत्ति, सार्वजनिक सम्पत्ति और संसाधनों के न्यायपूर्ण बँटवारे की बात करते हैं। वे नकारते हैं कि अतिरिक्त (फालतू) उत्पीड़क वर्ग अथवा उत्पीड़ित वर्ग का है, वे इसे प्रकृति—*अन्य* के लिए आधुनिक नाम का मानते हैं।

अतिरिक्त, संस्कृति की दृष्टि से प्रकृति की *अधिकता* है, प्रकृति का वह अंश जिसे संस्कृति जुए में, उपभोग में, विनष्ट करने में या पवित्र मानने (बनाने) में प्रयोग करती है। इस अधिकता से निबटने की प्रक्रिया में हर संस्कृति अपना एक अलग ढंग अपनाती है। कानून का झुकाव नीरसता की ओर होता है; रूपाकारों की विशद विभिन्नता की तुलना में, इसकी भिन्नतायें बहुत हल्की हैं। और रूपाकारों की विभिन्नता बलिदानी खेलों का क्षेत्र निर्धारित करती है।

बलिदान हमारे शरीर-गठन में अंकित है। कोई भी प्राणि-शास्त्रीय अथवा सामाजिक व्यवस्था का मानते हैं, निष्कासन पर, उपभोक्त ऊर्जा की मात्रा पर आधारित है, क्योंकि व्यवस्था उस पदार्थ से छोटी होती है जिसे यह आदेश देती है। दृष्टव्य निष्कासन विहीन कोई भी अन्य व्यवस्था वानस्पतिक जीवन के मैटाबॉलिज्म से मिलती-जुलती होगी। यह एक ऐसी संस्कृति होगी, जो भिन्नता पर आधारित हुए बिना भी बनी रह सकेगी, अर्थात् इसका कोई आधार नहीं होगा—एक ऐसी संस्कृति जो पेड़ों की सरसराहट से भिन्न नहीं होगी।

हर बलिदान अन्य (के अस्तित्व) की पहचान है। सब विमुक्तियों के बाद भी पश्चिम स्वयं को छोड़कर किसी अन्य को पहचानने में अक्षम होगा। इसका पक्षाघात, जो तेज़ दौड़ के शोर के पीछे छिपा है, इस तथ्य से उद्भूत है कि अब इसे पता ही नहीं है कि यह स्वयं को किसे दे। यद्यपि देवताओं का पतन हो गया, पर अवधारणाएँ बनी रहीं। अतः दुनिया अपने आपको उस भोंडे, दुर्भावनापूर्ण जुलूस, या प्रवहमानता को समर्पित करती है जिसे वर्णन मैक्स स्टर्नर है—तर्क, स्वतन्त्रता, मानवता और उद्देश्य के रूप

में परिभाषित करता है। किन्तु उन अवधारणाओं से जागरण, किसी अन्य अन्धविश्वास से जाग उठने की तुलना में भी अधिक कड़वाहट भरा होगा।

उपनिषद कहते हैं कि अधिकतम जाग्रति के क्षण में विनाश होता है। *भगवद्गीता* में अर्जुन कृष्ण से उस समय उद्‌बोधन प्राप्त करता है जब वह युद्ध-क्षेत्र में अपने बन्धु-बान्धवों को मारने की तैयारी कर रहा है। धर्म-निरपेक्ष दुनिया विनाश की ओर से अपनी आँखें फेर लेती है। यह विनाश को भी अपनी आँखों से दूर कर देती है उसी तरह जैसे बम से धवस्त शहर को उस पायलट की निगाहों से दूर कर दिया जाता है जिसने उस पर बम गिराया होता है—पायलट तो पहले ही उड़कर दूर चला गया है।

पॉरफिरी एक उत्तम पाश्चात्य संन्यासी है। वह बलिदान के बारे में जानता है, इसके रहस्य जानता है, इसके अकथनीय पक्ष को समझता है। किन्तु 'मांस और रक्त की अशुद्धता' को देखकर, बलि दी गई आत्माओं की गन्ध से उस पर एक प्रकार की मितलाहट छा जाती है। उसके लिए दुनिया एक 'जादूगरी', एक तन्त्र सिद्ध औषधि जो दिमाग़ को शिथिल कर देती है। उसकी एक ही इच्छा है : जाग जाना और जाग्रत बने रहना, जादूगरनी के बन्धनों को तोड़ फेंकना, दुनिया से अलग हो धर्महीन बन जाना और इस प्रकार स्वयं को इससे अलग कर लेना, क्योंकि 'अनासक्ति' *धर्महीन* होने में ही है।

''अनासक्ति हिंसा के माध्यम से भी प्राप्त की जा सकती है...किन्तु—उदाहरण के लिए, जैसा हम प्रत्यक्ष चीज़ों में देखते हैं—कोई चीज़ जब हिंसक ढंग से फाड़ डाली जाती है तो उसका एक भाग, एक चिह्न उसमें से भी कुछ अपने साथ ले जाता है जिससे इसे अलग किया गया है।'' इसके विपरीत एक शेषांश रहित स्वच्छ अनासक्ति, मन को अशुद्ध विषयों से निरन्तर अलग करके ही प्राप्त की जा सकती है, यह अबाध प्रार्थना जैसी प्रक्रिया है। यहाँ पॉरफिरी मानस के अवलोकनकर्त्ता की भाँति बोलता है, ऐसी शब्दावली में जो महान बौद्ध सन्तों और *थिबैड* के साधुओं जैसी सम्प्रेषणीयता लिए हुए है (सत्रहवीं शताब्दी के वैज्ञानिकों में आपस में पत्रों द्वारा विचारों का आदान-प्रदान होता था)। किन्तु वह अनासक्ति का एक विशिष्ट मार्ग अपनाता है, महानगर में मौन की एक छोटी झील, एक ऐसा अस्तित्व जिसे गाम्भीर्य और स्पष्टता के अतिरिक्त बाहर से किसी अन्य तरीके से नहीं पहचाना जा सकता। वह केवल 'विचारों का बलिदान' (noera thusia) करता है, वह स्वयं के ईश्वर के सामने ''श्वेत वस्त्रों में, पूरी तरह शान्त आत्मा और हल्का शरीर लिए हुए, जो किसी भी प्रकार के उत्पीड़क द्रव या दूसरे प्राणियों से लिए गए आवेगों से मुक्त है'' प्रस्तुत करता है। प्राकृत आस्थाओं के अन्तिम चरण में, पॉरफिरी कर्म-कांड, धूप-बत्ती और तन्त्र-मन्त्र से थका-थका-सा लगता है, इसलिए नहीं कि वह उनकी शक्तियों पर सन्देह करता है अपितु इसी कारण से कि वह उस शक्ति से परिचित है—और जानता है कि वे

(शक्तियाँ) उसे दुनिया के दैत्य के साथ और भी अधिक बन्धन में बाँध देंगी। वन में रहनेवाले संन्यासी की भाँति, पॉरफिरी शाही नगर में छिप जाता है। "हम लोग जो प्रतिदिन दूसरों के लिए मरने का प्रशिक्षण लेते हैं," वह लिखता है, वह 'Apothneskein' क्रिया का प्रयोग अप्रत्यक्ष वस्तु (विधेय) के साथ करता है—ये विधा उसके गुरुओं को नहीं आती थी, यद्यपि बाद में हम इसे पॉल के लेखनों में भी देखते हैं ('कानून के लिए मृत' 'पाप के लिए मृत'); पॉल सबसे बड़ा और गहन यहूदी दार्शनिक था, जिसमें पॉरफिरी ने "दार्शनिकों की प्रजाति" को पहचाना।

पॉरफिरी जिन देवताओं का भक्त है वे "बलि दी गई वस्तुओं की प्रचुरता की तुलना में बलिदाता के व्यवहार" पर अधिक ध्यान देते हैं। जहाँ तक बलि दी जानेवाली वस्तु का प्रश्न है, उनके लिए "सर्वोत्तम अभिषेक शुद्ध बुद्धि और शान्त आत्मा का है।" यहाँ, जैसा प्राचीन भारत में भी देखा जा सकता है, बलिदान पीछे हटकर अदृश्य में लोप हो जाता है। छोटे से हाव-भाव को छोड़कर जिसे पॉरफिरी अच्छे व्यवहार की देन मानता है, बाहर से ऐसा कुछ भी नहीं है जो यह संकेत देता हो कि बलिदाता के मन में अन्दर क्या घट रहा है : "देवताओं के लिए हम जो सम्मान सुरक्षित रखते हैं उसे वैसा ही होना चाहिए जैसा हम भले आदमियों के प्रति उस समय दर्शाते हैं जब हम खड़े होकर उन्हें सबसे अच्छी जगह पर बैठ जाने देते हैं। वे टैक्स के भुगतान की भाँति नहीं होने चाहिएं।" देवताओं के प्रति अच्छे व्यवहार का सन्दर्भ प्राकृत दुनिया का आदर्श अन्तिम सन्देश है।

बलिदान समाज और इसके बाहर मौजूद तत्त्व के बीच सबसे मज़बूत सम्बन्ध पैदा करता है। किन्तु बाह्य के साथ सम्पर्क की पवित्र दूरी (मार्जिन)—बलिदानी कार्यों का ज्यामितीय केन्द्र एक आन्तरिक क्षेत्र अपवित्र आन्तरिक चेतना को भी अस्तित्ववान होने देती है, जो अब पवित्र की ओर से निरन्तर मिलनेवाली धमकी के अभाव में विस्तृत हो सकती है। विनष्ट करने के कार्य में—भले ही विनष्ट की गई वस्तु घास से अधिक कुछ न हो—संस्कृति को उभरनेवाले अपराध बोध की पुष्टि होती है। अलगाव, हर अन्य वस्तु से इसका स्व-पार्थक्य, वही तरीका है जिससे यह एक चीज़ शिकार को अलग करती है, उसे बाहर कर देती है। शिकार को अपने से अलग अन्य किसी वस्तु को समर्पित कर देने में, समाज उस पर अपनी निर्भरता स्वीकार कर लेता है, जिससे इसे अलग किया गया है। साथ-ही-साथ, यह बाह्य को अपने से दूर रखता है, और इसे स्वयं को न देकर शिकार इसकी भेंट करता है। यह पावन-सम्मान है। यह प्रबोधन की चालाकी भी है। प्रारम्भ में, दोनों एक-दूसरे से अलग नहीं थे। लेकिन बाद में पावन-सम्मान में लिपटी चालाकी, धीरे-धीरे काटती हुई, उपहार (जर्मन : gift, गिफ्ट) में विष की तरह हो जाती है।

ग्वेनॉन के फार्मूले में, बलिदान में प्रारम्भ का solve et coagula झलकता है (और बलिदान इसे उलट भी देता है) : सृष्टि के निर्माण के आरम्भ में जो विभक्त किया गया था अब फिर से जुड़ गया है। ''बलिदान का मूल कार्य 'उसे पुनः जोड़ देना है जो अलग कर दिया गया था,' और इस प्रकार—जहाँ तक मनुष्य का सम्बन्ध है—'अहं' का 'स्व' से पुनर्मिलन।'' अतः निरन्तरता, पवित्र सम्बन्ध, जो बलिदान के कार्यों में अन्तर्गुम्फित है : यही काम (Eros) काम और मृत्यु (Thanatos) देवता यानी जीवन और मृत्यु के भावों के सम्मिलन का कर्मकांडीय आधार है। अतः हत्या की गन्ध जिसमें यौन-तेज है। किन्तु यहाँ प्रश्न है, निष्कासन और विनाश का कार्य मिलन का या पुनः स्थापना का कार्य कैसे हो सकता है? शिकार को मारने (की क्रिया) में, संस्कृति स्वयं को बड़ी उग्रता से इससे अलग कर लेती है, उस बन्धन को भंग कर देती है जो इसे सम्पूर्ण से जोड़े हुए है। किन्तु बलि के देवत्व को समर्पित कर देने की क्रिया में, संस्कृति विनष्ट को (जो स्वयं संस्कृति ही है) सम्पूर्ण से फिर जोड़ देती है। इस पैंडुलम जैसी प्रकृति में बलिदान का दुहरा स्वरूप निहित है। और इसका अन्तर उस बिन्दु द्वारा निर्धारित होता है जहाँ गति रुकती है, एक ऐसा बिन्दु जो या तो समाज के आन्तरिक केन्द्र में या इसके बाहर (किसी) केन्द्र में हो सकता है। वैदिक पाठों में उत्तर स्पष्ट है : बलिदान जिस केन्द्र में जा समाता है वह समाज के बाहर है। बलि स्थल का आरम्भ *यजमान,* 'बलिदाता', संरक्षक और संस्कार का लाभ प्राप्त करनेवाले के आकारहीन, कुटील अस्तित्व में रहता है; कर्मकांड की अवधि में यह धोखे भरे, उमड़ते पावनता के जलों को, जिसे वहाँ *बनाया जाता* है, को पार कर जाता है; अन्त में, यह बलि क्रिया के शिकार को दिव्य सागर में पहुँचा देता है, जो उसे उसी भाँति अपने अन्दर ले लेता है जैसा *'आत्मा' 'जीवात्मा'* को अपने अन्दर ले लेता है, जैसे 'स्व' 'अहं' को अपने में समाहित कर लेता है। इसके बाद बलिदाता वापस अपनी जीवनधारा की ओर लौट आता है। एक घातक *काम,* एक प्रेमपूर्ण हत्या, हर यात्रा का आदिकालीन रूप।

अपनी पुस्तक *द ऐब्स्टीनेंशिया* में पॉरफिरी इस बात पर बहस करता है कि क्या nomos यानी कानून जानवरों पर भी लागू होता है। वह कहता है कि nomos सारी प्रकृति पर लागू नहीं है। बल्कि इसके विपरीत यह एक क्षेत्र में एक प्रकार के अलगाव होने पर आधारित है : जहाँ (समाज) पर इसका शासन है और एक क्षेत्र ऐसा है जिसे मनमाने ढंग पर छोड़ दिया गया है जहाँ जानवर और उन्हीं के साथ प्रकृति भी है। अतः कानून, सार्वजनीन अन्तर्निर्भरता को नहीं सँभाले रह सकता; इसके हस्तक्षेप का अभिप्राय उन बन्धनों का तोड़ देना है जिन्हें कानून यह रेखांकित नहीं करता। जहाँ कानून मौन है, वहाँ अराजकता—जो कुछ भी हो सकती है—का राज है। जहाँ कानून मौन है वहाँ किसी भी चीज़ का शासन हो सकता है।

कानून जब समाज के अतिरेक की छोरों पर, इसकी अत्यधिक बहुलता पर पहुँचता है तो गूँगा पड़ जाता है; यही वह क्षेत्र है जहाँ जानवर चुपचाप मार डाले जाते हैं। जिनका कानून कहीं जिक्र नहीं करता, ये वह पट्टी है जो समाज की कमर में बँधी है, इसकी कौंधनी।

मनु के *संहिता* से : ''एक गृहस्थ के पाँच बूचड़खाने हैं—चूल्हा, सान-चकरी, झाड़ू, खरल-अखल और पानी का बरतन, जिनके प्रयोग से वह (पाप के बन्धन के साथ) बँध जाता है। एक के बाद एक इन सब (पाँचों) के पापों का प्रायश्चित करने के लिए (वे अपराध जो साधन के माध्यम से किए जाते हैं) महान सन्तों ने गृहस्थों के लिए प्रतिदिन किए जाने वाले महान बलिदान (पाँच बलिदान) का विधान निर्धारित किया है। अध्यापन (और अध्ययन) वह बलिदान (भेंट) है जो ब्राह्मण को दी जाती है, (जल और भोजन की भेंट) जिसे तर्पण कहते हैं वह बलिदान है जो दिवंगत पूर्वजों को किया जाता है, भस्म भेंट वह बलिदान है जो देवताओं को भेंट किया जाता है, बलि की भेंट जो भूतों को दी जाती है और अतिथियों का स्नेह-पूर्ण सम्मान वह भेंट है जो मनुष्यों को दी जाती है। गृहस्थ आश्रम में रहने वाला गृहस्थ, यदि इन पाँचों बलिदानों को करने में उस समय कोई असावधानी नहीं करता जब वह इन्हें कर सकता है, तब वह उन हत्याओं के पाप से बच जाता है जिन्हें हत्या के पाँच स्थानों पर वह गृहस्थी में रहने के कारण करने पर विवश है।'' वैदिक ऋषियों की नाज़ुकी देखें : पाँच हत्याओं के हथियार घरेलू चीज़ें हैं (झाड़ू, पानी का बरतन), किन्तु ये दर्शाते हैं कि हत्या सरलतम, अत्यन्त साधारण, अत्यन्त अचेतन कार्यों में समाहित है। एक कमरे में झाड़ू लगाई जाती है, एक शिकार का गला घोंट दिया जाता है : *अन्तर सम्बन्ध* होने के कारण एक की गूँज दूसरे में सुनाई देती है।

यह तथ्य कि हम *आत्मा* और *जीवात्मा* के, 'स्व' और (मैं) के बने हुए हैं, (जैसी ग्वेनॉन ने इन शब्दों की परिभाषा की) सह-अस्तित्ववान और अधीनस्थ, यह एक ऐसा सत्य था जो पश्चिम की एकाकी साधु परम्परा में (ऐल्कैमी के हर कृत्य में) ये निहित था, और बाद में जर्मन रूमानीवाद में, द्वैत के आपस में गुँथे होने को पहले ही समझ लिया गया था। किन्तु दर्शनशास्त्र के औपचारिक मार्ग ने, पाठ्य-पुस्तकों के लॉक-ह्यूम-कांट के क्रम में, सदैव ही मानस से द्वैत को मिटाने की चेष्टा की है, और इस विषय को घटाकर मात्र आदेश-केन्द्र बना दिया जिसकी विश्वसनीयता की परीक्षा अभी होनी बाकी है। बंधों को धैर्यपूर्वक परखने का काम, जिसे करने का बीड़ा कांट ने उठाया, अन्ततः बंधों को तोड़ डालने तक जा पहुँचा और नीत्शे ने अपने हथौड़े से कर डाला। विषय के स्थान पर अब एक खाली गड्ढा नजर आ रहा था। डाल्फिन की पीठ की भाँति, क्षणिक स्फुरणाएँ और अज्ञात प्राणी इसके बीच से होकर गुज़र रहे थे। इसी

दौरान विज्ञान स्वयं को सदैव के लिए एक कृत्रिम अंग के रूप में रूपान्तरित करने के लिए सहमत हो गया, एक ऐसे यन्त्र या ऐपेरेटस की तरह जिसे प्रयोगशाला में घंटों एक विषय के साथ बाँध दिया जाता है और इसने सार्वजनिक राय की दुनिया में अच्छे नागरिक की भाँति व्यवहार किया। किन्तु ओखम और फालतू चीज़ों की समाप्ति को समर्पित उसी कठोर ज्ञानमीमांसा वाली परियोजना से ही विषय का प्रारम्भिक द्वैत एक बार फिर उभरेगा। उन्नीसवीं शताब्दी के अन्तिम वर्षों में, जब लोग एक निश्चित धारणा में निहित परस्पर विरोधी तत्त्वों की चर्चा करने लगे थे, एक दूसरी चिन्तन पद्धति उभरने लगी, जो गोडेल तक जाने के बाद हर दिशा में फैल जानेवाली थी। पारिभाषिक टूटन के चिह्न, अब सभी द्वारा स्वीकृत उन सारी भाषाओं की अपर्याप्तता है जिसमें स्व-सन्दर्भ कभी शामिल नहीं होगा। और यहाँ उन दो भाषाओं के द्वैत के बीच, एक तो वह भाषा जिसमें सन्दर्भ-वस्तु है और दूसरी वह (भाषा) जिसमें स्वयं सन्दर्भ है, *उपनिषदों* के दो पक्षी, *आत्मा* और *जीवात्मा* फिर उभरकर सामने आ गए। विज्ञान के मूल में, वैदिक कर्मकांड के मूल में, दो पक्षी एक बार फिर एक दूसरे को देखते हैं विशाल जीवन के वृक्ष की एक ही शाखा से लटके हुए।

चिरन्तन वापसी चक्र को राशि चक्र के परे रख देती है—एक ऐसा परिदर्शन जो क्षोभ द्वारा उद्वेलित है और उन विशाल संख्याओं को समझ रहा है जो नक्षत्रों के बीच रिक्त स्थान पर आक्रमण कर रही हैं। ऑगस्टे ब्लैंकी क्लेयर वॉ के कारागार से लिखता है : ''रात्रि के समय अपनी कमा-कोठरी की सलाखों को पकड़े हुए, वह नक्षत्रों से बातें करता था।'' शुद्ध, असम्बद्ध विखंडन को अनुभव करना असम्भव है। वह अँगूठी, जो राशि चक्र के पशुओं से सज्जित थी, सीमा-रेखा के पार बढ़ती जा रही है और इस पर ब्रह्मांडीय धूल की परत चढ़ रही है।

'सिर हिलाकर स्वीकृति देना।' जीवन के संघातों के बीच बचा अन्तिम संकेत, यह वह हाव-भाव था जिसे, देववाणी के अनुसार, बलि चढ़ने से पहले भेड़ को दर्शाना चाहिए : ''थियोप्रोफेस की सन्तानो! देवगण तुम्हें भेड़ों की मज़बूत नस्ल का वध करने से मना करते हैं। किन्तु यदि, स्नान कराए जाने के बाद पशु स्वेच्छा से शुद्धिकर्ता जल की ओर सिर हिलाकर स्वीकृति देता है, तो मेरा कहना है कि तुम उचित ढंग से इसका बलिदान करो।''

Ahnungslos 'शकुनहीन' यह अद्भुत जर्मन शब्द उस स्थिति का वर्णन करता है जिसमें संत्रासदायी इतिहास की सहस्राब्दी के बाद। पश्चिम आज स्वयं को पा रहा है, 'शकुनहीन' पैदा होना, जहाँ किसी अपराध या अनुकम्पा की छाया नहीं है, यह हमारा मूल आधुनिक *स्तर* है, एक अप्रत्याशित माँग कि हम दुनिया से छुट्टी पा

जाएँ—एक ऐसी माँग जो हर दुकान के काउन्टर, प्रयोगशाला की मेज़, प्रोफेसर के डेस्क और कैश रजिस्टर के पीछे मँडरा रही है। इस अवस्था की जड़ में सदैव की भाँति एक बलिदानी कर्म है। ''यदि एक व्यक्ति किसी चीज़ को पवित्रीकरण करता है, तो ऐसा बेहतर तरीके से अपवित्र करने के लिए,'' पैसा हमारे पूर्वज कहा करते थे। उन दिनों दुनिया की चिन्ता हरेक पर भारी पड़ती थी; हर चीज़ के अनेक अर्थ होते थे; हर टहनी में अनन्त शक्ति होती थी। एक शब्दातीत सपना आकार लेने लगा : सबसे सुन्दर चीज़ थी एक व्यक्ति के बोझ को हल्का करना, उसके सिर से दुनिया को उतार फेंकना। ऐसा करने के लिए, व्यक्ति को *पावन* को एक शिकार में केन्द्रित करने और उसे मार डालने की ज़रूरत होती थी। उसके बाद करने को कुछ नहीं रह जाता था, व्यक्ति को बस मादक सामान्यता की ओर लौटना होता था, जो अन्ततः अपवित्रता थी शुद्ध पाश्चात्य व्यक्ति के लिए अपने विचारों के रिक्त, मनमाने और भटकाव भरे होने की सम्भावना ही वह सायरन था जिसका अनुसरण करना सार्थक था। वह अन्य सभी को धोखा दे चुका था—और इसमें उसे अधिक प्रयास भी नहीं करना पड़ा।

बलिदान की उलझी हुई गुत्थी से *पश्चिम* ने केवल एक धागा छाँट लिया, जिसे वह अन्य सभी से अलग करना चाहता था : बलि के शिकार को हत्या द्वारा पावनता का निष्कासन। बिना अधिक दुख प्रकट किए, इसने *पावन* को खोना छोड़ दिया, समस्तशक्ति के स्रोत के एक सहनीय भाग को, आत्मसात् करना छोड़ दिया, अक्षुण्ण सोम को छोड़ दिया। अब आगे, घर में खाना पकाना काफ़ी था—या ज़्यादा-से-ज़्यादा दोस्तों के साथ दावत जिसमें शायद कुछ वेश्याएँ चटकीली लोग बातें करती थीं। किन्तु उन बलिदानी प्रक्रियाओं में कुछ हतप्रभ करने वाली और धुँधली बनी रही वह थी अशुद्धता (पूरी तरह शिकार में केन्द्रित होने से पहले) स्वयं विषय में थी, बलिदाता में और यह उसके जीवन को सताती रही, जिसे वह अब केवल पारदर्शी और क्रूर बनाना चाहता था। एक लम्बी और अस्पष्ट प्रक्रिया के अन्त में, बलिदान कानून द्वारा अभियोजन बन गया। कानून के लागू होने से, अपराध भाव, जो बलि और सबसे ऊपर बलिदाता में निहित होता है, वहाँ से हटकर शिकार में चला गया। अब उसे 'शिकार' नहीं 'अपराधी पक्ष' कहा जाता है। जब जीवन को अभियोजन के लिए लाया जाता है ('चूँकि जीवन दोषी है' जैसा आगे चलकर एक दिन जोसेफ द मैस्त्रे कहनेवाला), कानून जीवन प्रक्रिया और अपराध के बीच के सम्बन्ध को काट देता है। कानून के द्वारा अभियोजन में अपराध कानून के बाहर है; वह कानून से केवल इतनी अपेक्षा करता है कि ये उसके बीच से निकालता हुआ छुरा भोंक दे। राजा *ऐडीपस* और *गॉस्पेल्स* (ईसा-वाच) के बीच, बलिदान का अभियोजन में रूपान्तरण पूरा हो चुका है। अब आगे, कानून को शिकार चुनेगा। किन्तु फिर भी पूर्णतः प्रभावी

अभियोजन—कम-से-कम उस सीमा तक जिसमें ये हमें पावनता से मुक्त कर देता है—ऐसा अभियोजन है जिसमें निर्दोष को अपराधी घोषित किया जाता है। इस तथ्य से यह उजागर होता है कि कानून सदैव ही रहा है और आगे भी रहेगा। अपने से पहले मौजूद किसी चीज़ से अभिभूत। पिलेत अपने हाथ झाड़ लेता है क्योंकि वह अनुभव करता है कि कानून क्षमा करने में अक्षम है। ईसा को सज़ा कानून ने नहीं दी, अपितु कानून की नपुंसकता ने दी। उन्हें सज़ा भीड़ ने और इसके पुजारियों ने दी।

पावन शिकार में केन्द्रित है, शिकार में दमित हुआ है और वह शिकार से ही निःसृत होता है। कुल मिलाकर बात यह है कि पावन की हत्या होनी ही चाहिए। क्योंकि इससे आतंक पैदा होता है : इसकी निरन्तर संक्रामकता से जीवन को असम्भव बना देती है। दूसरा एकमात्र विकल्प आधुनिक आविष्कार है : पावन को दृष्टि से ओझल रखो। इस प्रकार यह या तो आतंकित करने वाला होगा या अदृश्य। किन्तु वह स्थिति, जिसमें पावन जो कुछ फिर से पैदा करता है उसके लिए जिम्मेदार नहीं समझा जाता और उलट स्थिति यह है कि आतंक जारी रहता है। यह कुछ ऐसा है जो व्यापक है, सर्वत्र उपस्थित है, जो लोगों को अकारण ही मारने के लिए प्रेरित करता है और ये उन्हें भीषण यन्त्रणा देने की ओर खींच ले जाता है—यन्त्रणा स्वयं को, दूसरों को, किसी भी चीज़ को, सबको।

आधुनिक बलिदान विशिष्ट रूप से एक विशाल औद्योगिक उपक्रम है जो बलिदान के नाम और स्मृति को अस्वीकार कर देता है। व्यक्ति या तो पूरे वर्गों को खात्मा किए जाने वाला विषय कहता है या 'छोड़ गए' लोगों की बात करता है जिन्हें प्रतिदिन समाज की मशीनरी से बाहर फेंक दिया जाता है। किन्तु इस सबके लिए तो समाज स्वयं जिम्मेदार है। इस प्रकार, दिव्य तत्त्वों का अभी भी अभिषेक होता है, वे अभी भी नरम फर वाले गद्दों पर आराम करते हैं, और उन पर अदृश्य चाकू का वार होने से पहले वे अभी भी स्वयं को पुष्पों और धवल वस्त्रों से सज्जित करते हैं। युवा स्त्रियों के रूप में नक्षत्रीय विभूतियाँ, डिपार्टमेंटल स्टोर्स में चोरी करने के लिए कैद की जाती है या वैरोनल (घातक अम्ल) द्वारा मार दी जाती हैं।

वैदिक भारत के लिए 'अहं' और 'स्व' *जीवात्मा* और *आत्मा* बलिदानी खूँटे *(यूप)* की भाँति थे जिससे शिकार को बाँधा जाता था। "तुम्हारे गले की नस से भी ज़्यादा करीब," देवता रहस्यवादी से कहता है, क्योंकि यह चाकू ही है जिसने उस नस को (काटकर) अलग किया है।

"*प्रकृति भूतों का मकान है—किन्तु कला*—वह मकान जो प्रेत ग्रस्त होने की चेष्टा करता है।"—एमिली डिकिन्सन।

"कला वह जादू है जो सत्य की प्रतीति वाले झूठ द्वारा बनाया जाता है," थियोडोर एडोर्नो ने कहा था। कला की सवैधानिक रूप से समझ में न आ पाने वाली, केवल एक आनुवंशिक परिभाषा दी जा सकती है—और एडोर्नो वाली परिभाषा सम्भवतः सबसे सुन्दर है। उस प्रकार के जादू के प्रतिबन्धों से बचना, बलिदान जिनकी माँग करता है, न केवल एक चतुर तर्क है, जो उन (जादू की) शक्तियों को अस्वीकार कर देता है, अपितु यह ऐसा संकेत भी है जो अनसुने आयाम को (सामने) खोल देता है : बलिदानी वस्तुओं का उन स्मृति-चिह्नों और शेषांशों से खेलने का आयाम जो जादू की दुनिया के टूटे जहाज़ ने मानस के किनारों पर छोड़ दिया है। कला के सभी लक्षण—इसकी सर्वव्यापी अस्पष्टता से लेकर परिशोधक क्रिया तक जैसा प्रकृतिवादी अरस्तू ने सामने रखा था, और 'असम्पृक्तता' तक जैसी कांट ने परिभाषित किया—बलिदान के प्रकट निशान ही हैं। बैके के "Faire cella sans savoir quoi" में हम एक बार फ़िर मूल के *कार्यान्वयन* को, जो बलिदान ही था, सुनते हैं; जबकि "sans savoir quoi" उन अस्वीकृत शक्तियों की याद दिलाता है जो अनाम रूप से, अँधेरे में काम करती हैं। पश्चिम की विभिन्नता इस बात में नहीं है कि इसने *सुन्दर* की खोज की, अपितु इस में है कि इसने *सुन्दर* को निलम्बित अवस्था में मँडराने दिया, कि इसने शिकार के गले के फन्दे को ढीला छोड़ दिया—'सत्य की प्रतीति वाला झूठ' से बचना, सत्य से बचना है, घुटन से बचना है। यही वह कारण है कि कला हर सामाजिक व्यवस्था के प्रति आक्रामक रहती है, क्योंकि इसमें हर मामले में सच्चाई का दावा है। कला में उस शिकार की आवाज़ आती है जो अतीव पीड़ा भोग कर बाद में हमेशा के लिए जो मरने से बच गया है, जबकि कर्मकांड सारी पावनता वापस उसके वध में ले आया था। कला की पदचाप हल्की है क्योंकि वह जंगल में भटक रहा है। अब बलिवेदी खाली है।

केवल पूर्णतः धर्मनिरपेक्ष समाज में ही, जैसा उन्नीसवीं शताब्दी के अन्तिम वर्षों में फ्रांस था, जब इसके *विचारक* मुक्त चिन्तन के अतिरेक में थे और गोथिक प्रार्थनालयों को ध्वस्त करने को और एक धर्मनिरपेक्ष नैतिकता की स्थापना के लिए आतुर थे, दुरख़ैम (जैसा व्यक्ति) वह शानदार खोज कर सकता था कि *धार्मिक ही सामाजिक* है। न तो इससे पहले और न कहीं अन्यत्र, इकोल नॉरमल उत्साह के साथ, स्वतःसिद्ध सूक्ति कही जा सकती थी, जिसका अर्थ था कि प्लेटो और सिमॉन वील द्वारा संकेतित *बड़े पशु* (Great Animal) में दिव्य मेघ पूरी तरह पुनः आत्मसात् कर लिया गया है। दुरख़ैम, *रबियों* के परिवार की सन्तान, एक उदासीन यहूदी है, जो लाल सागर पार करने के बाद पानी की ओर कभी नहीं गया। उसके लिए समुद्र अस्तित्व ही नहीं रखता : समाज ने इसे सोख लिया है। उसी चिन्तनधारा के तेजस्वी नृवंशशास्त्री, मॉस और ग्रेने, उसके विपरीत, अद्भुत रूप से थे। कभी-कभी ऋषि की-सी ही पैनी स्पष्टता से वर्णित 'कुल सामाजिक तथ्य' उन पुरातन समाजों का प्रथम

सम्पूर्ण वर्णन थे जहाँ ब्रह्मांडीय क्रियाएँ की जाती थीं। 'सारा मामला प्रश्नों की सूक्ष्मता का है...' यह मॉस का गुप्त लक्ष्य था—और ग्रेने का भी। जिस समय चैनल के उस पार, फ्रेज़र हमारे प्रारम्भ (मूल-स्रोत) को 'रेडीमेड सूट्स' (ड्यूमेज़िल) पहना रहा था, मॉस लोगों के व्यवहार की हर छोटी-से-छोटी बात पर विचार कर रहा था, लेकिन वह दृष्टि सेंट-साइमन की सी उन्मादग्रस्त और कठोर नहीं थी जिससे वह कोर्ट के प्रोटोकॉल की जाँच किया करता था।

मॉस और ग्रेने के निष्कर्ष, अन्त में उस निष्कर्षों के बिलकुल विपरीत हैं जिन पर दुरख़ैम पहुँचा था। किन्तु दुरख़ैम की सूक्ति वाक्य—'धार्मिक ही सामाजिक है'—उन झूठे सिद्धान्तों में से एक है जो छिपे सत्य को उजागर करते हैं। केवल एक दूसरे प्रकार की प्रतिभा, रेने जिरार्ड जैसी, विश्लेषण को उस कठोर अन्त तक ले जा पाएगी जिसकी पूर्व कल्पना दुरख़ैम अपने कथन में नहीं कर पाया था। जिरार्ड जीवित 'झाड़ी-पशुओं' में अन्तिम है जो ईसाइया बर्लिन द्वारा प्राचीन यूनानी व्यंग्य कवि आरकीलोकस के आदेश-वाक्य, "लोमड़ी बहुत सारी चीज़ें जानती है किन्तु झाड़ी-पशु एक बड़ी चीज़ जानता है" से चतुराई से प्राप्त शब्दावली का प्रयोग करता है। जिरार्ड जिस 'एक बड़ी चीज़' को जानता है उसका एक नाम है : बलि का बकरा। जिरार्ड के लिए, बलिदान सम्बन्धी सारी धर्मशास्त्रीय परिकल्पनाएँ, विशाल बलिदानी उलझन (जो बलि के बकरे से भी आगे कहीं और ले जाती है), भयानक सत्य को छुपाने के पुजारियों के प्रयास हैं। इस प्रकार वह, यद्यपि साहसी मेधा से, पश्चिम के सर्वाधिक घटिया खेल को स्वीकार कर लेता है : 'वह है रहस्यहीन बनाना', 'मिथकहीन कर देना' और मुखौटे के रहस्य को व्यक्ति द्वारा समझना शुरू करने से पहले ही 'मुखौटे का हटा देना'। यद्यपि उसके आवेश और व्यंग्य से वैदिक ऋषि बेदाग़ बच जाते हैं, वह आधुनिक नृवंश शास्त्रियों पर अत्यधिक उत्साह से अपना लक्ष्य साधता है। यहाँ जिस वस्तु से मुखौटा उतार फेंका गया है वह *वेद* नहीं, अपितु शिष्ट व्यावसायिक शब्दाडम्बर है जिससे विज्ञान ने अबाध वध को, निरन्तर रक्तपात को ढाँपे रखा है। सामाजिक व्यावहारिकता के भक्त, नृवंश शास्त्रियों में विक्टोरियन युग के बौद्धिकों जैसी छद मलज्जा दिखलाई देती है जो पाँवों और टाँगों के वर्णन से बचने के लिए अजीबोग़रीब हरकत करते थे। उनकी उपस्थिति में जिरार्ड निरन्तर मौलियर की सदाबहार टिप्पणी दुहराता रहता है : "उन चीज़ों के लिए कितने सुन्दर शब्द चुने गए हैं।"

अतः जिरार्ड का प्रेरणास्रोत समाजशास्त्रीय प्रयोगशाला नहीं अपितु सीधे-सीधे ईसा के बलिदान से निःसृत आत्मिक आस्था के मूल-पाठ हैं। उसके सारे जीवन को *काइआफस* के कथन पर चमचमाती टिप्पणी के रूप में पढ़ा जा सकता है : "तुम्हारा हित इसी में है कि एक मरे, न कि सारे लोग।" यहाँ काइआफस का प्रयोग राजनीतिज्ञ के अर्थ में किया गया है : "राजनीति में जितना अच्छा उसने किया है

उतना किसी अन्य ने नहीं।" और उसकी सुबोधता हर समाज की अनकही नींव की ओर इशारा करती है : "यह मनुष्यों की इच्छाओं का भयंकर विरोधाभास है। वे अपने लक्ष्य को सुरक्षित रखने पर कभी सहमत नहीं हो सकते, किन्तु वे इसे नष्ट करने पर सदैव ही सहमत हो सकते हैं। शिकार के हानि पहुँचाने की बात को लेकर ही सहमत होते हैं।" यह (व्यवस्था), जिरार्ड के लिए, बलिदान *की प्रणाली* है : किन्तु आश्चर्यजनक बात यह है कि यह इतनी स्पष्ट पहले कभी नहीं रही थी जितनी आधुनिक समाज में, जो अभिमानपूर्वक बलिदान से दूर चला गया है। "यन्त्रणा के पूर्ण टैक्स्ट (मूल-पाठ)" की खोज के लिए जिरार्ड को गिलॉमे द मशॉओ के *जजमेंट द रॉइ द नवारे* के एक यहूदी विरोधी गद्यांश का सहारा लेना पड़ा। जिरार्ड के अनुसार इसका स्पष्टीकरण ईसा-वाची सत्य के उत्तरोत्तर बलिदान विरोधी कार्य द्वारा होता है जो पहले बलि के बकरे के भयंकर सत्य को सामने आने देता है और अन्ततः, इसकी सामान्य भर्त्सना करवा देता है, जैसे आज यहूदी-विरोधों की भर्त्सना की जाती है। प्रबोधन के इस जटिल उपयोग में, जिरार्ड की मुख्य दुर्बलताएँ उभरती हैं : यन्त्रणा अथवा उत्पीड़न, वास्तव में इतना विस्तृत पहले कभी नहीं रहा जितना आधुनिक पश्चिम में है, जो बलिदान के विषय में कुछ नहीं जानता और इसे अन्धविश्वास मानता है। *पावन* का निष्कासन, जो बलिदान का ही एक भाग है, अब घर की सफाई, शरीर से शौच या मल का निकल जाना हो गया है। यहूदी गन्दे कीड़े हैं जिन्हें हर स्वस्थ जर्मन भोजन कक्ष से झाडू लगाकर साफ़ किया जाना है। हम स्टॉलिन के शुद्धिकरण' की बात करते हैं : लाखों लाख संदिग्ध विरोधी यन्त्रणा शिविरों में भेज दिए गए थे। यह तथ्य कि साम्यवादी जनमत यहूदी विरोध और उत्पीड़न की सामान्यतः भर्त्सना करता है उस तथ्य का हास्यास्पद निष्कर्ष है कि स्वयं उत्पीड़न—हर प्रकार के उद्देश्य के लिए, नस्ली, राजनीतिक, धार्मिक, आतंकवादी—हमारे ग्रह की राजनीति की विश्व-भाषा (lingua franca) बन गया है। हम यहूदियों के खात्मे को बताने के लिए 'सर्वनाश' शब्द का प्रयोग करते हैं और इससे बलिदान के सत्य की सम्पुष्टि होती है और हम यह भी स्वीकार नहीं करते कि यह बलिदान के लिए प्रयोग होने वाला टेक्नीकल शब्द है, तो यह सत्य ईसा के शब्द न होकर ईसाई विरोधी पेरोडी से अधिक मिलता-जुलता है। फिर भी, जिरार्ड की अवधारणा एक ऐसे बिन्दु को छूती है जहाँ तक कोई और नृवंश शास्त्री नहीं पहुँचा है। यह बलिदान के खुले घाव कुरेद देती है और उस प्रश्न को खड़ा करती है जो अत्यन्त गम्भीर है किन्तु जिससे सदैव ही बचा गया है : 'कौन किसकी बलि चढ़ाएगा?' हम सहागुण से, डैल्फी की देव वाणी से और बॉदिलेयर से यह जान चुके हैं कि, एक उचित बलिदान में, "शिकार की सहमति और(शिकार का) आनन्द होना चाहिए।" किन्तु हम अपनी नज़र पॉलीक्सैना के बलिदान से, जैसा टिरहैनिया के दो हैंडिल वाले जार पर चित्रित है, नहीं हटा सकते : लड़की को एक लिपटे हुए कालीन की भाँति तीन योद्धा पकड़े हुए हैं, जो उसे टखनों से, घुटनों से

और वक्ष से अपनी बाँहों में दबोचे हुए हैं। शिरस्त्राण और पिंडली-त्राण पहने हुए तीनों लोग तने हुए सन्नद्ध दिखलाई देते हैं। अपने बाएँ हाथ से उसके बालों को खींचते हुए, जिससे उसका सिर उठा रहे और उसका गला खुला रहे, नियोटोलेमस, वह भी शिरस्त्राण और पिंडली-त्राण पहने हुए है, अपने दाएँ हाथ से एक बड़ी तलवार पॉलोक्सैना के गले में घुसेड़ देता है। खून का फुहारा बलिवेदी पर फूट पड़ता है। नियोटोलेमस के पीछे, एक हाथ में बर्छी लिए डायोमेडीज़ खड़ा देख रहा है। एक अन्य व्यक्ति इस दृश्य से अपनी आँखें फेर लेता है।

कोई भी धर्मशास्त्रीय चिन्तन इस दृश्य को मिटा नहीं सकता। और यह दृश्य किसी धर्मशास्त्रीय चिन्तन को नहीं मिटा सकता, जैसा जिरार्ड चाहेगा। जैसा परिणति के बारे में प्रायः होता है, इस मामले पर सबसे ज़्यादा जो कहा गया था वह चुआँग जू की एक कहानी में कहा गया था : ''कर्मकांडीय पोशाक पहने, अधिष्ठाता सूअरों के बाड़े के पास पहुँचा और उनसे इन शब्दों में बातचीत की : तुम अपनी मृत्यु की ओर ले जाने से क्यों कतराते हो? तीन महीने तक मैं तुम्हें खिलाकर मोटा करूँगा। जहाँ तक मेरी बात है, मैं दस दिन तक अनुशासित रखूँगा और तीन दिन तक व्रत रखूँगा। तब तुम्हारे लेटने के लिए सफ़ेद घास की चटाइयाँ बिछा दी जाएँगी और तुम्हारे हाथ-पाँव उकेरे गए पात्रों पर रखे जाएँगे। तुम्हें इससे ज़्यादा और क्या चाहिए? फिर उसने इस बात पर विचार किया कि सूअरों को ज़्यादा पसन्द क्या चीज़ होगी और उसने कहा, 'वे चाहेंगे कि उन्हें सूखा भूसा और चोकर खिलाया जाए और वे अपने बाड़े में ही रहना पसन्द करेंगे।' ''

जिरार्ड पीछे की ओर, यानी प्रारम्भ की ओर, उस उन्माद पर प्रकाश डालता है जिसे पहले तो पश्चिमी मनुष्य ने खुला छोड़ दिया और फिर, भोलेपन के कम्पन के साथ, सत्य मान लिया : समाज की स्वायत्तता और उसके साथ ही समाज का यह दावा कि वह मामलों को केवल स्वयं निबटाएगा, हर चीज़ का स्पष्टीकरण केवल अपने (समाज के) सन्दर्भ में दिया जाएगा—और इसलिए नक्षत्रों को बलि चढ़ाए गए शिकार समूह (समाज) की स्थिरता के हित में (देवताओं को) कई प्रसन्न करने वाली भेंटें माने जाएँगे। लगता है, जिरार्ड के लिए मानो सूरज, चन्द्रमा, अग्नि, प्लेग और वायु किसी सामाजिक तनाव को ढँकने मात्र के लिए अस्तित्ववान हैं। यह असंगत दावा मार्क्स के दावे के समान ही है : झरने के पानी का 'कोई मूल्य नहीं है' क्योंकि यह किसी श्रम या मजदूरी से उत्पन्न नहीं हुआ। इस प्रकार के कथन दिमाग़ की बेंढंगे, हावी होनेवाली setzen (चीज़ों को निर्धारित करने वाली मानसिकता) को दर्शाते हैं—ऐसी 'धारणा' जो यह पूर्व-कल्पना करके चलती है कि मानवीय विचार के आने से पहले कुछ भी अस्तित्ववान नहीं था। सौभाग्यवश दुनिया ऐसी नहीं है और हिंसा के केन्द्र तक पहुँचने के लिए जिरार्ड एक उग्र, बहिर्वेश करता है : उसका शिकार मौन

अमानवीय सत्य है। किन्तु एक अर्थ ऐसा भी है जिसमें दुनिया इस प्रकार की थी : समाज का सम्प्रभुतापूर्ण अलहदगी एकान्त का दावा शुरू से ही अन्तर्निहित था और इसे कई हजार वर्षों के बाद ही खुलकर पेश किया गया। जिराई यह पूर्व-कल्पना करके चलता है कि प्रारम्भ में हमें मृत्यु नहीं, बल्कि मारना (वध) मिलता है—ज़्यादा सटीक बोलें तो भीड़ द्वारा फाँसी पर लटका देना या ज़िन्दा जला देना। किन्तु ज़िन्दा जला देने से पहले भूख है : 'मृत्यु भूख है।' भूख में मृत्यु और हत्या मिल जाते हैं। जीवित बचे रहने के लिए व्यक्ति के लिए खाना अनिवार्य है और इसीलिए मारना भी क्योंकि फ़सल काटना भी मारना ही है। प्रोमीथियस के बलिदानी धोखे को जान लेने के बाद, घौस मानवता को इस दशा के लिए अभिशापित कर देता है : धोखा खाने के बाद, देवता अब आगे जलते हुए मांस का केवल धुँआ या बची हुई 'सफ़ेद हड्डियाँ' ही ग्रहण करेंगे। किन्तु मनुष्यों को, जिन्होंने बढ़िया मांस चुना है, (विरासत में) भूख और इसीलिए मृत्यु भी लेनी पड़ेगी। यह आदिकालीन घटना बलिदान का आधार, अक्षुण्ण *ऋत* है। बलिदान की भेंट करने में, हम यह तथ्य स्वीकार करते हैं—यहाँ तक कि स्थानापन्न करने की युक्ति के पीछे भी, जो हमें अस्थायी रूप से जीवित बनाए रखती है—कि एक दिन हमें भी खा लिया जाएगा; ऐसा यदि मनुष्य नहीं करेंगे तो वे देवता करेंगे जो प्रीतिभोज में अदृश्य मेहमान है : "मारने का अर्थ हमेशा स्वयं अपने को मारना होता है।" बलिदान को ब्रह्मांडीय (रूपाकार) देना जिराई की निगाहों में केवल एक चाल है, क्योंकि वह सामाजिक शरीर विधान से अपनी नज़र एक क्षण को भी हटाने से मना कर देता है—और इसीलिए वह इसे नहीं समझ पाता कि समाज के पास अत्यधिक शक्ति केवल इसी कारण से है कि वह ब्रह्मांडीय शरीर-विधान को धीरे-धीरे हथियाता जाता है और यह प्रक्रिया तब तक चलती रहती है जब तक समाज इसे पूरी तरह आत्मसात नहीं कर लेता। किन्तु जिराई का पक्षपात पूर्ण दृष्टिकोण बहुमूल्य है : यह हमें याद दिलाता है कि बलिदान ने, शुरू से ही, समाज को पावनता का भाव त्यागने में सहायता की है, अन्यथा यह (पावनता) इसको पक्षाघात की स्थिति में पहुँचा सकती थी। अकेले इस एक सूत्र को पकड़कर, हम सुगमतापूर्वक इतिहास-पूर्व से वर्तमान तक चले आ सकते हैं—जिससे ऐसा संकेत मिलता है कि हमें पहेली की कुंजी मिल गई है, वह पत्थर मिल गया है जिसे भवन-निर्माताओं ने बेकार समझकर फेंक दिया था। जबकि वास्तव में यह केवल बलिदान की चालाकी का स्पष्टीकरण देता है, ताओ ची (t'ao t'ieh) के गले में (फँसा) छोटा-सा चमकता पत्थर, उद्गम का मिश्रित पशु। उस बिन्दु से चलकर हम एक संगत शृंखला में जल्दी से उस दिन पर पहुँचते हैं जब लोग यह विश्वास करते थे कि अन्ततः पावनता का खतरा इतना गम्भीर मामला नहीं है—जब राजदूत पॉलस एमिलियस ने, रोमन लोगों की शान्त दोष-दर्शिता के भाव से कहा कि गणतन्त्र में सम्पन्नता के अभिवृद्धि के लिए अब बलिदान ज़रूरी नहीं है। उस समय तक इतना

पर्याप्त हो गया था कि सम्पन्नता जैसी है उसे वैसी ही छोड़ दिया जाए; इसे बढ़ाने की व्यवस्था रोमन लोग स्वयं कर लेंगे। इसके बाद, एक ही चीज़ शेष रह गई थी कि बलिदान को भुला दिया जाए। समय बीतने के साथ, सब कुछ अन्धविश्वास बन गया—और इस तरह, बॉदिलेयर के अनुसार 'सारे सत्य का संग्रहालय'।

दुरख़ैम के ब्रह्म वाक्य को कठोरता से लागू करने वाला जिरार्ड सम्भवतः पहला व्यक्ति है, जो इसे "अपने समय की महानतम नृवंश शास्त्रीय प्रज्ञा कहता है।" वास्तव में, धार्मिकता का बादल सारी सामाजिक कड़ियों को यहाँ तक कि उसके छोटे से छोटे विवरण को भी ढाँपे हुए है; किन्तु जिरार्ड के लिए ऐसा है मानो यह उन विवरणों से निकलकर आया है। इस प्रकार, कुछ प्रारम्भिक तथ्य ऐसे हैं जो सामाजिक और धार्मिक के उस हिंसक, और व्यापक अन्तर्वेधन से भी अछूते रह गए हैं : समय की अनुत्क्रमणीयता, मृत्यु, भूख, औचित्य। ये महत्त्वपूर्ण, अन्तिम चीज़ें हैं; जिरार्ड उन्हें नकलची संघर्ष के उन उत्पादों में रूपान्तरित कर देगा, जिसका परिणाम बलिदान की हिंसा होता है। किन्तु एक ऐसे समाज में भी, जिसे बलिदान के धोखे से बचा लिया गया है, ये चीज़ें ज्यों की त्यों बनी रहेंगी। अपनी इस अवधारणा से जिरार्ड समय के चक्रीय स्वरूप को तो स्पष्ट कर सकता है, किन्तु इसकी अनुत्क्रमणीयता को नहीं; वह वध को तो व्याख्या कर सकता है किन्तु मृत्यु की नहीं; वह नकलची इच्छाओं के संघर्ष को तो स्पष्ट कर सकता है, किन्तु इच्छाओं के अस्तित्व को नहीं। आइए इस ब्रह्म वाक्य को उलटा दें, और फिर कहें कि *सामाजिक ही धार्मिक है*। तब सामाजिक कड़ी का हर विवरण धार्मिकता के बादल में उस क्षेत्र के समकक्ष बन जाता है जहाँ हम ऐसी शक्तियों को पाते हैं जिनसे सामाजिक अन्तर्बंध ने किसी न किसी प्रकार निबटने का प्रस्ताव रखा है : समझौता, आदान-प्रदान, बलिदान की कला। यहाँ फिर, हमेशा की तरह, वही प्रश्न उभरता है कि इन शक्तियों को स्वीकार किया जाए अथवा नहीं। जहाँ हज़ारों, हज़ार में वैदिक देवता निवास करते हैं, ओखम के रेज़र ने हर नाम काट डाला है। किन्तु भले ही देवता और उनके नाम न रहे हों, फिर भी बादल तो मौजूद ही है। बादल अज्ञात देवता है।

डेकार्टे में *नगण्य* पावन है—अभिशापित, अस्वीकृत, अनियंत्रणीय भाग। जब तक वह अपनी इस अवधारणा तक पहुँचता है, तब तक समाज ने एक सुरक्षा क्षेत्र बना लिया है जिसमें व्यक्ति बिना (बाहरी) हस्तक्षेप के काम कर सकता है : बलिदानी प्रक्रियाओं का स्थान प्रयोगशाला की स्थितियों ने ले लिया है। किन्तु कर्मकांडीय व्यवहार का अर्थ पूरी तरह से बदल गया है; बलिदानी हाव-भाव पावन को सँभालने, इसे सावधानी से रखने की ईमानदार चेष्टा करते थे; प्रयोगशाला की प्रक्रियाएँ इसे दबा देती हैं। काँच के पिंजरे के अन्दर कृमि-मुक्त, कृत्रिम हाथ चलते हैं; क्लिनिकल प्रकाश में वे जानवर के अकड़े हुए शरीर को पकड़ते हैं और इसे कूड़ेदान तक ले जाते हैं। जब प्रयोगशाला विस्फोट में उड़ जाती है, तो बलिदान की स्मृति फिर सजीव हो

जाती है। आज लोगों की यह आशंका कि नाभिकीय संयन्त्र में दुर्घटना होगी, शुद्ध कर्मकांडीय आशंका है : सारी आँखें उस क्षण पर गड़ी है जब संक्रमण एक बार फिर फैलना शुरू होगा।

बलिदान ने यह सुनिश्चित कर दिया था कि व्यक्ति के पास ऐसा क्षेत्र है जिसमें वह आघात या विध्वंस के भय से रहित रह और काम कर सकता है—एक क्षेत्र जो बलिदानी वृत्त के बाहर बनाया गया था। केवल दूसरे क्षेत्र में, पावन के क्षेत्र में, वृत्त के अन्दर ही व्यक्ति को चोट लग सकती थी या वह नष्ट हो सकता था।

जिसे हम रिवाज़ी तौर पर जादू कहते हैं, वह बलिदान से वंचित जादू का छोटा अंश है जो अपने कर्म-बलिदान का अधार खो चुका है।

जादू गुंजायमान विचार है। बलिदान इस विश्वव्यापी गुंजन की पूर्व-कल्पना करता है। इस प्रकार, बलिदान का परिणाम सदैव ही अनिश्चित होता है; यह एक निरन्तर संघर्ष है जिसमें शक्तियाँ आवाज़ों की तरह टकराती हैं। और शक्ति को कोई बाँध नहीं सकता, क्योंकि इसका व्यापकता अनन्त है। किसी को भी नहीं मालूम कि शक्ति का अन्त कहाँ होता है, उसी तरह जैसे आवाज़ के सारे आरोहों को ढूँढ़ पाना असम्भव है।

कानून स्वयं अपनी पूर्व-कल्पना करता है। इसीलिए कानून, यद्यपि यह चेष्टा तो करता है तथापि कभी भी एकदम साफ़, बेबाक तरीके से बोल नहीं पाता। इस सुनिश्चित स्पष्टता के अभाव में, कानून विनम्र रूप में हमें सुझाता है कि हम इसके निर्णयों पर प्रायः सन्देह न करें। तब यह उचित ही है कि स्वयं 'कानून' शब्द को एक सामाजिक नियम और प्राकृतिक नियम दर्शाना चाहिए। इससे कुछ फर्क नहीं पड़ता कि नियम दिव्य आदेशों की बात करते हैं या सांख्यिकीय बारम्बारता की; ये वे नियम हैं जिनका संसार सामान्यतया पालन करता है। इन नियमों को लेकर हम, *लगभग* हमेशा, एक साथ इकट्ठे रह सकते हैं। आजकल, कानून हमें इससे अधिक कुछ और देने का दावा नहीं करता।

पर जिस *एकान्त* को ज्ञान बनाता है। यह *नमूने* बनाने/छाँटने के उस काम की पुनरावृत्ति है जो समाज स्वयं को स्थापित करने के लिए प्रकृति पर करता है। यह निरन्तरता से विच्छिन्नता की ओर चलने को दर्शाता है, जो अन्तर स्थापित करने के लिए आवश्यक है—ख़ासतौर पर, वह अन्तर, यानी स्वयं प्रकृति से अन्तर। बलिदानी भेंट वह अतिरिक्त (फालतू) है जिसे काटा जाना, बाहर निकाला जाना चाहिए, उसका उत्सव मनाया जाना, और जलाना चाहिए क्योंकि इसके बिना तो समाज और प्रकृति का फिर से संयोग हो जाएगा। अतिरिक्त एक अव्यवस्था है और हत्याओं की शृंखला

है जो कानून से पहले आती (होती) है, किन्तु यही सब चीज़ें भी हैं जो समाज से पहले अस्तित्ववान थीं और गुप्त रूप से इसका पोषण भी करती हैं : वरुण का 'गुप्त समुद्र' जिसके बिना सामाजिक व्यवस्था सूख जाएगी और धूल में मिल जाएगी।

हम हमेशा ही इस समस्या से जूझते हैं कि अतिरिक्त का उपयोग कैसे किया जाए, उस भाग का, जिसे यदि समाज में जोड़ दिया जाए तो इसका परिणाम प्रकृति होगी—किन्तु अनन्तगुणित प्रकृति, एक नरक या एक स्वर्ग।

बलिदान भी पावन के निष्कासन तक पहुँचने की एक दीर्घकालीन रणनीति है। पावन के बिना रहना (जीना) एक समय बिलकुल ठीक, हलका और मनचाही अवस्था दिखती थी।

दिव्य बन जाना या पावन को निष्कासित कर देना : ये बलिदान का दोलन, ताना-बाना है : समागम, निष्कासन।

परीक्षण के परिक्षेत्र में, हमारी स्थिति विपरीत देवताओं के जैसी है। बलिदानों के दौरान देवताओं की भाँति, हम लौ की गन्ध को अपने अन्दर ले जाते हैं, और शरीरों को नष्ट हो जाने देते हैं। आज बलिदान का धुआँ संख्याओं में है, परीक्षण की पद्धतियों-प्रक्रियाओं में है।

विकल्प बनाने के दो तरीके हैं : परम्परा द्वारा (हत्या) और (बलिदान) द्वारा ठोस समरूपता। समरूपता स्थानापन्न को मार देती है। परम्परा उसे मारती है जो वहाँ स्थानापन्न किया जाता है। समरूपता यह पूर्व-कल्पना करती है कि स्थानापन्न, स्थानापन्न की गई वस्तु में बना (जीता) रहेगा, क्योंकि दोनों उसी 'गुंजायमान पदार्थ के भाग है, जिनसे दुनिया पैदा हुई है, जिससे दुनिया बनाई गई है उनकी स्थितियाँ आपस में अदल-बदल सकती हैं : कोई भी व्यक्ति किसी दिन बलिदान के शिकार का स्थान ले सकता है, क्योंकि अब प्राकृतिक मृत्यु नहीं है। हर मृत्यु एक बलिदान है।

परम्परा अमुक को रद्द कर देती है। ये अमुक के गुणों को, और केवल उनको ही जिनका यह प्रतिनिधित्व करना चाहती है, चिह्नों में बदल देती है। यही है औपचारिक प्रणाली का जन्म।

कभी-कभी बलिदान में एक प्राणी मारा जाता है। परम्परा जिस अमुक का प्रतिनिधित्व करती है उसे प्रकट में अखंडित छोड़ देती है, किन्तु इसके नियम में मारना तो अन्तर्निहित है। ऐसा समय अवश्य आएगा जब सारे के सारे समुदाय फेंक दिए गए यथार्थ का भाग बन जाएँगे जो परम्परा द्वारा मारे गए थे।

सांसारिक तत्त्व की अपारदर्शी नीरवता और दिव्य के पारदर्शी शान्त भाव के बीच का क्षेत्र पावन है। यह रक्त का, ख़तरे का क्षेत्र है—हिंसा का चुम्बक है। जब डायोमैडीज़ ऐफ्रोडाइट पर भाला फेंकता है तो देवी की कलाई के ऊपर बने घाव से जो चीज़ फूट निकलती है वह रक्त नहीं है वह है रहस्यमय, अज्ञात, इशॉर (ichor) : (पारदर्शी) द्रव। होमर कहता है, ''देवगणी भोजन नहीं करते और न ही वे गहरे रंग की मदिरा पान करते हैं और इसी कारण उनमें रक्त नहीं होता और ये अमर कहलाते हैं।'' प्लूटार्क टिप्पणी करता है : ''इससे प्लेटो का अर्थ है कि भोजन न केवल जीने का साधन है, अपितु मरने का भी है।'' भोजन, रक्त और मृत्यु उसी वृत्त में सीमित, आबद्ध हैं।

उपनिषद् इस पर बल देते हैं कि बलिदान हर चीज़ में है : साँस लेने में, पोषण में, प्रेम करने में, शब्दों में, कर्म में। कारण : बलिदान ही वह एकमात्र रूप है, हमारी धमनियों में, जो जीवन को प्रत्युत्तर देता है—जो इसकी सारी गतियों में, चाहे स्वतः हों या मनमानी, अविरल रूप से इसके पीछे-पीछे चलता है। बलिदान का रूप हमारे रक्त के अस्तित्व में अन्तर्निहित है : यह वह जीवन है जिसका अबाध और क्षणिक अर्थ में, *किन्तु केवल एक समय के लिए,* पुनः नवीनीकरण होता रहता है। यह जीवन है, किन्तु यह देवताओं में प्रवाहमान पारदर्शी द्रव की अनन्तता कभी प्राप्त नहीं कर सकता। जिस प्रकार रक्त को प्रतिदिन दुर्बोध, गुप्त शिकार भोजन प्रदान करते रहते हैं, उसी प्रकार जीवन को भी, नियमतः हत्यारा अर्थ चाहिए, जिसका बलिदानी खूँटे पर प्रतिदिन पुनः नवीनीकरण होता रहता है।

सूजे हुए, लटकते होंठोंवाली युवती श्लेस्विग-होल्स्टाइय की दलदल में डूब गई। और बाद में उसे खोदकर बाहर निकाला गया तो उसकी देह पूरी तरह सुरक्षित थी। पुराने चमड़े की तरह कड़ी त्वचा उसे अफ्रीकी हैम जनजाति जैसी दिखा रही थी। उसका मुंडा हुआ सिर एक पार्श्व से साफ़ दिखता था; उसकी आँखों पर कपड़े की पट्टी बँधी हुई थी; और दाएँ हाथ की संकेतिका और बीच वाली उँगली के बीच उसने बिर्च की एक टहनी पकड़ी हुई थी। इस रूप में उसे दलदल में डुबोया गया था, लगभग दो हज़ार वर्ष पहले। क्या कामदेव की भाँति उसकी आँखों पर पट्टी बाँध दी गई थी क्योंकि बुद्धि की तुलना में प्रेम श्रेष्ठ होता है?

ओल्ड टेस्टामेंट के जॉब और अर्जुन के दो आख़िरी सवाल, देवत्व को सम्बोधित हैं : पहला मारे जाने से सम्बन्धित है और दूसरा मारने से सम्बन्धित। दोनों ही मामलों में दिव्य उत्तर अभिभूतकारी और पकड़ में न आने वाला है। प्रत्येक मामले में स्पष्टीकरण नहीं है, अपितु एक भव्य, ब्रह्मांडीय ज्ञान की अन्तर्दृष्टि मौजूद है। इन प्रश्नों का संक्षिप्त, स्पष्ट उत्तर नहीं है। दो सुनिश्चित प्रश्न हैं जो सम्पूर्ण उत्तर से कम किसी बात को स्वीकार नहीं करेंगे। लीवियाथन, विशाल जल पशु जो ''गहरे समुद्र को बरतन की

तरह खौलाता है?'' और कृष्ण, ''उस अग्नि के गोले की तरह, जिसके चारों ओर लपटें निकल रही हैं।''

बलिदान लेने और देने–इन दो कर्मों को धर्माधिकृत, पुनरावृत्तीय रूप प्रदान करता है। इन कर्मों के सारे अर्थ–जिनके बिना सम्प्रेषण, अतः समाज का अस्तित्व संभव नहीं है–बलिदान में निहित हैं। और यदि ये कर्म एक साथ न हों, तो फिर क्या सम्भव हो सकता है? जीवित बचा रहना–यदि जीवित बचा रहना केवल लेने पर ही निर्भर करता। किन्तु यहाँ आदिकालीन सम्बन्ध उभरता है : बिना कुछ दिए लेना अकल्पनीय है, क्योंकि यह वादा किया गया है कि हर दान (देना) किसी प्राप्ति (लेने) तक पहुँचेगा। 'दूर' जो 'समीप' पर राज्य करता है और 'मध्यस्थ' जो 'तात्कालिक' पर राज्य करता है, ये दो हर संस्कृति की मूल-स्थापनाएँ हैं। जो व्यक्ति, कुछ लेता तो है किन्तु देता नहीं है, वह किसी ऐसी वस्तु को विनष्ट कर देता है जो सम्भवतः फिर कभी नहीं लौटेगी। जो शिकार के दौरान किसी बारहसिंघे को मारता है, वह उस बारहसिंघे को फिर से प्रकट होते कभी नहीं देखेगा। जो व्यक्ति ज़मीन से उपजने वाले फलों को इकट्ठा करता है, वह सम्भवतः उन्हें फिर दुबारा उगते कभी नहीं देखेगा। पहला (अनुबन्ध), पहला देना और लेना, प्रकृति के साथ है, जानवरों के साथ, और पौधों के साथ–और, उनके पीछे, मौजूद उन शक्तियों के साथ है जो उनके शरीर में मौजूद हैं। जो हमें लेने के लिए भेंट (प्रस्तुत) किया जाता है उसकी माँग है कि हम उसे उसके देनेवाले को वापस कर दें; इस अन्तर्बन्ध की स्वीकृति बलिदानी जीवन का आधार है, अस्तित्व के प्रति कर्मकांडीय दृष्टिकोण का आधार है। इस कर्म के पीछे दया भाव यह स्वीकार कर लेने में हैं कि हर लेन देन के केन्द्र में एक हत्या है। जो हम लेते हैं, उसे मारते हैं, जड़ से उखाड़ते हैं। जो हम देते हैं, वह भी इससे कम नहीं हो सकता; तब इसका अर्थ यह होगा कि हमें अपने आपको मारना चाहिए। किन्तु इससे हमारे विनिमय में बाधा पड़ेगी। और यहाँ हम बलिदान की बहुत बड़ी चालाकी देखते हैं : स्थानापन्नता। किसी ऐसी चीज़ का बलिदान जो किसी दूसरी चीज़ के स्थान पर *मौजूद* है, यह प्रक्रिया भाषा की और बीजगणित की, विजयी अंकों (इकाइयों) की मशीनरी को (स्वयं) गतिमान कर देती है। एक छल, जिसके द्वारा एक व्यक्ति बलि-वेदी पर निर्धारित शिकार का गला न काटकर उसके बदले में रखे गए शिकार का गला काट देता है, शक्ति को बहुत अधिक बढ़ा देता है और यह विस्तार चेतना से बलिदानी भेंट (देने) की ज़रूरत को पूरी तरह मिटा देगा। शुद्ध विनिमय, जो स्थानापन्नता को प्रणालीबद्ध कर देता है, धीरे-धीरे अनुपमता को निष्कासित कर देता है, आदिकालीन शिकार के चिह्न को समाप्त कर देता है। अन्त में, दुनिया में केवल स्थानापन्न ही रह जाएँगे यानी केवल शिकार और उन्हें यह भान भी नहीं होगा कि वे शिकार हैं, क्योंकि निर्विकल्प पुजारी का, जो उनके सिर के ऊपर चाकू उठाता है, न तो कोई नाम है और न आकृति।

स्पष्ट विचार वाले आस्थावानों के अपवाद को छोड़कर जो कठोर अल्पसंख्यक हैं, दुनिया की आबादी उन आस्थावानों की है जिन्होंने अपनी आस्था पारिवारिक रीति-रिवाज़ों से पाई है और कुछ आधुनिक पूरी तरह अनास्था रखते हैं—जो किसी कारणवश हर अलौकिक चीज़ के अस्तित्व को नकारते हैं। बाद वाले वर्ग में न केवल हर दर्जे के धर्मान्ध कट्टर लोग हैं, अपितु इनमें सम-सामयिक दुनिया के विशिष्ट नागरिक भी हैं। ये वे लोग हैं जो किसी पंथ में विश्वास नहीं करते और न ही किसी धर्मनिरपेक्षता के पूजक हैं (विज्ञान में विश्वास, समाजवाद, व्यक्ति, मुक्त बाज़ार, सर्वहारा वर्ग या प्रगति में विश्वास)। फिर वे किस चीज़ में विश्वास करते हैं? यहाँ फिर हमारे सामने आधारभूत अन्तर आ खड़ा होता है : वह आदमी जो बलिदानी श्रेणियों का प्रयोग करता है और उस आदमी के बीच जो उन्हें अस्वीकार करता है। अपने देवता, डायोनीसस की इच्छाओं का अनुसरण करता हुआ, नीत्शे प्रारम्भ से ही बलिदानी शब्दावली में बोलता है; कारनैप उन लोगों की तरह बोलता है जो बलिदान को अन्धविश्वास मानते हैं, क्योंकि इसका पूर्णतः सत्यापन नहीं किया जा सकता; फ्रॉयड हमारे उद्गम से ही बलिदान को उजागर करना चाहता है; जुंग चाहता है कि बलिदान किया जाए। साहित्य को तो बलिदान की बात भी करने की ज़रूरत नज़र नहीं आती। अपने एक रूप में—सम्पूर्ण, शुद्ध साहित्य *(ह्रास* की वंशावली : बॉदिलेयर, मलार्मे, बैन; या फ्लोबेयर, प्रूस्ट) लेखन में बलिदानी भेंट के कुछ लक्षण दिखते हैं, जिसमें अन्तर्निहित सन्दर्भ यह है कि एक अर्थ में लेखक विनष्ट हो गया है।

रूमानीवाद में बलिदान के महान पुनर्जागरण के चिह्न दिखते हैं। इसने अन्धकार, अशुद्ध अनियन्त्रित को, भू-दृश्य को, बेमेल को, नींद में चलनेवाले को, भावुक को, भविष्य के प्रति आशंकित को और वासनालिप्त को महत्त्व दिया। वे सब चीज़ें इसकी भाव-भूमि बन गईं जिन्हें, चाहे वे कितनी भी बेढंगी हों, चिन्तन द्वारा नकारात्मक कह दिया गया था; यहाँ फिर हमारा सामना दुहरी हो गई चीज़ों की मादकता से होता है, क्योंकि ये सदैव ही की भाँति प्राण फूँकने वाली और विनाशक रही हैं, जैसे प्राचीन काल में केवल बलिदानी खूँटे के आसपास बनी रही थी। किन्तु अब कोई व्यक्ति यजमान या बलिदाता की भूमिका में नहीं खड़ा हो सकता। एक कर्म-कांड, एक व्यवस्था के अभाव में अब केवल शिकार की भूमिका रह गई है—एक शिकार जो जंगल में भटकता फिरता है, रुद्र का शिकार, उसके घातक तीरों की प्रतीक्षा करता हुआ। यह वह रोग है, जो नोवालिस और कीट्स को कष्ट दे रहा है। होल्डरलिन के लिए रुद्र अपोलो है, जो बोर्दे में उस पर प्रहार करता है। जब लेखक आधिकारिक रूप से *अभिशप्त* हो जाता है, रिम्बॉ के आगमन पर, इसका अर्थ है कि परिवर्तन का समय पहले ही शुरू हो चुका है : अब *हरार* को हथियार बेचने का समय है। शिकार को, दुखपूर्वक, यह ज्ञान होता है कि दुनिया ने उसके लिए एक पुरातन कोना पहले ही निर्धारित कर दिया है। उसे जंगल में वापस लौट जाना चाहिए। शहर में आप अज्ञात,

अनाम हो सकते हैं कि मुश्किल से नजर आए, आप अंग्रेजी में व्यापारिक पत्र लिख सकते हैं; दफ़्तर बन्द हो जाने के बाद कैफ़े में बैठ सकते हैं, लेकिन जबकि जंगल पैसोआ का सन्दूक है, जो नामों से अँटा पड़ा है।

प्रायोगिक समाज को निश्चित रूप से लेनिन और उससे भी कम हिटलर की आवश्यकता इस बात के लिए थी कि इसकी बात सुनी जाए। इन दो आक्रामक इतिहास-पुरुषों ने देखा कि उनके अनेक पूर्ववर्तियों ने साधारण सुधार के जिन सपनों को देखा, उन्हें साकार करने के उचित साधन उनके पास हैं। परीक्षणवादी समाज का निर्मम और आविष्कारकी चेहरा, इसका टेक्नालॉजिकल चेहरा तिरस्कारपूर्वक मौन है, अनाम है; यह समाज तो और सब चीज़ों से पहले कारखानों में, दफ़्तरों में, बैकों में, ग्रामीण क्षेत्रों में केवल नई पद्धतियाँ स्थापित करने की सोचता है। अपने दूसरे रूप में, शब्द उगलते हुए और सदैव ही ढेर सारी योजनाएँ साथ लेकर चलते हुए परीक्षणवादी समाज प्रान्तीय जैकोबिनों की आवाज़ में अपना मूल स्वर पा लेता है। यहाँ एक सज्जन हैं श्री मुस्यों लैक्लर, जो पेरिस के जैकोबिनो की लायन्स समिति के प्रतिनिधि के रूप में 12 मई, 1793 को कह रहे हैं : "हमें लोगों (जनता) का मैक्यिावेली तन्त्र स्थापित करना चाहिए; हमें फ्रांस की धरती से उस सबका सफ़ाया कर देना चाहिए जो अशुद्ध हैं।" और ये देखिए, ये है मुस्यों बोदो, जो क्रान्तिकार कैलेंडर के द्वितीय वर्ष (FRIMAIRE) में 19 नवम्बर को, स्ट्रॉसबर्ग में जैकोबिनों को सम्बोधित करते हुए कह रहे हैं : "अहंवादियों को, विचारहीनों को, स्वतन्त्रता के शत्रुओं को, प्रकृति के शत्रुओं को देशवासी नहीं कहा जा सकता। क्या वे सम्भवतः बिलकुल उन जैसे नहीं हैं जो जनता की भलाई का विरोध करते हैं, जो जन-हित करने में कोई योगदान नहीं करते? आइए, हम इन्हें पूरी तरह नष्ट कर दें...भले ही ऐसे लोगों की संख्या दस लाख क्यों न हो, क्या एक व्यक्ति को अपने शरीर के 24वें भाग का बलिदान उस कैंसर से बचने के लिए नहीं करना चाहिए जो अन्यथा उसके शेष शरीर को संक्रमित कर देगा?" किन्तु ये आवाज़ें अभी भी क्रोध से काँप रही हैं। उनमें उस व्यक्ति जैसी शुद्धता नहीं है जो केवल राष्ट्र के भविष्य को लेकर चिन्तित है, जैसे मुस्यों द एन्टोनैले, जो मानता (कहता) था "कि गणतन्त्र के निर्माण के लिए अधिकतम समानता स्थापित करना ज़रूरी है और इस लक्ष्य की प्राप्ति के लिए, एक-तिहाई जनसंख्या का ख़ात्मा ज़रूरी है।" "एक-तिहाई जनसंख्या" के इस प्रकार के गम्भीर रूप से खत्म करने के पीछे, ताकि अन्ततः पैसा और सम्पत्ति का वितरण इस तरह असमान न होकर बुद्धिमत्तापूर्ण ढंग से एक समान हो जाए। लक्ष्य था कि बेहूदा विलासिता की सारी सम्भावनाओं का उन्मूलन कर दिया जाए—वेश्याओं, चाँस यानी संयोग के खेल, विशाल खाली स्थान; और बुद्धि के निरर्थक उपयोग की भी इसलिए भर्त्सना की गई क्योंकि ये गणतन्त्र के सद्गुणों के मूलतः विपरीत है। अपनी स्पष्ट

शब्दावली और हल्केपन की उत्सुकता में यह अस्पष्ट प्रस्ताव उस विचार को व्यक्त करता है जो बाद में, विविधता और चटपटेपन के रूप में, उन यहूदियों या रूसी सम्पन्न किसानों (कुलक) या सामान्य रूप से वर्ग शत्रुओं को साफ़तौर पर चिह्नित कर देगा जो संकेतित ''एक तिहाई जनसंख्या'' में शामिल किए जानेवाले मुख्य लोग होंगे। प्रान्तीय जैकोबिनों के प्रस्तावों में बर्कहाड्र्ट ने ''*रिवॉल्यूशन* का सबसे आन्तरिक केन्द्र, देखा और कहा : यहाँ नए फ्रांस को स्पष्टतः देखा जा सकता है। इसका लक्ष्य समाजवाद या साम्यवाद नहीं है जिसके द्वारा इसके प्रणेता विश्वव्यापी मलिनता और भोग की समानता पा सकेंगे (जबकि उनका लक्ष्य अधिकारों की समानता पाना है, जिनकी गुप्त योग्यता बाद में दूसरों को अपने कब्ज़े में ले लेना होगी।) अपितु, वे नई निजी सम्पत्ति चाहते हैं, जो लगभग समान ढंग से, किन्तु प्रचुर मात्रा में वितरित की जाए और उन चुनिन्दा थोड़े से लोगों को सम्पन्न बनाने के लिए, लोगों को बहुत बड़ी संख्या में मरना होगा। लक्ष्य है फ्रांसीसियों का आधुनिक *सम्पन्नता!''* घृणा से आवेशित, बर्कहाड्र्ट ने बेसिल में अपनी वेधशाला से देखा कि पूँजी की खून ज़माने वाली सम्पन्नता और समाजवाद की सज़ा दिलाती मलिनता एक ही नीहारिका के सितारे हैं।

आदिकालीन आस्था जिस तक सभी विचार हमको वापस ले चलते हैं, विश्वव्यापी पारस्परिक निर्भरता है। हम चाहें तो इस पारस्परिक निर्भरता को स्वीकार कर लें, यद्यपि यह आवश्यक नहीं कि हम इसे सही-सही जानने का दावा कर सकें। दूसरी, इसे नकारने की सम्भावना, हमें उस (चीज़) में विश्वास कर लेने देती है जो हम चुनते हैं, या जिसे चुनने में (हम सब) सहमत हैं। यहाँ सदैव एक-सा बना रहनेवाला अर्थ नहीं है; हर बार एक अलग अर्थ दिया जाता है। और जैसे अर्थ दिया जाता है, वैसे ही यह ले भी लिया जाता है।

स्वयं को दिखलाने के लिए सृष्टि की शक्तियाँ अनेक छवियाँ धारण करती हैं—पेड़, गुलाब, कमल, अनार, प्रकृति के सभी रूप। किन्तु इसके विपरीत, सम्बन्ध (पारस्परिक निर्भरता) को स्वयं को दर्शाने के लिए चाहिए एक कर्म, एक प्रक्रिया : बलिदान। इतनी बड़ी चीज़ के लिए यही एकमात्र उपयुक्त कार्य है। क्योंकि इसमें मृत्यु (भी) समाई हुई है; और उस मृत्यु में है मारना, हिंसा और वह जीवन जो प्रवाहित रहता है। बलिदान वह कर्म है जिसमें सम्पूर्ण की प्रक्रिया सार रूप में समाई हुई है।

बिना रुके प्रार्थना करते रहिए : सेंट पॉल की यह आदेश-वाक्य रेखावर्ती समय की देहरी पर है—एक सीमा जहाँ खाइयाँ जम्हाई लेती हैं, वे खाइयाँ जिनकी ओर वास्तविक संख्याएँ इशारा करती हैं, क्योंकि ये एक सीधी रेखा में स्थित हैं। रेखावर्ती

समय से अधिक समरूप दूसरी कोई चीज़ नहीं है; इस पर चिह्नित हैं घनी कालावधियों और शून्य, क्षणिक और असम्बद्ध उछालें, बेमेलों की भिड़न्त, असहमत लोगों के दुहरे जीवन और निरन्तरता। किन्तु वस्तुओं की नई अवस्था में वह नहीं है जो इसे परिभाषित करता है; अपितु स्वयं इसकी अपनी परिभाषा उस अक्षमता में निहित है कि ये (पुराने) मार्ग पर वापस नहीं जा सकता, इसमें आवर्तन का भी अभाव है। यह हमें आगे एक कर्म के विचार तक ले जाता है : *जो बिना रुके प्रार्थना करना।* प्राचीन काल में, प्रार्थना का सदैव ही अपना एक क्षण होता था। अब आकाश-लेख किसी ऐसे क्षण विशेष को निर्धारित नहीं करता, जिससे पहले करने पर यह कार्य अपवित्र या अधार्मिक माना जाएगा। अब क्षण सदैव सही है और सदैव ग़लत भी। बाहर निकलने का रास्ता निरन्तर कर्म है : *बिना रुके प्रार्थना करते रहो।*

बलिदान के कर्मकांड की शुरुआत होती है, गानों से, फार्मूलों से और बड़ी ही सावधानी, बारीकी से निर्धारित किए गए हाव-भावों से और ये कर्मकांड के साथ भी चलते रहते हैं। किन्तु कल मिलाकर यह एक केन्द्र की ओर बढ़ता है जो मौन के समीप है, एक अ-बूझ बुदबुदाहट (अनिरुक्त), अक्षय जीवन के रेत-कण, बलिदान के समय के आसपास। फिर इसमें भाग लेने वाले अपनी आँखें फेर लेते हैं और अन्तिम फार्मूलों को लगभग कानाफूसी के स्वर में बोलते हैं। केवल पुजारी की तटस्थ, गम्भीर आवाज़ सुनाई देती है, जो बलिदाता को मारने के कर्मों का संकेत देती चलती है। "चलूँ आगे? काम कर डालूँ अब?" victimarius या popa (जल्लाद), बलिदाता पूछता है। इस प्रश्न में इस बेबाक, दो टूक रोमन अभिव्यक्ति में प्राचीन अवधारणा की स्मृति छिपी है : कि हर कार्य एक हत्या है। पुजारी की हाँ के चिह्न देखते ही victimarius का चाकू नीचे की ओर उतरता है। भारत में, लोग रक्त देखना पसन्द नहीं करते थे : शिकार को गला घोंटकर मारने के लिए फन्दे का प्रयोग किया जाता था।

बलिदान का लोप। शिकार धीरे-धीरे अपनी शक्ति खो देता है। हम जानवर से अलग, पृथक्, अनासक्त हो जाते हैं—अब हम इसे अपने इतना समीप नहीं मानते कि इसे हमारे स्थान पर रखा जा सके। कानून द्वारा सुरक्षित हो जाने के बाद अब मनुष्य शिकार के रूप में अस्वीकार कर दिए जाते हैं। इस प्रकार, कानून द्वारा सज़ा पाकर अन्तिम शिकार एक देवता होगा।

ईसा पूर्व का अतीत बलिदान के शुद्धि की, मधुरण की एक लम्बी प्रक्रिया है। ईसा के आगमन पर मानो बलिदान को अचानक फिर से क्रूरता मिल गई, फिर यह ज़िन्दा जला देने के रूप में सामने आता है। इसके साथ-ही-साथ, बलिदान के चक्र पर (बन्द

होने की) मुहर भी लग जाती है, क्योंकि ईसामसीह के बलिदान के बाद, बलिदान की निरन्तर स्मृति को छोड़कर, कोई बलिदान नहीं किया जा सकता : *प्रार्थना सभा* में रक्तपात से बचा जाता है। ईश्वर-शिकार के शरीर के साथ रोटी का एक टुकड़ा तोड़ना और मदिरा की एक हल्की घूँट अतीत (की घटनाओं) से पूर्ण विच्छेद का चिह्न है। और भी बड़ा विच्छेद इस तथ्य में है कि अब आगे जानवर वेदी पर बलि नहीं चढ़ाए जाएँगे। 'बैलों और भेड़ों के खून' से बुराई के निष्कासन का कोई प्रयास अब और नहीं किया जाएगा। ईसा-युग से रक्तपात कर्मकांड से ग़ायब हो जाता है और यह स्वयं अब संस्कार समाप्ति की भूमिका हो जाता है। अगला चरण बलिदान के धर्मनिरपेक्ष संस्करण की माँग करता है : राजा की हत्या। चार्ल्स प्रथम, फिर लुई XVI : दुहरी मुहर। और यहाँ फिर एक अनुत्क्रमणीय कार्य, *उस* शिकार की हत्या, एक नए युग का सूत्रपात करती है : समाज अब बलिवेदी पर भेड़ों के गले नहीं काटेगा पर साथ ही सिर कलम किए गए राजाओं को भी याद नहीं करेगा। किन्तु अगस्त 1914 में 'बलिदान' शब्द फिर लौटता है और विजयी होता है। अब कर्मकांड (बलि) में एक से अधिक अभागे लोग शामिल हैं : अनाम लोगों की पूरी की पूरी एक पीढ़ी को ऊपर उठाकर महान शिकार का दर्जा दे दिया जाता है और इसे गड्ढों में डाल दिया जाता है, गड्ढे जो अब बदलकर खाइयाँ बन गए हैं।

जंगल का सिद्धान्त

वैदिक ऋषियों ने जन्म को सबसे पहले मारने के रूप में विचारा। उद्‍भवों की दुनिया दमघोंटू, उत्पीड़क घनत्व वाली, कीचड़ में थी–ब्रह्मांडीय दलदल। यह एक बड़ा विशाल कुंडली मारे पड़ा जानवर था, जिसकी अँतड़ियों में जीवन सिंचित हो रहा था। सब ऐसे ही बना रहा जब तक इस जानवर के जबड़े को जबर्दस्ती खोल नहीं दिया गया; उसके बाद अँधेरे की कैद से प्रभात बाहर आया और सब चीज़ों में अन्तर-सम्बन्धित, सुव्यवस्था स्थापित हो गई। अन्तराल पर स्थित और साँस लेते हुए, उन्हें *ऋत* का उपहार प्राप्त हुआ। जो टेक जबड़ों को खुला रखती है, वह संसार की धुरी है; यह आकाश और पृथ्वी के बीच का पार्थक्य है; यह अपनी बाँहें ऊपर उठाए राजा है जिसे *राजसूय* समारोह में प्रतिष्ठित किया जा रहा है। इस धुरी के चारों ओर अरों से विभाजित हर पहिया घूमता है, जबकि प्रारम्भ में पहिया एक था, स्थिर, पूर्ण। वरुण वह देवता है जो यह सुनिश्चित करता है कि ''ऋत का मार्ग खुला रहे, ताकि प्राणी दूसरे किनारे तक प्रसन्नतापूर्वक पहुँच जाए। स्वर्ग का मार्ग दिखाई देने लगा है।'' यह वरुण है जिसने ''तल-विहीन अन्तरिक्ष में टेक लगाई,'' जिसने ''सूरज के चलने के लिए बड़ा मार्ग तैयार किया।'' किन्तु वरुण उद्‍भवों का केन्द्र भी है। उसने 'प्रथम सृष्टि' को उस शक्ति से 'मापा' है जो एकमात्र उसी के पास है : *माया,* 'मापक जादू' (जैसे लिलियन सिल्बर्न अपने उद्‍बोधक संस्करण में शब्दायित करती है)। वह फन्दा, जिससे वह अपने शिकारों को सज़ा देगा, उसकी प्रकृति के दो पक्षों को सदैव के लिए जोड़ता है : वरुण दोनों ही है–अनन्तरित जल और *ऋत*–विभेदक व्यवस्था।

व्यक्त के ताने-बाने में ख़ामियाँ हैं। यह माँ की संकीर्णता और व्यथा के परे है; यह भ्रूण की झिल्लियों को त्यागने देता है; यह जन्म का आरम्भ करता है, क्योंकि जन्म में सदैव ही 'स्व' का शेष सभी 'अन्य' से हिंसक पार्थक्य होता है, वरुण के आख़िरी फन्दे को काट फेंकना : गर्भ नाल। जिस बिन्दु पर इन्द्र ने वरुण के उपक्रम को दुहराना और इस प्रकार हथियाना चाहा, जब उसने ''आकाश और पृथ्वी को और भी दूर भेजना चाहा,'' उस बिन्दु पर तत्त्व-मीमांसा की प्रक्रिया एक अद्‍भुत और आरम्भिक मानव इतिहास बन गई। तब इन्द्र ने ''वृत्र सर्प पर भारी प्रहार किया, जो

जल राशियों को अपने अन्दर छिपाए हुए था और उन पर अँधेरा फैलाए हुए था।'' इन्द्र ने *सोम* भी अपने कब्ज़े में कर लिया। यह हर ड्रैगन को ख़त्म करने का आदिकालीन रूप है। *ताओशी,* तियामत, मिनोटॉर, मर्दुक, थीसियस, सेंट-जॉर्ज–ये सारी आकृतियाँ दृश्य में प्रकट होती हैं। इन्द्र के हिंसक उपक्रम सम्प्रभुता के एक नए राज्य का उद्‌घाटन करते हैं। इन्द्र वरुण से इसे बलात् छीन लेता है, किन्तु वरुण समस्त सम्प्रभुता का उद्‌गम बना रहता है : (यानी) वह जिसे विजय करने के लिए कुछ भी शेष नहीं है किन्तु जो हर विजय का पोषण करता है। अभिषिक्त राजा जिस सिंहासन पर बैठेगा वह ''राजाशाही की नाभि और गर्भाशय है...लगभग वरुण के जलीय निवास-स्थान के समकक्ष।'' किन्तु इन्द्र, जैसे ही वह वृत्र को मार देता है, स्वयं भी राजा के रूप में जन्म ले रहा है, वह अपनी गर्भ नाल के शेष भाग को एक दीमक की बाँबी पर छोड़ देता है, जो यहाँ ताना-बाना दर्शाता है। वह इस शेष भाग को *पाप* समझता है, क्योंकि यह पृथ्वी और आकाश के बीच उसके जीवन का दम घोटेंगे। जन्म की इच्छा लिए, यह हत्यारा-नायक राक्षस (भयंकर जानवर) की आँतों के द्रव में से होकर गुज़रता है, ताओशी की पूरी कुंडली में से होकर, फिर उसके मुँह में पहुँचता है जो उसे थूककर प्रकाश में ला फेंकेगा। वह थीसियस है, जिसे सारे चक्रव्यूह में से होकर गुजरना है तभी वह मिनोटॉर को देख पाएगा और उसका सामना कर सकेगा। इस चक्रव्यूह की सबसे आधारभूत विशेषता है कि यह निरन्तर चलते रहने वाला धागा, एक बड़ा फन्दा जो अपने ही चारों ओर लिपटा हुआ है। इस रूप में यह वरुण जैसा ही है, जो स्वयं में व्यक्त है किन्तु जो एक अटूट कड़ी द्वारा अव्यक्त मूल से भी जुड़ा है। यह 'धागे' या 'सूत्र' जैसा भी है जो ''बृहत् ब्रह्मांडीय और सूक्ष्म ब्रह्मांडीय दृष्टिकोण से अस्तित्व की सभी अवस्थाओं में एक-दूसरे से और उनके सिद्धान्त से जुड़ा है;'' लोग कहते हैं कि ''वह जो इस धागे के अन्दरूनी सूत्र को जानता है, वह *ब्रह्म* को जानता है, ब्रह्मांडों को जानता है, देवताओं को जानता है, *आत्मा* को जानता है, सब कुछ जानता है।'' चक्रव्यूह को बाहर से देखने के लिए और मिनोटॉर के रूप में इसे मारने के लिए, आपको इसमें से गुज़रते हुए इसके केन्द्र में पहुँचना अनिवार्य है, जो इसका मुँह है और जिससे बाहर निकलकर आप उस स्थान (अन्तरिक्ष) में पदार्पण करते हैं जहाँ चीज़ें अलग-अलग और बिखरी पड़ी हैं, चीज़ों को अलग करके एक विचित्र व्यक्त में व्यवस्थित किया गया है : वह स्थान (अन्तरिक्ष) जहाँ रिक्ति और रिक्ति के बीच बलिदान वायवी सम्बन्ध निरन्तर अनिवार्य रूप से बुनता चलता है। नायक के लिए, जो एक ही साथ मारता भी है और जन्म भी ले रहा है, ख़तरा यह है कि वह ब्रह्मांडीय शिकार, अपने शत्रु से सम्पर्क खो सकता है, जो सारी शक्ति का स्रोत है : जल। गेटे की माताएँ वरुण की संस्करण हैं। यही कारण है कि जन्म के बाद बच्चे का बपतिज़्मा (धर्म-नाम-संस्कार) होता है और यही कारण है कि सिंहासन के उत्तराधिकारी का संस्कारी तेल-मर्दन करके उसे पवित्र राजा घोषित किया

जाता है। यही कारण है कि जन्म के तुरन्त बाद बछड़े की माँ इसे चाटती है : ताकि वह सूखे नहीं, ताकि वह अपने उद्‌गम जल को, वरुण के 'गुप्त सागर' को याद कर लेगा, उसे बुला लेगा।

कानून हमेशा दुहरा होता है : कानून—दुनिया के नियम के रूप में और कानून—लोगों के आपस में नियम के रूप में। पहला *वरुण* का है, दूसरा *मित्र* का। हरेक के अपने नुस्खे हैं, अपने अपराध हैं, उसके दंड है। उनके कार्य सामंजस्यपूर्ण हो सकते हैं—और तब दोनों देवता एकात्मक द्वैत के रूप में सम्पूर्ण पूरक की भाँति एक-दूसरे की ओर बढ़ते है : मित्र-वरुण। मित्र की सभ्य मधुरता, 'प्रत्येक का मित्र,' उसी सीमा तक रह सकती है जिस सीमा तक यह वरुण की सम्प्रभुता की अँधेरी और दूर तक फैली पृष्ठभूमि में खड़ी होती है। "मित्र यह दुनिया है; वरुण दूसरी दुनिया है।"—*शतपथ ब्राह्मण* स्पष्ट रूप में कह देता है। मित्र मनुष्यों की दुनिया है; शेष सबका *वरुण* है, जो सदैव ही इसे चारों ओर से घेरे हुए है और फन्दे की तरह कभी भी इसे भींच सकता है। धीरे-धीरे संसार और इसके आंतक की केंचुली को उतारते हुए, लोग समाजिक अनुबन्ध के अधीन एकत्रित होते हैं और केवल मित्र को स्वीकार करते हैं, क्योंकि मित्र सबसे पहले अनुबन्ध का देवता है। इस प्रकार, वह एकमात्र कानून—जो स्टिफ्टर का 'विनयी कानून' था, तब तक जब तक यह वरुण की व्यवस्था के साथ सह-अस्तित्व में रहा—अधिक गहरा, घना, काला होता गया, क्योंकि साथी देवता की अस्वीकृत छाया इस पर अधिक से अधिक बढ़ती पड़ती गई। इसी दौरान वरुण के फन्दे उसके शिकार को गर्दनों पर कसते गए, शिकार को नहीं मालूम था कि फन्दे किन अथाह गहराइयों से फेंके जा रहे हैं और जिन्हें यह भी मालूम नहीं था कि यह एक ऐसे कानून के अन्तर्गत, जिसे अब कोई समझ ही नहीं सकता, अनेकों सज़ाओं के परिणाम हैं।

व्यक्ति को अन्ततः सबसे सहज और सबसे महत्त्वपूर्ण प्रश्न पूछना चाहिए; क्या वैदिक सम्बन्ध (बन्ध) सच्चे हैं? उनका अध्ययन करते समय हम धीरे-धीरे उनके अद्‌भुत पेचीदा जाल को, जो हर चीज़ पर फैला हुआ है, दुबारा बना लेते हैं। और, जिस क्षण से हम संसार में प्रवेश करते हैं, हम यह देखने पर विवश हैं कि यह माचिस की तीलियों का विशाल गिरजाघर है, श्रेष्ठ और निरर्थक। हम जानते हैं कि जीवन स्वयं को किसी-न-किसी तरीके से, इनकी सहायता के बिना भी, पुनः उत्पन्न कर लेता है फिर भी हम गुंजन की उन परतों की ओर, जो हर चीज़ को अपने अन्दर लपेटे हुए हैं, अदम्य रूप से आकृष्ट होते हैं। और हम चाहे जो कुछ सोचें एक बिन्दु पर (पहुँचकर) हम यह अनुभव करते हैं कि न चाहते हुए भी हम उस अधडूबे लबादे के एक कोने का प्रयोग करते हैं। वैदिक सम्बन्धों (बन्ध) को पूरी तरह अस्वीकार करने

में सफल होने वाला जीवन का एकमात्र स्वरूप बैन्थम का है, हमारा फराओ (बादशाह) आज लन्दन में एक ममी है। एक अनजान जीवन। वैदिक सम्बन्ध भव्य रूप में निरर्थक हैं तो बैन्थम भव्य रूप से अपर्याप्त। हम अधर में लटके रहे हैं, भटकते हुए।

किसी ऐसे व्यक्ति के होंठों पर बलिदान की भाषा सर्वाधिक घिनौनी—या कारुणिक—लगती है जो इसके आधार-वाक्य को नहीं जानता। किसी ऐसे व्यक्ति के हाथों बलिदान का कर्म अत्यन्त विध्वंस भरा लगता है जो इसके आधार-वाक्य तक को नहीं जानता। किसी ऐसे व्यक्ति से बलिदान सम्बन्धी शब्द सुनने और इसके हाव-भावों को देखने से अधिक बुरा कुछ नहीं जो इसके आधार-वाक्य तक को नहीं जानता।

वरुण वह उद्‌गम है जो जीवन को रोकता है और जिसके बिना जीवन असम्भव है। जीना शुरू करने के लिए, वरुण के फन्दे कटने चाहिए; (और) जीते रहने के लिए हमें आदिकालीन द्रव से गीला होने, इससे जुड़ने की ज़रूरत है।

वर्षों की शोध करने के पश्चात्, दो बड़े विद्वान वैदिक ऋषियों के विषय में यह कहते हैं :

लिलियन सिल्बर्न

"वैदिक ऋषि की दृष्टि में, तात्कालिक, आदिकालीन के अनन्त, अनेक रूपाकार वाले, जटिल पहलू हैं। दिन के बाद दिन आने की कोई गारंटी नहीं है और ब्रह्मांड की स्थिरता निरन्तर ही पुनःस्थापित की जानी है। वैदिक ब्रह्मांड, व्यवहार (वास्तविकता) में क्षोभ, संकुचन और दबाव (अम्हास) का दुख भरा ब्रह्मांड है; जो उद्‌गम के गहरे अँधेरे सागर की-सी छवि लिए हुए हैं, असीम, अथाह, रूपाकार हीन *अर्णव,* हर समय ही सब कुछ को निगल जाने की धमकी से भरा हुआ।

वैदिक ऋषि के लिए, कुछ भी निश्चित नहीं है : मानव जीवन या नहीं, सूर्योदय, या पानी का गिरना भी नहीं। इस प्रकार *ऋग्वेद* की अधिकांश ऋचाएँ एकाकी योजना के अनुरूप हैं : जिस ईश्वर का आह्वान किया जाता है उसे फिर बतलाया जाता है कि वह उसी कल्याणकारी, सहायक कार्य को करे, जो उसने बहुत पहले किसी ब्रह्मांडीय अथवा श्रेष्ठ बलिदानी व्यक्ति के लिए किया था और अन्तिम ऋचाओं में उससे विनय की गई है कि वह उसी कार्य को अगले सूर्योदय के समय पुनः करे, क्योंकि लोग सामान्यतः उस क्षोभ से बचना, रक्षित होना चाहते हैं, जो रात्रि में किसी सहारे के अभाव में उन्हें घेर लेता है।"

जे.सी. हीस्टरमैन

''वैदिक चिन्तक के लिए, समूचा विश्व निरन्तर दो ध्रुवों के बीच घूमता रहता था—जन्म और मृत्यु समग्रीकरण और विखंडन, आरोहण और अवरोहण के ध्रुवों के बीच—जो अपनी अन्तर्क्रिया द्वारा ब्रह्मांड में एक चक्रीय लय उत्पन्न करते हैं। प्रवहमान रूपाकारों के संसार में कोई निश्चित, स्पष्ट रेखाएँ नहीं हैं; अवधारणात्मक रूप से परस्पर भिन्न इकाइयाँ और विचार आपस में आश्चर्यजनक सरलता से घुलते-मिलते हैं। सभी चीज़ें, इकाइयाँ, विचार, शक्तियाँ सब एक-दूसरे से जुड़े हुए हैं। यह संसार उतना अस्त-व्यस्त नहीं जितना प्रथम द्रृष्टि में दिखाई पड़ता है। वैदिक चिन्तक के सामने प्रश्न धारणात्मक रूप से भिन्न इकाइयों और विचारों को अलग-अलग करने या उनमें अन्तर बतलाने का नहीं, अपितु उनके सम्बन्धों (बन्धों) को समझने, जानने का है। इस प्रक्रिया के दौरान, सम्बन्ध और अधिकाधिक एक-दूसरे से आ मिलते हैं; और अन्त में, जैसा उपनिषदों के मूल-पाठ में दिखलाया गया है, विश्व की आन्तरिक तारतम्यता की धारणा *तत् त्वम् असि* के अन्तिम सम्बन्ध में उभर कर आई है। सैद्धान्तिक रूप से, ब्रह्मांड से मनुष्य का यह तादात्म्य कर्मकांडीय विचार में विद्यमान है। बलिदान स्थल ब्रह्मांड से सम्बन्धों की संहिता के अनुरूप (निर्धारित किया जाता) है; तीन अग्नियाँ अन्तरिक्ष के तीन भाग हैं, बलिदान की प्रक्रिया वर्ष को दर्शाती है। बलिदान के स्थान पर मृत्यु और पुनर्जन्म, समग्रीकरण और विखंडन, आरोहण और अवरोहण का ब्रह्मांडीय नाटक खेला जाता है और उल्टा प्रतिरूप में सम्बन्धों की यही संहिता, बृहत् ब्रह्मांड में भी चलती है। इस बलिदानी संसार के केन्द्र में बलिदाता खड़ा है जिसके हितार्थ कर्मकांडियों द्वारा ब्रह्मांडीय प्रक्रियाएँ चालू कर दी जाती हैं; ये कर्मकांडी लोग इन सम्बन्धों को जानते हैं। इस प्रकार सारा संसार बलिदाता पर केन्द्रित है, जो 'यह सब हो जाता है' और अपने व्यक्तित्व में ब्रह्मांडीय नाटक का प्रतिनिधित्व करता है।''

1959 में लिखे एक स्मरणीय निबन्ध में लुई ड्यूमॉ ने *संन्यासी,* हिन्दू 'त्यागी' को उस प्रथम (अनुकरणीय) उदाहरण के रूप में देखा जो, कई साहसिक कार्यों के बाद, समसामयिक पश्चिम में पहुँचा। सम्भवतः वैबर की आदर्श स्वरूपों की धारणा के प्रति अतिशय भक्ति के द्वारा ड्यूमॉ ने अपने निबन्ध में संन्यासी और ब्राह्मण के बीच वैषम्य पर अधिक ज़ोर दिया और वह बाद के समय की इनकी धर्मादिशित छवियों द्वारा अपने विचारों की पुष्टि पर वास्तव में प्रसन्न हुआ : एक ओर दुर्बल *संन्यासी* जिसके एक हाथ में भिक्षापात्र है, दूसरे में लाठी है और गेरुआ वस्त्र पहने हुए; दूसरी ओर, ''ब्राह्मण है जिसकी छवि साँची *के* उत्तरी द्वार पर बने चित्रण जैसी है : एक तोंद नकला हुआ व्यक्ति, जो बदमिज़ाज़ी और लालच का ऐसा मिश्रण है जिसकी नकल नहीं की जा सकती।'' दोनों के बीच इससे अधिक स्पष्ट और क्रान्तिकारी, अन्तर

और क्या होगा? किन्तु ब्राह्मण की यह छवि सेसिल बी. द मिल के मक्कार पुजारियों से कितनी मिलती-जुलती है, और कितनी दुर्बोध *कलियुगी* उत्पीड़न को दर्शाती है यदि हम एक बार फिर स्वयं को वैदिक बलिदान के गुलझट भरे विकासक्रम के अन्दर रखें, तब फिर हर चीज़ पर प्रश्न खड़ा हो जाता है; वह समय और वैषम्य उतने स्पष्ट रूप से रेखांकित नहीं हैं। अन्ततः हमें *संन्यासी* वैदिक बलिदान के अन्तिम फल जैसा लग सकता है, जिसमें इसका सारा अन्तर द्रव व्याप्त है और अनियमित बदलावों के ऐसे ब्रह्मवाक्य समाहित हैं जो पहले कभी सुनने में नहीं आए (सबसे पहले ऐसा बौद्ध धर्म ने किया)। किन्तु वह तभी समझ में आ सकता है, जब हम प्रवेश करके स्वयं को "बलिदान के बीहड़ों और खाई-खन्दकों में" भटक जाने दें।

कोई इसे शास्त्रीय बलिदान के स्वरूप में 'दरारों' विघटन की संज्ञा दे सकता है, किन्तु हीस्टरमैन वैदिक बलिदान के शास्त्रीय-पूर्व चरण की रूपरेखाओं की एक झलक पा लेता है; (a la rauss and Granet) विलक्षण विश्लेषण है। उसके स्टीरियोस्कोपिक व्यू द्वारा वैदिक बलि क्रिया के विकास के चिह्नों को विभिन्न स्तरों पर अलग और व्यवस्थित करना सम्भव हो पाया है; यह एक आश्चर्यजनक रूप से जटिल और व्यक्त स्वरूप है, जो अपने आपमें इसका आदिकालीन रूप है। शास्त्रीय बलिदान का धार्मिक बिन्दु वह रिश्ता है जो *यजमान* और ब्राह्मण के बीच होता है। 'यजमान-बलिदाता' भेंट जुटाता है, कर्म-कांडियों को *दक्षिणा* देता है और बलिदान के फल प्राप्त करता है—और ब्राह्मण, इस कर्मकांड में सर्वोच्च सत्ता है। यह रिश्ता नाज़ुक और कष्टप्रद सम्पूरकता का है, सदैव बनी रहनेवाली गुप्त भागीदारी, गुप्त विरोध का है और ऐसा है कि व्याकरणकार पतंजलि ने genitve case यानी (भाषा में) अधिकार जताने वाले जिन एक सौ एक मूल्यों की सूची दी है उनमें, अपनी योग्यता के आधार पर, इसका अपना अलग ही स्थान है : ये स्रौव सम्बन्ध है, जो हमें याद दिलाता है कि "बलिदान निर्विवाद रूप से मर्त्यों और अमर्त्यों के बीच का सम्बन्ध है, मर्त्यों और मृत के बीच का सम्बन्ध; किन्तु इसके साथ ही यह सभी मर्त्यों का आपस में पारस्परिक और सामाजिक सम्बन्ध भी है।" इस रिश्ते के पीछे हम कुछ ऐसे लक्षण देखते हैं जिन्हें हीस्टरमैन ने एक अन्य, प्राचीन छवि से जोड़ा है : मर्त्यों के बीच ईर्ष्या-स्पर्धा, क्योंकि झगड़े का परिणाम मृत्यु होता है। बलि कर्म में देने में दुहरा कर्म है : *यजमान* द्वारा अदृश्य को देना और *यजमान* द्वारा दृष्टमान ब्राह्मण को देना, जो संस्कार समारोह में उसकी सहायता करता है और यजमान से ब्राह्मण दो उपहार प्राप्त करता है : 'जो बलिदान में घायल किया गया है—जो रुद्र का भाग है,' शिकार के शरीर का वह कण जिस पर एक बेर जितनी घातक चोट पहुँचाई गई है; और दक्षिणा, जिसे मॉरिस ब्लूमफील्ड ने (जिसके मन में पुजारियों की कल्पना बदमाश और लालची की थी) अनुवाद से 'बख्शीश' की संज्ञा दी है। *यजमान* द्वारा ब्राह्मण को दिया गया बलिदानी

उपहार ज़हर में भीगे उपहार का आदिकालीन रूप है। जो दिया गया है वह सबसे ख़तरनाक है—जो स्वयं ख़तरे, यानी मृत्यु को लिए हुए है। और ये बात न केवल घायल अंग पर अपितु *दक्षिणा* पर भी, लागू होती है जिसे प्रजापति के टुकड़े-टुकड़े किए गए शरीर के समकक्ष माना जाता है। बलिदानी संरक्षक की उदारता इस प्रकार मूलतः जीवन की डरावनी अतिशयता से मुक्ति है, (अब) जिसका भार ब्राह्मण पर आ जाता है। यह उपहार एक चुनौती है और एक जाल है। इस कार्य के पीछे हीस्टरमैन एक भिन्न प्रकार के नाटक की रचना करता है, जिसमें बलि स्थल हिंसक टकराव और उस मेज़ का दृश्य प्रस्तुत करता है जहाँ मेहमान का स्वागत होता है। हर बलिदान एक कठिन परीक्षा है, शक्तियों का अनिश्चित टकराव, जिसमें दैवी थपेड़े भी हैं, और इसकी व्यवस्था एक ऐसे चक्र-रूप में की जाती है जिसमें दो नाटकीय विषुव बिन्दु हैं : दो सम अहोरात्र बिन्दु। जो बलि देता है वह यह दिखलाता है कि वह कितने समय तक 'रुद के भाग' के सम्पर्क में रह सकता है ('अभिशप्त भाग' का एक भिन्न रूप) और किस प्रकार इससे मुक्त हो सकता है। जैसा मॉस ने इस बात को सबसे पहले अनुभव किया, महत्त्वपूर्ण चीज़ यह जानना है कि बलिदान में प्रवेश कैसे किया जाए; किन्तु इतना ही महत्त्वपूर्ण यह जानना है भी कि इसे कैसे त्यागा जाए। *दक्षिणा,* पवित्र मजदूरी, "वह कीमत है जिसे चुकाकर ही बलिदाता का सांसारिक शरीर इसके स्वामी के पास वापस लौट सकता है," इस कीमत को चुकाने के बाद ही *यजमान* पूर्ण रूप से सामाजिक जीवन में लौट सकता है। इसमें हम शास्त्रीय-पूर्व बलिदान के चिह्न पहचान सकते हैं, जो एक क्रूर खेल जैसा है जिसमें हारनेवाला वही है जिसके हाथ में, अन्त में, गेंद होती है। बलिदान के उस पक्ष के परिदृश्य का पुनर्निर्माण करके, हीस्टरमैन ब्राह्मण सम्बन्धी हमारे विचार को क्रान्तिकारी ढंग से बदल देता है। शुद्ध प्राणियों में सबसे शुद्ध यह प्राणी प्रारम्भ में विपरीत था : वह अपने अन्दर हर प्रकार की अशुद्धता को सोख लेता था, इसे उस उपहार के रूप में स्वीकार कर लेता था जो अशुद्ध *यजमान* उस तक पहुँचा देता था। ब्राह्मण "*भिषज* है, कर्मकांड का परिष्कारक, किन्तु प्रारम्भ में इसका सन्दर्भ मृत्यु को ठीक करनेवाले का रहा होगा। चूँकि शास्त्रीय कर्मकांड में किसी प्रकार की अशुद्धता के लिए स्थान नहीं है, केवल कर्मकांड के सटीक निष्पादन में आनेवाली त्रुटियों को ही ठीक किया जा सकता है, अतः ब्राह्मण का कार्य कर्मकांडीय भूलों को ठीक करने वाले व्यक्ति में रूपान्तरित हो गया था। तो शास्त्रीय-पूर्व प्रणाली में उसकी भूमिका मृत्यु और अशुद्धता को अपने ऊपर लेने की थी।"

सदियों में जो चीज़ हल्की पड़ गई है, और जिसका बड़ा भाग बाद में अन्यत्र देखा जाएगा, वैदिक बलि क्रिया के विकास में ऐसे सन्निहित है मानो यह बलिदान अधिकतम घनत्व का क्षेत्र हो। ब्राह्मण, जिसने प्रारम्भ में अशुद्धता का पूरा बोझ

उठाया, मौन का विशेषज्ञ बन जाता है, जो केवल कर्मकांडियों की त्रुटियों को ठीक करने के लिए ही हस्तक्षेप करता है। यही वह संक्रान्ति है जिसे पश्चिम के समक्ष, दुनिया भर के दार्शनिक उफ़ान के बीच, बलि के कबीलाई संसार से नगर में कानून के संसार तक पहुँचने के मार्ग के रूप में प्रस्तुत किया जाएगा। हिन्दुओं के लिए, जो सांसारिक केंचुली को त्यागने में कम दंभी और कम लापरवाह हैं, यह कर्मकांडीय पद्धतियों में मात्र एक बदलाव था। किन्तु इस संक्रान्ति ने वह नींव रख दी जिससे आगे चलकर *संन्यासी* की आकृति उभरने वाली थी, वह संसार त्यागी जो मुख्यतः संस्कार स्थल का ही त्याग कर देता है।

ड्यूमॉ के लिए, समाज के छोर पर खड़ा हुआ यह प्राणी, यह 'दुनिया के बाहर वाला प्रथम व्यक्ति,' भारतीय विचार का सर्वश्रेष्ठ प्रवर्तक है; वास्तव में यही वह व्यक्ति है "जो उन सब नवीन आविष्कारों के लिए जिम्मेदार है जो भारत ने किए हैं।" यह एक सनकी व्यक्ति है जो अन्ततः प्रत्येक सम्पूर्ण ढाँचे को अन्दर से चूर-चूर कर देगा और अन्ततः 'दुनिया में व्यक्ति' बन जाएगा और इस प्रकार आधुनिक पश्चिमी संसार के मानव का अवतार हो जाएगा। पेचीदा रास्ते और विडम्बनाएँ। किन्तु जैसा हीस्टरमैन ने दिखलाया है, संन्यासी निश्चय ही ऐसा प्राणी नहीं है जो बलिदान की दुनिया से एकदम कटा हुआ और इसको विरोधी हो। इसके विपरीत संन्यासी तो उस दुनिया के दीर्घकालीन, सूक्ष्म और घावों से भरे विकासक्रम का श्रेष्ठ परिणाम है।

यदि वैदिक बलिदान इस संसार के *सर्वस्व* की सम्पुष्टि करने का भव्यतम, सर्वाधिक तर्कसंगत और सर्वाधिक विस्तृत प्रयास है, तो इस उपक्रम में निरन्तर लगे रहना एक अलंघ्य वेदना उत्पन्न करता है। वैदिक बलिदान अपने स्वरूप को हज़ारों निर्देशों में, हज़ारों सम्बन्धों में, हज़ारों मिथकीय विवरणों में बारम्बार (हमारे) सामने लाता है। किन्तु जितने ही मूल-पाठ इकट्ठे होते चलते हैं और जितने ही इसके कार्यों को व्यवस्थित करने की निर्देशों की पेचीदगी बढ़ती जाती हैं, हम उतना ही अधिक नपुंसकता और थकन से भर जाते हैं। बलिदान, जिसका लक्ष्य संसार को इस तरह का बनाना है कि इसमें रहना संभव हो सके, हमारे समय के हर उस क्षण पर प्रहार करता है जो हम इस दुनिया से पाते हैं। बलिदान का आधार इच्छा है, एक फल की इच्छा, फल जो स्वयं दुनिया ही है; किन्तु विश्लेषण से पता चलता है कि इच्छा अवश्यम्भावी रूप से हमें कैद करती है और हमें उस तरह से घोंटती है जैसे तीन झिल्लियाँ शिशु के लिए ख़तरा बनती हैं, जिस प्रकार अनान्तरित के लिए अत्यधिक पूर्णता; जबकि आशा यह की जाती है कि बलिदान हमें इनसे मुक्त कर देगा। उन तीन झिल्लियों में जो संस्कार में त्याग दी जाती हैं, पवित्र बलिदानी शेषांश जिनमें भविष्य के चक्र की दुनिया के जर्म्स हैं, इन्हीं में ब्राह्मण दुनिया को देख लेता है। और फिर एक चकरा देने वाली संभावना उभरती है कि हमें संसार को बनाने की जरूरत नहीं है। बल्कि हमें

अपने को केवल इससे मुक्त करना है। यह त्याग का प्रारम्भ है। जंगल में छिपा हुआ ब्राह्मण जो अब संन्यासी बन गया है, वह अब संसार की सम्पुष्टि नहीं करेगा, अपितु *मोक्ष* 'संसार से मुक्ति' की कामना करेगा। बौद्ध धर्म के अस्पष्ट जन्म में वैदिक बलिदान के विकासक्रम के अन्तिम कर्म को देखा जा सकता है।

त्यागी का निर्णायक कदम यह है कि उसने जानवर का मांस खाने से मना कर दिया। बलिदान की भव्यता तभी तक है जब तक बलि-वेदी पर जानवरों का वध किया जाता है। जब इस प्रकार के भाव समाप्त हो जाते हैं, तब बलिदान एक नैतिक कानून में रूपान्तरित होने के लिए तैयार हो जाता है। किन्तु *संन्यासी* की विचित्रता किसी ऐसी चीज़ के त्याग में है जिसे वह अब भी व्यवस्था के आधार के रूप में स्वीकार करता है—यानी, मारना। उसके चयन में रोगग्रस्त धर्म की सोची-समझी, सुविचारित अस्वीकृति का कोई चिह्न नहीं है जैसा ल्यूक्रेशियस में है; अपितु उसमें है जीवन के *इस ओर* बने रहने का निर्णय, जिसे अन्त में परे *(उस ओर)* में रूपान्तरित किया जा सकता है।

वैदिक ऋषियों के लिए, बलिदान संसार के अबाध निर्माण (करते रहने) के समकक्ष था। इसकी नींव इच्छा थी; इसका लक्ष्य था, संसार का फल। (सभी) कर्म देने और लेने के ब्रह्मांडीय खेल में एक-दूसरे से जुड़े हुए थे। रोमन Do ut des—मोटे तौर पर समरूप *ददामि ते देहि मे* ("मैं तुमको देता हूँ, तुम मुझे दो") में देखा जा सकता है, जैसा मॉस ने लक्ष्य किया था। किन्तु जो चीज़ हमेशा दाँव पर लगी रही वह एक व्यक्ति की नियति नहीं, अपितु सम्पूर्ण अस्तित्व का भाग्य था, जो सदैव ही ख़तरे में रहता है। वैदिक ऋषियों ने स्वयं को इच्छा के इस विशाल विस्तार और इसके फलों में झोंक दिया और यही कारण है जो बाद में *उपनिषदों* के चिन्तन में, और जिस पर अन्त में *भगवद्गीता* में मुहर लगा दी गई, उस खोज तक पहुँचाता है जो भारत का *अमिट चिह्न* है : *अनासक्ति* बलिदान के फल को त्याग देने का तत्त्वमीमांसपूर्ण नाम।

बलिदान, कर्म के रूप में, शुरू में तो ब्रह्मण के केवल एक कार्य तक सीमित था : शिकार के ख़तरनाक भाग, 'घायल भाग' को खाने तक। अन्त में यह संसार त्यागी द्वारा दृश्यमान कार्य के अस्वीकार में निहित है, जो शपथपूर्वक कहता है कि उसका मारने से कोई लेना-देना नहीं है। किन्तु हम, त्यागी में, संसार के बाहर व्यक्ति में, जो अभी भी बलिदानी रुझान के प्रति आज्ञा-बद्ध है, कुछ टेढ़े-मेढ़े रास्तों के चिह्न ढूँढ़ लेते हैं (जिनकी ड्यूमॉ ने केवल ढूँढने की शुरुआत की है) और आ पहुँचते हैं ईसाई धर्म के 'संसार के बाहर व्यक्ति' तक और फिर संसार के बाहर उस व्यक्ति तक, जिसकी निश्चित रूप-रेखा कॉल्विन ने खींची है, जो "अपने अन्दर अपनी आन्तरिक संरचना में, परलोक भाव के अबूझ, अचिह्नित तत्त्व" लिए हुए है। भारतीय संसार त्यागी का यह विडम्बनापूर्ण उत्तराधिकारी आधुनिक पाश्चात्य व्यक्ति के अतिरिक्त कोई और

नहीं है। एक बार वह संसार में पुनः प्रवेश पा जाए तो वह इसका दोहन अभूतपूर्व घृणा और असंयम के साथ करेगा।

बलिदान से (हम), ब्राह्मण से होते हुए, संसार त्यागी तक (पहुँचते हैं), त्यागी से (हम) व्यक्ति से होते हुए, टेक्नोलॉजी तक (पहुँचते हैं)। वह प्रक्रिया, जो वैदिक ऋषियों के संसार की अधिकतम सम्पुष्टि की धारणा के प्रयास के रूप में (और संसार पर भक्तिपूर्ण प्रभुत्व के रूप में) प्रारम्भ हुई और जो संसार की विश्लेषणात्मक नकार तक (बुद्ध में) जा सिकुड़ी, फिर से संसार त्यागी में, संसार के बाहर व्यक्ति, में फैलना शुरू कर देती है। इसकी चरम परिणति होती है मुक्त और प्रबुद्ध संसार के अन्दर के व्यक्ति में और, उससे होते हुए, टेक्नॉलोजी के अनाम विषय में टेक्नोलॉजी जो प्रभुत्व, नियन्त्रण और सम्पुष्टि का उपक्रम है—यद्यपि यह स्पष्ट नहीं है कि यह किस चीज़ की सम्पुष्टि करती है, क्योंकि इस दौरान अति सूक्ष्म कणों ने संसार को किसी सम्भावित स्थानीयता के परे घोल दिया है।

अब से आगे नए बलिदान का नाम *परीक्षण* (प्रयोग) होगा। बलिदानी रुझान अभी भी इसमें चालू है, किन्तु यह अनजाने और अदृश्य रूप में चलता है। जहाँ कहीं भी यह उभरता है, वहीं इसे अवशिष्ट कहकर, और यह सही भी है, अस्वीकार कर दिया जाता है।

पाश्चात्य संसार में, जब अर्थव्यवस्था कुछ उग्र उपायों की माँग करती है तो सरकारें और समाचार-पत्र प्रायः 'बलिदानों' की बात करते है। अब यह शब्द 'मुद्रा-स्फीति' जैसे टेक्निकल शब्दों की तुलना में अपेक्षाकृत कम प्रयुक्त होता दिखता है। पुरातन की उपस्थिति के अनेकानेक चिह्नों में ही यह भी एक है। वर्तमान चलन में, 'बलिदान' आर्थिक हस्तक्षेपों की एक शृंखला को दर्शाता है, जिसमें अन्तर्निहित अर्थ है कि व्यक्ति कुछ ख़ास सामानों का त्याग करें। किन्तु इस चलन में यह शब्द अपना मूल अर्थ खो देता है : विनाश। यहाँ कोई भी चीज़ अनिवार्य रूप से नष्ट नहीं की जानी है। यह माना जाता है कि जिन सामानों का त्याग किया जाता है वे किसी और रूप में बेहतर होंगे, उनका अन्यत्र प्रयोग किया जाना ज़्यादा अच्छा होगा। उपभोक्ता सामानों पर, खेल और आनन्द की छवियों पर खर्च न किए गए धन का कुछ भाग राजकीय कोष को बढ़ाने के काम आएगा। यदि 'बलिदान' शब्द इस बात की सम्पुष्टि नहीं करता कि दैवी क्षेत्र में व्यक्ति का प्रतिपक्ष स्वयं समाज है, तो 'बलिदान' शब्द निरर्थक, असंगत हो जाएगा—क्योंकि यह जानता है कि व्यक्ति द्वारा त्यागी गई किसी चीज़ को कैसे प्रयोग करना है इसे अदृश्य जगत में कैसे उपजाऊ बनाना है। इसके विपरीत इस ग्रह पर सच्चा बलिदान भी है, जिसमें विनाश अन्तर्निहित है, जो हर क्षण

हो रहा है : इस बलिदान को *परीक्षण* के नाम से जाना जाता है। यह बलिदान की हर तत्त्व-मीमांसापूर्ण स्मृति के काटने को अपना आधार-वाक्य बनाता है—ऐसी भीषण काट कि एक शैतानी भ्रम में, ''सारे शोधकर्ता परीक्षण के बाद जब मृत जानवरों को फेंक देते हैं तो प्रयोगशाला की भाषा विशेष में इसके लिए बलिदान शब्द का प्रयोग करते हैं जो गलत है। किन्तु इस शब्द का प्रयोग करनेवाला वैज्ञानिक, प्रयोगशाला छोड़ देने के बाद, इस शब्द को कोई अर्थ देने में अक्षम होगाः वह इसे अन्धविश्वासी आस्थाओं का शेषांश, मानता है। इसके विपरीत, अर्थशास्त्रियों को इस शब्द को प्रयोग करने में कोई असमंजस नहीं होता। एक ओर तो वास्तविक बलिदान है जिसे कोई नाम नहीं दिया जा सकता; और दूसरी ओर काल्पनिक बलिदान है जिसे हमेशा ही एक नाम दे दिया जाता है—सँडसी के दोनों छोर इस दुनिया को उस समय तक चुपचाप अपनी दुष्पकड़ में जकड़े रहते हैं जब तक युद्ध द्वारा 'बलिदान' शब्द की विषमताओं और अन्तर्विरोधों को मिटाने का दिन नहीं आ जाता : यह उसका सबसे सम्पन्न परीक्षण है। युद्ध के समय सभी समाचार-पत्रों के मुख पृष्ठ पर आर्थिक संकटों की अवधि की तुलना में, 'बलिदान' शब्द छाया रहता है और हर कोई जानता है कि इसमें रक्त, विनाश और मृत्यु शामिल है। वर्दी पहने सैनिकों से साक्षात्कार किया जाता है तो वे घोषणा करते हैं कि वे 'सर्वोच्च बलिदान' के लिए तैयार हैं। समूचा देश प्रतिदिन अपने 'बलिदान' के लिए तैयार होने की घोषणा करता है। अन्त में जो शेष रह जाता है वे स्मारक हैं जो युद्ध भूमि में मृत सैनिकों के लिए बनाए जाते हैं।

अभिलेखागार और असफल खोज

इतिहास को साहित्य से अलग करने का कोई सारभूत कारण नहीं है। Carmen solutum—(विजय गीत) क्विंटिलियन ने यह कहकर एक बार इतिहास को परिभाषित किया था। 'छन्द हीन काव्य' के समान और इस प्रकार पूर्व-निर्धारित ढाँचागत अभाव के साथ ऐतिहासिक शोध एक कृत्रिम स्मृति का क्रमिक निर्माण है, अभिलेखागार में रखे हुए असंख्य गत्ते के डिब्बों की बँधी डोरियों को निरन्तर काटते रहने का काम है। हर डिब्बे में, स्मृति सुधार वाले टेक्नीकल केन्द्र की भाँति, एक मानस-सार बन्द है, जिसे इतिहास निःसृत करता है। इतिहास उसी समय सच्चे रूप में हमारे सामने आता है जब वह स्रोतों को अपने आप बोलने देता है—और यह समझ लेता है कि यदि ये स्रोत कुछ हो सकते हैं, तो ये स्रोत वह सब कुछ हो सकते हैं जो वास्तविकता है। अपनी पुस्तक *ग्रीशिशे कुलचुरजेशिश्टे* (Griechische Kulturgeschichte) में बर्कहर्ट ने सबसे पहले इतिहास के इस जादुई पहलू पर ज़ोर दिया। हाल के दशकों का इतिहास-ग्राफ़—जिसमें असंगत छोटी-छोटी बातों पर बहुत ध्यान दिया जाता है, गिरने-टूटने को अलमारियों में भरे असंख्य आलेख, ऐसे शोध जिन्हें कभी कोई नहीं पढ़ता, यहाँ तक कि वह क्लर्क भी नहीं जो इनकी प्रतिलिपियाँ बनाता है, यह सब है—इसी मार्ग पर चलता रहा है, भले ही ऐसा करते हुए इसने स्वयं को अपने उद्देश्यों के विषय में धोखा दिया हो। अनेक शोधार्थी यही सोचते थे कि काग़ज़ों के सागर से होकर गुज़रते किसी निश्चितता के समीप पहुँच रहे थे; या ऐसा वास्तव में विश्वास करते थे कि चार्टों और संख्याओं का संकलन करने के उनके तरीके विज्ञान से मिलते-जुलते हैं। किन्तु जितना ही अप्रमाणित आँकड़ा-संग्रह उनके हाथ लगा, यह उतना ही अधिक स्पष्ट होता गया कि प्रत्येक ऐतिहासिक तलाश एक मूक पहेली है। उन नामों, उन नोटेरियल कामों, उन विधिक फाइलों के पीछे जीवन की ऐसी विशाल अक्षम अक्षरमाला फैली है, जो स्वयं अपने आप में ही बन्द है, जिसका पूर्वापर से कोई सम्बन्ध नहीं है। इतिहास स्वयं आधिकारिक, वर्णनात्मक आँकड़े इसलिए प्रदान करता है कि यह स्वयं ग़ायब हो जाएगा। सच्चा इतिहासकार, वही है जो अभिलेखागारों की बेकार शब्दों की बकझक वाली बंजर भूमि को पार कर, यदि वह भाग्यवान हुआ तो, धूल में ढँके उस सही लिफाफे तक आ पहुँचता है, उन अद्वितीय बिन्दुओं तक पहुँच

जाता है जहाँ कान फोड़ते नाम मौन की पृष्ठभूमि में आपस में गुंजायमान होने लगते हैं और एक अनोखी रूपरेखा में बदल जाते हैं—उस आदमी की तरह जो हमारे पड़ोस में रहता है और जिससे हम यदा-कदा गली में मिले होते हैं और जो अब हमें संकटपूर्ण निजी जीवन की झलक दिखाता है।

रिचर्ड कॉब अपने 'प्रिय चाचा' एक देहाती डॉक्टर को याद करता है, जो प्रायः अपने भतीजे को मरीज के घरों में साथ ले जाया करता था : "वह बहुत गप्पी था और लोगों के बारे में उसमें अनन्त जिज्ञासा थी; वास्तव में, मेरा ख़याल था कि वह डॉक्टरी की प्रैक्टिस केवल इसलिए करता था ताकि दूसरे लोगों के घरों में घुस सके। मैं उसकी कार में बैठा हुआ प्रतीक्षा करता रहता और वह अपने राउंड्स पर चला जाता और हर राउंड के बाद, वह विजयी भाव के साथ वापस कार तक लौटता। उसके पास दूसरों की बुराई का कोई चटपटा विवरण होता, मानो कोई शोधकर्ता राष्ट्रीय अभिलेखागार में बढ़िया दिन बिताकर लौट रहा हो।" जिस प्रकार उसका डॉक्टर चाचा दूसरे लोगों के घरों में घुसना पसन्द करता था, उसी प्रकार नौजवान कॉब अपने परिवार के बार-बार घर और शहर बदलने में आनन्द लेता था : "कुल मिलाकर, मैंने इस सबका खूब आनन्द लिया, क्योंकि इस तरीके से मैं तरह-तरह के मकानों को अन्दर से देख सकता था, और जीवन भर, मेरे साथ एक जुनून जैसी इच्छा रही कि मेरा पाँव किसी (नए) दरवाज़े के अन्दर पड़े, कि मैं हर बाहरी सज-धज के पीछे जाकर सच्चाई देख सकूँ, हर चीज़ के अन्दर जा सकूँ। और अन्ततः, यही तो वह है जो इतिहासकार होने से ताल्लुक रखता है—दूसरे लोगों के खत पढ़ना, उनके निजी जीवन की सीमा पार करके सबसे अन्दर के कमरे में घुस जाना।" किन्तु वह 'जुनून भरी इच्छा' बड़े लोगों से निकटता के चिह्न स्वरूप कुछ किस्से, चुटकुले इकट्ठे करने के स्फुरण के बिलकुल उलट है। सच्चा इतिहासकार, स्मरणीय वस्तुओं की तलाश करने वाले हर व्यक्ति का ख़ास दुश्मन होता है। उसका इच्छित शिकार तो मुख्यतः वह है जो स्मृति से बच निकला है और जिसके पास स्मृति से बचने के सारे कारण थे। अपारदर्शी के साथ इस संघर्ष के दीर्घ प्रशिक्षण के बाद, वह स्वयं को प्लूटार्क के युग की उन आकृतियों (इतिहास पुरुषों) के समक्ष जाँच सकेगा जो तुलना में अत्यधिक प्रमाण के कारण ही अस्पष्ट हो गई है—वह मोटे कवच या आवरण जिसके पीछे इतिहास उन्हें हमसे दूर रखता है। अपने इस उद्दंड उत्कर्ष के बाद इतिहासकार नैपोलियन से इस प्रकार मिलना चाहता है मानो वह एक अजनबी था। इस बिन्दु पर (पहुँचकर) वह आंशिक रूप से दृष्टा बन जाता है और इस प्रकार की पुस्तक लिखना प्रारम्भ करने की गुस्ताख़ी कर सकता है जैसे लियॉन ब्लॉय ने की : "नैपोलियन का इतिहास निश्चय ही सारे इतिहासों में सर्वाधिक अज्ञात है।"

एक खंडित, संख्यात्मक इतिहास। चमकीले, जगमगाते चिह्नों का फैलाव। विशाल, सुरक्षात्मक अँधेरा। विद्युत तड़ित। अकेले एक दृश्य की सत्यापनशीलता, यहाँ तक कि उस धूल की भी जो फर्नीचर पर पड़ी हुई है। क्रमबद्धता की पूरी अनिश्चितता। आकारों पर असंबद्ध चर्चा। एक ग्रीन हाउस की रात्रिकालीन नींद।

22 जुलाई, 1809 को, नौटेंडाल गाँव के समीप, जो अब सभी नक्शों से ग़ायब हो गया है, तीन नकली नाविक दिखाई पड़े। कई लोगों ने उन्हें देखा, क्योंकि उस सपाट भू-दृश्य में उनका छिपना असम्भव था। वे एक सराय के मालिक वयोवृद्ध वैन आर्ट्स, और उसकी पत्नी को लूटने और मारने आए थे। जब एलिजाबेथ वैन आर्ट उन्हें वह पलँग दिखला रही थी जहाँ उन्हें रात बितानी थी तो उनमें से एक ने एक जेबी खटकेदार चाकू से उसका गला रेत दिया। उन्हें कुछ ब्रिटिश सिक्के और कुछ मणिक मिले। उन्होंने कुछ भोजन और मदिरा भी चुरा ली, जिसे उन्होंने एक छोटी धारा के किनारे बैठकर पी लिया। अगले दिन सवेरे उन्होंने सीमा के समीप, ऐसेन गाँव के गिरजाघर में मृत युगल की आत्मा के लिए शोक-गीत गाया। कुछ दिनों बाद उन्होंने ऐन्टवर्प में फिर वही कांड किया। लोगों ने उन्हें विभिन्न गन्दे शराबखानों में देखा जहाँ उन्होंने ताश खेला, शेखी बघारी और एक ही बिस्तर में तीनों सोए। ऐन्टवर्प में उन्होंने *ला वाइन* सराय में तीन वेश्याओं के साथ शराब पी और जब वे अपनी सराय *ले सीन* की तरफ लौट रहे थे तो उन्हें गिरफ़्तार कर लिया गया। 28 फरवरी, 1810 को स्टीन बर्जेन के टाउन हाल के सामने चौक में तीनों को पर फाँसी पर लटका दिया गया और वहाँ वे सूर्यास्त होने तक झूलते रहे। हरेक के सिर पर लकड़ी की एक तख्ती लगी थी जिस पर ये शब्द लिखे थे : 'दो लोगों के हत्यारे।'

कॉब ने इस घटिया, मूर्खतापूर्ण अपराध के रिकॉर्ड का अध्ययन किया। कहानी में किसी की जिज्ञासा उभाड़ने जैसा कुछ भी नहीं है। हर ब्यौरा इसके आम घिनौनेपन की कहानी कहता है, और लगता है कि अपराधियों का हर कर्म उनके दूषित दिमाग की उपज था। इस नाटक के अभिनेता कम ही शब्द जानते थे और फ्लेमिश (भाषा) से फ्रांसीसी भाषा तक, पूछताछ के दौरान छनकर आते-आते शब्द और भी कम रह गए थे। किन्तु इतिहासकार कॉब उस न्यायाधीश से (और) भी आगे जाना चाहता है, जो उन लोगों को मृत्युदंड देकर ही सन्तुष्ट हो गया था। किन्तु इतिहासकार लोगों को आजीवन कारावास देना चाहता है। अपनी घुसपैठी छानबीन द्वारा वह अज्ञात से उन विचारों और शब्दों को छीन लाना चाहता है जो कभी कोई आकार नहीं ले पाए थे। जेल में अपने महीनों के दौरान तीनों नकली नाविक *जीवन* के सप्ताह से हर उस ब्यौरे को याद करने के लिए बाध्य थे जिस सप्ताह उन्होंने हत्या के उपरान्त लूटपाट में हासिल हुई मामूली दौलत को यूँ ही उड़ा दिया : "ऐसे अत्यन्त युवा जीवनों में एक सप्ताह, वास्तव में एक बहुत लम्बा अरसा है। और जीने के लिए उनके पास जो समय

बचा था उसका अधिकांश भाग वह सब ढूँढ़ निकालने में लगाया गया जो उस एक सप्ताह के बारे में पता किया जा सकता था, कम-से-कम वह सब जो अभिव्यक्त किया जा सकता था, जो उन लोगों द्वारा शब्दों में रखा जा सकता था और वह भी ऐसे लोगों द्वारा जो बहुत कम शब्द जानते थे। हमने न्यायाधीशों से बेहतर करने की कोशिश की जिनकी जिज्ञासा तो उन्हें दोषी करार देने और इन तीन अभागों से माफ़ी की याचना करा लेने के बिन्दु के परे नहीं गई, किन्तु हमने उनके विचारों और संवेदनों को पुनः बनाने का प्रयास किया है, जिन्हें शब्दों में नहीं रखा जा सका था। इतिहासकार के जिम्मे भी वही सब काम है जो प्रूस्ट के ज़िम्मे था किन्तु उसके पास प्रूस्ट की अपनी स्मृति का लाभ नहीं है; पहले उसे बनाना है, फिर लूटना है, दूसरे लोगों की स्मृति को।'' यही इतिहास है।

अनेक वर्षों की खोज के बाद, कॉब ने अनुभव किया कि अभिलेखागारों में जैकोबिन आतंक से जुड़े मुद्दों की तुलना में क्रान्तिविरोधी आतंक की तलाश अन्ततः अधिक आकर्षक थी। कुल मिलाकर ''क्रान्तिकारी सरकार ने सद्गुणों के कार्यक्रम पर चलते हुए मृत्यु का नौकरशाहीकरण कर दिया''—और यह न केवल भयानक अपितु नीरस को भी सुनिश्चित करने के लिए पर्याप्त है। कार्यक्रम के अतिरेक की केवल एक ही सीमा थी और वह थी शिकारों की आयु : यह तय किया गया कि जिस व्यक्ति को गिलोटीन पर मौत के घाट उतारा जाए उसकी आयु चौदह वर्ष तो होनी ही चाहिए, अपवादस्वरूप वे क्षेत्र अलग रखे गए थे जहाँ गृह युद्ध अपेक्षाकृत अधिक रक्तपातपूर्ण था। किन्तु ज़्यादा-से-ज़्यादा यही था जो कहा जा सकता था। कुछ थोड़े से अपवादों को छोड़कर (जैसे उग्र, परेशान करने वाला, पाशविक क्लॉड जैवो), जैकोबिन उत्पीड़क बाद में सबसे शुरुआती नौकरशाह साबित हुए, जो अपने काग़ज़ों के बीच ही डूबे रहे थे, उनकी समझ-बूझ हर हाल में मामूली थी और यह मामूलीपन उन्हें चारों ओर से ऐसे तिरंगे अंग-वस्त्र की तरह ढँके होता था।

इस नस्ल का एकदम सटीक उदाहरण कोचों नाम का प्रशासनिक कर्मचारी था, जिसने *रैस्टोरेशन* (पुनःस्थापन) के दौरान अपनी सेवाएँ तपाक से प्रस्तुत कीं, यद्यपि उसने लुई XVI की सजा के पक्ष में मतदान किया था। यह उन नौकरशाहों की हू-ब-हू नकल है जिन्हें हम सभी प्रकार के राज्य-कालों में देखते हैं, ये स्पष्ट निष्पक्षता से काम करते हैं, उन लोगों को मृत्युदंड सुनाते हैं जो आज शक्तिहीन हैं और उनका पक्ष लेते हैं जो शायद कल सशक्त हो जाएँगे। शुद्ध अकलंकित आतंक का एक नुकसान भी है कि इसकी अवधि बहुत कम होती है—चन्द महीने—जबकि श्वेत आतंक 1790 से लेकर कॉन्सुलेट के समय तक चला, बीच-बीच में अतिरेक में तेजी पकड़ते हुए, या क्षमा करते हुए; और इसमें से ऊपरी स्तर के कुछ लोग तो दूसरे श्वेत आतंक तक बने रहने का सौभाग्य भी पा गए। 1815 की ग्रीष्म ऋतु तक, यानी चन्द

वर्षों की अवधि में लगभग अपने चक्र की पुनरावृत्ति करते हुए। ''काउन्टर-रिवॉल्यूशन यानी प्रति क्रान्ति में एक व्यक्ति अच्छी आरामदेह जगह पा सकता था'', उन दिनों लोगों में यह भाव प्रचलित था। स्वयं कॉब को, अपनी पुस्तक *रिएक्शन्स टू द फ्रैंच रिवॉल्यूशन* के प्रारम्भ में व्यंग्य और स्पष्टवादिता का मिश्रण करते हुए, यह घोषणा करने की बाध्यता अनुभव हुई कि ''व्यक्तिवादिता के इतिहासकार, टेढ़े-मेढ़ेपन और सनक की आख़िरी हद की तो बात ही मत कीजिए, 1794 के ग्रीष्मकाल में नौकरशाही के आतंक की तुलना में काउंटर टैरर (प्रति आतंक) के साथ रह लेने में अपेक्षाकृत आराम महसूस करेंगे।'' उनके लिए, अभिलेखागार उदार होंगे। अब उन्हें 'जनता के विभिन्न शुत्रओं' के विरुद्ध इस नीरस दोषारोपण की आवश्यकता नहीं पड़ेगी, जैसे वे क्रान्ति-पूर्व अभिजात्य वर्ग के लोग जो जनता के विरुद्ध भवें तानने के दोषी थे (22वें *प्रेरियल* कानून के अनुसार, यह उन आरोपों में से एक था जिसके लिए मृत्युदंड दिया जा सकता था)। इसके बजाय अब वे क्रूर कृत्यों, कठोर प्रतिहिंसा, विस्तृत यन्त्रणाओं आदि से इतिहासकार का अच्छा-ख़ासा मनोरंजन करेंगे; उनके द्वारा वर्णित हर घटना चटख़ारे भरे आनन्द का विषय होगी और हर घटना को उकसाने वाली स्त्रियों और कबीलाई घृणाओं से सम्बन्धित ब्यौरों के अनेक औपन्यासिक विवरणों से सजाया जाएगा। डकैतों की गुफाएँ बढ़िया-बढ़िया कपड़ों से भर गई थीं, क्योंकि विलासिता का उत्सव—जो प्रतिहिंसा के प्राचीन चारे के साथ आत्मा का आख़िरी भोजन था—उस खून-ख़राबे वाली खानाबदोशी में चला गया था।

क्वार्टरनैरी से पोस्टकार्ड

I

पृथ्वी की गहरी, घनी धूल में,
एक छोटी-सी मैगडेलेनियन सीटी।
चकमक पत्थर की छीलन का टुकड़ा नहीं
जीवन के श्रमसिक्त संघर्ष में।
किन्तु एक उकाबी हड्डी के तीन चेहरों पर छोटी-छोटी धारियाँ
चांद्र वर्ष की समाप्ति बतलाती हुईं।
विद्वानों ने बताया इसे
'सजावटी' या 'मामूली';
यह थी पहली पुस्तक।
फ़ेबर नहीं यह एक
चिन्तक था, आकाश का,
खोए-खोए भाव से,
वह सीटी बजा दी उसने।

II

प्रथम स्त्री का मुख
पाँच सेंटीमीटर ऊँचा
एक नाज़ुक केश-विन्यास
उठता है ऊपर की ओर
एक गोल माथे पर।
सज्जा ने आच्छादित नहीं किया है
एक तिरछी, उदास नज़र को।
विशाल हाथी-दाँत में उकेरित

इसे *डोलनी वैस्टोनिस* में
फेंक दिया गया था।

III

स्टर्कफौन्टेन (ट्रांसवाल) की गुफ़ा में,
जब मानव पहले पहल अवतरित हआ,
जैसा विज्ञान ने इसे माना,
वे उसी कक्ष में बस गए
जहाँ उनके पूर्वजों का
भक्षण हुआ था
लकड़बग्घों और बड़ी बिल्लियों द्वारा,
उनसे पहले के निवासी।

पुनरावृत्ति का दानव

इतिहास में फैली हुई पुनरावृत्ति, पुनरावृत्ति के समूचे इतिहास की पूर्व-कल्पना करती है। हम जितना ही पीछे की ओर जाते हैं पुनरावृत्ति उतनी ही अधिक भव्यता में आवृत्त होती जाती है। "दुर्लभ लिखित संकेत जितने कम होते जाते हैं वे उतने ही और भी अधिक महत्त्वपूर्ण हो जाते हैं।" पुनरावृत्ति उनमें वह भूमिका निभाती है। ऐसा प्रतीत होता है कि चिह्न मुख्यतः यह दर्शाने के लिए बनाए जाते हैं कि किसी चीज़ की पुनरावृत्ति कैसे की जानी चाहिए। प्रोटोकोल यानी औपचारिक तरीका प्रथम साहित्यिक विधा है। कोई चीज़ अर्थवती हो इसके लिए ज़रूरी है कि इसकी पुनरावृत्ति की जाए—और यदि एक चीज़ की पुनरावृत्ति की जानी है, तो हर चीज़ की पुनरावृत्ति की जानी चाहिए। राजा का राज्याभिषेक या यहाँ तक शिकार अभियान भी माँग करता है कि इतिहास को इसके मूल स्रोत से उस सीमा तक पुनः स्मरण किया जाए, जब इस सबसे एक छोटी-सी कली जो अगला कर्म है, अंकुरित होगी जो पिछले सारे कर्मों से संरक्षित एवं पोषित है; यह वह टाँका है जो किसी बड़े जाल के मध्य में लगाया है। समय की धारा में हमारी ओर दौड़ते हुए, पुनरावृत्ति की शक्तियाँ क्रमशः मिटा दी जाती हैं उसी तरह जैसा पाताल की देवी के साथ हुआ : हर देहरी पर अदृश्य हाथ द्वारा उसकी पोशाक और मुकुट छीन लिए जाते हैं। अन्त में, हम एक चमचमाती नग्नता न देखकर एक खाली कंकाल देखते हैं, एक पशुवत विरासत, जिसे मस्तिष्क का ठंडापन तिरोहित होते देखना चाहता है। पॉल वैलरी, बीजगणितीय अहम् की नीरवता में रासायनिक रूप से आसवित, प्राधिकृत *नव मानव*, इस कंकाल को सबसे अधिक थकाने वाला रोग मानता है : वह इसे 'साइक्लोसिस' ('चक्रीयता का रोग'), 'हमारे अस्तित्व का साइक्लोमोनिया' कहता है। 'मैं पैदा हुआ था,' वह हमें बतलाता है, "बीस वर्ष की आयु में, पुनरावृत्ति से—यानी, जीवन से विक्षुब्ध। उठना, कपड़े पहनकर तैयार होना, भोजन करना, शौच जाना, सो जाना—और हमेशा ही, ये मौसम, ये सितारे—और इतिहास!"

"वह हर चीज़ अत्यन्त परिचित है।

"विक्षिप्तता के बिन्दु तक...यह तालिका मेरी आँखों के सामने अपनी पुनरावृत्ति करती है, और पिछले उनतालीस वर्षों से ऐसा ही करती आई है। यही कारण है कि

मैं देहात की छवि बर्दाश्त नहीं कर पाता, धरती की जुताई, हल की लीकें, फ़सल की प्रतीक्षा—*इस सब* को लोग 'काव्यात्मक' कहते हैं।

"किन्तु मेरे लिए *काव्यात्मक* इस उदास कड़ी मेहनत के बिलकुल विपरीत है, जो उतनी ही नाशवान चक्रीयता लिए हुए है जैसे दिन-रात का चक्रवत आना जाना और वह अन्य—"

ऐचेरॉन के नीचे, जिसे फ्रॉयड ने *द इन्टरप्रिटेशन ऑफ़ ड्रीम्स* के ऐपीग्राफ़ में जगाने का निर्णय किया, अन्ध-अंकुरणों का क्षेत्र है, वह विशाल जड़ मौन जो यदा-कदा सम्भाव्य जीवन से चोटिल हो जाता है। फ्रॉयड युद्ध के तुरन्त बाद, 'आनन्द के सिद्धान्त के काफ़ी परे,' इस पातालीय क्षेत्र में पहुँचा था। किन्तु वह क्या था जिसने उसे 'पच्चीस वर्षों के गहन कार्य' पर प्रश्नचिह्न लगाने के लिए विवश किया, ख़ासतौर पर तब जब उसने ऐसा उन सिद्धान्तों के आधार पर किया जिन्हें आसानी से 'रहस्यमय' कहा जा सकता था और जिसके विषय में नालायक बेटे सी.जी. जुँग के काम-प्रवृत्ति सम्बन्धी विपरीत मत के कारण भ्रमित हुआ जा सकता था? वह क्या था जिसने एक बार फिर सिगमंड फ्रॉयड नामक मानव के मानस को इतना गहरे परेशान कर दिया था, जो अपनी सारी चिन्ताओं के बीच पश्चिम के सारे इतिहास को फिर से याद कर लेने का विलक्षण गुण रखता था? यह थी पुनरावृत्ति। फ्रॉयड अपनी श्रेष्ठ स्पष्टवादिता और इसी के साथ 'अन्तिम वस्तुओं' के वर्णन में 'बुद्धि की निष्पक्षता' से सम्पन्न एकमात्र ऐसा विश्लेषक था जिसने अपने सारे कार्य के दौरान स्वयं को ऊपर उठाकर बलिदानी स्तर पर बनाए रखा। वह कहता है : "एक बार धूप खिले तीसरे पहर मैं एक छोटे से इटालियन नगर की अपरिचित और सूनी गलियों में घूम रहा था, मैंने स्वयं को एक ऐसे क्षेत्र में पाया जिसके स्वरूप के विषय में कोई भी सन्देह नहीं किया जा सकता था। छोटे-छोटे मकानों की खिड़कियों से केवल बनी-ठनी स्त्रियाँ ही दिखलाई दे रही थीं। मैं जल्दी से मुड़ा और जितना जल्दी हो सकता था गली से बाहर निकल आया। किन्तु थोड़ी देर निरुद्‌देश्य भटकन के बाद, मैंने अचानक स्वयं को फिर उसी गली में पाया, जहाँ मेरी उपस्थिति दूसरों का ध्यान आकृष्ट करने लगी थी। मेरे जल्दी से (फिर) वापस चले जाने का एक ही परिणाम निकला : कई बुरे चक्करों के बाद मैंने स्वयं को फिर उसी स्थान पर पाया—तीसरी बार। इस बिन्दु पर पहुँचकर मैंने स्वयं को ऐसी भावना से ग्रस्त पाया जिसे परेशान करने वाली ही कहा जा सकता है और तब मुझे खुशी हुई जब—तलाश के प्रयासों को त्यागकर—मैंने स्वयं को उसी चौराहे पर पाया जहाँ से मैं थोड़ी देर पहले चला था।"

इसके बाद फ्रॉयड एक और उदाहरण की ओर बढ़ जाता है, जहाँ 'स्वतः होने वाली पुनरावृत्ति' की शरारत और भी अधिक अप्रत्यक्ष सुझाव देती प्रतीत होती है, क्योंकि यह शुद्ध संयोग का रूप ले लेती है—एक ऐसा संयोग जो उस दुनिया से

उभरकर आता है और जिसमें व्यक्ति से विदेश में निरुद्देश्य भटकने के अस्पष्ट कार्य के विषय में पूछने की भी ज़रूरत नहीं है। और फ्रॉयड यहाँ, जैसा अन्य कई अवसरों पर भी किया था, हमसे यह बात छिपा लेता है कि वह निजी अनुभव के बारे में कह रहा है : "कोई भी इस बात पर ध्यान नहीं देता कि, एक सामान घर में अपने ओवरकोट को रखते समय एक व्यक्ति को एक विशेष नम्बर वाला—जैसे 62—टिकट के लिए दिया जाता है, या पानी के जहाज़ में यात्रा करते समय उसके लिए उसी संख्या वाला एक केबिन निर्धारित किया जाता है। किन्तु ये भाव बदल जाता है यदि ये दोनों परिस्थितियाँ, जो यूँ तो अपने आप में महत्त्वहीन हैं, एक के बाद एक जल्दी-जल्दी घटती हैं और व्यक्ति को उस दिन कई बार 62 नम्बर देखने को मिलता है। और यह उस समय और भी बढ़ जाता है जब व्यक्ति पते, होटल के कमरों, रेल की सीटों, आदि, आदि में उसी संख्या 62 को आंशिक या पूरी तरह लिखी देखता है।' हमें इस प्रकार की चीज़ "परेशान करने वाली" लगती है, और कोई भी सहज अन्ध-विश्वासी व्यक्ति, इस संख्या की बेहूदी पुनरावृत्ति को रहस्यमयता को महत्त्व देने का रुझान बना सकता है और उसे लगता है शायद वह 62 वर्ष की आयु तक तक ही जीवित रहने वाला है।

'अन्धविश्वास के आकर्षण से अरक्षित' व्यक्ति स्वयं फ्रॉयड था। 1909 में अपनी यूनान यात्रा के दौरान जब 62 की संख्या कई बार उसके सामने आई तो वह इस विचार से ग्रस्त हो गया कि वह 62 वर्ष की आयु में मर जाएगा। जब वह अपने निबन्ध 'द अनकैनी' में ये पंक्तियाँ लिख रहा था, और इस तथ्य को छिपा रहा था कि ये पंक्तियाँ सीधे उसी से सम्बन्ध रखती थीं, तब फ्रॉयड को अपना 62वाँ जन्मदिन मनाए केवल कुछ महीने ही बीते थे। फ्रॉयड पुनरावृत्ति की अनिवार्यता को (इससे पहले वह *बियॉण्ड द प्लैजर प्रिंसिपिल* में कुछ संकेत दे चुका था, जो शीघ्र प्रकाशित होने वाली थीं) पहली बार सामने लाता है—जो उसके मिथक-विधान में अन्तिम और सर्वोच्च देवत्व था : "मानस के अचेतन में *पुनरावृत्ति की अनिवार्यता* अपना प्रभुत्व जमाए हुए है, जो सम्भवतः स्वयं प्रेरकों की अन्तरतम प्रकृति है और जो, इतनी शक्तिशाली है कि आनन्द के सिद्धान्त के बावजूद मानस जीवन के विशिष्ट पहलुओं पर अपनी उपस्थिति (छाप) दर्शाती है, उसे एक दानवीय स्वरूप प्रदान करती है जिसे बाल जीवन के एकदम शुरुआती वर्षों में भी आवेगों के रूप में व्यक्त होते देखा जा सकता है और जो स्नायु रोगग्रस्त रोगियों के विश्लेषणात्मक इलाज के दौरान उनके एक भाग पर प्रभुत्व जमाए होती है। यहाँ फ्रॉयड मानस के सत्य के परे जाने का प्रयास कर रहा था और मनोविज्ञानेतर की ओर बलात् अपना रास्ता बना रहा था और एक बार फिर प्रकृति की दानवीय शक्तियों से जूझने की कोशिश कर रहा था। वही पुनरावृत्ति, जो प्रकृति अपने अनेकानेक रूपाकारों में निरन्तर हमें दर्शाती है, मानस जीवन में सर्वत्र दिखलाई देती है : और यह न केवल बच्चे द्वारा fort da ('दूर-यहाँ')

के दुहराने में है जो (वह) अपनी माँ की अनुपस्थिति में अपनी चिन्ता पर विजय पाने के लिए रील को ग़ायब करने और फिर प्रकट हो जाने के लिए करता है; यह न केवल उन लोगों के सपनों में भी है जो आकस्मिक स्नायु दौर्बल्य रोग से ग्रस्त हैं, जो मानसिक आघात को अपने अन्दर बार-बार उभरते देखते हैं; न केवल उस रोगी के व्यवहार में है जो (Transference) से उत्प्रेरित हो, दबाए गए तत्त्वों को याद करने के बजाय उनका सृजन करता है; न केवल उस भ्रूण की कहानी में है जो "अपने विकास के दौरान बजाय इसके कि यह छोटे-से-छोटा रास्ता अपनाकर अपनी अन्तिम शक्ल तक जल्दी से पहुँचना याद रखे, वह उन सारे रूपाकारों के ढाँचों को स्मरण करने के लिए विवश है जिनसे यह निकला है" (ये सब वे मामले हैं जिनकी विस्तृत चर्चा *बियॉण्ड द प्लैजर प्रिंसिपिल* में की गई है)। एक पुनरावृत्ति और भी है जो कहीं अधिक डरावनी तथा चुपचाप घर करने वाली है एक ऐसी पुनरावृत्ति जिसका सन्दर्भ फ्रॉयड अपने निबन्ध 'द अनकैनी' में कुछ उदाहरणों में देता है, और जो इस रूप में है कि यह चीज़ों की पुनरावृत्ति की अनिवार्यता की शुरुआत कर देती है और फ्रॉयड इसका वर्णन अपनी पुस्तक *बियॉण्ड द प्लैजर प्रिंसिपिल* में नहीं करता। यह भूल से होने वाली, अदम्य पुनरावृत्ति है; ये ऐसे अनायास चिह्न हैं जो इकट्ठे होते रहते हैं, जो किसी सम्बन्ध, एक 'रहस्यमय महत्त्व' की ओर इशारा करते हैं। यहाँ पुनरावृत्ति दोगली है, यह एक ही साथ बाहरी दुनिया के बदलते दृश्य का और मानस-दृश्य का भी भाग है, जहाँ यह अपने स्थान का दावा करती है। बाहरी दुनिया में एक चिह्न की पुनरावृत्ति इसे एक शकुन में रूपान्तरित कर देती है—एक ऐसे अर्थ की उपस्थिति की ओर संकेत, जिनका मूल हम नहीं जानते और जिनसे हम अपना छुटकारा भी नहीं पा सकते। हर वह अर्थ जो हमने पैदा अथवा स्थापित नहीं किया हमें परेशान करता है। संयोग परेशान करते हैं, क्योंकि वे एक नियति, और अर्थों के ऐसे जाल की ओर इशारा करते हैं जो हम से पहले के हैं, जो हमारे साथ चलते हैं और हमें चाल में फाँसते हैं। दुहराने की अनिवार्यता हमारे अन्दर किसी ऐसे (व्यक्ति) को सम्बोधित होती है (*उपनिषदों* का आत्मा का उत्तराधिकारी, इसका प्रतिरूप) जो अर्थों के जाल में घिरा हुआ है और जो कभी-कभी वहाँ प्रकट भी हो जाता है, हमारी अपनी ही छवि का दूसरा व्यक्ति। यहाँ "सामान्य लोग हैं जो...ऐसे आभास देते हैं मानों कोई कुपित नियति उनका पीछा कर रही हो या किसी 'दानवीय शक्ति' ने उन्हें अपने वश में कर रखा हो; किन्तु ऐसे लोगों में परेशान करने वाली उनके मानस की वह इच्छा इतनी नहीं है जो पुनरावृत्ति के जाल में फँस जाती है अपितु वह लचीली तत्परता है जिससे सत्य उनकी ओर आता है और अपनी सेवाएँ ऐसे सटीक, सफल ढंग से प्रस्तुत करता है कि अनिवार्यतः पुनरावृत्ति पूरी हो जाएगी। फ्रॉयड के लिए सबसे असहनीय सन्देह यह है कि शायद बाहरी दुनिया और मानस में कोई साँठ-गाँठ हो; किन्तु उसने इस साँठ-गाँठ को वास्तव में उस मुहाने में पाया जहाँ अचेतन मस्तिष्क के जल दुनिया के

जल में मिलते हैं। उसने यह स्वीकारोक्ति नहीं की कि इस षड्यन्त्र में अतीव अर्थ सन्निहित हैं क्योंकि ऐसा करना उसकी समस्त धारणा निर्मिति को हिलाकर रख देता, उसने केवल यह स्वीकार किया कि इससे प्रकृति और मानस के एक बिन्दु पर इकट्ठा होने का संकेत मिलता है : उद्गम ही अनान्तरित का, महत्त्वहीन पुनरावृत्ति का केन्द्र-बिन्दु है, जहाँ अर्थ—प्रत्येक अन्य तनाव की भाँति ही—मिट जाता है।

यही वह अस्वीकृत धमकी थी जो दैनिक जीवन की नींव में होनेवाले झटकों से उस तक पहुँच रही थी—और फ्रॉयड ने, स्वयं से झूठ बोलते हुए, 'द अनकैनी' में यह कहने में सावधानी बरती कि उसे इस प्रकार के झटके अनुभव किए अनेक वर्ष बीत चुके हैं : ''इस निबन्ध के लेखक को इस मामले में कुछ बहरापन स्वीकार कर लेना चाहिए, जबकि वस्तुतः इसके लिए एक ख़ास पैनी ग्रहण-शक्ति की ज़रूरत थी। क्योंकि एक लम्बे अरसे से उसने न तो सीधे-सीधे कोई ऐसी चीज़ महसूस की है और न ही वह किसी ऐसी चीज़ से परिचित है जो उसमें परेशानी का भाव पैदा कर सके।'' जब एक बार हमारा बाहरी दुनिया का दरवाज़ा खुल जाता है, तो दो परस्पर विपरीत सम्भावनाएँ प्रस्तुत होती हैं : या तो हम एक ऐसी प्रकृति को स्वीकार कर लें जो मनमौजी देववाणियों के ज़रिए बोलती है और आगे फैलकर मानस तक जा पहुँचती है और इसे एक वार्तालाप में लगा लेती है; या हम प्रकृति को एक स्टिल लाइफ मान लें जो अपने ऊपर विकसित हो गए जीवन की रक्षा करती है और इसे निर्जीव शान्ति की ओर ले जाने की इच्छुक है। फ्रॉयड दूसरा रास्ता स्वीकार करने के लिए बाध्य हो गया था। *बियॉण्ड द प्लैजर प्रिंसिपिल* के सबसे उग्र गद्यांशों में अनाम थैनेटास (मृत्यु का देवता) सर्वोच्च शक्ति के रूप में प्रकट होता है जो इरॉज़ (कामदेव) से टकराता कम है बल्कि उसका अपने उद्देश्यों की पूर्ति के लिए प्रयोग करता है। (''आनन्द का सिद्धान्त वास्तव में मृत्यु की प्रवृत्तियों के लिए काम करता प्रतीत होता है।'') काम स्फुरण में मृत्योन्मुख प्रवृत्तियों को, जो ''अपना काम अबाध रूप से करती प्रतीत होती हैं ढँक लेते हैं।'' उनका सम्बन्ध संघर्ष का कम निर्मम सामंजस्य का अधिक है। यह दो भिन्न शैलियों का एक ध्येय पूर्ति के लिए एक बिन्दु पर इकट्ठा हो जाना दर्शाता है : उस अपराध का दंड जो जीवन स्वयं है, इसका (जीवन का) अजैवी नीरवता की ओर बलात् लौटना, जहाँ से इसे गुप्त और अप्राकृतिक तनाव ने खींच निकाला था—''एक ऐसी ताकत है जिसे अभी तक साफ़ तौर पर पहचाना नहीं गया है,'' जैसा फ्रॉयड कहता है। वह आगे और स्पष्ट करता है : ''अब तक जो निर्जीव पदार्थ था उसमें उत्पन्न होने वाले तनाव ने स्वयं को ही रद्द करने का प्रयास किया। इस प्रकार प्रथम नैसर्गिक प्रवृत्ति अस्तित्व में आई : निर्जीव अवस्था की ओर लौट जाने की प्रवृत्ति।'' *बियॉण्ड द प्लैजर प्रिंसिपिल* की उलझनपूर्ण निर्मिति में फ्रॉयड आधुनिक की अलंघ्य ब्रह्मांड-व्यवस्था की रूपरेखा प्रस्तुत करता है। पुनरावृत्ति के प्रति वैलेरी की अधीरता और दुहराने की अनिवार्यता विषयक फ्रॉयड का रहस्यपूर्ण दृष्टिकोण एक ही

स्रोत से उद्भूत हैं : अर्थ के अ-मानवीय उद्गमों के समक्ष भय की उपस्थिति जो संयोग के दैत्याकारी मनमानेपन और प्रकृति की कठोर नीरसता में दिखलाई देता है। *बियॉण्ड द प्लैजर प्रिंसिपिल* को सिग्मंड फ्रॉयड नाम के एकाकी रोगी के रिकॉर्ड के रूप में पढ़ा जाना अभी बाकी है, जिसमें यह शक्ति थी की कि वह पाश्चात्य इतिहास के सिंड्रोम को अत्यधिक गम्भीर और सुस्पष्ट ढंग से सार रूप में रख सकता था : प्रकृति से एक व्यवस्था को 'छीन बाहर निकाल लाने की' आवश्यकता, किन्तु साथ ही इस बात के लिए भी सहमत हो जाना कि यह व्यवस्था, दुहराने की अनिवार्यता के भिन्न रूप में, केवल एक विशाल विषैला चक्र है जो अन्ततोगत्वा स्वयं अपने अन्त की ओर अग्रसर है। सभ्यता के भू-दृश्य को देखते हुए, फ्रॉयड ने लिखा : यद्यपि प्रकृति से स्वच्छता की आशा नहीं की जा सकती, तथापि व्यवस्था के सारे विचार उसी से उत्प्रेरित हैं। मनुष्य द्वारा महान खगोलीय नियमितताओं के अवलोकन ने न केवल उसके सामने वह आदर्श प्रस्तुत किया जिससे उसने अपने जीवन में व्यवस्था की शुरुआत की, वरन् ऐसा करने के लिए रास्ता चलने के प्रथम संकेत-बिन्दु भी सामने रखे। व्यवस्था एक प्रकार से दुहराने की अनिवार्यता ही है जो, एक बार और हमेशा के लिए एक विधायी नियम बना लेने के बाद, यह निर्णय करती है कि एक चीज़ कब, कहाँ और कैसे की जाएगी, ताकि उसी तरह की हर समान स्थिति में व्यक्ति के समक्ष हिचक या अनिर्णय न रहे।'' संयोग भी एक तरह की 'समान स्थितियाँ' ही हैं किन्तु उनका कार्य हमें हर चीज़ की निरर्थकता की याद दिलाना है। फ्रॉयड के लिए, संयोग केवल मृत्यु की ओर इशारा कर सकते हैं। आदिकालीन समयों के अपने भ्रमपूर्ण दर्शन में फ्रॉयड लिखता है, ''उस समय सजीव पदार्थ के लिए मर जाना आसान था।'' दूसरी ओर, सभ्यता मरना कठिन बना देती है। कुल मिलाकर यह प्रश्न एक शैली का है, 'बहुत लम्बे, ज्यादा टेढ़े-मेढ़े रास्ते' चुनने और यह सुनिश्चित करने का कि प्राणी उसे प्राप्त करने में सफल हो जाए जिसकी यह अतीव इच्छा करता है : ''केवल अपने मनचाहे ढंग से मरना।'' जैसा गे़टे ने एन्टेलेची (प्रत्यक्षीकरण) विषय पर एकरमैन से कहा, ''यह तथ्य कि मनुष्य उस चीज़ को झटककर फेंक देता है जिससे उसका सम्बन्ध नहीं होता मेरे लिए इस बात का प्रमाण है कि इस प्रकार की चीज़ का अस्तित्व होता है।'' फ्रॉयड के सिद्धान्त के अनुसार वह महान धारणा उस अन्तिम माँग में (पहुँचकर) कम हो जाती है जिसे सभ्यता और व्यक्ति दोनों ही माँगते हैं : अपने अनुसार मरना—मौन नीरवता से पहले एक न दुहराए जा सकने वाली विस्तृत व्यवस्था को रेखांकित करना है जिसे पता है कि अब आगे लागू होने के लिए किसी अर्थ की शुरुआत नहीं होगी।

इस अद्भुत घटना का, जिसमें एक बिलकुल विपरीत पक्ष भी है जिसके द्वारा दुनिया के बेमेल चिह्न तब तक दुहराए जाते हैं जब तक वे सिकुड़कर अनेक शकुन नहीं बन जाते—जैसे, एक शब्द को जबरदस्ती दुहराना, जिससे इसका अर्थ शीघ्र ही

लुप्त हो जाता है और शब्द हमारे पैरों में ध्वनि के एक अपारदर्शी खोखे की तरह पड़ा रहता है। इन दो अनुभवों में हम, अपने मस्तिष्क के निजी और गुह्य स्थान में प्रारम्भिक विच्छेद का अनुभव करते हैं। यही वह विच्छेद है जो तब प्रकट हुआ जब दुनिया अर्थों से अधिक आवेशित हो गई : लगा मानो अर्थों का अपना अलग ही जीवन है, नियन्त्रण के बाहर मँडराता हुआ, अभिभूत करता हुआ, अन्ततः इनकी अतिरिक्त शक्ति ने उन्हें केवल एक अर्थ (मृत्यु) की ओर सरका दिया; तब एक दूसरी दुनिया बन रही थी, संस्कृति की सीमा-रेखाओं वाली दुनिया, जहाँ मानवों ने अपनी इच्छा को लागू किया, अपनी योग्यता का नाम देने में उपयोग किया और परिपाटी द्वारा अर्थ स्थापित कर दिए। यदि हम दुनिया से हम तक आते चिह्नों की पुनरावृत्ति से डरते हैं तो ऐसा इसलिए है कि उस पुनरावृत्ति में हम दुनिया की उन शक्तियों को पाते हैं जो सदैव वहाँ रही हैं और हैं, सम्भवतः कभी उनींदी और निश्चय ही कभी थोड़ी दूर, किन्तु वहाँ उपस्थित अवश्य रही हैं और हमें इस प्रकार निगल जाने को तैयार हैं मानो हम उनकी भाषा में एक शब्द हों। यदि हम कभी अपने आप दुहराए गए एक शब्द में यह पाते हैं कि इसने अर्थ से अपने सारे सम्बन्ध समाप्त कर दिए हैं तो हमें एक विचित्र प्रकार की बेचैनी होती है; और ऐसा इसलिए होता है कि उसी समय हमें उस कार्य के अस्थिर स्वरूप और दुर्बलता का भास हो जाता है जिस पर सारी संस्कृति आधारित है। सोचने की क्रिया हिचकिचाते हुए उस दुहरी बेचैनी के स्थान की ओर बढ़ना है, जहाँ हमें एक साथ प्रकृति और संस्कृति से बच निकलने का प्रयास करना है। यही कारण है कि चिन्तन एक रुक-रुककर होने वाली और असम्भाव्य क्रिया है।

बलिदान : उस (कार्य) की पुनरावृत्ति जिसे उलटा नहीं जा सकता।

संयोग एक व्यक्ति के जीवन में एक नक्षत्र समूह का प्राकट्य है। बड़े शहरों में हम, रात्रिकालीन आकाश नहीं देख सकते; अतः यह हमारे अन्दर इन उभरती-मिटती प्रेत-शक्लों में आकार ग्रहण करता है।

मिथक, यदि इसे दुहराया न जाए, तो यह बेकार हो जाता है और अन्त में देवताओं की तरह मर जाता है—यह कई मौतों से गुजरता है। किन्तु यह दुनिया, जो इसे दफ़नाना तक भूल गई है और जो तुरन्त नवीनता के सांख्यिकीय बादल में डूब गई है, अचानक महसूस करती है कि इसके कार्य मनमाने नहीं हो सकते, भले ही यह वैसा चाहे। अन्यथा हमारे पास स्वतः हो जाने वाली पुनरावृत्ति—परिचित शब्दों और पहले देखे हुए दृश्यों की नीरस बड़बड़ाहट—और इसके साथ बनी रहने वाली अनिवार्य गतियों का क्या स्पष्टीकरण है? आजकल हर चीज़ एक प्रार्थना चक्की है। तिब्बत

दिखलाई नहीं देता; कोई भी प्रार्थना नहीं करता; कोई भी सत्ता कर्मकांडीय सम्मान की माँग नहीं कर सकती। किन्तु फिर भी हर चीज़ एक चक्र में, अज्ञात स्टेशनों की शृंखला से गुज़रती हुई, सफर करती जाती है। जब टैलीरॉ ज़िन्दा था तो उन स्टेशनों के नाम थे जो उनसे सम्बन्धित चीज़ों, स्मृतियों से ओत-प्रोत थे और इन्हें सभागारों में आसानी से प्रसारित किया जा सकता था—ऐन्शियंट रिजीम, रिवॉल्यूशन, टैरर, डायरेक्टरी, ऐम्पायर, रेस्टोरेशन, सिटिजन-किंग। उस प्रकार की सुस्पष्ट रूप रेखाएँ अब हमें कभी देखने को नहीं मिलेंगी; पिछले (ज़मानों के) अन्तिम सिक्कों पर उनकी मुहरें मुद्रित करके उन्हें फिर तुरन्त ही चलन से हटा लिया गया था और उनका स्थान अधिक व्यावहारिक, अधिक शक्तिशाली काग़ज़ी मुद्रा ने ले लिया। यहाँ तक कि प्रकृति को भी पुराने अख़बारी काग़ज़ में लपेट दिया गया। किन्तु एक चीज़ ने स्वयं को नहीं लपेटे जाने दिया—वास्तव में यही और चीज़ों को और भी अधिक लपेटे रही—और यही थी स्वयं पुनरावृत्ति। मार्क्स ने सिर को घुमा देने वाला पुनरावृत्ति का दुष्चक्र उस समय महसूस किया जब एक नया 18 ब्रूमेयर, बोनापार्ट के नेतृत्व में, अखबारों में उसकी आँखों के सामने से गुजर गया। किन्तु उसने इस प्रेत को तुरन्त ही बाहर निकाल फेंका क्योंकि उसका विश्वास था कि वह स्वयं एक प्रेत था, ऐसा प्रेत जो पुनरावृत्ति के समापन में अन्तिम रिहर्सलों की भूमिकाएँ निर्धारित करेगा, *रिपीटीशन फिनाले*। पुनरावृत्ति का कोई अन्त नहीं था; और शीघ्र ही, यह भयानक रूप से, उसे (मार्क्स को) भी दुहराने वाली थी।

"पुरानी सारी पीढ़ियों की परम्परा एक दुःस्वप्न की भाँति जीवित लोगों के दिमाग़ पर बोझ बनी रहती है। और ऐन उस वक्त जब वे चीज़ों को बदलने और स्वयं अपने रूपान्तरण पर काम कर रहे होते हैं—यानी ऐसा निर्माण जैसा पहले कभी नहीं था, कभी-कभी ये चीज़ें, जैसी क्रान्तिकारी संकट में करनी होती हैं, बड़े चिन्तित मन से अतीत की आत्माओं का आवाहन करते हैं ताकि उनकी सेवाओं का प्रयोग कर सकें। वे उनके नामों, उनके युद्धोन्मादों, उनकी पोशाकों से उधार लेते हैं, और नए ऐतिहासिक दृश्य में इस पुराने और सम्मानीय छद्म-वेश में और उनसे उधार ली हुई भाषा का प्रयोग करते हुए प्रकट होते हैं। इस प्रकार, लूथर ने स्वयं मिशनरो पॉल का छद्म-वेश धारण किया; 1789-1814 की क्रान्ति ने पहले रोमन गणतन्त्र के कपड़े पहने और फिर रोमन साम्राज्य के, और 1848 की क्रान्ति को पहले तो 1789 की नकल से बढ़कर कुछ नहीं सूझा और फिर इसने 1793-1795 की क्रान्तिकारी परम्परा ओढ़ ली। यह सब मार्क्स ने दिसम्बर 1851 में लिखा (हालाँकि वह ऐंजेल्स द्वारा उसे 3 दिसम्बर को लिखे पत्र से बिम्बों और फार्मूलों को लूट रहा था)। इससे पहले, नवम्बर 1850 और मार्च 1851 के बीच सौरेन्टो में, ऐलेक्सिस द तोकेवील ने अपने *सूवेनीयरो* में 1848 की क्रान्ति से सम्बन्धित कई पैराग्राफ़ लिखे थे ("निश्चय ही 1848 के क्रान्तिकारियों से अधिक दुष्ट क्रान्तिकारी हुए हैं किन्तु मैं नहीं सोचता कि

वे अधिक मूर्ख रहे होंगे''), और इनमें मई से सम्बन्धित विषय पर कहा कि ''ये फरवरी 24 की (पेरोडी) थी, और फरवरी 24 स्वयं अन्य क्रान्तिकारी दृश्यों की नकल-नाटिका थी।'' चेम्बर ऑफ़ डिप्टीज़ के आक्रमण को याद करते हुए, वह पहले ही लिख चुका था : ''फ्रांसीसी लोग ख़ासतौर पर पेरिस वाले, अपने सर्वाधिक गम्भीर प्रदर्शनों में साहित्य और रंगमंच की स्मृतियों का खूब घालमेल करते हैं; और इससे प्रायः यह संकेत मिलता है कि उनकी भावनाएँ झूठा दिखावा हैं, जबकि सत्य यह होता है कि वे भोंडेपन में सज्जित होते हैं। इस केस में, नकल इतनी साफ़ दिखती थी कि कृत्य की भयावह मौलिकता छुपी रही। उन दिनों सभी की कल्पना उन गहरे, गाढ़े रंगों का प्रयोग कर रही थी जिनसे लैमरटाइन ने अपने *गिरॉन्डिन्स* को चित्रांकित किया है। पहली क्राान्ति के लोग सभी के दिमाग़ों में जीवित थे; उनके कार्य और शब्द सभी की स्मृतियों में विद्यमान थे। उस दिन मैंने जो कुछ देखा उस सब पर उन स्मृतियों की प्रकट छाप थी; और फिर भी मुझे यह प्रतीत हुआ कि हर कोई *फ्रैंच रिवॉल्यूशन* के साथ आगे चलने के बजाय इसका अभिनय करने के प्रति अधिक चिन्तित था... हालाँकि मुझे दिखाई दे रहा था कि इस प्रदर्शन का अन्त भयंकर होगा, मैं अभिनेताओं को गम्भीरता से ग्रहण नहीं कर सका। और पूरा प्रदर्शन एक ऐसी घटिया ट्रेजेडी लग रहा था जिसके अभिनेता प्रान्तीय शौकिया लोग थे।''

इस प्रकार, मार्क्स और तौकेवील, दोनों ही ने महसूस किया कि वे ऐसे युग में रह रहे थे जिसमें नए की चकाचौंध थी, हालाँकि उस समय ज़माना रक्त-पिपासु पुनरावृत्ति के पन्थ को ही व्यवहार में ला रहा था। घटनाक्रम निम्न प्रकार से था :

नवीन अपरिहार्य रूप से सत्तासीन हो जाता है (चूँकि इंटरनल रिवीजन 'चिरन्तन संशोधन' का सिद्धान्त जैसा इसे बर्कहाइ्ट ने शुष्क रूप से शब्दायित किया, अभिषिक्त होता है और इसे सार्वभौमिकता प्रदान की जाती है)।

नवीन धर्माधिकृत चरणों के कुछ अंशों को, जो स्वयं दूसरे प्रेतों को दुहराते हैं, दुहराने का लोभ सँवरण न कर पाता है।

टेक्नोलॉजी हर चीज़ को उलट-पुलट करती चलती है, यह एक ऐसी प्रक्रिया शुरू कर देती है जिसमें अनुपातों और वजनों में लगातार संशोधन होता है और कार्यों की निरन्तर अमूर्त विकृति बनती चलती है, जो समय पर प्रहार करती है।

पुनरावृत्ति से अपूर्वकल्पित नवीनता निःसृत होती है और *नवीन* को भोंडेपन, पाशविकता और आशंका की दुरभिसन्धि ईमानदारी से दुहराती चलती है, जिससे आधुनिकता के धक्के ऐसे प्रसारित होते हैं जैसे मानो *सीएंस* की *कँपकँपाती मेज़* से आ रहे हों।

'सत्यापित करने की विवशता,' यह नाम दिया जा सकता है उस रोग को जिसने हमें सदैव ही संक्रमित किया है। किन्तु रोग शुरू कहाँ से हुआ? किस इच्छा में, किस अवधारणा में? यदि *पश्चिम* (जगत) पुष्टि करने की ऐसी उग्र आवश्यकता, दुहराना, लागू करने की ज़रूरत महसूस करता है, तो केवल इस कारण कि पश्चिम आज हर तत्त्व की पूर्णतः न दुहराए जा पाने की स्थिति को और हर विवरण के अस्थिर किन्तु अघट्य जीवन को ऐसे महसूस करता है जैसे इसने पहले कभी नहीं किया। सत्यापित करने की विवशता के बिना, खाली पुनरावृत्ति के बिना, हम असम्बद्ध काँपते हुए, सन्तानहीन, समरूपताहीन, उभरते तथ्यों-सत्यों के प्राकट्य को सहन नहीं कर सकते थे—एक ऐसा परिदर्शन जिसकी अब से पहले *स्वयं अपने आपमें* परिकल्पना नहीं की गई। पश्चिम के हर शुद्ध रूपाकार में एक अनुपम गन्ध, सन्तप्त किन्तु विजयी मँडराता अर्थ इस अस्थिरता में, सर्वाधिक गहन अवतरण में आसन्न विनाश के रूप में उपस्थित है। इसीलिए हमें पत्थर की, ठोसपन की आवश्यकता है। किन्तु कोई भी सभ्यता पश्चिम की तरह इतनी अ-ठोस या असुरक्षित नहीं रही। पश्चिम मिथकीय पुनरावृत्ति को तो त्याग देता है किन्तु अपने ऊपर पदार्थ में (सर्वत्र) व्याप्त पुनरावृत्ति को लाद लेता है; कारण, यह सन्देह करता है कि न केवल प्रत्येक वस्तु एक ख़ास तरीके से दुहराई जाएगी, अपितु इस कारण भी कि दुनिया, कर्मरूप में, स्वयं को पुनः उत्पन्न कर लेती है। होतव्यता का, किसी चीज़ को अधर में बनाए रखने का यह अतीव भाव, उतना ही विस्तृत प्रति-सन्तुलन माँगता है—और सम-बिन्दु पर हम पहले प्रतिक्रिया पाते हैं, जो जिद्दी और सशक्त है। यह पियानों से निकलता है : यह *द मोमेंट म्यूजिकल* है, संगीतमय क्षण, एक पक्षाघाती शक्ति, तिरोहित होती किन्तु सम्पुष्ट करती हुई (और इस बार जादू की आवश्यकता नहीं है, जो सदैव ही अर्थों से अधिक आवेशित होता है) हालाँकि वह ध्वनि लौटकर अन्ततः एक ही वाक्यांश पर आती है, सुस्पष्ट और पूर्वनियत कम्पन के साथ, केवल क्षणिक की चाह करती हुई क्योंकि यह क्षणिक है। "कुछ नहीं और इसके ऊपर इनामैल की परत," बैन ने फुसफुसाते हुए कहा था।

बहादुर *द बी*...क्या इतिहास स्वयं को दुहराता है? यह एक मूर्खतापूर्ण प्रश्न है, किन्तु यह विचार कि इतिहास ऐसा करता है, विनाशक प्रभाव लिए हुए है। पुनरावृत्ति का कार्य किसी पूर्वीय वस्त्र के रंग उतरे चिथड़े जैसा है : इसके अन्दर मिथकीय विरासत ज़िन्दा है, एक विशिष्ट हाव-भाव को आदर्श-उदाहरण के रूप में देख लेने की योग्यता, नियति का वह भाव जो एक रूपाकार से जुड़ा है। लुई XVI चार्ल्स I की कहानी को, भय और आतंक के साथ, उस समय तक लगातार पढ़ता रहा जब तक वह स्वयं तख्ते पर न जा पहुँचा। ड्यूक द ऑरलीन्स ने कार्डिनल द रेट्ज़ की फ्रॉण्ड पार्टी को फिर से संगठित करने का प्रयास किया, किन्तु इसके बाद बहुत जल्दी ही उसने स्वयं को

भी उसी तख्ते पर पाया। परिस्थितियों को ऊपर से लादा जा सकता है—या हास्यास्पद रूप से उनका विरोध किया जा सकता है; यहाँ महत्त्व की बात यह है कि हर कार्य में दूसरे कार्य का प्रेत बैठा होता है। उसी तरह जैसे कोई भी पुस्तक ऐसी नहीं जो किसी दूसरी पुस्तक की नकल, खोज, उत्तर या परिणाम न हो। इसलिए हर काम में एक अदृश्य हाथ कार्यरत हाथ पर रखा होता है जो इसे चलाता है, निर्देशित करता है, इसे दबाता है या इसे रोकता है। हर घटना के विषय में हमें स्वयं से पूछना चाहिए : वह क्या चीज़ थी जो अपने आपको दुहराने की कोशिश कर रही थी? कभी-कभी उस सम्बन्ध के संकेत पाना भी कठिन होता है, क्योंकि बेतरतीबी ने, स्वयं इतिहास जिससे बना हुआ है, घटनाओं का चेहरा बहुत बिगाड़ दिया है। पुनरावृत्ति के विचार में अतीत के साथ हमारा सारा रिश्ता निहित है : फिर से प्रकट होने की उत्सुक आशा में आकृतियाँ स्वयं को समय से पृथक कर लेती हैं मानो स्मृति में कोई बहुत बड़ी भूल हो गई हो। कुछ दयनीय और भोंडी होती हैं—और कभी-कभी वे इस दयनीयता और भोंडेपन में ही अपनी अधिकतम, अत्यन्त घातक शक्ति प्राप्त करती हैं।

पुनरावृत्ति वह अदृश्य और पीछे ले जाने वाला कदम है जो हर कार्य के साथ लगा है। इतिहासकार इस सन्दर्भ में दूसरों से विशेष हैं कि वे पीछे जानेवाले कदम को दृश्य कार्य विवरण के साथ मिला लेते हैं। किन्तु ऐसा करने के लिए उन्हें सावधानी को बिलकुल भूलकर छायाओं के साथ हिलमिल जाना पड़ता है जो अतीत से उभर रही हैं जैसे एवरनस से, मिचैले, बर्कहार्ड्ट, वारबर्ग, तोकेवील से...

रिवॉल्यूशन के दौरान पेरिस में जीवन को शैतुब्रियाँ ने "समस्त शताब्दियों के भग्नावशेषों और कब्र के पत्थरों के संग्रह के रूप में देखा, जिन्हें पैतित्स-औगस्तिन्स के मठों में उल्टे-सीधे ढेर लगा दिया गया था; फ़र्क़ सिर्फ़ इतना है कि जिस मलबे की मैं बात कर रहा हूँ वह ज़िन्दा था और उसमें निरन्तर बदलाव हो रहा था।" पुनरावृत्ति न केवल व्यवस्था का लक्षण है अपितु उलट-पुलट का भी, उस क्षण का भी जब आदेश गड्ड-मड्ड हो जाते हैं, यूनानी और गोथिक (जर्मन), रक्त और इनामैल पालिश। रिवॉल्यूशन भी प्रथम सम्पूर्ण नज़ारा था, Gesamtkunstwerk जो सैलूनों, नाले-नालियों से उभरकर आया और उस मंच पर प्रकट हुआ जहाँ सारा शहर मौजूद था। मारक्वी द फैवरास को फाँसी दिए जाने के कुछ ही समय बाद महान ट्रेजेडी नाटककार टाल्मा पहली बार जनता के सामने आए। शैतुब्रियाँ हमें विश्वास दिलाता है कि "तुइलैरीज़ के बाग़ों के रास्तों पर उस समय ठिठोली करती औरतों के झुंड मौजूद थे" जबकि जनसमूह की पदचाप, ऐल्हेम्ब्रा के खाली, परित्यक्त सभागारों की भाँति, हाल ही में वीरान हुए कॉन्वेंट्स में गूँज रही थी।

सभी महान पौराणिक कथाकारों के समान ही, फ्रॉयड हर चीज़ को ऐसी सत्ता पर आधारित करता है जो लगभग अज्ञात रही है : यानी अकॉर्बनिक की ओर वापसी। ऐसा सोचा जाता है कि अपने हज़ारों किलोमीटर के परिगमन में चिड़ियाँ और मछलियाँ अपने उद्गम के स्थल को खोज रही हैं, जो पदार्थ की अकर्मकता है, वह अवस्था जो जीवन के अवतरण से पहले की है। यह उस सिद्धान्त का अपरिहार्य परिणाम है, जिसने, विभिन्न नामों से, उसे सदैव राह दिखाई है। जिस समय वह 'प्रोजेक्ट फॉर ए साइन्टिफिक साइकालॉजी' लिख रहा था उस समय उसने इसे 'प्रिंसिपल ऑफ़ न्यूरॉनिक इनर्शिया' (न्यूरॉन्स की अकर्मकता का सिद्धान्त) कहा, जबकि *बियॉण्ड द प्लेजर प्रिंसिपल* में उसने इसे 'प्रिंसिपल ऑफ़ कॉन्स्टैंसी' की संज्ञा दी और इसकी परिभाषा इस प्रकार की : ''कार्य सम्पादन के दौरान एक प्रवृत्ति, जिसे मस्तिष्कीय संयंत्र को उत्तेजना से मुक्त रखने, या उत्तेजना की मात्रा को समान बनाए रखने के लिए या इसे निम्नतम स्तर पर रखने के लिए सृजित किया गया है।'' इसलिए यदि आनन्द के सिद्धान्त में पूर्व-अवस्था पर लौटना भी शामिल है (और यहाँ प्लेटो के *सिम्पोजियम* में इरॉज़ (कामदेव) का मिथक उसकी सहायता करता है, क्योंकि उसके लिए यह एक पहेली है कि मैथुन किस चीज़ को सम्भवतः दुहराता है), तो इसका अर्थ यह हुआ, जब हम इसे विकासक्रम में अनुवादित करते हैं, तो हम अकॉर्बनिक की ओर लौटते हैं, क्योंकि यह वह अवस्था है जो *जीवन के उदय से पहले की है।* फ्रॉयड की धारणा इसी आधार पर टिकी है; किन्तु इस अनुल्लेखनीय कृत्य के पीछे मूल आधार-वाक्य निश्चय ही वह है जो कहा जाना बाकी है और जिसे फ्रॉयड कहना नहीं चाहता। उस 'प्रिंसिपिल ऑफ़ कॉन्स्टेंसी' (एक सा बने रहने का सिद्धान्त) को शान्त अनुभवपरक अवलोकन कहकर नहीं टाला जा सकता। इसके विपरीत, फ्रायड के लिए यह अदृश्य हरमीज है जो उसे वह बना लेने देता है जो उसके लिए अनिवार्य रूप से आवश्यक है : एक सैज़ुरा, (संगीत में स्वर विराम,) एक सुरक्षात्मक अवरोध जो विषय (यानी, सिगमंड फ्रॉयड) को औरोबोस (वह साँप जो अपनी पूँछ को खाता जाता है) वाली अकथनीय दलदल में गिरने से रोकती है। और फ्रॉयड सबसे कम सत्यापित किया जा सकने वाला सैजुरा चुनता है वह जिसमें जीवन का उद्भव है, क्योंकि उसे उस सारे जीवन की पहचान करनी है जो हमारे जीवन (और इसीलिए प्रकृति) के पहले मृत्यु के साथ मौजूद है। इस प्रकार, वह अकॉर्बनिक की बात नहीं कर रहा—एक चतुर चाल जो उसे अपनी चर्चा को किसी वैज्ञानिक प्रकाशन के फ्रेमवर्क का सन्दर्भ लेने में सहायता करती है। उसकी उत्सुकता उस समीकरण को स्थापित कर देने की है जो समस्त प्रकृति (कॉर्बनिक और अकॉर्बनिक) और मृत्यु के बीच है। दुहराने की विवशता, वास्तव में, मृत्यु-प्रवृत्ति की अभिव्यक्ति क्यों होनी चाहिए? क्या स्वयं फ्रॉयड ने, बच्चे के *फोर्ट-डा* (fort-da) वाले खेल के सन्दर्भ में पुनरावृत्ति द्वारा जीवन की शक्ति पर नियन्त्रण करने, इस पर प्रभुत्व बनाने

और इस प्रकार इसका उन्नयन करने वाले कार्य का प्रशंसनीय स्पष्टीकरण नहीं दिया है? हमें *बियॉण्ड द प्लैजर प्रिंसिपिल* के कष्टपूर्ण गद्य में विस्तारपूर्वक भ्रमण करना पड़ेगा तब कहीं हम ज्वलन्त *पैराडैम* (Peradam) वाली आध्यात्मिक विचारधारा तक पहुँच पाएँगे, वह वाक्य जिससे और सब निःसृत होता है : ''यदि स्थितियाँ वैसी ही बनी रहतीं, तो प्रारम्भिक जीवन इकाई में (इसकी) शुरुआत से ही परिवर्तन की कोई इच्छा नहीं रही होगी; यह जीवन भर निरन्तर दुहराए जाने वाले काम से अधिक कुछ और न करती।'' किन्तु यही मूल 'जीवन का दौर,' उस 'तनाव' के [जिसके द्वारा वास्तविक जीवन (हमारा जीवन) का उद्भव होता है] विपरीत है, फ्रॉयड के लिए स्वयं मृत्यु का समकक्ष बन जाता है। आदिकालीन प्रकृति की जीवन के प्रति सहिष्णुता केवल उस बिन्दु तक रहती है कि वह इसे (पुनः) प्रकट होने देती है (जीवन एक अनुवाद (octroyee) है, अज्ञात सत्ता द्वारा स्वीकृत), किन्तु केवल इतने समय तक कि वह स्वयं को तुरन्त दुहरा ले, और इस प्रकार इसे अपने अन्दर मृत्यु की घंटी के स्वर में समाहित कर ले। पुनरावृत्ति के उदाहरण न केवल नक्षत्रों की चक्रीय गति में मिलते हैं अपितु शरीर-विज्ञान में भी : साँस लेना, सोना, भूख। फ्रॉयड के विचार से, मृत्यु की छाप हर चीज़ पर है—उसी तरह जैसे उसे सामान-घर में मिलने वाले टिकट पर नम्बर छपा है। न केवल संयोग अपितु समूची प्रकृति को हमें एक तरफ़, दूर रखना है। अन्तिम सम्बन्ध : प्रकृति मृत्यु है। मुख्यतः क्योंकि यह मार डालती है। प्रकृति सदैव ही एक अतिरेक है जो हमें डराती रहती है। फ्रॉयड मानस के वैज्ञानिक उन्माद तक पहुँचना चाहता था, इसकी 'अलंकारिक' भाषा का अनुवाद शरीर विज्ञान या रसायनशास्त्र की भाषा में करना चाहता था—ये दोनों भी तो, अन्ततः 'अलंकारिक भाषाएँ' ही हैं, जैसा फ्रॉयड ने निर्मम आत्मा-विडम्बना में देखा था। इस उन्माद में एक चिह्न, बार-बार उभरता है : बोध (perception) पर प्रकृति का अत्यधिक प्रभुत्व, और बोध यदि जीवित बना रहता है तो केवल इसलिए कि यह 'बाहरी दुनिया के छोटे-छोटे नमूने' लेता है, इसलिए कि ये स्वयं को 'थोड़ी मात्रा में बाहरी दुनिया के सैम्पल' लेने तक सीमित रखता है। वास्तव में, प्रकृति के इस बहुल प्रवाह से बचने के लिए, अति संवेदनशील मानसतन्त्र अपने ही एक भाग को इसलिए मार डालता है कि जिससे अपने चारों ओर एक संवेदनहीन 'रक्षात्मक कवच' बना ले, बाहरी प्रकृति के हत्यारे आक्रोश के विरुद्ध अन्तिम प्रतिरक्षा। यह 'रक्षात्मक कवच' स्वयं उपकरण की 'बाहरी परत' है, ऐसी परत जो मरने को राजी है, 'कुछ सीमा तक अकॉर्बनिक' बन जाती है ताकि ''गहरे में मौजूद सारी, आन्तरिक परतों को अपनी जैसी नियति'' से बचा सके। इस दार्शनिक झलक का शरीर-विज्ञानी प्रक्रिया से कोई लेना-देना नहीं है, बल्कि इसका पूरा सरोकार बलिदान की पुरातन धारणा से है, जो यहाँ काल्पनिक शरीर-विज्ञान की 'अलंकारिक भाषा' में पुनः लिख दी गई है, जिसमें—यदि हम यह समझना चाहें कि आख़िर हो क्या रहा है—हमें केवल 'रक्षात्मक

कवच' वाक्यांश को हटाकर इसके स्थान पर न बोले जा सकने वाले शब्द *बलिदानी शिकार* रखने हैं। फ्रॉयड पाता है कि यह उस उत्प्रेरक के विषय में सच है, जो बाहरी दुनिया से आता है; किन्तु (cerebral cortex) मस्तिष्क की बाहरी परत हवा और लहर के बीच कॉर्क का तख़्ता है। हम स्वयं को दुनिया की हवा से बचाते हैं, और इसके विषय में कम-से-कम सोचते हैं, और अपनी रक्षा में अपने उस भाग को खड़ा करते हैं जिसे हमने बलिदान में मार डाला है; किन्तु लहरें तो शरीर के अन्दर के, अँधेरे से आ रही हैं और उनके विरुद्ध कोई रक्षा कवच है ही नहीं—हाँ यह बात दूसरी है कि हम 'प्रक्षेपण' का सहारा लें जो हमारे अन्दर हम पर चोट करते लट्ठों को गुलेल की तरह बाहरी दुनिया में फेंक दे। तेज़ी से बढ़ते हुए और किसी के भी ध्यान में न आते हुए, फ्रॉयड इस निष्कर्ष पर पहुँच जाता है कि भ्रान्ति मानस का सामान्य स्थायी भाव है।

ऐतिहासिक नियमों का खोजी अपने आसपास सदैव ही कुछ ऐसा भाव रखता है जो व्यर्थ पेटेंटों के पाग़ल आविष्कारक जैसा होता है। उसकी योजना यह रहती है कि चर्चा में भाग लेने वाले व्यक्ति को एक तरफ़ कोने में ले जाए और उसे बतलाए कि घर पर, उसने किस प्रकार एक निरन्तर गति की सृष्टि कर ली है। क्या हम मशीन पर एक नज़र डालना चाहेंगे? यह रही यहाँ...जबसे पॉलीबियस ने सरकार की विभिन्न प्रकारों के चक्रीय स्वभाव के विषय में अपने प्रारम्भिक विचार लिखे थे—पहले राजाशाही, फिर कुलीनों की सरकार, फिर प्रजातन्त्र, उसके बाद फिर राजाशाही और फिर अनन्त रूप से वही क्रम—इतिहास उसे बराबर सही ठहराता रहा है, उसी तरह जैसे यह दूसरी कई और इससे कहीं अधिक जटिल चक्रीय धारणाओं को सही ठहराता रहा है। किन्तु इतिहास ने यह काम उपहासमय उदारता के साथ किया है, क्योंकि अन्त में पॉलीबियस के नियम ने (यदि इसे एक नियम कहा जा सकता है तो) इतिहास की अर्थहीनता को बड़ी धूमधाम से पुष्ट कर दिया है, यह अर्थहीनता तब और भी बड़ी लगती है जब इसके काम करने का छिपा हुआ तरीका उजागर हो जाता है। यदि इतिहास की सतह ऐसी हो कि कोई उस पर उँगली न उठा सके तो इसे उस लक्ष्य (telos) की ज़रूरत पड़ती है, जो इतिहास को मिटा देता है। अन्यथा, रूपाकारों का प्रत्येक धर्मनिरपेक्ष चक्रीय नमूना इतिहास को वापस डरावने रूप विधान की ओर ले जाएगा और प्रकृति के प्रति इसकी अधीनता को पुनः पुष्ट करेगा। तब स्पेंग्लर सामने आ जाता है; उसकी राय में "मानवता का न तो कोई उद्देश्य है, न विचार, न योजना, कम से कम उससे ज्यादा नहीं जैसा तितलियों या ऑरकिडों का होता है।" फ्रॉयड—अपनी एक अलग ही विलक्षण शैली और अपने कठोर स्वामियों के कारण—न तो लक्ष्य (telos) को ही स्वीकार कर सकता था और न ही प्रकृति के पक्ष में समर्पण कर सकता था। अतः वह मौन उद्गमों की ओर

ससम्मान झुक गया, उनका आधिपत्य स्वीकार कर लिया। पर फिर भी उसने उन्हें अनाम जीवन का स्वरूप कभी प्रदान नहीं किया। उन्हें मृत्यु की अभिव्यक्ति होना ही था, जिससे जीवन ने—अस्थायी रूप से—स्वयं को अलग करने का निर्णय कर लिया। सभ्यता रेत पर समुद्री सीपियों की वक्र रेखा है, किन्तु इसमें इसके रूपाकार की कुँजी भी है। वह समुद्र जो इसे दूर बहा ले जाता है इन्हें कभी अपने स्वामित्व में नहीं ले सकेगा।

"किन्तु तू अपनी छड़ी ऊपर उठा और अपना हाथ समुद्र के ऊपर फैला और इसे विभाजित कर दे; और इजराइल के बच्चे समुद्र के बीच से होते हुए सूखी ज़मीन पर चले जाएँगे," येहोवा मूसा से कहता है, जिसका मिस्रवासी पीछा कर रहे हैं। देखा गया कि बादल ने अपनी छाया से क्षेत्र को ढँक लिया, सूखी ज़मीन उस पानी से उभरकर आई जो अभी पहले तक वहाँ फैला था। लाल सागर में से एक अवरोधहीन रास्ता। और तूफ़ानी लहरों के बीच एक हरा-भरा चरागाह। जहाँ से वे गुजरे, एक आदमी की तरह, तेरे हाथ की सुरक्षा तले, यह कहती है सोलोमन की बुद्धिमत्ता। लाल सागर के बीच से सूखे पाँव चलकर जाना भी—मुक्ति का कार्य, ईश्वर के प्रियजनों की चमक, यह सृष्टि को दोहराना है। लाल सागर भी उसी तरह सूख जाता है जैसे प्रारम्भ में पृथ्वी सूखी थी, जिस ज़मीन पर प्रभु द्वारा संरक्षित पाँव चले थे, वह गहरे जल के विभाजित हो जाने पर उभर आई थी : "इलोहिम ने सूखी ज़मीन को पृथ्वी कहा; और जल राशियों के इकट्ठा हो जाने को उसने सागर कहा।" 'तूफ़ानी लहरों' का स्थान लेनेवाले 'हरियाले चरागाह' को अब दिव्य प्रेम की क्षणिक बहुलता कहा जाता है। यदि इसका अर्थ क्रमशः प्रकृति का सूखते जाना है, तो यह एक विनाशक भर्त्सना में बदल जाएगा। किन्तु वह बिम्ब, प्रकृति की सम्पूर्ण सभ्यता के वादे के रूप में, भावी पीढ़ियों का दिशा-निर्देशन करता रहेगा : यहूदी धर्म के शुष्क पुजारियों की वह पीढ़ी, जो स्वयं को सागर की तरलता में खो देने के बजाय, जुते हुए मैदान पर अपने पाँव रखना पसन्द करते हैं और जो समुद्र को शत्रु की कब्र के रूप में देखते हैं। बाद में, जब येहोवा की उपस्थिति धूमिल हो जाएगी, तब दिव्य उपहार एक विशाल भू उद्धार योजना के स्वप्न का रूप ले लेगा। तब वह आकाश से उतरा आश्चर्य न रहेगा बल्कि प्रजा की मेहनत की विजय कहलाएगा।

"जहाँ यह था, वहीं मैं भी हूँगा" फ्रॉयड का यह अग्रदूती वाक्य एक बार फिर 'मुक्ति' के सम्बन्ध में, (Zuider Zee) ज़ुइडर ज़ी से पानी निकालने की पूर्व-कल्पना करता है, यद्यपि यह (मुक्ति) धर्मनिरपेक्ष, दुखपूर्ण और अनिश्चित बन गई है : "हम वैध रूप से यह सन्देह कर सकते है कि क्या इस मार्ग पर चलकर सर्वोच्च बुद्धिमत्ता प्राप्त करना सम्भव है। किन्तु फिर भी हमें स्वीकार कर लेना चाहिए कि मनो-विश्लेषण के उपचारीय प्रयास इसी प्रकार का तरीका अपनाते हैं। उनका लक्ष्य मूलतः अहम्

(Ego) को पुनः सशक्त करना है, इसे उच्च अहम् (Super Ego) से अधिक स्वतन्त्र करना, अवधारणा के क्षेत्र को व्यापक करना और इसके संगठन का विस्तार करना, ताकि यह अचेतन (Id) के नए क्षेत्रों का अधिग्रहण कर ले। जहाँ (पहले) अचेतन (Id) था, (अब) वहाँ अहम् (Ego) को अधिकार कर लेना चाहिए। यह सभ्यता की एक प्रक्रिया है, जैसे ज़ुइडर ज़ी की जल निकासी योजना।''

लैवी-स्ट्रॉस के रूप में हमें एक और शुष्क पुजारी मिलता है। अपनी टेट्रालॉजी के *फिनाले* (अन्त) पर पहुँचने पर भी, वह स्वयं को कुछ इस प्रकार परिभाषित करने के लिए विवश पाता है : ''ऐसा व्यक्ति जिसे किसी तरह की धार्मिक बेचैनी कभी भी छू तक नहीं गई।'' ऐसे व्यक्ति के दिमाग़ की मज़बूती तो देखिए जिसने एक नए लिनेइयस की भाँति, मिथकों की वर्गीकरण तालिका तैयार करने में वर्षों गुजार दिए, मिथक जिसमें 'बर्बर विचारों' की जनजातियाँ अपने देवताओं का आह्वान करती थीं। फिर भी जब तक वह मिथक की वानस्पतिक और खनिज शुद्धता में रहता है, तब तक पूर्वाग्रहों और सन्देहों से मुक्त एक तीव्र आवेग लैवी-स्ट्रॉस को उन विस्मयकारी भवनों को पुनः तैयार कर लेने देता है जो अज्ञानवश जीवन के साथ घुलने-मिलने से, सुरक्षित हैं। यदि, वास्तव में 'रागात्मक जीवन' के कुछ दोषी चिह्न ज़बरदस्ती मिथकों में ऊपर उभर भी आते हैं, तो लैवीस्ट्रॉस उनसे कोई सरोकार नहीं रखेगा और इस काम को एक-दूसरे, कुख्यात प्रकार के पुजारी के ध्यान देने के लिए छोड़ देगा : ''रागात्मक जीवन के प्रत्येक प्राकट्य को जिसमें, चेतना के स्तर पर, मेधा के कार्य को रोकने अथवा तेज़ करने वाली कोई उल्लेखनीय घटना नहीं झलकती, मानवीय विज्ञानों में शामिल नहीं किया जा सकता। ये जैव-विज्ञान शीर्षक के अन्तर्गत आएगा और इससे निबटना दूसरों का काम होगा, हमारा नहीं।'' किन्तु, फिर भी *माईथोलोजीक्स* के अन्तिम पृष्ठों में कुछ ऐसा है जो उसे क्षुब्ध कर देता है—और जो बारम्बार उसके 'बर्बर' विचारकों के अनुभव में और उसके सहकर्मियों के कुछ अनिच्छापूर्ण अवलोकनों में प्रकट होता है। यह 'कोई चीज़' कर्मकांड है। पता नहीं क्या कष्टपूर्ण विवशता थी कि जिन किन्हीं ने भी मिथकों का विकास किया उनमें सदैव ही कर्मकांडों को मनाने का रुझान पाया गया। लैवी-स्ट्रॉस उन्हें एक सहानुभूतिपूर्ण असमंजस के भाव से देखता है और उनके संस्कारी कार्यों में पाता है ''वही लाक्षणिक घोल-मेल, ज़िद्द और नपुंसकता का घोल-मेल जो यह स्पष्ट करता है कि संस्कारों में हमेशा ही एक उन्मादपूर्ण और बदहवास पक्ष क्यों होता है।'' यहाँ हम आवेशित व्यवहार पर फ्रॉयड के स्वरों से मिलती-जुलती टोन पाते हैं, एक पाग़ल, उन्मादपूर्ण 'कर्मकांड' जो 'धार्मिक क्रियाओं' की उत्तराधिकारी (और पूर्वज) लगती है : ''कोई भी क्रिया मोटा-मोटी अर्थ में उस समय 'आवेशित' व्यवहार बन जाती है, जब यह कुछ हाव-भावों के जुड़ जाने तथा कुछ विरामों और पुनरावृत्तियों के साथ मिलकर जटिल हो जाती है।'' अकेले इस एक वाक्य में कर्मकांडीय क्रिया की दो विचित्रताएँ शामिल

हैं, जो अन्ततः लैवी-स्ट्रॉस के लिए आधारभूत सिद्ध हुईं : 'विखंडन' (फ्रॉयड में, 'छोटे-छोटे हाव-भाव' का प्रयोग) और 'पुनरावृत्ति'। किन्तु इन दो तत्त्वों का काम क्या है? अ-निरन्तरता की भव्यता के समक्ष, विरोधी जोड़े जो एक शानदार जुलूस में चलते हुए बीजगणित की ईंटों की भाँति, सभ्यता बनाते हैं, कर्मकांड क्रिया अप्रसन्नता और अस्पष्ट अतीत प्रेम की साक्षी बनी रहती है, जिसे अ-निरन्तरता में कोई सन्तोष प्राप्त नहीं होता। एक ऐसी रंगमंचीय कुशलता के साथ जो वैग्नर के नाटकीय चरम जैसी है, लैवी-स्ट्रॉस यहाँ वह विचार उजागर करता है जो एक परेशान करने वाले साथी की तरह उसके साथ लगा हुआ है : कर्मकांड कार्य रूप में न केवल मिथक की हू-ब-हू कॉपी ही नहीं बनाता (वह भयंकर *रूप से प्रदूषित करना* होगा), अपितु वास्तव में यह मिथक से दूर चला जाता है। कर्मकांड 'अनुभव की तरलता' को पुनः प्राप्त करना चाहता है। (यही वह रूप है जिसमें सदियों के बौद्धिक संयम के बाद लाल सागर को सन्दर्भित किया गया है)। कर्मकांड हमें वापस फिर उसी गतिशील तत्त्व में डाल देना चाहता है, जो "निरन्तर उस जाल से होकर बच निकलने की कोशिश करता है जो मिथकीय विचार ने इसके ऊपर डाली हुई है और जो इसके अत्यन्त पैने पहलुओं को पकड़े हुए है।" यह एक निराश प्रयास है। यह लैवी-स्ट्रॉस को 'रागात्मक जीवन' की शर्तों के लिए विवश कर देता है (यहाँ फिर, अत्यन्त पुरानी खरोंच ने अन्ततः यह फार्मूला पैदा किया है), जो अब उस धमकी भरे रूप में और बिलकुल उसी तरीके में बढ़ता चलता है जिसका फ्रॉयड ने पहले वर्णन किया है : "कार्यों को विभाजित और उप-विभाजित करने और विवरणों को अनन्त रूप देने तथा लगातार दुहराने में, कर्मकांड स्वयं को टुकड़े इकट्ठा करने के बारीक काम में लगा देता है : यह दरारों को भर देता है, और इस प्रकार ऐसा भ्रम पैदा करता है जिससे लगता है कि मिथक में पीछे जाया जा सकता है और किसी अ-निरन्तरता से निरन्तरता बनाई जा सकती है। विभाजन द्वारा जिए गए अनुभव की सबसे छोटी इकाइयों को लक्षित करने की इसकी ज़ुनूनी चिन्ता में, और फिर पुनरावृत्ति द्वारा इसी को बहु-गुणित करने में किसी टूटन या सम्भाव्य व्यवधान के विरुद्ध गारंटी जुटाने की कष्टपूर्ण आवश्यकता झलकती है, जो उस प्रकार के अनुभव के विकास को संदिग्ध बना सकती है।...सब चीज़ों पर विचार कर लेने के उपरान्त, कर्मकांड और मिथक के बीच विरोध वैसा ही है जैसा जीवन जीने और चिन्तन के बीच है, और कर्मकांड विचार की गिरावट को दर्शाता है जो जीवन की दासता के लिए स्वीकृत है...सदैव असफ़लता के लिए अभिशप्त जिए गए अनुभव की निरन्तरता को पुनः स्थापित करने का यह अवश उपाय, उस परियोजित व्यवस्था द्वारा छिन्न-भिन्न हो गया है जिससे मिथकीय चिन्तन ने इसे स्थानापन्न कर दिया है—यही है कर्मकांड का सार।" यह एक शोक और विनाश का दर्शन है जो पारदर्शी harmonia plantarum समन्वयपूर्ण स्थिति के समक्ष खड़ा कर दिया गया है, वह समन्वय जिसकी कल्पना

करना लैवी-स्ट्रॉस के लिए प्रिय है : आनुवांशिक कोड, 'बर्बर' विचार और (खड़ताल का शोर) वैज्ञानिक मेधा के बीच, जो आनुवांशिक कोड और 'बर्बर' विचार दोनों का ही रहस्य खोजती है, जो युग्म विरोधों के बीच न घुल-मिल पाने वाले और चमचमाते सम्बन्ध में जुड़ी हुई हैं। इन्हीं पत्थरों से और केवल इन्हीं पत्थरों से हम अ-निरन्तरता का भवन बना सकते हैं—सोलोमन का एकमात्र सत्य मन्दिर, जो अभी-अभी जल निकासी के बाद निकली धरती पर खड़ा होगा।

अपनी टैट्रालॉजी के अन्त में लैवी-स्ट्रॉस ने दुनिया के और अपने बारे में जो रहस्योद्घाटन किए हैं वे हमें यह समझने में सहायता करते हैं कि उसने सबसे गन्दे कर्मकाडों यानी बलिदान पर सदा ही इतना कम ध्यान क्यों दिया है। किन्तु उसकी नृवंश विद्या में यह अनाहूत अतिथि विषयों की अन्तिम अभिव्यक्ति में आए बिना नहीं रह सका, चाहे बहुत थोड़ी अवधि के लिए क्यों न आया हो। यह उस समय होता है जब लैवी-स्ट्रॉस, विक्टर टर्नर के विरोध में, यह दावा करने का प्रयास कर रहा है कि कर्मकांड किसी की रचना नहीं करता। वास्तव में, यह कहा जा सकता है कि "श्रेणियों, कानूनों और स्वयं-सिद्ध प्रमाणों' की तुलना में, जो अ-निरन्तरता के जिद्दी एजेन्ट्स हैं, कर्मकांड का प्रयोग, यदि उन्हें अस्वीकार करने में नहीं किया जाता, तो कम-से-कम अस्थायी रूप से उनके द्वारा स्थापित भेदों और विरोधों को मिटाने के लिए तो होता है, विरोध जो हर प्रकार की अस्पष्टता, समझौते और उनके आपस में विनिमय को गहरा करते हैं। मेधा के आयताकार शहर में, बलिदान बन्दरगाह वाला क्षेत्र है : तंग गली-रास्तों वाला, गैर-कानूनी सौदों और समुद्र की गन्ध वाला। और यहाँ लैवी-स्ट्रॉस हमारे सामने ला La Peusce Saul *पैंसी सैवेज* पर तुरंत एक विश्लेषण करता है, जहाँ उसने गण-चिह्न और बलिदान के बीच एक स्थायी विभाजन स्थापित करने का प्रयास किया, ताकि अथक ऑस्ट्रेलियन वर्गीकर्ता संशयों के कलंक से अन्ततः मुक्त हो जाएँ। शुरुआत शुरू से ही अतिपूर्ण है : "यह तथ्य कि धर्मों का इतिहास गण-चिह्नवाद को बलिदान के उद्गम रूप में देखता है, इतने सारे वर्षों के बीत जाने के बाद भी आश्चर्य का स्रोत है।" किन्तु इस धक्के का कारण तुरन्त स्पष्ट हो जाता है। गण चिह्नवाद की प्रणाली समानान्तर वर्गीकरणों की एक शृंखला पर आधारित है जिसे अ-निरन्तरता के पक्के नियमों के अनुसार बड़ी सूक्ष्मता और मेहनत से विकसित किया गया है। इसके विपरीत, बलिदान निरन्तरता पर आधारित है, बार-बार उस मार्ग को खोजना जो अपवित्र (सांसारिक) से पवित्र और फिर पवित्र से अपवित्र तक फैला है। स्थानापन्नता का नियम, जो इसमें सर्वोपरि है, सम्बन्ध की ज़रूरतों के अनुसार छायाओं में घुल-मिल जाता है और सम्बन्ध की ज़रूरत का अर्थ हुआ कड़ियों की ऐसी शृंखला, जो प्रकृति और समाज की हर दिशा में फैली है। इस प्रकार, "बलिदान निरन्तरता के क्षेत्र में स्थित है।"

और यह वह क्षेत्र है जिसे लैवी-स्ट्रॉस कभी वैध नहीं मानेगा, (क्योंकि उसके अनुसार) यह क्षेत्र 'अस्पष्टताओं,' 'समझौतों' और 'विषाक्त' करते 'विनिमयों' का स्थान है। बलिदान में लैवी-स्ट्रॉस को संस्कृति के विरुद्ध सबसे बड़े सम्भाव्य अपराध की झलक मिलती है : "अन्तर का उन्मूलन करने के साधन के रूप में, बलिदान तुलना पर निर्भर करता है।" यहाँ वह मौन साक्षी के रूप में, उनके नामों को पुकारे बिना, अपने विचार के सबसे बड़े शत्रुओं को बुला लेता है : वे हैं वैदिक ऋषि। उसे सबसे ज़्यादा घृणा उनके त्रिलोकों (तीनों दुनियाओं) में अथक यात्रा से है, यह कहना *'यह वह है,'* किसी भी प्रकार की आधिकारिक सीमाओं का सम्मान न करना, उन स्वर विरामों को अस्वीकार कर देना केवल उन्हें ही अर्थों को सुनिश्चित करना चाहिए और जो यहाँ वन्य आर्किडों से और उनसे भी ख़राब चीज़ों से ढँके हैं। जबकि हर चीज़ के पीछे 'परस्पर निर्भरता' की घृणास्पद श्रेणी मँडराती है—जो अब रिश्तों की ओर इशारा न कर सार तत्त्वों की ओर इशारा करती है, एक मिथकीय जाल जिसने सारे तार्किक संजालों को अपने अन्दर ले लिया है। यही वास्तविक शत्रु है; और यहाँ विद्वान की करुण उदासी अन्ततः सामने आ जाती है। गण-चिह्नवाद और बलिदान के बीच में शत्रुता धीरे-धीरे कड़वी, घनी होती जाती है और अन्त में हार्दिक धिक्कार में रूपान्तरित हो जाती है : "गणचिह्नवाद, या जिसका भी हम इस नाम के साथ दावा करते हैं, अपने आपको समरूपता के ढाँचे की दो शृंखलाओं के बीच परिकल्पित करता है (प्राकृतिक प्रजातियाँ और सामाजिक अंश)—एक पूर्णतः वैध अवधारणा, चूँकि सामाजिक अंश संस्थागत रूप से स्थापित होते हैं, और चूँकि यह हर समाज के अधिकार क्षेत्र की बात है कि वह अवधारणा को अच्छी और स्वीकार्य बनाए, इसके नियम बनाए और प्रतिनिधित्व को इसके अनुरूप बनाए। दूसरी ओर, बलिदान की प्रणाली, एक अस्तित्वहीन शब्द सामने लाती है वह है : देवत्व। और यह विषय के दृष्टिकोण से प्राकृतिक शृंखलाओं की गलत धारणा अपना लेती है, क्योंकि (जैसा हमने देखा है) यह इसे निरन्तरता के रूप में दिखलाती है।" यहाँ हम अचानक महान नृवंशशास्त्री को देखते हैं जो धार्मिक उत्सव मनाने पर इसलिए दोष लगाता है कि क्योंकि वह किसी 'अस्तित्वहीन' की बात करता है, यानी 'देवत्व' की बात। आख़िर इतनी असहिष्णुता क्यों? शायद हम उस देहरी के बहुत निकट है जहाँ 'बर्बर' विचार लैवी स्ट्रॉस के लिए अत्यधिक 'बर्बर' बन जाता है और फिर यह 'विचार' कहलाने लायक नहीं रह जाता। उसके विश्लेषण को निरन्तरता के भयातंक से पक्षघात हो गया है। और फिर अचानक उसकी भाषा आवेगमय वर्णन की न होकर अस्वीकृत की बन जाती है—हम तो यहाँ तक कह सकते हैं कि इसके पीछे नैतिकता के कारण मौजूद हैं। यह विचार विचार *नहीं होना चाहिए।* अन्त में उसके पास एक ही विकल्प बचा रहता है—अपमान की ओर बढ़ जाना, टैक्स अदा करने वाले नागरिक की भाँति कन्धे उचकाता कहता है 'अतः गणचिह्न और बलिदान के

बीच के अन्तर को परिभाषित करने के लिए हम केवल यह नहीं कह सकते कि पहले वाला तो सन्दर्भों की एक शृंखला है और दूसरा क्रिया-कलापों की प्रणाली; यह कि एक अवधारणाओं की प्रणाली विकसित करता है जबकि दूसरा कुछ परिणाम प्राप्त करने के लिए एक तकनीक प्रस्तावित करता है (या विश्वास करता है कि वह प्रस्तावित कर रहा है); एक सत्य है, दूसरा झूठ। और भी स्पष्ट कहें तो वर्गीकरण की प्रणालियाँ भाषा के स्तर पर स्थित होती हैं। ये कोड्स हैं, अच्छे या कम अच्छे बनाए गए, किन्तु इनका उद्देश्य सदैव ही अर्थों की अभिव्यक्ति होता है, जबकि बलिदान की प्रणाली एक विशिष्ट प्रकार की चर्चा की बात करती है—ऐसी चर्चा जिसमें सामान्य बुद्धि भी नहीं है, यद्यपि इसका प्रयोग प्रायः होता है।'' तब नृवंशशास्त्रीय विज्ञान का निष्कर्ष होगा कि बलिदान 'सामान्य बुद्धिविहीन' चर्चा है।

गेटे का जन्मदिन

कार्ल्सवाद में, जहाँ वह जल लेने आया था, वह 'अपनी आँखों में आँसू भरे', प्रिंस जोज़ेफ़ श्वार्न ज़ैनबर्ग के मकान पर केटेलानी को "Kennsl-du das land" गाते हुए तब तक सुनता रहा जब तक ईर्ष्या के एक दौरे ने उसकी आवाज को लड़खड़ा न दिया। अपने बेटे ऑगस्ट को उसने लिखा कि इस जगह के निवासी विदेशियों से समुद्री दस्यु जैसा व्यवहार करते हैं। "कुल मिलाकर हर चीज़ यहाँ बहुत महँगी है, और हर गुज़रते दिन के साथ विनिमय दर के कारण और भी महँगी होती जाती है।" जैसे ही उसका उनहत्तरवाँ जन्मदिन नजदीक आया, उसने अनुभव किया कि उसकी प्रत्यक्षीकरण की शक्तियाँ उसे बलात् 'बारबार वयःसंधि' की ओर खींच रही हैं—एक लम्बा भारतीय ग्रीष्मकाल। वह अकेले, शान्ति में इसे मनाना चाहता था। एडुअर्ड जिनेस्ट के अनुसार, "27 अगस्त के सवेरे, गेटे ने अपने नौकर कार्ल को ऑर्डर दिया कि वह रैड वाइन की दो बोतलें लाए और उन्हें सामने वाली दो खिड़कियों की पाटियों पर रख दे। तब गेटे ने कमरे में इधर से उधर टहलना शुरू किया, और बारी-बारी से पहले वह एक खिड़की पर ठहरता, फिर दूसरी पर और हर ठहराव पर खड़े-खड़े एक गिलास पी जाता। अभी उसे नशा नहीं चढ़ा था। थोडी देर बाद रेहबियेन, जो कार्ल्सवाद में उसके साथ आया था, कमरे में पहुँचा।

गेटे : प्रिय मित्र! आज क्या दिन, और क्या तारीख है?

रेहबियेन : आज अगस्त सत्ताइस है, महामहिम!

गेटे : नहीं, यह अट्ठाइस है और यह मेरा जन्मदिन है।

रेहबियेन : नहीं, नहीं, मैं इसे कभी नहीं भूल सकता; आज सत्ताइस है।

गेटे : नहीं, यह नहीं है, आज अट्ठाइस है।

रेहबियेन : (दृढ़ता से) सत्ताइस।

गेटे : (घंटी बजाता है, कार्ल प्रवेश करता है); क्या तारीख है?

कार्ल : सत्ताइस, महामहिम।

गेटे : जाओ—ज़रा कैलेंडर तो लाकर दो मुझे।

(कार्ल कैलेंडर लाता।)

गेटे : (काफ़ी देर बाद) धत् तेरे की, तो मैं बे-मतलब यूँ ही मदिरोन्मत्त हो गया।

बलिदानी टुकड़े

गोलगोथा के बाद, बलिदानी शिकारों को खूँटे से खोल दिया जाता था। ईसाई धर्म की जीवित प्राणियों के प्रति चिन्ता केवल ज़रूरत के हिसाब से बलि की माँग करेगी। किन्तु बलिदानी शिकारों के प्रदूषण को दूर करने की ज़रूरत थी : प्रकृति का, शक्ति का, अक्षमता का, शाप का, उपचारीय सद्गुण का यह ठोस रूप अब स्वीकार्य नहीं था। इसे कहीं दूर जाना था, शहरों को छोड़कर, समुद्रों पर भटकना चाहिए था, अनाम, अज्ञात देश-विदेशों में, पशुओं और पशु-मानव प्राणियों के बीच कहीं रहना चाहिए था। समय-समय पर यह नगरों में जंगली आदमी के रूप में प्रकट होता रहा। पीटर ब्रूघेल की एक पेंटिंग की पृष्ठभूमि में इसे देखा जा सकता है, जहाँ यह अपने हिचकिचाते पंजों और हरी फ़र के साथ एक धोखेबाज औरत की तरफ़ बढ़ रहा है जो इसे अपनी अँगूठी देने की पेशकश करती है। उसकी कमर के पीछे एक अनजान आदमी उसे अपने तीर-कमान से मारने की तैयारी कर रहा है—और सम्राट एक ऊपर उठी हुई तलवार लिए खड़ा है। बाद में, एक ऐसे दृश्य में जिसे ब्रूघेल या किसी अन्य ने चित्रित नहीं किया, जंगली आदमी को तीर से प्राणान्तक चोट लगी है और वह गाँववालों से घिरा हुआ है। बोकेशियो द्वारा कही गई एक कहानी के अनुसार, ''वेनिस में सेंटमार्क के चौराहे पर एक आखेट किया जाता है,'' जिसमें शिकार 'जंगली आदमी' होता है। वह ''शरीर पर शहद लगे, और पाग़ल आदमी के पंखों में ढँका हुआ'' प्रकट होता है, ''उसके गले में एक ज़ंज़ीर पड़ी है और उसके सिर पर एक मुखौटा है,'' शहद के कारण मक्खियाँ और ततैये उसके चारों ओर मँडराते होते हैं इस प्रकार बलिदान, समाज द्वारा अस्वीकृत (जब तक रूपकों में छने हुए रूप में विद्यमान न हो) होकर, वापस अपने मूल तक पहुँच गया : आखेट। अब से आगे समुद्र के बीच में घातक छुरा भोंकने के घाव की फूत्कार में ही उसका आवाहन किया जाएगा। अब यह केवल लहरों द्वारा उद्वेलित जहाज़ों की ही नियति थी कि वे बलिदान के रोगाणु का सामना करेंगे। सामान्यतः यह ज़रूरी था कि विषवत् रेखा पार की जाएगी और दक्षिणी गोलार्द्ध की उल्टी दुनिया तक जलयान पहुँचे। एक ऐल्बैट्रॉस (चिड़िया) बर्फ़ की सफ़ेदी और हरियाली चमक से उड़ती हुई आई, उस चमचमाते स्थान का दूत, जो *एन्शियेन्ट मैरिनर* (प्राचीन नाविक) का स्वागत भी कर रहा था और उसे चारों ओर

से घेरे हुए था ("बर्फ़ यहाँ, बर्फ़ वहाँ/बर्फ़ चारों ओर थी।") बलिदान की शक्तियाँ बर्फ़ के विशाल विस्तृत ढेर में केन्द्रित हो गई; वे ऐल्बैट्रास को पहले आगे भेजती है, स्वागत के नियमों के अनुसार जहाज़ पर स्वागत किए जाने के लिए बलिदान के अन्तिम चिह्न स्वरूप। किन्तु *एन्शियेन्ट मैरिनर* अकारण ही ऐल्बैट्रॉस को मार डालता है और कमान के एक तीर से विपरीत बलिदान कर दिया जाता है। हवा की गति बढ़ाने पैदा करने के लिए इफीजेनिया का बलिदान किया गया था; किन्तु ऐल्बैट्रॉस के मारने से हवा बिलकुल बन्द हो जाती है। जहाज़ रुक जाता है प्रेतवत हो जाता है और साहित्य की अचलता में बन्दी बन जाता है, "इतना अचल जितना चित्रित जहाज़/चित्रित समुद्र पर।" समुद्र स्वयं, अपनी गहराइयों में सड़ने लगता है। एन्शियेन्ट मैरिनर के कार्य में शुद्ध मनमानेपन की विशिष्ट भव्यता है। यह किसी कर्मकांड को नहीं मानता, न ही कोई अनगढ़ लोकरीति जो किसी स्थानीय विद्वान की एक टिप्पणी बन सके। यहाँ तक कि इस हत्या के लिए अन्य नाविकों की स्वीकृति भी, जो इस कृत्य को ठीक समझते हैं क्योंकि ऐल्बैट्रॉस को कुहरे का अग्रदूत माना जाता है, (घटना के बाद) सोची गई है। एन्शियेन्ट मैरिनर का कार्य ऐल्बैट्रॉस द्वारा अपने बड़े-बड़े पंख डुलाने पर अचानक दिया गया घातक उत्तर है। उसका कार्य, अपनी स्वचालकता में, सारे अतीत को मिटा देता है और अतीत अपनी बारी आने पर इस कार्य पर टूट पड़ेगा, पहले शाप के रूप में और बाद में एन्शियेन्ट मैरिनर के क्रमशः ऐल्बैट्रॉस में आत्मसात् हो जाने में, जिसे अब वह गले में लटकाकर पहनता है। यहाँ स्मृति फिर अपने मूल पर पहुँचती है—बलिदान की आत्म-बलिदान वाली छवि के रूप में। इसलिए मारने वाला स्वयं अपना शिकार हो जाता है। एन्शियेन्ट मैरिनर की कमान से निकला तीर अप्रत्याशित, अस्पष्ट, बुराई की पहली साफ़ विशिष्ट छवि है जो महिलाओं के लिए शैतानियत की एक शताब्दी तक चलती रहेगी।

कॉलरिज ने 'द एन्शियेन्ट मैरिनर' की रचना टॉमस बर्ने द्वारा सत्रहवीं शताब्दी में दी गई राय को मानकर की थी। यही राय इस कविता की सूक्ति बनी : ("ताकि दिमाग़, जो आज के जीवन का बहुत आदी हो गया है, केवल क्षुद्र विचारो पर सीमित और केन्द्रित होने से बच सके।") जिस ग्रहणशील और संकीर्ण सदी में कॉलरिज पैदा हुआ था सभ्यता उसमें पहले ही, अपने शिखर पर पहुँच चुकी थी और अब यह अपने ही महत्त्वहीन ब्यौरों की खड़खड़ को महसूस कर रही थी, असम्बद्ध विचार इसके चारों ओर अपनी बकबक कर रहे थे जबकि सम्पूर्ण को रुचि और आवश्यक लगाव के अभाव में निष्कासित कर दिया गया था। प्राचीनकाल के वैदिक देवताओं के समान, लोकातीत विषयों ने स्थान के अभाव में स्वयं को संकुचित अनुभव किया। कॉलरिज के ऐल्बैट्रॉस ने उन्हें विश्वास दिला दिया कि जब भी सम्पूर्ण पुनः प्रकट होगा, तो एक अज्ञात स्फुरण इन्हें उसको मारने के लिए प्रेरित करेगा। किन्तु ऐल्बैट्रॉस अभी भी

काग़ज़ पर चिह्न ही केवल एक था। इसने केवल सम्पूर्ण के पुनः उदय होने का पूर्व सन्देश दिया था। Whale सम्पूर्ण : व्हेल! Whale तब उन पंखों की सफ़ेदी विस्तृत होकर मॉबी डिक की झुर्रियों वाले विशाल मस्तक में बदल गई।

एक बार इतिहास की विषुवत् रेखा पार हो गई तो पहले जो मौन था, अब पूरे जोर-शोर से उद्घोषित होना चाहिए; वास्तव में वही एक मात्र चीज़ है जो बयान की जानी चाहिए। अब यह प्रकट होती है, अलग-थलग चमकीली। जैसे सेड वाला वाचाल प्रोटोकोल दैवीय त्रि-सम्बन्धी (मनुष्य, ईश्वर, पृथ्वी) बादल का स्थान ले लेता है, उसी प्रकार व्हेल का शिकार दम-घुटे शिकार के सामने ब्राह्मण के मौन का स्थान ले लेता है। अश्लीलता का काम (देव) से कम लेना-देना है लेकिन धर्मशास्त्रीय कर्तव्य से अधिक हर चीज़ जो छिपी हुई थी अनिवार्य रूप से उजागर की जानी चाहिए। गुप्त भाषाओं को, एक बार फिर अपठनीय बना दिया जाना चाहिए, इसलिए नहीं कि वे छिपी हुई हैं, अपितु इसलिए कि उन्हें सबकी आँखों के सामने प्रकट कर दिया गया है। *द 120 डेज ऑफ़ सोडोम* एक नई क्रमिक व्यवस्था स्थापित करता है जो, विचार के मिश्रित आकाश में, राशिचक्र के आवर्ती स्वरूप के निकटतम पहुँच जाना कहा जा सकता है और मॉबी-डिक की खोज तब तक तारा-मंडल के चक्र में से होकर चलती रहती है, जब तक अहब अपने आखेट के अन्तिम कार्य के लिए तैयारी करता है और ग़ुस्से में आकर क्वाड्रैंट को अपने पाँवों तले कुचल देता है, जो मानवता के आकाश पर निर्भर रहने का (शेष) चिह्न है। इन दो कुटिल वृत्तों के केन्द्र में मारने का स्वागत गीत है। सेड में, मनमौजियों की ज़्यादतियों से घायल युवतियों को मॉस्को के मिन्स्की राक्षस द्वारा उस आँगन में फेंक दिया जाता है जो जंगली जानवरों से भरा है, ''जहाँ उन्हें तीन मिनट से भी कम समय में फाड़ खाया गया।'' और जूलियेट, जो उन्हें देख रही है, हमको आश्वस्त करती है : (''मैंने इससे पूर्व ऐसा आनन्दकर कामोत्ताप अनुभव नहीं किया था। मैलविल और भी आगे चला जाता है'') जहाँ सेड केवल संक्षेप में घायल मांस (शरीर) की ओर इशारा करता है और तुरन्त सीधे अपने विस्तृत वर्णन और बुराई की बेतरतीबी की ओर लौट जाता है, जो दृश्य के रूप में अधिक उत्तेजक है, मैलविल साहित्य को बूचड़खाने के स्तर तक पहुँचा देता है और इसे उस देहरी के परे धकेल देता है जिसके विषय में अब तक सुना नहीं गया था, पन्ने पर वह रख देता है जिसके विषय में हम हमेशा जानते तो थे कि यह हो रहा है, किन्तु यह मंच से अलग और शब्द की सीमा से परे होता था। संगमरमरी पीकोड कबीले होकर ऐसी चीज़ में बदल गई जो पूर्णतः क्षत-विक्षत थी; हर नाविक एक कसाई बन गया।'' साहित्य बलिदान से पुष्पित होकर बाहर निकला है, किन्तु साहित्य में पहले कभी कत्लेआम का वर्णन नहीं किया; अपितु यह उस खालीपन के चारों ओर एक चक्रव्यूही गजरे की तरह बना रहा है। मैलविल के साथ, बूचड़खाना पुस्तक का वास्तविक केन्द्र

बन जाता है। टेलर (Taylor) की फैक्टरी, जिसका आवाहन सेड पहले ही *120 डेज* की भीषण धुनों में कर चुका था, अब व्हेल के कत्लेआम में पुनः प्रकट हो जाती है और यह वर्णन एक ऐसी लालचभरी सावधानी के साथ किया जाता है, जैसी मारसैल ने गुएर्मेन्टीज़ के नृत्य के वर्णन में दिखलाई थी; अन्तर केवल इतना है कि यहाँ यह दक्षिणी सूर्य के प्रकाश में की जाती है और इसके साथ दुर्गंध और सिर घुमा देने वाली सुगन्ध। अब, अन्तहीन समुद्र और आकाश की उदासीनता के मध्य, कत्लेआम (जो शहर में सीमेंट की दीवारों के पीछे छिपा रहता है), एक बार फिर, ब्रह्मांडीय तत्त्वों को कोमलता से काट देना हो गया है। यहाँ तक कि आरचे—प्रत्येक वस्तु में निहित सिद्धान्त—भी उपन्यास में उस बिन्दु पर इन्द्रियगोचर हो जाता है, जहाँ वन्य रैड इंडियन तश्तेगो लभगग मर जाता है, "उन्हीं अत्यन्त श्वेत और सुन्दरतम सुगन्धित शुक्राणुओं में लिथड़कर जैसे, व्हेल के अन्तरतम, गुह्य प्रदेश में उसकी कब्र बन जाती है।" यह मधुरतम मृत्यु की छवि है, यह 'अफलातून के Honey Head' में जा गिरना है। इस प्रकार, शरीर विच्छेदन के अन्त में, जब मृत ह्वेल के शव से काम में आने वाली सब चीज़ें निकाल ली जाती हैं और इसका सिर-हीन शरीर फिर से जल में फेंक दिया जाता है तो अन्ततः जो पुनः प्रकट होता है, वह कोई अक्षय, अमिट वस्तु है—एक 'श्वेत प्रेत' जिसे अब मानवीय चाकुओं से या चिड़ियों की चोंचों या शार्कों के दाँतों से, डरने का कोई कारण नहीं होगा, वे सारे प्राणी जो 'पृथ्वी पर (चिर) गिद्धत्व' में मनुष्य के साथ प्रतिद्वन्द्विता करते हैं। सिरहीन श्वेत कंकाल जल पर दूर तैरता जाता है। शीघ्र ही यह हमारे सामने मॉबी डिक के नाम से आएगा : "विशाल घिर्रियों और हुकों ने अब अपना काम पूरा कर लिया है। सिर कटी हुई व्हेल का खाल उतरा श्वेत शरीर संगमरमर की कब्र के पत्थर की तरह चमकता है; यद्यपि इसका रंग थोड़ा बदल गया है, किन्तु वजन में, दिखने में, इसने अभी कुछ नहीं खोया है। अभी भी यह बहुत विशाल है। धीरे-धीरे बहता हुआ यह दूर और दूर चला जाता है, इसके चारों ओर का पानी अतुष्ट शार्कों द्वारा छपछपा रहा है और ऊपर हवा, चीखती भूखभरी जल चिड़ियों की उड़ान से क्षुब्ध है; इन चिड़ियों की चोंचें व्हेल की देह में अपमानजनक छोटी-छोटी छुरियों की तरह चुभती हैं। विशाल व्हेल का श्वेत सिरहीन प्रेत बहता हुआ जहाज़ से दूर और दूर होता जाता है और जितने ही गज दूर यह जाता है उतने ही वर्ग गज शार्क के झुंड और घन-गज चिड़ियों के हत्यारे शोर की उग्रता बढ़ती जाती है। मेघ-हीन और हलके नीले आसमान के नीचे, आनन्ददायी हलकी हवाओं द्वारा सहलाए जाते खुशनुमा समुद्र के सुन्दर चेहरे पर, मृत्यु का विशालकाय आकार आगे और आगे बहता ही जाता है और अन्त में अनन्त आयामों में खो जाता है।"

जियॉर्जिओ द सैन्टीलाना ने लिखा : "मारसैल ग्रिओले, जो पश्चिमी सूडान की अज्ञात संस्कृतियों को हमारे ध्यान में लाया, प्रायः स्थानीय अधिकारियों से पूछता रहता था

कि वे उसे आबाद स्थानों के विषय में सूचना दें और यह बतलाएँ कि वे दूर-दराज़ के देशों के विषय में क्या जानते हैं। उसे यह देखकर आश्चर्य होता था कि प्रश्न के उत्तर में वे सदैव आकाश की ओर इशारा कर देते थे। तब अन्ततः वह समझ गयाः उनके लिए 'आबाद स्थानों' का अर्थ था आकाश में सूर्य के मार्ग का क्षेत्र क्रान्ति वृत।" वह अद्भुत 'आख़िर में वह समझ गया' वाक्य स्वयं सैन्टीलाना की ओर भी संकेत था। घुमक्कड़ पश्चिमी सज्जन की भाँति, कई दशकों तक वह विज्ञान के विजयी मार्गों पर यात्रा करता रहा था; उसने उनका चरमोत्कर्ष गैलीलियो और लाइबनिज़ के बीच देखा था। और अब, राशि चक्र के जानवरों को देखते हुए, क्षितिज पर एक तिर्यक पट्टी, उसने महसूस किया कि *गम्भीर-चिन्तन संख्याओं, माप* ने पहले ही एक अन्य जगत को एक अलग ही अर्थ में प्रबुद्ध कर दिया था और इस पर प्रभुत्व बना लिया था, जो शून्य समय से शुरू होता था जिसके विषय में उसने सोचा कि यह वह समय था जब विषुवीय सूर्य ने सम दिन-रात से आगे बढ़कर मिथुन राशि में 5000 वर्ष ईसा पूर्व प्रवेश किया था। तब से वह उस अन्य विज्ञान के आकाशीय मार्गों पर यात्रा करने लगा, और प्रेमपूर्वक मिथक के संग्रहकर्ताओं और प्राचीन गायकों से सम्बन्धित सूचनाओं के छोटे-बड़े टुकड़े इकट्ठे करने लगा। एक दिन उसने 'प्रतीकात्मक रूपों' पर अर्न्स्ट कैसियर के लेखों पर पुनः ध्यान दिया, उस महान विद्वान की सर्वाधिक मुखर रचनाएँ, जो लम्बे अर्से से उसका पथ-प्रदर्शक रहा था। उसे महसूस हुआ कि उन पृष्ठों में लिखित लगभग कोई भी चीज़ अब वैध या सार्थक नहीं रह गई थी।

फ्रांसेज येट्स ने भी ऐसी ही कहानी सुनाई। द्वितीय विश्वयुद्ध से कुछ समय पहले उसने गिओर्डेनो ब्रूनो का अध्ययन करना शुरू किया था, जिसका सबसे बड़ा कारण यह था कि वह इटालियन पुनर्जागरण का व्यक्ति था और उसने संस्कृति के ऐंग्लो-सैक्सनों के अनेक भक्तों की भाँति उस वाक्यांश की ध्वनि को बड़ा उत्तेजक पाया। प्रारम्भ में तो उसका इरादा था कि वह La cena de le cenceri (ला सेना द ल सेन्सेरी) का अनुवाद करे और "एक प्रस्तावना लिखे जिसमें उस साहस पर ज़ोर दिया जाए जिससे पुनर्जागरण के इस अग्रसर दार्शनिक ने कोपरनिकस के सिद्धान्त को स्वीकार कर लिया था।" किन्तु आधुनिकता के उस निडर शूरवीर में कुछ ऐसा था जिस पर विश्वास नहीं जम रहा था : "क्या कोपरनिकस का सिद्धान्त वास्तव में चर्चा का विषय था, या इसके पीछे कोई और चीज़ निहित थी?" काफ़ी समय तक वह ब्रूनों की स्मृति में सहायक टेक्निकल लेखों पर विचार करती रही किन्तु वह यह कह सकने की स्थिति में नहीं थी कि वे किस विषय में थे। किन्तु अन्त में जब समझ गई तो उसने तुरन्त देखा कि राशियों के जानवर (उभरकर) ऊपर आते हैं और स्मृति के चक्रों में स्वयं को छिपा लेते हैं। सूर्य के मार्ग की तिर्यक पट्टी फिर कहानियाँ कह रही थी जिन्हें डोगोन के लोगों ने वहाँ पढ़ा था : "भौगोलिक क्षितिज को खोजने की

चाह में (ग्रिओले) ने आबाद स्थानों की चर्चा करनी चाही, कि ये कबीलाई लोग अपने चारों ओर फैली दुनिया के बारे में क्या जानते थे। किन्तु शीघ्र ही उसने उन्हें एक बार फिर आकाश की ओर इशारा करते पाया, वे आकाश में सीमाएँ बता रहे थे और उसने जान लिया कि उनके लिए वाक्यांश 'आबाद स्थान' का अर्थ वह आकाशीय क्षेत्र है जो दो रेखाओं (कर्क रेखा और मकर रेखा) के बीच है : आकाश में 47 डिग्री की पट्टी, जो विषुवत् रेखा के दोनों ओर स्थित है। वे ही एकमात्र और सच्चे 'निवासी' है।

जैसे ही हम इतिहास में पीछे की ओर चलते हैं, हम देखते हैं कि अपराध और बुराई, विषय के शैतान इरादों से और भी पीछे की ओर चले जाते हैं, और संख्या का भव्य सत्य ओढ़ लेते हैं। मूल पाप गणितीय और दिव्य तथ्य बन जाता है। यह एक महत्त्वपूर्ण घटना है उन सभी घटनाओं के समान ही जिन पर चर्चा होनी चाहिए। समय में व्यक्त बुराई, अपराध और हमारे साथ चलने वाली आधारभूत अव्यवस्था तीन रूपों में दृष्टिगोचर होती है। मैं उन्हें उनकी खोज के सम्भाव्य क्रमानुसार नीचे देता हूँ।

सूर्य-पथ का तिर्यक होना प्लेटो के *टाइमेइअस* में डैमीअर्ज द्वारा खींचे गए ची (chi) (X) में सूर्य-पथ विषुवत् रेखा को आधार मानते हुए *दूसरे* की धुरी है, जो (विषुवत् रेखा) आत्म या स्व की धुरी है। सूर्य-पथ के तिर्यक होने से मौसमों का नाटक जन्म लेता है, ऐसा सम्पातों के चिरन्तन, समरूप सम (सन्तुलन) से दूर चले जाने के कारण होता है, जो हम कोण के समकोण होते सम्भव होता। वह नाटक हर उत्थान और पतन, हर साहसिक कार्य, हर यात्रा का आधार होगा; यह संसार की मूल अव्यवस्था है।

सम्पातों का वह परिवर्तन जिससे वे आगामी वर्षों में जल्दी होंगे। यदि इसे अपने पर छोड़ दिया जाए तो यह पीछे की ओर जाने वाली गति—जो बुराई को और भी स्पष्ट रूप में दर्शाती है—दिव्य थकन का सहारा लेती है, जैसा प्लेटो ने पोलिटिक्स में प्रभावशाली ढंग से स्पष्ट किया है : "सुनिए! कभी-कभी, ईश्वर सारी चीज़ को इसके गोल परिभ्रमण पथ पर चलाता (खींचता) है। और कभी-कभी, जब निर्धारित अवधियाँ समाप्त हो जाती हैं, तो वह इसे छोड़ देता है और तब यह सब अपने आप विपरीत दिशा में चक्कर लगाने लगती है, क्योंकि यह सप्राण है और इसने उससे बुद्धि पाई है जिसने इसे प्रारम्भ में बनाया। पीछे की ओर गति करने का भाव इसमें जन्मजात है, क्योंकि "वह जिसे हम आकाश (स्वर्ग) और दुनिया कहते हैं," चाहे कितनी भी कोशिश कर ले, उसे परिवर्तन से मुक्ति नहीं मिल सकती और इसीलिए इसे "एक पीछे की ओर जाने वाली गोलाकार गति प्रदान की गई है जो इसे इसकी

उचित गति से, न्यूनातिन्यून रूप से अलग करती है।" इन परस्पर विरोधी आकाशीय गतियों का एक परिणाम यह तथ्य है कि समय दो युगों में विभाजित किया गया है, क्योंकि आकाशीय सन्दर्भों में लगातार धीरे-धीरे बदलाव होता रहता है।" इसी कारण से मिथुन युग से वृषभ युग और फिर मेष की ओर गमन होता है; इसीलिए उत्तरोत्तर दुनियाओं को अग्नि में स्वाहा होना या जल में निमग्न होना होता है।

$\sqrt{2}$ *की असम-अनुपातिकता* सिमॉन वील इसे 'असम-अनुपातकों का नाटक' कहती है। किन्तु वह आगे चलकर कहती है कि इस खोज का घोटाला "पाइथागोरस के अनुयायियों की हार के बजाय, जैसा प्रायः लोग सोचते हैं, उनकी सबसे आश्चर्यजनक विजय है।" वह एक तराजू की छवि का प्रयोग करती है जिसके एक पलड़े में साइड 1 की दो क्यूब हैं और दूसरे पलड़े में एक क्यूब है जिसकी साइड अन्य दो क्यूबों के डायगोनल के बराबर है। इन स्थितियों में सम कभी भी प्राप्त नहीं किया जा सकता : चाहे आप कितना ही वजन बढ़ा दें या हटा दे, यह कभी सम्भव नहीं होगा।

बलिदान अनिरन्तरता और निरन्तरता के बीच अ-समरूपता स्वीकार करता है, किन्तु फिर भी यह इन दोनों के बीच एक आवश्यक जोड़ को स्वीकार करता है। यह जोड़ बलिदानी शिकार में निहित है। शिकार अनिरन्तरता और निरन्तरता के बीच के अन्तर को भरता है। लेकिन केवल इसी कारण से कि वह भरता है, इसे विनष्ट किया जाना चाहिए। और दुनिया फिर अपनी पूर्ववत् अवस्था में वापस लौट जाती है, जिसमें भेद अनिरन्तरता और निरन्तरता के बीच समानान्तर शृंखलाओं के आधार पर किया जाता है। 360 टुकड़ों में देवताओं, दिनों और अंशों में विभाजित कर दिया गया चक्र वृत्त के ठोस पहिए के ऊपर घूमता रहता है।

अपराध और, अन्ततः ईसाई पाप कर्मकांडीय क्रिया के सटीक न होने से निकलते हैं जैसे प्राचीन परिवार की युवा-शाखा। कर्मकांड *कैरोस* (kairos) "सही क्षण" है, जो समय के हर भाग पर फैला हुआ है। यह उत्कृष्ट (त्रुटिहीन), व्यवस्था का यह कंटीला बोध है–जिसके बाहर हर देरी, कर्म की हर अनिश्चितता अपराध है, ऐसी बुराई जिसमें हर बुराई न्यूनातिन्यून रूप में दिखती है–अनुभव की एक लम्बी और वीरान खोज से उत्पन्न हुआ है। कोई भी पूर्णतः नियमित और सुडौल वस्तु अपने किसी भाग में प्रकट नहीं हुई। आकाश में केवल कुछ थोड़े से बहुत छोटे बिन्दु थे जो अपरिवर्तनीय मार्गों पर घूम रहे थे। *यह* व्यवस्था थी। यह जानना और भी विस्मयकारी था कि वहाँ भी, कोई चीज़ ठीक नहीं थी–या यूँ कहिए कि हर चीज़ वैसी ही थी जैसी होनी चाहिए, किन्तु पूर्वगामिता के कारण थोड़ी सरकी हुई थी। या यूँ कहिए कि यह कैलेंडर की गणना थी जिसने अन्त में कुछ शेष छोड़ दिया, अतिरिक्त समय

का एक छोटा-सा धब्बा, एक अधिकता जिसे किसी न किसी प्रकार समाप्त किया जाना था। अभिशापित भाग नक्षत्रीय क्षेत्रों के बीच मौजूद था।

स्थानापन्न दो प्रकार के होते हैं। एक कहता है 'अ' खड़ा है 'ब' की जगह, और इसका अर्थ है कि 'अ' ने 'ब' को समाप्त कर दिया, इसको मार डाला, कभी-कभी यह पता लगाने के लिए कि यह होता कैसे है? दूसरा भी इसी प्रकार कहता है 'अ' 'ब' की जगह खड़ा है, किन्तु इस रूप में जैसे ग्रेनाइट का टुकड़ा उस पर्वत के स्थान में खड़ा है, जिससे इसे अलग किया गया है। इन दो प्रकार के स्थानापन्नों के बीच एक बँटवारा है, एक 'Y' है जो मुद्दत तक ब्रह्मांड में भटकता फिरा किन्तु अब मस्तिष्क में केन्द्रित है। प्रतीक–वह नहीं जो भाषाविद् कहते हैं, अपितु वह जिसे हम *इल्यूसिनियन मिस्ट्रीज़* (Eleusinian Mysteries)' में पाते हैं–दूसरे प्रकार के स्थानापन्नों में आता है। प्रतीक स्वयं को एक अदृश्य पर्वत पर ऊपर से थोपता रहता है। यह तथ्य कि ये अनिरन्तरता की टेढ़ी रेखा जो सदा निरन्तरता की ओर मुड़ी रहती है, इसके नाम के उद्भव में उजागर होता है। सिम्बोलोन (Symbolon) का अर्थ है लकड़ी या पॉटरी के टूटे हुए आधे-आधे हिस्से जो इकट्ठा होकर पुनः एक चिकनी और ठोस सतह बना देते हैं, बस बीच में आड़ी-सी धारी का घाव होता है। स्थानापन्नता सिखाने से अधिक, जिसके प्रति इसे सम्मान व्यक्त करना चाहिए, प्रतीक दूसरे में अन्तर्प्रवेश सिखाता है, चीज़ों की अवश्यम्भावी परतें। प्रतीक एक प्रेत है जो दूसरे प्रेत के अन्दर घुस जाता है, इससे मिल जाता है, इसमें घुल जाता है, इससे बाहर निकल आता है। जिन चीज़ों में से होकर यह गुज़र गया है यह उन सब चीज़ों को सोने की जंज़ीर में बाँध कर अपने पीछे खींचता लाता है।

एक फार्मूला कि सब चीज़ें बदलती हैं–भले ही कोई 'जीवन के बलिदानी अर्थ' को स्वीकार करे या न करे–*एट्यूडस ट्रैडीशनैलेज 'Etudes traditionelles'* में प्रकाशित हुआ था। जो इस पत्रिका में कुमारस्वामी के एक लेख की समीक्षा के रूप में एक कोने में टँका हुआ था। ग्वेनॉन के अर्थानुसार, "कार्य, सारतः एक प्रतीकात्मक स्वरूप रखने के कारण, चिन्तन के सहायक के रूप में लिये जाने चाहिए, और यह पूर्व-कल्पित है कि हर व्यवहार में उसके समरूप धारणा अन्तर्निहित होती है।" हर अभ्यास, हर कार्य में, चाहे सायास हो या अनायास। वास्तव में, साँस लेने से अधिक बलिदानी कर्म और क्या है? एक अदृश्य पकड़ या जकड़ हर पल को निचोड़ती है। इसे निरन्तर बलिदान के लिए विवश कर देती है। किन्तु यदि कुछ भी नहीं दिया जाता, यदि बलिदान को अन्धविश्वास के साथ कबूतर-खाने में बन्द कर दिया जाता है, तो क्या होगा? "बलिदान के द्वारा क्रान्ति अन्धविश्वास को सम्पुष्ट करती है," बॉदिलेयर चेतावनी देता हे। बिना कहे, बलिदान अपने शिकार माँगता रहता है; यह एक बार फिर

खानाबदोश हो जाता है, और अपने पंथ के स्थलों को सब जगह साथ ले जाता है। क्यों? क्या तर्क, जिसने बलिदान पर प्रतिबंध लगा दिया है, इतना सशक्त नहीं है कि नष्ट कर सके? या फिर यह सच है, जैसा बॉदीलेयर ने दावा किया, कि "अन्धविश्वास सारे सत्यों का स्रोत है" और यह कि अन्ततः वे सत्य स्वयं को अपराध चिह्नों की भाँति, स्वयं को जता देते हैं?

बलिदान का तिहरा धोखा। मानव देवताओं को धोखा देते हैं, शिकार को स्थानापन्न करके। कर्म-कांडी शिकार को धोखा देते हैं, चाकू को अनाज की बालियों में छिपाए रखते हैं क्योंकि अन्त तक उन्हें डर रहता है कि वह (शिकार) विद्रोह करेगा। और देवताओं द्वारा मानवों को धोखा दिया जाता है, जो जीवन की गारंटी देने के लिए बलिदान की माँग करते हैं—किन्तु फिर, उसी कर्म द्वारा, मृत्यु को सम्पुष्ट हो जाने देते हैं।

नवविवाहितों पर जो चावल फेंके जाते हैं उनका प्रारम्भ जौ के दानों में हुआ, जो किसी समय बलिदानी शिकार पर फेंके जाते थे। अनाज के दाने शिकार को पत्थर मारने के प्राचीन चलन का आह्वान करते हैं—मारने का सबसे निश्चित तरीका, क्योंकि इसके द्वारा व्यक्ति शिकार को छुए बिना भी उसे मार डालता है।

बलिदान से परीक्षण तक की संक्रान्ति। बलिदान में, हर चीज़ आधारित है एक अन्य की धारणा (आधार-वाक्य) पर, कई अन्य, अदृश्य, जो *सही कर्म* का प्रत्युत्तर देते हैं। एक अटल भेंट चढ़ाकर, मानव यह संकेत देता है कि वह सुनने के लिए तैयार हैं और यह कि वह एक उत्तर की आशा भी करता है—और उसे ग्रहणशीलता के चिन्ह को बारबार दुहराने की ज़रूरत पड़ती है। परीक्षण इस धारणा (आधार-वाक्य) पर आधारित है कि *सही कर्म* संग्रहण में से उत्पन्न होता है। एक शोधकर्ता अनिश्चिता और अँधेरे में हजारों कार्यों की जाँच करता है; उनमें से केवल एक ही *सही कार्य* होगा। और बाकी सब, जिनमें शक्ति खर्च हुई है खो जाते हैं, यह है अज्ञात के प्रति श्रद्धांजलि। सही कार्य को दुनिया पर लागू करने से, और सदैव ही इसे दुहराते रहने की संभावना से, ऐसी बढ़ी हुई शक्ति प्राप्त होगी जो बलिदान से उन्नयित, उत्कृष्ट बनी ज़िन्दगी के समरूप होगी।

आलोचकों ने ग्वेनॉन को तत्त्वमीमांसा पर इस प्रकार लिखने के लिए बुरा-भला कहा कि मानो वह एकाउंटेंट हो, जो बिना काँपे, आत्महीन ढंग से लिख रहा है। उन्होंने उसे प्रेरणाहीन पाया। किन्तु ग्वेनॉन तो केवल "प्रारम्भ करने वाले और विशिष्टतः रोसीक्रूसियन नैतिक आदेशों का पालन कर रहा था जिनके अनुसार यह उचित है कि प्रत्येक व्यक्ति के साथ उसी की भाषा में बातचीत की जाए।

आइए हम देवताओं के नाम मिटा दें, मिथकों की नींव रखने वालों, और कर्म-कांडीय धारणाओं को मिटा दें। फिर बलिदान का, क्या शेष रह जाएगा? अ-निरन्तरता और निरन्तरता के बीच का भेद, तार्किक संख्या और वास्तविक संख्या के बीच का भेद—और यह अहसास कि अ-निरन्तरता और निरन्तरता को सदैव जुड़े रहना चाहिए।

चक्रीय बोध ही वह अनुभव है जिस पर प्रत्येक मिथक आधारित है। और चक्र आकाश में लिखा है, नक्षत्र-समूहों के बार-बार दिखाई देने में निहित है। मारने का आतंक, सर्वोपरि, यह आतंक है कि शायद चक्र न बना रहे कि जानवर वापस न लौटे, कि नक्षत्र फिर उदय न हो। हम आकाश में (जो भी) थोड़ी-सी अव्यवस्था देखते हैं (सूर्य-पथ का तिर्यक होना, सम्पातों का समय से पहले आ जाना) वह पृथ्वी (मृत्यु) पर व्याप्त विशाल अव्यवस्था के समरूप ही है।

टेक्नोलॉजी जादू का नहीं वरन् बलिदान का स्थान लेती है। बलिदान ही की भाँति, यह मुख्यतः ख़तरे को नियन्त्रित करने का एक तरीका है, जिसका अर्थ न केवल समाज में, अपितु स्वयं जीवन में विनाशक और आत्म-विनाशक शक्ति के बीच हिंसक संघर्ष है। प्लेग का अर्थ मनुष्यों के बीच संघर्ष से है, जिस तरह मनुष्यों के बीच संघर्ष का अर्थ प्लेग है। बलिदान विनाश की पूरी जानकारी की माँग करता है, यदि यह स्पष्ट बोध नहीं है, तो कोई बलिदान भी नहीं है। टेक्नोलॉजी तो व्यावहारिक उपादेयता के दावे से अपना औचित्य सिद्ध करके सन्तुष्ट हो जाती है।

काफ़्का में, नौकरशाही पद्धतियाँ कानून की कुछ अवनत अवस्थाओं पर ही प्रकाश नहीं डालतीं, वरन् इसके उदय, इसके भोर, दलदली पानी से इसके पहली बार उभरकर ऊपर आने पर, (प्रकाश डालती हैं) जब अमूर्त भाव और मनमानापन अपनी सारी असंगतियों में प्रकृति पर चमकता था। और स्पष्टतः उसी समय प्रकृति *गाँव* बन गई और इसने सराय में काम करना मान लिया; और थके हुए लार्ड्स की सेवा करना (स्वीकार कर लिया) जो कभी-कभी अपने महलों से वहाँ आ जाते थे।

"तोरा और ताओ के बीच का शक्ति-क्षेत्र," जो वाल्टर बैंजामिन के लिए काफ़्का का स्थान परिभाषित करता है, बैंजामिन का अपना स्थान भी था। किन्तु निश्चय ही यह मनोवैज्ञानिक अथवा दार्शनिक बिन्दु नहीं था। ये शनिश्चरी निवास स्थान था, वह दिव्य (नक्षत्रीय) क्षेत्र जहाँ ऋत् और 'गुप्त समुद्र' एक साथ रहते हैं, जहाँ कानून जल राशियों की तरलता में निमग्न होता है। इसकी तलहटी में है *जबरना* (*Xvarnah*) गौरव का ज्योति पुंज—जो बैंजामिन को, क्योंकि निष्कासित *जवरना* दुनियाभर में भटकता फिरा, *प्रकाश-पुंज* (aura) में मिला।

रॉबर्ट क्लॉपस्टॉक को लिखे पत्र में, काफ़्का अब्राहम की कहानी के दो भिन्न स्वरूप प्रस्तावित करता है "मैं एक दूसरे अब्राहम की कल्पना कर सकता हूँ, जो कभी भी पितामह या पुराने कपड़े बेचने वाला नहीं बन पाएगा। यह अब्राहम बलिदान की प्रार्थना को किसी वेटर की तत्परता से तुरन्त कार्यान्वित करने को तैयार होगा, किन्तु वह बलिदान कर नहीं पाएगा क्योंकि वह घर छोड़ नहीं सकता। वह अपरिहार्य है; घर चलाने के लिए उसकी उपस्थिति चाहिए और (घर में) कुछ-न-कुछ करने, सँवारने के लिए रहता ही है—किन्तु यदि घर सुथरा, संवरा हुआ नहीं है तो वह इसे छोड़कर नहीं जा सकता। बाइबिल इसकी पुष्टि करती है, यह कहते हुए : 'उसने अपने घर को ठीक (व्यवस्थित) कर लिया।' और अब्राहम के पास पहले ही हर चीज़ बहुतायत में थी। यदि उसके पास एक घर न होता, तो वह अपने बेटे को कहाँ पालता और किस शहतीर पर अपना चाकू रखता?...

"फिर एक अब्राहम और है। एक ऐसा आदमी जो ईमानदारी से सोचता है कि वह सही ढंग से बलि चढ़ा दे और उसने सारी चीज़ का मतलब अच्छी तरह समझ लिया है, किन्तु वह इस बात पर विश्वास करने के लिए तैयार नहीं है कि इस काम की ज़िम्मेदारी वास्तव में उसके ही ऊपर है, इस घिनौने बूढ़े आदमी पर और उसके गन्दे नौजवान, उसके बेटे पर आ पड़ी है। उसमें सच्ची आस्था की कमी नहीं है। उसमें वह आस्था है और वह सच्ची भावना से बलिदान करेगा भी, बस उसे केवल यह विश्वास हो जाना चाहिए कि बलिदान करना उसकी नियति है। उसे डर है कि, अब्राहम के रूप में अपने बेटे के साथ घोड़े पर जाते हुए, रास्ते में वह कहीं मसखरे डॉन क्विक्ज़ौट में रूपान्तरित न हो जाए। तब हर कोई अब्राहम को देखकर स्तम्भित रह जाएगा, किन्तु यह अब्राहम डरता है कि लोग इसे (अब्राहम) देखकर बहुत हँसे। किन्तु उसे हास्यास्पद होने का डर नहीं है—या हो सकता है, उसे इसी का डर हो, ख़ासतौर पर जब सबके द्वारा खिल्ली उड़ाने पर यह लोक-हँसाई उसे और भी बूढ़ा और घिनौना बना देगी और उसके बेटे को भी गन्दा बना देगी और दोनों ही इतने ख़राब हो जाएँगे कि कोई उन्हें पहचाने या पुकारेगा भी नहीं। एक अब्राहम जो बिना पुकारे बाहर आता है। यह कुछ ऐसा ही है जैसे वर्ष बीतने के बाद सर्वश्रेष्ठ विद्यार्थी गम्भीरतापूर्वक इनाम प्राप्त कर रहा है, और आशा-चिन्ता भरी चुप्पी के बीच सबसे ख़राब विद्यार्थी गन्दे अन्तिम डैस्क की अपनी सीट से उठकर आगे आता है, क्योंकि ग़लती से वह सोचता है कि पुरस्कार के लिए उसका नाम पुकारा गया है और यह देखकर सारी क्लास हँस-हँसकर लोट-पोट हो जाती है। और शायद वास्तव में उसने कोई ग़लती नहीं की—शायद उसका नाम वास्तव में पुकारा गया था। सम्भव है अध्यापक का इरादा रहा हो कि सर्वश्रेष्ठ विद्यार्थी को इनाम देना अपने में सबसे ख़राब विद्यार्थी को सज़ा देना भी बन जाए।

"बहुत ख़राब चीज़ें...बहुत हो चुका।"

अपनी मृत्यु से कुछ महीने पहले, बैंजामिन ने गरशॉम शोलेम को एक पत्र लिखा जिसमें उसने काफ़्का के विषय में अपनी नवीनतम खोज की चर्चा की : "मैं सोचता हूँ कि काफ़्का की रचनाओं की चाभी उस आदमी के हाथ लग सकती है जो *यहूदी धर्मशास्त्र में हास्यपूर्ण तत्त्वों को पहचानने में सक्षम हो।* क्या कोई ऐसा आदमी हुआ है? या तुम वह पुरुष होने का पौरुष दिखलाओगे?"

अपने पत्र में, रान्सी ने अपनी स्वाभाविक कठोरता से उल्लेख किया कि हम सभी को अपने आपको कत्ल के लिए तैयार भेड़ मानना चाहिए tanquan over occisionis। जैसा विक्टर ह्यूगो ने कहा "दिव्य ज्ञान की पुस्तक ईश्वर को गड़रिया बनाती है। *ट्रैपिस्ट्स* उसे कसाई बनाते हैं। किन्तु गड़रिए जो अपनी भेड़ों के झुंड की रक्षा करते हैं, थोड़ी-थोड़ी करके उन्हें मार देते हैं। भली बात कहने का धर्मनिरपेक्ष चलन, जिसका ह्यूगो यहाँ एक उदाहरण देता है, हमें गड़रिए की केवल अच्छी छवि ही देखने देता है। यदि हम स्वयं को बलिदान के बाहर रखते हैं (जैसा ह्यूगो ने किया), तो बलिदान की कोई भी आलोचना मारने की अनिवार्यता पर प्रहार नहीं कर सकती। अतः भले ही इसकी प्रच्छन्न अन्तर्निहित अनिवार्यता सशक्त बनी रहेगी। केवल कुछ अलताई लोग, गड़रिए और झुंडों के मालिक, जिनमें एक समय बलिदान का चलन था, एक समारोह के रूप में, बलिदान की सबसे उग्र आलोचना विकसित कर सके। "मिनुसिंक क्षेत्र के तातार, गरज के देवता को एक *जीवित* श्वेत अश्व का बलिदान दिया करते थे। बलि स्थल पर प्रार्थना करने के बाद वे घोड़े की लगाम उतार देते थे और उसे भाग जाने देते थे। उस क्षण से घोड़ा स्वतन्त्र तथा अस्पृश्य हो जाता था। बुरियत लोग भी देव की भेंट के लिए पावन किए पशु की पीठ पर दूध का एक कटोरा रख देते थे। बलिदान का कर्म-कांड कराने वाला पुजारी जानवर की पीठ पर दूध छिड़कता था और उसी के साथ उसी समय कम्पास के चार मुख्य बिन्दुओं पर भी दूध छिड़कता था। तब वह घोड़े को, जड़ी-बूटियों और गोंद के पेड़ की छाल जलाकर धुएँ से ढँक देता था। तब वह इसके अयाल पर कुछ रिबन बाँधता था और अन्त में घोड़ा स्वतन्त्र कर दिया जाता था। जिस स्थान पर, घोड़े की पीठ पर रखा हुआ दूध का कटोरा गिरता था, वहाँ सब स्वास्थ्य और सम्पन्नता के लिए प्रार्थना करते थे। इस प्रकार पावन घोषित किए गए जानवर को मनुष्य की सेवा में फिर कभी नहीं लिया जाता था। जब यह जानवर मर जाता है तब इसकी अयाल और इसकी पूँछ काट ली जाती है और दूसरे घोड़े के शरीर से बाँध दी जाती है, जो पिछले घोड़े का स्थान लेता है।" जीवन की इस गाँठ के खोलने का कर्म, जो सज्जित बलिदानी शिकार के मार दिए जाने के साथ होता है, उसका केवल दूसरे अन्य गाँठ खोलने द्वारा ही, पूरी ताकत से विरोध

किया जा सकता है। बन्दी घोड़े की लगाम खोलने से, जो जीवन में जीवन प्रवाहित करता है। किन्तु यह हाव-भाव, जो बलिदान का एकमात्र सटीक विरोध है, स्वयं बलिदान के अन्दर से जन्मता है; यह उसी भूमि पर चलता है, वही रिबन पहनता है और अपने उन्हीं कार्यों को अन्त तक दुहराता रहता है। तब वे हाथ जो गला घोंटने के लिए इकट्ठे होनेवाले थे, अब लगाम को खोलने के लिए बढ़ते हैं। घोड़ा टैगा के घास के मैदानों में ग़ायब हो जाता है, या झुंड के पीछे-पीछे चलता रहता है; किन्तु इस जानवर से ऐसा व्यवहार किया जाता है मानो यह अदृश्य हो, क्योंकि कोई इसे छू नहीं सकता, इसको प्रयोग करने की बात तो भूल ही जाइए। न कोई इसे बेच सकता है, न ही खरीद सकता है। यह श्वेत अश्व सारे अश्वों की *प्रतिरूप* होता है, जिसे हम ईश्वर की अनुकम्पा से दूसरों के पास खड़े देख सकते हैं। किन्तु प्रतिरूप का प्रयोग नहीं किया जा सकता—इसको केवल मुक्त छोड़ा जा सकता है। जिस जगह घोड़े की लगाम हटाई गई थी, वहाँ की प्रत्येक वस्तु यथावत् बनी रहती है मानो शिकार का निर्जीव शरीर वहाँ रखा हो। पूर्वी स्प्रिस की गन्ध हवा में मँडराती रहती है, क्योंकि हम उस बिन्दु पर हैं जहाँ 'ईश्वर के बिना कोई धुआँ नहीं' का नियम है। दूध का कटोरा ज़मीन पर गिर गया है और जिस प्रकार यह ज़मीन पर गिरता है उससे दिव्य कृपा या दैवी कोप के बारे में लोगों को बतला दिया जाता है। उसकी आयल में बँधे रिबन में भी नकल की क्रिया शामिल है। यह मुक्त अवश्व और बलिदानी शिकार के बीच एक अन्य साम्यता है। किन्तु एक अन्तिम उन्मादक हाव-भाव और है जिसमें पावन घोषित किए गए अश्व का संस्कार बलिदान की तत्त्व-मीमांसा के समरूप होता है : जब मुक्त अश्व मर जाता है तो इसकी अयाल और पूँछ काट ली जाती हैं और उस अश्व से बाँध दी जाती है जो *इसका स्थान लेता है।* यहाँ हम बलिदान के मूल तक पहुँच जाते हैं : स्थानापन्नता और यह घातक मशीनरी चिरन्तन जीवन की प्रतिज्ञा में उलट दी जाती है। जैसे सफ़ेद घोड़े पीढ़ी-दर-पीढ़ी एक शृंखला में एक-दूसरे को स्थानापन्न करते हैं, वे सब एक विशेष घोड़ा बन जाते हैं जो कभी नहीं मरता। यह बलिदान के उलट का चरम बिन्दु है—एक सुदूर युग में, केन्द्रीय एशिया के ऐसे क्षेत्र में प्राप्त किया गया जहाँ शमनवाद (तान्त्रिक जादू-टोना) के कुछ चिह्न अभी भी शेष हैं, जहाँ सफ़ेद घोड़े गरज देव के लिए पावन घोषित किए जाते हैं। अगला कदम कभी भी उठाया नहीं गया। किसी भी आदमी ने अपनी गरदन के चारों ओर की अदृश्य लपेटन को खोलनेवाले दूसरे आदमी के हाथ का अनुभव नहीं किया। कोई भी दूसरे मनुष्यों द्वारा उपयोग करने की प्रथा से पूरी तरह मुक्त नहीं हो सका। और मानवता की सेवा में उपयोग करने की प्रथा विनिमय (आदान-प्रदान) के ज़हर में डूबी हुई है जो धीरे-धीरे और कभी-कभी अचानक ही डालता है।

रोमांच-विरोधी बालक

प्रतिभा से सम्पन्न कुछ मूर्ख नियति की आवाज़ होते हैं। लगभग अनायास ही, वे अपनी प्रत्येक अभिव्यक्ति को तत्त्व-मीमांसा का स्वर प्रदान करते हैं। पूरी सभ्यता उन पर कुछ निर्णायक, नियामक वाक्य बोलने का उत्तरदायित्व डालती है, जिन्हें कोई अन्य पूरी कटुता से नहीं कहना चाहता। हमारे लिए ऐसा आदमी बैंथम था—शक्तियों को महसूस करने की अक्षमता का सच्चा नायक।

''प्रत्यक्ष या परोक्ष रूप से *भलाई* एक या दूसरे रूप में, या कई रूपों में, या सब रूपों के पुंजीभूत स्वरूप में, हर विचार का विषय है और हर कार्य का लक्ष्य; जिसे यह प्रत्येक ज्ञात *प्राणी* को, जो एक ही समय में एक संवेदनशील और चिन्तनशील प्राणी भी है, करना होता है।''

''पैसा आनन्द और दुख की मात्रा नापने का यन्त्र है। जो इस यन्त्र की सही माप क्षमता से सन्तुष्ट नहीं हैं उन्हें कोई दूसरा ढूँढ़ लेना चाहिए जो अधिक सटीक हो या फिर उन्हें राजनीति और नैतिकता से विदा ले लेनी चाहिए।

''अतः कोई भी आदमी धोखे में न रहे और आश्चर्य न करे यदि वह देखे कि इस कार्य के दौरान मैं हर चीज़ को पैसे से आँकता हूँ। केवल इसी प्रकार से हम हर चीज़ नापने की सही इकाई पा सकेंगे। यदि हम एक दुख या एक सुख के विषय में यह नहीं कहते कि यह इतने (अमुक) पैसे के बराबर है तो इसकी मात्रा के विषय में भी कोई बात कहना व्यर्थ है और दंड और अपराध के बीच न तो कोई अनुपात है और न अननुपात।''

''वस्तुओं का स्वरूप हमें जो एकमात्र समान मापक प्रदान करता है वह है पैसा।''

"यहाँ मैं भावुक और संवेदनशील व्यक्ति से आवश्यकता को आधार बनाते हुए विवाद खत्म करने को कहता हूँ; मैं केवल आवश्यकता के आधार पर ही बोलता हूँ और मानवता से रुपए-पैसे की भाषा बोलने के लिए आग्रह करता हूँ।"

"अब चूँकि, पैसा आनन्द का वर्तमान औज़ार है, अकाट्य अनुभव से यह स्पष्ट हो जाता है कि हर मामले में वास्तविक आनन्द की मात्रा किसी-न-किसी अनुपात में पैसे की मात्रा के अनुरूप है। बैंथम पैसे और आनन्द की इस आनुपातिकता पर ज़ोर देता है कि किन्तु अगले ही क्षण वह सही कहता है कि इसे सही-सही निर्धारित नहीं किया जा सकता : "धन की बड़ी मात्रा में, आनन्द का अनुपात इस प्रकार पैसे-से-पैसे के अनुपात की तुलना में कम होता है। ऐसी कोई सीमा नहीं है जिसके परे पैसे की मात्रा न जा सके; किन्तु ऐसी सीमाएँ हैं और वे अपेक्षाकृत संकीर्ण हैं, जिनके परे आनन्द नहीं जा सकता।"

बैंथम इस प्रकार पूर्ण विश्वास से विरोधाभास पर ज़ोर देता है कि मापने की एक इकाई तो विद्यमान है किन्तु यह वास्तव में हर मामले में लागू नहीं की जा सकती, क्योंकि परिस्थितियों में अन्तर दो शृंखलाओं (पैसा और आनन्द) की आनुपातिकता में निरन्तर बदलाव लाते रहते हैं। और यदि इस समरूपता में कोई कानून स्थापित किया जा सकता है तो ऐसा कानून होना चाहिए जो दो शृंखलाओं के बीच बढ़त में भिन्न अनुपात को पुष्ट करेगा।

निर्णायक कदम :

1. माप की इकाई की आवश्यकता स्थापित करना;
2. इकाई का निर्धारण पैसे के रूप में;
3. सीमित को वापस असीमित तक ले जाना।

दो शृंखलाओं के बीच भिन्न *अनुपात* देखकर, बैंथम समरूपता को नष्ट कर डालता है, किन्तु तुरन्त बाद इस पर फिर बल देता है। इस प्रकार वह उन सब क्षेत्रों को अलग कर देता है जिनमें सीमाओं की समस्या (*बड़ा* आनन्द, *बड़ी* धनराशि) उत्पन्न होती है, किन्तु तुरन्त यह संकेत भी देता है कि *सामान्य,* नियमित और कानूनी कार्य-क्षेत्र सुनिश्चिततः वह है जहाँ अभी भी अनुपात का सम्मान होता है और इसीलिए यह *छोटे* आनन्द और *छोटी* धन-राशियों का क्षेत्र है : "इस सबके लिए, सामान्यतः होने वाले अनुपातों (छोटी मात्राएँ) से सम्बन्धित व्यवहार करना सही रहेगा, यद्यपि कुछ मामलों में (Ceteris paribus) (शक्तियाँ और उनके प्रभाव) सुख और सुख के बीच अनुपात वही है जो एक धनराशि और दूसरी धनराशि के बीच है। समाज के सुव्यवस्थित रहने के लिए, सम्पूर्ण के सन्दर्भ में बड़े आनन्द पर विचार करना शत्रुतापूर्ण और परेशानी वाला समझना चाहिए। किन्तु इसलिए नहीं कि वे असीम की शक्तियों को छिपा रहे

हैं। इसके विपरीत ऐसा इसलिए है कि वे हमें यह स्वीकार करने के लिए विवश करेंगे कि असीम की शक्ति स्वयं पैसे में छिपी है।

जॉन स्टुअर्ट मिल ने—बैंथमवादी शिक्षा जो पूरी तरह उपादेयता के मापदंड पर आधारित थी, को कठोर अनुशासन से ग्रहण करने वाला पहला गिनी पिग (परीक्षण पशु)—डकार भरी उन्मत्तता से प्रतिक्रिया नहीं की, जैसे जज श्रेबर इससे मिलती-जुलती स्थिति में करता। इसके विपरीत, उसने बैंथम पर एक उदार निबन्ध लिखा। मिल के शब्द सच्चे सम्मान और स्पष्टता से प्रेरित हैं, जो सतही तौर पर जो कहते दिखते हैं उससे कहीं अनायास ही उजागर कर बैठते हैं। प्रथम, वह हमें अपने गुरु की सर्वाधिक उचित परिभाषा देता है; उसे "ऐसे युग का मुख्य तोड़-फोड़ी चिन्तक बताता है, जो बहुत पहले ही वह सब खो चुका है जिसे ये लोग तोड़-फोड़ सकते थे।' बैंथम प्रथम जीवित tabula rasa था, एक भावहीन और घृणास्पद बालक—जिसके विचारों में कोई सन्देह नहीं था क्योंकि उसे कोई अनुभव नहीं था—और जो कोई अनुभव प्राप्त करने को भी प्रस्तुत नहीं था। "उसे न कोई आन्तरिक अनुभव था और न कोई बाह्य; उसका शान्त जीवन, विचार प्रक्रिया और मानसिक स्वास्थ्य ने उसे दोनों तरह के अनुभवों से वंचित रखा। उसने कभी सम्पन्नता या विपन्नता नहीं जानी और न ही भावावेग या पूर्ण सन्तुष्टि। उसे ऐसा भी अनुभव नहीं हुआ जो रोग से होता है; वह बचपन से लेकर पचासी वर्ष की अवस्था तक उत्तम स्वास्थ्य के साथ जिया। उसने कभी निराशा या हृदय का भारीपन नहीं जाना। उसने जीवन को कभी शोकपूर्ण या बोझिल महसूस नहीं किया। आख़िर तक वह लड़का ही बना रहा। उसमें वह आत्म-चेतना कभी नहीं जागी, जो वर्डस्वर्थ से लेकर बायरन तक, ग़ेटे से शैतुब्रियॉं तक हमारे युग के प्रतिभा सम्पन्न व्यक्तियों की दैत्य रही और जिनके बल पर ही इस युग ने आह्लादपूर्ण और शोकपूर्ण मेधा प्राप्त की। उसने कभी नहीं जाना कि कितना मानव स्वभाव उसके अन्दर सोया हुआ है और न ही हम जान सकेंगे। उसे उन अदृश्य प्रभावों के प्रति कभी किसी ने सचेत नहीं किया जो उस पर कार्यरत थे, और न ही उन पर जो परिणामतः उसके साथ के प्राणियों पर पड़ रहे थे।" रोमांच-विरोधी बालक, बैंथम के साथ ही सच्चे *नए मनुष्य* का जन्म हुआ : यानी ऐसा व्यक्ति जो कुछ नहीं जानता, हर चीज़ की गिनती करता है और अन्त में हर चीज़ का हल निकाल लेता है।

बैंथम एक प्रसन्न स्वशिक्षित व्यक्ति है। बोरी भर प्रेतों के साथ, जो जोड़-घटा को धूमिल कर देते हैं, आनन्द की गणना अगणनीय अतीत को मिटा देती है। किन्तु हमें उस जैसे सीलबन्द, वाटर-टाइट मामले कभी-कभी ही देखने को मिलते हैं। प्रायः अधिकतर स्व-शिक्षित लोग एक अन्धकारपूर्ण बेचैनी के रोगी होते हैं, फोर्ट ड्यू टॉरू के जेल में बन्द ऑगस्टे ब्लैंकी की भाँति, जो अपने सारे ब्रह्मांड को मन में प्रक्षेपित

कर लेता है, देखता है कि ''रूपाकार असंख्य हैं, किन्तु उसके तत्त्व समान हैं,'' और महसूस करता है कि इसीलिए, यह ब्रह्मांड (प्रतिलिपियों) की उलझन है।

जहाँ-जहाँ भी आरम्भिक शिक्षा का संस्कार-प्रवेश नहीं होता, वहाँ-वहाँ हमें स्व-शिक्षित लोग मिलते हैं। जहाँ कहीं ऐसा ज्ञान है जो अनुभव जन्य बुद्धिमत्ता लिए हुए नहीं होता, समझ लेना चाहिए कि वहाँ हर व्यक्ति पत्राचार शिक्षा के माध्यम से कोर्स कर रहा है।

ई...हमारी नियति पर दो ममियाँ (परि-रक्षित शव) शासित करती हैं : एक तो कब्र में लेनिन की, और दूसरी यूनिवर्सिटी कॉलेज, लन्दन में बैंथम की।

सीमाएँ

प्रबोधन का इतिहास सीमाओं को शान्त भाव से नकार देता है। चूँकि इसका देवता परिपाटी है और परिपाटी के क्रिया-कलापों के लिए हर चीज़ कच्चा माल है, ज्यादा से ज्यादा तर्क यह होगा कि जब भी विरोध का सामना करना पड़े परिपाटी को बदल दिया जाए। किन्तु सभी परिपाटियों में एक चीज़ समान होती है, वह है परिपाटी में *आस्था*–और कच्चा माल किसी दिन इस आस्था के विरोध में खड़ा हो सकता है। तब सीमा पुनः प्रकट हो जाती है, एक सुन्दर विदेशी आकृति जो पहली बार यूनान में सामने आई और यूनानियों ने इसकी उस समय पूजा की जब वे इसे मिटाने के पहले तरीकों का परिष्कार कर रहे थे। आज यह फिर हमारे सामने है; यह सबसे अधिक परेशान करने वाली आकृति और सर्वाधिक अस्पष्ट स्मृति है। इसे इसके सही नाम से पहचानने वाली एकमात्र सीमॉन वील थी जो अपने दिमाग़ में इस विषय में बिलकुल साफ़ थी। जो इसको विचार में स्वीकार नहीं करते, वे इसे फिर से कार्यों से बाहर निकलते हुए देखने के यह प्रणालियों के शब्दजाल, जटिलता, नियन्त्रण में अनूदित और ढँकी हुई है। या वे सीमा को अपनी उस चिन्ता में उभरते हुए देखने के लिए बाध्य हैं जो कुछ सामग्री कम पड़ने की स्थिति में उन्हें घेर लेती है, या उन चुक गई ऊर्जाओं में जिन्हें वापस नहीं लाया जा सकता, या किसी अलंघ्य कमी में देखने के लिए विवश हैं। और हर बार जब प्रेत भगाने की प्राचीन विधि गूँजती है : तो हम नई परिपाटियाँ ढूँढ़ निकालेंगे, हम प्रक्रिया के कठोर संशोधन के साथ आगे चलेंगे। वृत्त दुहराया जाता है, किन्तु यह उत्तरोत्तर तंग होता जाता है और अन्त में कड़ा होकर फन्दा बन जाता है।

विनिमय का समाज सीमाओं के अतिक्रमण पर आधारित है, किन्तु यह प्राकृतिक रूप से बँटवारे की उस अवस्था को स्वीकार नहीं करता जिसमें यह स्वयं को प्रायः और बारम्बार पाता है। यह इसको इसलिए स्वीकार नहीं करता क्योंकि ऐसा समाज सम्पूर्णता को सन्दर्भ बिन्दु मानकर चलता है। छवि भले ही हर क्षण बदलती चले, किन्तु इसका सदैव ही एक फ्रेम होना चाहिए और जहाँ तक सम्भव हो फ्रेम बराबर बना रहना चाहिए। अन्यथा छवियाँ अति प्लावन से गलियारों में पहुँच जाएँगी।

धर्मसूत्र की उपलब्ध और अधूरी सम्पूर्णता से चलकर इस प्रकार हम ऐसी सम्पूर्णता पर पहुँचते हैं जो अपने हर टुकड़े को लक्ष्य मानकर फ्रेम में जड़ देती है। हर टुकड़े को अस्थायी समझा जाता है, जो प्रस्तावित सम्पूर्ण की प्रतीक्षा में है, जो इसे मुक्ति प्रदान करेगा। प्रगति एक कमज़ोर विचार होगी, अपनी असहायता में मासूम, यदि इसके पीछे एक बार फिर से सम्पूर्णता नहीं उभरती; इस प्रकार यह एक ऐसा लालची और संकीर्ण, अदम्य बन्धन, यथार्थ स्तर पर ला देती है, जो बन्धनों को निरन्तर काटने के मार्ग से होकर चलता है।

धर्म-सूत्र की दुनिया से परिपाटी तक का रास्ता 'पवित्र सीमा' के स्थान पर ''अवरोध'' स्थापित करके तय किया जाता है, जैसा मार्क्स ने अपनी *फाउंडेशंस ऑफ़ द क्रिटीक ऑफ़ पोलिटिकल इकानॉमी* में स्पष्ट किया था। धर्म-सूत्र को बदलने का अर्थ है दुनिया को बदलना। परिपार्टी को बदलने का अर्थ है कि उसी दुनिया के भीतर भिन्न परिणाम सामने आएँगे। परिणामों की तुलना उस विकास से की जाती है जो प्राप्त किया जाता है। 'पवित्र सीमा' के उल्लंघन का अर्थ है एक व्यवस्था को त्याग देना जो समाज की व्यवस्था है और उसके साथ ही यह दुनिया की व्यवस्था भी है। 'अवरोध' को तोड़ने का अर्थ एक नई पद्धति का प्रस्ताव रखना है।

मुस्यौं ल कैपिटल एक कृत्रिम प्रकृति का निर्माण करता है जिसे प्रकृति से भी अधिक प्राकृतिक कहकर लाद दिया जाता है। साख या ऋण संस्थित करके, पूँजी यह भ्रम पैदा करती है कि यह, प्रकृति के बाधित, सावधिक स्व-निर्माण के बजाय, एक (प्रकार का) निरन्तर स्व-निर्माण है। पूँजी पर मँडराने वाला संकट, वास्तव में चक्रीय है। मदाम ल टैरे हमें अपने अस्तित्व की याद दिला कर कृत्रिम प्रकृति के बाह्यावरण के टुकड़े-टुकड़े कर डालती है। यहाँ हम फिर, पूँजी के घोषित विशिष्टवाद को देखते हैं। निरन्तर स्व-निर्माण वह है जो नवारम्भ के अन्त में प्रकट होता है; किन्तु *औंधा करना* (उलटान) यह माँग करता है कि इसे ठोस यथार्थ के रूप में देखा जाए और यह कि इसे तुरन्त अवधारणा के योग्य होना चाहिए।

मार्क्स 'पूँजी' की परिभाषा अवरोधों के अबाध ढंग से गिराए जाने के रूप में करता है : ''एकमात्र आधार-वाक्य है कि प्रस्थान बिन्दु के परे (भी) गति है।'' किन्तु इसके साथ-ही-साथ वह झाड़ी में घात में छिपा है, उस (आगामी) क्षण की प्रतीक्षा में जब पूँजी स्वयं अपनी सीमा तक पहुँच जाएगी। किन्तु उसकी *सीमा* क्या है जो अविरल रूप से अपनी सीमाओं के आगे जा रही है? इस सारे शाब्दिक विषवमन के बावजूद, मार्क्स मुश्किल से ही अपने अज्ञात भय को छिपा पाया कि ऐसी सीमा का अस्तित्व है ही नहीं। वह भय तुगन-बारानाव्स्की के विरुद्ध रोजा लक्सैम्बर्ग के क्रोध में ऊपर

उभर आया था (यद्यपि कहीं अधिक निर्दोष रूप में) : ''यह स्पष्ट है कि जब एक बार पूँजी के असीमित संग्रहण की अनुमति दे दी जाती है तो व्यक्ति पूँजी के असीमित जीवट को भी दिखा देता है।'' वास्तव में, मार्क्स की काल्पनिक (सट्टा लगानेवाला) प्रणाली में the peras (या 'सीमा' का कोई अन्य संकीर्ण विचार) पूरी तरह अनुपस्थित था। परिभाषा के अनुसार 'विकास' अपरिभाषित था। वास्तव में, अबाध गति की इसी धारणा ने ही रीतिवाद की अचानक उड़ान को प्रेरित किया। और एक बार फिर यह लक्सैम्बर्ग ही थी जिसने इसे खुले और पारदर्शी रूप में दर्शाया : ''यह स्पष्ट होना चाहिए कि उत्पादन का पूँजीवादी तरीका, जो टेक्नोलॉजी को इसके उच्चतम स्तर तक प्रेरित करने का दावा करता है, वास्तव में इसके मार्ग में ऊँचे सामाजिक अवरोध खड़े कर देता है। क्योंकि यह मुनाफे को सबसे ज्यादा महत्त्व देता है। एक बार जब वह अवरोध नष्ट हो जाएगा तो टेक्नोलॉजिकल प्रगति ऐसी शक्ति से आगे बढ़ेगी कि उसकी तुलना में पूँजीवादी उत्पादन के टेक्नोलॉजिकल आश्चर्य बच्चों का खेल नज़र आएँगे।'' इस प्रकार सीमाओं का एक ऐसा हानिकारक विनाश है जिसके प्रतिपक्ष के रूप में, सीमाओं का एक अवश्यम्भावी और लाभदायी विनाश भी है। झगड़ालू किन्तु एक दूसरे से अलग न किए जा सकने वाले बच्चों की भाँति, पूँजीवाद और समाजवाद एक ही खेल खेलते हैं, यद्यपि उनकी शैली में बेहद कड़वे संघर्ष हैं—''वे दोनों एक जैसी समान आस्था के जुड़वाँ और प्रतिद्वन्द्वी स्वरूप हैं।''

प्रक्रिया

'प्रक्रिया' शब्द में शामिल है वह जिसे ऐडोर्नो और हॉरखाइमर Aufklarung कहते थे, जिसे नीत्शे Nihilismus कहता था, जिसे हाइडैगर Nihilismus और Metaphysik कहता था, जिसे मार्क्स Kapitalismus कहता था, जिसे मुस्यों होमे progres कहता था, जिसे ग्वेनॉन le regne de la quantite कहता था, जिसे फ्रॉयड das unbehagen in der kultur कहता था, जिसे स्पैंग्लर (और विटजैन्स्टाइन भी) Zivilisation कहते थे। इसमें हीगल द्वारा वर्णित absolutes wissen की धीमी गति भी अन्तर्निहित है। ("क्योंकि स्व को अनिवार्य रूप से पदार्थ में प्रवेश करना और इसमें निहित सारी सम्पन्नता को पचाना चाहिए") इसमें भूमंडलीय इतिहास के अन्दर से पाश्चात्य इतिहास के स्वरूप के अंश निकालना भी शामिल है, जिसके अन्दर घटनाओं और रूपान्तरणों की एक क्रमबद्ध शृंखला प्रयोगशालीय स्थितियों से बाहर निकलती है। कोई नहीं जानता कि यह क्रम-बद्धता कैसे बनती है, या अन्ततः यह कहाँ ले जाती है। किन्तु इस क्रम अथवा क्रमबद्धता में, होनेवाली शृंखलाबद्ध प्रतिक्रिया में, विभिन्न संक्रान्तियाँ किस प्रकार होती हैं (यद्यपि हर बार इन्हें भिन्न शब्दावली में और भिन्न मूल्यों के अनुसार व्यक्त किया जाता है), इस विषय में पर्याप्त सहमति है। संक्रान्तियाँ जिनका हर क्षेत्र में सत्यापन किया जा सकता है। चोपिन और मर्चेंट बैंक।

जो अभी भी सोचा जाना शेष है : वह है एक प्रक्रिया जिसकी दिशा के विषय में प्रश्न नहीं किया जा सकता, चिह्न लिए हुए एक दिशा। किन्तु यह चिह्न अब धनात्मक या ऋणात्मक नहीं है, जैसा कि (क्रमशः) कोंडोरसैट और जोज़ेफ़ द मैइस्त्रे की इच्छा होती; वरन् यह चिह्न शैंग कांस्य चित्रों में चित्रित एक जानवर से मिलता-जुलता हो सकता है—एक जानवर जो कई जानवरों से मिलकर बना है, जिसमें कोंडोरसैट का धन और द मैइस्त्रे का ऋण शामिल है, किन्तु यह कई अन्य चिह्नों से जुड़ा है, उनमें लिपटा हुआ है, अन्य चिह्नों के साथ विस्तारित है जिन्हें पढ़ना आसान नहीं है। यह मिश्रित चिह्न हमें गुत्थी सुलझाने के लिए चुनौती देता है—ऐसा जो इसके हर अंश की गुत्थी सुलझाने में संघर्ष करता है।

सम्पूर्ण की प्रथम नकार क्या है? एक ऐसी नकार जो इसके किसी विवरण को नहीं नकारती वरन् सम्पूर्ण के एक लक्षण को अस्वीकार करती है—यानी, इसकी

परस्पर निर्भरता को। इस एक कदम से सारे आगामी कदम बनते हैं। एक बार जब सम्पूर्ण की परस्पर निर्भरता नकार दी जाती है, तब दुनिया भागों में विभाजित रह जाती है, जो आकार और स्थायित्व में भिन्न-भिन्न हैं, जिनसे (अकेले) तत्त्व समय-समय पर अलग हो जाते हैं और स्वायत्त बन जाते हैं।

स्वायत्त बनने की यह प्रक्रिया, जिसमें अन्तर्निहित तत्त्व सत्ता और सन्दर्भ की मँडराती उपस्थिति से बच निकलते हैं, कई दशकों तक "Nihilism" (सरकार, समाज, नैतिकता—सभी की अस्वीकृति) कहलाती थी। कार्य रूप में यह एक यौगिक से, जिसमें सब शामिल थे, असम्बद्ध पदार्थों को उत्तरोत्तर छोड़ देना होता है। एक बार मुक्त होने पर वे पदार्थ, यौगिक पर प्रभाव रखते हैं। और सबसे बढ़कर वे उसके और आगे विखंडन में योगदान करते हैं।

मार्क्स पर टिप्पणियाँ

जब भी कभी उसका तर्क प्राचीन दुनिया पर प्रकाश डालता है, मार्क्स का आधुनिक के प्रति निरन्तर ढुलमुल दृष्टिकोण स्पष्ट हो जाता है। चूँकि हम मार्क्स की नैतिकतावादी गर्जनाओं के आक्रोश के आदी हैं, जो उसके चारों ओर व्याप्त विकृति-विकारों से उभरती है, अतः हम आशा कर सकते हैं कि अतीत के युगों की बात करते समय वह शान्ति और चैन से होगा, किन्तु बात ऐसी नहीं है। सत्य तो यह है कि वह इसी जगह अपनी सबसे बड़ी बेचैनी उजागर करता है : ''इस प्रकार, पुराना विचार, जिसके अनुसार विशिष्ट राष्ट्रीय, धार्मिक और राजनीतिक स्वरूप के बावजूद मनुष्य ही उत्पादन का लक्ष्य हैं, (मुझे) आधुनिक दुनिया की तुलना में बहुत उदात्त लगता है, जिसमें मानवता का लक्ष्य उत्पादन है, और उत्पादन का लक्ष्य धन।'' किन्तु पुराना विचार महान और उदात्त केवल 'दिखता' है; क्योंकि जिस प्रकार से वाक्यांश बनाया गया है उससे स्पष्ट पता लगता है कि मार्क्स इस विषय में क्या सोचता है। दूसरे, उसकी असहिष्णुता के भावनाओं के कारण नहीं हैं (जैसे, यह तथ्य कि पुरानी दुनिया दासता पर आधारित थी।) वरन् वह विश्वास करता था कि प्राचीन दुनिया पर्याप्त रूप से सशक्त नहीं थी और सबसे ऊपर, इस प्रकार नहीं बनी थी कि इसकी कार्य-विधि स्वतः और आवश्यक रूप से शक्ति को ऊँचा उठाती, भले ही शक्ति का प्रयोग किसी भी दिशा में होता हो। वास्तव में 'धन' यदि इसका आकलन, इसके कार्य करने के आधार पर किया जाए तो, प्राचीन दुनिया में मनुष्य द्वारा मनुष्य की निष्ठापूर्ण सेवा की तुलना में *कहीं अधिक सम्पन्न* (तथा और भी अधिक *रुचिकर*) है; प्राचीन दुनिया में ''मूल प्रश्न सदैव यह (स्थापित करना) रहता था कि सम्पत्ति का कौन-सा तरीका सर्वश्रेष्ठ नागरिक बनाता है?'' धन की बुर्जुआ दुनिया, निश्चय ही, सद्‌गुणी नागरिक तैयार करने की चिन्ता नहीं करती; यदि यह वास्तव में कुछ चाहती है तो वह comedie humaine का सीमा विस्तार करना जिसमें हर प्रकार की शैतानी भरी प्रजातिं शामिल है। किन्तु मुआवजे में, ''यदि धन से इसका सीमित बुर्जुआ स्वरूप का लबादा उतार फेंका जाए (मार्क्स, एक अफ़सर की वर्दी में, फ्लर्ट करनेवाली युवती के ड्रैसिंग रूम में घुस जाता है और एक झीने परदे के पीछे से, उसकी प्राचीन–प्राचीन से अधिक, वास्तव में आधुनिक–प्यार से धुँधलाई नग्नता की एक झलक पा लेता है)

तो व्यक्ति की सार्वदेशिक आवश्यकताओं, योग्यताओं, आनन्द, उत्पादक शक्ति इत्यादि की वैश्विकता के अतिरिक्त जो विश्वव्यापी विनिमय से बनी है, और क्या रह जाता है? यदि यह प्रकृति की ताकतों पर मनुष्य का पूर्ण प्रभुत्व नहीं है, दोनों का ही, तथाकथित प्रकृति का और उसकी (मनुष्य की) अपनी प्रकृति का भी तो और क्या।'' यहाँ अपने शर्मीलेपन को त्यागकर, मार्क्स अन्ततः अपने सबसे अन्दरूनी भावों को व्यक्त करता है। पुरावस्तुएँ, हाँ—सुन्दर मूर्तियाँ, सुन्दर और उद्‌धृत करने योग्य काव्य, नायक, मकबरे, स्तम्भ। किन्तु प्राचीन दुनिया कितनी संकीर्ण और अकर्मण्य थी, इसका पता हमें भव्य बुर्जुआ धन से इसकी तुलना करने पर ही चलता है—तेज़, घातक ढलान वाली गिरावटें जिनसे यह उत्पन्न हुई, इसके अनन्त माल-भंडार, जो चीज़ों से भरे लगते थे। पर एक पैनी नज़र के लिए, उनमें सदा बढ़ती हुई आवश्यकताओं, भोग-विलास, गुणवत्ताओं और शक्ति के प्रेत थे, जो एक धड़कती, फैलती नीहारिका में एकत्र हो गए थे। हमें याद रखना चाहिए, कि मार्क्स, सब चीज़ों से पहले एक लालची है, उसे हर चीज़ *ज़्यादा* चाहिए। यदि इस पर अधिक मात्रा की सील नहीं लगी है तो वह गुणवत्ता पर अविश्वास करता है। भले ही गुणवत्ता अपने आपसे आप विद्यमान हो, पर वह संख्या/मात्रा की तुलना में कम प्रशंसित होगी; जो हर समय बढ़ने की धमकी देती रहती है। इस बिन्दु पर, हम मार्क्स के गुप्त हृदय की धड़कन सुनते हैं। किन्तु यह शिलरवादी का हृदय नहीं है जो अच्छे, योग्य समुदाय का भाग होने का सपना देखता है, जो विकृत धर्म विभाजन की दरारों को पाटने की सोचता है, जो दुबारा घास की पत्तियाँ ढूँढ़ना, पा जाना (धरती से जुड़ना) चाहता है। नहीं : यह सम्पूर्ण ''प्रभुत्व'' का अभिमान है, पहले तो 'तथाकथित प्रकृति' पर और फिर मनुष्य की 'अपनी प्रकृति पर।' यह ताकत का वादा है। यह *कुछ न होने* का नशा है जो मशीन को चलाता है—अक्षय ईंधन, शक्तियों का निःस्रण और यहाँ तक कि एक ऐसी प्रक्रिया का विचार जो अपने आपमें एक लक्ष्य है, जिसे मार्क्स ने अपने सैकड़ों पृष्ठों के एक विश्लेषण में बदनामी करार दिया। इसे सामानों की दुनिया की सार्वभौम विकृति कहा—ठीक है, तब भी यह हमें आज पुरावस्तुओं की 'बचकाना' और सीमित दुनिया की तुलना में, भले ही वह कितनी भी सदाशयतापूर्ण रही हों, अत्यधिक उत्तेजक लगता है।

'प्रकृति की शक्तियों पर मनुष्य के प्रभुत्व' की ओर इशारा करने के बाद, मार्क्स इस शब्दावली में आगे चलता है : (धन) क्या है यदि यह उसके (मनुष्य के) रचनात्मक उपहारों की पूर्ण उपलब्धि नहीं है, जिसमें ऐतिहासिक विकास के अलावा कोई और शर्त नहीं होनी चाहिए, जो विकास के इस सम्पूर्ण योग—यानी कि सारी मानवीय शक्तियों का विकास—को अपने आपमें में एक लक्ष्य बना देता है, एक ऐसा लक्ष्य जिसे पूर्व-निर्धारित मापदंडों से नहीं मापा जाता? विकास का एक ऐसा सम्पूर्ण योग जिसमें मनुष्य अकेली एक विशिष्टता में स्वयं अपना पुनः उत्पादन नहीं करता,

अपितु अपनी पूर्णता पैदा करता है?" यहाँ हम एक पुराने जुनून को पुनः प्रकट होते देखते हैं : माप की इकाई। किन्तु एक बार फिर, स्थिति उलट गई है। प्राचीन दुनिया में सन्दर्भ के फ्रेम के रूप में, जो मनुष्य का एक वास्तविक *धर्म-सूत्र* था, और समाज की एक आदर्श अवस्था प्रतीत होती है, अपने आप में उत्कृष्टता का मापदंड लिए हुए थी। इसके विपरीत, आधुनिक दुनिया में, उत्कृष्टता की कोई वास्तविक उपयोगिता नहीं है। इसकी मापने की एकमात्र इकाई कार्य समय है–यानी अमूर्त कार्य, एक खाली इकाई, जिसका कोई विशिष्ट लक्षण नहीं हैं। किन्तु वस्तुतः यह खाली इकाई ही है जो मनुष्य को स्वयं का उस अंश तक *उत्पादन* (ध्यान दें : *पुनरुत्पादन* नहीं) कर लेने देती है जिसे पहले किसी दुनिया में सुना नहीं गया। इस बिन्दु पर यह स्पष्ट हो जाता है कि मार्क्स किस भाग को, किस पार्टी को चुनता है; यहाँ जो चीज़ बोल रही है, लगभग पाशविक तरीके से, वह उसका *आधुनिक* प्रेम है, बिना किसी योजना, बिना किसी दिशा के स्वयं को अनन्त गुणित बढ़ाने की और स्वयं को गौरवान्वित करने की इसकी योग्यता। क्योंकि इसका एकमात्र लक्ष्य है सम्पूर्ण, हर चीज़ को तुरन्त अपने कब्ज़े में लेना और केवल वह नियम (धर्म सूत्र) नहीं, जो सम्पूर्ण के समरूप है। सम्पूर्णता प्राप्त करने के लिए, तत्त्व (भाग) कहीं भी संगृहीत किए जा सकते हैं–अटारियों में, तहखानों में, ड्राइंग रूम्स में। दुर्गुण, सद्गुण–हर चीज़ उपयोगी है, शर्त एक ही है कि यह बड़ी मात्राओं में मिले। मानवता एक बड़ा बन्दरगाह बन जाती है, जहाँ मसाले और अजीबोगरीब विदेशी फल प्रचुर मात्रा में आते हैं। किसी व्यवस्था की ज़रूरत नहीं है। केवल सम्पूर्ण के निरन्तर अनन्त रूप से गुणित होने की ज़रूरत है, अति की सीमा तक भी।

और जब सम्पूर्ण प्राप्त कर लिया गया, फिर क्या? तब मानवीय चिन्ताएँ और विचार पुनः प्रकट हो जाएँगे : आदमी सवेरे तो मछली पकड़ने का काम करता है और शाम को बाँसुरी बजाता है–'सर्वतोमुखी' मनुष्य, जो अपनी अनगिनत बुरी वृत्तियों से वंचित होने को साभिमान अस्वीकार कर देता है। किन्तु यहाँ भी एक आश्चर्य प्रतीक्षा में है, जो किसी भी (image d'Epinal) पारम्परिक छवि और अभिव्यक्ति को ख़राब करने को तत्पर है। टेक्निकल स्कूलों और फैक्टरी में शिक्षित सद्गुणी कामगार से अधिक, यह सम्पूर्ण मनुष्य पूरी तरह नक्षत्रीय और घृणित, शैतानी में विकसित होता दिखता है, जूलियेट के मिन्स्की और दोस्तोयव्स्की के मिश्किन के बीच वर्ण-संकर (स्टर्नर ने इस सत्य को तुरन्त अनुभव कर लिया था)। शेष सब मानवतावादी, घटिया कला है, जो फोरियर की तुलना में होमे के अधिक निकट है–और दोनों, वास्तव में, एक-दूसरे से इतने ज़्यादा दूर भी नहीं हैं।

हाँ, अन्यत्र मार्क्स का आवेग धड़कता है : हम उसे *प्रक्रिया* के दैत्याकारी स्वभाव के समक्ष एक स्पष्ट और स्वच्छ उत्साह से भरा देखते हैं। भरोसा रखें, उसे प्रक्रिया आकृष्ट करती है, इसका परिणाम नहीं। शून्य की शक्ति का निर्माण करना। यहाँ भी

दोनों दुनियाओं के बीच आधारभूत विरोध पुनः प्रकट हो जाता है। ऊपर उद्धृत गद्यांश का अन्तिम वाक्य दुबारा पढ़ें : "विकास का एक ऐसा सम्पूर्ण योग जिसमें मनुष्य अकेली एक विशिष्टता में स्वयं अपना पुनः उत्पादन नहीं करता, अपितु अपनी पूर्णता पैदा करता है।" तब आख़िरी विरोध पुनः उत्पादन करने और उत्पादन करने के बीच है। "पुनः उत्पादन करना" धर्म-सूत्र की दुनिया की क्रिया है, जिस पर कर्मकांडीय क्रियाएँ हावी हैं जो हर बार प्रक्रिया को वापस व्यवस्था में लाने का प्रयास करती हैं, एक व्यवस्था को पुनः उत्पादन करती हैं, ऋत की व्यवस्था, जो ब्रह्मांड और समाज दोनों को ही बनाए रखती है। 'उत्पादन करना' आधिपत्य वाली विनिमय की दुनिया की क्रिया है, जहाँ कार्यशील तिकड़म का प्रयोग कर सकना अत्यावश्यक है जो प्रक्रिया को, जैसे-जैसे यह आगे बढ़ती है, अपने साथ—हर चीज़ के बावजूद—बढ़ी हुई शक्ति लाने योग्य बनाती है। यह निश्चिततः इस कारण होता है कि उत्पादन की दिशा निर्धारित नहीं की जा सकती और वास्तव में इसके प्रति लापरवाही ही बरती जाती है, जबकि शोध मुख्यतः उत्पादन के साधनों के विस्तार करने और उन्हें घना बनाने की ओर अभिमुख होता है। वास्तव में, केवल उनके विकास में ही कोई नियमितता देखी जा सकती है।

उत्पादन की दुनिया किन्हीं आदर्शों को नहीं जानती और अपने लिए कोई सीमाएँ नियत नहीं करती; इसकी सीमा केवल सम्पूर्ण ही हो सकती है। आदर्श की अनुपस्थिति से जन्य अत्यधिक विखंडन से हुई, यह अत्यधिक एकता की ओर बढ़ना चाहती है, जो अभी-अभी प्राप्त सम्पूर्णता है। और सम्पूर्णता की यह माँग प्रक्रिया के हर भाग पर प्रेत की तरह मँडराती रहती है, क्योंकि पूर्णता का अभाव गहन क्षोभ को जन्म देता है। वह मँडराता हुआ प्रेत, एक क्षणिक उपचारक, घटिया व्यापारिक कला है।

("बुर्जुआ राजनीतिक अर्थशास्त्र में—और इसके समरूप उस उत्पादन युग में—मानवीय तत्त्व समझना पूरी तरह खाली करना लगता है, यह विश्वव्यापी विषयीकरण पूरी तरह अलगाव लगता है; और सारे सीमित, एकपक्षीय लक्ष्यों को तहस-नहस कर देना है। मानव का अपने-आपमें लक्ष्य होने का पूरा बलिदान है जो पूरी तरह बाहरी लक्ष्य के लिए किया गया है। इसी वजह से एक ओर तो पुरावस्था की बचकानी दुनिया एक उच्च, महान दुनिया लगती है। दूसरी ओर, उन सभी क्षेत्रों में यह वास्तव में उच्च दुनिया है, जिनमें एक व्यक्ति बन्द आकारों, आकृतियों और सुनिश्चित सीमाओं की तलाश करता है; यह सीमित दृष्टिकोण से अद्भुत सन्तोष है। जबकि आधुनिक दुनिया हमको असन्तुष्ट छोड़ देती है; या जहाँ यह हमें सन्तुष्ट करती है वहाँ यह 'भौंडी' है। सावधान—धीरे-धीरे चलिए। यहाँ हम सम्भवतः घटिया, व्यापारिक कला के भव्य रहस्य के पास पहुँच रहे हैं। यह (एक) सीमित और धर्म-सूत्रीय, ब्रह्मांडीय व्यवस्था से ताल-मेल रखते माप-तोलों की कला है, फिर भी इसमें भक्षक, लापरवाह गति छिपी है। जो कुछ भी एक हिस्से में सम्पूर्ण का अनुभव करता है, जो

कुछ भी टुकड़े में तुष्ट, स्थिर, कानूनी अभिव्यक्ति रखता है, वह 'भोंडा' है। फिर रेगिस्तान की हवा की भाँति, बुर्जुआओं की कभी न समाप्त होने वाली नफ़रत उभरती है और बदला लेने के लिए टूट पड़ती है। फिर भी घटिया कला कला के साथ सदैव रही है। किन्तु इसकी छाया को पकड़ने के लिए, प्रक्रिया को विस्तृत करके सारे ग्रह तक फैलाना होगा; जो आलिंगनबद्ध युगल सूर्यास्त देख रहा है, इससे आशा की जाती है कि ये आदर्श की कमी को पूरा करेगा। प्राचीन घटिया कला तो और भी गहरे रहस्य की ओर इशारा करती है : वह है अपराध जो हर चीज़ से जुड़कर एक छवि (बिम्ब) बन जाता है—नाम देने में हिंसा की अनुगूँज।)

उद्गमों पर विचार करते हुए, मार्क्स ने पृथ्वी पर दो भिन्न तरीकों से निगाह डाली : यह एक ही साथ आदमी के 'शरीर का विस्तार' भी थी और उसकी 'महान प्रयोगशाला,' 'शस्त्रागार,' 'काम करने का सामान भी।' ये परस्पर विरोधी तरीके उसके चिन्तन में प्रायः आए हैं। एक ओर तो, प्रतीकात्मक समरूपताओं की उपमेय श्रृंखला है, उसमें जैसे ही पृथ्वी को मनुष्य के 'शरीर के विस्तार' के रूप में विचारा जाता है वैसे ही इसे बन्द कर दिया जाता है (और इस प्रकार हम देखते हैं कि अविरल धर्म-निरपेक्षीकरण के बावजूद 'हृदय,' 'मस्तिष्क,' 'मांस' जैसे शब्द प्रतीकात्मक ध्रुव बने रहते हैं)। दूसरी ओर, प्रबोधन द्वारा प्रेरित अलगाव, सम्पूर्ण का परीक्षणात्मक उपयोग, आधार-वाक्यों की अनुपस्थिति है, जो 'महान प्रयोगशाला' के बिम्ब में झलकती है। किन्तु मार्क्स का ध्यान—और आवेग—सदैव ही दूसरे ध्रुव की ओर निर्देशित होते हैं। वह अनुभव करता है कि पहला स्पष्टतः विद्यमान तो है; किन्तु यह साफ़ नज़र आता है कि वह इससे इतना ऊब गया है कि इसके लक्षण स्पष्ट नहीं करता। उसके लिए इतना ही काफ़ी है कि प्रारम्भ और (यद्यपि यह यहाँ अधिक समस्या परक है) अन्त, दोनों में ही इनके साथ जुड़ाव की अवस्था एक साथ रख देता है और इसके साथ ही वह *अलगाव* की भी कई अवस्थाएँ रखता है, जो इन दो चरणों के बीच होती है। मार्क्स अलगाव की इन अवस्थाओं का विश्लेक्षण एक प्रकार के अथक, तुमुल, इन्द्रिय सुख के साथ करता है; और प्रायः ऐसी वस्तु की ओर संकेत करता है जो खो गई है या जिसे वापस पाना है। किन्तु जैसे ही उसे ख़ासतौर पर यह स्पष्ट करने का अवसर मिलता है कि वह क्या है जो खो गया है या क्या खोजना है तो, उसकी वाक् प्रतिभा तिरोहित हो जाती है और वह यकायक परेशान नज़र आता है। इस सबका यह मतलब नहीं है कि मार्क्स ने प्रारम्भ की 'भूमि' की दो बेमेल परिभाषाएँ दी हैं। परिभाषाएँ वास्तव में बेमेल और परस्परविरोधी हैं, किन्तु वे दोनों इतिहास में एक-दूसरे के साथ-साथ रही हैं : एक दूसरी में अन्तर्निहित है। मार्क्स अपना गहन बोध इसी में दर्शा देता है कि वह दोनों को *एक साथ* रखता है। यह ड्यूमिरसवादी संकेत (देवत्व का नकार), समरूपताओं

का (टूट जाना), भी वहीं होता है जहाँ समानताओं (उपमाओं) की व्यवस्था स्थापित कर दी गई है। वास्तव में, उस व्यवस्था को एक समझौतेनुमा उत्तर माना जा सकता है, समरूपताओं में जोड़ लगाना, एक ऐसा कर्मकांड जो हर विच्छेदन बाद किया जाता है।

''पूर्णतः विकसित व्यक्ति, वे लोग जिनके सामाजिक रिश्ते पूरी तरह उनके अपने हैं, जो उन सामुदायिक रिश्तों से पैदा होते हैं जिन पर उनका सामूहिक नियन्त्रण है—ऐसे व्यक्ति प्रकृति की पैदाइश (उत्पाद) नहीं, इतिहास की पैदाइश हैं। उन योग्यताओं के विकास की सार्वजनीनता और श्रेणी, जिनमें इस तरह का व्यक्तित्व सम्भव होता है, जो विनिमय मूल्य के आधार पर उत्पादन का पूर्वानुमान लगाती है। यह उत्पादन, विश्वव्यापी स्वरूप के साथ, पहली बार व्यक्ति में स्वयं से एवं दूसरों से अलगाव को जन्म देता है, किन्तु इसके साथ ही यह यक्ति में विश्वस्वरूप एवं सर्वतोमुखी सम्बन्धों और योग्यताओं को भी पनपाता है। विकास के प्रारम्भिक चरणों में, अकेला व्यक्ति अधिक भरा-पूरा नज़र आता है, क्योंकि उसने अभी तक रिश्तों की पूर्णता अनुभव नहीं की है और उन्हें अपने से अलग सामाजिक सम्बन्धों और शक्ति के संघटक के रूप में स्थापित नहीं किया है। इस मौलिक पूर्णता पर अफ़सोस ज़ाहिर करना उतना ही बेहूदा है जितना यह सोचना कि हमें अपने खालीपन की वर्तमान अवस्था में सदैव ही बने रहना चाहिए। बुर्जुआ दृष्टिकोण स्वयं अपने और रोमांटिक दृष्टिकोण की विपरीतता के परे कभी नहीं गया और इसलिए बाद वाला (दृष्टिकोण) बुर्जुआ वर्ग के सुखद अन्त तक वैध विपरीतता के रूप में इसके साथ चलता रहेगा।'' यह पैराग्राफ पूँजी के तत्त्वमीमांसापूर्ण कार्य का उन्नयन करता है, जो हमें ज्ञात किसी भी वस्तु की तुलना में शानदार तरीके से अलग खड़ा दिखता है। अन्य पक्षधरों में मार्क्स वाली दूरदर्शिता का अभाव है, और वे जिस वाणिज्य की रक्षा करते हैं उसके पक्ष में कभी भी ऐसी प्रेरक शक्ति नहीं जता पाए। स्वयं *विश्वव्यापी,* बुर्जुआ युग का बिगड़ा हुआ पहला बच्चा, यहाँ 'विनिमय मूल्यों पर आधारित उत्पादन' का बच्चा समझा जाता है—किसी अन्य का नहीं। मार्क्स समुदाय-परक जुड़ाव के सब पूर्ववर्ती चरणों को घृणा की दृष्टि से देखता है। यद्यपि वह इसके खोये हुए 'मौलिक भरेपन' के लिए एक घड़ियाली आँसू बहाने के लिए तैयार है), क्योंकि वह जानता है कि वे चरण अवश्यम्भावी रूप से सीमित हैं और मार्क्स के लिए सीमित होना सबसे बड़ा दोष है, यह किसी भी प्रकार के ख़ालीपन से ख़राब है। यह एक स्थायी ख़तरा है, झोपड़पट्टी की शत्रुता भरी स्मृति।

'मौलिक भरापन' न भरेपन का अतिरेक है, यह 'सर्वतोमुखी' भी नहीं है; यह है मार्क्स का मतलब। (किन्तु यूलिसेसी उस 'मौलिक' से जुड़ा है या नहीं? यह एक ऐसा प्रश्न है जिसका उत्तर नहीं दिया गया है)। इतिहास के दूसरे छोर पर हम देखते

हैं कि, एक ऐसे युग में जब बुर्जुआ अत्यन्त सफलतापूर्वक सम्पन्न होते जा रहे हैं, बुर्जुआ व्यक्ति का सार वास्तव में विश्वव्यापी किन्तु पूरी तरह खाली, शून्य और खोखला होने में है; और यह सब खाली होने की अबाध प्रक्रिया का परिणाम हैं। तब नृवंश शास्त्रीय प्रश्न इन शब्दों में रखा जाना चाहिए : खोए हुए 'मौलिक भरेपन' की तरफ़ बिना किसी निरर्थक इशारे के, हम 'पूरी तरह खाली होने' से कैसे निबट सकते हैं? (और यहाँ मार्क्स एक ही व्यंग्य भरे वाक्य में बुर्जुआओं को लक्ष्य करती भव्य या क्षुद्र प्रतिक्रियावादी आलोचनाओं को समाप्त करता प्रतीत होता है।)

इस बिन्दु पर तर्कशास्त्र का एपेरेटस, अपनी सारी धोखे भरी आक्रामकता के साथ, एक बार फिर अत्यन्त उपयोगी लगता है। विकास ने जो खाली किया है, विकास ही उसे फिर भर देगा। लोग उत्पादन के सम्बन्धों के विषय में बात करने के बजाय 'व्यक्ति के विश्वव्यापी विकास' की चर्चा करेंगे। इस प्रकार, वास्तविक खाली होने के विषय में बात करने के बजाय वे एक निरर्थक अभिव्यक्ति का प्रयोग करेंगे जो फिर भी उस युग के रुझानों से तालमेल रखती है, जो "अपने ही आधार पर इस प्रश्न को हल करना चाहता है।" व्यक्ति को केवल कुछ प्रश्नों से बचने की ज़रूरत है। यदि ठोस (व्यक्ति) ज़िद्द पकड़कर मना कर देता है, तो फिर क्या होगा? और तब क्या होगा, यदि सार्वजनीन निरन्तर अस्तित्व को केवल पूर्ण खालीपन की शर्तों पर ही सहन कर पाएगा? इन्हीं बिन्दुओं पर, हाथ की बढ़िया सफ़ाई दिखाई थी हीगल ने। अब मार्क्स ने भी वही किया, यद्यपि उसके तरीके भोथरे थे और वह दर्शनशास्त्र के इतिहास को अपेक्षाकृत बहुत कम जानता था। और यही छल अनेक, बार दोहराए जाएँगे, तरीके और अधिक निर्दये होंगे, उत्तरोत्तर बढ़ती संख्या में बदनाम पोते-पड़ौते यह करेंगे, *थर्ड इन्टरनेशनल* के यात्रा करते हुए सदस्य यह या किसी अश्वेत बिजेंटियम के वारिस, पॉलीटेक्निक स्कूलों की बलिदानी गन्धों को अपने अन्दर लेते हुए घास के मैदानों को रेमंड रसल की तरह रक्त-रंजित दृश्य में परिवर्तित करने की प्रतीक्षा में, कत्लेआम में सने हुए, इतिहास में देरी से अपना नाम दर्ज कराते हुए यह करेंगे।

(इस सिद्धान्त का अच्छी प्रकार तपाया हुआ भोंथरापन इसे एक प्रकार से जीवित बने रहने की गारंटी प्रदान करता है, जिसमें उन लोगों के लिए एक खतरा है जो इसके प्रति सम्मान व्यक्त नहीं करते। यह एक विशेष प्रकार का *नियोजित* भोथरापन है—इसे नियोजित इसलिए किया गया है कि जितना जल्दी सम्भव हो कुशलतापूर्वक लागू किया जा सके। धारणा निश्चय ही भोंथरी है, किन्तु इसमें आन्तरिक अर्थ यह है कि इसमें एक 'प्रक्रिया' है, दोनों, यानी विधिक और भौतिक अर्थों में। यह विद्यमान सामान्य प्रक्रिया की सहायता इसकी एक प्रकार की जाँच करके करता है। इतिहास का न्याय, जो यदि परिस्थितियाँ अनुकूल हैं 'क्रान्तिकारी न्याय' भी हो

सकता है तो सिद्धान्त को व्यावहारिक रूप से लागू करने की एक मूल्यवान ज़रूरत है। धारणा (सिद्धान्त) ने न केवल व्यावहारिक परिवर्तन को एक सैद्धान्तिक गौरव प्रदान किया, अपितु यह पहले ही व्यावहारिक रूप में कार्यरत थी। किन्तु इस पर विज्ञान का मुखौटा चढ़ा हुआ था। यहाँ 'भौतिकवाद' शब्द ने, एक संन्यासी की दुहरी झिड़की के साथ (ऐतिहासिक और द्वन्द्वात्मक) अनुपम सेवाएँ प्रदान कीं।

'विकास' की पूजा में मार्क्स, स्वयं को, सदैव अनियन्त्रित रूप से खो नहीं देता। उसे इस शब्द के पीछे, कभी-कभी अवश्यम्भावी राह परिवर्तन की झलक मिल जाती है। कुछ पैराग्राफ़ ऐसे भी हैं जब वह विकास के इन दो मॉडलों, एक सिरफिरा (पूँजी वाला) और दूसरा अच्छा (जो पूँजी के बाद आता है), के बीच पूरी पृथकता के अत्यधिक समीप पहुँच जाता है : और ऐसा करने में उसकी सारी सावधानियाँ ख़त्म हो जाती हैं।

विनिमय मूल्य पर आधारित समाज की, जिसने अपना पूर्ण सन्तोष प्राप्त कर लिया है, परिभाषा इस प्रकार की जा सकती है : "प्रत्येक व्यक्ति के पास एक चीज़ (विनिमय मूल्य) के रूप में सामाजिक शक्ति है।" आगामी वाक्य में क्रान्तिकारी छलाँग को अत्यन्त संक्षिप्त रूप में व्यक्त किया गया है : "विषय को सामाजिक शक्ति से वंचित कर दो और यह शक्ति लोगों द्वारा लोगों पर प्रयोग की जाएगी।" यह विचार लुई ड्यूमॉ की अवधारणा से पूरी तरह मेल खाता है : यदि *आधुनिक* का प्रारम्भिक लक्षण (किन्तु वहाँ कितने प्रारम्भिक लक्षण हैं) यह है कि यह आदमियों और चीज़ों के बीच रिश्ते को सर्वोच्च महत्त्व देता है (उन समाजों से उलट है जहाँ रिश्ता मुख्यतः मनुष्य और मनुष्य के बीच आधारित है), तब विनिमय मूल्य प्रणाली के त्याग का अर्थ लोगों के (आपसी) सम्बन्धों के महत्त्व की पुनः स्थापना करना होगा। और यहाँ मार्क्स समाज के चरणों के कई (नुस्खों) में से एक को बतलाता है जो मार्क्सवाद-लेनिनवाद की हस्त-पुस्तिकाओं में कभी नहीं दिखेगा। यहाँ, वास्तव में धारणात्मक अभिव्यक्तियाँ बिलकुल स्पष्ट हो जाती हैं :

(अ) "निजी निर्भरता के रिश्ते (जो पहले प्राकृतिक और स्वतःस्फूर्त होते हैं) समाज का प्रथम रूप हैं जिनमें मानवीय उत्पादकता विकसित होती है, किन्तु यह केवल सीमित तरीकों में और अलग-थलग क्षेत्रों में होती है।" 'निजी निर्भरता के रिश्ते' चीज़ों के साथ रिश्तों के विपरीत, लाक्षणिक, निर्णायक तत्त्व हैं। और यहाँ निर्भरता सौंप दी जाती है प्रकृति को और इसकी शक्तियों को—एकाकी, बढ़त, जंगल, दलदल। विकास 'केवल सीमित रूपों' से होता है। यहाँ इसकी एक सीमा है, एक पूर्व-स्थापित क्षेत्र और चाहे जो कुछ भी हो, इसमें सारे विनिमय शामिल नहीं हैं। इसके *बाहर*, अन्य तरीके (ढंग) हो सकते हैं और हैं।

(ब) *"विषयों (वस्तुओं) पर निर्भरता* पर आधारित निजी स्वतन्त्रता दूसरा बड़ा चरण है। पहली बार मानवों ने सामाजिक अन्तःपरिवर्तन, सार्वजनीन सम्बन्धों, विभिन्न आवश्यकताओं और सार्वजनीन योग्यताओं की प्रणाली विकसित की।" श्रेणी के रूप में व्यक्ति इस चरण में पहली बार रूप ग्रहण करता है। एक 'व्यक्ति' दूसरे विषयों के साथ स्वतन्त्रता के रिश्ते बनाए रखता है। किन्तु एक शर्त पर कि ये रिश्ते चीज़ों पर पूर्ण निर्भरता के साथ ही रहेंगे। व्यक्तियों को सामाजिक उत्पादन के अधीनस्थ रखा जाता है, जो उनसे बाहर, एक प्रकार की नियति के रूप में होते हैं। यह नियति, जो चीज़ों के शुद्ध अस्तित्व में निहित है, अब 'सामाजिक उत्पादन' कहलाती है। इस प्रकार यह चीज़ों और उनके उत्पादन से मिलकर बनती है। जब इस रूप की (अ) से तुलना की जाती है तो यह रूप प्रान्तीय से एक प्रकार बच निकलना है—व्यक्ति के एक (होने) के विपरीत यह सार्वजनीन सीमाओं, सम्पूर्ण और साधारण की ओर विस्तार है।

(स) "स्वतन्त्र व्यक्तित्व—व्यक्तियों के सार्वजनीन विकास पर आधारित उनके द्वारा सामुदायिक और सामाजिक उत्पादकता पर दक्षता प्राप्त कर लेने पर और उनके द्वारा सामाजिक क्षमताओं पर नियन्त्रण कर लेने से प्राप्त होने वाला—तीसरा चरण है।" यहाँ यह एक बार फिर चीज़ों और लोगों के बीच रिश्ता उलट देने का मामला है, ताकि चीज़ों में अधीनस्थ होने की स्थिति (और इसलिए 'उत्पादकता') पुनः स्थापित कर दी जाए। फन्दा कसता जाता है; उत्पादकता को दूसरी प्रकार की उत्पादकता के समक्ष झुक जाना है, जिसे अब 'व्यक्तियों का सार्वजनीन विकास' कहा गया है। किन्तु अभिमानी मुक्त-विचारकों के लिए इस फार्मूले के पीछे क्या छिपा है? 'उत्पादन' मानवता के इस महान, पवित्र *विकास* का मुद्दतों पुराना नाम केवल एक मार्ग सुझाता है : कि स्वयं मानवता को 'मानव सामग्री' के रूप में लिया जाए। तो फिर प्रारम्भिक 'सर्वतोमुखी' मनुष्य कैसे बनेगा? फिर तो वह Anthropos (नृवंश-मानव) की पैरोडी होगा—एक प्रगतिशील Anthropos मुस्यों Homeas और (जादुई) रसायन द्वारा निर्मित Homunculus का वर्णसंकर, जिसे (उत्पादकता असीम बढ़त) समाज के निरन्तर बढ़ते 'सार्वजनीन' विषयों पर लागू करके बनाया गया है। वे एकमात्र ऐसे विषय होंगे जो *स्वयं* को निरन्तर *सुधारते रहते हैं*। और हमें स्मरण रखना चाहिए कि 'सुधार' वह शब्द था जिसे एडम-स्मिथ 'विकास' के अर्थ में प्रयोग करता है।

इस नाज़ुक बिन्दु पर, मार्क्स कुछ स्पष्टीकरण देने का वायदा बार-बार करता है, किन्तु कुछ अप्रत्याशित कारणों से यह स्पष्टीकरण सदैव ही *स्थगित हो जाता है* : ("यह अन्तिम संसर्ग, जो 'उत्पादन के साधन हथियाने और उन पर नियन्त्रण' पर आधारित समझा जाता है, किसी भी रूप में मनमाना नहीं है। यह पदार्थ (सामग्री) और बौद्धिक दशाओं के विकास की पूर्व-कल्पना करता है, जिसकी इस बिन्दु पर हम

जाँच नहीं कर सकते।)'' हम अभी भी उसी बिन्दु पर खड़े हैं। किन्तु यह इनकार सदैव की भाँति कुछ उजागर करता है। मार्क्स तुरन्त इस बात का ध्यान रखता है कि 'मनमाना' शब्द हटा दिया जाए और इसका कारण यही है कि इसमें 'नए मनुष्य' का रहस्य छिपा है, मानो मार्क्स ने सकारात्मक नायकों के विकर्षक चेहरों की झलक पा ली हो, जो कई दशक बाद, बड़े उत्साह से पैदा किए जाएँगे। और निश्चय ही वे मनमाने नहीं थे, क्योंकि वे उपयोगी थे। हाँ उनका निर्माण जरूर मनमाने ढंग से ही किया गया था, उसी तरह जैसे अतीत में विनिमय मूल्य रखने वाली चीज़ें बनाई गई थीं।

''जिंस की विनिमयता की गारंटी करने के लिए, स्वयं विनिमयता को स्वतन्त्र जिंस के रूप में प्रति-सन्तुलित किया जाता है।'' *पूरब* के किसी मसाले की भाँति, पूरब की दूरदराज जगहों से जो सबसे शुद्ध और सबसे ज़हरीले *पश्चिम* हैं, विनिमयता बाज़ार में आती है और जल्दी से यथार्थ का चेहरा बदल देती है। यह वही शक्ति है जो 'चिह्न के मनमानेपन में' पहले से ही कार्यशील थी, परिपाटी के चलन में थी, जो स्थानापन्नता के हर काम में थी ('ब' के स्थान पर 'अ' खड़ा है), किन्तु इसमें अभी तक अपने आपको एक स्वायत्त इकाई के रूप में सामने लाने की धृष्टता नहीं थी, पर अब यह अपना वर्चस्व दिखाती है—और यह दिखाने की हिम्मत करती है कि, बजाय इसके कि *दूसरी* शक्तियाँ इसे अपने अन्दर ले लें और *सोख* लें, यह उन्हें अपने अन्दर समा सकती है और उन्हें अपने ही आंशिक प्रयोग की तरह देख सकती है। गुरु अरस्तू ने पहले ही कहा था, ''यथार्थ में हर चीज़ का विनिमय हो सकता है।'' कुछ नीरस बातें सदियों तक इतिहास की दरारों में सोई पड़ी रहती हैं, किन्तु जब वे जागती हैं, तो वे तोड़ने और पीसने वाले जबड़े बन जाती हैं।

''मात्र प्राकृतिक सामग्री का कोई भी *मूल्य* नहीं होता। क्योंकि इसमें कोई भी श्रम लक्षित नहीं होता, यह शुद्ध सामग्री होता है और मानव श्रम से अलग सत्तावान होती है। मूल्य केवल लक्षित होता है; इसमें इतना ही मूल्य होता है जितना स्वयं ब्रह्मांडीय तत्त्वों में है।''

चूँकि सामाजिक मशीन पूरी तरह ब्रह्मांडीय नशीन का स्थान ले लेती है, अतः अब स्वयं प्रकृति और इसके तत्त्वों के लिए, जो अब तक शक्ति के सर्वोच्च भंडारक थे, यह आवश्यक हो जाता है कि उनसे वह शक्ति छीन ली जाए और उन्हें एक-दूसरे के प्रति उदासीन बना दिया जाए, क्योंकि वे ''मूल्यहीन'' हैं, और वे मूल (प्रारम्भ) के उस श्वास से अनुप्राणित नहीं हैं जो अब सरककर जीवित श्रम में आ गया है।

जिंस एक ऐसी चीज़ होती है जो तुरन्त प्रयोग में शामिल कर ली जाती है। इसमें निकटवर्ती का विनाश सन्निहित है, किन्तु यह इसे एक दूसरी प्रक्रिया द्वारा (विनिमय

मूल्य का उपयोग एक बार फिर मूल्य में रूपान्तरित हो जाना) पुनःस्थापित कर देती है। यह वस्तु के "अनुचित" उपयोग पर आधारित है, उसी तरह जैसे रूपक में शब्द का 'अनुचित' प्रयोग सन्निहित है। जैसे ही एक वस्तु जिंस का गौण (secondary) स्वरूप ग्रहण करती है, जिंस का सार उस वस्तु को *मुख्यतः* जिंस के रूप में दर्शाता है—यानी, विनिमय मूल्य—और केवल एक निश्चित बिन्दु पर (इसके चलन का अन्त, उपभोग का क्षण) पर पहुँचकर ही यह प्रयोग की एक वस्तु होती है। यह विनिमय द्वारा उत्पन्न किया गया उलटाव है, किन्तु यह हर विनिमय का आधार है। हाँ, यह बात दूसरी है (उस दशा में स्थिति दूसरी होगी) कि *चलन एक ही शरीर के अन्दर हो* रहा है। विनिमय की प्रक्रिया में समुदाय का शरीर अवश्यम्भावी रूप से घायल होता है, क्योंकि यह दूसरे समुदाय के सम्पर्क में आता है। सामने प्रकट लक्षण जो स्वयं को मूल पर फेंकते हैं, ठोकर मारकर इसे एक तरफ़ कर देते हैं और अपनी क्रिया में इसे अपने काबू में कर लेते हैं—यद्यपि दिखने में ये अभी भी मूल से निकले हुए रहते हैं—ये *आरम्भिक* लक्षण भी हैं (पहला विनिमय सीमा पर, दो समुदायों के बीच होता है), जो बाद में समुदाय के गठन से 'अस्त-व्यस्त करनेवाली क्रिया' के रूप में गुड़गुड़ाते रहते हैं।

अलग छोड़ी गई जिंस वह जिंस है जो सामान्य रूप में समतुल्य बन जाती है जो अपने ख़ास उपयोग मूल्य में दूसरे प्रकार का उपयोग मूल्य जोड़ देती है, जिसे यह सामान्य समतुल्य हो जाने के कारण प्राप्त करती है। अलग छोड़ी गई जिंस इच्छा का विषय बन जाती है, इस अर्थ में कि यह विनिमय का समतुल्य है। एकल (वस्तु) के लिए इच्छा के अलावा, विनिमय के लिए जातिगत (generic) इच्छा होती है : "सामान्य समतुल्यता के रूप में अलग छोड़ी गई जिंस अब सार्वजनीन ज़रूरत का विषय बन जाती है, जो विनिमय की उसी प्रक्रिया से उद्भूत होती है और इसका हर एक के लिए वही प्रयोग मूल्य है, यानी विनिमय मूल्य का प्रतिनिधि (होना)—दूसरे शब्दों में, विनिमय का सामान्य माध्यम होना।" *अलग छोड़ी गई जिंस* के रास्ते से हम इच्छा के सामान्य विषय, यानी उपयोग नापने की एक इकाई पर पहुँच गए हैं—और वस्तुतः, हास्यास्पद रूप से यही विनिमय की जातिगत सम्भावना है। इच्छा का मूल वस्तु नहीं, अपितु वस्तुओं के विनिमय की सम्भावना है।

जिंस का सारा धर्मशास्त्र ऐसी प्रक्रिया के रूप में खुलता है जिसके अन्त में विनिमय मूल्य फिर उपयोग मूल्य में रूपान्तरित हो जाता है। यह प्रक्रिया *विलम्ब* की है। फ्रॉयड का Aufschub जिंसों की फंतासी, "वह फ़ासला जो ख़रीदारी और बिक्री के बीच है," पैदा करता है और यह फासला, यह अलगाव दरार और छल-कपट का जातिगत रूप है। यह सामाजिक अन्तर-परिवर्तन के स्थानीय अवरोधों को तोड़ डालता है जो बहुत

दिनों से चले आ रहे हैं और जो परम्परा और मूर्खता भरे लगाव द्वारा पावन बना दिए गए हैं। यह "वह सामान्य रूप है जो सारे तत्त्वों के टूटन और अलगाव से बना था, जो सामाजिक अन्तर-परिवर्तन में इकट्ठे थे।" यह मासूमियत की असंभाव्यता है। यही बात शब्द के लिए कही जा सकती है, जो अन्तर-सम्बन्धों, रिश्तों और उन चीज़ों से लगाव से अलग हो गया है जिनका यह प्रतिनिधित्व करता है, क्योंकि यह सबसे ऊपर एक छाप—लेखन-में जड़ दिया गया है, जो शरीर से बिलकुल अलग, भिन्न है और जिसे एक निर्दोष और स्वायत्त जीवन प्रदान किया गया है, जैसा 'रुपए पैसे के *क्रिस्टल*' के साथ होता है।

मार्क्स अपने शत्रु का, जिस पर यह प्रहार करता है, बन्दी है; उसके शत्रु का शरीर उसके ऊपर गिर जाता है और उसे घोट देता है। *सीमाओं को भंग करने की मशीन* की मार्क्स के पास एक निश्चित कल्पना है, जिसे वह पूँजीवादी कहता है, किन्तु वह प्रश्न *मशीन* पर उठाता है, *सीमा* पर नहीं। वह एक बेहतर मशीन बनाना चाहता है, जो बिना जाम हुए या संकट में पड़े सीमाओं को भंग कर देगी। एक महान मैकेनिक की भाँति, पूँजीवादी मशीन के विषय में वह बड़ा प्यार, लगाव भरा ज्ञान रखता है। *सीमा* के विषय में उसकी भ्रान्ति उतनी ही हैं जितनी मशीन को हैं। जिस चीज़ ने उसे क्रोधित किया वह पूँजी द्वारा उत्पन्न अनेक असमानताएँ और केवल विषमताएँ इतनी नहीं है कि जितना कि यह तथ्य कि पूँजी उत्पादन में *बाधा* डालने की तैयारी कर रही थी, इसका पुरावस्था वाला एवं कठोर बन गया रूप, जबकि इसकी तुलना में सम्भावनाएँ अनन्त हैं। पूँजी का जो सपना, पूरी आस्था के साथ और अपनी आत्मा की सारी शक्तियों को बटोरकर, मार्क्स ने देखा वह किसी अन्य व्यक्ति ने नहीं देखा है। वह कस्बों से आए उस युवक के समान है जो महानगर के रीति-रिवाज़ों को *पूरी गम्भीरता* से, कभी-कभी तो हताश करने वाली गम्भीरता से लेता है—मार्क्स ने पूँजी को इस प्रकार देखा। कभी-कभी उसने स्वयं को पेयरे लाचेज़ की पहाड़ी पर खड़े रैस्टीग्नैक के रूप में देखा और फिर उसने दुनिया में उस चीज़ को छोड़ दिया जो पुरानी मशीन की तुलना में, जो केवल सीमाएँ गिरा रही थी, असीमित रूप से और भी अधिक उत्पादन करती चली जाएगी। पूँजी उसकी मदाम द बॉसियाँ बन गई थी। उससे उसने तौर-तरीके सीखे थे; और यही वह थी जिसने उसका समाज में प्रवेश कराया। किन्तु अब वह उसे कुछ फीकी, कुछ हास्यास्पद, भाग्यहीन दिख रही थी। उसने अपनी निगाह कहीं और मोड़ी, सर्वहारा वर्ग की *नवागन्तुकाओं* की ओर।

जहाँ तक विकास का मामला है, मार्क्स अन्ततः पूँजी से अधिक पूँजीपति बन गया। पैनी निगाह वाला और ज़िद्दी तो वह था ही, उसने सब ओर शक्ति की उन सीमाओं पर नज़र दौड़ाई जो सीमाओं को तोड़ देती हैं। वह उस बिन्दु पर पहुँच

जाना चाहता था, जहाँ से वह पूँजीवादी उत्पादन को उस रूप में देख सके जो सीमित, हिचक भरा, और अपने आप में बन्द है और इसका वैसे ही तिरस्कार कर सके जैसे इसने इसके पिछले स्वरूपों का किया था : *"(अलगाव का आत्यन्तिक स्वरूप*...पहले से ही *स्वयं अपने अन्दर*—एक उलट हुए रूप में, ऊपर का हिस्सा नीचे—*उत्पादन की सारी सीमित परि-कल्पनाओं* का विच्छेद (विनाश) लिए हुए है। इसके अलावा, यह व्यक्ति की उत्पादकीय शक्तियों के सम्पूर्ण, सार्वजनीन विकास के लिए पूरी भौतिक दशाएँ और उत्पादन की शर्तहीन पूर्व-कल्पनाओं को भी स्थापित करता है।)" यहाँ एक जीवन्त दैत्यवाद बोल रहा है, असीमित आत्म-निर्माण की इच्छा। एक बार सम्पूर्ण विघटन की स्थिति प्राप्त कर लेने पर, एक बार मनुष्य को पूरी तरह सम्पत्तिहीन कर देने पर, जो शून्य बनेगा वह उसकी कल्पनानुसार, हर उस चीज़ से भर दिया जाएगा जो मनुष्य कभी नहीं रहा। इस प्रकार मार्क्स का आक्रोश मानवतावादी आदर्श की स्थिति में न फूटकर एक अनियन्त्रित टेक्नोलॉजिकल दृष्टि-भ्रम में फूट निकलता है।

मार्क्स आनन्दित होता है : "पूँजी श्रम को और मूल्य निर्माण को सीमित करती है—एक कृत्रिम रुकावट द्वारा जैसा अंग्रेज वर्णन करते हैं और यह उन्हीं आधारों पर और उसी सीमा तक करती है जिस सीमा पर यह अतिरिक्त श्रम और अतिरिक्त मूल्य की कल्पना करती है। अतः यह अपने स्वभाव के अनुरूप ही श्रम और मूल्य के निर्माण में अवरोध खड़े करती है, एक अवरोध जो उनके सीमारहित विस्तार सम्बधी इसके रुझान पर प्रति-क्रिया करता है। क्योंकि यह स्वयं अपने अनुरूप अवरोध लगाना चाहती है और इसके साथ-ही-साथ सारे अवरोधों पर विजय भी पाना चाहती है, इस प्रकार यह एक जीवित विसंगति है।" उसने शत्रु के अन्तरतम में कील गाड़ दी। किन्तु मार्क्स इस बात पर विचार करने से इनकार कर देता है कि सीमा प्रकृति में मौजूद है और विचार में भी विद्यमान होती है।

"सबसे पहले तो एक सीमा है, जो सामान्यतः उत्पादन में निहित न होकर उस उत्पादन में निहित है जिसकी नींव पूँजी है।" इससे मार्क्स यह निष्कर्ष निकालता है कि पूँजी "जैसा अर्थशास्त्री विश्वास करते हैं, उत्पादन की शक्तियों के विकास के लिए सर्वांग सम्पूर्ण स्वरूप नहीं है।" किन्तु ऐसा 'सर्वांग सम्पूर्ण स्वरूप' मौजूद है : यह मार्क्स का सपना है, उसी तरह जैसे हिलबर्ट का सपना होगा पूर्ण स्वयं सिद्ध-सैद्धांतीकरण। उसे इस धोखे से बचाने के लिए किसी गोडेल ने हस्तक्षेप नहीं किया।

"हमने देखा है कि संचरण के गोले में एक छेद है, जिससे होकर सोना (या चाँदी—संक्षेप में, रुपए का पदार्थ) निश्चित मूल्य की जिंस के रूप में इसमें प्रवेश करता है।"

'छेद' एक 'आत्म-बिम्ब' है। जितनी भी अस्तित्ववान वस्तुएँ हैं, उनमें सदैव ही एक विषय ऐसा होता है जो वस्तुओं के प्रतिनिधित्व का प्रतिनिधि होता है और अकेला वही उन अन्य सभी की व्यवस्था में व्यवधान डालने के लिए काफ़ी है, जो उसके पूर्ववर्ती रहे हैं।

"एक वस्तु, मूल्य हुए बिना भी, उपयोग मूल्य हो सकती है। इसका मनुष्य के लिए उपयोगी होने का मामला ऐसा है जिससे श्रम नहीं जुड़ा है। ये बात हवा, खाली ज़मीन, प्राकृतिक चरागाहों, पेड़ों में मौजूद लकड़ी इत्यादि के विषय में सत्य है। इस विरोधाभास से, जिसे मार्क्स *कैपिटल* में अत्यन्त अल्प रूप में हाशिए पर प्रस्तुत करता है, सारी दुनिया की सम्पूर्ण अभिव्यक्ति जन्म लेती है। आइए, अनुष्ठान को होते हुए देखें। अच्छा बड़ा क्षेत्र चिह्नित कर लिया गया है : यह मूल्य का है। हम इसके (मूल) पदार्थ को छूते हैं : यह श्रम है। हम माप की इकाई ढूँढते हैं : यह वह समय है जो श्रम की अवधि में बीतता है। (यहाँ तक तो हम रिकार्डो का अनुगमन कर रहे हैं)। हम इसकी प्रकृति का अवलोकन करते हैं : यह अमूर्त श्रम है, *बिना वाक्यांश* के (मार्क्स द्वारा निर्णायक रूप से जोड़ा हुआ)—एक खाली विचार जो प्रणाली के प्रत्येक बिन्दु पर सील लगा देता है। ("अन्तर समानता की महसूस की जा सकने वाली भाषा है," ऐसा मार्सेल श्वौब ने लिखा) यह अपने तत्त्वों की समरूपता की पुष्टि करता है और नापे न जा सकने वाले तत्व को निष्कासित कर देता है, बिलकुल उसी तरह जैसे *सौस्योर* में चिह्न (सिद्धान्त) का मनमानापन भाषा को प्रणाली के रूप में बने रहने देता है और जैसे फ्रॉयड में शिश्न, मुख्य चिह्नकारक, कामावेग के आदान-प्रदान को संभव बनाता है और मुखर होने देता है। अन्ततः यह प्रणाली, जिसकी नींव शून्य पर है, प्रकृति की सम्पूर्णता उत्पन्न करती है; किन्तु इस बार यह *कार्यित प्रकृति* है, जो (माल के, चिह्नों के, प्रेतों के) उत्पादन की (रहस्यमयी) रसायनिक प्रक्रिया से पकी हुई है।

अत्यधिक और प्रतिस्पर्धी दान समान विनिमय की असम्भाव्यता पर आधारित है; विनिमय असमान होना चाहिए। आदान-प्रदान की मनाही कर दी गई है, क्योंकि यह सदैव ही भ्रम होता है। समकक्ष केवल प्रारम्भकर्ताओं की औंधी (ऊपर की नीचे) दुनिया में होते हैं, क्योंकि प्रारम्भकर्ता साझा स्वरों में वार्तालाप करते हैं।

समान विनिमय एक रहस्यमय विनिमय है—जुड़वाँओं का, पारदर्शी बोली का। पूँजीवाद की मशीनरी *रहस्यमय विनिमय* को समान विनिमय बतलाकर लाद देती है : "जुड़वाँओं की बोली सही है, क्योंकि यह समान है। उनके मूल्य एक से हैं। ये एक ही हैं। जो आदमी बेचता है, जो आदमी खरीदता है : वे भी एक जैसे ही हैं। वे जुड़वाँ हैं।"

एक जिंस को चामत्कारिक रूप में देखने के दो तरीके हैं : एक धोंखे भरे अन्धविश्वास के रूप में जो दैनिक भौतिक दुनिया के ऊपर मँडराता रहता है, या चमत्कार के आश्चर्य की सराहना के दैनिक अवसर के रूप में। मार्क्स में आश्चर्यजनक को देखने की प्रतिभा थी। किन्तु उसमें आश्चर्यजनक के प्रति गहरा क्रोध था, क्योंकि वह जानता था कि यह डरावने की केवल शुरुआत है और जो आश्चर्यजनक में विश्वास कर सकते हैं। वे लोग भरोसेमन्द प्रयोग लायक नहीं हैं। शक्तियों का हल्का-सा श्वास भी उन्हें उड़ा ले जा सकता है। दुकानों की खिड़कियों को तोड़ने और जिन्सों को नष्ट करने के लिए, अच्छा होगा कि आश्चर्यजनक के अतिरूप का गला घोंट दिया जाए। तब मार्क्स अपना उपहार सचमुच मन्द बुद्धि अनुयायियों, विनम्र और उत्साही लोगों को दे सकेगा; उन्हें सिखा सकेगा कि उस दुनिया का ताला कैसे तोड़ा जाए जहाँ हर चमत्कार भाग गया है—या जहाँ हर आश्चर्य के अन्दर छुरा घोंप दिया गया है और यह ज़मीन पर मरा पड़ा है, जहाँ बच्चों को यह बतलाया जा सकता है कि यह लोगों का शत्रु है।

रिकार्डो की निर्ममता

मार्क्स और उन ठंडे, निर्दय धर्मशास्त्रियों के बीच एक भ्रातृत्वपूर्ण एकता बनी हुई है जो पूँजीवाद के पक्षधर हैं। और एकता का यही एक मात्र भाव है जो मार्क्स में बराबर बना रहता है; अन्यथा समाजवाद के सिद्धान्तकारों के प्रति तो वह अधिकांशतः कटुता और असहिष्णुता ही दर्शाता है। इस प्रकार वह स्वेच्छा से श्रम के उत्पादक और अनुत्पादक भेद को लेकर एडम स्मिथ से सहमत है और डेविड रिकार्डो के 'भावुक विरोधियों' को तिरस्कार पूर्वक देखता है।

"रिकार्डो का यह सोचना ठीक था कि पूँजीवादी उत्पादन अपने समय का सामान्यतः सबसे लाभकारी और धन पैदा करने में सबसे लाभदायी था। वह *उत्पादन को उत्पादन के लिए* चाहता है और इस प्रकार यह *सही* है। यदि कोई इस बात पर बल देना चाहता है, जैसा रिकार्डो के भावुक विरोधियों ने किया है, कि उत्पादन अपने आपमें लक्ष्य नहीं है तो वह यह भूल जाता है कि *उत्पादन के लिए उत्पादन* का अर्थ मानवता की उत्पादन की शक्तियों के विकास और इसलिए *मानव प्रकृति का स्वयं अपने आपमें एक लक्ष्य की तरह विकास* के अतिरिक्त और कुछ नहीं है।

किन्तु मार्क्स जिस समाज की कामना करता है वह समाज ऐसा लक्ष्य रखता है जो पूँजी के परे जाता है–यानी *'मानव प्रकृति की सम्पन्नता का विकास,'* 'पूर्ण मनुष्य' के 'सर्वतोमुखी' विकास के लिए आन्दोलन, जो अभी तक प्राप्त नहीं किया गया है। सीमाओं के विनाश की नींव पर आधारित पूँजी अभी भी सीमाओं को गिरा डालने में *हिचकिचाती* है; पूँजी के परे वह सम्भावना मौजूद है कि उत्पादन के लिए उत्पादन अपना सबसे अग्रगामी, घना और कुशल स्वरूप धारण कर लेगा। अतः मार्क्स पूँजीवादी उत्पादन के सबसे स्पष्ट और निर्मम विचार को (वास्तव में, रिकार्डो के विचार को) एक ऐसे सन्दर्भ में पहुँचाना चाहता है जहाँ पूँजी फँस जाएगी क्योंकि यह स्वयं उत्पादन के लिए बाधा बन गई है।

"एक ख़ास बिन्दु के परे उत्पादन की शक्तियों का विकास पूँजी के लिए अवरोध बन जाता है और इस प्रकार पूँजी से रिश्ता श्रम की उत्पादक शक्तियों के विकास में बाधा बन जाता है।"

लाभ के अनुपात में उत्तरोत्तर घटत का सिद्धान्त मुख्यतः वापस न लौटने वाले बिन्दु को स्थापित करने का काम करता है, जहाँ (पहुँचकर) विकास स्वयं अपने आपको अवरुद्ध करता है। पूँजी, जो अब तक विकास को तेज़ी से आगे बढ़ाने का काम करती थी, अब उसी तरह 'अवरोध' बन जाती है जैसे इससे पूर्ववर्ती चरणों में पूँजी द्वारा विनष्ट हुए आर्थिक सम्बन्ध बाधा थे। किन्तु यदि पूँजी विकास की उस प्रक्रिया का *विषय* थी, जो अब इसके विरुद्ध विद्रोह करता है, तो उस विकास का विषय क्या होगा जो पूँजी को तहस-नहस करता है? इस बिन्दु पर मार्क्स विकास की छवि को योजना के रूप में प्रस्तुत करता है, मानवों द्वारा बनाई गई क्रमबद्ध शृंखला, जिन्होंने अपने साधन और पहचान पुनः प्राप्त कर ली हैं। किन्तु विकास के प्रथम लक्षण है कि इसे नियोजित नहीं किया जा सकता; यह तो अँधेरे में निरन्तर अन्धी लाठी चलाने जैसा है जो निरन्तर आश्चर्यजनक परिणाम सामने लाता है, क्योंकि स्वयं विकास की कार्यशीलता से *श्रेष्ठ* अन्य कोई ज्ञान नहीं है। आधुनिक समाज की एक अन्य महान शक्ति, नियन्त्रण, यहाँ मार्क्स के शब्दों के पीछे मँडराती है, फिर उन लोगों की दुखपूर्ण छवि के पीछे जो अपने भाग्य का दायित्व अपने हाथ में लेते हैं. सुखी श्रमिकों की, लोकप्रिय छवियों के पीछे, जो कलाकार और मछुआरे और हो सकता है, पुलिसकर्मी भी, बन जाते हैं। *नियन्त्रण* और *विकास* इसके विपरीत, ऐसे पशु हैं जो एक-दूसरे के साथ एक धीमे संघर्ष में ऐसे भिड़ रहे हैं जो शायद दोनों के लिए मरणान्तक होगा।

रिकार्डो और मार्क्स प्रतिद्वन्द्वी धर्मशास्त्री थे, किन्तु दोनों 'ईमानदारी' से और 'वैज्ञानिक' ढंग से एक ही ईश्वर को समर्पित थे। मार्क्स रिकार्डो की ज़्यादतियों को दुलार के भाव से देखता है—ज्यादतियाँ तो वास्तव में हैं, किन्तु वे अवश्यम्भावी रूप से सही दिशा में हैं। "रिकार्डो, उदाहरण के लिए, विश्वास करता है कि बुर्जुआ अर्थ-व्यवस्था एकमात्र विनिमय मूल्य से ही सरोकार रखती है और यह कि ये उपयोग से केवल बाहरी रूप से ही जुड़ी है..." अहा, क्या शानदार ग़लती है।

"इस प्रकार, रिकार्डो की निर्ममता उसके दृष्टिकोण के लिए न केवल *वैज्ञानिक दृष्टि से ईमानदार है* अपितु *वैज्ञानिक दृष्टि से आवश्यक भी है।* उसे इससे बिलकुल फ़र्क़ नहीं पड़ता कि उत्पादन की शक्तियों का विकास भू-सम्पत्ति को या श्रमिकों को प्राणान्तक चोट पहुँचाता है। यदि यह प्रगति औद्योगिक बुर्जुआ की पूँजी का अवमूल्यन करती है, तो और भी अच्छा है। यदि श्रम की उत्पादक शक्ति का विकास स्थायी पूँजी के मूल्य को आधा कर दे, तो भी कोई बात नहीं है, रिकार्डो कहता है। मानव श्रम की उत्पादकता दुगनी हो जाती है। यह *वैज्ञानिक ईमानदारी* है। यदि रिकार्डो का दृष्टिकोण कुल मिलाकर, औद्योगिक बुर्जुआओं के हितों का पक्ष लेता है तो ऐसा

इसलिए और *उस सीमा तक* है कि ऐसे हित उत्पादन के और मानव श्रम के उत्पादक विकास के हितों के साथ मेल खाते हैं। जब इन हितों का उत्पादन के हितों से संघर्ष होता है तो वह (रिकार्डो) बुर्जुआओं के प्रति उतना ही निर्मम है जितना वह अन्य मामलों में सर्वहारा वर्ग के प्रति है।''

इस प्रकार रिकार्डो और मार्क्स, क्रमशः, बुर्जुआओं और सर्वहारा वर्ग के पक्ष में खड़े हुए थे, किन्तु यह केवल उस समय तक था जब तक दोनों वर्ग अधिकतम औद्योगिक विकास की गारंटी करते थे। और जैसे मार्क्स ने कल्पना की थी कि रिकार्डो पूरी तरह बुर्जुआओं के ख़िलाफ़ तैयारी किए हुए है, उसी प्रकार हम कल्पना कर सकते हैं कि मार्क्स सर्वहारा वर्ग के ख़िलाफ़ तैयारी में रहेगा। क्योंकि लक्ष्य, दुर्भाग्यवश, मनुष्य से कम—वास्तव में मानव प्रजाति—कभी नहीं रहा। ये सदाशयता ही थी जिसे डारविन के नीरस प्रश्नोत्तर ने पहले ही सम्पुष्ट कर दिया था। परेशान होकर, मार्क्स ने अपना सिर हिलाया : ''यह कि मानव प्रजाति की योग्यताओं का यह विकास, भले ही यह प्रारम्भिक अवस्थाओं में अधिकांश व्यक्तियों और लोगों के समूचे वर्गों की कीमत पर होता है, अन्ततः शत्रुता का उन्मूलन कर सकेगा और एक पृथक् व्यक्तित्व के विकास के साथ मिलकर एक हो सकेगा, और इस तरह व्यक्तित्व का उच्च विकास, अतः एक ऐतिहासिक प्रक्रिया द्वारा प्राप्त किया जा सकेगा, जिसमें व्यक्तियों का बलिदान होता है—यह वह चीज़ है जिसे वे नहीं समझ सकते।'' किन्तु नीत्शे ने इसे समझा था। अपने अन्तिम वर्षों में वह कभी-कभी स्वयं को, एक स्वप्नदर्शी मुनीम की तरह उन वर्गों, मानव प्रकारों, राष्ट्रों, पीढ़ियों से सम्बन्धित योजनाओं और गणनाओं में झोंक देता था, जिनका बलिदान किया जाना था और—जो एक विशाल परीक्षण के लिए सरल, पालतू सामग्री बन जाएँगे।

रुपए-पैसे की मणि

सादृश्यता की दुनिया (जो अन्य चीज़ों के अतिरिक्त, गुणवत्ता की दुनिया भी है) के भीतर हमारा अंक (डिजिटैलिटी) और (सोने) के दूतों से भी सामना हो जाता है और डिजिटैलिटी की दुनिया (जो अन्य चीज़ों के साथ-साथ परिमाणों की दुनिया है) के भीतर हमें सादृश्यता (सोने) के दूत भी मिलते हैं।

पहला केस : "चीज़ों के बीच शुद्ध *परिमाणात्मक* अन्तर किस चीज़ की पूर्व-कल्पना करता है? यह कि उनकी गुणवत्ताएँ एक जैसी हैं। अतः श्रम के विभिन्न प्रकारों के परिमाणात्मक माप के लिए उनकी गुणवत्ता की समकक्षता, पहचान की पूर्व-कल्पना की जाती है।" किन्तु यदि आप एक परिपाटी का (और इसीलिए गुणवत्ता को दबाने का) प्रतिनिधित्व करना चाहते हैं, तो आप, प्रारम्भिक रूप में, किसी पारम्परिक वस्तु (काग़ज़ी मुद्रा) पर निर्भर नहीं कर सकते। आपको ऐसे भौतिक पदार्थ की जरूरत है जो (वस्तुओं में) अन्तर करने वाले बिन्दु के पास पहुँचने पर, शुद्ध विनिमयोज्ञता के निकट पहुँचने पर और भी मूल्यवान बन जाता है। विभाजकता, एकसारता और अचलता डिजिटैलिटी के दूत हैं और वे सब सोने में समाए हुए हैं। ("मूल्य के मापक को पूर्ण (perfect) बनाने के लिए एकमात्र आवश्यक गुण यह है कि स्वयं इसमें मूल्य होना चाहिए और दूसरे यह कि यह मूल्य अचल होना चाहिए," रिकार्डो ने लिखा; किन्तु परिमाण के राज्य को नष्ट करने के लिए केवल एक गुणवत्ता ही काफ़ी है।) और मार्क्स उन सीधे-साधे लोगों से चिढ़ता है जो यह नहीं समझते : "पैसे के सम्बन्धों के विषय के रूप में बहुमूल्य धातुओं का अध्ययन, वास्तव में उनके अवतार, ऐसा मामला नहीं है जो राजनीतिक अर्थव्यवस्था के क्षेत्र के बाहर हो, जैसा प्राउधों विश्वास करता है; यह उसी तरह की बात है जैसे पेन्ट और संगमरमर की भौतिक संरचना को पेंटिंग और शिल्पकला के क्षेत्र से बाहर नहीं माना जा सकता।" अन्त में : "बहुमूल्य धातुएँ अपने भौतिक गुणों में एकसार (होनी चाहिए) ताकि उनके समान परिमाण आपस में ऐसे एकरूप हों कि किसी व्यक्ति को एक की तुलना में दूसरे को छाँटने की आवश्यकता न पड़े। यह उदाहरण के लिए, समान गणना में पशुओं की समान संख्या और अनाज के समान परिमाण पर लागू नहीं होता।"

दूसरा केस : ''डिजिटैलिटी की दुनिया के भीतर सोना सादृश्यता के दूत के रूप में। बढ़ते हुए आश्चर्य के साथ, हमें यह प्रतीति होती है कि गुणों की समाप्ति की प्रक्रिया का, जिसे मार्क्स अविरल रूप से ग्रन्ड्रीस और *दास कापीटल* में वर्णन करता है, लगातार अलकैमी (जादुई रसायन कीमियागरी) की प्रक्रिया से तुलना की जाती है। सी-एम-एम-सी (C-M-M-C) और एम-सी-सी-एम (M-C-C-M) (जहाँ ये अक्षर 'कामोडिटी' Commodity और 'मनी'—money के लिए प्रयुक्त हुए हैं) पारस अलकैमी की शब्दावली Caput mortuum और Quinta essentia के अर्थशास्त्रीय अनुवाद हैं और रुपया पैसा दार्शनिक पारस पत्थर का स्थान ले लेता है। ''यह कुछ ऐसा है, मानो एक पत्थर की खोज ने मुझे सारे विज्ञानों को अधिकार प्रदान कर दिए हों, इससे कोई मतलब नहीं कि मेरा व्यक्तित्व क्या है।'' अतः, इस अनजाने देश में, सोना उच्चस्थ और शाही सम्बन्धों की सारी भव्यता बनाए रखता है और समरूपताओं की श्रेणीबद्ध प्रणाली में एक जीवन्त धुरी की तरह काम करता है। एक तटस्थ प्रदेश के केन्द्र में, जहाँ भेद नहीं हैं और परिपाटी है, हमें सबसे प्राचीन भव्यता दिखाई देती है।

सदियों तक हर चीज़, हर प्राणी अपने ही दुहरे रूप के साथ दिखता और चलता-फिरता नज़र आया और सच तो यह है कि एक समय वह था जब दबदबा दुहरे रूप का ही था और इकहरा रूप तो उसका केवल संकेत मात्र था। धीरे-धीरे दुहरे रूप टूटने और ग़ायब होने लगे। अन्त में उन्होंने प्रकृति के रात्रिकालीन अंश में शरण ली और उन्हें यदा-कदा और भयानक रूप में ही पहचाना जाने लगा। किन्तु एक अन्य प्रजाति के नवीन दुहरे रूप (DOUBLE) फैलने लगे। ये प्रजाति विनिमय मूल्य थी जो बढ़ती गई और इसने अपने आपको सभी चीज़ों के आकार पर लाद दिया। वास्तव में एक ऐसा दुहरा रूप था जो तुरन्त ही एक चीज़ में रूपान्तरित हो जाता था और जो किसी अन्य के समरूप नहीं था। यह रुपया-पैसा था। और इस तथ्य ने इसे और भी लम्बा जीवन प्रदान किया कि यह देहहीन होने के कारण स्वयं को किसी ठोस या शरीरी चीज़ से नहीं बाँधता था।'' सभी जिंसें नाशवान पैसा हैं, लेकिन पैसा अक्षय जिंस है।''

दो आन्दोलन (गतियाँ) हैं :

(अ) प्रत्येक वस्तु प्रयोग में आ सकने वाला पदार्थ है। विषय (subject) एक पद्धति है। सम्पूर्ण परिपाटीवाद। काम करने वाली चीज़ शून्य है जो परीक्षण की शर्तें निर्धारित करता है। यह विषय (object) की रूपरेखा तैयार करती है और इस पर कार्य करता है।

(ब) प्रत्येक वस्तु अन्तर्सम्बन्धित है। विश्वव्यापी पारस्परिक निर्भरता। अनुगूँज। यदि आप एक तत्त्व को छूते हैं, तो आप इसके सारे रिश्तेदारों को प्रभावित

करते हैं। किन्तु इसका रिश्तेदार है कौन? इसमें पूर्व-ज्ञान अन्तर्निहित है, एक धर्म-सूत्र।

इन दोनों ही गतियों के बिना, भले ही इन्हें कैसे व्यक्त किया गया हो, हमारा काम नहीं चलता। मार्क्स का विश्वास है कि 'कबीलाई' चरण [यानी (ब)] में (अ) छिपा रहता है किन्तु एक अदृश्य कुरेदक की तरह काम करता है। इतिहासोत्तर चरण में केवल (अ) का काम ही समाज द्वारा सामान्यतः पहचाना जाता है; (ब) एक वन्य, छद्म जीवन जीता है, किन्तु फिर भी इसकी शक्ति हर चीज़ के ऊपर चमकती है।

रुपया-पैसा *प्रतिनिधित्व का चिह्न* है, उस अधिकार क्षेत्र का चिह्न जिसे समरूपता की प्रणाली के ऊपर (यानी अटलता, जुड़ाव, अनुपमता, प्रतीक—इल्यूसिनियन मिस्ट्रीज के अर्थ में) प्रतिनिधित्व की प्रणाली ने (और इसी कारण परिपाटी, स्थानापन्नता, किसी के स्थान पर कोई और, अन्तर-परिवर्तनशीलता की प्रणाली) प्राप्त कर लिया है। मार्क्स की खोज उस रास्ते से सम्बन्धित है जिसमें विनिमय मूल्य छोटी और हाशिए पर पड़ी शक्तियों से निकलकर आधुनिक दुनिया में मुख्य और केन्द्रीय शक्ति-*पूँजी* की शक्ति—तक पहुँच जाता है। अब जीवन के सभी रूप इस प्रक्रिया की तृप्तपूर्णता की छाप लिए हुए हैं; हर चीज़ विनिमय मूल्य के चिह्न के नीचे अस्तित्व रखती है। एक बार इस अन्तरण के सभी अर्थ भली-भाँति समझ लिए जाते हैं, तो फिर ढाँचों और उपरि-ढाँचों की सारी बात *Blabla ब्ला ब्ला* (बकबक) (सैलीन द्वरा आविष्कृत शब्द) हो जाती है (शब्द, जो अब सोवियत विश्व कोश में शामिल होने के लिए तैयार था)। ऐसे उपरि-ढाँचे की कोई आवश्यकता नहीं है जो कंडीशनिंग ढाँचे के समरूप है। इतना कहना काफ़ी है कि हम विनिमय मूल्य के *चिह्न के नीचे* रहते हैं और यह विनिमय मूल्य एक शक्ति का आर्थिक नाम है जो स्थानापन्नता में, परिपाटी में और सामान्यतः प्रतिनिधित्व के सभी रूपों में दिखती है।

विनिमय मूल्य यथार्थ का सदैव विद्यमान पहलू है किन्तु यह सदैव कुछ छिपा रहता है, सदैव ही किसी सीमा तक दरारों में रहता है या परिधीय है, एक ऐसा तत्त्व जो लम्बे अरसे से 'समाज के रोमकूपों में' रहा है उसी तरह जैसे यहूदी—मार्क्स के लिए, विनिमय मूल्य, हर समाज का *यहूदी* है। कई सदियों के दौरान (मार्क्स प्राचीन यूनान से लेकर औद्योगिक यूरोप और बाल्ज़ाक तक के समय का वर्णन करता है) विनिमय मूल्य समाज का *सारभूत पहलू* बन जाता है, ऐसा तत्त्व जिसकी ओर हर चीज़ *इशारा* करती है, ये बोध का ऐसा आधार है जिसने हर ब्यौरे को रंग दिया है। ये दुनिया—जिसमें अपने अस्तित्व को बनाए रखने के लिए हर चीज़ का विनिमय होना अनिवार्य है—वह दुनिया है जिसका मार्क्स ने और केवल मार्क्स ने ही इसके सारे पारस-पत्थरी पहलुओं में पूरी तरह वर्णन किया है : सी एम एम सी, रुपया-पैसा

caput mortuum के रूप में; एम. सी. सी. एम. रुपया-पैसा quinta essentia के रूप में। यह वह दुनिया है जिसमें हम प्रसन्नतापूर्वक रहते हैं और जिसने हमें सदैव ही एक अदृश्य परत में लपेटे रखा है। मार्क्स हमारी सहायता के लिए न्यायपूर्ण समाज के अनगढ़, मानवतावादी, विकर्षक, मिथ्याभिमानी, विधायित-आनन्द की धारणा के रूप में, जो *अवश्य* आना चाहिए, विचार लेकर नहीं आता अपितु ऐसे समाज के अद्वितीय वर्णन के साथ आता है जो स्थानापन्नता और विनिमय का समाज है, जिस रूप में यह आज भी विद्यमान है, आज, सर्वत्र, स्थापित और निरन्तर वर्धनशील है।

जब भू-सम्पत्ति और इमारतें पहली बार रुपए-पैसे से जुड़ जाती हैं, तब *अपरिवर्तनीय* यह अनुभव करता है कि यह विनिमय की अस्थिर सत्ता के अधीन है। यह प्रतीकात्मक सन्तरण पहले ही सत्रहवीं शताब्दी के पैम्फ्लेट लेखक एडवर्ड मिसेलडेन में दिखलाई देता है : "रुपए के आविष्कार से पहले, केवल चल और परिवर्तनशील चीज़ों में, यथा–अनाज, मदिरा, तेल और इनसे मिलती-जुलती चीज़ों में विनिमय या, *फेरबदल* था; बाद में यह अचल और अपरिवर्तनीय चीजों, जैसे–मकानों, जमीनों और इन जैसी दूसरी चीजों में होने लगा। जिनका विनिमय नहीं किया जा सकता था उन चीज़ों का मूल्य रुपए से लगाने के लिए वहाँ रुपए की ज़रूरत थी। अतः धीरे-धीरे सभी चीज़ें रुपए द्वारा आँकी जाने लगीं और रुपया सब चीज़ों का मूल्य हो गया।" यदि हर चीज़ विभाज्य है (चूँकि हर चीज़ पैसे में बदली जा सकती है और पैसा विभाज्य है) फिर कोई ऐसी चीज़ नहीं रहती जो दी न जा सकती हो। और अविभाज्य क्या है? गुणवत्ता। हाँ गुणवत्ता, क्योंकि यह चीज़ में समाहित है, उस नियम की अनुपालना करती है जो सभी वस्तुओं पर लागू है–यानी, उनको कीमतों में बदला जा सकता है। इसलिए हर समय, इसका मूल्य ऊँचा होगा। गुणवत्ता विलासिता बन जाती है–और इसीलिए यह जोड़-तोड़ किए जाने योग्य, विभाज्य और विनिमय-योग्य बन जाती है। प्रतिष्ठा, जो हर मूल्य का प्रारम्भ थी, जो इतिहास के प्रारम्भ में अतिशय उत्साह थी, फालतू का मूल्य बन जाती है।

गुणवत्ता : प्रतिष्ठा की उत्तराधिकारिणी। प्रतिष्ठा को नापने की इकाई निश्चित नहीं की जा सकती। प्रतिष्ठा एक बल है जो स्वयं को चिह्नों, परीक्षाओं और दूसरी शक्तियों के मिले-जुले रूप में दर्शाता है। हमारे पास बल को नापने की इकाई नहीं है–कम-से-कम उस बल की जिसके साथ गिआर्डेनो ब्रूनो अभी भी निबट रहा था किन्तु जो अब न्यूटन की चिन्ता का विषय नहीं थी।

जैसे ही 'रुपए-पैसे की मणि', Geldkristall, किसी चीज़ में रखी जाती है, छवियों का स्थान ग़ायब हो जाता है; और इस स्थान का बन्द हो जाना छवियों द्वारा निकटस्थ

यथार्थ पर आक्रमण का आरम्भ प्रतीत होता है, एक coniunctio पुनर्विवाह सम्बन्ध जो मूल पर वापस ले जाएगा। किन्तु ऐसा होता नहीं है। रुपए-पैसे की मणि केवल चलन (जिंसों) की छवियों को परावर्तित करती है। इसका छिपा हुआ चेहरा, जो समुद्र की ओर खुलने वाले पोर्ट-होल की तरह छवियों की दुनिया की ओर खुलता है, अपारदर्शी है; रुपए-पैसे की मणि उस ओर अनान्तरित है। विपरीत तो चलन के तत्त्वों के बीच घटता है : जब उनके बीच रुपया-पैसा प्रविष्ट कर दिया जाता है, जब चलन के खाली स्थान में एक 'विश्वव्यापी समकक्ष' की भाँति, मणि रख दी जाती है, तब ऐसे परिवर्तन होते हैं जो माल की सारी अक्षय शृंखला को प्रभावित करते हैं। ये माल, जो अब तक कोई भी रूप अख्तियार कर सकते थे, अब कुछ नियमों के अधीन हो जाते हैं। उन्हें कम-से-कम तीन माँगें पूरी करनी चाहिए–

1. वे आसानी से विभाज्य होने चाहिए (एकता के *विपरीत)*
2. एकल नमूने में वे एक जैसे होने चाहिए (समग्र के विपरीत)
3. सब नमूनों में वे एक जैसे होने चाहिए (भिन्नता के विपरीत)

मणि से आने वाला परावर्तित प्रकाश इन लक्षणों–अपने लक्षणों–को उन सब चीज़ों पर आरोपित करता है–जो उस प्रकाश में रूपान्तरित होना चाहती हैं और इस साधन से यह चलन में मौजूद छवियों के स्वरूप को क्रान्तिकारी ढंग से बदल देता है। अब वे चामत्कारिक वस्तु नहीं रहतीं–शक्ति के अनुपम, न बदले जा सकने योग्य, आधारभूत ठोस विग्रह–और बदली जा सकने वाली चीज़ें बन जाती है, जिनका मूल्य एकदम उनकी बदली जा सकने वाली योग्यता में होता है। किन्तु फिर भी (और यहाँ काला जादू एक बार फिर चलने लगता है) चामत्कारिक वस्तु (अनुपमता) का मोह ग़ायब नहीं होता। केवल एकल चलन वाली छवियों को चारों ओर से घेरने के बजाय, यह सारी प्रक्रिया को ही अपने अन्दर समो ले लेता है।

रुपया उलट-पुलट का सबसे प्रत्यक्ष प्रस्तुत करता है; दुनिया अत्यधिक रहस्यमय बन जाती है। अत्यधिक स्थिर छवियाँ सामान्यतः स्वायत्त बन जाती हैं; किन्तु अब वे, इसके अतिरिक्त, वास्तव में वस्तुएँ बन जाती हैं। रुपया महसूस की जा सकने वाली करेंसी हैं, एक बैंक नोट जो पुराना हो जाता है। इस प्रकार छवि की अभिभूत करने वाली शक्ति की पुष्टि होती है–एक ऐसी छवि जो एक वस्तु में रूपान्तरित हो जाने में वास्तव में सफल हो जाती है, जबकि यह पहले शुद्ध, अदृश्य, मानसिक भान (उपस्थिति) थी। किन्तु चूँकि अब यह वस्तु अस्तित्ववान है, इसलिए वह दरवाज़ा जो छवियों के संसार तक ले जाता था, बन्द हो जाता है। *वास्तव* के चलन में रुपया *एकमात्र खाली स्थान* में फिट होने के लिए आता है। ("इसे हमेशा चलन के उस स्थान में जमा किया जाता है जहाँ से माल हटा दिया गया है।")–उस छेद में जहाँ से छवियों तक जाने का मार्ग था। "हमने देखा है कि जिन्सों के चलन के क्षेत्र में एक

छेद है जिससे होकर सोना (या चाँदी, संक्षेप में मुद्रा की धातु) एक निश्चित मूल्य की जिन्स के रूप में प्रवेश करता है।'' अब वह स्थान बन्द हो गया है; इसकी मुहर एक चमचमाती मणि है। सारे परिवर्तन/रूपान्तरण उस बिन्दु की ओर केन्द्रित होते हैं और वहीं से छिटककर वापस जाते हैं। वे अब उन घटनाओं की ओर इशारा नहीं कर सकते जो उनके परे घट रही हैं, क्योंकि अब हर चीज़ इसी ओर घटती है—उनकी शीघ्र परिवर्तनशील सामग्री और मणि के बीच, मणि और रूपों की अनेकता के बीच।

''चलन समाज की बहुत बड़ी भट्ठी बन जाता है : जो कुछ इसके अन्दर फेंका जाता है, वह रुपए-पैसे की मणि के रूप में बाहर निकल आता है।'' होता क्या है? विषयों (subjects) के बीच एक ख़ास प्रकार का रिश्ता, माल के चलन की भाँति, एक स्वाभाविक जमा पैदा करता है, एक ठोस चीज़, एक पारदर्शी जिंस जो अन्य सबको प्रतिबिम्बित करती है और उनके चलन के लिए अनिवार्य बन जाती है। यह मणि एक छवि नहीं है; यह अस्तित्ववान है, क्योंकि यह एक (वस्तु) है। और जिन्सों के चलन की भूमंडलीय प्रक्रिया की विशेषताएँ वस्तु के रूप में इस पर मढ़ दी जाती है। दुहरी उलट-पुलट, रुपए-पैसे की chasse croise एक नमूना : एक चीज़ जिसकी धारणा प्रक्रिया के शरीरी होने के रूप की गई है (यानी जिन्स)। रुपए-पैसे की मणि एक अनुपम विषय बन जाती है, किन्तु इसकी अनुपमता स्वयं इसके बदले जा सकने के गुण को दर्शाती है। उलट-पुलट का एक अन्य विरोधाभास : आधुनिक पूजनीय चामत्कारिक वस्तु केवल वह नहीं है जो अनुपम दिखती है, अपितु वह है जो सबसे बड़े अंशों में बदली जा सकने योग्य, पुनः उत्पादन योग्य एवं अजनबी बनने योग्य है। बॉदिलेयर का वेश्यावृत्ति के प्रति आकर्षण इसी कारण था। वेश्यावृत्ति सम्पूर्ण अजनबीयत की गारंटी है, उसी तरह जैसे पावन ने अस्पृश्य की गारंटी दी थी। उलट-पुलट के युग में पावन की रक्षा स्वयं इसकी वेश्यावृत्ति से होती है।

''जहाँ रुपया-पैसा स्वयं अपने आप में समुदाय नहीं है, यह आवश्यक रूप से समुदाय को समाप्त कर देता है।'' जब विनिमय मूल्य प्रभुत्वशाली बन जाता है और जैसे माल और रुपए-पैसे के बीच प्रचलित रिश्ता उलट जाता है तो (सी.एम.एम.सी से एम.सी. सी.एम.), रुपया-पैसा समुदाय बन जाता है। यह एक विषय में *अन्तरतम सम्बन्धों* का (nexus rerum) चिरन्तन शरीर बन जाता है जिसे अब से आगे (इसकी) अपनी दुनिया 'भयानक आकस्मिकता' की दुनिया के बाहर—समझा नहीं जा सकेगा। इस प्रकार यहाँ उलट-पुलट होती है : परिपाटी की प्रक्रिया धर्म-सूत्र का कार्य विरासत में पाती है और उस निज़ाम की शान और ताकत ले लेती है जिसे इसने उखाड़ फेंका है।

इतिहास परीक्षण करता है

प्राचीन समाजों में बलि दान जो मुख्य भूमिका निभाता था, वह भूमिका अब प्रयोगात्मकता ने ले ली है।

वे निर्दयी पुजारी जो बलि वेदी पर मारने के लिए चाकू उठाते थे, वे अब षड्यन्त्रों और घटनाओं के निदेशक-रचयिता बन गए हैं।

परीक्षण पर किसी भी चर्चा की प्रस्तावना में वह पैराग्राफ़ रखना चाहिए जिसे *द जर्मन आइडियालॉजी* से हटा दिया गया है : ''अब तक हम मुख्यतः मानवीय क्रिया-कलाप के केवल एक पहलू की ही जाँच करते रहे हैं : *वह तरीका जिसके द्वारा मनुष्य प्रकृति को आकृति प्रदान करता है।* दूसरा पहलू है : *वह रास्ता जिसके द्वारा मनुष्य मनुष्य को बनाता है।''*

इतिहासोत्तर युग में ऐसे अनेक लोग हैं जो 'अच्छे लक्ष्यों' में, 'मनुष्य' में 'समाज' में और कई अन्य उच्च अवधारणाओं में विश्वास करते हैं। किन्तु इस पर शासन एक व्यंग्यपूर्ण दृष्टि वाला (और सम्भवतः लोकोत्तर) प्राणी करता है जिसके लिए सब कुछ *भौतिक, अन्तर-परिवर्तनीय* और *शोषण योग्य* है—एक निरन्तर तिकड़म करने वाला व्यक्ति है जो नए आकारों का आविष्कार करता है और उन्हें फेंक देता है, जो सामान्य सामग्री से जल्दी ही ऊब जाता है और सदैव ही अप्रयुक्त चीज़ों की तलाश में रहता है, जो अमेजन के वर्षा वनों में खुदाई करता है और सागर पर बहती पैकआइस (pack ice) में बरमे से छेद करता है, पेय पदार्थों में नई गन्ध डालने के लिए एक मादक गन्ध *कीकियोन* (KyKeon) में मिला देता है—रहस्यों में परोसा जानेवाला शोरबा।

वर्तमान, जिसको नाम नहीं दिया जा सकता।

मार्क्स जब 'इतिहास' से 'विश्वव्यापी इतिहास' में पहुँच जाने की बात करता है तो वह इतिहासोत्तर (युग) की बात कर रहा है—इतिहास का परीक्षणवादी चरण, जिसमें

हर चीज़ एक एकल बन जाती है, जिसमें समाज से बाहर कुछ भी नहीं है और हर चीज़ हर दूसरी चीज़ को प्रभावित करती है, जैसा आदिकालीन गुंजायमान ब्रह्मांड में होता था। इसकी अनुभूत नींव विश्व-बाज़ार है, क्योंकि यह बाज़ार बॉरनीर थाइट (Borniertheit) से, स्थानीय संकीर्णता से निकलने का मार्ग है—एक ऐसा निष्कासन कि जिससे वापस आने की कोई सम्भावना नहीं। विश्व-बाज़ार एक प्रकार की *नियति* का पुनः आविष्कार करता है (उसी तरह जैसे इतिहासोत्तर युग सारी पुरातन श्रेणियों को सामान्य रूप से पुनः कार्यशील बना देता है, जो अब ऐसे यथार्थ पर लागू होती है जो उन्हीं को उलट रहा है जिसमें ये बनाई गई थीं)

''उत्पादन के साधनों और व्यापार के तरीकों के उत्तरोत्तर कुशल हो जाने, वाणिज्य व्यापार और राष्ट्रों के बीच स्वतः उभरने वाले श्रम के विभाजन से विभिन्न राष्ट्रों का प्रारम्भिक अलगाव जितना अधिक नष्ट हो गया है, उतना ही अधिक इतिहास विश्वव्यापी इतिहास बन गया है। उदाहरण के लिए, यदि एक अंग्रेज ऐसी मशीन का आविष्कार करता है जो भारत और चीन में असंख्य मजदूरों की रोटी छीन लेती है और उन देशों में वहाँ की समूची जीवन-पद्धति को तहस-नहस कर देती है, तो ऐसा आविष्कार विश्वव्यापी इतिहास का एक तथ्य बन जाता है।''

इससे यह बात सामने आती है कि इतिहास का विश्वव्यापी इतिहास में रूपान्तरण निश्चय ही 'आत्म-चेतना' या यह संसार की आत्मा अथवा लोकोत्तर प्रेत की अमूर्त क्रिया नहीं है। वरन् यह पूरी तरह भौतिक, वास्तव में सत्यापित की जा सकने वाली क्रिया है जिसका प्रमाण हर व्यक्ति अपने चलने, खड़े होने, खाने, पीने और कपड़े पहनने में स्वयं दे रहा है।'' किन्तु इस 'शुद्ध भौतिक क्रिया-कलाप' से अधिक अभौतिक और लोकोत्तर कोई दूसरी चीज़ नहीं है और बात तो यहाँ तक कही जा सकती है कि लोकोत्तर की पूर्ण परितृप्ति और शायद इसका *रहस्य* तक वापस पहुँच जाना, जिसमें हर चीज़ एक शब्दहीन झाँकी में, चीज़ों के मौन प्रदर्शन में होती है—तो यह मार्क्स के (इस) वर्णन, ''इतिहास का विश्वव्यापी इतिहास में रूपान्तरण,'' में सटीक प्रदर्शित हुई है।

वे समाज जिनका हम पुस्तकों में अध्ययन करते हैं, वे समाज जिनसे अतीत बना है, वे समाज जिन्होंने अपने शेषांशों का रंगारंग ढेर पीछे छोड़ा है, या जो पक्षियों के उड़न पथों की तरह पीछे लगभग बिना कुछ संकेत छोड़े ग़ायब हो गए, वे सभी समाज सौदा करने, झगड़ने और अपने से बाहर मौजूद तत्त्वों से समझौता करने की ज़रूरत को मानते थे। और उस *बाहरी* तत्त्व से वे अपनी शक्ति का पुष्प प्राप्त करते थे। या उन्हें किसी राजा या तानाशाह ने अपनी विरासत बना लिया, जो अपने लक्ष्यपूर्ति के लिए

उन पर शासन करता रहा—हर चीज़ के विपरीत एक व्यक्ति के लक्ष्य। वह समाज जिसमें हम पैदा हुए हैं, हमारे ग्रह के इतिहास में पहला समाज है जो अपने आपमें स्व-निर्भर होने के प्रयास करता है और जो स्वयं अपने से ही अपनी तुलना कर सकता है। बाहरी इकाइयों (सत्ताओं) के नाम, 'प्रकृति' शब्द के अपवाद को छोड़कर, केवल शब्द-कोशों में प्राप्त होते हैं; किन्तु आज 'प्रकृति' केवल कुछ सामाजिक घटनाओं की शृंखला को या अधिकाधिक दुर्घटनाओं को ही बतलाती है। इस कारण भी, हमें इस प्रकार के समाज के लिए कोई दूसरा नाम ढूँढ़ना चाहिए। हम इसे 'इतिहासोत्तर' कह सकते हैं, यह संकेत देते हुए कि इस समाज की तुलना में, सारा इतिहास भग्नावशेषों का भू-दृश्य, एक अन्तहीन संक्रामकता लगता है।

1908 में, बारह सप्ताहों के दिव्य दृष्टि के दौरान, ऐल्फ्रेड कूबिन ने पहले इतिहासोत्तर शहर की झलक देखी : *पर्ल*।

ऐतिहासिक रूपान्तरण (इतिहास की पुस्तकों में वर्णित घटनाएँ) ज़ाहिरा तौर पर स्थिर व्यवस्था *के विरोध में* होते है। ये सार-पदार्थों की समरूपताओं की, सादृश्यों की व्यवस्था है—दुनिया की अदृश्य, सर्वव्यापी, अवश्यम्भावी धुरी।

इतिहासोत्तर रूपान्तरण व्यवस्था के परीक्षणवादी स्वरूप में अन्तर्निहित हैं, जो अपना यह लक्षण स्थिरता के रूप में प्रस्तुत करती है।

उन्नीसवीं सदी में बहुत से लोग 'भौतिकवाद' के नए युग की आलोचना करते थे, आज हम अनुभव करते हैं कि वे कितने नासमझ थे। वास्तव में आधुनिक युग का, जो बदमिज़ाज़ और दबंग लगता है, निदान यह धारणा है कि सब कुछ आत्मा (भाव) है और यह आत्मा सबसे अधिक पिघलने वाला (आसानी से नए रूप धारण कर लेने वाला) पदार्थ है।

"यह x जमा y के अतिरिक्त कुछ नहीं हैं" : इस स्वतःसिद्ध प्रमाण को, किसी अन्य की अपेक्षा, आज बिलकुल साधारण बात कहा जा सकता है। हम इसे कई विभिन्न रूपों में बार-बार दुहराए जाते सुनते हैं। ये सामान्य आदमी की बुद्धिमत्ता है और मनोवैज्ञानिक की चतुराई है। यह शोधकर्ता की चिरस्थायी मुस्कान में दिखलाई देता है : "जीवन! इसके विषय में कुछ भी आश्चर्यजनक नहीं है। यह भौतिक शास्त्र जमा रसायन शास्त्र है।" और तब फिर हमें दूसरी आवाज़ सुनाई देती है, जिसको हमें ब्लॉय ने सर्वसाधारण के रूप में पहचानना सिखा दिया है। किसी चीज़ को 'कुछ नहीं किन्तु' होने के लिए, इसका एक भाग बेकार, नगण्य और घटकर शून्य होना चाहिए; इसका स्वरूप स्वयं इसकी आकृति, अक्षर (something, nothing), इसके अवयवों द्वारा बदले जा सकने चाहिए। किन्तु यह नुस्खा तुरन्त एक सन्देह को जन्म देता है—यह

कि जो दुनिया हमारे सामने है वह एक प्रकट विशिष्टता, गोपनीयता की दुनिया है, यह कि इसने बाहरी सम्बन्ध को अस्वीकार कर दिया है और यह कि अक्षर अब एक रक्षात्मक म्यान न होकर गुप्त अर्थ हैं।

'पूँजीवाद' दिमाग़ में होनेवाली एक बड़ी उथल-पुथल का आर्थिक नाम है—उस प्रभुत्व का नाम जो यह विनिमय और इसलिए अंकत्व (डिजिटैलिटी), सब चीज़ों के ऊपर पा लेता है। प्रत्येक अन्य सिद्धान्त इसके अन्दर एक द्वीप बन जाता है, उसी तरह जैसे भूमंडलीय बाज़ार में कई कबीलाई द्वीप हैं। यहाँ तक कि समाजवाद भी, पूँजीवाद का भाई जैसा शत्रु पूँजीवाद से निःसृत होता है : जैसे *साल्वेशन आर्मी* का पैम्फ्लैट किस प्रकार *ईसाइया* की पंक्तियों की दुहाई देता है। कम-से-कम सिद्धान्त में। व्यवहार में, जब कोई पूँजीवाद की अन्दरूनी बुराई को ठीक करने के लिए समाजवाद लागू करता है, तो यह तुरन्त और भी बड़ी बुराइयाँ पैदा कर देता है, किन्तु ये उन बुराइयों को दूर नहीं करता जिन्हें सुधारना इसका लक्ष्य है। और इस बार बुराइयाँ ज़्यादा भद्दी हैं क्योंकि वे अधिक मानवीय हैं। पूँजीवाद की निर्दयता में कठिन परीक्षा का एक तत्त्व बना रहता है : वह है रुपया-पैसा। समाजवाद में—जिसका लक्ष्य सबसे अनुपयुक्त है, यानी हर चीज़ का स्वामित्व आदमी के हाथ में रख देना—वहाँ कोई अस्पष्ट भेदभावपूर्ण, अतिमानवी तत्त्व जैसे रुपया-पैसा नहीं है। इसके स्थान पर नए पुजारी प्रकट होते हैं : सूचना देनेवाले (मुखबिर)।

एक समय चीनी समाज के भीतर, सारे समाजों के भीतर, *स्वर्ग के पुत्र* का पार्क सारी प्रकृति को छोटे रूप में दिखलाता था। आज सारी प्रकृति हमारा पार्क है और हम यह नहीं जानते कि यह किसका संक्षिप्त रूप है।

इतिहासोत्तर युग की एक विशिष्ट उलझन : "जब एकल प्रभाव हमारे अन्दर एक गणितज्ञ को, एक बच्चे को, एक कवि को, एक चित्रकार को, एक दार्शनिक को जगा देता है—एक दर्जन भाषाएँ, कई प्रकार के तालमेल, असम्बद्ध की शृंखला—तब तो यह वाकई मुमकिन है कि हम उलझन में पड़ जाएँ।"

रूस में कानून एक आयातित वस्तु है। सारी विदेशी उत्सुकताओं की तरह, यह कल्पना को झिंझोड़ता है और भक्तों को आकृष्ट करता है। किन्तु जिस पृष्ठभूमि में इसे लागू किया जाता है वह इसकी शत्रु है। इससे दो सम्भावनाएँ सामने आती हैं : या तो कानून को तुरन्त निष्कासित कर दिया जाए, क्योंकि यह देश की स्वाभाविक सम्पन्नता को भ्रष्ट करता है; या इसे आत्मसात् कर लिया जाए, किन्तु ऐसे ढंग से कि इससे सदैव घृणा बनी रहे। अपनी सत्ता के कुछ महीनों में ज़ार पीटर III ने (जो

खिलौने सैनिकों के साथ खेलता था और एक बार उसने एक चूहे को कोर्ट-मार्शल करा कर फांसी दे दी थी क्योंकि चूहे ने गत्ते के दो किलों पर चढ़ने की हिम्मत की थी।) यह फैसला किया कि फ्रैडरिक द ग्रेट की आचार संहिता को रूस में लागू करा दिया जाए—जो कि कई वर्षों से प्रशा में लागू थी। लेकिन क्लॉड रूल्हीयर कहता है, "पता नहीं क्यों, या तो अनुवादक अनुभवी नहीं थे या इसलिए कि रूसी भाषा में कानूनी अवधारणाओं के लिए अभिव्यक्ति नहीं थी, एक भी सिनेटर ऐसा नहीं था जिसने यह कोड समझा हो। उस असफल प्रयास में रूसी लोगों ने अपने रीति-रिवाज़ों के प्रति घृणा और विदेशी तौर-तरीकों के प्रति पाग़ल आकर्षण ही देखा। उस युग की शुरुआत में ही, जो निरन्तर इतिहास की *व्याख्या करना* चाहता था, फ्रैडरिक के प्रबुद्ध और सैनिक कानून का स्थान मार्क्स की उत्पादक शक्तियों के वैकासिक चरणों के कानून ने ले लिया। किन्तु दोनों ने ही मुख्यतः *ब्यूरो ऑफ़ सीक्रेट अफेयर्स* की कार्यप्रणाली को सुधारने का काम किया, जिसे पीटर द ग्रेट ने राष्ट्र के रीति-रिवाज़ों को परिष्कृत पुलिस प्रणाली द्वारा सुधारने का काम किया था। इस प्रकार ब्यूरो, उत्साह और दूरदर्शिता के साथ विभिन्न नामों से—ओकराना से लेकर केजीबी तक—काम करता रहा और अन्य कामों के साथ-ही-साथ, केवल रूस में प्रगति के प्रभावों का अकाट्य उदाहरण प्रस्तुत किया।

हिटलर की मृत्यु और स्टॉलिन की मृत्यु के बीच एक मौन क्षण आया जब विश्व के अभी भी अभिभूत राष्ट्रों ने, नई व्यवस्था में आज्ञापूर्वक अपना स्थान ग्रहण करने की तैयारी की। इतिहासोत्तर युग अपनी शबाब पर था, अब गदराई सम्पन्नता आने वाली थी। उन वर्षों में दुनिया भर की चीज़ों की खूब भरमार हो गई (जैसे एक सन्त दार्शनिक ने कहा होता) 'सूक्ष्म' विषय (चीज़ें) पहले प्रयुक्त वस्तुओं के लिए वही थे जो अल्कैमी में (पारस-पत्थर विद्या में) स्थूल शरीर के लिए सूक्ष्म शरीर होता है। एक नया युग धीरे-धीरे उभर रहा था और इसकी लाक्षणिक कार्य पद्धति काम करना शुरू कर रही थी। अल्जीरियाई युद्ध और जॉन एफ. कैनेडी की हत्या के बीच, खेल के प्रथम चरण सामने आ गए थे और शीघ्र ही हर चीज़ इसमें लिपट गई थी और इसमें भाग ले रही थी; उसी सहजता से जैसे कोका-कोला के डिब्बे कीलों और टूटे शीशों के साथ पूजनीय चीज़ों को सजाने के लिए ऐसे प्रयोग किए जा रहे थे मानो ये हमेशा से ऐसे ही प्रयोग के लिए रहे थे।

1945 से वर्तमान अवधि को सम्भवतः दो समानान्तर इतिहासों में रखा जा सकता है : एक तो इतिहासकारों का जो अपने विस्तृत मापदंडों के ऐपरेटस लिए हुए, संख्या, लोगों, दलों, आन्दोलनों, समझौता वार्ताएँ, उत्पादनों की चर्चा कर रहे हैं; और दूसरा इतिहास गुप्तचर विभागों की, हत्याओं की, चालों की, धोखेधड़ी की, मर्डर की,

छिपाव की और हथियारों की खेपों की चर्चा करता है। हम जानते हैं कि दोनों का ही वर्णन अपर्याप्त हैं, दोनों ही आत्मनिर्भर होने की बात करते हैं, और यह कि एक को दूसरे के बराबर नहीं समझा जा सकता और यह कि दोनों अपने समानान्तर रास्तों पर चलते रहेंगे। किन्तु क्या ऐसा हमेशा से ही नहीं रहा है—कम-से-कम उस समय से जरूर जब *पहाड़ के बूढ़े आदमी* ने दुनिया भर में अपने आदमी खुले छोड़ दिए? वास्तव में, यह ऐसे ही एक लम्बे अरसे से बना रहा है। किन्तु उन दिनों रहस्य रहस्य ही बना रहता था, और यदि इसकी झलक मिलती भी थी तो वह त्रुटिपूर्ण होती थी और किसी-किसी को ही होती थी; यह एक ऐसी उपस्थिति थी जिसका हल्का-सा आभास तो किया जा सकता था किन्तु उसे समझना मुश्किल था—वास्तव में, एक गुप्त उपस्थिति। गोपनीयता तब तक गुप्तचर विभागों में आत्मसात् नहीं हुई थी। यह तब तक घटित नहीं होगा जब तक शुद्ध 'इतिहासोत्तर' युग न आ जाए, एक ऐसी शब्दावली जिसे यहाँ कामचलाऊ नाम की भाँति प्रयोग किया गया है, और जिसका उद्देश्य अनाम वर्तमान के समक्ष हमारी अपर्याप्तता दर्शाना है—वह युग जो 1945 में प्रारम्भ हुआ।

गुप्तचर सेवाओं का तत्वमीमांसक अर्थ उन्हें बताने वाले शब्दों में निहित है : 'गोपनीय सेवाएँ' (Secret Sevrices) क्योंकि वह गोपनीयता, सारी गोपनीयता को हथिया लेती हैं। उनका अर्थ उनके घृणास्पद और स्तब्ध कर देनेवाली विजयों में है, किन्तु इससे भी अधिक इस तथ्य में है कि उन्होंने गोपनीयता को सामने लाने, उसे अत्यधिक दृष्टव्य बनाने और हर कोने में देखे जानेवाले विज्ञापन की तरह उजागर करने में भारी ज़ोर-जबर्दस्ती की है। सारी सीक्रेट सर्विसेज का एक ही समान लक्ष्य है और वह उनके सारे संघर्षों की तुलना में अधिक महत्त्वपूर्ण और अत्यधिक प्रभावी है : गोपनीयता का सर्वनाश।

इतिहासोत्तर : गहन होते स्मरण जिनमें धारणाएँ ठोस बनती हैं, लगभग छू सकने वाले शरीर बन जाती हैं और फिर ऐसे अबोधगम्य हो जाती हैं जैसा पहले कभी नहीं हुआ। उनकी संक्रामकता सारे शरीरों (वस्तुओं) के सार पर सन्देह पैदा करती है। जब गोपनीयता शब्द के अक्षरों में होती है तो अक्षर भ्रान्ति पैदा करता है। फिर इसे पढ़ा नहीं जाता, इसे केवल फिर से लिख दिया जाता है।

'छिपी हुई शक्ति,' 'गुप्त संगठन,' 'षड्यन्त्र,' '(कठपुतली की तरह) धागे खींचना,' 'प्लाट,' 'दुहरे मापदंड,' ये शब्द हैं, मानसिक हाव-भाव, जो ज्ञेयवाद के क्षेत्र के थे। एक समय था जब वे *टैम्प्लर्स* (घोड़े पर सवार वीर पुरुष) के प्रभाव से ज्योतित होते थे; आज ये विश्वव्यापी हत्याओं, धोखेधड़ियों, ब्लैकमेल, शक्ति के दुरुपयोग में प्रयुक्त

होते हैं। अपराध ने ऐसी भूमिका अपना ली है जो कभी ज्ञेयवाद के प्रति निरन्तर विरोधी मत रखनेवालों की थी।

गुप्त एजेन्ट अपनी ही विशिष्ट गन्दगी में लिपटा हुआ है, जो अब साहित्य की भाषा में अभिव्यक्ति पाने लगी है। किन्तु, फिर यह गन्दगी ऐसी पैनी दृष्टिवाले पात्र में क्यों होनी चाहिए? क्योंकि गुप्त एजेन्ट गोपनीयता का स्थान हथिया लेता है और मानस (psyche) उस समय अतीव निराश होता है जब वह यह अनुभव करता है कि दैत्य अब गोपनीयता नहीं है अपितु वह एजेन्ट है जिसे गोपनीयता को ख़त्म करने का काम सौंपा गया है।

Praxis (व्यावहारिक प्रयोग) इस धारणा को जो हर यीशु-अनुयायी को स्पष्ट है, जर्मनी के संकीण विचार वाले शहरों में निर्लज्ज शैतानी के रूप में देखा जा सकता था, जहाँ "समय बूँद-बूँद करके गिरता है और एकान्त चिन्तन में जरा-सा भी विघ्न नहीं डालता।" केवल उत्तरी प्रान्तों की भौंडी, अपने को ऊँचा समझने वाली मानसिकता के बीच, जो अत्यधिक संवेदनहीन और सम्माननीय उदासी के भाव से ग्रस्त थी, ऐसा अतिरेक पत्तों और धूल को इस तरह उड़ा सकता था जहाँ उन्मत्त नागरिक अपनी कुदालें उठाकर रक्त तथा मिट्टी को मिलाकर एक कर देते। मार्क्स का शब्द Praxis (प्रेक्सिस) एक ऐसे पदार्थ की पूर्व-कल्पना करता है जिसमें दैत्य घुसपैठ कर सकता है—यानी, एक "घनी नीरवता। थोड़े-थोड़े समय बाद लोग कुछ विचारों के पक्ष में तो शोरशराबा करते हैं किन्तु इनको लागू करने के विषय में कोई विचार नहीं करते थे। ऐसा प्रतीत होता था मानो विचार और कार्य के बीच कभी कोई सम्बन्ध नहीं रहा था और जर्मनों के लिए सत्य हरमीज़ की भाँति मरकरी की एक मूर्ति थी, जिसके पास न तो पकड़ने के लिए हाथ और न आगे बढ़ने के लिए पाँव थे।" मदाम द स्टेअल समाज के अपने अनुभव के कारण, इन सबको तुरन्त भाँप गईं, किन्तु वह पैदा इतनी जल्दी हुई थीं कि मार्क्स से संवाद नहीं कर सकती थीं, जिसने दर्शनशास्त्र को लुप्त हाथों और पाँवों जैसा बता दिया होता।

बौद्धिकों और प्रैक्सिस के बीच लम्बे और कड़वे रिश्तों में जार निकोलस समझौता कराने वाले की भूमिका निभा रहे थे। 1840 के आसपास, "1838 और 1848 के बीच का महत्त्वपूर्ण दशक" (जैसा पवेल अनेन्कॉव ने इसे नाम दिया) के शुरू में, रूसी अधिकारियों ने यह उचित समझा कि पश्चिम की ओर ज़ाने के उत्सुक युवकों को पेरिस के बजाय, जिसे सारी भ्रष्टता और क्रान्ति का गढ़ माना जाता था, जर्मनी के विश्वविद्यालयों में अध्ययन के लिए भेजा जाए। वे मानते थे कि जर्मनी में फ्रैडरिक

विल्हैल्म IV की रहस्यपूर्ण स्वेच्छाचारिता में शालीनता कुछ अंश तक सुरक्षित है। किन्तु यदि इरादा (मन्त्री उवारॉव के खतरनाक शब्दों में) रूस के बौद्धिक विकास को पचास सालों तक विलम्बित करने का था, तो इतिहास एक बार फिर पुलिस बलों और शासकों के चतुर संकल्प से संकेत लेगा और इस स्कीम को एक मज़ाक में बदल देगा। बर्लिन में, उन दिनों, निश्चय ही अवरोधों और संगठित प्रतिरोधों को शैतानियत समझा जाता था। किन्तु जर्मन शहर में, *आधुनिकता* जिसके बारे में समाचार-पत्रों में घबरा देनेवाले विवरण छपते थे, *को जोश,* मौज-मस्ती में स्वयं को खो देने का सामान्य आकर्षण तक भी नहीं था; इसमें परम उत्तेजनाओं और अविश्वसनीय विस्फोटक मिश्रण जैसी कोई चीज़ नहीं थी जिसे बॉदिलेयर प्रतिदिन जी रहा था। यहाँ न तो फॉबोर्ग सेंट-जरमेन जैसी लुकी-छिपी उपस्थिति या पेरिस की सरल कामगार महिलाओं की खुली उपस्थिति नहीं थी। शेखी ने अनगढ़ आत्म तत्त्व को अभी तक कुरेदा नहीं था। जर्मनी में जरूर किसी चीज़ की कमी थी; वे अभी अच्छी तरह रहे नहीं थे। जर्मन लोग विचारों को तनाव से जोड़ते थे; और यह तनाव जितना ही उग्र होता था, उनका 'कार्य' या 'प्रैक्सिस' का दर्शन उतना ही सशक्त होता था, जिसमें इन विचारों को रूपान्तरित किया जा सकता था—यह दर्शन अपनी विजातीय भव्यता में अत्यन्त आकर्षक और अभिभूत करने वाले होते थे। युवा एंजेल्स ने, जो पहले ही एक उत्कृष्ट रिपोर्टर था, इसे यों स्पष्ट किया, ''यदि आज बर्लिन में आप किसी ऐसे आदमी से, जो दुनिया पर दिमाग़ की ताकत के बारे में हल्का-सा भी जानता है यह पूछें कि बतलाइए, वह युद्ध-क्षेत्र कहाँ है जहाँ धर्म और राजनीति दोनों में—और इस प्रकार जर्मनी पर—जर्मन जनता की राय को नियन्त्रित करने का संघर्ष हो रहा है, तो उसका उत्तर होगा कि यह युद्ध-क्षेत्र विश्वविद्यालय है और वह भी विशेष रूप से लेक्चर हॉल नम्बर 6, जहाँ शैलिंग प्राकट्य पर अपने दर्शन के कोर्स पढ़ा रहा है।'' उस ऑडिटोरियम में एक युवा रूसी कुलीन, मिखाइल बाकूनिन, ज़ोर-ज़ोर से चिल्लाकर दार्शनिक के प्रति अपनी प्रशंसा व्यक्त करता देखा गया। वह 1840 में बर्लिन आया था, मानो 'नए येरुशलम' में आया हो। उसे खर्चा-पानी उसके मित्र एलैक्जेन्डर हरज़ैन ने दिया था। उस विस्तृत देश में जहाँ से वह आया था, उसके साथी पहले ही बड़े उत्साह से शैलिंग और हीगल की चर्चा कर रहे थे। रूस के दूर-दराज़ क्षेत्रों में भी यह चर्चा हो रही थी। 1830 होते-होते इवान किरेयेव्स्की के पत्र बर्लिन से सिग्नल प्रेषित कर रहे थे, और हर हीगलोत्तर पैम्फलैट को अनेक लालची आँखें रुचिपूर्वक भक्षण कर रही थीं। ग़लतफ़हमी से अधिक उपजाऊ दूसरी कोई चीज़ नहीं है। जर्मनी में 'कार्य' शुरू कर देने की उत्कंठा ने साधारण रूप से अत्यन्त शैक्षिक-सैद्धान्तिक लक्षण (पंडिताऊपन, यथार्थ जीवन से दूरी) धारण कर लिए जिनकी खिल्ली आगे चलकर मार्क्स और एंजेल्स *द होली फ़ैमिली* एवं अन्य रचनाओं में उड़ाने वाले थे। रूस में ये ''बेकार आदमियों'' बरबाद

और पतित कुलीन, दिवास्वप्नों से भ्रष्ट व्यक्ति, सूक्ष्म मानस पृथक्करण के ज्यॉमितीय केन्द्र की जैव-वैज्ञानिक विरासत थी—रूसी बीमारी, जो बाद में रूसी उपन्यास का सार बनी। संक्षेप में ये लोग बुद्धिजीवी वर्ग के सबसे मूल्यवान अंग थे। वे भी अकादमिक जीवन के किसी भी प्रकार के अवसर से वंचित थे, वे 'कार्य' को एकमात्र Fata Morgana (उत्पाद डिज़ाइन की प्रस्तुत प्रणाली) समझते थे, कि यह उनकी अन्तर्भूत, बर्बर हिंसा को एक दिशा में निर्देशित कर सकेगा और इसे निजी जीवन की नशीली दयनीयता में बिखरने नहीं देगा।

सम्पर्क बिन्दु—भौगोलिक अर्थ में भी बीच में ही—पोलैंड के कुलीन ऑगस्ट सीसकोव्स्की, द्वारा लिखित छोटी-सी पुस्तक, 1838 में प्रकाशित *प्रोलैगोमेना टू हिस्टोरियोसाफी* थी। यह हीगलियन विरासत का घातक टुकड़ा था। कुछ पृष्ठों में ही, जिनमें गुरु की शिक्षाओं के अनुसार इतिहास का विश्लेषण तिकोनों में किया गया था, सीसकोव्स्की 'प्रेक्सिस' के प्रेत को बाहर ले आता है—ज़ाहिरा तौर पर नंगा, भौतिक शब्द जिसमें पाराक्लीट (Paraclete) की नई छवि उभरती है। प्रथम तो उन दिनों उचित समझे जानेवाले एक पुष्ट विचार से वह कुछ निष्कर्ष निकालता है : *"आज विचार को इसके अन्यतम छोर तक विचार लिया गया है।"* इसके बाद कौन-सा चरण आता है? कौन-सा 'पारगमन' खुलता है? "यह स्वीकार किया जाता है कि जैसा हम कह चुके हैं, चेतना सर्वोच्च तत्त्व नहीं है किन्तु इसे अपने से ऊपर उठकर प्रगति करनी चाहिए, *यहाँ तक कि स्वयं से ही बाहर निकलकर।* पारगमन का कथ्य वह है जो स्वयं के होने (प्राणवान) और विचार की ठोस इकाई को आवश्यकता के रूप में दर्शाता है और जो अब *अपने आपमें* या *अपने लिए नहीं है और जिसे अपने से बाहर* एक आधार-परत पैदा करनी चाहिए।" इसकी सांकेतिक भाषा के बाहरी आवरण के पीछे, हीगल से आती यह भाषा काफ़ी मूर्त (ठोस) है : 'आधार-परत' और कुछ नहीं मैटीरियल है, *टेक्निकल मैटीरियल,* जो सकुचाते हुए एक नाम चाहता है। किन्तु यह तब तक पुष्पित नहीं होगा जब तक इच्छाशक्ति नैपोलियन-युगीन प्रश्नोत्तर पद्धति से पारिभाषिक रूप में दूर और उन स्थानों में नहीं चली जाती जहाँ इसे पहले जाने की मनाही थी : "*अब सम्पूर्ण (absolute) इच्छाशक्ति को चिन्तन की वह ऊँचाई प्राप्त कर लेनी चाहिए जहाँ एक समय तर्क को ऊपर उठाकर स्थापित कर दिया गया था...*दर्शनशास्त्र को, अपने लिए सर्वथा उचित एवं इससे मेल खाते हुए दृष्टिकोण को छोड़कर उस क्षेत्र में पदार्पण करना चाहिए जो इसके लिए परदेस है किन्तु जिस पर इसका विकास पूरी तरह निर्भर है, यानी *इच्छाशक्ति का सम्पूर्णतः व्यावहारिक क्षेत्र।* अतः यह अनिवार्य हो जाता है कि विचार और इच्छाशक्ति के बीच सम्बन्ध क्रान्तिकारी ढंग से बदल जाएँगे : "हीगल के अनुसार, इच्छाशक्ति एक विशेष प्रकार की विचार प्रक्रिया है; किन्तु यह एक त्रुटिपूर्ण विचार है। इसके विपरीत, विचार इच्छाशक्ति का एक आंगिक तत्त्व है, क्योंकि वास्तव में इच्छाशक्ति

और कार्य केवल *विचार का प्राण* (अस्तित्व) *की ओर लौटना है।''* ''सत्य का जीवन के हर क्षेत्र से पूरी तरह समझौता कर लेने का'' सपना जो युवा हीगेलियन बाकूनिन पर (और सारे यूरोप में फैले और भी अनेक लोगों पर) छाया जा रहा था, तभी सच हो सकता था, जब लोग इस अब तक न सुने गए शब्द 'प्रैक्सिस' के जादू में विश्वास कर लें। इसके पीछे मुश्किल से छिपा हुआ, 'इच्छा करने की इच्छाशक्ति' का तथ्य था जिसमें हाईडैगर 'निहिलिज्म' (nihilism) (विचारधारा जो सारे धार्मिक सामाजिक, राजनीतिक वर्ग के विध्वंस में विश्वास करती है) के प्रतीक-चिह्न ढूँढेगा (और इसीलिए टेक्नोलॉजी के भी); यह बात इसलिए स्पष्ट प्रकट न हो पाई, क्योंकि किसी को भी टेक्नोलॉजी का अधिक अनुभव नहीं था। फिर भी, सीस कोव्स्की ने नए युग के सबसे बड़े नियामक सिद्धान्त का फार्मूला दिया (''इच्छाशक्ति या कार्य में ऐसा कुछ भी नहीं है जो पहले मेधा में नहीं था।)'' एक निर्णायक निष्कर्ष ''वैसे तर्क अब तक अपने तथ्य-मार्ग पर चलता रहा है उसी प्रकार इच्छाशक्ति को भी अपने तथ्य-मार्ग पर चलना चाहिए। अपनी भूमिका के रूप में राजनीतिक जीवन को अपना विश्वव्यापी प्रभुत्व जताना पड़ेगा उसी प्रकार जैसे कला और दर्शन, क्रमशः एक के बाद एक, दर्शाते रहे हैं।'' और यह ठोसपन निर्दय हो जाता है : ''भविष्य में, दर्शन (शास्त्र) को सार-रूप में व्यावहारिक होने के लिए राजी होना पड़ेगा। जैसे कला का काव्य विचार के गद्य में पहुँच गया है, उसी प्रकार दर्शन को अपनी सैद्धान्तिक ऊँचाइयों से नीचे आकर *प्रैक्सिस* (व्यावहारिक क्रियाओं) के क्षेत्र में आना पड़ेगा।'' दर्शनशास्त्र, अपने चरम 'व्यावहारिक' रूप में, मरने को सहमत हो जाता है। किन्तु उससे पहले, जैसा अब हम अपने अनुभव से जानते हैं, यह हर वस्तु में प्रविष्ट हो जाता है।

इतिहास के छिपे कोनों-अँतरों में, एक विषमता पनप रही थी : एक 'नया प्रवसन,' अब बर्बर लोगों का आत्मा की ओर दौड़ना नहीं, वरन् आत्मा का प्रकृति की बर्बरता की ओर, जो मुक्ति की याचना कर रही थी। एक अस्पष्ट प्रक्रिया, ''जिस पर पहले ही ख़मीर उठने की, वास्तव में किसी सीमा तक सड़न की छाया पड़ रही थी।'' (और क्या, मार्क्स और ऐंजेल्स शीघ्र ही इसके बाद, 'हीगेलियन प्रणाली के सड़न की बात नहीं कहनेवाले थे?') पारस-पत्थरी प्रक्रिया के अन्त में Coniunctio *पुनर्विवाह* फिर प्रकट होगा—इस केस में यह Trennung (विदा के समय गीत) की समाप्ति से उस घृणास्पद 'प्रथक्करण' के मार्ग से आएगा जिसने पहले ही लैसिंग को इतनी यन्त्रणा दी थी और उसके बाद रोमांटिक आन्दोलन की सारी क्रूर और कोमल आत्माओं को। ''इस प्रकार आन्तरिकता और बाह्यता के बीच सम्पूर्ण *शान्ति* का उत्सव मनाया गया। यह शान्ति उनकी संयुक्त विजय सुनिश्चित करती है, बाहर भी और अन्दर भी, और दृष्टव्य छवि को उस घृणा से बचाती है जिसमें इसे सदैव देखा जाता रहा है।

सीसकोव्स्की के तर्कों की गुलझट ने उन्हें अपने अन्दर उलझा लिया, जो शीघ्र प्रतिस्पर्धी बौद्धिक शक्तियाँ बनने वाले थे : मार्क्स (1882 में एक पत्र में उसने यह अस्वीकार किया कि उसने सीसकोव्स्की को पढ़ा था, किन्तु उस पर, तथा नीत्शे और स्टर्नर पर विश्वास करना कठिन है। उस अवास्तविक शान्ति के सपने में छिपे हुए, वे अभी तक इससे बाहर निकलने की प्रतीक्षा कर रहे थे—अलग हो जाने और भिड़ने के लिए।

कृत्रिम बर्बर

"...हम जो न केवल सूक्तियों में सोचते और बोलते हैं वरन् जो सूक्तियों में और अलग-अलग रहते भी हैं, जीवन में सूक्तियों की भाँति लोगों से वार्तालाप किए बिना, लोगों के सुख-दुख में शामिल हुए बिना, हम जिनका जीवन के शोर-शराबे से कोई सुर नहीं मिलता, अपितु जो एकाकी पक्षियों की भाँति रात्रि की नीरवता में जीते हैं।"

स्टर्नर उन अनेक चिह्नों में से एक है जो शिक्षा के अन्त को उजागर करते हैं। *सम्पूर्ण आत्मा* के स्कूल से निष्कासित होकर, जैसा गुरु हीगल की इच्छा थी, वह उन अन्तर्निहित हाव-भावों को और सूक्ष्म मुखर रूपान्तरणों को प्राप्त करने में असफल रहा जिनसे सभ्यता बनी है, और जो अन्त में, विवेक के आधार पर, सुरुचि के न्यून शेषांश होने से अधिक किसी तरह का दावा नहीं करती। इस बिन्दु तक आते-आते, उसके पास विचार की भ्रामक माला या वाग्रोध की चीख़ ही बची थी और अन्ततः उसने स्वयं को इसी के हवाले कर दिया, मौन के उन हथौड़ों की चोट (जैसे किसी की कनपटी पर) के नीचे, जो (मौन) रिक्त विचार के परे तक फैला है।

स्टर्नर निरन्तर भूतों और अशरीरी छायाओं की बात करता है। और जैसे ही वह बोलता है, हर चीज़ अपकारी जादुई गुलझट बन जाती है जिससे उसकी चीख़ती हुई, अभद्र, अविराम आवाज़ बाहर आना चाहती है; खिल्ली उड़ाने के लिए। किन्तु भूतों के साथ जितने नज़दीकी रिश्ते स्टर्नर के हैं उतने किसी अन्य के नहीं। आज भी, हम उसे दार्शनिकों के मध्य कम, प्रेतों के बीच अधिक पाएँगे। कुछ जगहों पर तो यह भी कहा जाता है कि स्टर्नर सम्मानीय दार्शनिकों के लिए अध्ययन का उपयुक्त विषय नहीं है; यदि वे स्टर्नर के शब्दों को छूते हैं, तो बेहतर होगा कि वे अपने हाथ धो लें। यहाँ तक कि उसका नाम भी गम्भीरता से नहीं लिया जाता, उसकी छवि टॉप हैट और फ्रॉक कोट पहने जादूगर जैसी अधिक प्रतीत होती है बजाय गौरवपूर्ण विचारक के। स्टर्नर आज भी हमारी संस्कृति से निष्कासित ही है, यद्यपि सैकड़ों, बड़ी-बड़ी पुस्तकें उसको समर्पित हो चुकी हैं।

यूजेन दुहरिंग को मुख्यतः एंजेल्स द्वारा लिखित पुस्तक *एंटी-दुहरिंग* (यद्यपि इस केस में अधिक अच्छा तो यह होगा कि दुहरिंग और *एंटी-दुहरिंग* दोनों को ही भूल जाया जाए) से स्मरण किया जाता है, अनेक लोग स्टर्नर को केवल इसलिए याद रखते हैं कि मार्क्स और एंजेल्स ने *द जर्मन आइडियोलॉजी* में कई व्यंग्यपूर्ण पृष्ठ उस पर लिखे थे। किन्तु फिर भी कुछ लोग हैं जो उसे इतना प्यार करते हैं जितना किसी अन्य को नहीं : कारण, उन्हें डर है इस तरह वे उसकी पूजा करते हैं—उस व्यक्ति की जो पावन का भक्षण और पूजनीयता को समाप्त करना चाहता था। कभी वे उसके प्रति मृदुल भुलावा दिखाते हैं तो कभी ठंडा आक्रोश। किसी भी क्षण, कहीं-न-कहीं दुनिया में एक छोटा-सा प्रैस व्यस्त होकर डर आइनज़िगी (DER EINZIGE) का नया संस्करण (एक अंग्रेजी संस्करण में *द इगो एंड इट्स ओन)* छाप रहा है और अक्सर इसी के साथ *दस स्पोक जैराथुस्ट्रा* (Thus Spoke Zara Thustra) के एक संस्करण का मुद्रण कर रहा है। विश्वविद्यालय इन तथ्यों पर ध्यान नहीं देते। वे यह भूल गए कि ये स्टर्नर ही था जिसने अपने कटाक्षपूर्ण वारों से हमेशा के लिए उनका चेहरा बिगाड़ दिया था। वे उसकी रचनाओं को शोध निबन्धों का अच्छा विषय मानते हैं। किन्तु मैक्स स्टर्नर को नव-हीगेलियनों अथवा अराजकतावाद के असंख्य इतिहासों में से एक में शामिल करना तो लेखक को पहले ही इस दानवता से बचने का संकेत देता है। तब स्टर्नर एक 'पोजीशन' (स्थिति), चरम स्थिति, किसी चीज़ का अन्तिम भाग (जैसा) बन जाता है। यह निर्विवाद है कि कुछ पाठक इस दानवता से अवगत हो गए हैं, वे चाहे इसे अपने अन्दर सोख लें या अस्वीकार कर दें, किन्तु इसे वे छिपा किसी तरह नहीं रहे। किन्तु संस्कृति के अनाम शरीर ने इसे स्वीकारा नहीं है। अपने जीवन के उस चरण में पहुँचकर जब (अन्य सभी चीज़ों की भाँति) यह स्वायत्तता का दावा करती है, यह शरीर अपने अन्दर नए पदार्थों का स्राव प्रारम्भ कर देता है, और शीघ्र ही नए अस्तित्वों का भी कृत्रिम बर्बरता, एक कृत्रिम बर्बर। मैक्स स्टर्नर उनकी घोषणा करता है, उनकी व्याख्या करता है और तुरन्त ही वह प्रेतनुमा हो जाता है। इस प्रकार स्टर्नर की उपस्थिति दो लेखकों में सबसे साफ़ दिखती है, उनमें से पहला कतई उसका जिक्र नहीं करता और दूसरा उसके विषय में उस लेख में बात करता है जो कभी प्रकाशित नहीं होगा : नीत्शे और मार्क्स। हम उनके अधिकांश लेखन को तब तक नहीं समझ पाएँगे जब तक हम इन्हें एक उतावले और कभी-कभी ज्वरग्रस्त बड़बड़ाहट के रूप में न पढ़ें जो उस प्रेत को सम्बोधित है जो उनको कष्ट देता रहता है : स्टर्नर। मार्क्स और नीत्शे के पास सीधे-सीधे एक-दूसरे से कहने के लिए कभी कुछ विशेष नहीं था। फिर भी वे एक-दूसरे से इस प्रकार वार्तालाप करते हैं जो आपस में परिचित तो नहीं है किन्तु उनका एक सपना (आतंक) है जो समान है। अतः उनके लिए एक ऐसी लड़ाई में कम-से-कम मिलना ज़रूरी है जो उनके प्रेत के साथ क्रोधपूर्ण, षड्यन्त्रकारी, निर्मम,

भयंकर, चक्रीय लड़ाई है—एक ऐसा संघर्ष जो उन्हें, एक ही जेल में बन्दी दो कैदियों की भाँति आपस में बाँधता है। 'परीक्षणोन्मुख दर्शन' के ये दो प्रारम्भिक, स्व-चेता प्रणेता स्टर्नर में अपने विचार के एक गुप्त पहलू से दूसरी बार सामना करते हैं, किन्तु वे इस पहलू को जिसे, इसके परिणामों को ध्यान में रखते हुए, स्वीकार करना नहीं चाहते। हम देखते हैं कि वे अपने जीवनकाल में इस सम्बन्ध को छिपाने का धैर्यपूर्वक निरन्तर प्रयत्न करते रहे, वे उस आदमी के उदास मौन से बचना चाहते हैं जो विचार के साथ मादक धोखा करने में उनसे पहले था। मार्क्स और नीत्शे का हौसला सीधे-सीधे स्टर्नर के प्रारम्भिक और अपूर्व हौसले से निकलकर आया है। 'डर ऐन्ज़िगी (Der Einzige) लिखने के लिए eiserne stirne, ('इस्पाती भौंह' शाब्दिक अर्थ, अर्थात् निर्लज्जता) की ज़रूरत पड़ी और एक व्यक्ति इस पर विश्वास कर सकता है कि इसी कारण, स्टर्नर ने यह नाम चुना।''

विचार एक लम्बे समय से अवनत किए जाने की प्रतीक्षा कर रहा था। किन्तु सबसे पहली ज़रूरत ऐसा आदमी ढूँढने की थी जो इस प्रक्रिया को बढ़ाने के लिए मक्कार हो। कोई ऐसा व्यक्ति जिसमें 'भड़काने की इच्छा और प्रतिभा हो (जैसे सेंट पाल, नीत्शे, या जोसेफ द मैइस्त्रे) और जिसमें ऐसा अभूतपूर्व कदम उठाने का साहस हो : जो तत्त्व-मीमांसा और पाग़ल प्रलाप को, एक सिरे से दूसरे सिरे तक, एक नाज़ुक चिमटी में जोड़ सके। यह काम अच्छे घरों में जन्मी युवा महिलाओं के लिए चलाए जा रहे मदाम ग्रोपियस स्कूल के एक अध्यापक के कन्धों पर आ पड़ा, जो 1848 से कुछ ही पहले के वर्षों में *बर्लिन गजट* के लिए लिखता था और अपने लेखों पर 'स्टर्नर' के नाम से हस्ताक्षर करता था।

बाद में, अनेक लोगों ने वह कह दिया, जिसका दूसरे लोग अनुमान तो लगा रहे थे किन्तु कहने का साहस नहीं जुटा पाए थे कि तत्त्व-मीमांसा सामान्यतः एक पाग़ल प्रलाप है। एक ऐसी अवधारणा जो समय के अनगढ़पन से मेल खाती थी। एक अधिक अप्रत्यक्ष अवधारणा जिस पर लोगों ने कम ध्यान दिया, यह थी कि पाग़ल प्रलाप ही तत्त्व-मीमांसा है। स्टर्नर ने विचार के जल को सदा के लिए गंदला बनाने में उदारतापूर्वक योगदान किया। उसके बाद से, यह तय करना केवल एक प्रशासनिक मुद्दा रह गया कि कौन दार्शनिक था और कौन नहीं। विटजैन्स्टाइन के प्रत्येक वाक्य में दर्शनशास्त्र के पेशे के लिए तिरस्कार भरा हुआ है। वैलरी अपने दर्जनों बौद्धिक परीक्षणों को प्रतिदिन सवेरे पाँच से आठ बजे तक अपनी नोट-बुकों में लिख तो लेता था, किन्तु वह इस बात का बड़ा ध्यान रखता था कि दिन में उस समय इनके विषय में कोई बात न करे जब वह सैलूनों में जाए, या एकेडैमी की मीटिंगों में पहुँचे या शहर में कहीं डिनर करे। म्यूसिल स्वयं को वैज्ञानिकों के बीच छुपाए रहता, जो चेहरे पर हल्की-सी मुस्कान लिये हुए, स्पिरिट (आत्मा) सम्बन्धी विचार-विमर्श के सामाजिक

जमावड़ों में भाग लेते थे। पाग़ल प्रलाप उन्हें अपनी कृपा में नहला देता था, उनका अपने विशाल साम्राज्य में स्वागत करता था।

वे कहते थे कि वे मोह-भंग का आगमन देख रहे हैं। किन्तु वह मोह-भंग तो सदियों से चला आ रहा था—कुछ तो उस अवधि को हजार वर्ष भी कहते थे। संसार इन्हें सहन करता रहा : वह इससे अभिभूत बना रहा। स्टर्नर वर्णन करता है कि एक मोहभंग वाले व्यक्तित्व को *कैसे रहना* चाहिए—और उसकी विडम्बना इस स्वीकृति में है कि इस प्रकार की सत्ता अस्तित्ववान ही नहीं है। यदि यह रही होती, तो मोह-भंग पीड़ित वैज्ञानिक इसका प्राचीनकाल के अनुसार इसका वर्गीकरण कर देते : मौन, हिंसक, अप्रत्याशित, गिरगिट जैसी। ऐसी पहचान जो सत्यापित नहीं की जा सकती। अनुपम। Einzig (पहेली)।

प्लेटोवादियों और अरस्तू के अनुयायियों का विभाजन एक अन्य, और सम्भवतः और भी अधिक सुनिश्चित तरीके से किया जा सकता है : लोगों को दो भागों में विभाजित किया जा सकता है, एक वर्ग उन लोगों का जो सोचते हैं कि इस दुनिया को कोई जादू बनाए रखता है और दूसरे वे जो ऐसा नहीं सोचते। दूसरी प्रकार के लोगों में अनेक ऐसे हैं जिन्हें ऐसा सोचने की ख़राब आदत है कि जादू का आधार एक भ्रम है (जो इसी के साथ-साथ विज्ञान की रोचक प्रस्तावना भी है) किन्तु विटजैन्स्टाइन ने इसे स्पष्ट कर दिया : जादू वह नहीं है कि दुनिया *कैसे* है, वरन् इस तथ्य में है *कि* यह मौजूद है।

छुटभैये बुर्जुआओं के प्रति मार्क्स की नाराजगी उसकी शास्त्रीय सुरुचियों में प्रारम्भ होती है। स्वरूप, आकार उसके लिए, बन्द और सुनिश्चित होने चाहिए। रूप-रेखाएँ एक रिक्त, महत्त्वहीन पृष्ठभूमि में अलग दिखनी चाहिए। एक कुलीन की ऐसी रूप-रेखा होती है, उसी तरह बुर्जुआ की भी (जब तक वह स्वयं को बनाने वाले गुणों और अवगुणों अपने में समाहित रखता है)—और अन्ततः इसी प्रकार, एक कामगार की भी रूप-रेखा होती है। किन्तु बीच में, इन स्वरूपों के मध्य ऐसी भयानक बुराई होती है जिसे किसी भी तरह सुधारा नहीं जा सकता। मार्क्स के लिए घटिया बुर्जुआ, बुर्जुआओं में मूर्ख हैं—और वे साक्षात् बुराई के अवतार होते हैं। ये उसे परेशान करते हैं, क्योंकि वे रूपाकार बदल लेते हैं, इतने लचीले हैं कि कैसे भी ढल जाते हैं, इनकी अपनी कोई शरीराकृति नहीं होती; इस प्रकार, बावजूद इसके कि इतिहास ने उनके लिए एक वर्गीकरण स्थापित किया हुआ है, वे कुछ भी बन सकते हैं। कड़वाहट, महत्त्वाकांक्षा, क्षोभ और उन्मत्तता की भीगी रेत में उसने *बोलशेविकों* और फासिस्टों को पहले ही जन्मते देख लिया था। बोलशेविकों में यूँ तो कुछ भी ग़लत नहीं था;

उद्‌देश्य का अम्लीय स्नान उन्हें पहचान में न आने योग्य बनाने के लिए काफ़ी था। परिभाषा की दृष्टि से क्रान्तिकारी की कोई (जन्म स्थान) नहीं होता ("उसका तो कोई नाम भी नहीं होता" नेचायेव की संक्षिप्त परिभाषा कहती है); उसका केवल एक उद्‌देश्य होता है। किन्तु अनेक प्रजातियों की बढ़ती संख्या मार्क्स को डराती थी और उसे लगता था कि जैलीफिश के समूह की तरह ये नियन्त्रण के परे हैं। स्टर्नर में उसने उस विषाक्त मेजबान के आगमन की पूर्व सूचना पा ली। स्टर्नर के नाम के *अकेले एक व्यक्ति ने* छुटभैये बुर्जुआ का नृवंशीय मॉडल निश्चय ही प्रस्तुत नहीं किया (जैसा मार्क्स और एंजेल्स ने, खेमेबाजी की चालाकीवश, दावा किया कि हाँ यह उसी प्रकार का मॉडल है)। पर यह तो उससे भी अधिक भयावह कोई और चीज़ थी : वर्गों की व्यवस्था का टूट जाना, एक अव्यवस्थित विस्फोट, जो इतिहास के पवित्र नाटक को अन्त से पहले अंक में बिगाड़ रहा था। यह तो वह मूल पाप था जिसके लिए क्षमा नहीं है–और स्टर्नर के प्रति मार्क्स के आक्रोश को स्पष्ट करने के लिए पर्याप्त है।

हीगेलियन शिक्षा में पारंगत होने के आधार पर, स्टर्नर आवंछित आतंक की तैयारी करता है : पैने छैलापन के आधार पर बारे रक्त की बुद्धिमत्ता में डूब जाने की तैयारी करता है। बोरजे *उन होमे लिबरे* (*Un Homme libre*) एक स्वाधीन मनुष्य के रूप में युवा बारे को एक 'नाज़ुक विध्वंसवादी' के रूप में देखता है जिसके पास 'स्नायुओं की कुलीनता' है और जो दुनिया की खिल्ली उड़ाता है, दुनिया जो (Huysmans) के अनुसार पहले ही "मूर्खता के कुमारत्व" की अवस्था पर पहुँच चुकी है। अब वह केवल यही कर सकता है कि वह अस्तबल की गन्ध में साँस ले और चाहे कि हर चीज़ "फिर दुबारा दौड़ का एक भाग बन जाए।" मध्यस्थ एक छोटी पिछड़ी लड़की, बेरेनीस होगी। हमें बताया गया है कि उसने "ऑवर लेडी (Our Lady) की एक छोटी-सी स्वर्ण जटित मूर्ति को अपनी गुड़िया के रूप में अपना लिया है जो गर्भाशय की ओर से खुलकर त्रिदेवत्व (Trinity) को दर्शाती थी।" अतीत, वंश और रक्त तभी समझ में आते हैं जब नाज़ुक निहलिस्ट (NIHILIST) का अहम् अत्यन्त दुर्बल हो जाता है, जब छोटे आदमी पर परीक्षण से जन्मी बर्बरता को एक व्यवस्था से चिपकने की ज़रूरत पड़ती है (वह अहम् उन्नीसवीं शताब्दी के बाद वाले भाग में, '1889 के लड़कों' की तैयारी में, आसवित हो गया था। पहले उस सौन्दर्यात्मक घमंड का केवल इशारा महसूस किया गया था; बाद में इसकी महक ग़ायब हो जाने वाली थी, या जनसमुदाय की अनेक सुगंधियों में मिल जाएगी–किन्तु इसमें से उसकी प्रच्छन्नता, अलग होने और अनैतिक होने का संकेत समाप्त हो जाएगा।)

डर आइजीगी (Der Einzige) के मुख्य लक्षणों में एक इसकी पाशविकता है। किन्तु यह एक तार्किक पाशविकता है, जहाँ तक शिक्षा के माध्यम से पहुँचा गया है—या, वस्तुतः एक ऐसी अत्यन्त महत्त्वाकांक्षी पंडिताऊ प्रणाली द्वारा जो पश्चिम ने पैदा की है, एक मात्र ऐसी जो हर चीज़ को अपने अन्दर सोख लेने, समाहित कर लेने, अपने अन्दर ले लेने का, *Aufhebung,* जोश के तूफ़ानी आग़ोश में लेने का, दावा करती है। जर्मन आदर्शवाद के अध्यापकों ने हर उस चीज़ को समाप्त करने के श्रम-साध्य, कठोर अवधारणात्मक प्रयत्न किए जो तात्कालिक, उग्र, वायवी और हिंसक हो सकती थी। यहाँ तक कि स्टर्नर के शत्रु भी स्वीकार करते हैं कि उसके पास काम को पूरी तरह, अच्छी तरह निबटाने की ज़हरीली प्रतिभा थी। तब सवाल यह पैदा होता है : संस्कृति के सर्वोच्च शिखर पर *कृत्रिम बर्बरता का* अज्ञात प्रदेश अचानक कैसे बुला सकता है? यह वह क्षेत्र है जिससे स्टर्नर हमें परिचित कराता है, उस अध्यापक की तरह जो हल्की मुस्कान के साथ अपने क्लास रूम का दरवाज़ा खोलता है, जहाँ मदाम ग्रोपियस की युवा महिलाएँ प्रतीक्षा कर रही हैं।

हम हिप्पैल की मधुशाला के आसपास, बीयर के धब्बों और लकड़ी के बुरादे के बीच क्यों मँडराते रहें? तब से अब तक न जाने कितने उत्थान और पतन हो चुके हैं और हममें से अधिकांश इस सबको भूल चुके हैं। फिर भी इसमें कोई सन्देह नहीं कि नगण्य स्टर्नर द्वारा और अभी भी *सम्पूर्ण आत्मा* के शब्द जाल में, संस्कृति की सुरक्षात्मक ढाल में पहली बार छेद किया गया। यह उसी के द्वारा हुआ कि भूमंडलीय एवं अनुल्क्रमणीय *मान-हानि* हुई और फिर यह हमारी नींव बन गई। तब से एक ख़ास तरह की बर्बरता हमारी सर्वाधिक परिष्कृत बोली में भी अपना रंग दिखाती है; यह सम्वेदनशीलता की एवं विचार की नई पूर्व-आवश्यकता है। इस प्रकार हमारे लिए यह हितकर होगा कि हम इसे इसके सारे भोंडेपन के साथ प्रकाश में ले आएँ। आज की दुनिया के प्रेरणास्रोत और स्वीकार्य विचारक मार्क्स, फ्रॉयड और नीत्शे हैं (जो आख़िरकार, सम्मानीय व्यक्ति थे अच्छे तौर-तरीकों का ध्यान रखते थे और अच्छी तरह जानते थे कि ये तरीके अपनाए और रखे जाने चाहिए, भले ही 'अस्तित्ववान की आलोचना' उन्हें समाप्त कर सकती थी, और करना चाहिए था); किन्तु यह एक बहुत बड़े अंश में, और अनजाने में, स्टर्नर से निकली है। यह इसको नहीं जान सकता, न केवल इसलिए कि 'पितृत्व सदैव ही अनिश्चित' है, वरन् इसलिए भी कि इस बिन्दु पर हर पितृत्व नकली है। यहाँ स्टर्नर *शून्यता* के निम्न क्लर्क के स्तर के अनुकूल सारे मामले को छिपे-छिपे निबटा देता है : "बड़े शहरों का सभ्य प्राणी एक जंगली अवस्था में लौट आता है—यानी, अकेलेपन, अलहदगी की अवस्था में—क्योंकि समाज का ढर्रा उसे समाज की ज़रूरत को भूल जाने देता है और वह दूसरे लोगों से सम्पर्क की भावनाओं को भी खो देता है, जो किसी समय उसकी

ज़रूरतों के कारण बनी रहती थीं। सामाजिक प्रणाली में होने वाले हर सुधार, सामाजिक जीवन के प्रति हमारे कुछ कार्यों, कुछ अनुभूतियों, और कुछ रुझानों को निरर्थक बना देते हैं।''

उन्हें आशा थी कि वह सुदूर-पूर्व से आएगा, उसके होंठों पर मंगोलों जैसी पतली मूँछें होंगी, गले में हड्डियों का हार, और वह फ़र का एक लबादा लपेटे होगा जिस पर रक्त एवं मज्जा के धब्बे होंगे। इसके बजाय वह बर्लिन में प्रकट हुआ, अच्छे परिवार में जन्मी युवा महिलाओं के लिए बोर्डिंग स्कूल में अध्यापक के रूप में। उसकी जैकेट साथ-सुथरी लेकिन तार-तार थी, आँखों पर अंडाकार चश्मा था और उसके रूप-रेखा लजीली, हँसी उड़ाने वाली जैसी थी। जब उसके मित्र पी-पाकर हिप्पैल में झगड़ा करते, तो वह तटस्थ भाव से दूर किनारे की मेज़ पर बैठा रहता। जब वह अपने गन्धाते कमरे में बैठा हुआ लिखता रहता, तो कभी-कभी उसकी अधिक तनी शिराओं से उभरती एक चीख सुनाई पड़ती, जो बहुत कुछ भौंकने जैसी लगती थी। डर *आइनज़िगी* (*Der Einzige*) के प्रकाशन के बाद, बर्लिन में (जहाँ उस समय तक हर कोई वास्तव में हीगल को भूलना चाहता था) उसका जीवन कुछ (विदेशी) आकर्षण जैसा हो गया—कुछ ऐसा जिसकी हम केवल कल्पना ही कर सकते हैं, वैसा जैसा रिम्बो का हरार में था। बाद में इसका दो स्पष्ट स्वरूपों में परागमन हो गया : बार्टलबी का मौन और ट्रेवन द्वारा वर्णित 'Death Ship' जैसा।

स्टर्नर के पैदा होने के लिए बड़े शहर का अस्तित्व आवश्यक है। प्रेतों के शत्रुओं का प्रेत हिप्पैल की बर्लिन मधुशाला का है, जहाँ FREIN (स्वतन्त्र लोग) इकट्ठे होते हैं; किन्तु यह इससे भी अधिक सेंट पीटर्सबर्ग का अंडर ग्राउंड है, पेरिस के उदर का है, लन्दन के कूड़े-करकट के पहाड़ों का है, उन मृत्यु जलयानों का है जो दस्तावेज़हीन और नामहीन अपने यात्रियों को एन्टवर्प के बन्दरगाह में निगल जाते हैं। इसका स्थान एक ख़ास प्रकार की अ-व्यवस्थित भीड़ जैसा है; जुनून भरे स्व-शिक्षण का, कलम के गुलाम-मजदूरों का, किसी भी चीज़ के लिए तैयार जड़हीन लोगों का अपमानित बुर्जुआओं का, विपन्न, बेदखल कुलीनों का, पृथ्वी के अभिशापितों का जिन्हें जंगलों, दलदलों या रेगिस्तानों से निकालकर दूसरे प्रायद्वीप में पॉलिटेक्निकों की संगमरमरी छतों के नीचे खड़ा कर दिया गया है, उन लोगों के बढ़ते झुंड का जिनका सर्वाधिक गहन ज्ञान सार्वजनिक अपमान और निजी उन्नयन का है। होटल के रजिस्टरों में नीत्शे स्वयं को 'यूनिवर्सिटी प्रोफेसर' लिखता था, यद्यपि उसे वह पद फिर कभी नहीं मिलेगा और यद्यपि हर गुज़रते साल के साथ वह महसूस कर रहा था कि वह स्वयं उन अनेक बढ़ते प्रेतों जैसा होता जा रहा था। वह उन लोगों के बीच अपने लिए एक भूमिका भी स्वीकार कर सकता था—वास्तव में, उसने अपने लिए एक भूमिका चुन

भी ली थी, वह थी एक 'सम्मानीय अपराधी' की। उसे उन आक्रामक मैले-कुचैले लोगों के साथ रहने में घृणा होती थी, किन्तु फिर भी वह जानता था कि उसकी पुस्तकों की सराहना करने वाले पाठक वही लोग होंगे। उसने उन्हें हर सम्भव तरीके से भगा दिया था और अन्ततः इसके लिए वह अच्छे तौर-तरीकों पर निर्भर रहा था। किन्तु वह उनके साथ होने के सभी चिह्न नहीं मिटा सकता था; क्योंकि वे बहुत सारे थे। दोस्तोयव्स्की ने एक बार अपनी नोट बुक में ऊबकर और जिज्ञासावश लिखा (रुपए-पैसों की संख्या के पास, रुपए जो उसे कभी नहीं मिले या जो उसने पहले ही खर्च कर दिए थे) कि अब मनुष्य की कोई रूप-रेखा नहीं रह गई है और यह कि लम्बे समय से अपने कमरे में वह स्वयं भी ऐसी ही उपस्थितियों के शत्रुतापूर्ण झुंड से घिरा रहा है; वास्तव में, वह स्वयं उनमें से एक था और उसने उन्हें धोखा दिया था। उसने अपने उपन्यासों में इस लम्बे धोखे के विवरण दिए, जिसे प्रायः ही उस आदमी की मरोड़-भरी उत्तेजना हिला देती है जो अपने लेखन के बहुत नज़दीक होता है, उस पुलिसमैन की तरह जो एक ऐसे नरसंहार की रिपोर्ट तैयार कर रहा है जिसमें उसने खुद भाग लिया है।

स्टर्नर वह बर्बर है जो जर्मनी की एक छोटे प्रान्तीय राज्य से आता है और तत्त्वमीमांसा के साम्राज्य के केन्द्र में फूट पड़ता है। उसके औजार वही हैं जिन्होंने बर्बरता के हरेक चिह्न को आत्मा में समाहित कर लेने में हीगल को सहायता की थी, अब आत्मा को विखंडित करने में सहायक हैं, इसे हर स्थान से उखाड़ फेंक रहे हैं, और प्रबोधन की नृवंशीय मिट्टी में गहरा गड्ढा करवा रहे हैं। 'हथौड़े का सच्चा दर्शन' TRUE PHILOSOPHY OF HAMMER जिसे व्यवहार में लाने में नीत्शे कभी सफ़ल नहीं होगा क्योंकि उसका भाव इतना विनम्र है कि जिसे बदला नहीं जा सकता, उसी दर्शन को *डर आइनज़िगी* के संक्षिप्त, जोरदार, आक्रामक वाक्य मूर्त रूप दे देते हैं।

स्टर्नर का अहम्‌वादी सारी निर्भरता से इनकार करता है; किन्तु हर प्रकार की निर्भरता ही तो जड़ है, भौतिक अथवा दिव्य। अहम्‌वादी अपनी जड़ों से उखड़ा हुआ आदमी है, जो स्वयं को इस रूप में पहली बार स्वीकार करता है। वह हर आदमी और हर चीज़ के लिए अजनबी की तरह शहरों में भटकता है। शब्द जो उसके मस्तिष्क पर आक्रमण करते हैं, इच्छाएँ जो उस पर प्रहार करती हैं—हर चीज़ ऐसी है जिसे वह चाहे तो प्रयोग करे या फेंक दे। उसकी अपनी तो केवल एक चीज़ है : लेने या भगा देने का काम। वह भूगत अंडर ग्राउंड का आदमी है जो तत्त्व-मीमांसा को लूटता है।

हमारे पास स्टर्नर के ऐसे कोई पत्र नहीं हैं, और न ही कभी हो सकते थे, जैसे हृदय स्पर्शी पत्र नीत्शे के हैं जो उसने शुल्प फोर्टा के कॉलेज से शूमान की संगीत रचना की

जानकारी लेने के लिए लिखे। जहाँ तक संस्कृति का सवाल है, स्टर्नर में शरीर-विन्यास की दृष्टि से कोई चीज़ विकृत और भ्रष्ट है, कोई चीज़ जो उसे प्रारम्भ से ही विषाक्त कर देती है।

स्टर्नर की मूल-धारणा है कि धर्मनिरपेक्षता की प्रक्रिया पावन का उपभोग करने में या इसे समाप्त कर देने में असमर्थ है, जबकि यह दावा इन दोनों बातों का करती है। यह इसे केवल स्थानान्तरित कर देती है और जो शक्ति धारण करके चलती है वह तो और भी विनाशक और अनियन्त्रणीय है क्योंकि अब इसका कोई नाम नहीं रह गया है, और जो है उसे पहचाना नहीं जा सकता कि वह असल में है क्या?

स्टर्नर में ऐसी क्या बात है जिसे लोग क्षमा नहीं कर पाए हैं? ये वे अनेक खुल्लमखुल्ला आपराधिक वक्तव्य नहीं है जिन्हें वह नव-हीगेलियन दोहराव के चटपटे व्यंजनों में पूरब के मसालों की तरह छिड़कता है और न ही वे 'अहमूवाद' और 'अनुपम' के विषय में उसके अपने विचार हैं कि उन्हें किसी व्यावहारिक तार्किकता से असंगत या न्यूनातिन्यून माना जा सके। अपितु कुछ ऐसे त्वरित वाक्य हैं जैसे 'हमारे नास्तिक पवित्र लोग हैं,' जो एक शीर्ष अभिव्यक्ति है जिसे कोई ग़लत साबित नहीं कर सका। स्टर्नर ने हमारी दुनिया को अत्यन्त पाखंडपूर्ण कहा है जो ऐसी निर्णायक प्रक्रिया से परेशान है जो सम्पूर्ण मोह-भंग की ओर बिना ठहरे बढ़ी जा रही है।'' वैसे एक स्वस्थ साधारण आदमी से अधिक पाखंडी, वास्तव में, कौन है—जो अपने निजी सिद्धान्तों को लेकर इतना घमंडी इतना भोला-भाला है और उन घमंडी नास्तिकों का क्या कहना, जो पूरी तरह इस पर विश्वास करते हैं कि गियोरडैनो, ब्रूनो जैसा महानतम रहस्यवादी उन जैसा ही एक था? चर्च को, जिसने उसे जला डाला था, उसके सच्चे चरित्र के विषय में ज़्यादा सही ज्ञान था। किन्तु नास्तिकों ने तो एक स्मारक भी उसे समर्पित कर दिया है, मानो वह एक *अज्ञात सिपाही* था। प्रबोधन वर्ग का चैम्पियन? यदि ये कहीं वास्तव में अस्तित्व रखते हैं, तो उन्हें सबसे पहला काम यह करना चाहिए कि वे तर्क के प्रति अपना सहज विश्वास त्याग दें। यही नए 'पवित्र लोग' हैं, धर्मान्ध, जो सांस्कारिक मध्यस्थता द्वारा सुरक्षित नहीं हैं, चर्च की रहस्यपूर्ण व्यवहारिकता तक से सुरक्षित नहीं हैं। ये स्वयं को पवित्र धार्मिक संस्कारों से नहीं किन्तु थोड़े से मुखर शब्दों से अधिशासित होने देते हैं : समाज, मानवता, मानव प्रजातियाँ। (ये वे शब्द थे जिन्हें उन्नीसवीं सदी पसन्द करती थी और आज ये आवारा फिरते हैं, हालाँकि इनमें बहुत से अन्य शब्द भी शामिल हो गए हैं)। ऐसे लोग उन आधार-वाक्यों को नहीं जानते जिनके अनुसार ये काम करते हैं, और जब कोई अश्रद्धालु तर्कवेत्ता इनके विषय में पूछताछ करता है तो ये इसे पसन्द नहीं करते। यदि कोई इन पर अपने आधार-वाक्य को उजागर करने के लिए ज़ोर डालता है, तो ये एक

तुच्छ सा दर्शन ही सामने रख पाते हैं। व्यर्थता के टुकड़े और आम बातों की झालरें जो सिद्धान्तों और मूल्यों के आधार को सजाती हैं, जो उनके अन्धविश्वासी व्यवहार के आवरण में छिपे हुए ही अच्छे थे। ये, आख़िरकार, सदैव ही घातक नहीं होते; कभी-कभी इनमें कुछ निर्जीव नासमझ नरमी भी होती है।

उत्पीड़क समूहों और उत्पीड़ित जन-समूहों के बीच में लटका हुआ, स्टर्नर काव्य के विषय में लॉत्रेमॉ के कटूक्तिपूर्ण व्यंग्य की पूर्व-कल्पना करता है कि ये "सबके द्वारा कहा जाना चाहिए, एक के द्वारा नहीं।" किन्तु वह इसे दर्शनशास्त्र पर लागू कर देता है। डर *एनजाइगी* में हम पर उन विचारों का आक्रमण होता है जिन्हें एक लम्बे समय तक कभी भी पुस्तकों में शरण पाने की तनिक भी आशा नहीं थी। पशुवत् विचार। प्रोटोकोल का यह विचलन प्रजातान्त्रिक शासन का अप्रत्याशित प्रभाव है। इतिहासकार लॉत्रेमॉ इसे इस प्रकार कहेगा : "सन्देह का स्तर सदैव ही अल्पसंख्यक रहा है। किन्तु हमारी शताब्दी में यह बहुसंख्यक बन गया है। कर्त्तव्य के उल्लंघन को हम अपने रोमकूपों में सोख रहे हैं।" सन्देह हर उस विचार को काटता है जो अपना सिर उठाता है। किन्तु इसका फल (ब्लेड) अपने शिकार को आसान पुनर्जीवन प्रदान करता है। वे विचार जल्दी से पुनः प्रकट हो जाते हैं—लोगों की राय के रूप में।

जब वे स्टर्नर की बात करते हैं तो मार्क्स और एंजेल्स धोखा कहाँ देते हैं? लगभग सर्वत्र। डर *एनजाइगी* जैसी पुस्तक में, जिसमें विरोधाभास *मूलपाठ का उद्देश्य* है, और जिसमें किसी भी ऐसे मार्ग के लिए, जिस पर लोग चले हैं, सभी कुछ बेमेल और विचलन है। एक आदमी को यह ध्यान न देने का बहाना बनाने की ज़रूरत है कि बेमेलपन, विरोधाभास और विचलन कोई आकस्मिक घटना नहीं हैं अपितु चर्चा का मुख्य विषय यही है; एक आदमी को बस यह देखने से स्वयं को मना कर देना है कि यह प्रलाप मौन का पारिभाषिक प्रारम्भिक ज्ञान है—और यह लो, बरबादी का काम हो गया। तब कोई बड़ी शान्ति से कह सकता है कि *डर एन्जाइगी बेमेल*, विरोधाभासी, अपवादी और प्रलापी है। आदमी इसे दो या तीन पृष्ठों में भी कह सकता है। और यह तथ्य कि मार्क्स और एंजेल्स इसी बात को तीन सौ से अधिक में उजागर करते हैं, कम-से-कम यह कहा जा सकता है कि उनकी दुर्भावना रही है। इससे उनकी दूरदर्शिता का पता भी चलता है। इस बिन्दु पर *कारण* के *पवित्र* सूत्र में इकट्ठे होने पर, वे इस पुस्तक की जोरशोर से खिल्ली उड़ाने से स्वयं को रोक नहीं पाए, और जो किसी अन्य की तुलना में कारण, बंध, और ख़ासतौर पर कारण की पवित्रता और बंध की खिल्ली उड़ाती है। थोड़ी देर के लिए यह मान लें (केवल तर्क करने के लिए) कि उनकी 'मीमांसा' की शक्ति पादन प्रकाश-पुंज को हटाने में पहले ही सफल हो चुकी थी, तो भी इसका यह अर्थ नहीं है कि मार्क्स और एंजेल्स उस तथ्य को बाह्य रूप

से दर्शाने के लिए तैयार थे। श्रमिक वर्ग को पवित्र छवियों की ज़रूरत थी; कारण उचित भावना की और व्यवस्थित और कठोर श्रम करने वालों के जीवन की गारंटी देगा जो, मुख्यतः स्व-निग्रह, और शत्रु के साथ संघर्षों और युद्ध की तैयारी में लगे हुए थे। यह कभी प्रकट नहीं किया जाएगा कि मुक्त चिन्तन, वह प्राणी जिसका मस्तिष्क हर दृष्टि-भ्रम, श्रुति-भ्रम या शब्दजाल से सर्वथा मुक्त हो गया था, आधुनिक काल का सच्चा गिरजाघर का चूहा था। स्टर्नर के घातक विषैले अम्ल की थोड़ी-सी मात्रा भी श्रमिक के शक्तिशाली धड़ में असाध्य मरोड़ पैदा करने के लिए काफ़ी थी—तिरस्कार योग्य नृवंशीय टुकड़ा जिस पर मार्क्स और एंजेल्स ने अपने श्रमिक व्यवहार का ढाँचा बनाया, जिसे ये 'आत्मा के उत्साही इंजीनियर' अन्त में दूसरों से बदल देंगे। मार्क्स और एंजेल्स ने जो अब सारे श्रमिकों की ओर से बोलने का दावा कर रहे थे, स्टर्नर की पुस्तक से बहते हुए, पिघले सीसे में, दुराग्रही, दुहराव और अशोभनीय तर्कों में सर्वहारा वर्ग के एक भिन्न और भयावह जन-समूह को उभरते देखा। ये पैलिजा दा वोल्पेदो के श्रमिक नहीं थे, जो मूँछों वाले अफ़सरों की गोली खाने के लिए साभिमान चले जा रहे थे, वरन् ये लम्पटों का नारकीय, आकृतिहीन विशाल जन-समुदाय था : न सुधर सकने वाले, आवारा, वर्ग निष्ठा में असमर्थ, माँ के पेट से ही जड़-हीन, हिंसक, कुछ भी बोलने में अक्षम, ज्ञान और श्रम के अपमानपूर्ण शत्रु थे—जिन्हें समाचार-पत्रों ने एक कम्पन के साथ, 'समाज की तलछट' कहा था जो अब तक भूमिगत थे वे अब ऊपर खुले में आ रहे थे; और यह 'रिजर्व प्रेत आर्मी,' इसके पहले कि सर्वहारा लोग बुर्जुआओं का सफ़ाया करें, सर्वहारा लोगों का ही गला घोंटने की धमकी दे रही थी।

अभिशापित Trennung यानी पृथक्करण जो पहले ही लैसिंग के फ्रीमेसन्स को दुखी कर रहा था, इस प्रकार सर्वहारा वर्ग की पक्की किलेबन्दी में भी सेंध लगा रहा था। दिखने में यह बहुत ही छोटा घाव था, एक विषाक्त दुखदायी दरार, जो हर उस व्यक्ति को निगल जाती थी जो सही दिशा से भटक जाता था। उस अज्ञात गड्ढे से, वर्षों बाद, पृथ्वी के पतित-अभिशापित पुनः उभरेंगे, और एक ऐसा असीम नेटवर्क बनाएँगे, जिसकी तुलना इस पृथ्वी पर एकमात्र पूँजीवाद द्वारा बनाए गए नेटवर्क से ही की जा सकती है। किसी भी विश्वस्त गणना के अभाव में, चूहों की तरह, उनके हाथ में सबसे अधिक टालू और घातक हथियार था : मौन अस्वीकृति, समाज के सभी रूपों की नकार। मार्क्स और एंजेल्स के लिए व्यावहारिक प्रणालियाँ बनाने में गुप्त वेदना बुर्जुआ लोग नहीं थे; स्थिति के अनुसार ढल जाने वाला वर्ग जो शुरू से ही स्व-विनाश के लिए उतनी ही उत्सुक थे जितनी चतुराई वे अपने पुनःस्थापन में दिखाते थे; उनकी चिन्ता *लम्पट* Lumpenproletariat—सभी वर्गों के छिटके हुए टुकड़े, 'जड़हीनता का सिद्धान्त बन जाना,' जिनसे वर्ग हित में किसी भी प्रकार के हानिकारक, अप्रत्याशित

हमलों की बौछार की आशंका की जा सकती थी। वर्गों के इतिहास के उत्तराधिकार को, बचाव की उस रूपरेखा को Lumpen *ख़तरा* पैदा कर रहे थे, जो वर्तमान दयनीयता का औचित्य सिद्ध कर रही थी और ज्वाजल्यमान भविष्य का आधार बन सकती थी। यदि सर्वहारा वर्ग *अन्तिम* वर्ग, परिभाषित वर्ग नहीं था, यदि यह वह वर्ग नहीं था जो मानव की नियति को जीने योग्य (weltges chictlich) बनाता, जो इसे भूमंडलीय आयाम देती—यदि सर्वहारा वर्ग को अपने ही अन्दर लड़ना पड़ता ताकि वे दूसरे सर्वहारा वर्ग से, Lumpen के वर्ग से अपने को अलग, भिन्न सिद्ध कर सकें—तब तो सारी योजना ही ख़तरे में पड़ जाती। ऐतिहासिक नियति का मार्ग अब चारों ओर से *एक* अन्तिम बिन्दु की ओर न आकर, एक सीमाहीन, अक्षय पृथकता द्वारा विनष्ट होने और निगले जाने के ख़तरे की ओर बढ़ रहा था।

तो यह था वह ख़तरा जो स्टर्नर ने पैदा कर दिया था, किन्तु इसे खुलकर कोई भी स्वीकार करने के लिए तैयार नहीं था, क्योंकि मात्र स्वीकार करने से इसका अस्तित्व विस्तार पा जाता। मार्क्स और एंजेल्स ने ये बात साफ़ कभी नहीं कही कि वे इन कारणों से स्टर्नर से लड़ रहे थे; वे उसे बर्लिन के निर्दोष दार्शनिकों के बीच धकेलने का प्रयास करते हैं और सारी स्पष्टताओं के बावजूद उसे "दार्शनिक भ्रातृत्व समाज में सबसे दुर्बल अज्ञानी" बतलाते हैं। *द जर्मन आइडियालॉजी* में भी Lumpen समस्या से सम्बन्धित संकेत जल्दी में दिए गए और अभद्र हैं—किन्तु इसी कारण वे महत्त्वपूर्ण भी हैं : "स्टर्नर सर्वहारा वर्ग को निरन्तर ख़स्ताहाल बतलाता है, किन्तु ख़स्ताहाल होना तो सर्वहारा वर्ग की केवल एक अवस्था है, उनकी बरबादी की, वह सबसे निचला स्तर जिसमें अरक्षित सर्वहारा वर्ग उस समय पहुँच जाता है जब बुर्जुआओं से सामना करने के दौरान उस पर दबाव बढ़ जाता है। केवल वही सर्वहारा वर्ग ख़स्ताहाल स्थिति में पहुँचता है जिसकी सारी ऊर्जा-शक्ति छिन जाती है। सिसमोंन्दी, वेड इत्यादि को देखें। सर्वहारा वर्ग की निगाहों में, उदाहरण के लिए, 'स्टर्नर' और उस जैसे व्यक्ति ख़स्ताहाल हो सकते हैं किन्तु वे कभी भी सर्वहारा नहीं हो सकते।" सर्वहारा इस प्रकार निर्धनता की सम्मानीयता में अवतरित होता है और अपने घर में किसी ख़स्ताहाल का स्वागत नहीं करेगा। इस वास्तविक वर्ग घृणा के कारण अज्ञात हैं, मार्क्स और एंजेल्स हमें बतलाते हैं कि 'बरबाद सर्वहारा लोगों' में 'ऊर्जा' नहीं होती। कोई कह सकता है कि अब तक जो बरबाद नहीं हुए हैं—ऐसे सर्वहारा लोगों के लिए उन्हें (ख़स्ताहाल को) कुचल देने का पर्याप्त कारण है किन्तु क्या यह वास्तव में सच है कि 'बरबाद सर्वहारा लोगों' में कोई ऊर्जा शेष नहीं रहती? शायद यह ज़्यादा सच हो कि उसमें कहीं अधिक घातक ऊर्जा होती है, ऐसी ऊर्जा जो अब किसी धारा में प्रवाहित नहीं की जा सकती? बढ़िया तो यही है कि इसे छोड़ दिया जाए; और मार्क्स तथा एंजेल्स ऐसी ही तरकीब इस्तेमाल करते हैं। यह सही है कि इसके बाद भी Lumpens के प्रति अपमानजनक बातें हिंसक थीं किन्तु वे सदैव

आकस्मिक और छिटपुट थीं। मार्क्स और एंजेल्स ने इस तथ्य को छिपाने के पूरे प्रयास किए कि 'मानव' को निर्धारित करने का उनका आख़िरी मापदंड इसकी संगठित होने की क्षमता ही थी। किन्तु घृणा की आदत बनी रही। यदि आप यह देखना चाहते हैं तो, वर्षों बाद, रोजा लक्सैम्बर्ग की उस अभिमानी घृणा को देखिए जिसके साथ वह अपने साथी कामरेडों को सावधान रहने के लिए कहती है : "सर्वहारा वर्ग बुर्जुआ समाज का वह अन्तिम वर्ग है जो क्रान्तिकारी लक्ष्यों को लेकर परिदृश्य पर अवतरित हुआ है। इसे अपने से भी अधिक उग्र सामाजिक परत द्वारा जिसके लक्ष्य श्रमिकों द्वारा सचेतन भाव से निर्धारित लक्ष्यों से भी अधिक हैं, कुचला नहीं जा सकता। वह सामाजिक परत जो सर्वहारा से नीचे स्थित है—वह स्तर, जिस पर बेदखल सामाजिक परजीवी रहते हैं, जो वेश्याओं, पेशेवर अपराधियों और हर प्रकार के अज्ञात और हाशिए पर पड़े जीवन से बना है—एक क्रान्तिकारी कारक नहीं है; इसके विपरीत यह तो प्रति-क्रान्तिकारी है।" और लेनिन, अपनी आदतन उदासीनता के साथ, इस घृणा के परिणामों से निबटेगा, अराजकता के बार-बार उभरने वाले तूफ़ान को रोकने के लिए बाँध को मजबूत करेगा : "अराजकता नैराश्य से पैदा होती है। यह या तो उस बौद्धिक व्यक्ति की मानसिकता का भाग है जो भ्रमित हो गया है, या ये Lumpen *सर्वहारा लोगों* का प्रतिनिधित्व करता है; सामान्य सर्वहारा वर्ग की प्रतिक्रिया ऐसी नहीं होती।" इस प्रकार लोगों ने सदैव के लिए यह मान लिया कि सर्वहारा वर्ग की *सही मनोदशा* क्या होनी चाहिए, उस बौद्धिक आदमी को तो भूल ही जाइए जो सही रास्ते पर चल रहा है।

किन्तु तब भी, मार्क्स और लेनिन ने अपनी गणनाओं में रूस को शामिल नहीं किया था। किसी के विषय में घृणापूर्वक यह कहना कि वह क्षुद्रबुद्धि छोटा बुर्जुआ है, या प्रतिभा का ख़स्ताहाल प्रलापी है, एक ऐसे देश के लिए प्रभावी तर्क नहीं था, जहाँ बौद्धिक वर्ग के विषैले फूल सभी वर्गों के जाति बाहर किए गए लोगों में खिल रहे थे और जहाँ प्रलाप करना ख़ासतौर पर 'व्यावहारिक' बनता जा रहा था। बर्लिन के अपने घटिया बोर्डिंग हाउस में बैठा हुआ स्टर्नर रूस के भूमिगत तत्त्वों से सीधा सम्पर्क बनाए हुए था। 'अनुपम' का श्रेष्ठ मूर्त शरीरी रूप उस भूमिगत आदमी के सिवा दूसरा नहीं हो सकता था, जो दूसरों को अपनी आवाज़ सुनने के लिए विवश कर रहा था। यद्यपि स्टर्नर के हठपूर्ण तर्कों का परिणाम वांछित वाग्रोध में हुआ, किन्तु भूमिगत लोगों की आवाज़ कभी बन्द नहीं हुई : इसने सब चर्चाओं को प्रभावित किया, सारी गम्भीरता का चेहरा बिगाड़ दिया, सारे महत्त्वों की खिल्ली उड़ाई और इतिहास के हर अँधेरे रास्ते में चलती चली आई है। स्टर्नर का छिपा हुआ चेहरा रूस में बाहर आने वाला था, वह चेहरा जिसे पहचानने से मार्क्स ने इनकार कर दिया था। सारा हीगेलियन ऐपेरटस, अकादमिक विवाद, एक 'दर्शन' के प्रणेता होने के दिखावे केवल काग़ज़ी महल थे,

बेकार, केवल दिखावे की चीज़ें, जो शर्मनाक स्मृतियों की भाँति दोस्तॉयव्स्की के अंडरग्राउंड से आए आदमी को परेशान करती थी (जो पेशे से "कॉलिज का मूल्यांकनकर्ता" था) वे केवल एकाकी हँसी ला सकते थे : उसकी पैंट पर पड़े पीले दाग़, नवेस्की प्रॉस्पैक्ट के दम्भी अफ़सर के साथ भिड़ने की उसकी उत्कंठा, उसके पुराने स्कूली साथियों के उतरे हुए चेहरे। दोस्तॉयव्स्की में *डर ऐइन्ज़िगी* अपना मृत्यु-शिलालेख पाएगी : "महानुभाव! आप मुझे इस प्रकार दार्शनिक बातें करने के लिए क्षमा करें; मैं चालीस वर्षों से अंडर ग्राउंड रहा हूँ।"

अन्धविश्वासी और स्पष्टदर्शी, मार्क्स को उस शक्ति से डर लगता था जो वर्ग के समाप्त हो जाने से आती है—एक ताकत जो सर्वहारा वर्ग के प्रखर उठान पर सदैव ही एक छाया डालती है। एक आदमी जो अपना वर्ग खो देता है वह एक वर्ग से दूसरे वर्ग में नहीं जाता; वरन् वह उस वर्ग से इसकी विशिष्ट रीति-रिवाज़ और वेशभूषा लेकर एक ऐसी अनिश्चित जगह पहुँचता है जिसकी न कोई शक्ल या रिश्ते हैं, एक ऐसी जगह जो समाज के अन्दर नहीं, अपितु इसके सामने (बाहर) है। मार्क्स ने, *ग्रन्ड्रीज़* (GRUNDRISSE) में, पूँजी के इतिहास में ऐसे ही व्यक्ति की वंशावली का संक्षिप्त खाका खींचा; किन्तु (यह) व्यक्ति अनुभवजन्य धारणा (empirical concept) के रूप में (काबू में न आने वाला पात्र) उसकी पकड़ में नहीं आया। मनोवैज्ञानिक शक्तियों की वह दलदल, हर चीज़ से अलग-थलग, अब ऐसी चीज नहीं थी जिसे आसानी से कोई शक्ल दी जा सकती थी। ज्यादा से ज्यादा इससे एक आतंकवादी निकलकर आ सकता था। इससे अधिक यह व्यक्ति वही था जिसने सबसे अधिक उत्पीड़क आस्था, जिसे मार्क्स ने अपने समय के साथ—और हमारे समय के साथ बाँटा समाज में आस्था से अलग होने की शुरुआत की। यहाँ तक कि बालज़ाक के पेरिस में भी, नौकरों के क्वार्टरों से ड्राइंग-रूम्स तक, हम अपमान और उत्तरोत्तर गिरावट के कई उदाहरण देखते हैं। किन्तु बालज़ाक में, वर्ग खो देने से कहीं भी 'रूसी प्रभाव' जैसा कुछ पैदा नहीं होता। भव्य *कामेडी* का अभी भी प्रभुत्व है, जिसमें पैड़ियों और पैड़ियों के टुकड़ों की बड़ी लम्बी शृंखला है, जिन पर आप ऊपर जा सकते या नीचे उतर सकते हैं। अँधेरा केन्द्र वॉत्रिन है, पैनी नज़रों वाला पूर्व-अपराधी और पुलिसमैन, जो *नीचे की* सर्वशक्तिमानता का प्रतिनिधित्व करता है। सभी प्रकार के मुखौटे गुस्ताख़ी के साथ लगा सकता है, क्योंकि वह ऐसा देवता है जो अपने शिकारों के छद्म नाम से मिलने आता है। दूसरे लोग एक के बाद एक अनेक मुखौटे लगा सकते हैं, किन्तु उनकी विवशता उस भूमिका से बनती है जो एक ख़ास समय उन्हें निभानी होती है। इसके विपरीत, दोस्तोयाव्स्की में सरेस जैसा पिंड रूप-रेखाओं को धुँधला कर देता है। हर चीज़ अस्थिर है—और अस्थिरता एक गुप्त समझौते के तहत दयनीय निर्धनता से बँधी है। उसके पात्र अपने सम्बन्ध खोते नज़र आते हैं (या वे

शुरू में ही इसे खो चुके हैं); अपने परिवारों से, अपने वर्ग से, और सबसे ज़्यादा समाज से और अपनी भावनाओं से। अस्थिर कर देनेवाली आकस्मिकता से वे किसी भी समय अपने भावों को उलट सकते हैं। वे किनारे-हीन बहावों में बहते हैं, लगभग उदासीनतापूर्वक—इनमें निर्दोष और बदमाश दोनों हैं, एक ओर तो वे अपने शिकारों को यन्त्रणा देते हैं वहीं वे उस पर दया भी करते हैं, रोते-रोते अचानक रुककर अत्यन्त घृणास्पद हँसी में फूट सकते हैं।

युवा दोस्तोयव्स्की के पुस्तकालय में एक पुस्तक *डर आइनज़िगी* थी। यह (पुस्तक) पैट्राशैव्स्कीज के बीच भी घूमती रही, ये एक तोड़-फोड़ करने वाले सिरफिरे नासमझों का समूह था जो निकोलस I के अफ़सरों की राइफलों के सामने तितर-बितर हो जाता था, और फिर बिखरकर 'मृत लोगों के मकानों' में जा छिपता था। किन्तु दोस्तोयव्स्की-स्टर्नर रिश्ते में हम विचारों की विरासत से कुछ अधिक गम्भीर तत्त्व पाते हैं : स्टर्नर का नृवंशीय दानव (monstrum) दोस्तोयव्स्की के उपन्यासों में जीवित बना रहेगा। *डर आइनज़िगी* एक शक्तिशाली रीएजेन्ट (प्रतिक्रिया-कारक) मनोविज्ञान में भर देती है, कुछ ऐसी चीज़ जो *कानून* की तरह प्रस्तावित हर चीज़ से स्वयं को अलग कर लेती है : और सबसे ऊपर, पहचान (समकक्षों की प्रणाली) और भूमिकाओं, वर्ग परिपाटियों, स्थापित भावनाओं से। इसी प्रकार दोस्तोयव्स्की में अचानक आनेवाला एक उठान, उसकी छवि बिगाड़ देता है जिसे मानवीय होना चाहिए। अब पात्र स्पष्ट रूप-रेखाएँ नहीं रखते; हर व्यक्ति पर मानो कुछ अस्पष्ट, आकस्मिक और मनमाना आक्रमण कर रहा हो। मानस, एक भाप की तरह, हर दरार से बाहर निकल जाता है और शहर को लपेट लेता है। वह सत्ता जिसे स्टर्नर 'अनुपम' कहता है, मुख्यतः एक आकारहीन, खोखल है। उस खोखलेपन से दोस्तोयव्स्की चेहरों की उमड़ती भीड़ बुला लेता है : रास्कोलनिकाव, किरिलॉव, इवान—और अंडरग्राउंड से आया आदमी, जो अपनी सारभूत अनामता में किसी न किसी प्रकार सभी को अपने में समाहित कर लेता है।

दोस्तोयव्स्की अंडरग्राउंड में वैसे ही बसा है जैसे जैराथुस्ट्रा पहाड़ी गुफ़ा में, किन्तु वह वहाँ किसी 'सुपरमैन' ('अतिमानव') का स्वागत नहीं करेगा। इसके बजाय वह प्रतीक्षा करता है स्टर्नर के *उन्मैन्श* (Unmensch) की, वह व्यक्ति 'मानव' के घरेलू धर्म-सूत्र की पकड़ में नहीं आता, जिसे मानवतावादी उत्पीड़क, 'विज्ञान और सामान्य समझबूझ' के हिमायती लोगों पर लादने की कोशिश करते हैं, इस विश्वास के साथ कि वे कुछ अच्छा काम कर रहे हैं। इसलिए उसके गाम्भीर्य लिए हुए, विप्लवी प्रश्न : ''आप ऐसा किसलिए सोचते हैं कि आदमी को इस तरीके से बदला जा सकता है, *या उसे बदल जाना चाहिए?''* ''क्या ऐसा सम्भव नहीं हो सकता कि मनुष्य अपनी भलाई के अलावा दूसरी चीज़ें पसन्द करे?''

रूस में आ पहुँचने और अपने हीगेलियन लबादे को त्यागकर, स्टर्नर 'मिट्टी में लिथड़े बर्फ़' के विषय में व्याख्यान दिए बिना नहीं रह सका। अंडरग्राउंड का आदमी अपनी टोन उस व्यंग्य से पकड़ता है, जिस पर *डर आइनज़िगी* के पाठकों को उस समय ध्यान नहीं गया था जब यह पुस्तक पहली बार सामने आई थी, बर्लिन के लोग जीवन के विषय में इतना कम जानते थे। और अब वह टोन अपने सबसे ऊँचे स्वर में पहुँच जाती है : "हमें आदमी होने में कष्ट हो रहा है—रक्त और मांस के वास्तविक आदमी हमारे अपने निजी शरीर हैं : हम इससे शर्मिन्दा हैं और हमारी चाह है कि हम अपने आपको काल्पनिक रूप से औसत आदमी कही जाने वाली किसी चीज़ में बदल लें। हम तो मृत पैदा हुए थे और काफ़ी लम्बे समय तक हमें वे माता-पिता इस दुनिया में लाए जो स्वयं मरे हुए हैं; और हमें यही ज़्यादा और ज़्यादा पसन्द है। लगता है, जैसे हम इसके लिए अपने अन्दर एक पसन्द भी बनाते जा रहे हैं। शीघ्र ही हम ऐसा रास्ता ढूँढ़ निकालेंगे कि हम पूरी तरह विचारों से ही जन्मे लें।" शैली (दूसरों को) अप्रत्यक्ष संकेत देन वाली हो गई है, किन्तु हम तुरन्त 'अनुपम' की आवाज़ पहचान लेते हैं। यहाँ भी, जैसे स्टर्नर में था, पाशविकता का एक सायास तत्त्व हमें अभिभूत कर देता है, एक अप्राकृतिक निकटता जो l'homme de la nature et de la verite (जो रूसो के *कन्फैशन्स* के प्रारम्भ में l'homme dans toute la verite de la nature थी) के विरुद्ध विद्रोह करती है। अंडरग्राउंड आदमी, वास्तव में, एक एल्केमिकल उत्पाद है, 'कटु प्रति-वाक्य से उत्पन्न' 'प्रकृति के गर्भाशय से नहीं।' चालाकी उसे और भी हिंसक बना देती है, क्योंकि यह उसे और सभ्य बना देती है ("सभ्यता केवल संवेदनाओं के क्षेत्र को विकसित करती है—इसके अतिरिक्त और कुछ नहीं") और यह उसे मनुष्यों की जन्मजात मूर्खता से वंचित कर देती है, जो "दूसरों की तुलना में अधिक जल्दी और अधिक आसानी से आश्वस्त हो जाते हैं कि उन्होंने अपने कार्यों के लिए मज़बूत नींव पा ली है।" एक ओर अपनी बदबूदार बैडशीटों में इधर-उधर करवटें बदलता है, पाश्चात्य संस्कृति की मँझी हुई उपज, यह अंडरग्राउंड आदमी, अपनी ही ज्ञान-धारणा बनाने की कोशिश करने की बुरी आदत को भी बनाए रखता है। हीरे के एक धारदार टुकड़े से वह विचार के पारदर्शी पदार्थ को रगड़ता है। उसे पता लगता है कि वह *अतल* का शिकार है, शैस्टोव का bespotchvennost (जर्मन भाषा में Bodenlosigkeit, बोरिस द शोलेज़र के फ्रेंच अनुवाद में deracinement) और वह ज़ोर से अपना क्रोध प्रदर्शित करता है : "वे मूल उद्‌देश्य कहाँ हैं जिन्हें मैं आधार बना सकूँ?" मेरी नीव हैं कहाँ? वे मुझे कभी कहीं मिलेंगे भी या नहीं? स्टर्नर की भाँति, अंडरग्राउंड आदमी ने "अपने उद्‌देश्यों को शून्य पर आधारित किया है," और वह अपनी निरन्तर तीखी आवाज़ में चीखता है।

कड़वाहट, अपमानों और चुप्पियों के पीछे मार्क्स और स्टर्नर एक आधारभूत अनुभव को आपस में बाँटते हैं और जो उनके जीवन का भी विशिष्ट चिह्न है : दुनिया का आध्यात्मीकरण उन्नीसवीं शताब्दी में लालची विज्ञान और ज़िद्दी दर्शनशास्त्र ने (जिसे अब धर्मनिरपेक्ष शिष्टतावश 'मीमांसा' कहा जाता था) छायाओं, अवधारणाओं, विचारों, प्रतीकों, ज्योति पुंजों, श्रेणियों और निशानियों को निष्कासित कर दिया था, और यथार्थ को डिसैक्शन रूम (चीरफाड़ कक्ष) में तेज़, चुभती रोशनी में एक शल्य कर्म बना दिया था। बुर्जुआ इस बात का आनन्द ले रहे थे कि आत्मा (Geist) दूर और दूर तथा निरर्थक होती जा रही थीं, क्योंकि लोग स्मारकों के अनावरण के समय को छोड़कर, अन्य कभी इसकी ज़रूरत ही नहीं समझते थे। मशीनें धूँ धूँ करती हुई अविरल चल रही थीं (हालाँकि पिछड़े जर्मनी में नहीं); और चूँकि इतिहास (Geschichte) विश्व-इतिहास (Welt-geschichte) बन गया था और सारा 'इतिहास' क्योंकि अब 'विश्व-इतिहास' था, दूर के लोग इन मशीनों की लक्ष्यहीन गतियों से और स्टाक एक्सचेंज के उठान और पतन से विनष्ट हो रहे थे। सारी दुनिया में पूरा मोह-भंग छाया हुआ था, भीड़भाड़ भरी सड़कों पर लोग मिट्टी में ज्योति-पुँजों पर लड़खड़ा रहे थे, और इस दौरान उन्नीसवीं शताब्दी का विशाल कलेवर अनजाने में ही अपने ऊपर एक कठिन परीक्षण कर रहा था; इस विश्वास से कि वह कोई पूरी तरह से भिन्न चीज़ कर रहा था (सबसे ज्यादा तो यह सोचता था कि वह 'प्रकाश डाल रहा है') जब यह सब हो रहा था, उसी समय दो युवा जर्मन, जो छुट्टे बुर्जुआ थे जिनमें पतित होकर Lumpen बन जाने का रुझान था (स्टर्नर को कर्जे के लिए दो बार जेल जाना पड़ा और मार्क्स को लन्दन में चोरी के सन्देह में उस समय गिरफ़्तार कर लिया गया जब वह अपनी पत्नी के ज़ेवर, जिन पर *आरगिल* का कोट ऑफ़ आर्म्स अंकित था, गिरवी रखने के लिए जा रहा था), अपने चारों ओर देख रहे थे कि प्रेतों का शाही नृत्य हो रहा है। वे उन दिनों प्रचलित इस विश्वास को मानते थे कि प्रेत बुराई की निशानी हैं। (ग्वेनॉन ने कहा कि एक आश्चर्यजनक संयोग से, 1848 में संयुक्त राज्य में आध्यात्मवाद एक महामारी की तरह फैलने लगा था। उसने इसे यूरोप में अवरोधों के आवश्यक काउण्टर-वेट के रूप में लिया; यूरोप के अवरोध स्वयं इतिहास के मंच पर एक नई हलचल का संकेत दे रहे थे; एक नए पात्र का आगमन, *अव्यवस्था, उलट-पुलट।)* उनकी नज़रें उन प्रेतों की ओर आकृष्ट हुई, और आविष्ट होकर उन्हीं पर टिक गई। किन्तु उन्होंने इसका प्रतिरोध किया, और अपने चारों ओर के उन लोगों के प्रति तिरस्कार व्यक्त किया जो अज्ञानवश यह सब करते जा रहे थे, और मान बैठे थे कि वे अब एक खाली दुनिया में रह रहे थे। "*Hypostases non fingo*" ('स्थिर अवधारणाएँ नहीं होतीं') (प्रेत) ग्रस्त स्टर्नर ने युवा-महिलाओं के स्कूल में अपने अध्यापकीय डैस्क से उद्घोषणा की, जब कई श्रेणियों के लोगों ने उस पर बेहद दबाव डाला और उसे निरुत्तर करने की चेष्टा की। अवधारणाओं को शक्ल देने से

उसके इनकार का, जो इसके पूर्वज इनकार, जिसे न्यूटन ने किया था, और तुलना में यह कहीं अधिक प्रभावी एवं उग्र था, उत्तर मार्क्स कन्धे उचका कर देता है : ''हुँह!, एक आदमी यह विश्वास कैसे कर सकता है कि विचार सत्य का निर्धारण करता है, जबकि सत्य विचार का निर्धारण करता है।'' (संलग्न विभाजन chiasmata) की सारी शृंखला की ओर ध्यान आकर्षित करते हुए)। और वह ठोस चीज़ों की ओर इशारा करता है, जिसमें हिसाब-किताब, बैंकों, गोदामघरों, काम करने के घंटों, तटकर नियमों, सोने, बॉड्स और (सब कुछ) आक्रामक जहाज़ों को रखा जाता है। किन्तु वह अपनी वितृष्णा का बहाना बना रहा है; उसके द्वारा अवधारणाओं पर स्टर्नर के आक्रमण के तर्कों का सबसे कठोर ढंग से लागू किया जाना तो अभी कई वर्षों बाद होगा, जब वह *दास कैपीटल* की पहला खंड लिखेगा। तब वहाँ स्टर्नर के शब्दों के परीक्षणात्मक वैधता मिलेगी, जिससे मार्क्स ने अपने उतावलेपन में इनकार कर दिया था। एक बार जब यथार्थ की तत्त्वमीमांसा से सम्बन्धित नकाब उतार दी जाती है और इसे घटाकर उत्पादन-चलन-उपभोग की नंगी प्रक्रिया बना दिया जाता है (जिससे, एंजेल्स द्वारा वर्णित स्वयं सिद्ध सिद्धान्तों के अनुसार, अन्य सारी प्रक्रियाएँ शुरू होती हैं और जो इस पर आधारित होती है, तभी हम, और केवल तभी, प्रेतों का बड़ा नृत्य Geist का अन्ततः Polter geist की शक्ल अख्तियार कर लेना, देखते हैं। वे कपड़ों की अलमारियाँ और कुर्सियाँ छीन लेते हैं, औरतों और कपड़े झपट लेते हैं और अब ये चीज़ें उनके आधिपत्य की चीज़ें न रहकर ग्रस्त, प्रेतायित हो जाती हैं। इस प्रकार, स्टर्नर का निकटस्थ अनुवर्ती, एकमात्र निष्ठावान अनुयायी जिसने उस चीज़ को साफ़तौर पर देख लिया था जिसे गुरु ने (स्टर्नर ने) सरसरी तौर पर देखा था और जिसे अब अनुयायी *ठोस* पर पूरी कठोरता से लागू कर रहा था, वह था मार्क्स, *दास कैपीटल* और *ग्रन्ड्रीज* का लेखक।

बाद में एक अन्य अनुयायी, जो इसी प्रकार के आधार-वाक्यों से प्रेरित था, लम्बे समय भटकने के बाद ही प्राथमिक हिंसक अनिवार्यता को एक रणनीति का रूप दे सका। यह अनुयायी नीत्शे था। एक बार जब उसने सारी अवधारणाओं का अवास्तविक स्वरूप पहचान लिया और उन गल्पों की हानिकारक शक्ति का आकलन कर लिया, तो वह 'अनाम' और 'अकथनीय' की बर्बर अव्यक्तता में पीछे नहीं गया। इसके बजाय उसने गल्प—और इसलिए अवधारणाएँ—सर्वत्र देखीं, न केवल हर शब्द और हर काम में, अपितु प्रकृति के हर स्वरूप और प्रक्रिया में भी। और उसने सारी गल्पों को उनके उसी रूप में स्वीकार करके उनका अनुभव करने का फैसला किया। यह पद्धति, जो आकारों की रूप-रेखाओं को निरन्तर स्थानान्तरित करती रहती है, एकमात्र वह चीज़ है जो बाह्य रूप को, चाहे वह जितना भी भव्य और आकर्षक है, धीरे-धीरे सार रूप में जम जाने से रोक सकती है।

समय बीतने के साथ, हर चीज़ दर्शनशास्त्र के इतिहास में स्थान पा लेती है। 1866 में लगभग बीस वर्ष तक पूरी तरह अज्ञात बने रहने के बाद स्टर्नर का सन्दर्भ ऐसी दो पुस्तकों में दिया गया जो लम्बे अरसे तक मानक सन्दर्भ रचनाएँ रहनेवाली थीं : जोहान एडवर्ड एर्डमान की *आउटलाइन ऑफ़ द हिस्ट्री ऑफ़ फिलासॉफी* और फ्रैडरिक एल्बर्ट लाँगे की *हिस्ट्री ऑफ़ मैटीरियलिज्म।* वास्तव में, स्टर्नर की ख्याति इन बाद वाली 'इतिहास' की पुस्तकों के कारण ऊपर उठनेवाली थी जिसमें उसकी *डर आइनज़िगी* पुनः जननात्मक मौन से एक 'कुख्यात रचना' के रूप में बाहर आएगी। किन्तु लाँगे स्टर्नर से बहुत अभिभूत हो गया और उसने एक विश्लेषण प्रस्तुत किया जो निर्णायक सिद्ध हुआ। उसने दावा किया कि *डर आइनज़िगी* "हमारी जानकारी के अनुसार पराकाष्ठा की पुस्तक है।"

एक बार फिर 'पराकाष्ठा का जादू' अपनी शक्ति दिखा रहा था। ("वह जादू जो हमारे लिए लड़ता है, वीनस की आँख, जो हमारे विरोधियों को आविष्ट करती है और उन्हें चकाचौंध कर देती है—ये *पराकाष्ठा का जादू है,* वह अपनी ओर खींच लेने वाली ताकत, जिसका पराकाष्ठा पर पहुँची हुई सब वस्तुएँ प्रयोग करती हैं। हम अनैतिक लोग—हम भी *चरम पराकाष्ठा* है।") 1887 के ग्रीष्मकाल में ब्रिटिश म्यूज़ियम में लाँगे की पुस्तक पढ़ने के दौरान, जॉन हेनरी मैके नामक एक युवा स्काटलैंडवासी को पहली बार ऊपर उद्घृत वाक्य से स्टर्नर के नाम की जानकारी हुई। उसने इसे नोट कर लिया। एक वर्ष बाद, जब उसने *डर आइनज़िगी* पढ़ी तो उसे ऐसा प्रतीत हुआ कि स्टर्नर में मानवता ने अपना त्राता पा लिया है। शीघ्र ही वह इस अति आश्चर्यजनक लेखक की तलाश में निकल पड़ा, जो उस समय तक अपरिचित था। मार्क्स और एंजेल्स ने एक-एक टुकड़ा करके, 'मार्क्सवाद' और 'मार्क्सवादी' को बनाया था (और बाद में मार्क्सवादी की निन्दा की थी) स्टर्नर 'स्टर्नरवादी' जैसे किसी व्यक्ति को नहीं बनाता, भले ही उसे बनाने के लिए उसने उपयोगी संकेत दिए हैं; वह तो अपनी ताकत के आधार स्वयं अपने ही अदम्य रूप में सामने आएगा। उसका आदि रूप (प्रोटोटाइप) तो वह कुछ हास्यास्पद और शेख़ीखोर स्कॉट ही था, जिसका अ़नुसरण बाद में अन्य असंख्य लोग करनेवाले थे, जिनमें *ब्लैक टैरर* (काला आतंक) से लेकर La Revue blanche के छैले भी होंगे। स्वयं को स्टर्नर की जीवनी के लिए शोध में लगाकर, मैके ने अध्यात्म के हल्के-फुल्के अनुयायियों की सारी ताकत को जुटाया ('क्योंकि यह पुस्तक स्वयं जीवन है'), जो उस समय ऐसी ऊँचाइयों तक उठते जा रहे थे जैसी बाद में कभी देखने को नहीं मिलेगी। और स्टर्नर ने एक और विडम्बना की चिंगारी लगा दी : "एक ओर तो हमारे पास स्टर्नर की पुस्तक है, जो एक वैकासिक प्रक्रिया की उत्पाद है—शायद अत्यधिक प्रौढ़ और चरम रूप उदासीन। तनिक-सी भी कुशलता की कमी के साथ यह ढहते हुए हीगलवाद का अन्तिम अंश थी, जो स्वयं को मीमांसा और तिरस्कारपूर्ण हँसी में खोए जा रहा था। दूसरी ओर स्टर्नर का जीवनी

लेखक, मैके है—जिसका बच्चे जैसा दिल है, उसमें कुशलता, प्यारी हार्दिक भावना है। किन्तु फिर भी उसमें हास्य या आलोचनात्मक गुण की एक बूँद भी नहीं है।'' 'कारण' का विनाशक अब महानतम कारण बनने जा रहा था, जिसकी घोषणा दुनिया के सामने हरसम्भव साधन से की जाएगी; वह बलिदान का, आत्मनिग्रह का, निश्चल भक्ति का विषय था। पहले मैके और फिर बाद में असमंजस में डालने वाले 'स्टर्नरवादी' जो 'पवित्र नास्तिकों' की जीती-जागती मिसाल बन जाएँगे, जिनकी खिल्ली स्टर्नर ने अपनी पुस्तक में उड़ाई थी।

अपने मिशन के दौरान, मैके ने शीघ्र ही एक विचित्र बात लक्ष्य की। उसने एक घोषणा प्रकाशित कराई थी कि कोई भी व्यक्ति, जिसका स्टर्नर से कुछ सम्बन्ध रहा है, उससे आकर मिले। उसे कुछ प्रत्युत्तर मिले। किन्तु जैसे ही खुलासा हुआ सम्पर्क सूत्र ग़ायब हो गए। मैके को उन लोगों की ख़बर मिली जो या तो मर चुके थे या अपने स्थान से अन्यत्र चले गए थे, और उसे पता लगा कि सब सम्बन्धित सामग्री इधर-उधर बिखर गई है। अपने सिर को अभिमान से ऊपर उठाते हुए मैके ने पूछा, ''क्या ऐसा हो सकता है कि ऐसी महानता का जीवन जीने वाले व्यक्ति के जीवन में बाह्य अनुभवों की कमी हो?'' हाँ, हो सकता है। यद्यपि स्टर्नर ने प्रेत के रूप में अपने दस्तावेज़ी जीवन के निशान बड़ी कुशलता से मिटा दिए थे और यद्यपि हमारे पास उसका एक भी पोर्ट्रेट नहीं है (सिवाय उस स्कैच के जो उसके शत्रु एंजेल्स ने बनाया था), और उसके अपने हैंडराइटिंग के रूप में एक हस्ताक्षर से अधिक कुछ नहीं है, फिर भी जो थोड़ा-बहुत बचा है, वह प्रखर प्रकाश की एक मोटी बौछार से आप्लावित है : यह रोशनी निर्धनता, घोर निर्धनता की है, अनाम और अपमानित जीवन की है, जो म्यूनिसिपल रजिस्टरों में और पंडिताऊ अभिलेखागारों में दर्ज चन्द लाइनों से बना है। वास्तव में यही एकमात्र स्रोत थे, जो मैके के लिए उपलब्ध थे।

जीवनी के लिए शोध वर्षों चलता रहा। 1898 में बर्लिन के एक प्रकाशक ने केवल एक पुस्तक *मैक्स स्टर्नर : साइन लेबेन उंड साइन वर्क* (Max Stirner : Sein Leben Und Sein Werk) छपी थी। इसके अतिरिक्त और कोई पुस्तक जारी नहीं हुई थी। वह आज भी इस *अनुपम* व्यक्ति की एकमात्र जीवनी है। इसी दौरान 'स्टर्नर के केस' ने ''नीत्शे के केस' में एक कुख्यात अंश खोल दिया। नीत्शे की बहन, एलिजाबेथ *वाइमार* में उसकी देखभाल करती थी और बड़ी सावधानी से चुने गए इने-गिने मेहमानों को ही उससे मिलने देती थी, जब वह एक लम्बे, भारी, सफ़ेद परिधान में लिपटा शीशे जैसी स्थिर आँखें लिए कुर्सी पर बैठा होता था। इसलिए दयनीय मैके ने स्टर्नर का प्रथम अनुयायी होना चाहा। किन्तु हर पंथ के साथ ये झगड़े जुड़े हुए हैं कि कौन पहले कौन बाद में। मैके के मन में इस बात को लेकर कड़वाहट थी कि दार्शनिक एडउर्ड हार्टमैन ने दावा किया था कि उसने अपनी *फिलॉसफी ऑफ़*

द *अनकॉन्शस,* 1869 और अपनी *फिनौमिनौलॉजी ऑफ़ मॉरल कॉन्शसैन्स,* 1870 में स्टर्नर को 'पुनः खोज निकाला' था, जबकि यह बात स्पष्ट थी कि हार्टमैन स्टर्नर को इसलिए ऊपर उठा रहा था ताकि नीत्शे को नीचा दिखा सके। मैके पॉल लॉटरबाख द्वारा *डर आइनज़िगी* के (सस्ते संस्करण) की प्रस्तावना लिखे जाने से भी नाराज़ था, जो रिक्लाम पब्लिशर्स की ओर से यूनिवर्सल-बिब्लियोथैक शृंखला में 1893 में प्रकाशित हुआ था, यह स्टर्नर के लिए इस रूप में अग्रदूत थी कि अब वह उन लेखकों के समूह में शामिल कर लिया गया है जिनका अध्ययन आवश्यक है।

यह बतलाना, जैसा लॉटरबाख ने काफ़ी छानबीन के बाद किया, कि स्टर्नर किन लेखकों से 'मिलता-जुलता' था मैके के लिए एक शानदार काम था, क्योंकि उसके सामने यह स्पष्ट था कि स्टर्नर 'बड़े आनन्द का सुसमाचार था। केवल एक ही तथ्य मैके को सुख दे सकता था और वह था कि 'व्यक्तिवादीः अराजकतावादी' बैंजामिन टकर और उसके मित्र, पहले से ही संयुक्त राज्य अमेरिका में सक्रिय थे। मैके ने चेतावनी दी कि स्टर्नर की विरासत उनके 'निष्ठावान और मज़बूत हाथों में' है, कुछ उसी तरह थी जैसे मार्क्स और एंजेल्स ने अपनी विरासत सर्वहारा वर्ग को सौंप दी थी जिन्हें उन्होंने कठोर और स्पष्टवादी बनाया था।

यद्यपि मैके नीत्शे को कुछ सम्मान देता था, किन्तु उसे यह गलत लगता था कि स्टर्नर का महत्त्वपूर्ण हो जाना नीत्शे की सफलता के पिछलग्गूपन से जुड़ा था। मैके ने पूछा, "भला कोई इस भ्रान्त आत्मा, निरन्तर ढुलमुल, निरन्तर परस्पर-विरोधी, सत्य और त्रुटि के बीच असहाय भाव से थपेड़े खाते हुए, व्यक्ति की तुलना गम्भीर, स्पष्ट, शान्त और स्टर्नर जैसी उच्च्य प्रतिभा से कैसे कर सकता है?" यह तो एक "ऐसा बेहूदापन था जो गम्भीर रूप से ग़लत साबित करने लायक भी नहीं था।" अपने विशेषणों में अच्छे इरादे किन्तु अल्प बुद्धिमत्ता लगाते हुए, मैके ने *उस अज्ञात महान पुरुष* का पोर्ट्रेट तैयार कर लिया। जितना ही स्टर्नर के जीवन पर उसका शोध वापस शून्य में जाता रहा, जितना ही नगण्यता की ओर बढ़ता गया, उतने ही उत्साह से उसने ऐसी छवि बनाई जिसमें सत्यापित किए जा सकने वाले यथार्थ से कमी थी। उसने दुनिया के ज्ञात प्रथम पूर्णतः अपावन मनुष्य की आश्चर्यजनक छवि के चारों ओर भक्ति-भेंट का अद्‌भुत चढ़ावा चढ़ाया। अपनी शैली के अनुकूल और "एक महान जीवन के बाहरी निशानों को मिटने" से बचाने के लिए, मैके ने शीघ्र ही स्वयं को स्मारक शिलाओं के काम में लगा दिया। 1892 की बसन्त ऋतु में, हैन्सवॉन बुलो की सहायता से, ऐसा एकमात्र आदमी जो स्टर्नर और नीत्शे दोनों ही को जानता था, उसने एक पत्थर बेरियुथ में फिलिपस्ट्रास पर स्थित उस मकान के सामने वाले भाग में लगवा दिया जहाँ स्टर्नर की मृत्यु हुई थी। ग्रेनाइट की एक पट्टिका पर, सस्ती मिल गई थी क्योंकि इसमें लगभग अदृश्य दरार थी उस पर, ये शब्द खोदे गए थे; "इस मकान

में/अपने अन्तिम वर्षों में/मैक्स स्टर्नर रहा था। (डॉक्टर कैस्पर स्मिड्ट, 1806-1856/डर *आइनज़िगी उंड साइन आइजैन्टम*/1845 अमर कृति का रचयिता अपनी शोध के दौरान, बाद में मैके को पता चलनेवाला था कि स्टर्नर को डॉक्टर ऑफ़ फिलॉसफी की उपाधि से कभी सम्मानित नहीं किया गया—या, यदि सच ही बतलाना है तो, यह कि उसे हाईस्कूल प्रोफ़ेसर की उपाधि भी नहीं दी गई। उसकी कब्र पर केवल मैक्स स्टर्नर) नाम ही लिखा गया। एक लम्बे उत्कीर्णन में 469 मार्क खर्च होते, किन्तु चन्दे से केवल 438 मार्क ही इकट्ठा हो पाए थे।

इडा ओवर बैक : "एक बार, जब मेरे पति घर से बाहर गए हुए थे, नीत्शे घर पर ही रुका रहा और उसने थोड़ी देर मुझसे बातचीत की, वह बतलाता रहा कि वह उस समय दो अजनबी पात्रों से जूझ रहा था—ये ऐसे लोग थे जिनसे वह रिश्ता मानता था। जब किसी को उसकी बात का एक अन्दरूनी समर्थक मिल जाता है तो हमेशा ही यह होता है कि वह बड़ा सहज वक्ता और प्रसन्न नज़र आता है। कुछ देर बाद उसे हमारे घर पर क्लिगर की एक पुस्तक मिल गई। मेरे पति को पुस्तकालय में स्टर्नर नहीं मिला था। 'आह,' नीत्शे ने कहा, "मैं तो क्लिगर के बारे में ग़लती पर था। वह साहित्य-संस्कृति से अनभिज्ञ था : मैं अपने को उससे कतई जोड़ नहीं पाता। किन्तु स्टर्नर—हाँ, उसके साथ, मैं जुड़ जाता हूँ।" एक गम्भीर भाव उसके चेहरे पर आ गया। और जैसे ही मैंने ध्यान से उसकी मुखाकृति देखी, उसका चेहरा फिर बदला। उसने हवा में अपना हाथ हिलाया, मानो किसी चीज़ को भगा रहा हो या अपने से दूर कर रहा हो, और बुदबुदाया : "अरे मैंने तो आपको बता दिया, किन्तु मैं इस विषय में बात नहीं करना चाहता था। इस सबको भूल जाइए। वे साहित्य चोरी करने की बात कहेंगे, किन्तु मैं जानता हूँ कि आप नहीं करेंगी।"

विचार को अवधारणाओं की ज़रूरत क्यों है? क्योंकि यह जानता है कि विचार में वे शक्तियाँ हैं जो इसके आगे तक जाती हैं। अवधारणा एक प्रकार का सम्मान कार्य है जो वह विचार बिम्ब जगत को प्रदान करता है। वे विचार-आकृतियाँ खाली, गम्भीर दृष्टि लिए हुए, वे मूर्तियाँ जो बुद्धि की सीमाओं को चारों ओर से घेरे हुए हैं, ये ही देवदूतों के और राशिचक्र के जानवरों के अन्तिम उत्तराधिकारी हैं, जिन्होंने एक समय, असंयमित होकर, विचार को जी भरकर लूटा था। वे आज भी सड़े खरपतवार में घेरा बनाए खड़ी हैं, और शीघ्र ही हर कोई भूल जाएगा कि कभी वे भी काम की चीज़ हुआ करती थीं। वास्तव में, विचार को सीमा-रेखाओं में बाँधकर क्यों रखा जाना चाहिए? अस्पष्ट सीधी रेखावत् गतियाँ इसे अज्ञात की ओर आकर्षित करती हैं जो स्वभाव से ज्ञात जैसा ही है। मूर्तियाँ छिपती जा रही हैं, उन पर काई, धूल चढ़ती जा रही है और कोई भी उजड्ड बदमाश उनका सिर तोड़ सकता है। पार्क के केन्द्र में स्थित तालाब

में वाटर लिली चुपचाप तैर रही हैं। पानी की सतह के नीचे एक रहस्यमयी जीवन-आकृति घात लगाए बैठी है जो शीघ्र ही बाग़ के मालिक की हत्या कर देगी।

विरोधाभास : सब (कुछ) को प्रक्रिया बनने के लिए *उसे चीज़* बन जाना होता है (*चीज़* वह है जो हमारी मर्ज़ी के अधीन है; *प्रक्रिया* वह ताकत है जो हर चीज़ को अपनी मर्ज़ी के अधीन कर लेती है) और सब (कुछ) को चीज़ होने के लिए, इसे परिभाषा योग्य, सीमा-योग्य और अन्ततः सबसे *अलग किए जाने योग्य* होना होता है।

चीज़ वह है जो अधिशासित हो सकती है जिसकी स्पष्ट रूप-रेखा है, जो शेष से अलग बनी हुई है। गम्भीर अवधारणाएँ इस रूप में बनी होती हैं, कि वे मानस की उथल-पुथल को चिह्नित करने और इसे ठीक कर लेने देती हैं। किन्तु लोगों ने गम्भीर अवधारणाओं को *विषय* (subject) के सन्दर्भ में शक्ति की बहुलता/ से जोड़ दिया और इस तरह इन्हें उपयोग-योग्य होने के बजाय, उपयोग की क्षमता रखनेवाला कहा। तब फिर यह भूल जाना ज़रूरी हो गया कि इस प्रकार की शक्ति का अस्तित्व था। तर्क ने एक बार फिर यह सब करने के लिए पर्याप्त उत्साह दर्शाया। किन्तु न केवल स्वयं इसका जीवन, वरन् इसकी शान्ति भी दाँव पर लगी थी। सदियों से विज्ञान ने बड़े आक्रामक ढंग से देवदूतों का मज़ाक उड़ाया है और उसके पीछे कारण यही रक्षात्मक लक्ष्य रहा है।

''आत्मा तो स्वर्ग में रहती है और हमारे अन्दर भी मौजूद है; हम बेचारे, वास्तव में, इसके घर के अलावा कुछ नहीं हैं। यदि फीयरबाख इसके स्वर्गिक घर को नष्ट करने चलता है और इसे मज़बूर करता है कि यह अपना बोरिया-बिस्तर लेकर हमारे बीच आ जाए तो मुझे डर है कि उसके सांसारिक अपार्टमेंट्स में बेहिसाब भीड़ हो जाएगी।'' इस क्रिया का नीरस स्वरूप स्टर्नर के निरन्तर खिल्ली उड़ाने वाले रुझान से मिलता-जुलता है। यह दिव्य को अति विनम्र के निकटस्थ सम्पर्क में उतना नहीं लाता, जितना उसे मध्यवर्ती के सम्पर्क में लाता है—उस थकन-भरी, दैनिक साधारणता से जिसमें अब सारा स्वर्ग और नरक भर गया समझा जाता है। अतः फियरबाख को थोड़ा-सा मोड़कर, स्टर्नर सारे दृश्य को उलट देता है। अब हमारे पास श्रमिकों की शुभेच्छापूर्ण वैचारिक सिद्धान्तों से सम्पन्न संस्था या संगठन नहीं है; अब तो हमारा सामना एक अभूतपूर्व नृवंशीय मामले से है, जो हर वर्गीकरण को गड़बड़ा देता है। पावन और सांसारिक के बीच सम्बन्धों को बतानेवाली परिवर्तनीय तालिका में हम अन्ततः एक नई चीज़ देखते हैं : दिव्य से उलट अपवित्र, जिप्सियों के एक कारवाँ से मिलता है, जिसके सामान में छोटी-छोटी बहुत सारी चीजें हैं और यह दुस्साहस करके जिप्सियों को अपने बीडरमीयर अपार्टमेन्ट्स में रहने के लिए मात्र इस कारण

से निमन्त्रित कर लेता है कि उनमें से एक कहता है कि वह उसका दूर-दराज़ का रिश्तेदार है। फेदो इससे आसानी से एक स्वांग रच सकता था और यह बात समझता स्टर्नर भी है। अतः वह इस नया युग रचनेवाली घटना को भ्रान्ति के एक क्षण के रूप में प्रस्तुत करता है : एक परिवार, जो मेहमानों के एक बड़े झुंड के आ जाने पर घबराया हुआ है और समझ नहीं पा रहा है कि क्या करे, मेहमानों की संख्या इतनी ज़्यादा है और उनकी माँगें इतनी अधिक हैं कि परिवार ने कल्पना भी नहीं की थी। किन्तु इस विनोदपूर्ण घरेलू दृश्य में भविष्य के लिए कुछ संकेत हैं। पावन को एक पात्र चाहिए; इसकी वाष्पीयपूर्ण और पैनी शक्ति का सामना वही कर सकता है जो यह जानता हो कि किस प्रकार इस शक्ति को [चीजों (objects), स्तम्भों, रचनाओं (अर्थों) कर्मकांड और फार्मूलों द्वारा] रोका जा सकता है। बुर्जुआओं के अन्तःपुर में कोई भी इस काम के लिए तैयार नहीं है : छोटी-छोटी सजावटी चीजें इशारे करती हैं, इधर-उधर पड़े छोटे-छोटे बक्से आपसे आप खुल जाते हैं, परदे काँपते हैं, दीवार पर चिपका वालपेपर में झुर्रियाँ पड़ जाती हैं, टेबल-कवर चीखते हैं। *मेहमान* इन सबके बीच से गुज़रता है, अपनी उपस्थिति के कुछ चिह्न पीछे छोड़ जाता है, दुछत्ती की तरफ़ मुड़ता है और उसे *ओडराडैक* में रख दिया जाता है (जैसा काफ़्का ने संकेत दिया)। इस बिन्दु के आगे, उस बच्चे की निगाहों में जो वाल्टर बेंजामिन बनेगा, कमरे की हर चीज़ गण-चिह्न बन जाती है। यदि आप अपना कान इनमें से किसी एक पर सटा दें तो अब भी उस विशेष मेहमान के वहाँ से गुज़रने की सरसर-मरमर सुन सकेंगे। दीवारें गोदनों से मढ़ी हुई हैं।

मान लीजिए कि परिवर्तन के लिए ही हम दिव्य को बाहर से हटाकर अपने अन्दर रख लेते हैं, तो इससे हमें क्या लाभ होगा? क्या हम वह *बन जाएँगे* जो हमारे अन्दर है? उस ज़माने में, मानव के ऊँची आवाज़ में शोर करते नगाड़े अविरल विजयों की घोषणा करते रहते थे। तरह-तरह की चीज़ें लोग अपने घर में जमा करते जा रहे थे और व्यक्ति बड़े आत्मतुष्ट भाव से अपने कब्ज़े में बढ़ते भंडार के विषय में सोचता रहता था। किन्तु किसने क्या हथिया लिया था? और फिर एक श्रेणी के विचारों के हथियाने और एक साख-पत्र को पाने में फ़र्क़ क्या था? चीजों को अधिकार में लेना हथियाने की दिशा में पहला कदम लगता है, जो उस समय पूरा मान लिया जाएगा जब हथियाई गई (वस्तु) व्यक्ति इस प्रकार आत्मसात् कर लेता है कि कुछ शेष नहीं रहता। "हर प्रकार के दूसरेपन और अन्तर का सफ़ाया," निकोलस कुसानस ने लिखा था। किन्तु उसका संकेत ईश्वर-तुल्य आत्मा की ओर था, जिसका देवत्व में आत्मसात् हो जाती है; जबकि अब मुद्दा यह है कि हमें आत्मसात् होना है और वह भी उस चीज़ में जो परिभाषा की दृष्टि से, हमारे लिए अजनबी है। फिर भी दिव्य हस्तक्षेप के अभाव में, जो सदैव ही दुर्भावनापूर्ण ढंग से चीज़ों को पेचीदा बना देता

है और बिना किसी लौकिक स्वामित्व के हथियाने की क्रिया अभी भी कठिनाइयों का सामना करती है।

हमारा अपना शरीर तक भी हमारे लिए पहले ही अजनबी है। हम इसका प्रयोग कर सकते हैं या हम अस्पष्ट रूप से इसके कब्ज़े में ओ सकते हैं; खैर, स्थिति जो भी हो, हम इसको ऐसे लेते हैं मानो यह अजनबियों का झुंड हो। और अब खुद दिमाग़ को ले लीजिए—क्या यह स्वयं अपने आपको ऐसे नहीं देख सकता कि जैसे कोई *दूसरी* चीज़ है? वास्तव में, क्या यह इसका एक अन्दरूनी लक्षण नहीं है? यदि यह इसकी क्षमता की सम्पूर्ण प्राप्ति नहीं है? तो फिर भव्य 'स्व-चेतना' क्या है जिस तक उड़कर आत्मा पहुँच जाती है।

आइए और पीछे चलें : व्यक्ति का *निजी अपना* क्या है? इस प्रश्न के उत्तर में, सारी महत्त्वाकांक्षाएँ, विचार के सारे गुप्त इरादे सामने आते हैं। हम *उपनिषदों* को खोलते हैं (किन्तु स्टर्नर के समय में कोई यह नहीं जानता था कि शॉपेन हावर ने अभी हाल ही में उन्हें कैसे खोला जाता है, यह पढ़ाना शुरू किया था) *तत त्वम् असि*—इन तीन शब्दों में, वह जो व्यक्ति का अपना है, स्वयं अपनी उद्घोषणा, (अपनी) पहचान की खोज के रूप में करता है। अजनबी तो अविद्या के असंख्य फलों में से एक है, जो अपने अन्दर *अपनी पहचान* को ही बाधित करती है और वह स्व सम्पूर्ण है। किन्तु अविद्या वह है जो तुरन्त (हम स्वयं) हमारी अपनी है : हमारी अपनी। विचार की विडम्बना देवताओं से परिपूर्ण है। उन दिनों में, फियरबाख के मुक्त तर्क ने मुश्किल से ही देवताओं को अन्दर लेना शुरू किया था, और जो किया भी था वह 'दिव्य' के शिष्ट नामचारे के रूप में था। स्पष्ट है कि फियरबाख के विषय सम्बन्धी उद्देश्य *उपनिषदों* के विषय सम्बन्धी लक्ष्यों से भिन्न थे और *उपनिषदों* को तो फियरबाख ने पढ़ा नहीं था। फिर वह किस प्रकार के *निजत्व* की खोज में था? यह वास्तव में, मानव के लिए एक आदर्श था जो अच्छे इरादों और सद्गुणों से परिपूर्ण था। किन्तु फियरबाख यहाँ एक बहाना है और निश्चय ही हमें उसके हल्के तर्क में देव-हीन दुनिया का उत्तर नहीं ढूँढ़ना चाहिए। आधार-वाक्यहीन तर्क (हर आधार-वाक्य एक अजनबी होता है) ने अपने छानबीन के क्षेत्र को, जहाँ इसकी सर्वाधिक शक्ति विकसित होती है, छोटा कर लिया है : तार्किक-गणितीय छानबीन। *निजत्व* एक ऐसा शब्द है जो औपचारिक सिद्धान्त की श्रेणी का है। एक औपचारिक सिद्धान्त पारदर्शी कथनों की क्रमबद्ध शृंखला होता है इस अर्थ में कि इनमें से प्रत्येक अपने सारे तात्विक रूपों में परिभाषित होता है और घटाने (निष्कर्ष निकालने) के द्वारा घटाने के नियमों की सहायता से, वापस प्रारम्भिक कथनों (स्वयं सिद्ध तथ्यों) की न्यूनातिन्यून संख्या तक पहुँचा जा सकता है। औपचारिक प्रणाली एक विविधता है जिसमें हर चीज़ नाम वाचक (नामित) है, *निजी* है और यह कोई और चीज़ हो नहीं सकती। किन्तु, जैसे हम गौडेल की असम्पूर्णता की थ्योरम से जानते हैं, कि औपचरिक सिद्धान्तों के

लिए (जिसमें अंकगणित शामिल है) कोई प्रभावी पद्धति विद्यमान नहीं है जो हमें यह सुनिश्चित कर लेने दे कि एक प्रजातीय कथन स्वयं सिद्धान्त से सम्बन्धित है या नहीं?

आधार-वाक्य हीन विचार को इस प्रकार हथियाने की प्रक्रिया में एक दुष्कर कठिनाई का सामना करना होता है और थ्यौरम जो इस समस्या को उजागर करती है सम्भवतः *वही* विचार है जिससे वह विचार अदृश्य धागों से लटका हुआ है। किन्तु यह निश्चित नहीं है कि औपचारिक प्रणाली मुख्यतः तार्किक संगति को हथियाने के लिए बनाई गई थी। उस विचार के भी अपने विरोधाभास हैं जिसमें देवता अनुपस्थित हैं। वास्तव में, औपचारिक प्रणाली की सबसे महत्त्वपूर्ण बात इसकी शक्ति है। अंकगणित, जो एक औपचारिक प्रणाली है जिस पर गोडेल ने अपनी थ्यौरम सिद्ध की, अपनी संगति का वर्चस्व स्थापित नहीं कर सकती। किन्तु अंकगणित काम करता है। और एक औपचारिक प्रणाली जो कार्यशील है वह एक ऐसी मशीन भी है जो शक्ति पैदा करती है और इसका विस्तार करती है। औपचारिक प्रणाली के अर्थ की ओर फिर लौटते हैं। वाक्यों के बीच इसके क्या लक्षण हैं? प्रथम, इसमें आधार-वाक्यों का अभाव है : औपचारिक प्रणाली अपने से बाहर हर चीज़ को *शून्य* के बराबर मानती है। द्वितीय, यह मनमानी है : एक औपचारिक प्रणाली में, किसी भी सत्य कथन को सिद्धान्त का प्रथम वाक्य माना जा सकता है, शर्त केवल यह है कि इसके हर विधायी तत्त्व की परिभाषा बिना किसी शेषांश के होनी चाहिए (यथार्थ में, हमेशा ही कुछ शेष रह जाता है। अ=ब की प्रस्तावना में अ, =, और ब चिह्नों की आकृति है। 'शुरुआत में चिह्न था,' हिल्बर्ट ने कहा और उसका कथन—अनायास ही—इस तथ्य का संकेत देता है कि मनमाना स्वयं को छोड़कर हर चीज़ को पारदर्शी बना सकता है।) सन्दर्भ को घटाकर शून्य कर देना और चिह्नों का मनमानापन औपचारिक प्रणाली में दो ऐसी पद्धतियाँ हैं जो असीम शक्ति उत्पन्न करती हैं। उनका उपयोग केवल उन क्षेत्रों तक सीमित नहीं है जिनमें ये पद्धतियाँ शुद्ध रूप में दिखती हैं—यानी, तार्किक-गणितीय क्षेत्र। विषय (व्यक्ति) को इसका ज्ञान हुए बिना ही, ये पद्धतियाँ उन सभी क्षेत्रों में कार्यरत हैं जहाँ विचार के पास आधार-वाक्य नहीं हैं। ये अत्यन्त अशुद्ध और असंगत रूपाकारों में काम करती हैं; ये सदैव ही औपचारिक प्रणालियों के लगभग सूक्ष्म *अनुकरण* होती हैं। उनका लक्ष्य संगति नहीं होता, जो यहाँ तक कि औपचारिक प्रणाली में भी नहीं हो सकती। ये अनुकरण शक्ति पाने का प्रयास करते हैं—और ये इसे पा जाते हैं, प्रायः उस सीमा तक जो किसी भी भविष्यवाणी के परे होते हैं। [ये ऐसा करने (शक्ति पाने) में इसीलिए सफल होते हैं कि ये अनुकरण हैं और इसी कारण उनके तत्त्व अनुभवजन्य आँकड़ों से घुल-मिल जाते हैं। अतः ये पारदर्शी नहीं हैं—और यदि यह भी मान लें कि वे पारदर्शी हैं तो भी उनका अनुकरणात्मक स्वरूप उन्हें पारदर्शी नहीं होने देता] औपचारिक प्रणाली नियन्त्रण का एक भव्य साधन हो

सकती है, यद्यपि इसे अपनी विकास यात्रा में एक बिन्दु पर, एक आधारभूत, अनियन्त्रणीय तत्त्व का सामना करना ही पड़ेगा। किन्तु आशा यही है कि यह तत्त्व बहुत अधिक व्यावहारिक समस्याएँ पैदा नहीं करेगा। सच तो यह है कि जब से गौडेल ने अपनी थ्यौरम रची, तब से अंकगणित ने अपनी सेवाएँ देना बन्द नहीं किया है। अनुकरणकृत औपचारिक प्रणालियों में अनियंत्रणयीता अधिक व्यक्त और कठोर रूपों में स्वयं को दर्शाती है, यहाँ तक कि शुद्ध कार्यशीलता में भी। किन्तु उस क्षण तक, शक्ति का नशा बेहिसाब है। इस नशे में, आधार-वाक्यहीन विचार नाम वाचक संज्ञा, अपने निजत्व का फार्मूला (रूपायन) पा जाती है। *निजत्व* वह है, उस क्षेत्र का है जिसमें शक्ति के स्वरूप का उपयोग किया जा सकता है। शक्ति की माप इसको नियन्त्रण करने की क्षमता से होती है। नियन्त्रण की उत्पत्ति शुद्ध औपचारिक प्रणालियों के अनुकरण से, या अनुकरणों को शुद्ध औपचारिक प्रणालियों में मिलाने से होती है। किन्तु क्या *हम स्वयं* वे औपचारिक प्रणालियाँ हैं जो हमारे अन्दर काम करती हैं?

मानव द्वारा दिव्य को ज़ब्त कर लेने के, युग द्वारा सूझ-बूझ युक्त प्रबन्धन की माँग के कुछ परिणाम बड़े आश्चर्य के रूप में उस समय सामने आए जब भंडार में इन सबको सूचीबद्ध किया जा रहा था। भंडार की मदों की गिनती में न केवल *अच्छाई* और *शक्ति* थे—वे सद्गुण जो सभी को अच्छे लगते हैं—अपितु बड़ी संख्या में बहुत पुरानी किन्तु महत्त्वपूर्ण जिन्सें भी देखने को मिलीं। Ego sum qui sum (अहम् सब चीज़ों का योग है)—यह था दिव्य का प्रथम कथन, जिसे अब नए घर की तलाश थी। फियरबाख इतनी हिम्मत नहीं कर सकता था, उसे शायद यह पता नहीं था कि किस तरह इतने आगे जाना है; किन्तु स्टर्नर है कि वह इसी बिन्दु से शुरू करता है, और एक वीभत्स संगति से बढ़ता चला जाता है। यह तथ्य कि लगभग सारी ही *आइनज़िगी* मुख्यत एक अनन्त निरर्थक पुनरावृत्ति है (और एक खिल्ली उड़ाती भूल—ऐसी निरर्थक पुनरावृत्ति जिसके निर्माण में तर्कशास्त्र के सारे औज़ारों का प्रयोग किया गया है) बाइबिल की Ego sumquium को उन्नीसवीं शताब्दी के वयस्क यूरोप पर लाद देने का कार्य है। यहाँ भी हम उस समय के प्रगतिशील दिमाग़ों में कुछ विशिष्ट असंगतियों के प्रमाण देख सकते हैं। वे वक्ता, जो धर्म के घोर विरोधी थे, यह विश्वास करते थे कि *धार्मिकता* सद्गुणों का संग्रह है और यह कि अब समय आ गया था कि उनके लिए एक पब्लिक पार्क बना दिया जाए। औरों की तुलना में ये लोग साफ़ दिखने वाली वस्तु को भी स्वीकार करने में असमर्थ रहे : यह धार्मिकता में अस्पष्टता और क्रूरता के अक्षय भंडार था जो उन प्रोफेसरों, इंजीनियरों, वकीलों, नोटेरियों और पब्लिक सर्वेन्ट्स की, जो इसे हथियाना चाहते थे, संकीर्ण धर्म-निरपेक्ष मानसिकता को तहस-नहस करने के लिए पर्याप्त भी अधिक थे। और सच में यही

हुआ भी। पागल आदमी पैदा होंगे—अनिर्वचनीय, गूढ़ अनोखे—और उनमें अकल्पनीय शक्ति होगी जो उनके छोटे, पिंजड़ेनुमा ऐंठन से काँपते हुए प्रेतनुमा शरीरों में बन्द होगी। Terotology असामान्य वृद्धि रोग विज्ञान निरर्थक पुनरावृत्ति बन गया और इससे एक आह्लाद का भाव पैदा हुआ।

'अनुपम' अनुपम क्यों है? स्टर्नर के अनेक पाठकों ने इस शब्द का मनोवैज्ञानिक अर्थ लिया है : कभी इसकी भर्त्सना करते हुए या कभी इसकी प्रशंसा करते हुए, वे ये मानते थे कि यह अहम् के बेशकीमती होने को बतलाता है। किन्तु सबसे पहले, अनुपम का अहम् एक नकारात्मक और विनाशक शक्ति के रूप में होता है। इस बिन्दु पर, स्टर्नर ने आदर्शवाद से जान-बूझकर रिश्ता तोड़ लिया, उसी तरह से जैसे बेबाक होकर मार्क्स ने तोड़ लिया था। "जब फिश्ते कहता है, 'अहम् ही सब कुछ है,' यह मेरे द्वारा अपनाए गए पक्ष से पूर्ण समन्वय रखता है। फिर भी अहम् सब कुछ नहीं है; सच तो यह है कि अहम् सबको नष्ट कर देता है। और केवल वही अहम् जो स्वयं को समाहित कर देता है और जो नहीं है, *सीमित* अहम् सच्चे अर्थों में अहम् है। फिश्ते तो 'एब्सोल्यूट इगो' (सम्पूर्ण अहम्) की बात करता है, किन्तु मैं अपने और नाशवान अहम् की बात करता हूँ।" स्टर्नर का अहम् ऐसा नकार है जो त्वरित परिवर्तन के साथ पैदा करता और उन्मूलन करता चलता है, जो एक असम्भव समकालिकता की ओर जाता प्रतीत होता है। जो लोग स्टर्नर को इस भाव से पढ़ते हैं कि वह विषय के सार की सम्पुष्टि करेगा उन्हें इसके विपरीत, वहाँ एक वीरान, मौन खोखलापन मिलता है। तो फिर 'अनुपम' क्यों? फियरबाख के वैश्विक और 'सर्वतोमुखी' छोटे आदमी के बजाय (जिसे बाद में विरासत में मार्क्स को सौंप दिया गया था और जो तब से इतिहास पर मँडराता रहा है) स्टर्नर अनुपम को एक अजीबोगरीब चीज़ बनाना चाहता था—एक विशाल दैत्य, आधा बकरी, आधा हिरन, जो परी कथाओं के सारे आतंक उत्पन्न कर देगा है। अनुपम—विरासतहीन और एक ऐसी प्रक्रिया द्वारा दीन-हीन बना दिया गया जो हर चीज़ का प्रयोग करती है और केवल उपयोग-योग्य को ही अस्तित्व में रहने देती है—वह उन्माद है जो इस तथ्य का परिणाम है कि दीन-हीन उस प्रक्रिया का *स्थान ले लेता है* जिसने उसे निर्धनता की स्थिति में ला छोड़ा है। यह वास्तव में, शुद्ध स्थानापन्नता है : इसमें विषय (subject) बदल जाता है किन्तु कार्य-प्रणाली क्षतिग्रस्त नहीं होती। अनुपम भी हर वस्तु का प्रयोग करता है और हर वस्तु का स्थान ले लेता है। किन्तु वह स्वयं अपने शून्य का स्थान ले लेने में सफल नहीं होता—यह उसकी विवशता है कि वह उस प्रक्रिया के अनुसार ही व्यवहार करता चलेगा जिसका स्थान उसने लिया है। इसी प्रकार, स्थानापन्नता का सिद्धान्त अन्य सिद्धान्त के साथ मिलकर स्थानान्तरण नहीं कर सकता। स्थानापन्नता के तानाशाही शासन के स्वयं केन्द्र में कुछ ऐसा है जो खिसक या फिसलकर इससे बाहर निकल जाता है : अनुपम

(दीन-हीन-तानाशाह), जो मिलकर स्वयं प्रक्रिया के तद्रूप हो गया है। अनुपम के समान ही, प्रक्रिया भी ऐसी है जिसे बदला नहीं जा सकता। अन्ततः विषय के रूप में विनिमय का शासन एक विषय (subject) के रूप में स्वयं अपने आपसे झगड़ता है—और यह वह विषय है कि जिसका विनिमय नहीं हो सकता, जो अनुपम है, अमापीय है। यह अतिशय रूप से उत्पादक विरोधाभास वह मोटर है जिसके घूमने की ध्वनि निरन्तर हमारे कानों में गूँजती रहती है।

निजी और बाहरी (परदेसी) यदि हम इस अटपटे जोड़े को इकट्ठा रखना चाहते हैं, तो सबसे अच्छा रास्ता यह होगा कि इनकी शर्तों में से एक (दूसरी, यानी ख़राब) को दूसरे के हित में बाहर निकाल दें। मार्क्स की भी यही मंशा नज़र आती है जब उसने साम्यवाद को 'परदेसपन के विनाश के' समतुल्य बतलाया, यानी "उत्पादन पर साम्यवादी नियमन और इसमें अन्तर्निहित परदेसपन के विनाश की बात कही।" पर यह पद्धति प्रारम्भ से ही सन्देहपूर्ण थी। इसमें *समाज* के प्रति अत्यधिक प्रेम समाहित था, *सम्पूर्ण* का अहंकारी अवतार। स्टर्नर ने—जो उसी तरह भ्रान्ति और क्रूरता के प्रति झुकाव रखता था, किन्तु वह इनके भड़कीले और भौंथरे रूप को ही जानता था—ऐतिहासिक व्यक्तित्वों में केवल ईश्वर (और उसको आदर्श मानकर चलने वाले तानाशाह) को ही निजीपन और परदेसपन के बीच की रेखा को धूमिल करते पाया। उसके लिए सब परदेसी हैं क्योंकि यह ईश्वर नहीं है; सब कुछ उसका निजी है क्योंकि 'ईश्वर ही सर्वेसर्वा' है। उन्मुक्त और निरन्तर भटकते हुए अहम् पर जो हीगल की स्थापत्य कला में कोई स्थान न पा सका, क्यों न वही मापदंड लागू किया जाए? ईश्वर की तरह, यह अहम् भी सर्वोच्च अहम्वादी होगा—एकमात्र अहम्वादी जो वस्तु-कारण (जर्मन भाषा में Sache, जिसका अर्थ है दोनों) को सम्पूर्ण के संजोग में ला सकेगा, और इस प्रकार अहम्वादी की सामान्य सीमाओं से आगे जा सकेगा, जो केवल अपने ही अधीनस्थ क्षेत्रों में घूम-फिर सकते हैं। किन्तु एक बार जब अहम् इस त्रुटिपूर्ण रास्ते पर बढ़ निकले तो, निजीपन और परदेसपन की बात कौन सोचेगा, हाँ अपवादस्वरूप बर्लिन के क्लासरूम में डेस्कों की धूमिल, याद जरूर आ सकती है? इसके विपरीत हम इस समय "सबसे अधिक वेश्यायित वस्तु (जैसा बॉदिलेयर कहता है) को, यानी ईश्वर को आत्मसात् करने के नज़दीक पहुँच रहे हैं, जो अपने प्रेम के कारण अपने से बाहर जाता हुआ कभी नहीं थकता और (विवशतावश) बाहर भी अपने अन्दर ही जा पाता है। मार्क्स ने भी इस सम्भावना का पूर्वानुमान किया था : "सामान्य वेश्यावृत्ति (व्यक्ति के) निजी रुझानों, योग्यताओं, क्षमताओं और क्रिया-कलापों के सामाजिक स्वरूप के विकास का आवश्यक चरण मालूम देती है। इसी को मृदुल शब्दों में, उपयोगिता और उपयोग के बीच का विश्वव्यापी रिश्ता कहा जा सकता है।" स्टर्नर इस कार्य को आख़िरी हद तक पहुँचा

देता है : हम सभी का अपने (निजी) की तरह प्रयोग करें और (इस प्रकार) सब हमें सभी में प्रयोग करेंगे। अधिकतम स्वामित्व (सब कुछ हमारे लिए सामग्री है) अधिकतम परदेसपन के साथ (हम वह सामग्री हैं जिसे सब उपयोग में लाते हैं) सह-अस्तित्ववान होता है; और दोनों विश्वव्यापी वेश्यावृत्ति में मिले-गुँथे हैं। यह सेड से भी कई कदम आगे और अभी भी सार्वभौमिकता की सामन्ती स्मृतियों के नीचे दबा हुआ है। कांट वाले पुराने अच्छे दिनों में, अपना निजी क्या है और परदेसी क्या है यह भेद कानून द्वारा तय किया जाता था। किन्तु अब हर चीज़ एक साथ दोनों ही रूप रखती है—ख़ासकर अहम् जो यह माँगता है कि हर चीज़ इसके हवाले हो, और जो सभी के लिए है।

जो बेतहाशा गुस्सा मार्क्स *Lumpens पर निकालता* है—वही अनुत्पादक श्रमिकों के प्रति उसके क्रोध में चलता रहता है। एडम स्मिथ द्वारा बताए गए भेद को आदिकालीन बुर्जुआओं जैसे उत्साह के साथ मार्क्स इस प्रकार के श्रमिकों में 'वेश्याओं से लेकर पोप तक, बेकार लोगों' को शामिल कर लेता है। *ग्रन्ड्रीस* में, वह ग्रन्थ जो उत्पादक श्रम की भव्य धारणा की कब्र खोदता है, (क्योंकि यह उस चरण की अवधारणा रखता है जिसमें आज हम पहुँच रहे हैं, जहाँ उत्पादक श्रमिक अन्ततः 'उत्पादन प्रक्रिया के फोरमैन और नियामक' में रूपान्तरित हो जाता है), उत्पादन के तत्त्वमीमांसक ढाँचे में मार्क्स की अडिग निष्ठा—इसकी ऐतिहासिक अभिव्यक्ति से कहीं अधिक—स्पष्ट झलकती है। यह उसे वक्तृत्व कला की आख़िरी हद तक खींच ले जाती है जब वह स्मिथ के उस भेद की रक्षा में उतर पड़ता है जो उस (पर)-सेवी अर्थशास्त्री के बीच है जो बुर्जुआ को यह समझने के लिए राज़ी करता है कि "यह उत्पादक श्रम है जब कोई (श्रमिक) अपने सिर से जूँ निकालता है या अपने लिंग को सहलाता है, क्योंकि बाद वाला हाव-भाव उस निपट मूर्ख को अगले दिन दुकान के काउन्टर पर सजीव बना देगा।" मार्क्स केवल टेक्निकल भेद को लेकर ही चिन्तित नहीं है जो तब उपयोगी है जब आप वैतनिक श्रमिक की विशिष्टता पर ज़ोर देते हैं ("यह वह रूपाकार है जो उस धरा का स्थान ले लेता है जिस पर समाज टिका है।") उसकी दृष्टि से पूँजी की उस प्रक्रिया से तदाकार हो जाना कहीं ज़्यादा महत्त्वपूर्ण है जो अनुत्पादक शक्तियों के प्रति प्राणघाती शत्रुता में दर्शाती है, किन्तु साथ-ही-साथ, जिनमें अमापीयताएँ भी सन्निहित हैं : पवित्र, धार्मिक संस्कार, आनन्द, सर्वोच्च सत्ता। और यहाँ स्वगत भाषण वाली नोट बुकों की मौन समकालिकता में, बॉदिलेयर उत्तर देता है। जहाँ मार्क्स पवित्र, धार्मिक संस्कारों को नीचे लाकर वेश्यावृत्ति के समकक्ष बना देता है वहीं बॉदिलेयर वेश्यावृत्ति को ऊपर उठाकर इसे एक पवित्र, धार्मिक संस्कार के स्तर तक ले आता है ('वेश्यावृत्ति के लिए तीव्र आवेग प्रेम ही तो है।')।

वेश्या, पोप, Lumpen : यही है वेश्यावृत्ति की त्रिमूर्ति जिसे बॉदिलेयर भी पहचान रहा था। (उसने अपनी पुस्तक फ्यूजीज़ (FUSEES) 1855 और 1862 के दौरान लिखी; मार्क्स की *ग्रन्ड्रीज* की लेखन अवधि 1857 से 1858 के बीच थी) अपनी सम्प्रभुता में वे सब ईश्वर के पुरोहित हैं : ''सबसे अधिक वेश्यायित प्राणी ही सर्वश्रेष्ठ प्राणी है, यानी ईश्वर।'' चूँकि उनका शासन दृष्टिजगत के एक ख़ास हिस्से पर ही चलता है, इस कारण वे भूमंडलीय और चिर वैश्यागमन का स्तर प्राप्त नहीं कर सकते जो केवल दिव्य का ही लक्षण हो सकता है। फिर इस बात से कोई अन्तर नहीं पड़ता कि Lumpen स्वयं को दीन-हीन या छैलो या कवियों के रूप में प्रस्तुत करते हैं। कुल मिलाकर वे ऐसे सम्मानहीन प्राणी हैं (यदि उनके पास कुछ है तो वह है भव्यता)। उन्हें सम्मान से वंचित करने वाला वह सम्पर्क है जो अपने आपमें कुछ समाजेतर एवं आत्मनिर्भर है, सच्ची (nefas) निर्वेद तुष्टि : आनन्द, अदृश्य, कला की सहज निर्मूल्यता। (जैसे ही एक कलाकार, 'कला कला के लिए' की बात करता है वैसे ही वह Lumpen की श्रेणी में आ जाता है। यह उसकी बदतमीज कटूक्ति है, एक भर्राई झूठी ऊँची आवाज़ में, उस ताकत के सामने चिल्लाता है जिसने उसे सत्ताहीन कर दिया है। चूँकि उसके पास कोई काम नहीं है, और उसे राजदरबार से निष्कासित कर दिया गया है वह हर उत्सव को लात मारता है।)

एक नई उत्तेजना

स्नायु एवं *आधुनिकता,* बॉदिलेयर के नोट्स में अपनी सुस्पष्ट अभिव्यक्ति पाते हैं (यद्यपि बाद में, गौन्कॉर्ट्स बन्धु, निर्लज्ज अभिमान के साथ लिखनेवाले थे, ''स्नायुओं के विषय में सबसे पहले हमने लिखा'') ऐसे समय जब जर्मन रोमांटिक्स अभी भी विचारों की बात कर रहे हैं, बॉदिलेयर धर्मशास्त्रीय स्वगत कथनों में सड़कों की गन्ध, घोषणा-पत्रों की ऊब, शहरी घटनाओं, कर्जों के विवरण और आइसलैंड की लिचेन (काईनुमा घास) वाले व्यंजनों का विवरण मिला। ऐसा लगता है कि मानो, एक ओर तो मंच पर वही पुराना अभिनय दोहराया जा रहा है और दूसरी ओर एक साइड का पर्दा स्तम्भित करते ढंग से हटा दिया जाता है और व्यक्ति की दूसरी सच्चाई उजागर हो जाती है। हमें समाचार पत्रों के सम्पादकों, 'बदमाशों की सूचियों' (List of Scoun Drels) के विषय में उसके जुनून की झलक मिलती है। बर्क का दिव्य, 'अस्त-व्यस्तता और विशालता का आनन्द,' अब चौराहे पर डेरा डाले पड़ा है और हर कदम पर उस प्रकार की जम्हाई लेती खाइयाँ मौजूद हैं जैसी स्विट्ज़रलैंड के *ग्रांड* टूर पर जानेवाले पर्यटक कभी जरूर देखना पसन्द करते थे। व्यक्ति ''नीरवता के साफ़ आसमान के नीचे'' और मन के *प्रेयरीज* (घास के मैदानों) में टहलता है। कभी-कभी ''विशेषण की आवाज़ मेरी हड्डियों में अन्दर घुस जाती थी।''

बॉदिलेयर की पीढ़ी के साथ स्नायु एक ऐतिहासिक विषय के रूप में उभरकर आते हैं। मानो पहले स्नायु वास्तव में मानव शरीर का भाग ही न रहे हों—वे झटके, वे धक्के न देते हों जिनका आज चेतावनी और खुशी के चटखारों के साथ मज़ा लिया जाता है। यहाँ ऐसे प्रथम चिह्न है कि शरीर का तन्तु जाल (नेटवर्क) ईश्वरीय चेतना का परम निवास स्थान बन गया है—एक बार गुँजायमान, फिर ज्योतित, फिर सब कुछ को अपने अन्दर लपेटता हुआ, फिर तेज़-पुंज जैसा, फिर वाष्पीय और अन्त में केवल व्याकुल (नर्वस)। और शरीर तक पहुँचने का यह परिवर्तन अनिवार्य रूप से शरीर पर *परीक्षण* करने की चाह के साथ आता है। किन्तु ईश्वरीय चेतना तब तक कार्य और अध्ययन का विषय नहीं बन सकती जब तक इसका कोई निश्चित स्थान न हो—एक ऐसा स्थल जो सारी व्यावहारिक क्रियाओं, सारे सौन्दर्य-बोधों का मिलन-स्थल हो (जो बड़े-बड़े औद्योगिक उपक्रमों की कार्य योजनाएँ होते हैं, मीडिया के लम्बे-चौड़े तन्त्र का

प्रथम प्रस्फुटन होते हैं, (HUYSMANS' DES ESSEINTES) *हिसमेंस द इसेंसीज़* के कमरों से लेकर *सीसिल बी* दे मिले के महलों के प्रांगणों तक), जो सारे सकारात्मक विज्ञानों, सारे संगठनों, सारी शिक्षा शास्त्रीय कलाओं का मिलन-स्थल हो। युग का नया विचार *एक बिन्दु की ओर केन्द्रित होता है;* अब से लोग स्वयं को एक विशेष विचार से नहीं जोड़ना चाहते वे *सारे विचार पर कार्य करना* चाहते हैं, और फिर उससे उभरने वाले विचार का मूल्यांकन करना चाहते हैं। अनुमान किया जाता है कि सर्वाधिक विश्वसनीय कार्य सर्वाधिक प्रभावी होगा। और इसी कारण से, सर्वाधिक प्रभावी कार्य को सही विचार का स्वाभाविक परिणाम माना जाएगा, केवल इस कारण कि यह प्रभावी है।

दिसम्बर 1861 में, धोखेबाज़ सेंट-बॉवे ने बॉदिलेयर को सलाह दी कि वह एक पत्र लिखे जिसमें वह *अकादमी* में औपचारिक रूप से नामांकन की माँग करे। ये पत्र, ऐबेल विलैमै, वर्तमान *सैक्रेटेयर, परपीटुएल डि ला एकैडेमी* फ्रान्शाये के नाम सम्बोधित होगा, जो बॉदिलेयर के मूर्खता के विचार का मूर्तिमान रूप था या *ला सौटिसे* है ("मेरे मन में ला सौटिसे के लिए एक जुनून है।") बॉदिलेयर ने उत्तेजित मन से कई द्विअर्थक अभिव्यक्तियों के साथ पत्र लिखा। ("यदि सच कहूँ तो, इस समय मैं आपके मत के लिए *प्रार्थना* (soliciting) मुख्यतः इस कारण कर रहा हूँ कि यदि मैंने यह फैसला किया होता कि मैं प्रतीक्षा करूँ और इसके लिए (solicit) उस समय प्रार्थना करूँ जब मुझे महसूस हो कि मैं (इसके) योग्य हूँ, तो मैं यह प्रार्थना (solicit) कभी न करूँगा।" व्याकरणात्मक नृत्य देखिए, क्रिया 'solicit' एक वाक्य में तीन बार प्रयोग की गई है।) जब बॉदिलेयर विगनी से जो *चालीस* (सदस्यों) में से एक था, औपचारिक रूप से मिलने गया तो उसने अपने विशाल कुलीन सिर को हिलाया। उसने घोषणा की, यह तो अशिष्टता थी, यह बिलकुल अक्षम्य है। कई बार उसने अपने सहकर्मियों को ऐसी कानाफूसी करते सुना था, "हम इस आदमी को झुकते और ज़मीन चाटते दिखाएँगे और फिर भी हम इसकी नियुक्ति नहीं करेंगे।" इस दौरान उसने मन-ही-मन नोट किया, "बॉदिलेयर का कुछ भी साहित्यिक महत्त्व नहीं दिखता, केवल वह दार्शनिक उपन्यासकार (पो) का अनुवादक है। हाँ उसका चेहरा एक विशिष्ट, कष्ट उठाते, अध्येता और मेहनती आदमी जैसा जरूर दिखता है।" किन्तु बॉदिलेयर को अभी उस बेहद वाचाल (झगड़ालू) व्यक्ति विशालकाय विलेमै से मिलना बाकी था। "एक तुच्छ व्यक्ति के प्रतिघृणा अत्यन्त विशाल घृणा होती है।" जब वह व्यक्ति 'एक अवर्णनीय गम्भीरता' से *ले पैराडिज आरटीफिशियेल्स* के बारे में उसे भाषण दे रहा था तो उसने (बॉदिलेयर ने) सुना : "विष विज्ञान (Toxicology), मेरे प्रिय श्रीभान, *नैतिकता* (Morals) नहीं है।" एक चतुर ढंग से, बॉदिलेयर ने वाक्य में दो कठोर कैपिटल अक्षर घुसा दिए थे। हमेशा ही बचकाना, उसने अपने आपसे कहा, "मैं ऐसा इन्तज़ाम करूँगा कि इस मूर्ख को इस काम की बड़ी कीमत चुकानी

पड़े।" फिर निम्नलिखित शब्द बोलते हुए, दोनों ने एक-दूसरे से विदा ली : *"विलेमै, इस पर ज़ोर दे रहा था :* मुझमें कभी थोड़ी-सी भी मौलिकता नहीं रही, श्रीमान।' *बॉदिलेयर, यह सुझाते* हुए 'श्रीमान, भला आप कैसे जानेंगे?'

यूनो हार्वा (होमबर्ग)

"बलिदानी पशु की कमर पर घोड़ी के खमीर उठे दूध को छिड़कने का कार्य वोल्गा क्षेत्र में प्रचलित एक रिवाज़ की याद दिलाता है। शिकार पर पानी यह देखने के लिए डाला जाता है कि बलिदान (देवताओं को) प्रसन्न करेगा या नहीं। जानवर का ज़ोर से कंपकंपाना एक सकारात्मक उत्तर का संकेत होता है। कम-से-कम, यह कहा जाता है कि *यैलो उइगुर* लोग करते हैं। बलिदानी मेमने की कमर पर वे रिवाज़ी रूप से 'सफ़ेद पानी' (ak su) डालते हैं—यानी पानी मिला दूध और सफेद पानी डालने से पैदा होने वाले कम्पन को इस बात का प्रमाण माना जाता है कि बलिदान देवता को प्रसन्न करनेवाला है। इसके अतिरिक्त, मंगोल लोगों की भाषा में एक शब्द है, जो उन्होंने चीनियों से लिया है, जो बलिदानी सूअर के कानों में ब्राण्डी या पानी डालने की क्रिया को दर्शाता है। अतः हम देखते हैं कि वे भी उसी रिवाज़ को मनाते हैं।"

कार्ल मेउली

"स्वयं को तुरन्त ज़ोर से हिलाओ," ऐरिस्टोफेंस का ट्राइगेइयस चिल्लाकर अपनी बलिदानी (मादा) भेड़ से कहता है। यानी, वह अपना सिर हिलाकर अपनी सहमति प्रदान करे। डैल्फी के देवता ने यूस्कोपोस से स्पष्ट कह दिया था : केवल वही मादा भेड़ जो तुरंत सहमति प्रदान करती है उचित बलिदान योग्य हो सकती है। प्लूटार्क के समय में भी, यह नियम बड़ी निष्ठा से पालन किया जाता था; उदाहरण के लिए, डैफ़निस अपने बलिदानी पशुओं के सिर पर दूध और मदिरा डालता था, ऐसा सहमति का आवश्यक संकेत के लिए किया जाता था। पानी शिकार के कानों में भी डाला जा सकता था। डैल्फ़ी में बलिदानों के लिए सिर हिलाना ही काफ़ी नहीं था : पशु का काँपना भी ज़रूरी था, ताकि अपोलो के मन्दिर की पुजारिन अपनी भविष्यवाणी कर सके।"

बॉदिलेयर

"बलिदान शिकार के अपने आप सहमति (sponte sua) देने के बाद ही पूरा हो सकता है!"

"(बॉदिलेयर) को उस वाक्य पर भी अभिमान था, जो उसे एक महान कवि ने लिखा था : 'तुमने कला के आकाश को एक प्रकार का वीभत्स प्रकाश प्रदान किया है—तुमने एक नई उत्तेजना की रचना की है।' " बॉदिलेयर को इन शब्दों पर अभिमान इसलिए नहीं था, कि ये ह्यूगो द्वारा लिखे गए थे (जिसके विषय में उसके मन में कोई भ्रान्ति नहीं थी : "वह सबको *बुलाता* है और जो भी उसके साथ आ जाता है उससे *कविवत् व्यवहार करता है।")* अपितु इसलिए कि ये शब्द थे : 'नया कम्पन' यह नवीनता थी जो 'अज्ञात की तलहटी' में कम्पन का सामना करती थी—और इस कारण बलिदान की सर्वाधिक प्राचीन और सुपरिचित (और इसी कारण मिटाई हुई) स्मृति थी। उसके बाद, मन्दिर में तेंदुओं के अचानक बड़ी संख्या में घूस पड़ने के समान, इस मुठभेड़ की पुनरावृत्ति प्रतिदिन की जाती है : अन्त में इसका पूर्वानुमान किया जा सकता है और यह संस्कार का एक भाग बन जाता है।

खिड़की के शीशे के पीछे

मैक्स ओफुल्स ने अपने अनेकानेक शॉट्स (फिल्म-चित्रों) द्वारा इसे समझाने की चेष्टा की : एक ग्रिल, खिड़की का शीशा, एक आधा खिंचा हुआ परदा, एक लेस वाला परदा, वस्त्र सज्जा जिसके ऊपर से कैमरे का लेंस घूमता चलता है। या सम्भवतः चीज़ों के केवल बेतरतीब ढेर, जो पात्रों को दूर कर देते हैं और उन्हें सब ओर से घेर लेते हैं। या यहाँ तक कि अँधेरे का बड़ा, विस्तृत छोर जो उन सबको अपने अन्दर ले लेता है। बाद में, रेडियो पर एक आशु वार्ता में उसने उस मूल-पाठ का सन्दर्भ दिया, जो फिल्मी-बिम्ब की सबसे संक्षिप्त परिभाषा देता है : ''वह व्यक्ति जो एक खुली खिड़की से अन्दर देखता है, कभी भी उन सब चीज़ों को नहीं देखता जिन्हें वह (दूसरा व्यक्ति) देखता है जो एक बन्द खिड़की में से झाँकता है। एक मोमबत्ती के प्रकाश से ज्योतित खिड़की से अधिक गम्भीर, अधिक रहस्यात्मक, अधिक उर्वर, अधिक अँधेरी, अधिक झिलमिलाती दूसरी कोई और चीज़ नहीं है। व्यक्ति सूरज की रोशनी में जो देखता है वह उससे कम रुचिकर है जो खिड़की के शीशे के पीछे होता है।'' ये बॉदिलेयर की टोन है, किन्तु यही उसके सिनेमैटिक उत्तराधिकारी/ओफुल्स की टोन भी है। परदे का बिम्ब उस युग में दिखलाई दे रहा है जब मानसिक बिम्ब गलियों पर छा जाते हैं और (तत्पश्चात्) पाशविक अवधारणाओं में बदल जाते हैं जो किसी भी अनुभववादी को स्वीकार्य थे। इस हमले के दौरान उनमें से कुछ को तो *परदे* पर पकड़ लिया जाता है—और वे वहाँ बने रहते हैं, अपना दुहरा जीवन जीते हुए। उनकी विशिष्टता, जो महान सिनेमा का आधार है, उन्हें दोनों के ही सम्पर्क में, यानी उनके मानसिक स्रोतों से और अन्ततः उनके छूटकर गली में पहुँच जाने से, बनाए रखना चाहती है। दूसरी प्रक्रिया बॉदिलेयर की 'खुली खिड़की' में दर्शित है, जो अन्दर और बाहर की निरन्तरता की भ्राँति में दिखलाई देती है; यह एक ऐसे जीवन का आन्तरिक और बाह्य रूप है जिसे दो आयामों में पुनः साबुत खोज लिया गया है। किन्तु दूसरा रास्ता, जो मूल स्रोत की ओर वापस जाता है, वह परदे के बिम्ब से वापस चलकर मानसिक बिम्ब तक जाता है, और इसीलिए 'खिड़की के शीशे के पीछे' वाले बिम्ब की ओर जाता है जो ''केवल उसको दिखलाई देता है जो एक बन्द खिड़की में से देखता है।'' मस्तिष्क का 'खिड़की वाला शीशा' दर्पण की सतह या लेस की

पारदर्शिता या चीज़ों और अँधेरे द्वारा प्रदत्त फ्रेम हो सकता है : ये सब एक अबोधगम्य, न पाटी जा सकने वाली दूरी के संकेत हैं जो दुनिया और इसके प्रतिबिम्ब के बीच, बिम्ब विधान के दो चिरन्तन स्रोतों के बीच होती है। 'खिड़की के शीशे के पीछे,' लोगों और चीज़ों से निःसृत होने वाला प्रकाश अब प्रकृति का प्रकाश नहीं है, वरन् स्वयं सतह की चमक है : *मानस* की चमक।

इस दौरान, ''उस रोग का विश्लेषण नहीं हो पाया है जिससे फ्लाबेयर की मृत्यु हुई थी।'' बर्लिन में साम्राज्ञी ऑगस्टा द्वारा पढ़ने के लिए दिए गए पृष्ठों से गुज़रते हुए लाफॉग़ इस बिन्दु के इर्द-गिर्द मँडरा रहा था और उसकी आवाज़ यहाँ-वहाँ शोख गद्यांशों को छोड़ती जा रही थी। उसने अपने लिए थोड़ी बीमार लेडी-इन-वेटिंग की भूमिका उदारतापूर्वक स्वीकार कर ली थी और 'एक सुनसान रेलवे स्टेशन पर लगी घड़ी की भाँति ऊब (बोरियत) का संरक्षक होना मान लिया था। किन्तु उसकी शरीर-संरचना में बड़ी दार्शनिक शब्दावली में जो हमेशा ही ऊँची और दुरुह होती थी (इच्छाशक्ति, त्याग, शॉपेनहावर, हार्टमैन।) एक सम्पन्न परिवर्तन हुआ और ये अवनत होकर जीव-विज्ञान एटलस के चित्रों में बदल गई। धारणाएँ शीशे की एक चादर के पीछे इकट्ठी हो गईं और लगता था कि अब वे (प्लेटानिक) *सत्य* के *स्तर* की ओर अभिमुख न होकर बर्लिन के एक्वेरियम में अधर लटकी हुई हैं। ''अब वे मगरमच्छों की मन्द, सन्तुष्ट, बुद्धिमत्तापूर्ण, बुद्ध जैसी दृष्टि का और अजगरों की निगाहों का सामना कर रही थीं। मैं पूरब की इन पुरानी प्रजातियों को कितनी अच्छी तरह समझता हूँ जिन्होंने सारे अर्थों, सारे स्वभाव और सारी तत्त्व-मीमांसाओं को पुराना कर दिया।'' और कुछ ऐसा भी था जो इससे भी आगे चला गया था : ''आदर्श तो (अब ये) स्पांज, स्टार-फिश और ये प्लाज़्मा हैं, जो पानी की ठंडी, अपारदर्शी और स्वप्नवत् नीरवता में मौजूद है।'' यह डैबुसी का पियानो था जो चुक गए विचार को बजा रहा था और इसकी आवाज़ की परतों के नीचे इसे कुरेद रहा था।

बुर्जुआओं के इस प्रथम आधिकारिक युग में, लुई-फिलिप और मोह-भंग के वर्षों में, ''एक ऐसे नाज़ुक युग में जब कुछ लोग विडम्बनात्मक और तल्खी की तरफ़ मुड़ जाते हैं, तो कुछ स्वादहीन और अघाने की ओर बढ़ जाते हैं और इनके अतिरिक्त कुछ ऐसे भी होते हैं जो भोंडेपन की ओर मुड़ जाते हैं, ''एक काली किनारी वाला परदा, यद्यपि जो पारदर्शी है, नीचे गिरकर वर्तमान को अतीत से अलग करता है। यह सत्य है कि वर्तमान थोड़ा-सा कष्टकारी है, यदि और कुछ नहीं तो इस कारण से कि यह बड़ा है, भारी है; किन्तु अब इसके पास इतिहास के सौन्दर्यबोध की शालीनता नहीं है। उदासी का एक नया आयाम पैदा हो गया है। पहली बार, नाज़ुक

व्यक्ति इस आशंका से आक्रान्त हैं कि उनके चारों ओर की दुनिया पारिभाषिक रूप से भद्दी हो सकती है। इसके विपरीत, इतिहास का अर्थ है जैसा कुछ लोग सुझाव देते हैं—दृश्य, वस्त्र-परिधान, और अभिभूत कर देने वाले जुनून। और इस बिन्दु पर हर इतिहासकार अनायास ही स्वयं को छद्म वेशभूषा में बवेरिया के लुडविग-II में रूपान्तरित कर देता है और अभिलेखागार से नामों को ज़ोर-ज़ोर से बोलने लगता है। 1848 के बाद अध्यात्मवाद अत्यधिक कठोर अध्ययन तक के लिए आधार बन जाता है। ऐसा तब तक होता है जब तक आज का एक इतिहासकार, रॉबर्ट डार्न्टन इस रुझान में मानो यह बिलकुल स्पष्ट हो अपने लिए विद्यानुशासन यानी एक विशिष्ट पेशा पहचान नहीं लेता है : "दुनियाओं का पुनर्निर्माण इतिहासकार के सर्वाधिक महत्त्वपूर्ण कार्यों में से एक है। वह इस दायित्व को अपने ऊपर ले लेता है तो इसलिए नहीं कि उसे अभिलेखागारों में गहन छानबीन करने और इनके पुराने काग़ज़ों से तथ्य ढूँढ़ निकालने की तीव्र इच्छा हो रही है, अपितु इसलिए कि वह मृत लोगों से बात करना चाहता है।"

नैपोलियन के पतन के बाद एक छलपूर्ण, अविवेकी भावना फैलना शुरू कर देती है : यह कि जुनून, महान हाव-भाव और आत्मा के लम्बे चलने वाले तनाव अब आगे से या तो रंगमंच पर प्रदर्शित होंगे या अतीत से जुड़े हैं। वे आज की घटनाओं से सम्बन्धित नहीं हैं। अब हर अज्ञात भाव (प्रेत) के साथ, टैक्स की तरह, अपर्याप्तता का गम्भीर भाव और अति सामान्य बने रहने का अस्पष्ट रंग चलता रहता है और इसीलिए हर जुनूनी जूलियन सौरेल नैपोलियन की लड़ाइयों को अतीत के सुनिश्चित चित्र मानने के लिए दिवा-स्वप्न देखता है और हर जोज़ेफ़ डिलारमे रोग भ्रम या मानसिक गिरावट को वर्तमान की नकार से पुष्ट करता है प्राणियों की एक नई नस्ल हर स्तर को समाप्त करने के लिए चिन्तित है, जो इस दुनिया का अनुगमन करता है। सारे सम्बन्धों को तोड़ना, हृदय को दुखी करना—संक्षेप में, भीतरघात करना चाहते हैं। छैलाओं से लेकर निहलिस्ट षड्यन्त्रकारी तक, नौजवान बारे तक, काले या श्वेत विशेषतावादी तक, लुई II तक, उस भगोड़े तक जो साहस और कड़वाहट के बीच, मौन उन्नयन और उन्नत सूक्ष्म दृष्टि के बीच, पूरब की खोज करता है, इन सबके बीच सब ओर से एकाकी बिन्दु उभरते हैं, धूमिल प्रकाश और ये सब मिलकर घृणा का तारामंडल बनाते हैं : ये गोबिनो के *प्लेड्स* हैं, कैलेंडर हैं, भटकते हुए दरवेश हैं जो अन्दर से जुड़ी हुई कहानियाँ कहते हैं, राजाओं के बेटे, जो प्रायः छोटे-छोटे अपार्टमेन्ट्स में जन्मे हैं और कभी-कभी दुर्भाग्य ने उनका चेहरा बिगाड़ दिया है। वे अपने बेचैन ग्राण्ड टूर के दौरान सराय की एक मेज़ पर मिलते हैं, और कुछ वाक्यों का आदान-प्रदान ही उन्हें सावधान करने के लिए काफ़ी है; शायद वह अजनबी जिससे वे अभी-अभी मिले हैं, वह कलाकार जो अपने बालों को अपने कन्धों पर नहीं

फैलने देता, जो दूसरों की तरह ही कपड़े पहनता है, जो स्वाभाविक रूप से अच्छे तौर-तरीकों को अपनाता है, जिसकी बाहरी छवि कोई दावा नहीं करती—शायद, वह भी, एक राजा का बेटा है। गोबिनो हमें बतलाता है कि फिर ऐसा हुआ कि कॉमरेड लांजे लुई द लोड़ो के साथ धूल और रहोडोड्रैन्ड्रन की झाड़ियों के बीच सेंट गोडार्ड पर चढ़ने के बाद केरोना नाव पर विल्फ्रेड ओर से मिला जिससे वह दो सप्ताह पूर्व ज़्यूरिख में मिला था और ''वे तुरन्त एक-दूसरे के प्रिय बन गए थे।''

यदि हम वास्तव में वह फ़र्क़ जानना चाहते हैं जो आधुनिक कही जा सकने वाली चीज़ों और उन चीज़ों के बीच है जिन्हें हम पिछले युगों में देखते हैं, तो क्या यह हमारी विशेष योग्यता नहीं होगी कि हम एक आकार या हाव-भाव में बह जाएँ और उन सीमाओं की अनदेखी कर दें जबकि हम स्पष्टतः उनकी रक्षा कर रहे हों—यानी सीमा-क्षेत्र के बाहर सभी पर आक्रमण, शायद इस बहाने से कि हम इसे सभी प्रकार के उल्लंघनों से बचाना चाहते हैं? आखिर जोज़ेफ़ द मैइस्त्रे हमें अपने घृणित वाल्टेयर के समीप क्यों दिखता है? क्यों पॉस्कल अत्यधिक अविश्वासी नैतिकतावादियों से इतनी भाई-चारे की टोन में बात करता है? यह एक विशेष तरीका है कि आदमी *परिणामों की चिन्ता नहीं करता,* जिस समय जैसा भाव आया तुरन्त वैसा ही कर लिया—और खुशी से किया—एक बदहवास, लापरवाह, अजीब लालची ढंग से किया गया कार्य : eris palpans in meridie

सेंट-बॉवे ने अपनी सन्तुलित और सम-स्वभाव की टोन एक कीमत अदा करके प्राप्त की; कीमत थी अपनी प्रणाली में दुष्टतापूर्ण व्यंग्य-हास्य का भरपूर उपयोग : उसकी रक्त-प्रवाहिकाएँ ज़हरीले मूँगे बन गईं। कटे हुए रूप में वे Cahier vert *(कैहिय वर)* में पाई जाती है; जिसके बारे में सेंट-बौवे आशा करता था कि 'वे केवल मित्रों के हाथों में पड़ेंगी (यद्यपि अब तक वह केवल उदासीन हाथों में पड़ी हैं।) कम ही लोगों की निगाह इस ओर गई है कि उसने किस प्रकार ''रंग फलक के सबसे काले भाग का बहुत काले और बहुत गाढ़े भाग का'' प्रयोग किया है, और इसी भाग में उस प्रकार की गपशप सुरक्षित है जिसे प्रकाशित नहीं किया जा सकता था, par bienseance, और इसी भाग में उसने एक स्वीकारोक्ति के कुछ उन थक्कों को जमा रखा है जिन्हें बोली में घोला कभी नहीं जा सकता था, उसी तरह के जैसे par bienseance (अनुपम)। मुआवज़े के बतौर ये अलग-थलग शब्द अपने संक्षिप्त रूप में एक कारण छिपाए हुए हैं जो उन्हें शून्य में या उसके प्रतिकारों के शस्त्रागार की पृष्ठभूमि में निलम्बित किए रहती है जो सैंट बौवे द्वारा लिखित एकमात्र उपन्यास के फालतू अध्यायों की भाँति *द कॉशस जर्नी ऑफ़ ए डैलीकेट सोल टुवर्ड डैसोलेशन* में हैं :

"मेरे सारे अवयव इतने क्षरित हो गए हैं और यूँ कहिए कि ऐसी जर्जर हालत में हैं कि मैं इनमें से किसी पर भी ज़ोर नहीं दे सकता।"

"हाल ही में, थियोक्रिट्स को दुबारा पढ़ते समय मैंने अपने अन्दर अपनी *ग्राम्य आत्मा* को फिर सुगबुगाते पाया, स्वर्ण युग की वह आत्मा जिसे काँसे, मिट्टी और सीसे की कई परतों ने ढँक रखा है।"

"हमारे हृदय में साँप की सारी केंचुलियाँ हैं—सात दुहरी परतों वाली, अभेद्य ढालों जैसी।"

"युवावस्था में मैं एक छोटा चोर था; बूढ़ा होने पर, मैं एक समुद्री दस्यु बन जाऊँगा। ओह! मेरा कितना मन था कि मैं एक अच्छा साहित्यकार बनूँ और अपनी रियासत में एक कवि की तरह रहूँ।"

"कोमल हृदय लोगों और रहस्यवादियों के भ्रष्टाचार से ज़्यादा ख़राब कोई दूसरा भ्रष्टाचार नहीं है।"

"प्रापियों में मैं सबसे अभिमानी और सबसे दुर्बल हूँ, और ये मेरी मिली-जुली कमज़ोरियाँ ही हैं जो मुझे बुद्धिमान आदमी होने का भान कराती हैं : ये सब एक-दूसरे को ख़त्म करती हैं।"

"एक लम्बे-चौड़े शहर में, भ्रष्टाचार और आकाश को छूती घमंडभरी महत्त्वाकांक्षाओं की शताब्दी में कभी पूरे न हो पाने वाले छलावे के साहित्य के बीच, अशोभनीय दुर्गुणों, शालीनता के प्रति अपराधों और दूर-दूर तक फैली गन्दगी के बीच रहते हुए, मैंने अपने अन्दर, जिस सीमा तक सम्भव था सीमा प्रारम्भ से ही, घृणा भाव को विकसित एवं सुदृढ़ करने का प्रयास किया है।"

"यह कर लेने के उपरान्त, कुछ समय बाद एक व्यक्ति को अब इसके विषय में सोचने की ज़रूरत नहीं है; वह तो पहले ही उदासीनता की ओर बढ़ गया है।

"मैंने प्रकृति से, देहात से प्रेम करना क्यों छोड़ दिया? मैंने छोटी-छोटी पगडंडियों पर चहलकदमी करना क्यों बन्द कर दिया है? मैं अच्छी तरह जानता हूँ कि उनमें कोई बदलाव नहीं आया है, किन्तु *अब झाड़ी के परे कुछ नहीं है।"*

7 सितम्बर, 1847 को सेण्ट बौवे ने कोलोम्बे को लिखा : "शैतुब्रियाँ अब पहले से कहीं अधिक मौन हो गया है : वह एक सपने में रहता है। उसका सुन्दर मुख अभी

भी मुसकुराता है, उसकी आँखें रोती हैं, आराम से रहती-दिखती उसकी चौड़ी भवों में अभी भी सम्पूर्ण भव्यता है। किन्तु अन्दर और नीचे क्या है? क्या कोई चीज़ है वहाँ?"

मोतियाबिन्द के असफल ऑपरेशन के बाद, मदाम रिकेमिय लगभग पूरी तरह अन्धी हो गई थीं और अँधेरे में रहती थीं। बाहर : 1848 के अवरोध, लुई-फिलिप द्वारा राज-त्याग, गणतन्त्र की घोषणा कर दी। ऐबे-आउ-बोई के बड़े ड्राइंगरूम में, जहाँ वर्षों से फरनीचर ज्यातिमीय और पदानुक्रम के अनुसार लगा हुआ था, आगन्तुक अपना रास्ता टटोलते हुए चलता था। शटर बन्द कर दिए गए थे, परदे खींच दिए गए थे। दरवाज़े से रोशनी की एक रेखा अँधेरे में घुस आती थी, किन्तु इसकी रोशनी इतनी कम होती थी कि उससे आगन्तुक को आगे बढ़ने में मदद नहीं मिलती थी। तब मदाम कैमिय की आवाज़ ही उसकी मदद करती थी, उसे सुझाव देती कि वह बड़ी जाली की ओर बढ़े, जिसके पीछे उसकी आरामकुर्सी छिपी है। शैतुब्रियाँ उसके बराबर में, चुपचाप कड़क बैठा रहता था।

बियेन-ऐमी

लुई XV को प्रारम्भ से ही ज्ञात था कि वह चाहे जो कुछ करे वह "roi de perdition" ('सर्वनाश का राजा') है। और इस ज्ञान ने उसे कठोर, ठंडा असहिष्णु बना दिया जिसे उसके भय से काँपते दरबारियों ने उसी समय भाँप लिया था जब वह बच्चा था। उसका सर्वाधिक मूल भाव बोरियत से भी अधिक चिढ़ का होता था : चिढ़ उसे यह जानकर होती थी कि वह एक ऐसे बिन्दु पर है जहाँ इतिहास का जम्बूर उसे दबोचने वाला है और उसे कोई भी खेल खेलने या चाल चलने नहीं देगा। ऐसा लगता था मानो आयु पूरी करने से पहले ही वह अपना सारा जीवन जी चुका था। उसने अनुभव किया कि वह अनैतिक, अक्रिया, घृणा से भरे होने के अतिरिक्त और कुछ हो ही नहीं सकता था। और यदि उसकी इच्छा ने विद्रोह करने की कोशिश की भी होती, तो इसे नष्ट कर दिया गया होता और किसी को इस पर कोई आश्चर्य नहीं होता उसी तरह जैसे अपनी प्रजा में से कुछ की विशिष्ट स्थिति को नष्ट करना उसकी नियति थी।

मदाम द हौसे ने लिखा है कि हँसने में उसे कष्ट होता था : ज्यादा से ज्यादा वह बस मुस्कराने की कोशिश ही करता था। और उस मुस्कान का अर्थ था : हम तुम्हें सब चीज़ें प्रदान करते हैं, शर्त केवल एक है तुम हमसे ध्यान आकृष्ट करने की माँग नहीं करोगे। गम्भीर पांडित्य प्रदर्शन के साथ, जिसने उसकी स्वाभाविक शालीनता को मिटा दिया था, उन्हीं कहानियों को बार-बार दुहराता, और उसे ऐसा कोई व्यक्ति नहीं मिलता था जो बता सके कि वह कितना उबाऊ है। लोग उसे बेस्वाद हास्यपूर्ण वाक्यों का श्रेय देते थे और उन्होंने उनकी चतुराई की प्रशंसा भी की है, जबकि वे उसकी एकदम बेकार बातों का उदाहरण भी देते हैं जो उसकी स्पष्ट व्यर्थता के प्रमाण थे। वह "ठाली राजाओं ("Es rois faineants") के भाव से ग्रस्त था; और कार्डिनल फ्लियुअरी ने, जिसने उसे निष्क्रिय बने रहने के लिए विवश किया किन्तु साथ ही कार्यशील होने का कुछ दिखावा बनाए रखने की भी सलाह दी थी, एक बार उससे इस विषय पर बात करने की उद्दंडता दिखाई थी। एक दिन मैं इतना आगे बढ़ गया कि मैंने राजा साहब को यह बतला दिया कि फ्रांस में राजाओं को ठालीपन के कारण उनके सिंहासन से हटा दिया गया था। लगा कि मेरी बात का उस पर गहरा प्रभाव

हुआ है। उसने जवाब तो कुछ नहीं दिया; किन्तु दो दिन बाद उसने मुझसे कहा, 'मैं उस बाबत सोचता रहा हूँ जो तुमने मेरे कुछ पूर्ववर्तियों के विषय में कहा है जिन्हें राजगद्दी से हटा दिया गया था। कृपा करके मुझे यह बतलाएँ : जब राष्ट्र ने उन्हें गद्दी से हटाया, तो क्या उनके लिए बड़ी पैंशन की व्यवस्था की गई थी?''

''...वह वरसाई के छोटे कक्षों के किनारों पर खड़ा आक्रोश से भरा, उदास बच्चा जैसा दिखता था, उसकी आत्मा में कुछ ऐसा था ज़ो बंजर, तिरस्कार भरा, व्यंग्यपूर्ण था...''

पार्क औ सर्फ़्स (Parc aux cerfs), जिसका नाम ही क्षुब्ध प्रजागण को अनन्त और एकाकी कामुकता के सपने देखने के लिए आमन्त्रित करता था, ''एक साधारण मकान था जिसके साथ एक छोटा सा बाग़ था, जिसके एक ओर रयू द तूर्नेली (एक बन्द गली) थी और दूसरी ओर रयू सेंट मेड्रिक थी। इसमें चार शयनकक्ष थे और कुछ छोटे बैठने के कमरे और जिसमें ज़्यादा-से-ज़्यादा दो या तीन औरतें रह सकती थीं; वास्तव में, लगता यह था कि वह एक ही औरत को रखने के लिए बनाया गया था।'' मकान का यह नाम इसलिए पड़ा क्योंकि यह वरसाई के बाहर की तरफ ऐसे क्षेत्र में था जहाँ लुई XIII के ज़माने में एक पार्क हुआ करता था जिसमें जंगली जानवर रखे जाते थे। इसमें कृष्ण के वियोग में दुखी और उसी को हर समय याद करती हुई, पूर्ण वक्षा हज़ारों गोपियाँ नहीं रहती थीं वरन् एक समय में एक या दो लड़कियाँ रहती थीं, जो हर समय किसी अज्ञात सामन्त के लिए तैयार रहती थीं, सामन्त जिसे कभी-कभी पोलिश सज्जन कहा जाता था और जो वर्दी से नीला कमरबन्द उतारना भूल जाता था जो उसकी विशिष्टता का संकेत होता था। और यदा-कदा, कई-कई महीनों तक मकान खाली रहता। यही वह स्थान था जहाँ सम्पूर्णता की सनक ने आख़िर में एक बुर्जुआ संस्था–रखैल औरत–की नींव रखी। यहाँ तक कि मदाम द पौन्पेदू भी, जो इन मनोरंजनों की–देखभाल करती थी और बाद में शिशु जन्म और पैंशन के मामलों को भी देखती थी, भविष्य में निम्न वर्ण की असंख्य लड़कियों के लिए एक नियामक सिद्धान्त बनाए बिना नहीं रह पाईः ''मैं तो उसके दिल की दीवानी हूँ।'' और बाकी सब चीज़ें, उसने आसानी से छोड़ दीं। उसे अब आगे फिर कभी नाश्ते में ट्रिपल वनीला और ट्रुफ़ल्स के साथ चॉकलेट अपने 'अत्यधिक ठंडे स्वभाव' को जगाने-उभारने के लिए नहीं खानी पड़ेंगी, क्योंकि, ''आप तो अच्छी तरह जानते हैं कि पुरुष कुछ ख़ास चीज़ों पर बड़ी तवज्जो देते हैं।''

लुई XIV कहता है, 'मैं ही राज्य हूँ' ("L' Etat e'est moi") एक दरबारी लुई XV से कहता है, 'यह सब आपका है।' ("Tout cela est a vous") ये ही विलेरॉय की वह शैतान टिप्पणी है जिसे *ह्यूगो ला पिती सुप्रीम* (La Pitie supreme) में सर्व-शक्तिमानता

की गम्भीर अनिवार्यता के लक्ष्य को स्थापित करने के लिए अलग छाँट लेता है। जब वह "Sanche! Alonze! Clovis! Sennacherib! Cambyse!" जैसी कविताओं से ऊब जाता है तब ह्यूगो लुई XV की गम्भीर, नाज़ुक स्थिति को इस प्रकार परिभाषित करने में सफल हो जाता है जैसा उसका अन्य कोई समसामयिक नहीं हो पाया : "एक मूर्ख आनन्द और विशाल बोरियत।" केवल लुई XV का शत्रु, उसका विरोधी राजा ही उसकी मृत्यु पर उसके लिए क्रोधहीन शब्द कह पाया, जब ताबूत में उसका (महामारी जैसा विशालकाय) शरीर समा नहीं रहा था, और जिसे रात में ही बिना किसी संस्कार के रीयम्स ले जाया गया, उस समय लोग मज़ाक करते और चुटकुले कहते चल रहे थे। केवल फ्रैडरिक महान ही वॉल्टेयर को लिखे एक पत्र में वह कह पाया जो दुखद रूप से स्पष्ट था : कि अभिशापित व्यक्ति एक सीधा-सादा इंसान (un honnête 'homme) था जिसका एकमात्र दोष यही था कि वह राजा था। शोकपूर्ण सुसभ्यता के साथ, कार्डिनल द बर्नी ने भी एक पत्र में इसी से मिलती-जुलती बात लिखी थी, जो सात वर्षीय युद्ध के लिए शोक गीत है : "मैं राजा से प्रेम करता हूँ, और हृदय से उसके लिए शोक व्यक्त करता हूँ। *एक सीधा-सादा* आदमी, जो दोस्ती कर सकता था और जो केवल अच्छी चीज़ों की कामना करता था, वह बुराई को बढ़ने, ख़मीर की तरह उफ़नने देता था जो उसके शासन की भव्यता पर काले बादल की तरह छा जाती थी; जो शासन शानदार और शान्तिपूर्ण हो सकता था।"

"प्रत्येक राजवंश का अन्त ऐसे राजा से होता है जो शासन की देखभाल करना छोड़, अपने-आपको विलासिता में डुबो देता है। प्रकृति उसके विनाश की घोषणा शकुनों (उल्काएँ, दो-दो सूरज, भूकम्प, बाढ़, बीमारियाँ) द्वारा करती है। चीन में, जैसा हम जानते हैं, ईश्वर शासक राजा से अपने शासनादेश (ming) को वापस लेने की उद्घोषणा लोगों द्वारा (क्रान्ति, नवयुवकों के प्रेरणा भरे गीतों द्वारा) करता है। राजा की व्यभिचारी क्रियाएँ केवल अनैतिक स्फुरणाओं की अभिव्यक्ति ही नहीं हैं, वे उसके द्वारा सारी सम्पत्ति, सारी शक्तियाँ केवल अपने लाभ के लिए हथियाने की इच्छा को व्यक्त करती हैं।

"*सर्वनाश के राजा* अपने मिथ्याभिमान में नौ मंज़िले, ऊँचे टॉवर बनाकर आसमान को छूना चाहते थे, किन्तु इसके साथ ही बहुत गहरा गड्ढा भी खोदते थे। उनके व्यवहार को नैतिकता के सामान्य उत्सव (जैसे जाड़ों में किसानों द्वारा खूब शराब पीने की बात है) की अतीव अतिशयोक्ति के रूप में समझा जा सकता है। कार्य अपने आप में ग़लत नहीं है, पर इसकी अतिशयता गलत है। मतलब हुआ वह सब करना और ज्यादती के साथ करना जो केवल कुछ ख़ास अवसरों पर ही किया जा सकता है और किया जाना चाहिए।"

हम उसकी विलासिता के विषय में निश्चिततापूर्वक कभी नहीं जान पाएँगे जैसे हम उसके बचकाने खेलों के विषय में ज्यादा नहीं जान सकेंगे। किन्तु एक वर्णन हमें बतलाता है कि जब वह (लुई XV) सात वर्ष का था, तो उसके दरबारी एक बड़े हाल को गौरैयों के झुंडों से भरकर और फिर बाद में अचानक वहाँ कुछ बाज़ छोड़कर, जो उन छोटी चिड़ियों का अपनी नुकीली चोंचों से क्षत-विक्षत कर देते थे, उसका मनोरंजन करते थे। एक अन्य वर्णन के अनुसार, ''राजा के पास एक सफ़ेद हिरन का छोटा बच्चा (हिरनी) थी, चूँकि राजा ने ही उसे खिलाया-पिलाया और बड़ा किया था, वह हिरनौटा उसी के हाथ से खाती थी और उससे बहुत प्यार करती थी। उसने हिरनी को ला म्यूरा पहुँचवाया और कहा कि वह उसे मारना चाहता है। उसने हिरनी को दूर भगा दिया, उस पर गोली चलाकर उसे घायल कर दिया। हिरनी लँगड़ाती हुई वापस उसी के पास आई और उसके शरीर से अपने नथुने सटा लिए। राजा ने हिरनी को दोबारा दूर रखवाया, और दूसरी बार गोली चलाकर उसे मार डाला। यह कार्य बड़ा क्रूर था। इसी तरह की और भी क्रूर कहानियाँ उसके बारे में कही गई हैं, कुछ उन चिड़ियों की हैं जिन्हें वह पासी में रखता था।''

राजनीति में लुई XV का एक मात्र उद्‌देश्य था : अपनी ही सरकार के विरुद्ध षड्यन्त्र रचना। वह पहला ऐसा राजा है जो स्वयं अपने विरुद्ध उकसाने वाले एजेन्ट की तरह काम करता था। *द सीक्रेट दु रॉय* (du Roi) एक प्रकार की 'समानान्तर' नीति थी जो प्रायः लुई XV को अपनी गोपनता के जाल में लपेट लेती थी और गला घोंट देती थी। *ड्यूक द ब्रोग्ली,* वह पहला पंक्ति था जिसने इस व्यर्थ खतरनाक नीति की पुनर्रचना की थी, अनेक धोखा-धड़ियों से भरा उपन्यास, वह इससे जुड़ी एक खास घटना याद करता है। 1773 में लुई XV ने स्वीडन के साथ गुप्त रूप से षड्यन्त्र रचते हुए, ''एक ऐसे मामले में डील करते हुए, जो आधा कूटनीतिक और आधा सैन्य था, उसने अपने हिसाब से पूरा सन्तोष प्राप्त कर लिया। उसने योजना का एक हिस्सा तो अपने युद्ध मन्त्री से छिपाए रखा, और दूसरा अपने विदेशमन्त्री से—और, सारे-के-सारे मामले को, अन्ततः गुप्त नीति के सामान्य विश्वास-पात्र अधिकारी से भी छिपाए रखा। तीनों रहस्य एक साथ आगे बढ़ाए गए, और कोई-सा भी दूसरे से सम्बन्धित नहीं था। यह उसकी प्रणाली की शीर्षस्थ उपलब्धि थी और इस प्रकार का सर्वश्रेष्ठ उदाहरण था।'' जब लुई XV अपने गोपनीय विश्वासपात्रों को भी धोखा दे गया, और अपनी इस गुप्त योजना का एक रहस्य अपने मन्त्रियों को बता दिया, जो हमेशा ही उसके हाथों मूर्ख बन जाते थे, तब एक पक्षाघाती शान्ति ने उसे हल्के से छुआ। जैसे ही उसने अपने खेल को उजागर किया तो सारे बाहरी लक्ष्य तिरोहित हो गए; इस खेल ने उसे हर उस चीज़ को दाँव पर लगाने और स्वयं अपने विरुद्ध बाजी खेलने पर विवश कर दिया था, और इस प्रकार उन गद्‌दारों का भी भंडाफोड़ कर दिया, जिन्हें स्वयं उसने चुना

था। इस प्रकार, परत-दर-परत षड्यन्त्र विफल कर दिए गए—आख़िर में केन्द्र में रह गया बेकार सम्प्रभु राजा अकेला। चाहे उसने जानबूझकर एक रोग भीरु मानसिकता से ग्रस्त व्यक्ति की भाँति किसी भी कदम को उठाने से बचने की कोशिश की या, इसके विपरीत, बेहद तेज़ी से गुप्त चालें चलीं थीं। कुल मिलाकर हर सूरत में उसका हर कार्य प्रारम्भ से ही अभिशापित था, और इसे बेकार साबित कर रहा था।

लुई XV के अवैध बच्चों में, मैडेमॉइली द रोमाँ के बेटे को एक सांकेतिक नाम पाने का विशेषाधिकार प्राप्त हुआ। दिसम्बर में एक दिन, राजा ने वरसाई से अपना एक दुर्लभ निजी पत्र भेजा, जो बाद में एक के बाद एक कई संग्राहकों के हाथों से गुजरा : "मैं अच्छी तरह जानता था, मेरी शानदार प्रिय, ma grande कि जब तुम यहाँ से चली, तो कोई चीज़ तुम्हारे दिमाग़ में थी, किन्तु मैं सही अन्दाजा नहीं लगा सका कि वह क्या थी। मैं नहीं चाहता कि नामकरण के सर्टीफिकेट पर हमारे बेटे को मेरा नाम दिया जाए और न ही मैं यह चाहूँगा कि अब से कुछ वर्षों बाद, यदि मेरे मन में आए, उसे स्वीकार करना मेरे लिए असम्भव हो जाए। इसलिए, मैं चाहता हूँ कि सर्टीफिकेट पर बच्चे का नाम लुई ऐमी या लुइज़ ऐमी, लुई द रॉय या लुई बबॉ (जो भी तुम्हें पसन्द हो) का बेटा या बेटी दर्शाएँ...मैं यह भी चाहता हूँ कि उसके गॉडफादर और गॉडमदर ग़रीब लोग या नौकर हों, इनके अतिरिक्त किसी अन्य प्रकार के लोगों पर विचार नहीं किया जाएगा।"

लुई XV उसे ma grande कहकर पुकारता था, क्योंकि मैडेमॉइली द रोमाँ में (सोफी आर्नोल्ड की पैनी आँखों के अनुसार), "प्रकृति ने, सुरुचि के अपने ही नियमों का परित्याग कर, एक बड़ी अतिशयोक्ति की रचना से अपना मनोरंजन किया था। मैडेमॉइली द रोमाँ का गठन अच्छा था और उसमें हर चीज़ श्रेष्ठ अनुपात में थी, किन्तु वह श्रेष्ठता बृहत्काय थी...उसके बराबर में खड़ा राजा, यद्यपि वह सुन्दर आदमी था, एक स्कूली बच्चे जैसा या आधा राजा दिखता था।" बहुत बार लुई XV उससे मिलने *पासी* गया, और बहुत बार उसने अपनी छह घोड़ों वाली बग्घी उसे बुलाने भेजी। चोइस्यूल इसके सम्भावित राजनीतिक परिणामों को लेकर चिन्तित था और मदाम द पौम्पैदू इसे लेकर घबराई हुई थी। केवल *मारेचैले द मीरेपॉइ* ही उसे पुनः आश्वस्त कर सकता था : "मैं तुम्हें यह कहने नहीं जा रहा कि वह तुम्हें उससे अधिक प्यार करता है; और मानो यदि किसी जादुई छड़ी के घुमाने से वह यहाँ आ जाए और आज शाम हम सब लोगों के साथ भोजन करे और हम सब उसकी पसन्द जानते हैं, तो शायद तुम्हारे चिन्तित होने का कोई कारण हो सकता है। किन्तु राजकुमार लोग, कुछ निश्चित आदतों वाले होते हैं। राजा का प्यार तुम्हारे लिए वैसा ही है जैसा तुम्हारे निज़ी कमरों से और हर उस चीज़ से जो तुम्हें चारों ओर से घेरे हुए हैं। तुम उसके तौर-तरीकों के उपयुक्त हो; तुम उसके बारे में सब कुछ जानती भी हो। तुम्हारे साथ

होने पर उसे कभी कोई परेशानी महसूस नहीं होती, वह तुम्हें बोर करने से कभी नहीं डरता, तो भला उसमें ऐसी हिम्मत कैसे हो सकती है कि वह एक ही दिन में इस सबको जड़ से उखाड़ फेंके, अपने जीवन को नए सिरे से पुनः व्यवस्थित कर ले, और बाहरी सज्जा, तौर-तरीकों को इस सीमा तक बदल दे कि अपने आपको सार्वजनिक तमाशा बना दे?'' किन्तु डर में जिज्ञासा भी मिली हुई थी : अवैध बच्चे के जन्म के बाद, यह कहा गया कि मैडेमॉइली द रोमाँ लेसदार परिधान में सज-धजकर बोइ द बोलोन गई, बच्चा बेंत से बनी एक छोटी टोकरी में था, और एक निर्जन रास्ते में बैठकर उसने बच्चे को दूध पिलाया। एक दिन, मदाम द पौम्पेदू, वफ़ादार मदाम द हौसे को अपने आगे लेकर और अपने चेहरे को बोनेट और गाल पर एक रूमाल लगाकर ढँके हुए, बोई में उसी रास्ते पर यूँ ही टहलने का बहाना कर रही थी। मैडेमॉइली द रोमाँ बच्चे को स्तनपान करा रही थी; उसने अपने एकदम काले बालों को पीछे की ओर करके हीरे जड़े कन्घे से बाँधा हुआ था। मदाम द हौसे उसके पास पहुँची और कहा, 'कितना सुन्दर बच्चा है।' 'हाँ' उसने उत्तर दिया, ''मैं भी स्वयं यह बात कह सकती हूँ, हालाँकि मैं इसकी माँ हूँ।'' मदाम, जो मेरी बाँह से चिपकी हुई थी, काँप उठी, और मुझे भी अपने पर पूरा भरोसा न रहा। मैडेमॉइली द रोमाँ ने मुझसे पूछा, ''क्या आप यहीं आसपास रहती हैं?'' ''हाँ, मदाम,'' मैंने उत्तर दिया, ''मैं इस महिला के साथ औतेउइल में रहती हूँ, किन्तु इस समय इस महिला को बड़े ज़ोर का दाँत-दर्द हो रहा है।'' ''ओह, मुझे उनके लिए अफ़सोस है, मैं भी इस बीमारी से कई बार परेशान रही हूँ।''

किन्तु राजा शीघ्र ही ऊब गया। उसके धनुर्धर बच्चे को लेने आ गए, जिसका पालन-पोषण माँ से दूर रखकर किया जाना था। उस रखैल की ओर से, जो अब राजा की चहेती नहीं रह गई थी, कई झगड़ालू पत्र, दोषारोपण (परोक्ष रूप से) करते हुए, लिखे गए। किन्तु वरसाई में, हॉलीवुड के उदय से बहुत पहले, बस्बी बर्कले का सिद्धान्त एक कटु सत्य था : ''जो *हो चुका* वह वापस नहीं आता।'' माँ अब केवल बेटे के भविष्य की प्रतीक्षा ही कर सकती थी : जब लुई XV की मृत्यु हो गई तो उसने नए राजा के पास अपने बेटे का नामकरण सर्टीफिकेट भेजा—और चौदह वर्षीय ऐबे द बबाँ का दरबार में स्वागत हुआ। उसके डील-डौल ने दरबार में कई लोगों को लुई XV के छरहरे और सुगठित स्वस्थ शरीर की याद दिला दी। जब किसी समृद्ध मठ में बच्चे को स्थान दिए जाने की प्रतीक्षा हो रही थी, उसी समय, अवैध बालक को कार्डिनल द बर्नी के संरक्षण में, जो उन चार कार्डिनलों में अन्तिम थे जिन्होंने कुछ समय फ्रांस पर शासन किया था, रोम भेज दिया गया। अब, कोरसो में अपने महल में, उन्होंने आगन्तुक फ्रांसीसी सामन्तों का स्वागत किया। उन्होंने ऐबे द बबाँ को बड़े ध्यान से बड़े प्यार से—''स्नेह, परिष्कार, शालीनता और सरलता'' के साथ रखा जिसके लिए मदाम द जैनली ने उन्हें ''मुझे अब तक ज्ञात सबसे प्रिय व्यक्ति'' की

संज्ञा दी। किन्तु पेरिस में शाही खून के इस युवा ऐबट को लोग पहले ही भूलते जा रहे थे। अब मठों की कोई चर्चा ही नहीं होती थी—और वे उसे पैसा भेजना भी भूल गए। वह इटली में इधर-उधर भटकता फिरा। बर्नी ने, जो उसका अन्तिम संरक्षक था, शिकायत की, "वह एक भटकता हुआ यहूदी है। मुझे यह देखकर दुख होता है कि उस जैसे नाम वाला व्यक्ति इटली की एक सराय से दूसरी सराय में यूँ ही भटकता फिरता है। या तो उसे वह प्रसिद्ध नाम न दिया जाता, या फिर उस नाम का उसके व्यक्तित्व में सम्मान प्रकट होना चाहिए। मैं स्वीकार करता हूँ कि कुछ दूसरे मामलों की तरह इस मामले में भी मेरे विचार कुछ पुराने हैं; किन्तु मैं भी तो पुराने सोच वाला ही हूँ।" ऐबे द बबाँ अपने निरुद्देश्य भटकन के दौरान नैपल्स में खसरे की बीमारी से मर गया।

कुछ समय बाद, मदाम लुइज़े, एक कारमैलाइट नन (साध्वी) और ऐबे द बबाँ की सौतेली बहन ने बतलाया कि वह किस प्रकार ऐबे टूरलो से मिली थी, जिन्होंने मृत्यु शय्या पर ऐबट की देखभाल की थी : एक दिन हम बेचारे ऐबे द बबाँ के विषय में बातचीत कर रहे थे...और दुनिया ऐसे ही चलती है उसे मरे हुए छह महीने हो गए हैं, और किसी को भी उसका ध्यान नहीं आता। मेरी कितनी इच्छा है कि उसके लिए छोटे से स्मृति लेख की रचना करवाऊँ। कम से कम इतना तो जान लें कि कभी वह भी जीवित था। मुझे इस विषय में किसी से बात करनी चाहिए। एक वर्ष से कम समय के भीतर ही मदाम लुइजे स्वयं स्वर्गवासी हो गई, और उनकी योजना धरी-की-धरी रह गई।

काफ़ी लम्बे समय तक बिम्ब ब्रह्मांडीय सार्वजनिक धार्मिक पूजा का एक भाग बने रहे थे जिसने विभिन्न राशियों में से होकर गुज़रते हुए सूर्य का अनुकरण किया था। और थोड़े समय के लिए ये उन उत्सवों-संस्कारों में जा बसे, जो सम्प्रभुता के सूर्य के साथ होते थे। आसमान से नीचे उतरकर, ये वरसाई की मैज़ेनाइन मंज़िल में आकर जम गए। यहाँ ये बने रहे, प्रायः त्यक्त और अकेले, एक थका देने वाले देहाती, चचेरे भाई की तरह जो उन लोगों की बात करते थे जिनके बाबत किसी ने कभी कुछ नहीं सुना था। उन्हें उस अपमानजनक अलग-थलग स्थान से उसी क्षण निकाल बाहर किया गया जिस क्षण क्रान्तिकारी भीड़ ने लूटपाट शुरू कर दी। कुछ का अन्त भालों में बिंधकर हुआ, कुछ अन्य को मिस्री कर्म-कांड में ऊँचा स्थान मिल गया। यह स्पष्ट नहीं था कि हर चीज़ विजय की ओर जा रही थी या उत्पीड़न की ओर। वास्तव में, गति दोनों ओर ही थी—किन्तु अब कोई नापने का पैमाना नहीं था। अब जब राशि चक्र को ख़त्म कर दिया गया तो, हर बिम्ब बड़े से और बड़े शहर में भटकता फिरा, यह अपने कबीले को भी भूल गया और इसने प्रलोभन और स्वयं को लुटने का कोई विरोध नहीं किया, ड्राइंग रूम्स में, ऐबे में, प्रेस के कमरों में, शैतानी मिलों में,

भग्नावशेषों में, अमेरिकन जंगलों में, उपनगरों में। उनके लिए एक नए, अनियंत्रित, अनैतिक, संक्रामकता से ग्रस्त जीवन की शुरुआत हो रही थी। वर्षों से वे विचारों के चौराहों पर मिल रहे थे और कभी-कभी अपनी पारिवारिक साम्यता को अपने समान अतीत को, उन्होंने पहचाना भी था। किन्तु जैसे ही वे कहीं रुकते, तूफानी हवा का एक उग्र झोंका उन्हें दूसरे रास्तों पर धकेल देता और ये आगे जाने को विवश हो जाते।

हम कटी-छँटी झाड़ियों पर मुस्कराते थे
मुड़ी हुई चीनी छतों पर,
कुछ चीनी बरतनों के घुमावों पर,
रेशमी परिधानों के घिसटते छोरों पर
किन्तु क्षणों में
खाली थकन के,
एक हाथ अपने सिर की ओर उठाते हुए
हमें लगा कोई चीज़ वहाँ से गायब है
एक धूल भरी विग

(एक लम्बे समय तक तो यह स्पष्ट नहीं हुआ कि क्या तो पैमाने से जुड़ा है, और क्या नहीं। अभी हाल की शताब्दियों से एक अविरल बड़बड़ाहट उभरी, उन अद्वितीय और तब तक भारी-भरकम बन गई fin de siecle (शताब्दियों के अन्त) से जिनकी शुरुआत मनमौजी बंजरपन से और *रोजेंटों* की पुरानी आपराधिक लापरवाही से या—यदि हम पहले वाली ब्रह्मांडीय पृष्ठभूमि चाहते हैं—तो डन (Donne) के बेमेल स्वर्ग से और उन त्यक्त 'श्रेणियों' से जिनका दुख यूलीसेज़ *ट्रायलस एंड क्रैसीडा* में प्रकट करता है, एक ऐसी fin de siecle जो अपने अन्त के कगार पर है। आधुनिकता का एक श्वास फैलने को तैयार है। इस बड़बड़ाहट को बाँधकर रखना कठिन था, एक ऐसा फ्रेम पाना कठिन था जो पर्याप्त रूप से विनम्र और अच्छी तरह आकल्पित हो, और साथ ही कम द्रष्टव्य हो जैसा एक फ्रेम को होना ही चाहिए, किन्तु यह ऐसे तत्त्व का बना हुआ हो जो ठहरी हुई आँख के सामने प्रकट हो जाए उसी तरह जैसे पेंटिंग में रंग का पता चल जाता है। इस बिन्दु पर टैलीरॉ का आगमन होता है। क्या ब्रिको ने वरड्यूरिन सैलून के क्लास रूम में नहीं कहा था कि वह fin de siecle का पहला आदमी था। टैलीरॉ एक अन्य लाभ भी उपलब्ध कराता था; कि उसके अपने कोई विचार नहीं थे, या इससे भी कम, उसका कोई मत नहीं था अपितु था ज्ञान का गँदला, अज्ञात शेषांश जो केवल 'संकेत करता है'।

पिकपस कब्रिस्तान में

अविवाहित, अकेली महिलाओं का विश्रामगृह, जिसका प्रबन्धन *सेक्रेड हार्ट* की निरन्तर अभ्यर्थना को समर्पित साध्वियाँ करती थीं, रॉथ्स चाइल्ड हॉस्पिटल से ज़्यादा दूर नहीं था जहाँ पेरिस के बाहरी बंजर हिस्से थे। आँगन में भाई और बहन लकड़ी की एक बेंच पर बैठे थे। ध्यान रखनेवाला *भाई* अपनी *बहन* से मिलने आया था और इस समय इस गृह की अतिथि थी। उसकी उदास, कुछ प्रमुखता से दिखती आँखों के ऊपर, उसने अपने बाल मरदाना अधेड़ अविवाहित की शैली में बाँधे हुए थे, उसकी कलाइयों और गले में परिवार के शेष बचे आभूषण *घरेलूपन से* दूर *हुई* महिला के सम्मान की रक्षा कर रहे थे। *भाई* उस सही क्षण की प्रतीक्षा में था जब वह बिलों और रसीदों की बात सके। उसने अपनी जेब से अँगूठियों का एक केस निकाला, जो खाली था। उसने यह अपनी *बहन* को दे दिया, शायद ये खाली अँगूठी केस उसके किसी काम का हो। *बहन* ने धीरे से अपनी उंगलियाँ उसकी रेशमी परत पर फिराईं। "बहुत अच्छी तरह (तुमने) इसे सँभालकर रखा है", उसने कहा। किन्तु उन्हें दूसरी बातों का भी दिखावा करना था। वे बेंच पर बैठे गेटकीपर की प्रतीक्षा कर रहे थे; गेटकीपर, विश्रान गृह के दरवाज़े से थोड़ा ही आगे 'रिवॉल्यूशन के शिकार' बने लोगों के कब्रिस्तान में आगन्तुकों के एक छोटे से समूह को गाइड कर रहा था।

"इस कब्रिस्तान का मालिक कौन है?" *भाई* ने पूछा।

'द सोसाइटी इम्मोबिलिय ए सिविले द लोरेटोइय दु सिमैटिये द पिकपस' उसकी *बहन* ने कहा। "वे मृतकों के उत्तराधिकारी हैं और केवल इन्हीं को इस कब्रिस्तान में दफ़नाया जा सकता है। ये कुलीन लोगों के परिवारवाले हैं।"

"लेकिन क्या, कुलीनों के अतिरिक्त दूसरे लोग यहाँ नहीं दफ़नाए गए हैं? जब मैं प्रतीक्षा कर रहा था, तो मैं चैपल में गया और उन लोगों की सूची देखी जो सामूहिक कब्रों में दफन हैं। लगता है शिकार तो जीवन के सभी क्षेत्रों से आए हैं—व्यापारी, वकील, साधारण लोग..."

"ओह, हाँ, उस समय तक उन्होंने लगभग सारे कुलीनों को ख़त्म कर दिया था..."

"खूब जमकर बदले लिए गए होंगे—द्वेष, भर्त्सनाएँ, और दूसरे ऐसे ही कारण..."

"उन्हें वे *नेशन* से वैगनों में भरकर लाए। ऐसे एक हज़ार तीन सौ छह लोग हैं।"

"लड़ाई ख़त्म हो जाने के बाद भी दुनिया-भर के बदले लिए गए होंगे, दुनिया भर की ईर्ष्याएँ और द्वेष। उस वक्त तक तो उन्होंने बस उन्हें मार डाला, और इसके बाद कोई बात नहीं कही गई।"

विश्राम गृह से एक महिला ने बीच में हस्तक्षेप किया।

"बड़ा ही खराब मौसम है आज! कैसी उमस-भरी गरमी है।"

"हाँ, दो दिन से तो दम घुटा जा रहा है।" बहन ने कहा।

"कोई मिलने आता है तो कितना अच्छा लगता है।"

"मेरा भाई..."

"मेरी भी एक बहन है। किन्तु वह तभी आती है जब उसे सुविधा होती है।" *भाई* के नम गुलाबी चेहरे पर, जो धूसर छायाओं से काला-सा होता जा रहा था, एक काँपती हुई-सी मुस्कान उभर आई। उसने सावधानी से दाढ़ी नहीं बनाई थी। उसका सूट भी, जो बहुत भारी था, उस तरह का था जैसा अब दुकानों में नहीं बेचे जाते।

"बहनों से भाई अच्छे होते हैं," उसने कहा। "क्योंकि वे अपना वास्ता व्यावहारिक समस्याओं को हल करने से रखते हैं, और जब उनसे बनता है सहायता करते हैं।"

प्रतीक्षा करता एक अन्य आगन्तुक बेंच पर आकर बैठ गया, वह एक पतला-दुबला बूढ़ा आदमी था जिसने हल्के रंग की कपड़े की टोपी पहनी हुई थी। जैसे ही वह मुस्कुराया कि उसके लम्बे, पीले दाँत दिख गए; केवल तीन थे, उनके बीच बहुत जगह थी। वह कई वर्षों से पेरिस के ऐतिहासिक स्थलों को देखता फिर रहा था, अगस्त के उस कष्टदायी दिन पिकपस कब्रिस्तान देखने की बारी थी। सुन्दरता में उसकी कोई रुचि नहीं था; उसका ध्यान केवल इतिहास पर था।

"मैं तो बस इतिहास देखता हूँ, एक सौ फीसदी", जब भी सम्भव होता वह इस बात को दुहरा देता। कब्रिस्तान और कब्र पर लगी पट्टिकाएँ इतिहास हैं, केवल इतिहास और इसीलिए वह उनके पक्ष में था। गेटकीपर अल्जीरिया से आया कठोर मज़बूत आदमी था, उसे अपनी जमीन से भगा दिया गया था, और उसे कभी-कभी अपने खोए अफ्रीका और प्राचीन राज्यों के बीच भ्रान्ति हो जाती थी। उसने *कोम्पीयेन* की सोलह *कारमैलाइटों* के विषय में, जो अपने धर्म की रक्षा करती हुई मर गई थीं, कुछ शब्द कहे। उसने लेनौत्रे की पुस्तकों का भी जिक्र किया, जो एक कुली के लॉज में प्रदर्शित थीं। स्मृति चिह्नों में रुचि रखने वाला कोई भी व्यक्ति उन्हें खरीद सकता था। और फिर पहली बार छोटे बूढ़े आदमी ने भाई को सम्बोधित किया : "किन्तु हमें यह नहीं भूलना चाहिए कि कारमैलाइट्स पादरियों की वेश्याएँ थीं। और इसलिए..."

एक क्षण के लिए उसकी पैनी आँखों में एक जैकोबिन की चमक आ गई। *भाई* जानबूझकर मुस्कुराया। किन्तु उसकी *बहन* उसे पहले से ही कह रही थी कि उसके

पीछे-पीछे दरवाज़े तक चले जहाँ से विश्राम गृह के बाग़ का रास्ता था। थोड़ी देर बाद, सब लोग अलग-अलग हो गए।

हमारे लिए, प्रतीक, निरन्तर ही मानस की, एक 'उन्नायक लहर' के नीचे डूबता और उभरता रहता है। प्रबोधन काल के दौरान इसे गुप्त समितियों और संस्कारों में, *कैजलिओस्त्रो* और *सारास्त्रो* के बीच, पीछे डाल दिया गया था; किन्तु जर्मन रोमाँटिसिज्म के आगमन के बाद, यह अपने को बन्धन मुक्त करके बाहर निकलता है। फ्रैडरिक क्रियुज़अर *काबीरी* का जिक्र करता है। मूल-प्रारूपों का प्रथम महान पुरावादी उन्हें *फ़ॉस्ट* (FAUST) के दूसरे भाग में सूचीबद्ध करता है। जोहान जैकब बैकोफेन दलदलों और कब्रों की बात करता है। अकादमिक प्रकाशनों में, जिन्हें सीधे-सादे साहित्यकार जीवन के नाज़ुक सार तत्त्व से बहुत दूर मानते हैं, और विद्वान जीवन से सराबोर सामग्री इकट्ठी करते हैं और चन्द वर्षों में हज़ारों, हज़ारों मिथकों, कर्मकांडों और परी-कथाओं के संकलन कर डालते हैं। उसके बाद व्याख्याओं का विस्फोट होता है। विचारों की नई-नई धाराएँ एक-दूसरे से टकराती हैं : सूर्य पर आधारित, चन्द्रमा पर आधारित, तारामंडलों पर आधारित, विस्तारवादी, विकासवादी, सांसारिक बढ़ते, फैलते कबीलों की तरह, वे अपने मुखियाओं, ओझाओं, अपने शिकारों को पा जाते हैं। वे कष्टप्रद संक्रमण मार्गों, रक्त और पृथ्वी से पुनर्जन्म, नक्षत्रों से अवतरण गणचिह्नी विश्वविद्यालयीय पीठों, कंकाल चाभियों आदि से जुड़ने के सपने देखते हैं। वे प्रशंसनीय उभारों से हिल उठते हैं; वे विज्ञान के नाम पर बोलते हैं। प्रेतों पर साधिकार बोलने वाला प्रख्यात व्यक्ति, सी. जी. जुंग अपनी पैनी स्विस बुद्धि से समझता है कि वह चाहे जो कुछ करे पर उसे विज्ञान के नाम पर बोलने की बात कभी नहीं त्यागनी चाहिए। किन्तु वहाँ विज्ञान तो है नहीं। निजी तौर पर जुँग ईश्वर की ज्ञेयता सम्बन्धी सन्देहास्पद लेख लिखता है, जिनकी वह सार्वजनिक रूप से साइकॉटिक (psychotic) दस्तावेज़ों की तरह व्याख्या करेगा और उन्हें विद्वद् जगत के विशाल पुस्तकालयों में सम्मान का स्थान दिलाएगा—जिन्हें अभी तक कोई भी व्यक्ति, जो कम-से-कम यूनिवर्सिटी असिस्टेंट या स्वतन्त्र विद्वान नहीं है, बिलकुल नहीं जानता—जहाँ मिथकों, कर्म-कांडों और परी-कथाओं का ढेर लगा हुआ है। वह सम्बन्ध, स्थापित करता है; वह समरूपताओं और संयोगों को सत्यापित करता है (सत्यापित करना चाहता है)। वह विज्ञान के नाम पर हर चीज़ नोट करता चलता है। उसने जैसे laissez-passer (परमिट) पा लिया है, जो उसे जीवित बचे रहने देगा : हर थोड़े से पन्नों के बाद वह कहता है कि अतीत का सारा जंगल एक 'मनोवैज्ञानिक सत्य' है। यदि यह 'मनोवैज्ञानिक सत्य' नहीं है? तो ईश्वर क्या है और सारे देवता क्या हैं? इस अनगढ़ तरकीब के द्वारा जुँग हज़ारों मिथकों और बिम्बों को विश्वविद्यालयों के पुस्तकालयों से तस्करी कर उन्हें बाहर ले आया और उनका प्रवेश अपने रोगियों और

पाठकों के दिमाग़ में कर दिया। किन्तु यह केवल एक सुविधाजनक छल था। अपने बाह्य रूप में यह अनुमति पत्र था जिसकी दुनिया को ज़रूरत थी। अपने विशिष्ट गोपनीय रूप में, इसने कुछ ऐसा कहा जिससे 'मनोवैज्ञानिक सत्य' के रूप में प्रतीक एक बार फिर शब्द से अलग हो गया : प्रतीक *चेतना की एक अवस्था* से जुड़ा हुआ था। और चेतना की अवस्थाओं को अब पारदर्शी अर्थों में नहीं बदला जा सकता था, या सीमित नहीं किया जा सकता था। चेतना की एक अवस्था भाषा से सम्बद्ध हो सकती है, किन्तु भाषा इसका स्थान नहीं ले सकती। इस प्रकार, इस सन्देहास्पद रास्ते से होता हुआ, प्रतीक जीवन की ओर लौट रहा था, एक बार फिर से साँस ले रहा था।

''उद्योग सपने में घुस जाता है और इसे अपने बिम्ब का आकार दे देता है, और इस दौरान यह सपने जितना ही आश्चर्यजनक बनता रहता है।'' सेंट-बॉवे ने यह 1839 में, 'औद्योगिक साहित्य' नामक नई घटना पर टिप्पणी करते हुए लिखा। बिम्बों को अब उत्पादन की नए विषय-वस्तु के रूप में सामने लाया गया। विज्ञापन, उपन्यास, अजीबोगरीब लोगों के सपने, जो अपने आविष्कारों के लिए पेटेंट लेना चाहते थे—ये सब एक साथ बढ़ रहे थे। इन सबके पीछे एकसमान प्रेरणा थी। (उपन्यास का नया रूप वास्तव में 'नौकरानियों के लिए उपन्यास' और 'भद्र लोगों के लिए उपन्यास' के संगम का परिणाम था; बाद वाला, यानी 'भद्र लोगों के लिए उपन्यास' स्वयं को 'तीन साऊ (Sous) के सम्मान' के स्तर तक ऊपर उठाने का प्रयास कर रहा था, जैसा स्टैंडहाल ने दावा किया। जब इतने सारे इच्छुक पाठक थे तो ''पुस्तकें उधार देने वाले पुस्तकालयों के डायरेक्टर्स ने उपन्यास की हर पुस्तक को काटकर दो हिस्सों में कर दिया और प्रत्येक भाग को तीन साऊ प्रतिदिन के हिसाब से पढ़ने को किराए पर दे दिया।'') जैसे पुराने दिनों में उपजाऊ धरती शरीर समाज का पोषण अपनी अन्तर्निहित उत्पादकता से करती थी, उसी प्रकार उन्मुक्त छोड़ दिए गए। बिम्बों की गतियों ने अपनी-अपनी तरकीबों से एक अदृश्य अविरल गति पैदा कर दी, जो शहर की कभी न रुकने वाली घूं-घूं की आवाज़ जैसी थी। किन्तु बिम्बों का परिवर्तन उसी तरह के उग्र औद्योगिक परिवर्तन के साथ-साथ चलता रहा; Psyche या मानस की संज्ञा प्राप्त करने से भी पहले, उद्योग का परीक्षणवादी क्षेत्र सारे मानस का बना हुआ था। ऑसमॉसिस (osmosis) की प्रक्रिया से होते हुए और नई मानस-सामग्री को साथ लेकर, उद्योग 'सपने' में आत्मसात् हो गया। *विश्व-कोष* की साफ-सुथरी प्लेटें अब पर्याप्त नहीं थीं। हर कारीगर की वर्कशॉप के पीछे अब एक (CAMERA BSCURA) खुल गया, जो सारे समाज को एक ऐसे छाया जगत में आवृत करने के लिए तैयार था जो अधिक उत्पादन का संकट से कभी परेशान नहीं हुआ।

संगठन इसे पसन्द नहीं करता

अभी हाल ही में सोचा गया और बार-बार प्रयोग किए जाने वाले मृत्युदंडों का प्रकार यह वाक्य है : 'संगठन इसे पसन्द नहीं करता।' ये पूर्ण सैद्धान्तिक निष्पक्षता को व्यक्त करता है। जब इस सारगर्भित वाक्यांश की बात आती है तो हॉलीवुड के चहेते अभिनेताओं से लेकर लुबियांका तक और पुराने भूमध्यसागरीय माफिया तक सभी इससे सहमत हैं।

'संगठन' : सीढ़ी के नीचे से ऊपर तक हर जगह हम यह डरावना शब्द देखते हैं। ये एक तत्त्वमीमांसक शब्द बन गया है—या शायद, ऐसा है कि सारी तत्त्वमीमांसा चलकर इस शब्द में आ गई है, जैसे कुलीनों का पुराना, क्षरित परिवार आवासीय योजना के तीन कमरे वाले अपार्टमेंट में आकर बस जाए। किन्तु विपन्नता के इस खुले बिन्दु से लगता है कि उनके हाथ इतनी ताकत आ गई है जितनी पहले कभी नहीं थी।

समाज सदियों से संगठित होते रहे हैं—किन्तु, लगता ऐसा है मानो कभी उन्हें इसका भान ही नहीं हुआ। वे दूसरी चाजों की बात तो करते रहे, शायद वे व्यवस्था की बात करते थे। और अब व्यवस्था और संगठन के बीच एक बड़ी खाई बन गई है। संगठन तब उत्पन्न होता है जब व्यवस्था के सारे चिह्न खो जाते हैं, या जब व्यवस्था छलावा बन जाती है। संगठन सदैव ही अपने ऊपर, शून्य पर, शुद्ध कार्यशीलता पर आधारित होता है। व्यवस्था सदैव ही दूसरी व्यवस्था पर निर्भर होती है, जिसकी यह बिम्ब होती है, दिखती हुई जुड़वाँ बहन।

संगठन के मूल में है : षड्यन्त्र।
षड्यन्त्र के मूल में है : गुप्त समाज।
गुप्त समाज के मूल में है : शुरुआत या
शुरुआत के मूल में है : उद्गम।

इटालियन *क्वात्रेसैन्टो* (चतुष-राज्य) जो अपनी अपेक्षा से अधिक सीमित नगर-राज्यों में निरन्तर तनाव के कारण किसी प्रकार के सन्तुलन को खोजने के लिए बाध्य थे,

यूरोप के बाद वाले इतिहास का पूर्व-रूप हैं—ऐसा इतिहास जिसमें इटली, सिवाय माध्यम के, अब कोई भूमिका नहीं निभाएगा। मैक्यिावैली उस विशाल वर्कशाप के केन्द्र में जन्मा था जिसमें सन्तुलन के नए विचार का परीक्षण हो रहा था और यही कारण है कि वह अन्य यूरोपियनों से बहुत आगे है। सुधार युग के आगमन के साथ, और इसी कारण पदक्रम के सिद्धान्त (चर्च *और* साम्राज्य) की अस्वीकृति की पृष्ठभूमि में, सन्तुलन pax (शान्ति) का समकक्ष, उस क्षेत्र में जहाँ शुद्ध खेल और अन्तर्क्रिया करने वाली शक्तियों का बोलबाला है—सन्दर्भ का एकमात्र मापदंड शेष रह जाता है। सत्रहवीं शताब्दी के राजनीतिक सिद्धान्त मुख्यतः उस विशद और क्रूर नवीनता को सोखने में लगे रहेंगे जो उस महान शिष्ट उक्ति : सन्तुलन के पीछे है जिसे harmonia mundi लगभग धर्मनिरपेक्ष बनाने के रूप में देखा जा सकता था। इस धर्म-निरपेक्ष आवेश से प्रेरित होकर, हम एक हल्के किन्तु निर्मम कथन के लिए मृदुल आर्चबिशप फैन लॉन की ओर मुड़ें कि सन्तुलन क्यों आवश्यक है :

"पड़ौसी राज्य न केवल न्याय के नियमों और सद्भाव की आवश्यकता के लिए एक-दूसरे से समान स्तर के सम्बन्ध रखने के लिए विवश हैं अपितु, अपनी निजी सुरक्षा और समान हित के लिए भी, यह जरूरी है उन्हें एक प्रकार का समाज और सामान्य गणतन्त्र भी बनाना चाहिए।

"हमें यह तथ्य स्वीकार कर लेना चाहिए कि आगे चलकर, सबसे बड़ी शक्ति दूसरों को रौंद डालती है और उन पर प्रभुत्व जमा लेती है, यदि दूसरे इकट्ठे होकर इसके विरुद्ध प्रति-सन्तुलन नहीं बना लेते। लोग यह आशा नहीं कर सकते कि एक अपेक्षाकृत बड़ी शक्ति दूसरों का ध्यान रखती हुई सुविचारित नियन्त्रण में बनी रहेगी, या ताकत की स्थिति में होते हुए भी वह केवल उतनी ही चीज़ों की इच्छा करेगी जितनी यह कमज़ोरी की स्थिति में पा सकती थी। यदि एक राजकुमार एक आदर्श बनकर अपनी सम्पन्नता का प्रशंसनीय उपयोग करता है, तो भी यह अद्भुत स्थिति उसके राज्य समाप्त होते ही खत्म हो जाएगी। प्रभुता सम्पन्न राजाओं की स्वाभाविक महत्त्वाकांक्षा, सलाहकारों की चाटुकारिता और समूचे राष्ट्रों के दुराग्रह हमें यह विश्वास करने से रोकते हैं कि ऐसे राष्ट्र जो दूसरों को अपने अधीनस्थ करने में समर्थ हैं, कई सदियों तक ऐसा करने से रुके रहेंगे। ऐसा एक राज्य जो ऐसे असाधारण न्याय मार्ग पर चल सकता है वह इतिहास का गहना होगा और एक ऐसा आश्चर्य होगा जैसा हम दुबारा कभी नहीं देखेंगे।"

यह थ्यूसीडाइड्स के एक कथन पर समुद्र की लहर-सी उभरती यूरोपीय व्याख्या है : "जहाँ तक देवताओं का सवाल है हम परम्परागत रूप से विश्वास करते हैं, और जहाँ तक मानवता का सवाल है हम अपने अनुभव से देखते है कि प्रकृति के एक नियम के अनुसार, हर कोई आवश्यक रूप से, उपलब्ध सारी शक्ति का अनिवार्य रूप से पूरा प्रयोग करता है।"

गृहयुद्ध, 'सबसे ख़राब प्रकार का युद्ध,' आधुनिक युग के प्रारम्भ होने और अन्त होने का संकेत है। टर्मिनस देवता की प्रतिशोधात्मक और उपहासास्पद स्मृति, ये अचानक उसकी सीमा बाँध देती है जिसने सीमाओं के नकारने का दावा किया गया था। आधुनिक युग की भव्यता देखिए : यह बेतहाशा आलोचना के लिए सच्चा दावा पेश करता है और फिर, उस आलोचना के परिणामस्वरूप, उस दावे को वापस ले लेता है। जब यह एक सत्य को खोज निकालने का दावा करता है तो आधुनिक युग हत्यारा है, और इस रूप में अन्यतम प्रभावी है। कार्ल श्मिट ने निश्चित रूप से दिखला दिया है कि जब लोग धर्म-युद्धों के आक्रोश से बचने का प्रयास कर रहे थे तो जिस कार्य ने उन सबको बचाया वह था justum bellum (न्यायोचित आधार) का त्याग। Justa cause belli (न्यायोचित उद्देश्य) से justum Hostis (न्यायोचित आधार) तक की संक्रान्ति ने इस प्रकार यह सुनिश्चित कर दिया कि "आश्चर्यजनक रूप से, दो सौ वर्षों तक यूरोपीय भूमि पर कोई सर्वनाशी युद्ध नहीं हुआ।" उस संक्षिप्त काल में, यूरोप के सर्वसाधारण लोग आधुनिकी राज्य से जुड़ गए–मशीनों की मशीन, "प्रथम आधुनिक मशीन और सारी अन्य टेक्निकल मशीनों का ठोस आधार।" तब *निश्चित नियमों के अनुसार होने वाले युद्ध ने*–खेल तो यह क्रूर ही था किन्तु इसके सुनिश्चित नियम इसकी क्रूरता कुछ कम कर देते थे–स्थानिक क्षेत्र को (यूरोप के एक ख़ास क्षेत्र को) एक नई एकता प्रदान की और इसे तथा स्वयं सभ्यता के केन्द्र को मिलाकर एक कर दिया। किन्तु खेल अन्दर से बिखर गया : अगस्त 1914 को यूरोप ने एक युद्ध की शुरुआत की जो अनेक अन्य राजवंशीय विवादों जैसा दिखता था किन्तु फिर भी यह पहला टेक्निकल युद्ध साबित हुआ, जिसका अर्थ यह था कि स्वभाव से यह कभी भी नियमों के अनुसार युद्ध नहीं हो सकता था। इस प्रकार क्रान्ति भी उभरकर आई, जो धर्म-युद्ध का अन्तिम परिवर्तित रूप थी तथा गृहयुद्ध का आख़िरी रूप थी। सत्य का आधुनिक रूप, सबसे अधिक प्रभावी और सर्वाधिक विनाशकारी रूप, घुमा-घुमाकर बात कहना है : जो क्रान्तिकारी है वह न्यायपूर्ण है, और न्यायपूर्ण इसलिए कि यह क्रान्तिकारी है। इस प्रकार JUSTA CAUSA BELLI *न्यायोचित उद्‌देश्य* फिर सामने रखा जाता है और इसे तुरन्त जवाब मिलता है। जब पवित्र युद्ध के लिए इस्लामी पुकार ईरान में गूँज उठती है तो यह पश्चिम द्वारा दुनिया को अपने आगोश में लेने से भड़की अनन्त ग़लतफहमियों और अनेक शुद्ध प्रहसनों में से एक होगी–यह पहले ही क्रान्तिकारी युद्ध की पैरोडी बन चुकी होगी और पाश्चात्य बुद्धिजीवियों को इसे अपने युद्ध के रूप में पहचानने में कोई परेशानी नहीं होगी। कम-से-कम, शुरू में तो...। आस्था के सम्पूर्ण और चमकते सत्य को अतीव पश्चिम के पद्धति सम्बन्धी और बार-बार दोहराए जानेवाले सत्य द्वारा परीक्षा के लिए रख दिया जाता है, इस क्षण ही पश्चिम को अस्वीकार किया जा रहा है कम-से-कम शुरू में तो...।

जिस प्रकार बैंजामिन बेरोक दुखान्त नाटक को अभिव्यक्तिवादी शवगृह की खिड़की से देख रहा था, उसी प्रकार शिमट ने धर्म युद्धों को रॉथेनू के खून के दाग़ लगे कोट के सन्दर्भ में देखा था, वॉन सोलोमन के डकैतों की घुसपैठों और वाइमार गणतन्त्र की मुद्रास्फीति के दौरान नोटों से लदी ठेला गाड़ियों के सन्दर्भ में देख रहा था। इस प्रकार वह एक पैटर्न (नमूना) देख रहा था जिसे इतने सही रूप में पहले कभी नहीं देखा गया था : *यूरोप के सर्व साधारण लोगों वाले* अस्थिर तारामंडल को सदैव ही पहले और अन्त में व्यापक नर-संहार के साथ ही पाया गया जिसे शुरू में तो धर्म युद्ध कहा गया था और आज इसके कई नाम हैं—मुख्यतः इसलिए कि अब *नियमानुसार होने वाले युद्ध* को सम्पूर्ण युद्ध से स्पष्ट रूप से अलग करने या अलग देखने का कोई तरीका नहीं है; उसी प्रकार सम्पूर्ण युद्ध को गृहयुद्ध से, गृहयुद्ध को क्रान्तिकारी युद्ध से, और क्रान्तिकारी युद्ध को 'भूमंडलीय गृहयुद्ध' से अलग कर देखने का कोई साधन नहीं है, और जिनमें युद्धों की सारी पुरानी श्रेणियाँ शामिल हैं। कोरिया और वियतनाम सुदूर और सीमित गृहयुद्धों के प्रथम ऐसे उदाहरण थे जिनमें दो महाशक्तियाँ जूझ रही थीं, और जिनका सैन्य तन्त्र दो विश्वयुद्धों में प्रयुक्त सैन्य तन्त्र के बराबर या उससे बढ़िया था। अरब-इज़रायली युद्ध गृहयुद्ध और धर्म तथा जाति का युद्ध दोनों ही था और इसने (महा) शक्तियों के लिए स्थायी सौदेबाज़ी का रंगमंच स्थापित कर दिया। आतंकवादी हवाई जहाज़ों को शत्रु से हज़ारों किलोमीटर दूर अगवा करके ले जाते हैं (या हवाई कम्पनियों के दफ़्तरों को उड़ा देते हैं)। इस प्रकार के कार्य हमें अपनी व्यंग्यात्मक शैली में यह याद दिला देते हैं कि nomos *(भू भाग पर अधिकार)* को हर कहीं से पूरी तरह उखाड़ फेंका गया है और यह कि आज की व्यवस्था किसी चीज़ पर स्थित नहीं है और इसलिए इसकी कोई सीमाएँ नहीं हैं; किन्तु इनका यह अर्थ भी है कि किसी भी क्षण और किसी भी स्थान पर अन्यायी तरीके से बनाए गए कुछ बन्धकों (hostis injustus) जो पूर्व निर्धारित ढंग से या यूँ ही अकस्मात् पकड़ लिए गए, का मारना भी युद्ध क्षेत्र में होने वाली घटनाओं की श्रेणी में आता है।

टैलीरॉ के राजनीतिक इतिहास में एक कलाबाज़ी वाला आख्यान उस काल का है जिस दौरान वह 1814 में अन्तरिम सरकार का अध्यक्ष था। उस समय सारा यूरोप एक बिन्दु से लटका प्रतीत होता था—यानी, सेंट-फ्लोरेन्टिन रयू पर उसके महल की मेज़ेनाइन मंजिल पर उसके शयनकक्ष में। इस समय तक टैलीरॉ पहले ही तीन (समुद्री) तूफ़ानों का डूबता-उतराता टुकड़ा हो चुका था : प्राचीन राज्य का बिशप, क्रान्तिकारी मूल-पाठों का धर्म-द्रोही लेखक और नैपोलियन का मन्त्री। किन्तु किसी में यह कहने की हिम्मत नहीं थी—ऐलेक्जेंडर प्रथम उससे कुछ ही मीटर ऊपर सुरक्षित सोता था। विजौली ने जो अशिष्ट जिज्ञासा से टैलीरॉ का अवलोकन कर रहा था

(यद्यपि इसके साथ-साथ श्रद्धा भी थी, क्योंकि उसने इसमें उन ''रहस्यों की उपस्थिति भाँप ली थी जिसको अबोध व्यक्ति कभी समझ नहीं सकता था'') वह लिखता है : ''यह अन्तरिम सरकार बनी किस विचार से थी, यह जानना कठिन था। यह मुस्यों द टैलीरॉ के महल में, मैज़ेनाइन मंजिल पर (मौजूद) उसके शयनकक्ष में समाई हुई थी। स्टाफ में केवल वे क्लर्क थे जो ड्यूपाँद नेमुअ, अर्थशास्त्रियों में अन्तिम और श्रेष्ठ निर्देशन से इकट्ठे कर लिए गए थे, और रोअ-लेबारी असिस्टेंट सेक्रेटरी जनरल था। मुस्यों द टैलीरॉ ने अपना कमरा सारे परिचितों, पुरुषों और स्त्रियों के लिए खुला छोड़ रखा था, और बहुत सारे लोगों का वार्तालाप, जो आते और जाते रहते थे, ही राज्य के मामलों पर होने वाला असली विचार-विमर्श था। समाचार-पत्रों में कुछ चटपटे लेख छापे जाने थे; यह सबसे महत्त्वपूर्ण काम हो गया—एक प्रक्रिया जिसे 'राय बनाना' कहा जाता था। इसके अतिरिक्त, वहाँ आने-जानेवाले लोगों को, असंख्य विचार हमेशा आते रहते थे और यदि कोई विचार *प्रिंस द टैलीरॉ* को आकृष्ट करता, वह उसे आदेश में बदल देता था। सरकार के सदस्य, जो इच्छा या आवश्यकतानुसार अपने प्रधामन्त्री से भेंट करने आते, इन पर, विश्वास करके हस्ताक्षर कर देते थे।'' सत्ता से जुड़े सारे कर्मकांड यहाँ होने वाली निरन्तर चटर-पटर में अपनी शक्तियाँ गंवा रहे थे, जो उधर से गुज़रने वाले किसी भी व्यक्ति के लिए खुली थी। किन्तु सम्प्रभुता फिर भी बनी रहती है, एक साबुत स्फटिक की भाँति, भले ही वह इस समय प्रिंस के कई तकियों की परतों के नीचे छिपी हुई हो। ऐसे मज़बूत और सशक्त रूप में प्रकाशपुंज और बिषैले कुहासे के इतने समीप, सत्ता के आदि रूप में दुबारा इसे देखने के लिए यूरोप को एक लम्बा अरसा लगेगा। कुछ महीनों बाद, वियेना की कांग्रेस में लगता था कि सम्प्रभुता के आन्तरिक सार में क्षरण के कारण कुछ कमी आ गई थी। वियेना की कांग्रेस के राजाओं और वाइमार गणतन्त्र के डिप्टियों को ऊँच-नीच का रिश्ता जोड़े हुए था। और शीघ्र ही हज़ारों लोग न्यूरेम्बर्ग स्टेडियम में सम्प्रभुता के ग़ायब सार को अँधेरे से बाहर बुलाने के लिए, इसे खून में डुबोकर इसके प्रेतीय पीलेपन को सजीव बनाने के पहले, मशालें जलाएँगे।

अठारहवीं शताब्दी के esprits forts (आत्मबली) उन्नीसवीं सदी के Homais (भारी-भरकम बुर्जुआ) बन गए और बीसवीं सदी की प्रचलित राय।

अब तक, समस्त (Nihilism) सामाजिक विध्वंस के परे, दुनिया बनाने के केवल दो प्रयास हुए हैं। पहला हिटलर के वर्षों में : रक्त और मिट्टी का पुनर्मिलन, बुद्धि के हीब्रेइक (यहूदी) अम्लों की हार। दूसरा स्टॉलिन के वर्षों में हुआ था : 'स्वतन्त्रता के राज्य' तक पहुँच हासिल करना, आत्मा की इंजीनियरिंग।

एक दिन संयुक्त राज्य अमेरिका को पता लगा कि वह तो साम्राज्य है। किन्तु इसे यह मालूम नहीं था कि साम्राज्य क्या होता है। इसने सोचा कि साम्राज्य (सम्भवतः) सबसे बड़ा कॉरपोरेशंस में होता होगा।

यदि अपवित्रता—यानी अपवित्र करने वाला—पावन का भक्षण कर जाता है तो फिर पावन और अपावन ऐसे अभूतपूर्व मिश्रण में मिल जाएँगे जो उन्हें अलग-अलग करना असम्भव बना देगा।

एक समय केवल उसी का मूल्य था, जो मापा नहीं जा सकता था। अब केवल मूल्य को ही नापा जा सकता है : और प्रकृति, जिसका कोई मूल्य नहीं है, एक बार फिर अमापीय बन गई है।

प्रजातन्त्र की एक उपलब्धि : प्रत्येक को इन वस्तुओं तक पहुँच का विशेषाधिकार सौंप देना जो अब विद्यमान नहीं हैं।

आज प्रस्तुत किया जानेवाला अवश्यम्भावी राजनीतिक विकल्प : हम पर शासन पैसा करेगा या मुखबिर? आह, लेकिन रुपया तो बहुत प्यारा और खोया-खोया-सा रहता है।

सारे प्रगतिशील विचारों की आधार-भूत अवधारणा में (सामान्य समझ-बूझ) की महत्त्वपूर्ण गन्ध होती है। इसका संक्षिप्त रूप ह्यूगो द्वारा 1830 में लिखी पंक्तियों में, जो तार्किक प्रगतिशील विचार के लिए संगत तारीख है, वर्णित है : ''गणतन्त्र, मेरे विचार में, समाज की समाज पर सम्प्रभुता है; जो अपनी रक्षा राष्ट्रीय गार्ड्स से कराता है; अपना न्याय जूरी से कराता है; शहरी प्रशासन द्वारा अपना प्रबन्धन करता है; स्वयं पर शासन इलेक्टोरल कॉलेज (चुनावी समूह) द्वारा कराता है।'' भला इससे अधिक स्पष्ट, विश्वसनीय, सीधी-सादी हम और किस चीज़ की आशा कर सकते थे? इसी कारण यह आश्चर्य, असहाय भौंचक्कापन है। बीसवीं शताब्दी में जब आख़िरकार समाज 'समाज पर प्रभुतासम्पन्न' हो गया और तुरन्त ही यह भी साफ़ दिखने लगा कि यह प्रजातन्त्र या गणतन्त्र नहीं था, जैसा ह्यूगों ने आशा की थी, अपितु एक परीक्षणवादी धर्म-राज्य था, जिसके प्रथम पुजारी-इंजीनियर लेनिन और हिटलर नियुक्त हुए थे। उनके बाद और भी बहुत से लोग आए, जो अनाम कर्मचारियों से अधिक मिलते-जुलते थे। यह सब दिमाग़ के अब तक न खोजे गए मिकैनिज़्म से निकलता प्रतीत होता है जिसके द्वारा 'सर्वशक्ति सम्पन्न' शब्द सारे देवताओं को अपने पीछे-पीछे खींचता है। और यदि अब देवताओं को नाम नहीं दिया जा सकता, तो यह

अपने पीछे ईश्वर के नाम पर 'इन्किवज़िशन' (धार्मिक सत्ता द्वारा स्थापित छानबीन तन्त्र) को ढोएगा और अब यही (इन्क्विज़िशन) इसका नाम है। एक मोह-भंग से ग्रस्त सम्प्रभुता बनी नहीं रह सकती ठीक उसी तरह जैसे गणित में निर्णय न किए जा सकने वाली प्रस्तावनाएँ *नहीं समा सकतीं*। हमारा सारा राजनीतिक भविष्य सम्प्रभुता की ऐसी थ्योरम की पड़ताल पर निर्भर करता है, जिसे स्पष्ट, विश्वसनीय और सुपरिभाषित होने में अभी लम्बा समय लगता प्रतीत होता है।

मास्को गेटकीपर

आन्द्रेई ने अपने हाथ चाय की गरमाहट की ओर बढ़ाए। *गेट हाउस* की खिड़की से वह सहायक निदेशक, अनातोली लॉजॉव्स्की को देख सकता था, जिसका हल्का पीला रंग उसके गालों पर उभरे दो छोटे लाल धब्बों से और भी गहरा लगता था—इसे लोग "एक सच्ची क्रैमलिन-छवि", कहते थे। (लॉजॉव्स्की संस्थान में साल में दो या तीन बार से अधिक नहीं आता था और उसका आना हमेशा ही चिन्ता का विषय होता था।) आन्द्रेई को वे दिन याद आ रहे थे जब ताबूतों के पीछे चलने वालों के चेहरे भावहीन होते थे, लगता था उनकी सारी भावनाएँ बहकर बाहर निकल गई हैं, क्योंकि वे क्रान्ति की दिन-प्रतिदिन की घटनाओं में मरने के लिए तैयार थे। तब से, शब्द नीचे बैठकर एक तरह की तलछटी गाद बन गए थे, शुरू में चिपचिपे थे, किन्तु अब सख़्त हो गए थे और उन पर धूल की एक हल्की (लगभग अदृश्य) परत जम गई थी। शहर के तंग, बासी गंध वाले कमरों से बाहर आकर, आप ऐसा महसूस करते थे कि आप एशिया के किसी कस्बे की गलियों में चल रहे हैं। किन्तु ऐसी अनुभूति देर तक नहीं बनी रहती थी; वहाँ भी आप सुदूर बर्फ़ से ढँके मठों के प्रेतों से बच नहीं पाते थे। हर मठ आठ मीटर मोटी दीवार के अन्दर बन्द था। कैदी (उनमें आन्द्रेई का अपना बेटा भी था, जिसे पन्द्रह वर्ष की अवस्था में ही पकड़कर कैद कर लिया गया था) अकेलेपन में ही घुल-घुलकर मर जाते थे, बाद में उन्हें दीवार की जड़ में ही उसी तरह से दफ़ना दिया जाता था जैसे घरेलू जानवरों के अस्थि-पंजर बाड़े में दफ़ना दिए जाते थे। दफ़्तरों (में आने वाले आदमियों द्वारा) के भर जाने से पहले गेट हाउस में सवेरे-सवेरे भारी सिर लिए बैठे हुए, क्योंकि उसने अभी दिन का अपना पहला ड्रिंक भी नहीं लिया होता था, आन्द्रेई अपनी खिड़की से हल्की पीलिमा-कालिमा लेती दीवार को देखते हुए उस बेकारी तथा नीरसता को महसूस कर रहा था जो किसी खरपतवार वाले वीरान स्थान में बस जाती है। अधिकतर लोगों की तरह ही वह भी दूरियों के प्रति आकृष्ट रहता था, मानो हर सुदूर और अदृश्य वस्तु उसकी अनुपस्थिति के कारण कष्ट उठा रही हो और उसे बुला रही हो। किन्तु वह उन खाइयों के प्रति सन्देहशील हो गया था जो उसके अन्दर थोड़ी-थोड़ी देर में ऐसे स्वाभाविक ढंग से बन रही थी जैसे आप दरवाज़ा बन्द करते हैं। यहाँ, शराब आपको इस तरह प्रभावित नहीं करती थी जैसे

साम्राज्यवादी देशों में करती है। यह मुख्यतः उसके अवधारणा बोध को सीमित करती थी, खाली जगहों को भरती थी; और लगातार और कष्टदायी करन्ट पैदा कर देती थी जिससे वह गेटकीपर के रूप में अपनी ड्यूटी को अबाध ढंग से पूरी करता रहता था; और सबसे ज़्यादा तो उसे रात बिताने में सुविधा होती थी जब उसका मन भटकता हुआ स्टैपीज़ की ओर वापस चला जाता था—उन लम्बे-चौड़े, चाहत से याद आते स्थानों की ओर जहाँ अब से बीस साल पहले उसने *इम्प्रूवर* (Improver) का काम किया था। किन्तु उसके लिए सबसे ख़तरनाक समय सवेरे जल्दी का होता था, वह मरोड़ वाला क्षण जब गम्भीरता उस पर प्रहार करती थी। और गम्भीरता घृणा से बड़ी निकटता से बँधी थी, हालाँकि घृणा करना उसके स्वभाव में नहीं था किन्तु फिर भी दीवारों के जरिए वह इसे सोखने पर मज़बूर था। घृणा उसे परेशान करती थी; वह इसे समुद्र की तलहटी से जकड़कर नहीं रख पाता था। प्रायः एक विचार द्वारा वह अपना सन्तुलन वापस पा जाता था : वह यहाँ, *गोर्की लिटरेरी* इंटस्टीट्यूट के *गेट हाउस* में रह रहा था (सितम्बर 1929 में गोर्की ने मास्को से उसे लिखा था : "हालाँकि पात्रों के चित्रण में तुम बड़ी संवेदनशीलता बरतते हो, फिर भी तुम उन्हें विडम्बना के भाव से रंग देते हो, इससे पाठक उन्हें क्रान्तिकारी कम और मानसिक विकृति ज्यादा पाते हैं"); और, यहाँ शहर में, यही जीव सबसे नज़दीकी बिन्दु था जहाँ वह उस जीव तक पहुँच सकता था जो उसके लिए सबसे अधिक सम्माननीय था। वह हमेशा से यही चाहता था कि रेलवे क्रासिंग के पास लॉज में रहने वाले शान्त-गम्भीर लोगों की तरह वह भी रहे। पुश्तों से बँधी हुई रेलवे लाइनें अपने एकाकीपन में उसे सदैव ही शान्त और बुद्धिमान लगती थीं। यहाँ गेट हाउस में, निश्चय ही, एक लोकोमोटिव (रेलवे इंजन) उसे कभी देखने को नहीं मिला। यदि ऐसा हो सकता, तो निश्चय ही इंजीनियर के केबिन में उसे एक परिचित चेहरा देखने को मिलता। उसके पिता, प्लैटन प्लैटेनॉव, एक रेलवे मैकेनिक, का चेहरा, जो उसे यह बताने वाले पहले व्यक्ति थे कि *शरीरों को* मशीनों के कब्रिस्तान में जमीन से बाहर निकाला जाएगा। रेलवे इंजनों की मरम्मत करना : ओह, कितना बढ़िया काम है। किन्तु ऐसा काम उसे कभी नहीं सौंपा जाएगा, इसलिए नहीं कि उसे टीबी थी और वह पियक्कड़ था, अपितु इस कारण कि ऐसे व्यक्ति को सोवियत ट्रांसपोर्ट सौंपना अनुचित होगा, जिसे "इतिहास के इंजनों का मार्ग माना जाता था (उसे सेन्ट्रल एशिया में एक खम्भे पर लटके एक छोटे पोस्टर की याद आई); जो पोदोनोक (Padonok) *(गाद)* था ('गाद,' स्टॉलिन ने 1931 में आन्द्रेई की एक कहानी के हाशिए पर लिखा था।)

"स्वयं अपने आपसे बात करना एक कला है; दूसरों से बात करना समय गुज़ारना है।" आन्द्रेई ने वह छोटी-सी कोलकी खोलते हुए सोचा जहाँ झाड़ू और झाड़न रखे रहते थे। उसका झुर्रीदार शरीर, शान्त और भावहीन, धीरे-धीरे उस नन्हे दर्शक जैसा होता जा रहा था जो हर आदमी के अन्दर रहता है, जो उसके कार्यों या

कष्टों में कोई भूमिका नहीं निभाता हमेशा शान्त, स्थिर और एक सा बना रहता है। इस नन्हें आदमी का काम देखना और साक्षी बने रहना है, पर फिर भी उसे इस आदमी के जीवन में मत देने का अधिकार नहीं है, और कोई यह नहीं जानता कि उसके एकाकी जीवन का कारण क्या है। 'मैं भी देखता हूँ,' आन्द्रेई ने सोचा, "किन्तु मैं यह कभी न कह सका कि मैं देखता हूँ।" चेतना का वह छोटा कोना दिन और रात रोशन रहता है; उसी तरह जैसे किसी बड़ी अपार्टमेंट बिल्डिंग का गेटहाउस। गेटकीपर हमेशा देखता रहता है; वह बिल्डिंग में रहने वाले हर आदमी को जानता है, किन्तु उनमें से कोई भी कभी उससे निजी मामलों में परामर्श नहीं करता। वे अन्दर आते और बाहर जाते हैं; गेटकीपर-दर्शक अपनी आँखों से उनका पीछा करता है। एक किराएदार अपनी पत्नी को वहाँ छोडकर बिल्डिंग से बाहर आता है, किन्तु उसे गेटकीपर से कभी ईर्ष्या नहीं होती। गेटकीपर कभी-कभी अपनी नपुंसक बुद्धिमत्ता में दुखी नज़र आता है किन्तु वह हमेशा ही विनम्र और रिजर्व बना रहता है। वह मनुष्य की आत्मा का हिजड़ा है। वह कहीं अन्यत्र रहता है। जब कभी आग लग जाती है तो वह फ़ायरमैन को बुलाता है और घटनाक्रम को बाहर से देखता रहता है। "क्या कोई कभी सोचेगा, कि ऐसा प्राणी बनने से पहले, मैं एक इंजीनियर था, यह कि मैंने बड़ी रिक्लेमेशन परियोजना में भाग लिया था और यह कि मैं *येलो स्प्रिंग्स* में दोबारा पानी ऊपर लाना चाहता था, ताकि स्टैपीज़ में समाजवाद लाया जा सके?"

(...उस कहानी को सुनने में, जो एक आदमी है, समय स्थान में बदल गया, एक स्थान जो बढ़ता रहता है और समय में कुंडली मार लेता है, एक झूठे वर्तमान पर आराम करता हुआ, एक चमकता हुआ खोखलापन जो एक गुंजायमान अतीत का सामना करता है; यह नहीं जानते कि तुम्हारे पाँव कहाँ धँसते जा रहे हैं, किन्तु हाँ तुम्हारे चारों ओर शानदार वास्तुकला के शेषांश हैं, वे दूसरी सतहों को ढँकने वाली फिल्मी परतों से अधिक ठोस नहीं हैं, जिनके इनामेल को कोई नष्ट नहीं करेगा; उन पर चलते हुए, हम स्वयं को फिर समसामयिक भूमि पर पाते हैं, जो नाशवान और एक-दूसरे पर चढ़ी स्मृतियों से लबरेज़ है—किन्तु इस बार आगन्तुकों की भाँति इससे और अन्य हर धरती के लिए, अजनबी हैं।)

मानव-प्राणी के दुस्साहस

वह जीवित मात्र रहने के काम से ही एक गन्ध निःसृत करता है, उसके हाव-भाव अशिष्ट और अटपटे हैं। वह इधर-उधर टहलता है और सुनता है अपनी ही जिज्ञासा में कैद, किन्तु प्रायः अचानक ही उस पर निन्दासेपन के दौरे भी पड़ जाते हैं। वह

किसी भी जगह अस्थायी रूप से रहना शुरू करने से पहले हर कोने को सावधानी से सूँघता है। रसोईघर की नौकरानियों पर कामुक नज़र डालता हुआ, वह इतनी कम दूरी तक ही देख पाता है कि दूर की नियति का अन्दाजा नहीं कर सकता, अपनी खुरदरी किन्तु कोमल खाल के नीचे भावुक, वह हमें बचपन के अकेलेपन की याद दिलाता है। बचकर निकल जाना उसकी ज़रूरत है, विचारों में अपने और वासनात्मक आनन्द में भी। वह इनके मूल-स्रोतों पर भरोसा नहीं करता। तैरते चलते हुए है, किसी बिन्दु पर कहीं रुकता नहीं, ज़मीन को तोड़ता हुआ क्योंकि यह उसके पैरों को खाए जा रही है। परेशान और व्यर्थ, वह चाहेगा कि लोग उसे एक कृतज्ञ और सुखी आत्मा की तरह देखें; किन्तु वह स्वयं को कुछ भद्दे शब्द बोलता हुआ पकड़ाई में आने देता है, ये शब्द अम्ल के चिह्न पीछे छोड़ जाते हैं, इन शब्दों के साथ खुद की मलामत करती हुई हँसी हँसता हुआ और इन सबको झूठी विनम्रता में छिपाता हुआ वह चलता है। वह उस बदबूदार ऊपरी परत को छूना चाहता है जो एक प्राणी के अस्तित्व की तली से साफ़ नहीं की जा सकती। ऐसा लगता है मानो वह एक पीपे में हो, उसकी दृष्टि सब ओर से बन्द है; वह अपने अन्दर ही कुंडली मार लेता है, मानव प्राणियों (homo deiectus) के अदम्य अट्टहास से हिला हुआ और काँपती हुई छोटी कैंचियों से बाहर की सब चीज़ों से अपने सम्बन्ध काट लेता है। उसकी हँसी वैसी है जो आपको गले से पकड़ लेती है—वैसी जिसने मॉलियर को मंच पर जकड़ लिया था, दम घुटने से ठीक पहले।

मॉनटेन का जागना

यह मैडेमॉइली द गूरने को सोचना था कि वह मौके को ध्यान में रखते हुए रोए। उनके अलावा हर कोई बातचीत में मग्न था, टोन भी उससे नीची नहीं थी जैसी साधारण बातचीत में होती है, लोग संक्षिप्त सार बताते हुए विषयान्तर भी कर रहे थे : ओह, रोमन मेट्रन्स, हत्यारे डॉक्टर, डाक-गाड़ियों के घोड़े, अँगूठों की स्थितियाँ, मानव अवस्था की व्यर्थता, नरभक्षी, एकाकीपन के पिछले कमरे...। जो लोग वहाँ मौजूद थे सोच रहे थे कि मॉनटेन गैरहाज़िर था—और उनमें से किसी ने भी उसके मुँह पर अन्धविश्वासी श्रद्धांजलि तक प्रकट करने की चिन्ता नहीं की; उसका चेहरा फ्लेमिश लेस को छोटे से कालर में उचित ढंग से सजा हुआ था, चैरी की सुगंधित लकड़ी के ताबूत में, उसकी किताब के पास। किन्तु अचानक मॉनटेन बोलने लगा, और आग्रह करने लगा कि लोग उसकी बात का जवाब दें, क्योंकि जब सभ्य समाज में लोग मृदु स्वरों में बातचीत करते हैं, रिवाज़ है कि सवाल का जवाब दिया जाए।

"और अब, क्या हर चीज़ विशाल नहीं हो जाती?" सेंट बॉवे ने अन्त में कहा, उसकी आँखों में जुनून की चमक थी, जैसा उसके साथ नहीं होता था और इससे कुछ महिलाओं में चिन्ता व्याप्त हो गई।" यह वार्तालाप, जो हम मौन के अन्तरालों के बीच चला रहे हैं, कभी समाप्त नहीं होगा। हम लोगों के बीच मृत व्यक्ति की सवाक् उपस्थित, जिसे हम सम्मानपूर्वक दफ़नाने जा रहे हैं, स्पष्टतः यह संकेत देती है कि हम अपने मूड्स के हर बदलाव पर टिप्पणियाँ करने के लिए अनन्त समय तक बाध्य हैं। और ब्यौरों की यह अनन्त चटर-पटर मुझे निराश करती है।

"अच्छा, तो आप भी," उसकी कमर के पीछे से उस झल्लाए हुए आदमी की आवाज़ उभरी जो सेंट पीटर्सबर्ग की सांध्य पार्टियों में शामिल रहता था। मेरे प्रिय मित्र, आप तो जी भरकर रोए हैं, आँसुओं की घाटियाँ भर दी हैं, आपने तो गुड फ्राइडे का चैज मैग्नी डिनर से स्वागत किया है, आपने तो बड़ी शान से हर उस चीज़ को सुना है जो सुनिश्चित और ठोस थी, जो उस क्षण विशेष से और विवेक से बँधी हुई थी...अब आप ही, हाँ आप ही, वह पहले व्यक्ति हैं जिसने यह भाँप लिया है कि इन छोटी-छोटी खुशियों पर, मेधा का ध्यान बँटाती भुलभुलैयों पर, वासना के विषद् तूफ़ानों से पहले और उनसे बहुत बड़ा घृणास्पद परदा गिर रहा है?" सैंट बौवे मुड़ा

और उसने उत्तर दिया, "कोई भी चीज़ निर्दोष नहीं है—मैं यह अच्छी तरह जानता हूँ। और सबसे कम निर्दोष हमारे सूक्ष्म अर्थभेदों में आनन्द के प्रति संवेदनशीलता है, वे आनन्द जिन्होंने हमें सदैव ही प्रेरित किया है और जिनमें हम सदैव ही रमण करते रहे हैं...किन्तु आख़िरकार, उस समय भी जब आप अपने टैरेस पर वीर-योद्धा और सिनेटर के साथ, नेवा की ओर देखते हुए, बातचीत में रत थे, तब भी तुम्हारे शब्द तुम्हारे *व्याख्यान कक्ष की* फुसफुसाहटों को ही आगे बढ़ा रहे थे; उन्होंने केवल पृष्ठभूमि को बदला, जिसे तुम अस्पष्ट और बर्बर बनी रहने देना चाहते थे, क्योंकि तुम्हें आसमान से बिजली गिरने की आशंका थी।...जबकि हमने, स्थिति के नाजुकपन को ध्यान में रखते हुए और अनिश्चितता पर निगाह रखे हुए, शुरू से ही इसका खयाल त्याग दिया था। और अब मैं यह कहने की जुर्रत कर सकता हूँ कि बिजली का गिरना और कानाफूसी लम्बे समय तक एक-दूसरे से अलग नहीं की जा सकेंगी...हमारे लिए, हमारे पास सुस्पष्ट कुछ नहीं है।" सेंट-बॉवे ने उत्तर दिया, उसने अपनी आवाज़ की टोन धीरे-धीरे नीची कर ली थी, ऐसी जिसे महिलाएँ भी पहचानती थीं। उसके चेहरे पर एक बार फिर वहीं अपना स्वाभाविक भाव उभर आया, जिसने उन्हें एक पुरानी, गुदगुदी बिल्ली की याद करा दी। बस उसके कानों के पास उभरी लालिमा उसकी पोल खोल रही थी। किन्तु शीघ्र ही सब तरफ़ लोग बातचीत करने लगे और यह जान पाना कठिन हो गया कि कौन किस विषय पर चर्चा कर रहा है।

काफ़ी बाद में एक पतला, कठोर, लापरवाही से कपड़े पहने एक आदमी खड़ा हुआ। मानो निष्कर्ष में, उसने कहा, "पश्चात्तापहीन स्वीकारोक्तियाँ जो किसी को भी सम्बोधित नहीं हैं, केवल मनोरंजन, मौज-मस्ती, बोरियत के लिए। जबसे तुम मॉनटेन के छोटे से टॉवर से, इसके कहावतें उकेरे गए कमरों से निकले हो, जब से तुम सारी दुनिया में कैफ़ों में, बैठकों में, दुछत्तियों में और बेसमेंट्स में फैल गए हो, तबसे खरपतवार ने हर सीधे और तंग रास्ते को ढाँप दिया है। *इबिडेम, वहीं,* एक घना अन्धकारपूर्ण और ज़हरीला जंगल उग आया है—ये उन सब स्वप्न दृष्टाओं के लिए घातक है जो इसकी दूर तक फैली छाया में हलकी-सी नींद ले लेते हैं। यह मृत्यु का एक जंगल है, जो वरजिल द्वारा वर्णित विलायती मेहँदी और साइप्रेस के उदास विस्तार (Secreti celant calles...) से मिलता-जुलता है, आत्महत्याओं का वीरान घर, जहाँ हमारे कई प्रियजन वनवासी आँखों से चुपचाप रपटते रहते हैं और डिडो की तरह घृणा भरे नेत्रों से विवेकी एनीस को देखते रहते हैं, जिसने अहम् (ego) का आवाहन नहीं किया अपितु इसे एक पोटली में कसकर बाँध दिया (atque inimica refugit in nemus umbriferum)। यदि यह ब्यौरे की चमक-दमक नहीं थी, एक अजेय और अकथनीय विशिष्टता नहीं थी जिसकी खोज करना तुम्हें भाता था और जिसमें तुम ज़िद्दी दरबान की भाँति घुस गए, जैसे *पहाड़ी चूहे* अपने पथरीले बिलों में घुस जाते हैं, तो फिर तुम्हें अन्धकार में क्या चीज़ खींचे ले जा रही थी? जो भी उस जीवन की

ओर खिंचा जा रहा था वह शुरू से ही अनिरन्तर का भक्त था; वह सभी *निरन्तरताओं* (एकता के लिए आवाहनों) का शत्रु था, अचानक (फूटती) शक्तियों का अवलोकनकर्ता (पूजक) था, और वह ऐसे लम्बे साँस लेने में असमर्थ था जो हर भाग को अपने अन्दर समाहित कर ले। हवा के झोंके रिबन, छोटे-छोटे तीर, कीटाणु, बारीक दरारें, काँपती हुई आवाज़ें, खीज-भरी अतीत की याद; धीरे-धीरे तुमने स्वयं को एक ड्राअर की बेतरतीब चीज़ों से भरी-ढँकी तली बना लिया है।''

जाफ़र सादिक (765 में उसकी मृत्यु हुई) ने एक बार कहा, ''हमारा मकसद एक राज़ में छुपा राज़ है, किसी ऐसी चीज़ का राज़ जो छिपी रहती है, एक ऐसा राज़ जिसे कोई दूसरा राज़ ही खोल सकता है। ये राज़ के बाबत एक ऐसा राज़ है जिसकी तसल्ली कोई राज़ ही कर सकता है।''

ओ...हम स्टेशन के शीशई गुम्बद के नीचे थे। पीटर्सबर्ग। मेरे पास अभी भी पतों की फेहरिस्त है। उसमें मुझे मरे हुए लोगों के नाम मिलेंगे। पार्कों की नम हवा, भीगे पत्तों की गन्ध की याद दिलाती हुई, वीरान-सुनसान ग्रीन हाउसेज की गन्ध और सन्तरों के बाग़ानों में जालीदार गुलाब। फिर डाइनिंग कार से निकलती गन्ध भरे धुएँ के भारी लच्छे, जलते सिगारों की कड़वी गन्ध, रेल डिब्बों के जले हुए गैस्केट्स, भीड़ का अपना साज-सिंगार। विचार : इसे बिखेर दो, इसे नष्ट कर दो, ताकि इसे अपने छली और घातक अस्तित्व की याद आ जाए। साहित्य : लोग कितने कितने अशोभनीय लक्षण तुम्हारे नाम से जोड़ते हैं, मानो तुम कोई मनमौजी औरत हो जो अपने नए कपड़ों के अलावा किसी और चीज़ के बारे में नहीं सोचती? क्या तुम अभी भी अपना दरवाज़ा कभी उस प्राणी के लिए खोलोगे जो दर्शनशास्त्र के पाठों को अब बार-बार नहीं देखता, जो एल्गोरिद्म्स के बीच अवाक् मौजूद हैं? शायद तब फिर यह कह सकना सम्भव हो सके, ''मैंने अपना जीवन आकाश की हवाओं के हवाले कर दिया है, किन्तु मैंने अपने विचार अपने पास सँजो रखे हैं। ये ज़्यादा नहीं हैं। पर ये सब कुछ हैं, ये कुछ भी नहीं हैं—ये स्वयं जीवन हैं।''

जब वह कोनिग्सबर्ग में विद्यार्थी था, तो दो बार उसे चोरी की सज़ा मिली थी। वह *डचैस* ऐना का 'पुरुष नौकर' (सेक्रेटरी) और आख़िर में प्रेमी बन गया; और जब ऐना साम्राज्ञी बन गई, तो वह खुद मुख्यार, तानाशाह बन गया। वह रूसियों के साथ ऐसे व्यवहार करता था मानो वे बाग़ानों में काम करनेवाले ग़ुलाम हों। उसका नाम अन्स्ट जोहान वॉन बुहरेन (Ernst Johann Von Buhren) था, और वह बाल्टिक क्षेत्र के एक छोटे कुलीन परिवार का सदस्य था, किन्तु वह यह छाप छोड़ना चाहता था कि उसका नाम बिरॉन (Biron) है, मानो वह किसी ख्यात फ्रेंच परिवार से जुड़ा हो। कई लोगों को देश निकाला दिलवाकर, बार-बार घोर राष्ट्रद्रोह करने के अपराधों में स्वयं

उसे भी देश से निकाल दे दिया गया और साथ में थे उसके परिवार के सदस्य, भाई और कुछ मित्र। पाग़ल जार पीटर III की इच्छा पर उसे साइबेरिया से वापस बुला लिया गया। उसके साथ ही सुन्दर लोपूचिना भी आई, जिसकी जीभ काट दी गई थी और भी कई दूसरे लोग आए, जिनमें उसका जानी दुश्मन मार्शल मुन्निख भी था, जिसने बिरॉन के लिए एक जेल बनवाई और जिसमें वह स्वयं बीस वर्ष तक कैद रहा। ज़ार चाहता था कि बिरॉन और मुन्निख उसकी उपस्थिति में जाम टकरा लें उसने गिलास उठाया, किन्तु किसी के द्वारा कान में कुछ कह देने के बाद वह वहाँ से उठकर चला गया। इस प्रकार "वे दो पुराने दुश्मन, एक-दूसरे के सामने, हाथ में गिलास उठाए, बिना एक भी शब्द बोले, उस जगह निगाह गड़ाए खड़े रह गए जहाँ से सम्राट ग़ायब हो गया था। कुछ मिनट बाद, जब वे यह समझ गए कि सम्राट उन्हें भूल गया है, वे दोनों एक-दूसरे की ओर देखते और निगाहों से नापते रहे। और बिना एक भी घूँट भरे उन्होंने अपने गिलास नीचे रख दिए और एक-दूसरे से पीठ फेर ली।" पीटर्सबर्ग में "दिलचस्प लोगों की—कम-से-कम दिलचस्प, अपने लम्बे दुर्भाग्यों के कारण" भीड़ थी। वे अभागी जीवित लाशें जिन्हें पीटर III की दयालु सनक मरे हुए लोगों के बीच से वापस ले आई थी, जितना जल्दी हो सका शहर के लम्बे-चौड़े गोदाम घरों में चली गईं। "राष्ट्रीय रिवाज़ के अनुसार, ये ज़ब्त किए गए सारे सामान के संग्रहालय थे—राज-कृपा की बरबादी के उदास संग्रह, जहाँ आप तिथि क्रमानुसार उन प्रसिद्ध ध्वस्त जलयानों के बहते टुकड़े देख सकते थे। लोग वहाँ की धूल-मिट्टी में अपने बहुमूल्य फरनीचर को अपने रत्न-जटित मैडलों एवं अन्य अलंकरणों को, उन उपहारों को तलाशते फिरते थे जिनके द्वारा राजाओं ने एक समय अपने लिए कर्ज लिए थे। किन्तु प्रायः व्यर्थ ही इधर-उधर ढूँढ़ते रहने के पश्चात्, उन्हें ज्ञात होता कि उनकी बहुमूल्य वस्तुएँ वर्तमान सत्ता के कृपापात्र लोगों ने हथिया ली हैं।" रुलहीयर ने बिरॉन को पीटर्सबर्ग में इधर-उधर भटकते हुए देखा। "गर्मियों की रातों में, वह गलियों में लगभग अकेला होता, और उस शहर में इधर-उधर घूमता फिरता जिस पर किसी समय उसका दबदबा था, और जहाँ अब जिस चीज़ से भी उसका सामना होती वही किसी भाई या किसी मित्र के खून का हिसाब माँगती।'

...वे विचार इतने नहीं हैं, जितने विचारों के किनारे हैं। स्मृतियों की भाँति—वे चुभते हैं क्योंकि कोई भी उन्हें पूरी तरह अपना नहीं बना सकता। वे नज़दीक आते हैं, फिर धूमिल हो जाते हैं, मानस लहर के शीर्ष। वे सब सम्बन्ध सूत्रों से बचते फिरते हैं, एक कमी की तलाश में, एक ख़ाली स्थान जहाँ दो चीज़ों के बीच वे साँस ले सकें, उसी तरह जैसे वे अपने जीवन में स्मृति के रूप में होते हैं। ये सवाल कि वे दूसरों की स्मृतियाँ (दूसरे कौन?) हैं या हमारी या किसी की भी नहीं, एक ख़ास बिन्दु के परे भ्रामक बन जाता है और फिर कभी भी इसका स्पष्टीकरण देना असम्भव हो जाता

है। इस कारण अब से वे धूल के उसी बादल में एक साथ रहेंगे। वे आपस में, कम रोशनी वाले गलियारे में लगे पारिवारिक चित्रों की भाँति बातें करते हैं।

गरशॉम शोलेम को लिखे, अपने एक पत्र में बैंजामिन, पेरिस और इसकी मेहराबों पर लिखी अपनी पुस्तक (Passagen Werk) का जिक्र करता है और उसे ''मेरे पुराने, अर्ध-सन्देहास्पद विचारों के कुछ-कुछ विद्रोही प्रान्त'' कहता है। पुस्तक अपनी 'टोन' Einbahnstrasse (वन वे स्ट्रेट) पर पोस्टेज स्टाम्प्स से सम्बन्धित निबन्ध से प्राप्त करती है, जहाँ वह उन संग्राहकों की चर्चा करता है ''जिनकी रुचि केवल कैंसिल की गई स्टाम्प्स में ही है।'' बैंजामिन के अनुसार, सम्भवतः ये संग्राहक ही ''ऐसे व्यक्ति हैं जिन्होंने रहस्य में प्रवेश किया है,'' क्योंकि कैंसिल किया जाना 'स्टाम्प का गूढ़ भाग' है, इसका 'निशाचरी रूप' पुराणपंथी इतिहासकारों द्वारा इतिहास जिस प्रकार प्रस्तुत किया गया है वह उसके लिए कैंसिल न की गई स्टाम्प जैसा है–जो अपनी स्पष्टता में नीरस है। जबकि पोस्टमार्क जो लोगों के चेहरे को ''खूनी धाराओं से ढाँपता है'' और जो ''समूचे महाद्वीपों के बीच खाइयों'' को खोल देता है, समय का वह अदृश्य हाथ है जो उष्ण प्रदेशों के ताड़ के वृक्षों वाले भू-दृश्य पर जानबूझकर अमिट काला निशान बना देता है और यही वह घाव है जो स्टाम्प के और इतिहास के कामदेव को वृहत् बना देता है, एक घाव जो हमको अपनी ''लेसदार श्वेत जालीदार रेशमी पोशाक : के लहरिएदार किनारे'' से मोह लेता है।

बैंजामिन के लिए, स्वप्नावस्था से जागृति तक पहुँचने का संक्रान्तिकाल प्रतीक रूप से कंघे में है, जो उलझन के बीच से रास्ता बनाता है, जो रात में उलझ गए बालों के उलझाव में से होकर रास्ता बनाता है। ''कंघा करना : सवेरे के समय कंघा करना वह प्रथम चीज़ है जो बालों से सपनों को भगा देती है। कंघा करना माँ का काम है,'' उसने फ्रैन्केल से कहा, जो नशीले दौर में उसके साथ था। कंघा अलग न हो सकनेवाले बालों के प्रतिरोध का सामना करता है, जैसा आरकेड्स में हेयर ड्रेसर्स अपनी खिड़कियों में प्रदर्शित करते हैं। उलझे हुए बालों तक चतुराई से जाना चाहिए क्योंकि ''केवल चतुराई से ही हम स्वयं को स्वप्न जगत से बाहर निकाल सकते हैं। इस प्रकार, बैंजामिन जिस कंघे का जिक्र करता है वह सायरनों Pecten Venesis (कंघा और प्रेम की देवी वीनस या अतिका मुक्ता) टीज (Kteis) (जो एक ही साथ कंघा और बाहरी जनजांग, दोनों है) का लक्षण है। यह वही कंघा है जो थेमिस (ग्रीक मिथक में कानून व न्याय की देवी) के रहस्यों में सामने आया। अपने स्त्री सुलभ गुणों के कारण, कन्घा गुलझटों को सुलझाता है और सपनों का आवाहन भी करता है। बैंजामिन की चतुराई चालाक ऑडीसस जैसी है, जो न केवल सायरनों को गाते हुए सुनता है अपितु उनकी आलंकारिक वस्तु का प्रयोग हथियार की तरह करता है, और

स्वप्न से बाहर आने के लिए इसका इस्तेमाल करता है, किन्तु साथ-ही-साथ, इसको नकारता नहीं। इस तरह एक समझौते में इसकी संलिप्तता भी सुनिश्चित कर देता है। साहित्य कंघे की वह धीमी, सावधान, चतुर प्रगति है : "कंघे में हमें एक सांत्वना प्राप्त होती है, और जो घटित हो चुका है उसे अघटित बनाने का एक तरीका मिल जाता है।"

एक सच्चे अध्यात्मवादी की भाँति, जो उत्पीड़नों और छद्म-वेशों का आदी है, बेंजामिन एक द्वंद्वात्मक भौतिकतावादी के लबादे के नीचे छिपना चाहता था और चाहता था कि इसी रूप में उस पर आक्रमण हो, ताकि वह अध्यात्मवादी की तरह बचा रहे। किन्तु हर पुलिसमैन की आत्मा को अध्यात्मवादी को पहचान लेने के लिए प्रशिक्षित किया जाता है; *सोवियत एन्साइक्लोपेडिया* के उसके अपने दफ़्तर में कोई-न-कोई अति उत्साही उसकी ओर उँगली उठाने के लिए सदैव ही तैयार रहता है, मास्को में बेंजामिन को केवल परेशान किया गया। एक गन्दे कमरे में अपने बिस्तर पर पड़े हुए, वह चीनी चढ़े अखरोट चबाता रहता है और प्रूस्ट पढ़ता रहता था; उसका अजेय, कष्टदायी बचपन ही बस उसका रक्षक था।

1879 में मेरियान नार्थ ने 832 ऑयल पेंटिंग्स रॉयल बॉटेनिकल गार्डन्स, किऊ को दान कर दीं—इनमें उसके द्वारा ब्राजील, न्यूजीलैंड, बोर्निओ, चिली, भारत, कैलीफोर्निया आस्ट्रेलिया, सिंगापुर, जमाइका, टेनेरीफ़ और अन्य स्थानों में देखे गए पुष्पों और पौधों की छवियाँ थीं। उन्हें एक-दूसरे के बहुत निकट लटकाया गया था। जैसे टैनियर्स की पेंटिंग में या किसी बहुत बड़ी स्टाम्प एल्बम की तरह दो कमरों के गिर्द बनी हुई ऊँची गैलरी की खिड़कियों की चौखटों पर सघन, जटिल नक्काशी थी। (और जब मौसम ख़राब होता था तो इन उष्णकटिबन्धीय भव्यताओं पर बहुत ही हलकी-सी रोशनी पड़ती थी) दीवारों पर 246 प्रकार की लकड़ियों के, जिन्हें उसने अपने भ्रमणकाल में इकट्ठा किया था, पैनल लगे हुए थे। कुछ हिस्सों में फूलों के डिज़ाइन उकेरे गए थे। पेंटिंग्स में दिखाए गए चार पौधों को अब उस नाम से जाना जाता है : *नॉर्थिया सेशेलाना, नेपेन्थीज नॉर्थियाना, निफोफिया, नॉर्थियाय, क्रिनम नार्थियेनम।* उसकी केवल एक ही इच्छा का सम्मान नहीं हुआ : वह चाहती थी कि उन कमरों में चाय पिलाई जाए, उन कमरों में जो पार्क के बीच में दर्पण द्वीप जैसे लगते थे। किन्तु वनस्पति विज्ञानशाला के अधिकारीगण इसकी अनुमति देने को तैयार नहीं थे : "किऊ गार्डन्स में कोई नाश्ता-पानी नहीं।" मेरियाने नॉर्थ ने दो खंडों में लिखित आत्मकथा का शीर्षक रखा था : *मेमोरीज़ ऑफ़ ए हैप्पी लाइफ।*

टैलीरॉं की कला रूपान्तरण की कला है, और इसी कारण पैशाचिकता की भी। उन्नीसवीं शताब्दी का भावुक नैतिकतावाद इसे समझ नहीं पाया : भ्रष्टाचार और

राजनीतिक मत विरोध ही पैशाचिकता प्राप्त कर लेने के लिए पर्याप्त नहीं है। किन्तु ऐमी द कॉयनी की आँखों ने—जो टैलीरॉ पर नज़र डालनेवाली एक सबसे स्त्री सुलभ दृष्टि थीं—उन डरावने और नाज़ुक क्षणों को पहचान लिया जब वह अपने को बदल लिया करता था : "अपने बचपन में हमें कुछ परियों की कहानियाँ सुनाई गई थीं, जो कुछ समय के लिए अपने चमकते हुए स्वरूप को छोड़कर कुछ दूसरी घृणास्पद रूप बनाने पर विवश हो जाती थीं। उन्हीं की तरह मुस्यो द टैलीरॉ भी अचानक रंग बदल लेता है, जो अल्पकालिक, किन्तु डरावने होते हैं। ऐसे अवसरों पर सम्मानीय लोगों से मिलने में उसे बड़ी चिढ़ होती है और वह उनके प्रति घृणा से भर जाता है। मैं बता नहीं सकती उसे इस अवस्था में पाकर, जिसे मैं उसकी 'साँप की केंचुली' कहती हूँ, मैं बहुत डर जाती थी। किन्तु मुझे उस समय सुखद आश्चर्य भी होता था जब मैं उसे उदार और मिलनसार पाती थी।"

लिऑन डौडे को—जिन दिनों एडमंड द गोन्कोर्ट अभी भी उसे "grand gamin" ('भव्य अनाथ-आवारा बच्चा') कहता था, यद्यपि वह तब भी फ़ैशनेबल विद्यार्थी की तरह काली मख़मली टोपी पहनता था—एक सपना आया। उसने सपना देखा कि पैथॉलॉजिस्ट शारको पास्कल के कुछ *विचार* और एक भेजा (मस्तिष्क) लेकर आया : पास्कल का भेजा। शारको ने उससे कहा—इन कोशिकाओं में रहते थे वे विचार। पूरी तरह खाली थीं, और मधुमक्खियों के सूखे छत्ते के कोशिकाओं जैसी दिखती थीं।"

भेड़िया-मानव याद रखता है

मैं पैदा हुआ था वहाँ जहाँ ऑडेसा की धरती
ज़्यादा काली है।
फ्रेंच गवर्नेस, आस्ट्रियन ट्यूटर
मैं सारा यूरोप खूँदता फिरा अपने डॉक्टर
और कार्ड-गेम्स के लिए एक असिस्टेंट के साथ।
बहुत वर्षों बाद मैंने स्वयं को बहुत दूर पाया
मृत क्षेत्र में, पेंटिंग की अपनी ईजेल के साथ।
मित्र सेनाएँ, रूसी सेनाएँ
वे सब मुझे गिरफ़्तार करना चाहती थीं।

आप यूरोप देखना चाहते हैं? स्पा में जाइए; ''देखने के लिए स्नानागारों और झरनों से अच्छा दूसरा कोई अवलोकन-बिन्दु नहीं।'' प्रिंस द लिग्नी के शरीर पर तलवार का एक घाव था और वह देखना चाहता था; सदैव की भाँति वह जिज्ञासु, आलसी और अपने ही मामलों के प्रति उदासीन था, वह क्षणिक आवेगी भी था क्योंकि वह जानता था कि उसका भाग्य अच्छा है। जो उसने देखा वह यूरोप का बदलता हुआ विचार-रूपक था, जिस पर महाद्वीपीय होगार्थ के हस्ताक्षर थे—वह असम्भव खतरनाक दुनिया जिसका इतिहास ने पालन-पोषण किया और फिर इसे (समय की) धारा के हवाले कर दिया। ''मैं एक बड़े हॉल में पहुँचा जहाँ अंग-कटे लोग हंसों की तरह खुद को साज-सँवार रहे थे और पंगु मोरों की तरह अकड़ कर चल रहे थे; हास्यास्पद नाम, ओहदे, चेहरे; चर्च और समाज के उभय-चर अंग्रेजी स्तम्भों के पीछे उछल-कूद कर रहे थे; रोग भ्रम से ग्रस्त लाडूर्स जो उदासी भरे चेहरे लिए चहलकदमी कर रहे थे; पेरिस की उन्मुक्त महिलाएँ जोर-जोर से हँसती हुई प्रवेश करते हुए, सोच रही थीं कि लोग उन्हें आकर्षक और उदासीन पाएँगे, और आशा कर रही थीं कि वे उसी तरह की बन भी जाएँगी; सब देशों के नौजवान ऐसे एक्टिंग कर रहे थे मानो वे अंग्रेज हों, और स्वयं को ऐसा मान भी रहे थे, वे दाँत भींचकर बोलते थे, और दरबानों की पोशाक पहने हुए थे, कुछ चिकनी चीज़ बालों में लगाकर उन्हें लच्छेदार बना दिया था जो उनके गन्दे कानों पर दिखने में यहूदियों के साइड-लॉक्स से लगते थे; फ्रैंच बिशप

अपनी भतीजियों के साथ थे; मुक्त मिडवाइफ *सेंट माइकल का ऑर्डर* पहने हुए; एक दाँतों का डॉक्टर *ऑर्डर* ऑफ स्पर पहने हुए; नृत्य अध्यापक और गायन शिक्षक रूसी मेजरों की वर्दी में; इटालियन लोग पोलैंड के कर्नलों की वर्दियों में, चलते-फिरते पोलैंडी रीछ के बच्चे; हॉलैंड वासी जो नवीनतम विनिमय मूल्य जानने के लिए अख़बार देखते हैं; अपने आपको *माल्टा* के *नाइट्स* (knights) बताने वाले तीस (लोग); सभी प्रकार के रंगों के रिबन, दाएँ, बाएँ, सर्वत्र और बटनों के काज में लगे हुए; हर आकार और आकृति के मैडल, पूरी छाती को ढँकते हुए, सेंट-लुई के पचास *नाइट्स* : अपनी सैर से लौटती हुई, बूढ़ी डचैसेज़, वेंडोम के बेंत लिए हुए और चेहरे पर पाउडर और रूज़ की तीन इंच मोटी परत लगाए। देहात से कार्ड-गेम्स खेलकर लौटती हुई कुछ फ्रांसीसी कुलीनों की पत्नियाँ; ड्यूकाटों (सिक्कों) के ढेरों के बीच डरावने और सन्दिग्ध चेहरे, उस सारे पैसे को समेटते हुए जो जुए की मेज़ के ऊपर काँपते ढेरों में रख दिया गया था; एक या दो इलैक्टर्स (निर्वाचक) शिकारी पोशाक में, चाकू और कपड़ों पर लगी सुनहरी धारियाँ दिखलाते हुए, वेश बदले हुए कुछ राजकुमार जो अपने सच्चे नामों में ज्यादा प्रभावशाली न होते; कुछ बूढ़े जनरल और आफिसर जिन्हें उन घावों के कारण सेना से रिटायर कर दिया गया जो उन्होंने कभी खाए नहीं; कुछ रूसी शहज़ादियाँ अपने डॉक्टरों के साथ; कुछ रोमन अथवा कैस्टिलियन औरतें जो अपने युवा खिल्लत बख़्शने वालों के साथ थीं; कुछ अमेरिकन; कुछ स्थानीय मेयर; यूरोप के प्रत्येक जेल से भाग निकले कैदी; हर प्रकार के नीम-हकीम हर जाति-प्रजाति के रोम प्रिय लोग; हर देश के धार्मिक पुरोहित; आयरलैंड के कुछ गरीब पादरी, नौजवान सामन्तों के ट्यूटर; कुछ अंग्रेज आर्च बिशप अपनी पत्नियों के साथ; बीस बीमार लोग जो अपने अच्छे स्वास्थ्य की कामना से पाग़ल होकर नाच रहे थे; चालीस प्रेमी, या जो खुद को वैसा मानते थे पसीने से तर और उद्विग्न; साठ औरतें वाल्ट्ज़ नाचती हुईं और अपने सौन्दर्य एवं मासूमियत, योग्यता और दिलफेंकपन, सलज्जता और मांसलता को विभिन्न अंशों में दर्शाती हुईं।''

*बहादुर द बी...*इतिहास के विषय में सबसे आश्चर्यजनक बात यह है कि यह कितनी आसानी से ग़ायब हो जाता है। मृत लोग सच्चे अर्थों में मिटा दिए जाते हैं; उनके स्मारकों का प्रयोग केवल यातायात नियन्त्रण के लिए किया जाता है; उनकी पुस्तकें घास उगी देहाती कब्रें होती हैं। हर जीने वाला व्यक्ति उसका बर्बर है जो अभी जी चुका है। यदि हम अतीत में देखें तो हमें केवल गूँजती, ज़िद्दी छवियाँ और कर्कश स्वरों की धुनें मिलेंगी और इनके बीच वे अपारदर्शी विशाल क्षेत्र हैं जहाँ कोई आवाज़ नहीं है। यदि हम यह भयोत्पादक दूरी, यह भव्य नीरवता पहचान लें तो अदृश्य (लोग) हमारे प्रति कृतज्ञ होंगे। लेकिन जो अतीत को हार्दिक परिचयात्मकता के साथ लेते हैं, उन लोगों के लिए उनके (अदृश्य के) मन में सबसे बड़ी घृणा होती है।

"विचार अब क्या कर सकता है?" गुरु ने पूछा। 'छिप जाए,' उसने उत्तर दिया और ग़ायब हो गया।

वार्तालाप एक कला है जिसे, इसके महान गुरु–और महान गुरु देवियाँ–इस विषय में बात करते समय भी इसे खोया हुआ मानते थे। इस सन्दर्भ में एक ख़ास टोन की अपूरणीय हानि पर मदाम द स्टेल की व्यथा, कई दशकों बाद, मदाम द डेफ़ाँ के दुख की ही निरन्तरता है। इसलिए उस क्षण की तलाश व्यर्थ होगी जिसमें वार्तालाप का क्षणिक सार पहले ही ग़ायब न हो गया हो। किन्तु हम यह जरूर निर्धारित कर सकते हैं कि इस अनुत्क्रमणीय बिखराव का कारण क्या था। इसका कारण पति थे–जैसा स्टैंडहाल ने एक मर्मस्पर्शी आवेग के साथ घोषणा की। यदि हमें चन्द शब्दों में व्यवहार में आई वह अमापीय दूरी बतलानी हो, जो लुई XVI और लुई XVIII के युगों के बीच आ गई थी तो हम यह कहेंगे : गिलोटीन के प्रभुत्व से पहले, महिलाएँ समाज में अपने आप आ जाया करती थीं, जबकि कुछ ही वर्षों बाद (एक परिपाटी जो नैपोलियन ने शुरू की थी, जिसने "1804 में छद्म लज्जा को फ़ैशनेबल बना दिया") एक युवा महिला को "उसके पति के एक कोने में निश्चित रूप से ताश खेलते देखे बिना" ड्राइंगरूम में देखना असम्भव था। "पति की इस चिर एवं निरन्तर उपस्थिति ने, जो निःसन्देह प्रशंसनीय और अत्यन्त नैतिक थी, संवाद की कला पर घातक प्रहार किया। पति ने विचार की उस आजादी को दबा दिया जो शरारत वक्रोक्ति, हाजिरजवाब शब्द-खेल को पैदा करती है, जो यद्यपि अपने आपमें निर्दोष होती हैं, उस *सत्ता* की उपस्थिति में फल-फूल नहीं सकती *जिसे कानून द्वारा स्थापित किया गया होता है।* मतलब यह हुआ कि हाजिर-जवाबी, व्यंग्य, खुशी में–यानी कि समाज की सारी कामेडी में–विरोध की आत्मा अवश्यम्भावी रूप से प्रकट होती है। बहुत सारे लोग स्थापित सत्ता का मज़ाक उड़ाते हैं; वे स्वभाव से ही विद्रोही होते हैं। उस नियन्त्रण के बारे में क्या कहा जाए जो एक ख़ास व्यक्ति की चिरन्तन उपस्थिति से कल्पना पर लाद दिया जाता है। आप कोई कहानी या चुटकुला कैसे सुना सकते हैं यदि आप उस गवाह के लगभग बिलकुल पास बैठे हैं जो आपके द्वारा कहानी का प्रभाव बढ़ाने के लिए या उसे अधिक जीवन्त बनाने के लिए जोड़ी गई कोई भी बात को तुरन्त जान जाएगा। आप किसी बातचीत के दौरान, सहजता से किसी चटपटी बात की गिरह कैसे लगा सकते हैं जिसे आपने दिन में कहीं अनुभव किया था। यदि कहते समय वह व्यक्ति आपके पास बैठा है और आप पर बराबर निगाह बनाए हुए है जो दिन भर आपके साथ रहा था। यह असम्भव है। जैसे ही पति कमरे में प्रवेश करता है, वैसे ही बातचीत की कला खिड़की के रास्ते बाहर उड़ जाती है।" टैलीराँ सदैव ही औरतों से घिरा रहता था जो अपने पतियों पर कोई ध्यान नहीं देती थीं–स्टैंडहाल के अर्थों में और प्रायः हर अन्य अर्थ में भी। इसकी शुरुआत *रेम्स* में

हुई, यह वह दिन था जिस दिन उसने समाज में पहला साहसपूर्ण कृत्य किया। "लुई XVI के राज्याभिषेक के साथ ही मैंने कई ऐसी स्त्रियों से सम्बन्ध विकसित किए जो अपने विभिन्न गुणों के लिए उल्लेखनीय थीं—स्त्रियाँ, जिनकी दोस्ती ने मेरे जीवन के हर दिन पर एक जादू किया है। यहाँ मैं जिक्र कर रहा हूँ डचैस द लुइंज़ का, डचैस द फिट्ज़ जेम्स का) और वाइकॉन्टेसे द लावल का।" कुछ उसकी रखैल थीं; कुछ वर्षों के दौरान ग़ायब हो गई तथा कुछ नई आ गईं, लेकिन ऐसा लगता था जैसे बाद वाली महिलाएँ हमेशा से उसके नज़दीक रही हों। शुरुआत में वे गुस्ताख़ और रोमांचप्रिय होती थीं, पर अन्त में बूढ़ी और नगण्य रह जाती थीं। किन्तु वे हमेशा अंगरक्षकों की भाँति निगरानी रखती थीं और *राजकुमार* को कोमल वस्त्रों और परदों के जादुई वृत्त में घेरे रखती थीं।

फेनेलॉन शीघ्र ही समझ गया कि फ्रांसीसी दरबार में ताओवादी बने रहना कितना कठिन है। Le'spirit (जीवट)—दूसरे शब्दों में दिमाग़, बुद्धि, हाज़िर-जवाबी—ने अपने अन्दर अनियन्त्रित शक्ति को अस्वीकार कर दिया था, उसे जो सर्वत्र फैली है ताकि यह कठोर गम्भीर अध्येतापन और सरसराते मनमौजीपन के बीच की कोई चीज़ बन सके। हर चीज़ को, चाहे ये शब्दों की व्युत्पत्ति थी या थोड़ी गपशप उसे इसकी शत्रुतापूर्ण छानबीन से गुज़रना ही पड़ता था। यह एक अदृश्य पर्यवेक्षक था, हालाँकि लोग यह दावा करते थे कि हर चीज़ को वे इसके दृष्टिकोण से देख रहे हैं। एक विलक्षण मनोवैज्ञानिक जो मनोविज्ञान का तिरस्कार करता था, फेनेलॉन तुरन्त उस अनन्त प्रक्रिया को समझ गया जो " 'मैं', के भक्तों पर आधिपत्य जमाए हुए थी जो सांसारिक लोगों का ईश्वर है" । यह एक ऐसी प्रणाली थी, जो गीयरों के एक सेट की भाँति, उन्हें नीत्शे और फ्रॉयड की ओर लुढ़काती चलती थी, जो हर जन्म और हर इतिहास की देहरी पर मँडरानेवाले वंश-क्रम के अथक पंडित थे, और हर चीज़ को उजागर करने को तैयार थे (किन्तु नीत्शे अन्त में समझ गया कि सब कुछ परदा (रहस्य) था।) और उस बिन्दु पर केवल अहम् के कुछ तार ही शेष रह जाते हैं। उस पथ पर चलने वाले किसी को भी शान्ति नहीं मिली क्योंकि "प्रभु को उद्विग्नता में नहीं पाया जा सकता।" प्रबोधन की सारी कहानी को फेनेलॉन कुछ पंक्तियों में समेट देता है : "जो कोई भी इस विषय में सुनिश्चित होना चाहता है कि वह आवेग अथवा सनक के अनुसार काम न करके, हमेशा ही तर्क के अनुसार काम करता है, उसे काम करने के लिए कभी समय ही नहीं मिलेगा। वह अपना सारा जीवन अपने हृदय की चीर-फाड़ में लगा देगा और उसे मनचाहा कभी प्राप्त नहीं होगा; क्योंकि वह इस विषय में कभी सुनिश्चित नहीं हो पाएगा कि सनक और आवेग, झूठे बहानों की आड़ में, उसे वह करने ही नहीं देंगे जो वह शुद्ध तर्क के आधार पर कर रहा था।"

अपने पत्रों में, फेनेलॉन ने स्पष्ट किया कि स्वयं अपना दमन करना और स्वयं को सज़ा देना (और सबसे अधिक 'औचित्य' के प्रति समर्पण) एक कठिन काम की तुलना में कम महत्त्वपूर्ण है—कठिन काम, यानी *जीवन्त चेतना* के प्रति सारे सम्मान को समाप्त कर देना।

जहाँ-जहाँ जीवन्त चेतना है वहाँ 'मैं' मौजूद है। और यह 'मैं,' जिसका त्याग किया जानां है, कोई ऐसी चीज़ या हवाई प्रेत नहीं है जिसकी परिभाषा न की जा सके। यह हमारी मेधा है जो अपने ढंग से सोचती है, यह हमारी इच्छा है जो माँगती है, अपने ढंग से, आत्म प्रेम क़े कारण।'' जीवन्त चेतना दो प्रतिद्वन्द्वी हवा के झोंकों में, दो प्रतिद्वन्द्वी प्रकाशों में विभक्त है; और हर झोंका तुरन्त दूसरे के प्रकाश को बुझा देता है। ''तर्क करने वाले, आस्थाहीन विद्वान, आन्तरिक चेतना को उसी तरह बुझा देते हैं जैसे हवा मोमबत्ती को बुझा देती है।'' ''मैंने हमेशा नोटिस किया है कि जीवन्त चेतना के प्रति आपका सम्मान आपके हृदय में अपनी जड़ें जमाए हुए है और आप इसे कभी भी छोड़ते नहीं। फिर भी यही वह चीज़ है जिसे कृपा की भावना सबसे पहले बुझा देती है, जब इसे मुक्त रूप से काम करने दिया जाता है। एक बिम्ब (छवि) फेनेलॉन के व्यवहार पर प्रभुत्व जमाए हुए था : जल का बिम्ब, एक स्त्री-जल जिसका अपना कोई रूप नहीं है किन्तु यह कोई भी रूप धारण कर लेता है—परिवर्तनशील, पारदर्शी, गन्धहीन। आर्च-बिशप वह जल था जो वरसाई के कोने-कचौनों में, दरारों में बह रहा था। सेंट साइमन ने जो आकृति को उस तरह पढ़ लेता था जैसे फेनेलॉन मस्तिष्क को, अपने चेहरे को गतिमान और तरल सतह के रूप में देखा : ''यह पादरी ऊँचा, पतला, सुगठित और हलका पीले चेहरे वाला था। उसकी नाक बड़ी थी और उसकी आँखें जैसे अग्नि और बुद्धिमत्ता की धारा उँडेलती थीं। उसके जैसा चेहरा मैंने दूसरा नहीं देखा—आप इसे भूल नहीं सकते थे, फिर भले ही आपने इसे एक बार देखा हो। इसके अन्दर सब कुछ था, किन्तु विरोधी तत्त्व इसके अन्दर परस्पर टकराते नहीं थे। इसमें खिंचाव और आकर्षण था, गम्भीरता थी और आनन्द था; इसमें आपको डॉक्टर, बिशप और सज्जन व्यक्ति का भान होता था। चेहरे की सतह पर और समूचे व्यक्तित्व में परिष्कार, बुद्धि, अनुकम्पा, शालीनता और सबसे ऊपर श्रेष्ठता तैरती नज़र आती थी।'' इसमें आश्चर्य नहीं होना चाहिए कि *जीवन्त चेतना* के इस विनाशक में जीवन्त चेतना इतनी बहुतायत में थी, भले ही वह ''ऐसा आदमी था जिसने अपने अन्दर उन लोगों से अधिक *जीवन्त चेतना* नहीं चाही जिनसे वह बातचीत कर रहा था।'' यह, वास्तव में उसकी स्वयं को तिरोहित कर देने की कला थी। ''सभी प्रकार के अतिरेकों का, यहाँ तक कि अच्छाई की भी अति'' का शत्रु (चूँकि ये सभी ''प्रभावित हो सकती हैं और अत्यन्त परिष्कृत हो सकती हैं'') वह अपना बुद्धि-चातुर्य और बुद्धिमत्ता साधारण दिखने में, साधारण दरबारी के समान होने में, जो हर समय *जीवन्त चेतना* के लिए उत्सुक रहता था, दिखलाता था।

फेनेलॉन ने अपनी सामाजिक श्रेष्ठता में, जिसके प्रति सेंट साइमन ने भी सम्मान प्रकट किया है, फेनेलॉन ने एक ऐसा वाहन खोज लिया जिसके द्वारा वह प्रत्येक चीज़ की नामहीन, आकारहीन पूर्ण और ढँकी हुई 'पृष्ठभूमि' को, आगे बढ़ा देता था; बुद्धि और सूक्ष्मता निरन्तर ही इस प्रकार की पृष्ठभूमि बनाती और फैलाती रही थी। ''कोई भी चीज़ उस विनम्रता, जानकारी और आनन्द के समकक्ष नहीं हो सकती जिससे वह हर एक का स्वागत करता था।'' किन्तु वह बेदाग़ आवभगत एक विशाल, व्यापक विनाश के कार्य की एक चरण थी : ''सच्चे अर्थों में शून्य हो जाओ, हर चीज़ में और हर जगह; किन्तु इस शुद्ध शून्यता में और कुछ मत जोड़ो। शून्यता पर किसी का आधिपत्य नहीं हो सकता। और यह कुछ खो भी नहीं सकती। सच्ची शून्यता कभी प्रतिरोध नहीं करती, क्योंकि इसके पास चिन्ता करने के लिए कोई 'मैं' नहीं है। फेनेलॉन के विषय में सेंट साइमन कहता है : यह 'अद्‌भुत' है कि वह ''किस सीमा तक सैनिक लोगों के लिए मूर्ति बन गया।''

असभ्य, मूर्ख, जिनका स्टर्नर ने चीख़कर आह्वान किया, समाज के सारे कोने-कचौनों में बसे हुए थे। वे इतिहास की छाया थे—अमापीय, उत्पीड़ित, मौन अस्तित्व! वे 'पिछले वर्ष के विशाल विश्वासघाती थे, वे 'अतीत' के उस बोझ के पीछे दिखाई देते थे, ''जिसे हटाया, दूर नहीं किया जा सकता।'' एक ऐसा अतीत जो वर्तमान के कुछ अंश फाड़ डालता है 'अपने काले नाखूनों से' और 'अपनी पुरानी रात की उलटी कर देता है।' किन्तु यह तो केवल शुरुआत थी। स्टर्नर, शारलौटेनबर्ग के परे, प्रकृति से अच्छी तरह परिचित नहीं था। जब चोरी-छुपे Lumpen इसमें (प्रकृति में) आ गए, ज़मीन के नीचे से निकलकर ऊपर आकर मुलायम मिट्‌टी की जुताई करने लगे, तो वह (स्टर्नर) इसके बाद उनके पीछे-पीछे नहीं चल सका। वह चुप पड़ गया। विक्टर ह्यूगो ने जो अध्यात्मवाद का आचरण करता भौतिकता का कवि बन गया था, स्टर्नर का स्थान ले लिया। Lumpens के प्रशंसा गीत उसके मुँह से फूट निकले, उस "bauche d'ombre" से और तन्द्राओं की दुनिया ने ह्यूगो को घटिया तत्त्वमीमांसा प्रदान की थी, किन्तु वह सबको समाहित कर लेने वाली छवियों से भी सम्पन्न थी, जो उसके शुभेच्छा वाले रुझान और मालडोरर के शैतानी अर्थों के साथ तब तक घालमेल करती रही जब तक इसने चमचमाती तटस्थता प्राप्त नहीं कर लेती। रूप-परिवर्तनों के आवर्त में हर चीज़, हर पौधा, हर कंकड़-पत्थर पश्चात्ताप का स्थान सिद्ध हुआ, हर भू-दृश्य एक सुधार-गृह (जेल) एक (अतीत का) संग्रहालय बन गया। मारक्वी कोरियोलिस द एस्पिनोज को जवाब देते हुए, जिसने उसके 'पूरी तरह जैकोबिनिज़्म' में डूब जाने की भर्त्सना की थी, ह्यूगो ने गुस्ताख़ ढंग से ''राजाशाही कहलाने वाली प्राचीन गठिया'' की बात कही। किन्तु उसका कथन अन्धकार का विस्फोटक अट्‌टहास था, जो एक प्रेत-छाया की पूर्व-कल्पना कर रहा था : ''निष्कासितों

से भरा समूचा भयावह जेलखाना हमारे सामने उभरता है।'' जसी पर चट्टानों और झाड़झंखाड़ के बीच, चहलकदमी करते हुए, उसने देखा कि निष्कासितों से भरी जेल तो स्वयं ब्रह्मांड था। ''हाँ, तुम्हारा जंगली विश्व ईश्वर का दोष-सिद्ध अपराधी है तारा-समूह, अग्नि के काले अक्षर/दुनिया के कन्धे पर जेल के दाग़ हैं।'' यन्त्रवादियों द्वारा सुखा दिया गया ब्रह्मांड फिर सजीव हो उठता है, मानो आत्माएँ इसका जल हों। ये हर कण में जीता था, रहता था, किन्तु यह प्रेत-छायाओं का अनन्त कारागार था। ''जेलों की छाया भरा द्वीप-समूह प्रकाश से जगमगाता है।'' वे जिन्हें समाज से बाहर कर दिया गया था—Lumpens (असभ्य, मूर्ख) भिखारी—वे अब एक बड़े घर के मेजबान थे, और पृथ्वी के बड़े-बड़े लोगों, राजाओं का स्वागत कर रहे थे। यहूदी धर्मगुरु एक काँटा है, पिलेट एक सरकंडा है, अलारिक एक 'लाल गले वाला' ज्वालामुखी है। ''रेत के कण राजा हैं, घास की पंक्तियाँ सम्राट हैं,'' सबको ठोस रूप में ठीक किया गया है जो कराहता है, किन्तु जो एक कुर्सी या खिड़की का दास भी हो सकता है। ह्यूगो 'समाजच्युत विश्व' के अस्तित्व की घोषणा कर देता है। हॉफमैन्स्थाल के विशेषज्ञ कान ने ह्यूगो द्वारा लिखित एक लाख पचास हज़ार लाइनों में से उन चन्द शब्दों को छाँट और पहचान लिया था जिन्हें fauve, hagard कहा। fauve तो ''ईश्वर का आरोप-सिद्ध दोषी'' विश्व है। कुछ अन्य पंक्तियों में उद्गार प्रकट करने के बाद, ह्यूगो लिखता है : "I'univers est hagard" यह शब्द बाज़ पालने, उड़ाने की कला से सम्बन्धित है, hagard की व्युत्पत्ति Hagerfalk से है जिसे जंगली बाज़ कहते हैं और यह इतना तेज़ क्रोधी और भयंकर है कि इसे पालतू नहीं बनाया जा सकता। समय बीतने के साथ, शब्द के साथ नए अर्थ और जुड़ गए हैं : "Gaunt" ('कट्ठा') "tormented by a sinister presence" (''एक शैतानी उपस्थिति से परेशान'')—यही अर्थ "lumpen" पर भी लागू होते हैं, वे जंगली बाज़ जो शहर की गलियों में भटकते रहते हैं। किन्तु अब उन गलियों को आकाश की गुम्बजी छत पर उकेर दिया गया है।

साधु जिस Liber Mundi (ज्ञेय और अज्ञेय) पर मनन कर रहा था, उसके चमकीले, स्पष्ट उकेरे हुए अक्षर थे। इसमें वर्णित हर जीव-जन्तु महान कुरान से नकल किया गया था : कुरान, यानी ब्रह्मांड। मोनैस्ट्री (चैत्यालय) में घास की हर पत्ती को लिखित पृष्ठ पर स्थान प्राप्त था, क्योंकि ''प्रकृति के पास केवल एक धर्मशास्त्र है'' और हर वस्तु आज्ञापूर्वक धर्मशास्त्र पर ही वापस जाती है। अपने धर्मोपदेशकीय डैस्क पर सेंट जिरॉमी जो भी पुस्तक खोलता था वह एक अर्थ में वही पुस्तक होती थी; हर अक्षर उसके प्रत्येक कोषाणु को समरूपता की धुन से भर देता था, और पालतू बन गया शेर उसके चरणों में लेटा हुआ चर्मपत्रों के कठोर सपाट मैदान पर निगरानी बनाये रहता था। पढ़ना ऐसा काम था जिसमें सारे काम समा जाते थे, यहाँ तक कि

सार्वजनिक पूजा-उपदेश हाव-भाव भी। भजनों के स्वरांशों में कोई भी मौसमों को पढ़ने (समझने) के 'गद्यांश' पा सकता था, नक्षत्रीय चक्रों की पुस्तकीय स्मृतियाँ। प्रान्तों से आए मूडी युवा सेंट-बॉवे ने अपनी डॉक्टरी पढ़ाई को त्याग दिया था क्योंकि एक साहित्यिक कैरियर उसके सामने खुल रहा था। शुरू से ही उसने हर आवाज़ पर कान लगाए, ध्यान दिया, किन्तु "to believe" (विश्वास करना) क्रिया का अर्थ उसे ठीक से समझ में नहीं आया था। किन्तु उसे यह भास जरूर हो गया कि एक 'परजीवी धार्मिकता' उसमें घर करती जा रही थी, एक द्रोही बाहरी व्यक्ति की भाँति। किसी भी प्रकार की आस्था रखने में असमर्थ, उसने प्रकृतिवादी के आश्चर्य भाव के साथ अपने अन्दर एक 'ईसाई भाव-भूमि' के कम्पन अनुभव किए। वह उस प्रकार का प्राणी था जिसका उसने एक बार वर्णन किया था : "एक गम्भीर जीवन, कुहासे भरा आसमान, इच्छा का कुछ दमन, रिज़र्व और एकाकी तौर-तरीका—ये सब उनमें प्रविष्ट हो जाते हैं, उन्हें कोमल बनाते हैं और अनजाने रूप में उन्हें विश्वास की ओर ले जाते हैं।" किन्तु जो चीज़ लोगों को विश्वास की ओर ले जाती है वह उससे काफ़ी भिन्न, काफ़ी दूर होती है जो उन पर विश्वास लादती है। वास्तव में, उसके मामले में इसने विश्वास को अलग रखा था। ग़मग़ीन सेंट-बॉवे, जो अपने अध्ययन कक्ष के पीछे नौराश्य भरे आँगन को देखता था, शीघ्र ही *घुमन्तू* बन गया जो बड़े शहर की गलियों में घात लगाए घूमता था, और स्त्री सुलभ कोमलता का पूर्वाभास उसे कहीं अन्दर कचोटता रहता था; कटु *आलोचक* बन गया जिसने अपनी चतुराई से सम्पादकीय दफ़्तरों में अपने लिए रास्ता बना लिया; *चतुर वक्ता* जिसने अपनी बातचीत में चापलूसी या ज़हर का मुलम्मा चढ़ा लिया। और कोई चीज़ उसे बतला रही थी कि दुर्गुणों का यही मायाजाल साहित्यिक सभ्यता का आधार-स्तम्भ है—कि ये (लोग) अपने अलावा किसी और चीज़ की पूजा नहीं होने देंगे। रूपों के आविष्काकरक की स्वतः स्फूर्त सनक के साथ, कई वर्षों तक सेंट-बॉवे ने 'ईसाई भाव-भूमि' का प्रयोग स्वयं को पोर्ट-रॉयल के साथ एक रस बनाए रखने के लिए किया। किन्तु यह प्रश्न कान का था, निश्चय ही सिद्धान्त का नहीं। उसने एक ख़ास तरह की 'आधारभूत उदासीनता,' और किसी भी तरह की धरती पर (बशर्ते यह टाइपोग्राफिक हो) खुद को ढालने की योग्यता के लिए स्वयं को बेली की प्रशंसा करते पाया। वह *बेमेल मेल-मिलापों* से डरता नहीं, वह सब जगह जाता है, गलियों में घूमता है, लोगों का अभिवादन करता है, उनसे पूछता है। जिज्ञासा उसे आगे बढ़ाती चलती है, और जो सुख आनन्द उसे दिए जाते हैं वह उन्हें अस्वीकार नहीं करता।' यह जिज्ञासा एक सारभूत उदासीनता पर आधारित होने के कारण और भी अधिक उत्सुक थी—अदम्य बेवफ़ाई के प्रति वफ़ादार होने का मामला। क्या वह एक संशयवादी था? या एक रहस्यवादी? सच जो भी हो, बेली में कुछ ऐसा था जो सेंट-बॉवे को स्वयं अपनी याद दिला देता था। उन दोनों में, अन्ततः हर चीज़ एक ही

एकल अनुभव से उद्भूत थी : पढ़ना। इस प्रस्तावित जुनून ने, पृष्ठ की पारदर्शिता में ज्ञेय और अज्ञेय के लक्षणों की पुनः खोज करने का प्रयास तक नहीं किया। इसे आशा थी कि अज्ञात लेखकों द्वारा लिखित आलस्य-भरी पुस्तकें कोई आलस्य-भरा उत्तर प्रस्तुत कर देंगी : ''क्या आप कृपा करके मुझे बतलाएँगे। किस अस्त-व्यस्त ढेर में, किस कोने में/मुझे रिकॉर्ड मिल सकता है/मुस्यों मेल्हारबे के दीर्घ निवास का/कारपेन्ट्रास में या परिवार कैसा दिखता था/ जब वह चेज सेविना की भूमिका निभा रहा था?/क्या मुस्यों कोनरार लैटिन जानता था/जाय से बेहतर? क्या वह पंख वाले कलम प्रयोग करता था/सुआर्ड से कम? क्या डॉक्टर गॉय पाटिन के पास दस हज़ार से ज़्यादा पुस्तकें थीं?'' किन्तु एक दिन सेंट-बॉवे को आभास हुआ कि वह किसी ऐसी चीज़ तक पहुँच रहा है जो उसका अपना सन्तुलन बिन्दु है। यह दर्शन उसे पसन्द नहीं आया, किन्तु शुद्ध थकन के कारण उसने इसके समक्ष समर्पण कर दिया। एक अर्थ में, वह उन साधुओं के समान था जो जड़ी-बूटियों का संकलन करते हैं जिसमें उनकी वास्तव में कोई रुचि नहीं होती : उनके लिए *हर चीज़ किताब थी।* किन्तु उसके अन्दर सार्वजनिक पूजा-भक्ति 'आधारभूत उदासीनता' का छद्म रूप धारण किए हुए थी, उन अन्तहीन और अब भूल-भरे पत्र-रूपों को पढ़ने की तैयारी—उन्हें बिना किसी चयन के सभी जगह पढ़ना, बिना किसी योजना के, बिना सावधानी के, किताब के प्रारम्भ या अन्त की आशा किए बग़ैर, जो वास्तव में अब थे ही नहीं। ''शायद अपने आलस्य को उचित ठहराने की गुप्त आवश्यकता के कारण या शायद इस सिद्धान्त की अधिक गहरी समझ के कारण कि *अन्त में हर चीज़ एक जैसी ही है,* मैं एक विशेष बात समझ गया हूँ। अब मैं देखता हूँ कि हर किसी काम को करते समय चाहे मैं अपने अध्ययन कक्ष में एक लम्बी पुस्तक पर काम करता होऊँ, या स्वयं को कई लेखों में बिखेरता होऊँ या समाज में स्वयं को फैलाता होऊँ, चाहे मैं अपने समय को तात्कालिक रूप से महत्त्वपूर्ण चीज़ में बिताता होऊँ, जैसे ज़रूरतमन्द लोगों में, मिलने-जुलने में, गलियों की ज़िन्दगी में, किसी के भी द्वारा किसी भी चीज़ में, समय लगाता होऊँ—मैं एक काम करना कभी नहीं छोड़ता; बस एक पुस्तक पढ़ना, एक अनन्त, अविरल पुस्तक। यह दुनिया और जीवन की पुस्तक है, जिसे कोई भी आख़िर तक नहीं पढ़ता और सबसे बुद्धिमान लोग भी उसके कुछ थोड़े से पृष्ठों को ही समझ पाते हैं। मेरे सामने जितने पृष्ठ भी आते हैं, मैं उन्हें पढ़ जाता हूँ, टेढ़े-मेढ़े, पीछे की ओर आखिर फ़र्क़ क्या है? किन्तु मैं कभी रुकता नहीं। जितना रंगों का संयोजन बढ़िया होता है और जितने ही अधिक और बार-बार हस्तक्षेप होते हैं; मैं इस पुस्तक में उतना ही आगे बढ़ता जाता हूँ। इस पुस्तक में आप स्वयं को सदा बीच में ही पाएँगे। किन्तु सबसे मूल्यवान चीज़ यह है कि आपने इसमें से पढ़ा है, सभी प्रकार के स्थानों में पढ़ा है।''

मृतक हमारे लिए क्या हैं, यदि वे—प्रथमतः और मुख्यतः—पुस्तकें नहीं हैं? प्रागैतिहासिक धर्मों के सभी रूपों में, हमारे समय में सबसे विचित्र और सबसे अधिक कठिनाई के साथ समझ में आने वाली चीज़ है—मृत लोगों का पन्थ, जीवन के हर पहलू में मृतकों की निरन्तर उपस्थिति। इसके विपरीत, एक इतिहास-पूर्व व्यक्ति के लिए हमारी विचित्रतम और आत्यन्तिक रहस्यमयी पूजा हमारा पुस्तकों का उपयोग होगा। किन्तु ये दोनों ही प्रकार की आस्थाएँ एक बिन्दु पर इकट्ठा हो जाती हैं। ठोस आकार ग्रहण कर लेती हैं, इधर-उधर ले जा सकने वाली वस्तु के रूप में जो हमारे साथ चलती है—हमारे परजीवी, उत्पीड़क, सान्त्वना देने वाले—मृत (लोग) लिखित पृष्ठ पर आकर बस गए हैं। उनकी शक्ति कभी भी कम नहीं हुई, हाँ यह बात और है कि यह आश्चर्यजनक रूप से रूपान्तरित हो गई है।

पैले-रॉयल (शाही महल) से आती आवाज़ें

रैस्टिफ़ : "...यह केन्द्र, एक बड़े शहर की उलट-पुलट का।"

शरीर के गुरुत्वाकर्षण के केन्द्र को ढूँढ़ निकालने के अपने स्वाभाविक गुण के आधार पर रिशेलिऊ ने यह स्थान ढूँढ़ निकाला था। वह लम्बा चतुष्कोण जो उन दिनों पैले-कार्डिनल के नाम से जाना जाता था, फिर पैले-रॉयल, फिर पैले-मारचाँ, फिर पैले-ईगैलीट, फिर जार्डिन द ला रिवॉल्यूशन और एक बार फिर से पैले-रॉयल, बन गया, केन्द्र का केन्द्र, *सभ्यता* के विशाल शरीर का हृदय, जिसे (सभ्यता को) अठारह वर्षों की प्रतिद्वन्द्विता और गुप्त मन्त्रणा के बाद हासिल किया गया था। भारी आकृतियाँ और पत्थर के सुघढ़ स्तम्भ प्राचीन इमारत के अग्र भाग में बाहर की ओर निकले हुए थे, जिनसे महासागरों, नदियों और व्यापार पर कार्डिनल की सत्ता झलकती थी।

केन्द्रीय फव्वारे के पोखर में छोटा लुई XVI एक बार लगभग डूब ही गया था। उन दिनों आस्ट्रिया की ऐनी रिशेलिऊ के महल में रहती थी और मैज़ारिन को होटल टरबियूफ के अपने आवास से रानी के अपार्टमेन्ट्स में जाने के लिए केवल पैले-कार्डिनल के बाग़ को ही पार करना होता था। भविष्य का सन किंग (सूर्य राजा) अभी दस वर्ष का भी नहीं था और वह अपनी माँ की एक नौकरानी की बेटी के साथ घंटों खेल में लगा रहता था। वह उसे "रानी मारिया" कहता था और महल की रसोई में उसके साथ राजा और रानी का खेल खेलता था।

लुई सिबैस्टियन मर्सियर की अनेक एवं भिन्न-भिन्न रचनाओं में से एक वह है जिसमें 2440 में पेरिस कैसा होगा, इसका वर्णन है। "एक सपना, यदि कभी कोई था"—यह उसका उपशीर्षक है; किन्तु सभी तार्किक आदर्श लोकों की भाँति यह पेरिस *ऊब* एवं *सत्यनिष्ठा* से सराबोर है। थियेटर में शेष बचे नाटकों में प्रताड़नाएँ और सकारात्मक पात्र भरे पड़े हैं; मर्सियर अविरल झडैनावियन कॉरनील के विचार को तो पसन्द करता था, किन्तु रेसीन के विषय में उसके मन में गम्भीर सन्देह थे क्योंकि उसने "अपने नायकों को स्त्रैण बनाने के बाद अपने दर्शकों को भी वैसा ही बना दिया था।" गलियों

में निरन्तर रोशनी रहती है, और पुस्तकालयों से हर हानिकारक पुस्तक हटा दी गई है। यहूदियों का 'ख़तरनाक आन्दोलन' जो "पिछली शताब्दियों में निगरानी" की कमी के कारण आक्रामक और बेहद लालची हो गए हैं, अन्ततः रोक दिया गया है। "उस ज़िद्दी धर्मान्धता को समाप्त करने में बुद्धिमत्ता, निरन्तरता और कड़े रुख" की ज़रूरत पड़ी है, किन्तु यहूदियों को आख़िर में "पूरी शान्ति से अपनी रोटी-रोज़ी" कमाने लायक रहने दिया गया है; इस अवस्था पर मर्सियर अधिक विस्तार से कुछ नहीं कहता। किन्तु उसकी पैनी नज़र में इस बौद्धिक आदर्शलोक से अधिक और चीज़ें भी हैं। उसकी आँख एक सर्वभक्षी flaneur घुमन्तू की भी थी; और *टेबलॉ द पेरिस* (पेरिस के नजारों) के बाद, कुत्तों के पिल्लों और कामुक दृष्टियों पर (Bicetre) बाइसैटर और गिरजाघरों में अशोभनीयताओं पर, संसद और modisters पर एक सौ बाईस अध्याय लिखने के बाद, वह हमारा परिचय उस अतुलनीय महल से कराता है, पश्चिम का वह सार, जिसने सारे शहर को अपनी अस्पष्ट जादुई शक्ति में आबद्ध किया हुआ था : *द पैले-रॉयल।*

"सारे भूमंडल पर एक अनोखा स्थान। लन्दन, एम्स्टर्डम, मैड्रिड, वियेना देखें—कहीं भी जाएँ आपको इसके जैसी चीज़ देखने को नहीं मिलेगी। एक कैदी यहाँ बोर हुए बिना रह सकता था और कैद से अपनी आज़ादी की बात भी कई वर्षों बाद ही सोचता। यह निश्चित रूप से वैसी ही जगह थी जिसे प्लेटो एक कैदी के लिए उचित मानता था, जहाँ एक आदमी को बिना जेलर और बिना हिंसा के, प्रिय और स्वेच्छा से स्वीकार्य ज़ंज़ीरों में रखा जा सकता था। लोग इसे 'पेरिस की राजधानी' कहते हैं। यहाँ आपको सब चीज़ें मिल सकती हैं। आप एक पच्चीस साल के व्यक्ति को पचास हज़ार लिवरे प्रतिवर्ष के हिसाब से देते हुए इस मनोहारी स्थान में रख दें और वह कभी भी इस स्थान को नहीं छोड़ेगा, नहीं छोड़ सकता। वह आरमिडा के महल में रिनाल्डो जैसा हो जाएगा। और जैसे उस नायक ने ऐसे ही महल में अपने दिनों और अपनी शान को हाथ से जाते हुए देखा, उसी भाँति हमारा नवयुवक भी अपनी शान और सम्भवतः अपने धन को खोते हुए देखेगा। इसके बाद उसे आनन्द केवल यहीं मिलेगा; किसी भी दूसरी जगह उसे केवल बोरियत ही होगी। ये आकर्षक स्थान विलासिता का छोटा-सा शहर है जो चारों ओर से एक बड़े शहर से घिरा हुआ है : मांसल कामुकता का मन्दिर जहाँ से चमकते दुर्गुण ने लज्जा के प्रेत तक को निष्कासित कर दिया है। दुनिया में इतने सुन्दर ढंग से मलिन और मक्कार बनाया गया दूसरा आनन्द बाग़ और कहीं नहीं है; यहाँ अपार खिलखिलाहटें गूँजती हैं, और यहाँ मासूमियत लजाती है।"

"आपकी जो भी इच्छा हो, आपको निश्चिततः वह यहाँ मिलेगी। यहाँ आपके भौतिकशास्त्र, काव्य, रसायनशास्त्र, शरीर-विज्ञान, भाषाओं, प्राकृतिक इतिहास इत्यादि, इत्यादि में सीखने के साधन उपलब्ध हैं। स्त्रियों ने यहाँ पुराने होटल द रैम्बॉइले की

पांडित्यपूर्ण गम्भीरता को त्याग दिया है। वे विज्ञानों से इश्क लड़ाती हैं, वे इन्हें खिलौनों की तरह देखती हैं और ये उन्हें उसी तरह आनन्द देते हैं जितने उनके छोटे झबरे कुत्ते या तोते।''

''यहाँ आप सब कुछ देख सकते हैं, सब कुछ सुन सकते हैं, सब कुछ जान सकते हैं—यहाँ इतना काफ़ी है कि एक नौजवान बदलकर एक विद्वान हो सकता है। किन्तु यहाँ भी, मनमौजीपन उच्छृंखल युवा लोगों को अपने कब्ज़े में ले लेता है, जो बाद में विनम्र सभ्य समाज में आते-जाते हैं और एक ऐसी टोन में बातें करते हैं जैसी आपने कहीं अन्यत्र नहीं सुनी होगी : बिना वासना-वेग के अशिष्टता। यहाँ मनमौजीपन चिरन्तन है। इसका मन्दिर दिन और रात किसी भी समय खुला रहता है, और हर कोई भी कीमत देकर इसमें जा सकते हैं।''

''दुकानों में फ़ैशन की हल्की-फुल्की सस्ती चीज़ें अत्यन्त मूल्यवान और सच्चे रत्नों के साथ बराबर-बराबर, सजाई-दशाई जाती है।''

''दिनभर कैफ़ों में उन लोगों की भीड़ लगी होती है जिनका बस एक ही धन्धा है : ख़बर सुनना या ख़बर देना—जो अन्त तक बिलकुल ही विकृत हो जाती है, क्योंकि हर बतलाने वाला अपनी परिस्थितियों के अनुसार शब्दों को बदल देता है।'

''पैले-रॉयल शहर में आसपास के दूसरे स्थानों के जीवन को निचोड़ रहा है, वे स्थान उदास और वीरान दिखने शुरू हो गए हैं।''

''...रिबनों, पट्टियों, फुन्दनों, फूलों, पोशाकों, मुखौटो, रूज बक्सों छह इंच लम्बे पिनों के पैकेटों के चक्रव्यूह है।''

एक जगह है जहाँ पेरिस का सारा फैलाव और बिखराव, आनन्द की इसकी सारी सुगन्ध और धन, अकेले एक महल में, चमकती सीपी की तरह, महल की सीमाओं में फैलता और संकुचित होता रहता है। यह है पैले-रॉयल, जो उस समय पैले-मारचाँ हो गया जब ड्यूक द ऑरलींस के कर्जे और कंजूसी ने इसकी (arcades) मेहराबों के नीचे, घनी छायादार, पेड़-पंक्तियों के बीच दुकानों, वेश्यावृत्ति-गन्दगी के अड्डों, इत्र-फुलेलों और जुआघरों की शुरुआत करा दी। जब *रिवॉल्ययूशन* दस्तक दे रहा था उस समय ये arcades अफ़वाहों के चुम्बक थे, उच्च वेश्याओं के सुरक्षित गढ़ थे, घातक जलते कोयलों की चमक थे। इनकी खिड़कियों से, जिनसे आज केवल खेलते और शोर मचाते बच्चों का ही नजारा देखा जा सकता है, पहले कॉले और कॉक्तू, दो

प्रतिद्वन्द्वी, अँधेरे में सब पर निगरानी करते थे—और उन लोगों के अभिरक्षक थे जिनके समान सहज विश्वासी और उदासीन लोग दुनिया में कभी नहीं रहे : उस किले का लॉर्ड, ड्यूक द ऑरलींस, बाद में फिलिप-ईगेलीट। वे थे मदाम द जैनली, जो ''अपनी ओर पहल करते, बढ़ते आदमी के सामने सदा ही बड़ी जल्दी से समर्पण कर देती थी, ताकि इश्कबाजी के स्कैंडल से बचा जा सके,'' और चोडरलो द लैक्लो, जिसने अपने दिन षड्यन्त्र रचना में डुबो रखे थे और जो 'मक्कार राजनीतिज्ञों की लाभदायी ट्रेनिंग' 'के लिए' 'दुष्ट प्रेम सम्बन्धों' को बनाने की सिफारिश किया करता था।

साहित्य का एक सच्चा, श्रेष्ठ *अन्तरंग* जानकार पैले-रॉयल के अनुल्क्रमणीय आकर्षण को कुछ इस प्रकार बतलाता है : ''तीसरे पहर लगभग पाँच बजे के करीब, मौसम चाहे जैसा भी हो, मेरी आदत है और मैं पैले-रॉयल में टहलता हूँ। मैं वह आदमी हूँ जिसे आप द आरगेन्सन की बेंच पर, अपने विचारों में खोया हुआ, अकेले बैठा देखेंगे। मैं राजनीति, प्रेम, सुरुचि के मामलों, दर्शनशास्त्र के प्रश्नों पर अपने आपसे बातें करता हूँ। मैं अपने दिमाग़ को इसके सारे मनमौजीपन में रमण करने के लिए खुला छोड़ देता हूँ। मैं इसे पूरी आज़ादी दे देता हूँ कि इसके मन में जो भी, पहला विचार समझदार या मूर्ख आए, उससे खेलता चले—उसी तरह जैसे ऐली द फॉय में बिगड़ैल नौजवान उड़ती-सी चली जा रही उस वेश्या का पीछा करते हैं जिसका चेहरा हंसमुख, आँखें जीवन्त, चमकती हुई हैं और कुछ ऊपर को उठी हुई नाक है, और फिर उसे छोड़कर दूसरी का पीछा करने लगते हैं, ये जाते सभी की तरफ़ हैं पर ठहरते किसी कें पास नहीं। मेरे विचार मेरी रंडियाँ हैं।'' यहाँ डिडेरो विचार का एक काव्यशास्त्र गढ़ता है जो *एन्साइक्लोपेडी में* दिए गए मत के विपरीत है—और ये अतीत के विरोध में और भी अधिक उग्र है। यहाँ पापों में सबसे जिद्दी *खुशनुमा ग़मग़ीनी* की न केवल रक्षा की जाती है अपितु इसे ऊपर उठाकर एक पद्धति का दर्ज़ा दे दिया जाता है। ऐसे साक्षियों की एक लम्बी शृंखला है जो सोचते थे कि विचार की तरफ़ बढ़ना शुरू करने से भी पहले उन्हें इस पाप को बाहर निकाल फेंकना होगा : अब यह स्वयं विचार का आदिकालीन माध्यम बन जाता है। और पैले-रॉयल इस विचार का स्मृति सुधार बिन्दु है। एक अनाम आत्मपरकता, अस्त-व्यस्तता के बीच आराम से सिंहासनस्थ शब्द सूत्रों और इधर-उधर बहकती छवियों का अनुगमन करती है; ये काग़ज़ के छोटे-छोटे महल बनाती है, आरकेड के नीचे बहती हल्की हवा में उड़ते रिबनों, शालों और बक्सुओं पर निगाह डालती है; ये छोटी-छोटी थरथराहटें देखती है, मानस शब्दों को बाहर के शोर में डुबा देती है स्वयं को निरंकुश, अप्रत्याशित प्रकाशों और छायाओं के लिए खोल देती है; यह अपने-आपको बहने देती है, इस बात पर कोई ध्यान नहीं देती कि वह कहाँ जा रही है—यह तक भी नहीं सोचती कि इसकी भटकन इसे शीघ्र ही

वापस द आरगेन्सन की बेंच पर ले आएगी और इसे यह भी याद नहीं रहेगा कि यह कहाँ-कहाँ भटकती रही थी।

पैले-रॉयल केन्द्र है अफ़वाहों का और 'गहन आलस्य' का एक वैश्वीय भंडारगार, अविरल उपलब्धता का वादा, एक नो-मैन्सलैंड जहाँ पुलिस कभी पैर नहीं रख सकती (ऐसी है ऑरलीन्स की ताकत), यह सन ऑफ़ हैवन (Son of Heaven) का पार्क है, Paradiasus inversus एक उलटा-पुलटा स्वर्ग, एक 'विशाल देह बाज़ार,' औद्योगिक परिकल्पनाओं का अग्रदूत, जिसे बैंज़ामिन इन आरकेड्स में पाएगा। ये bonheur (प्रसन्नता और सुहास) की अक्षत छवि है, बचकानी और क्रूर जो अपने आनन्द का परिष्कार करती रहती है और विनाश के साथ उसका गठबन्धन बनाने का प्रयास करती रहती है। रिवॉल्यूशन का प्रथम सार्वजनिक पूजा-कार्य वहाँ 12 जुलाई, 1789 को किया गया था; *करटियस वैक्सवर्क्स* के हॉफ़मैन—जैसे संग्रह से मोम की दो आवक्ष मूर्तियाँ (नैकर की ओर ड्यूक द ऑरलीन्स की) हटाई गई थीं और एक जुलूस में ले जाई गई थीं। ''उस प्रेतनुमा जोड़ी को देखकर,'' एक साक्षी कहता है, ''लोग अजीब-अजीब अनुमान लगाने लगे।'' उन अनुमानों के दो दिन बाद, बैस्टील फ़तह कर लिया गया था। रिवॉल्यूशन के पूरे दौर में, घटनाओं का पोषण वे प्रेत करेंगे जो पैले-रॉयल में भीड़ जमाए हुए थे।

गैलेरीज़ी द बोई, कैम्प द टाटरिज़, द सर्क : ये पैले-रॉयल की वे जगहें हैं जो खो गई हैं। इसकी मेहराबों के नीचे आपको मलमल के बड़े स्कॉर्फ मिल जाएँगे, उपलब्ध स्त्रियों के वर्णन और उनकी कीमतों की विवरण और जुआ खेलने के इकत्तीस अड्डे की सूचियाँ मिल जाएँगी। 1790 में नेशनल एसेम्बली को 'पैले-रॉयल की दो हज़ार एक सौ *पब्लिक वीमैन* (नगर वधुओं) की याचिका मिली।'' वे छोटे गिलोटीनों की आकृति के सोने और चाँदी के बुन्दे पहने हुए थीं। ला शिवालियर, वह 'अप्सरा' जिसे सब चाहते थे, जल्लाद दिजॉन की बेटी थी। रैस्टिफ ने अपना वर्गीकरण का जुनून जो पहले ही फोरियर जैसा था, 'आहों की *गली* की वेश्याओं', "sunanuites" (रखैलों) "Converseuses" (विपरीतों) की सूची संकलित करके पूरा किया। बूटन डी रोज़ था जो हमेशा सूती वस्त्र पहनता था; डोरीन, विशिष्ट तौर-तरीकों वाला दार्शनिक, जो गुलाबी उन स्तर वाली मलभल पहनता था ऐलिजी ''जो संवेदनशील भव्यता से कम, कामुकता से अधिक काम लेती थी''; पिरामिडेल, एक सुन्दर ताम्बई रंग की युवती; कभी न मुरझाने वाली; कँटीला गुलाब। *कैम्प द टाटरिज* के निवासियों में एक प्रशा की दानवी थी, मैडेमॉइली लापियरे दो मीटर और बीस सेंटीमीटर ऊँची; सुन्दर जुलीना, नग्न, अधलेटी वेश्या, वास्तव में आदमकद मोम की प्रतिमा जिसे नकली खाल से ढँक दिया गया था; और विशालकाय बटर्लब्रॉड्ट, जिसका वजन दो सौ अड़तीस किलोग्राम

था। दुकानों में 'क्लिओ जैसी रोमन पोशाकें,' 'यूनानी शमीजें' और 'थेसालोनियन जैकिटें' बिकती थी, जो एक गाँठ के खुलते ही पूरी खुल जाती थी। स्त्रियाँ नए-नए केश-विन्यास करती थीं जिन्हें 'बलिदान जैसे,' 'शिकार जैसे' कहा जाता था। कुलीनों के प्राइवेट अपार्टमेंट्स में, जो गैलरियों की दूसरी मंजिल पर होते थे, 'दुनिया की औरतें,' दस या ऐसी ही कुछ वेश्याएँ, मेहमानों की आवभगत करती थीं, उनकी सेवा में अश्वेत नौकर होते थे और इन अपार्टमेंट्स में शानदार सामाजिक प्रदर्शन होता था। ये औरतें 'वास्तविक ख़तरा' थीं। ये उन 'अप्सराओं' से कहीं अधिक बड़ा ख़तरा थीं, जो अपने ग्राहकों की दुछत्ती के उन कोनों में ले जाती थीं जिनका किराया मिनटों के हिसाब से लगाया जाता था—ये वे कमरे थे जो गलियारों के लम्बे-चौड़े जाल में बिखरे हुए थे, उन सम्पन्न, भरे हुए हॉलों के परे, जहाँ हाथीदाँत की रॉलेट बाल जुए के लिए घूमती रहती थी। कामुक आकर्षण मस्तिष्क पर प्रहार करते थे; गुनगुनी, पाउडर और रूज से सजी देह पर लगे इत्र की सुगन्धें; किवाड़ खुली रसोइयों से आती व्यंजनों की तेज़ गन्ध जहाँ मृत जानवर खूँटियों से लटकते होते थे और जहाँ भूखे आदमी इकट्ठा होते थे—'विपदाग्रस्त कुत्ते,' जैसे बॉदिलेयर ने उनका वर्णन किया था, "वे लोग जो विशाल शहरों की टेढ़ी-मेढ़ी खाइयों में अकेले भटकते रहते थे," वे "जो नगर के बाहरी हिस्सों के भग्नावशेष में सोते थे और प्रतिदिन एक निश्चित समय पर, पैले-रॉयल की रसोई के दरवाज़े पर खाना लेने के लिए आ जाते थे।"

प्रकृतिवादी की प्रखर दृष्टि से, हिप्पोलाइट टैन पैले-रॉयल की जाँच करने के लिए नीचे झुकता है और उस वनस्पति को पहचान लेता है जो नवयुग की विशिष्टता है : *सामाजिक दृष्टि से हीन* लोगों की बढ़ती ज़हरीली संख्या, जो प्रत्येक वर्ग संघर्ष के आधारभूत गियरों को जाम कर देते हैं, उसे जर्जर बना देते हैं।" वेश्यावृत्ति, जुए, आलसीपन पैम्फ्लेट बाज़ी—पैले-रॉयल इन सबका अड्डा है और उन सब आधारहीन लोगों के लिए आकर्षण का केन्द्र है जो एक बड़े शहर में भटकते रहते हैं, और जो, चूँकि उनके पास न तो कोई व्यवसाय है और न परिवार, मात्र जिज्ञासा और आनन्द के लिए जीते हैं। ये लोग कॉफी हाउसों के मुस्तैद ग्राहक हैं, आदतन जुए के अड्डों पर जाते हैं, वे रोमांचप्रिय है सामाजिक रूप से हीन माने जाने वाले वर्ग के हैं, वे साहित्य, कला, मदिरालयों के पथभ्रष्ट या बेकार लोग हैं, ये वकीलों के क्लर्क, विद्यार्थी, मिसफ़िट, घुमक्कड़, विदेशी और गेस्ट हाउसों में कमरा किराए पर लेनेवाले लोग हैं। कहा जाता है कि पेरिस में उन जैसे चालीस हज़ार लोग हैं।" मिचैले ने ऑरलीन्स के पैले-रॉयल को यह कहकर हीन बतलाया कि ये "ऐसी जगह है जहाँ हर चीज़ झूठी है।" उस प्रकार का बंजर, नशीला बुखार केवल ऐसे ही स्थान में चढ़ सकता था जो मांसल जुएबाज़ी, ठंडे क्रोध और धोखे में आसक्त और डूबा हुआ है—वे शक्तियाँ विनिमय की दुनिया की हैं। किन्तु जब रिवॉल्यूशन के कर्मकांड की

सार्वजनिक चर्चा शुरू हुई, तो ये भूमिकाएँ उलट गईं : पैले-रॉयल के सामाजिक दृष्टि से हीन लोग, जो अफ़वाहों से अनुमान लगाते थे, अब लोगों की आवाज़ बन गए; वे एसेम्बलीज़ की गैलरियों में भर गए और उन्होंने प्रान्तीय प्रतिनिधियों को डराया। अन्त में काउंसिल ऑफ़ स्टेट बनी, जिसको नैपोलियन ने ऑरलीन्स के महल में स्थापित किया था, और इस प्रकार उस स्थान पर प्रशासनिक नियन्त्रण की मुहर लगा दी जो भूतों से भरा हुआ था। वहाँ 1787 की एक शाम को युवा अफ़सर बोनापार्ट ने एक 'अप्सरा' से बात की, यद्यपि ''किसी अन्य व्यक्ति की तुलना में वह उनकी दयनीय स्थिति को ज़्यादा अच्छी तरह जानता था।'' ''लगता है तुम्हें बहुत ठंड लग रही है। तुम यहाँ कैसे घूम रही हो?'' उसने कहा। ''अहा, श्रीमान, यह आशा ही है जो मुझे चलाए जा रही है; मुझे पूरी शाम गुजारनी है।'' आग, पुनर्स्थापना, अवरोध, सभी थे; किन्तु आधुनिक राज्य और पैले-रॉयल के बीच किसी प्रकार की समझ-बूझ बनने देने की इजाज़त नहीं थी। जब बोनापार्ट सत्ता में आया, तो पैले-रॉयल से निकलने वाली पहली अफ़वाह यही थी कि जनरल महल की लड़कियों को देश से बाहर मिस्र भेजने वाला है। ''क्या भयंकर विचार है। इसका नाश हो। किसी को क्या इस तरह से देश से निकाला जाता है?'' जैसे ही इस अफ़वाह की सूचना उसे दी गई बोनापार्ट ने कहा, और अपने प्रिय दास, रुस्तन का सिर टकटकाने लगा। आज महल में पूर्ण नीरवता है, कभी-कभी कोई पदचाप इसे भंग कर देती है। एक सार्वजनिक बाग़ है, अलग-अलग पड़ी कुर्सियाँ हैं, बच्चे हैं। कॉलेटे एक बेहद ठंडे दिन अपने घर की ओर जा रही थी, कि कॉलोनेड और दीवार के बीच उसने ''हवा की आड़ा-तिरछा बहाव महसूस किया। यह पैले-रॉयल चौक से आती है और दो धाराओं में बँट जाती है, इनमें से एक रयू द मॉन्टपैंसियर में भर जाती है और दूसरी गैलरी द चारज़ेज़ में घुस जाती है। गर्मियों में यह धूल के गुबार उड़ाती है, और पतझड़ में उसी स्थान में समय से पहले गिरे पत्तों का भँवर बना देती है।''

पैले-रॉयल में लोग हँसते हैं, क्योंकि ''हास्यास्पद होना मनुष्य के अन्दर शैतान होने का सबसे स्पष्ट चिह्न है''—मूल पाप का अकाट्य निशान। ऑरलीन्स का निशान, हर चीज़ के प्रति उनकी अदम्य घृणा ने उनके महल की पूर्ण सुडौलता पर भी अपनी छाप छोड़ी है। किन्तु इसका उद्यान *पहाड़ के बूढ़े आदमी* की आरामगाह भी है, वह बिन्दु जिस पर सभ्यता सबसे अधिक ''उथल-पुथल भरी, बाढ़ की तरह ऊपर बहती हुई और दुर्गन्धयुक्त है। पेरिस की गलियों में घूमते हुए, बॉदिलेयर बरनार्डीन द सेंट पीयरे की *वर्जिनी* (Virginie) की कल्पना करता है, जिसने सेंट हैलेना में अपने अन्तिम दिनों में भी नैपोलियन के हृदय को हिला दिया था (सम्राट के रूप में उसने बरनार्डीन से कहा था ''तुम्हें हमें हर छठे महीने एक *पॉल एट वर्जिनी* (Paul et virginie) देनी चाहिए।'' वह जो ''पूर्ण शुद्धता और भोलेपन की श्रेष्ठ प्रतीक है'' कवि को ''अभी

भी समुद्र के कुहासे से ओस-भीगी और उष्णबन्धीय सूर्य से स्वर्णवत चमकती हुई दिखती है, उसकी आँखें लहरों, पर्वतों और जंगलों की महान आदिकालीन छवियों से भरी हुई हैं।'' वह भी पैले-रॉयल की ओर बढ़ती है। और वहाँ, ''अकस्मात्, सहज ही'' वर्जिनी दुकान की एक खिड़की में ''क्रोध और आक्रोश से भरे एक व्यंग्य-चित्र को देखती है, ऐसी छवि जिसे केवल एक ऊब भरी और बोधात्मक सभ्यता ही बना सकती है।'' घृणित *आस्ट्रियन (ऑत्रीशियेने)* का कलंकी चित्र? या *पार्क ऑ सर्फ में* अश्लील हरकत का एक दृश्य? व़र्जिनी अनुभव करती है कि वह अज्ञात को देख रही है : ''वह उत्कीर्णन उसमें एक विचित्र बीमारी पैदा कर देगा, भय जैसा कुछ।'' जैसे ही हम वर्जिनी को पैले-रॉयल के व्यंग्य चित्र का अवलोकन करते देखते हैं, पास ही में बॉदिलेयर की दबी हँसी सुनाई दे जाती है और उसी के साथ उसके अन्तिम शब्द भी : ''क्योंकि पतन से उद्भूत दृश्य ही इसके बचाव का साधन बनेगा।''

पश्चिम ने विश्व-ज्ञान-कोश और वेश्यालय, रंगमंच और संग्रहालय, ईडन (स्वर्ग) विश्वविद्यालय, हरम होने का सपना देखा है। वह सपना एक बार साकार हुआ था पैले-रॉयल में। किन्तु सपना स्वयं अपने से डरता था। अब यह अधर में लटका हुआ, हमारे साथ-साथ चलता है।

गड्ढा खुला है (मुंडस पटेट)

एक छाया-रेखा हमें हर प्राचीन राज्य-काल से दूर किए हुए है : वह क्षण जब अनुपम पैले-रॉयल तोड़कर अनेक मेहराबों में बदल दिया गया था। राजाशाही की गैलरियों कॉरनील द्वारा सराहना की गई ''कार्डिनल के महल के अप्रतिम मेहराब'' पर, दुकानों, जुए के अड्डों कॉफी हाउसेज़ और वेश्यालयों का आक्रमण हुआ। सारे बाग़ शहर की उल्टी-सीधी बातों से भरे हुए थे; आवाज़ों ने आग पकड़ ली थी। हर चीज़ चौकोर प्रांगण के कर्मकांड में उजागर हुई—अन्तिम बिखराव, हज़ारों पात्रों वाले रंगमंच पर अन्तिम परदा गिरने से पहले। उस विवेकहीन भीड़ में—मनमौजी कुलीन से लेकर सरल ग्रामीण तक—हर आदमी ने अपना निश्चित स्थान वेश्याओं के श्रेणीबद्ध पंखे की अनगिनत चुन्नटों में पा लिया था। जब नैपोलियन ने पैले-रॉयल में काउंसिल ऑफ़ स्टेट की स्थापना की, उस समय तक अदृश्य कंकाल वहाँ पहले ही आ बसे थे—और इन शेषांशों को शत्रु-शक्ति को सौंप देने की तैयारी कर रहा था : *प्रशासन।* कुछ वर्षों बाद—पहले गुपचुप, फिर हड़बड़ी से आरकेडो (महराबों) ने अपने मुँह पेरिस की सड़कों की ओर खोलने शुरू कर दिए। पैले-रॉयल के सार (तत्त्व), जो छायाओं में पीछे हट गए थे, वापस लौट आए, वे उस सारे घुटन-भरे कृत्रिम स्थान में फैल गए और शहर में पनपने, बढ़ने लगे। बैंजामिन की पैनी नज़र ने उन सब मुखों को नई दुनिया के नर्क में जाने के प्रवेश द्वार, *facilis descensus Averni,* के रूप में देखा। ''प्राचीन यूनान में लोग उन स्थानों के बारे में जानते थे जो पाताल (नीचे की दुनिया) में जाने का रास्ता थे। हमारा सारा जाग्रत जीवन वह धरती है जहाँ कुछ छुपे बिन्दुओं से हम नीचे की दुनिया में उतर जाते हैं—एक ऐसा स्थान जो उन मुश्किल से दिखनेवाले स्थानों से भरा है जिनसे सपने (निकलकर) बाहर आते हैं। दिन में हम उनके बराबर से गुज़रते हैं, पर हमें किसी प्रकार का सन्देह नहीं होता; किन्तु जैसे ही नींद आती है, हम जल्दी से उन्हीं की ओर वापस चले जाते हैं। अँधेरे में टटोलते हुए, उन्हीं अज्ञात गलियारों में हम अपना रास्ता भूल जाते हैं। दिन की रोशनी में, शहर की गलियों का चक्रव्यूह चेतना जैसा लगता है, और आरकेड्स (वे सुरंगें जो शहर के अतीत तक ले जाती है) बिना ध्यान आकृष्ट किए उनमें घुले-मिले रहते हैं। किन्तु रात के समय, भवनों के अन्धकारपूर्ण आकार के बीच आरकेड्स का अधिक गहरा

कालापन भयावह रूप में अलग ही दिखलाई देता है। देर रात वहाँ से गुज़रने वाला जल्दी से उसके पास से निकल जाता है, जब तक कि हम उसे तंग गलियों से गुज़रने के लिए प्रेरित नहीं करते।'' पेरिस ने अपने औद्योगिक इतिहास-पूर्व (काल) में, पैले-रॉयल के गुस्ताख़ नज़ारे के बाद अँधेरे में गड्ढे *(mundus)* के निशान पाए। उन दिनों जब रोम की स्थापना की जा रही थी, और शहर को यह नाम दिए जाने से पहले, यह रिवाज़ था कि एक 'गोल गड्ढा,' जो *mundus* कहलाता था, खोदा जाता था। प्लूटार्क के अनुसार, इस गड्ढे को ''उन पहले फलों से, जो परम्परा के अनुसार अच्छे माने जाते थे और जो प्रकृति के अनुसार आवश्यक होते थे,'' भर दिया जाता था। और माना जाता था कि गड्ढा वह दरवाज़ा है जो नीचे की दुनिया *(deorum tristium et inferum quasi ianua)* की ओर ले जाता था। आरकेड्स का मामला भी ऐसा ही था; वहाँ बिक्री के लिए रखे जाने वाले सामान के पहले नमूने एक जगह ढेर करके, शीशे के केसेज़ में छोटी संगमरमर की मेज़ों पर, कास्ट आयरन के स्तम्भों के बीच, सज़ा कर रख दिए जाते थे। जिस प्रकार ''रोम की मिट्टी नर्क के मुखों से बोई जाती थी,'' उसी प्रकार भ्रष्टाचार के चैम्बर्स पेरिस में यहाँ-वहाँ छितरे पड़े थे जहाँ ''एक ओर गैस-लाइट की सुन्दर खतरनाक गायिकाएँ गाती थीं, वहीं दूसरी ओर तेल के दीये जैसी रखैलें नयन-रंजन करती थीं।'' किन्तु जो रोमांचक क्रियाएँ यहाँ फैली हुई थीं वे मुख्यतः वस्तुओं के लिए थीं। डरपोक किन्तु तानाशाह लोगों ने दुकान की खिड़कियों की सड़ी हवा में लिपटे हुए, स्वयं को अवैध वर्णसंकर पैदा करने के काम में झोंक दिया। उन्होंने तन्त्र-मन्त्रीय समताएँ खोज लीं : ''ताड़ का पौधा और धूल हटाने के झाड़न मॉप, बाल सुखाने वाला (यन्त्र) और *वीनस ऑफ़ माइलो,* और कृत्रिम अंग और पत्र लिखने की नियम पुस्तिकाएँ—यानी सब चीज़ें लम्बे अलगाव के बाद यहाँ एक जगह इकट्ठी उपलब्ध हैं।'' फैस्टस द्वारा उद्धृत कैटो के एक गद्यांश में हम पढ़ते हैं : ''*mundus* ने अपना नाम *mundus* (आसमान की छत) जो हमारे ऊपर फैली है, से लिया है। और जैसा मैंने उन लोगों से जाना है, जिन्होंने इसमें प्रवेश किया है, इसका स्वरूप, रूपाकार वास्तव में ऊपर *mundus* (छत) जैसा ही है। एक आरकेड में, उस दूधिया रोशनी को छोड़कर जो दुकानों में सामने और वस्तुएँ प्रदर्शित करनेवाले खिड़कियों के शीशों में परावर्तित होती है, दिव्य और पातालीय छतें विद्यमान हैं। बुद्धिमान रोमवासी वर्ष के उन तीन दिनों में से एक में युद्ध करना अशुभ मानते थे जब प्रथम फलों से भरा गड्ढा खुला होता था। *"Mundus Patet"*, वे कहते थे *("mundus" खुला हुआ है)*। *रैस्टोरेशन* के अन्तर्गत और लुई-फिलिप के समय में पेरिसवासी आरकेड्स को उनलोगों को आकृष्ट करने का व्यावहारिक (रुपए-पैसे की दृष्टि से) फायदेमन्द साधन समझते थे, जो मौसम की मार से बचते हुए यूँ ही वक्त गुज़ारना चाहते थे। बैंजामिन को वे सपनों के टुकड़ों के संग्रह जैसे लगते हैं जिन्हें हम जगने के बाद देखना पसन्द करते हैं। आरकेड्स के विषय में लिखते समय, वह उस

एक हाव-भाव को दुहराता है जो रोम की स्थापना के समय एक अत्यावश्यक रस्मी कार्य था : प्लूटार्क कहता है, जब mundus (गड्ढा) खोद लिया जाता था, हर कोई अपने प्रान्त की मुट्ठी भर मिट्टी लाता था और इसे प्रथम फलों के बीच फेंक देता था, जिससे सब चीज़ें मिलकर एक हो जाती थीं।" जर्मन रोमांटिसिज़्म की मिट्टी ने आख़िरकार उसका सामना किया जिसे वह अब तक नहीं जानती थी : *बड़ा शहर।*

बावजूद इसके कि बैंजामिन क्या कहता है, आरकेड्स से प्रेरित महान पुस्तक ऐरागॉन की *पीज़ैण्ट ऑफ़ पेरिस* जैसी नहीं है (यद्यपि यह अत्यन्त आकर्षक है), जितनी सैलीन की *डेथ ऑन द इन्स्टालमेंट प्लान* जिसमें *पैसेज डेस बेरेसिनाज* (वास्तव में *पैसेज चौइसियूल)* की कहानियाँ है, जहाँ सैलीन की माँ की एक दुकान थी। प्रायः तुच्छ और धनी ग्राहकों के लिए वह लेस की मरम्मत करती थी, जो उसकी दुकान से सुन्दर कतरनों के टुकड़े अपनी आस्तीनों में छिपाकर चुरा ले जाती थीं; खाने के नाम पर वह केवल मक्खन में पास्ता बनाती थी , ताकि कोई गन्ध उसकी मुलायम नाजुक सामग्री में न बस जाए; उस दमघोंटू दुकान में वह चिन्तित-सी और रुक-रुककर चलती थी, क्योंकि वह एक टाँग से लँगड़ी थी। किन्तु बैंजामिन ने पेरिस की आरकेड्स पर लिखित अपनी पुस्तक के लिए सामग्री प्राप्ति के विभिन्न साधनों में *डेथ ऑन द इन्स्टालमेंट प्लान* को शामिल नहीं किया; शायद उसने इसे पढ़ा भी नहीं था। जब सैलीन की बात आई तो बैंजामिन शुरू से ही रक्षात्मक और कुछ संशय में भी था; स्पष्ट था कि तुलना करते हुए, उसने बैन और जुंग के साथ उसे रखा और उसे 'साहित्य में Clinical Nihilism सर्वनाश' का प्रणेता माना और इस पर वह एक व्याख्यान में चर्चा करना चाहता था। किन्तु ये लेखक आपस में निरन्तर बातचीत के विषय Nihilism से कम जुड़े हुए हैं और उन ख़तरों की घंटियों से अधिक जिन्हें उनकी रचनाओं में बैंजामिन ने सुना ' जुंग के विद्वद्, छद्म-वैज्ञानिक गद्य के पीछे त्रुटिमय और आक्रामक छवियाँ मँडराती हैं—छवियाँ जिन्हें तर्क में अनुवादित नहीं किया जा सकता। उसने महसूस किया कि बैन संस्कृति की उतनी ही खिल्ली उड़ा रहा है जितना स्पैक्ट्रम के दूसरे छोर पर खड़ा ब्रेख़्त। किन्तु बैंजामिन ने पहले ही ब्रेख़्त के सख़्त डंडे के नीचे समर्पण कर देने का निर्णय ले लिया था और इस प्रकार उसने अन्य सभी विकल्प त्याग दिए। अन्ततः सैलीन में हर चीज़ एक काली धारा में शुरू से ही बही जा रही है, धारा जो क्षणिक शरण के हर द्वीप को, दूसरे इतिहास की हर सम्भावना को (जो क्रमिक सड़न का 'मधुर संगीत' नहीं है), डुबोती, समाप्त करती जा रही है। यदि आरकेड्स में कोई काव्यशास्त्र है—यदि उन अत्यधिक कृत्रिम स्थानों में कोई ऐसी चीज़ है जिसे *स्राव,* या *सार* कहा जा सकता है—तो वह प्रभाव है जो छोटा डैस्टशेज उदास लड़का, दुकान के पीछे वाले कमरे में चुपचाप अपनी माँ से (अपने अन्दर) सोखता जा रहा था : "मेरी माँ अभी भी काम करती है। मुझे याद है कि

आरकेड में, जब उसकी उम्र कम थी, मरम्मत के लिए उसकी मेज़ के ऊपर लेस का बड़ा ढेर एक विशाल शिखर हुआ करता था—काम का एक पहाड़ जिसके बदले थोड़े से ही फ्रांक मिलते थे। यह (काम) कभी समाप्त नहीं हुआ। उसे काम करना पड़ता था, ताकि हमें रोटी मिल सके। मुझे रात को डरावने सपने आते थे, और उसे भी। मैं इसे बिलकुल नहीं भूला। उसी की तरह, मैं भी हमेशा अपनी मेज़ पर आता हूँ और देखता हूँ कि काम करने के लिए वहाँ एक बड़ा ढेर मेरी प्रतीक्षा कर रहा है—*भयावनेपन* का बड़ा ढेर जिसे मुझे सारे अन्य काम करने से पहले निबटाना है।'

सारे इतिहासकार उस सहजता की आलोचना करने में एकमत हैं जिसके द्वारा समझौता वार्ताओं में टैलीरॉ पैसे बनाता था। वह विभिन्न प्रकार के स्रोतों से अच्छी रकम, जिसे douceurs (भेंटें) कहते हैं, बनाता था। उसके समसामयिक भी वह ब्यौरा जानने के इच्छुक थे कि वह कैसी गुस्ताख़ी से अपनी जेबें भर लेता था। पॉल फ्राँशाई बरास अपने *मैमुआ* (Memoires) में "कूटनीतिक परितोष और टैलीरॉ, *प्रिंस* द *बैनीवेंट* के मामले" विषयक सूची पर सात पृष्ठ लगाता है—एक सूची जिसके विषय में उसका दावा है कि यह उसने मदाम द स्टेअल से ली थी। 1815 में मिली रकमों को जोड़कर वह 11,7690,000 फ्रैंक की शानदार संख्या (और इसमें वे सौदे शामिल नहीं हैं जो टैलीरॉ ने अपनी पत्नी और अन्य दूतों द्वारा कराए थे) तक पहुँचता है।

किन्तु कोई भी इतिहासकार यह सिद्ध करने में सफल नहीं हुआ कि टैलीरॉ ने कुछ महत्त्वपूर्ण समझौता-वार्ताएँ केवल इसलिए कीं ताकि douceurs मिल सकें। उसने दूसरों को उसे पैसा देने पर विवश किया, काकी ज्यादा पैसा, उन कामों के लिए जिन्हें उसने साधारण रूप से किया ही होता। इस मामले में उसने अपने मित्र-शत्रु मीरा बॉ के कुछ गुरों का प्रयोग किया। किसी भी अन्य व्यक्ति से अधिक, टैलीरॉ यह समझ चुका था कि अब इतिहास douceur (भेंट) की दुनिया से आगे बढ़कर douceurs (भेंटों) की दुनिया तक पहुँच गया है। परिणामतः उसने महसूस किया कि douceurs को स्वीकार करने के कूटनीतिक चलन में, जिसकी लम्बी परम्परा थी, परिवर्तन करने का समय आ गया है। उसने अब रिवाज के मुताबिक "सुँघनी के बक्स या हीरे-जवाहरात, लेने के बजाय, केवल रोकड़ा लेना" शुरू कर दिया। उसके लिए सुँघनी का बक्स लेना अपमानजनक और बेकार होता। इसके विपरीत, पैसा स्वयं को छुपाने का सबसे विश्वसनीय तरीका था, दुनिया को दूर रखने और इसे सुनहरी धूल से अन्धा कर देने का, जो इसे अस्थायी रूप से असहाय बना देती थी। केवल एक बड़ा साफ़ और बहुत कठोर नियम था जो doceur के युग को doceurs के युग से जोड़ता था—एक नियम जिसे टैलीरॉ ने विट्रोलीज़ को यह स्पष्ट करने के लिए बताया कि बॉरियन को पुलिस का प्रिफैक्ट नियुक्त क्यों नहीं किया गया : "आप क्या आशा करते हैं? बॉरियन तो यहाँ था ही नहीं। वह हैम्बुर्ग से एक खचड़ा

गाड़ी में लौट रहा था। पेरिस के पास आते-आते उसका एक पहिया टूट गया और जब इसकी मरम्मत में ही उसके 24 घंटे खराब हो गए। यह है शैतान होने का मतलब। और बॉरियन, भले ही उसकी दो सौ हज़ार लिवरे की आमदनी क्यों न होती, तो भी शैतान ही रहेगा। आप समझ रहे हैं न, चाहे जो भी हो, आपको कभी भी छोटा शैतान नहीं होना चाहिए। यह थी उसकी टिप्पणी, सांसारिक और नपी-तुली, बाइबिल के सिद्धान्त पर आधारित : ''हर उस व्यक्ति का, जिसके पास है, दिया जाएगा।''

Doceurs बाद में शीघ्र ही ग़ायब हो जाते थे जुए की मेज़ पर उसकी ग़लत गणनाओं में और उसकी savoir vivre (सुरुचि से जीने की कला सीखने की चली आ रही योजना को सम्पूर्ण बनाने में। कैरीमी, फिर भी उसका रसोइया बना रहा। टैलीरॉ को तीन बार अपनी प्रिय लाइब्रेरी की नीलामी करानी पड़ी। अन्तिम बार लन्दन में एक सेल में, उसके *बिबलिओथेका स्पलैंडिडिसिमा* (bibliotheca splendidissima) की 3,465 आइटमों के लिए उसे 2,10,000 फ्रैंक मिले। उस समय उसकी आयु बासठ वर्ष की थी। टैलीरॉ की मृत्यु के दिन समाचार-पत्र गम्भीर और निरर्थक विचारों से भरे पड़े थे। स्टैंडहाल ने जो मार्सेलीज़ में था, उन्हें चिढ़ के साथ पढ़ा। उसी शाम को उसने अपने आप एक निबन्ध ''अधीरता और आडम्बरपूर्ण दिखावे की भावनाओं पर नाराज़ होकर लिख भेजा। वह 'बुरी तरह थका हुआ' था, और उसका दिमाग़ स्पैनिश नर्तकी, डोलोरेस सेरल की छवियों में, जिसके प्रति उसने अभी हाल ही में अपनी प्रशंसा व्यक्त की थी, चक्कर काट रहा था। किन्तु टैलीरॉ के लिए लिखे मृत्यु लेख का पहला वाक्य ही, जिसे वह कभी भी पूरा न कर पाया, सारी वैचारिक धुँधलाहट को जला डालता है और मजेदार असम्मानीय सत्य को उजागर कर देता है : ''मुस्यों द टैलीरॉ असीम बुद्धिमत्ता वाला व्यक्ति था पर पैसे की उसे हमेशा तंगी रहती थी।''

जिस समय जोहान कैस्पर स्मिथ जर्मनी के एक अज्ञात कोने में बड़ा हो रहा था—मैक्स स्टर्नर बनने से पहले, ऐसी एकमात्र पश्चिमी पुस्तक का लेखक जो विद्रोह के विचार को इसकी शुद्ध रासायनिक अवस्था में प्रस्तुत करती है—वयोवृद्ध टैलीरॉ उन निद्राहीन लम्बी रातों से पहले, जिनमें व्यक्ति ''बेहद भयंकर चीज़ों के विषय में सोचता है,'' डॉरॉथी के साथ, लम्बी वार्ता में लिप्त था। एक बार वह अपने धार्मिक प्रशिक्षण कॉलेज की स्मृतियों के विषय में बात कर रहा था : ''मैं इतना दुखी था कि मैंने धार्मिक कॉलेज में पहले दो साल किसी से भी (लगभग) बात किए बिना ही गुज़ारे। मैं अकेला रहता था, चुपचाप। जब भी मेरे पास ख़ाली समय होता तो मैं पुस्तकालय में जा बैठता जहाँ मैं सर्वाधिक क्रान्तिकारी पुस्तकें ढूँढता और उन्हें मिलते ही चटकर जाता और इस प्रकार मैंने सब देशों में विद्रोह, देशद्रोह और विप्लवों का इतिहास पढ डाला। मुझे समाज पर गुस्सा आ रहा था और मैं यह समझ नहीं पा रहा

था कि आखिर मैं उस जगह क्यों नहीं था जो स्वाभाविक रूप से मेरी थी—मुझे इससे वंचित क्यों रखा गया, क्या केवल इसी कारण कि मैं बचपन की विकलांगता से ग्रस्त था।''

'समाज पर ग़ुस्सा' : ये वे शब्द हैं जिन्हें टैलीरॉ के होंठों से सुनने की कोई भी आशा नहीं करेगा। किन्तु इनकी पुष्टि होती है, कुछ सूक्ष्म अन्तरों के साथ उससे जो टैलीरॉ ने अपने मैमुआ (Memoires) में लिखा : ''धर्म प्रशिक्षण कॉलेज में मैं उस उदासी से दुखी था जिसे सोलह साल के कम ही बच्चे महसूस करते हैं। मैंने किसी से परिचय नहीं चाहा। मैं हर काम ग़ुस्से में करता था। मुझे अपने वरिष्ठों, अपने माता-पिता, सारे संस्थानों और ख़ासतौर से उस शक्ति, पर नाराज़गी थी, जिसे लोगों ने उन सामाजिक परिपाटियों को प्रदान किया था जिनके सामने मुझे झुकना पड़ा।

''मैंने तीन वर्ष सेंट-सलपीस सेमिनरी में बिताए, लगभग बिना बोले। वे सोचते थे कि मैं घमंडी हूँ और प्रायः इसके लिए मुझे बुरा-भला कहते...किन्तु मैं केवल एक अच्छा-भला नौजवान था, बेहद दुखी और अन्दर आग से जलता हुआ... । सेंट-सलपीस का पुस्तकालय, जिसे कार्डिनल द फ्लियरी ने अच्छी पुस्तकों से भरा था, बहुत विशाल था और इसमें छाँट-छाँटकर, पुस्तकें रखी गई थीं। मैंने वहाँ महान इतिहासकारों, नैतिकतावादियों और कुछ कवियों की रचनाएँ पढ़ने में और साथ ही कई राजनयिकों के निजी जीवन की गाथाएँ पढ़ने में दिन गुजारे। यात्रा-वर्णनों को बेहद चाव के साथ पढ़ा। एक नई धरती, तूफ़ानों के ख़तरे, आपदा की कथा, ऐसे देशों के वर्णन जहाँ व्यक्ति महान परिवर्तनों के और कभी-कभी विप्लवों के प्रभाव देख सकता था—ये सब चीज़ें मुझे बहुत आकर्षित करती थीं। कभी-कभी मुझे अपनी ही स्थिति कम बदलने वाली नज़र आती थी जब मैं इसकी तुलना उन बड़े बदलावों, उन बड़े धक्कों से करता जिन्हें आधुनिक नेविगेटरों ने प्रायः अपने वर्णनों में दिखलाया था।'' टैलीरॉ ने कुछ चतुर फेर-बदल किए; जहाँ वह निजी वार्तालाप के दौरान 'विद्राहों' और 'देश-द्रोहों' की बात करता, अपनी प्रकाशित स्मृतियों में वह इन्हें 'यात्रा-वर्णन' और 'तूफ़ान' की संज्ञा देता था। किन्तु क्या वे आख़िरकार, एक ही नहीं थे? क्या ये तूफानी धाराओं के ही अलग-अलग रूप नहीं थे जो हमें एक सुरक्षित स्थान पर बस जाने से रोकते हैं? मैक्स स्टर्नर के किशोर वर्षों के निशान केवल उन कुछ नोट्स में शेष हैं जो उसके प्रोफेसरों ने बोर्डिंग स्कूलों में अपनी रिकॉर्ड बुक्स में लिखे हैं, जो निश्चिय ही इतने विशिष्ट नहीं थे जितना कि सेंट-सलपीस का प्रशिक्षण कॉलेज। किन्तु सारी डर *आइनज़िगी* विद्रोह के लम्बे और हिंसा-भरे दिवा-स्वप्नों से ओतप्रोत है। स्टर्नर और टैलीरॉ, दोनों ने ही, जब वे खुलकर बाहर आ गए, यह विवशता अनुभव की कि वे आगे बढ़कर सिर घुमा देनेवाले शून्य में चले जाएँ। स्टर्नर प्रारम्भ से ही शून्य से सम्बन्धित था, और वह इसे इसकी पूरी शुद्धता और सम्पूर्णता के दावे के साथ प्रस्तुत करने वाला था। टैलीरॉ की शून्यता उसकी 'स्वाभाविक स्थिति' से बाहर निकाल दिए

जाने से पैदा हुई थी; स्वाभाविक स्थिति जो उसके लिए अभी भी सब विप्लवों के बीच भी विद्यमान थी; यह एक वैध स्थान था, और जो एक ऐसी व्यवस्था को दर्शाता था जिसे न तूफ़ान और न ही कोई विद्रोह भंग कर सकते थे। वह विचार करने की ऐसी निष्कपटता के फेर में कभी नहीं पड़ा कि व्यवस्था को किसी सामाजिक प्रणाली से मिला दिया जाए। फिर भी हर सामाजिक प्रणाली का यह कर्तव्य था कि वह ऐसी व्यवस्था की ओर संकेत करे। यह सेंट पॉल की उलझन की एक झलक थी : "ऐसी कोई भी शक्ति नहीं है जो ईश्वर से न आती हो।" उसे सारे जीवन भर एक पूर्वाभास होता रहा। उसे लगता था मानो किसी हल्की-सी सुगन्ध को सूँघ रहा हो, कि दुनिया के पीछे, इसकी उफनती लहरों के पीछे, एक अगम्य 'गुप्त सागर,' दिव्य और सांसारिक, फैला हुआ है, जहाँ एक जगह लहरों के अन्तिम स्पन्दन मिलते हैं। वहाँ उस गुप्त सागर में, भिनसार के साथ-साथ वह सहायता-टेक उभरकर आई थी—और अभी भी खडी थी—जो स्वर्ग और पृथ्वी को अलग करती है और उन्हें ठीक स्थिति में बनाए भी रखती है : ऋत्।

टैलीरॉ की अन्तिम सौदेबाजी की मेज़ उसकी मृत्यु शैया थी। हमेशा की तरह, उसने इस बहस के लिए काफ़ी पहले से और किसी अन्य के जाने बिना ही, तैयारी कर रखी थी। जब उसकी पत्नी (जो अब मोटी हो गई थी किन्तु जो पहले भारत में मांसल-कामुक साहसिका रह चुकी थी) अन्ततः मरी तो, टैलीरॉ ने बड़े संक्षिप्त रूप में कहा, "इससे मेरी स्थिति बहुत आसान हो गई है।" यह इस बात का चिह्न था कि उसने अपनी अन्तिम बाजी शुरू कर दी थी। ठंडा और संयत जैसा कि उसकी गाथा की माँग थी, उसने तीन साल की अवधि में अपने समझे-बूझे खेल की सारी तैयारी कर ली थी। एक दिन उसने यूँ ही डॉरॉथी से कहा, " 'मुझे ऐबे ड्यूपॉलो से मिलने में कोई ऐतराज़ नहीं है...वह हमारा 'कन्फेशर' (स्वीकारोक्ति सुनने वाला) है, उसने ये अर्धगम्भीर मुस्कुराहट के साथ कहा।" कुछ सप्ताह बाद ऐबे को होटल सेंट-फ्लोरेंटिन में आमन्त्रित किया गया, जहाँ उसने राजकुमार को वह स्मरण करते सुना जो मरते हुए फेनेलॉन ने सेंट-सलपीस के विषय में कहा था ("मुझे इससे अधिक धार्मिक, इससे अधिक पूजनीय और कुछ ज्ञात नहीं है")/वह भी उसी धार्मिक प्रशिक्षण कॉलेज में, अपनी उदास और स्वप्निल किशोरावस्था में पढ़ा था, जब वह एक 'छोटा बोनापार्ट' बनने की तैयारी कर रहा था—वे वर्ष, जिनके विषय में अब वह कहता था कि उसके सबसे अधिक खुशी के दिन थे। ऐबे ड्यूपाँलो और डॉरॉथी के ज़रिए, जो यहाँ उसके मिनिस्टर की तरह काम कर रही थी, सम्प्रभु टैलीरॉ ने अपने जीवन के शेष (अन्तिम) चार महीनों में चर्च से एक समझौता कर लिया और 'पश्चात्ताप के एक फार्मूले' पर पहुँच गया। दो अवरोध पार किए जाने थे : प्रथम, बिशप के रूप में उसने धर्माचारियों के लिए अपावन नागरिक संविधान के पक्ष में मतदान किया था और कुछ सवैधानिक बिशपों की नियुक्ति का धर्मादेश जारी किया था; दूसरे *पायस VII* की

सलाह पर सामान्य *कम्यूनियन* के लिए अवनत किए जाने के उपरान्त, पादरियों से सम्बन्धित ब्रह्मचर्य की वापस न ली गई शपथ को तोड़ते हुए, उसने शादी कर ली थी। होटल सेंट-फ्लोरेंटिन और पेरिस के आर्चबिशप मुस्यों द क्वेलन के बीच बहुत सारे, और कई बार संशोधित किए गए, काग़ज़ात आए-गए; ये आर्चबिशप कट्टर ब्रैटन थे और कई वर्षों से राजकुमार से प्रार्थना कर रहे थे कि वह पश्चात्ताप स्वरूप अपने कुछ कथन वापस ले ले। इस समझौते वार्ता के सन्दर्भ में राजकुमार की अन्तिम सार्वजनिक उपस्थिति अपना अलग ही अर्थ रखती है। एकदम फिट काला फ्रॉककोट और लेस लगी फहराती नैकटाई पहने, चौरासी वर्षीय बूढ़े टैलीरॉं को, जो *डायरेक्टरी* के merveilleux (आश्चर्य भरे नमूने) जैसा दिख रहा था दो 'यूनिफार्म पहने पुरुष-सेवक अपनी बाँहों में उठाकर' *इन्स्टीट्यूट द फ्रांस* की पैड़ियों पर ऊपर रेइनहार्ड नामक सामान्य कूटनीतिज्ञ की प्रशंसा में व्याख्यान देने के लिए ले गए। यह भाषण देने में, जो दिखने में एक सनकी श्रद्धांजलि लगता था, टैलीरॉं के अपने सही और सुस्पष्ट कारण थे। यह उसका 'जनता से विदाई' लेना था और यह व्याख्यान परफेक्ट शैली में दिया गया ("यह बिलकुल वाल्टेयर जैसा है। वाल्टेयर का सर्वश्रेष्ठ। भाषण के बाद विक्टर कज़िन ने, एक विद्वान की अजीब उत्तेजना के उत्साही हाव-भाव के साथ ये शब्द कई बार दुहराए")। किन्तु सबसे ऊपर, यह एक संकेत-सन्दर्भ था। रेइनहार्ड के जीवन पर संक्षेप में बोलते हुए, टैलीरॉं ने सुस्पष्ट भाव से रेइनहार्ड के धर्मशास्त्रीय अध्ययन पर बल दिया। यह उसी तरह का अध्ययन था जिसने वक्ता को उसकी युवावस्था में प्रेरित किया था। उन महान धर्मशास्त्रीय कूटनीतिज्ञों की विस्तृत सूची प्रस्तुत करते हुए, जिन्होंने फ्रांस के इतिहास को सुशोभित किया था, राजकुमार ने उल्लेख किया कि कूटनीति की कला, यदि इसे एक विशिष्ट दृष्टिकोण से देखा जाए तो यह धर्म के अध्ययन की ही एक शाखा नज़र आती है। "मैंने उसे यह कहते सुना कि वह स्वयं को अपने समय के अग्रणी धर्मशास्त्रियों में से एक मानता है," निष्ठावान अवलोकनकर्ता बैरन वॉन गैगर्न ने कई वर्ष पहले लिखा था। टैलीरॉं ने अपने उस विरोधाभासी दावे के पीछे का औचित्य अब उजागर किया। अगले दिन सवेरे उसके द्वारा रेइनहार्ड की प्रशंसा में दिए गए भाषण की प्रतियाँ मुस्यों द क्वेलेन और ऐबे ड्यूपालो को पहुँचा दी गई थीं।

यह विचार करना निरर्थक है कि अपने पूर्व कथनों को वापस लेने की टैलीरॉं की इच्छा 'सच्ची' थी। ऐसा करना यह विचार करना होगा कि क्या कांग्रेस ऑफ़ वियेना के अन्तिम दस्तावेज़ 'सच्चे' थे। सच तो यह है कि समझौता वार्ता करने में उसका प्रारम्भिक स्फुरण धार्मिक न होकर केवल अनुष्ठानिक था। अपने अन्तिम वर्षों में, टैलीरॉं ने उन ख़तरों का पूर्वानुमान कर लिया था जो आगे आने वाले थे : मरने के बाद, (चर्च द्वारा) उसकी धार्मिक अन्त्येष्टि से इनकार किया जा सकता था, हो सकता था उसे एक दयनीय नागरिक अन्त्येष्टि के अतिरिक्त और कुछ न मिलता। यही

उसका एकमात्र डर था। उसने अपने डॉक्टर से कहा था, "मुझे केवल एक ही चीज़ का डर है : अनौचित्य का।" जीवन भर टैलीरॉ स्वयं स्कैंडल बना रहा था, किन्तु इस स्कैंडल के पास हमेशा ही एक व्यवस्था देने की ताकत रही थी, हर *अनुपयुक्तता* से बच निकलने की ताकत। और अब, उसकी मृत्यु के समय चर्च की कठोर मनाही के समक्ष उसकी अविश्वसनीय छवि टूटने के कागार पर थी। अपने अन्तिम प्रदर्शन में वह सबसे प्राचीन व्यवस्था (ऑर्डर) से निष्कासित दिखाई देनेवाला था। फेनेलॉन को पढ़ते हुए टैलीरॉ एक गद्यांश पर थोड़ा ठहरा : "आइए चर्च पर एक निगाह डालें, ईश्वर की सन्तानों के उस दृष्टव्य समाज पर, जिसे युगों-युगों से बचाए रखा गया है : यह साम्राज्य अनन्त है। अन्य सभी शक्तियों का उत्थान और पतन होता है। संसार को आश्चर्यचकित करके वे तिरोहित हो जाती हैं।" टैलीरॉ ने हाशिए पर लिखा, 'बहुत सुन्दर।' उसका स्थान अनन्त साम्राज्य में था। "मैं अनुभव करता हूँ कि रोम को मनाने के लिए मुझे कुछ न कुछ करना होगा," उसने डॉरॉथी से कहा।

किन्तु अपने पूर्व कथन वापस लेने से आज इसे अस्वीकार कर लेने से उसका सारा जीवन व्यर्थ हो सकता था। टैलीरॉ की राजनीतिक प्रतिभा ने अन्तिम बार यहाँ भी स्वयं को फिर सिद्ध कर दिखाया। राजनीति में कार्य अपने आपमें उतने निर्णायक नहीं जितना निर्णायक है उनको किए जाने का समय। राजनीतिज्ञ वही है जो समय को अपने पक्ष में रखता है। और समय की शक्ति में टैलीरॉ की स्थायी आस्था थी। स्थगित करते जाना उसकी पॉलिसी का गुहा हथियार था। इस समय, टैलीरॉ ने फ़ैसला किया कि वह इसे इसकी अन्तिम सीमा, यानी अपनी मृत्यु तक आगे धकेलता ले चलेगा। "अधिकांश चीज़ें न किए जाने पर (भी) होती रहती हैं : यह लाओ-ज़ू के *वू वेई* (wu wei) का पाश्चात्य अनुवाद है और टैलीरॉ का सर्वोपरि नीति वाक्य। यह एक अन्य रहस्य था जिसे वह एक दिन गैगर्न को पूरे विश्वास के साथ बतलाने वाला था। अब इस नीति वाक्य को सर्वाधिक कठोरता से लागू किया जाना था : चीज़ों को इस तरह होने देना कि वे मृत्यु से बस एक क्षण पहले घटित हों, और साथ ही यह *भी निर्णय करना* कि वे इसी प्रकार हों। अपनी मृत्यु वेदना में, मृत्यु से एक दिन पहले, टैलीरॉ ने चार बार किन्तु बड़ी विनम्रता से अपने पूर्व कथन वापस लेने की बात पर हस्ताक्षर करने का निमन्त्रण ठुकरा दिया। अन्त में उसने कहा कि वह अगले दिन सवेरे पाँच और छह बजे के बीच इस पर हस्ताक्षर कर देगा। मई के उस दिन सवेरे, जैसे ही प्रभात हुआ और घड़ी छह बजा रही थी, डॉरॉथी द्वारा *टैक्स्ट* के दो पृष्ठ एक-एक शब्द धीरे-धीरे साफ़-साफ़ बोलकर सुना देने के बाद, उसने दस्तावेज़ पर हस्ताक्षर कर दिए; यह काम दो प्रसिद्ध गवाहों की उपस्थिति में हुआ। अपना पूर्व कथन वापस लेने से भी अधिक, यह चर्च की सत्ता के समक्ष उसके समर्पण को व्यक्त कर रहा था, इसके *गोलमोल* शब्दों में (*verba generalia*) सारी कष्टदायी स्मृतियाँ लपेट दी गई थीं।

इस कार्य को अपनी आसन्न मृत्यु वेदना से भरे सही क्षण तक स्थगित करते जाना उसकी कड़ी परीक्षा थी। वह *ऐन्थ्रैक्स* के कारण अपनी कमर में गए 'बहुत बड़े घाव' की यन्त्रणा झेल रहा था; इस घाव ने उसके कमर के बल लेटे रहना असम्भव कर दिया था; दो आदमी उसे निरन्तर अपनी बाँहों से सहारा देते रहते थे, ये दो आदमी हर दो-दो घंटे बाद बदल जाते थे; उसके कन्धे एक तकिए पर टिके थे, जिसे छत से रस्सी से अधर में लटकाकर रखा जाता था।'' टैलीरॉ आख़िर तक जुआरी रहा : उसने अपनी मृत्यु के समय (घंटे) पर शर्त लगाई और जीवन के अन्तिम स्पष्टता वाले क्षण पर सब कुछ दाँव पर रख दिया। उसका अन्तिम कार्य भी, एक बार फिर, उसका हस्ताक्षर ही होने वाला था। सबसे न्यून कार्य, किन्तु केवल यही उसके सारे (जीवन को) दर्शाएगा। उसके हस्ताक्षर के बराबर में (चार्ल्स-मॉरिस, *प्रिंस द टैलीरॉ,* जो उस युग की सभी महत्त्वपूर्ण सन्धियों के नीचे हुए थे) और इसके जितना नज़दीक संभव था, एक ऐसी सत्ता की मुहर लगनी थी जिसे कोई चुनौती नहीं दे सकता : मृत्यु की मुहर। और हुआ भी ऐसा ही : अपना नाम हस्ताक्षरित करने के नौ घंटे बाद उसकी मृत्यु हो गई। अपने हस्ताक्षर और मृत्यु के बीच कम-से-कम अन्तराल सुनिश्चित करने से उसे स्वयं पर किसी भी प्रकार के आक्रमण न होने की गारंटी मिल गई। किन्तु जब दस्तावेज़ रोम पहुँचा तो *होली सी* (Holy See) ने इसे अपर्याप्त माना। यदि टैलीरॉ कुछ दिन और जीता रहता तो उसे दुबारा हस्ताक्षर करने का अपमान सहना पड़ता—और इससे भी कहीं अधिक कठोर टैक्स्ट पर हस्ताक्षर करने पड़ते। किन्तु अब तो बहुत देर हो चुकी थी। टैलीरॉ अब स्वयं को (और) सही नहीं कर सकता था, अब चर्च द्वारा लादे गए शब्दों से स्वयं अपनी भर्त्सना नहीं कर सकता था, जो उसकी कार्यशैली की सम्प्रभुता को ख़राब करते। राजकुमार को पहले ही Sacraments मिल चुके थे; वह मर चुका था—जैसे उसने अपनी वसीयत के प्रथम शब्दों में स्पष्ट कर दिया था—''रोमन कैथोलिक ऐपॉस्टॉलिक चर्च के आँचल में।'' किन्तु फिर भी चर्च ने यह तथ्य कभी प्रकाशित नहीं किया कि पोप टैलीरॉ के अपने पूर्व कथन को वापस लेना अपर्याप्त मानता था। काफ़ी लम्बे समय तक वे पृष्ठ ग्रैगरी XVI के डैस्क पर उसके बहुमूल्य दस्तावेज़ों के बीच बने रहे। फिर वे ग़ायब हो गए। वैटिकन के मातृवत् अभिलेखागार में अब उनका कोई निशान नहीं है।

धर्मशास्त्रीय संघर्ष, सच्ची *वेदना,* घोर धृष्टता और बुद्धिमत्ता के एक निःश्वास कथन से, जिसे केवल एक गवाह, *प्रॉस्पर द बरान्टे* ने रिकार्ड किया था, समाप्त हो गया। जब ऐबे ड्यूपाँलो राजकुमार के पास अन्तिम तैल-मर्दन संस्कार (Extreme Unction) के लिए पहुँचे, तो टैलीरॉ ने अपनी हथेलियों का पिछला भाग उनके सामने करते हुए कहा, ''मुस्यों ल' ऐबे स्मरण रखें मैं एक बिशप हूँ।'' बहुत पहले जिस दिन टैलीरॉ को बिशप बनाने का धर्मादेश हुआ था तो तैल-मर्दन संस्कार उसकी हथेलियों पर किया गया था। अब तैल-मर्दन उसकी हथेलियों के दूसरी ओर किया जाना था,

इस प्रकार वे पूरी तरह ढँक जाने वाली थीं। उस कार्य से, टैलीरॉ ने स्वीकार कर लिया था कि उसके माता-पिता की मनमानी इच्छा, जिसने उसे आध्यात्मिक रूप से संस्कारित होने के लिए बाध्य किया था, वास्तव में उसकी अपनी सारी योजनाओं की तुलना में अत्यधिक दूरदर्शितापूर्ण थी। उसे पावन की रक्षा करने के लिए इसे स्कैंडल में ढँकने पर मज़बूर कर दिया गया था—"उस क्रान्ति द्वारा जो पिछले पचास वर्षों से होती आ रही थी।" जैसा उसने अभी हाल ही में हस्ताक्षरित दस्तावेज में कहा था। किन्तु पवित्र तैल-मर्दन संस्कार के लिए अब उसने अपने हथेलियों के पिछले भाग सामने कर दिए थे। उस व्यक्ति ने, जो पिछले अनेक वर्षों से स्वयं शैतान की प्रतिमूर्ति रहा था, स्वीकार किया कि उसकी आत्मा, शुरू से ही भगवान को बेची जा चुकी थी।

टैलीरॉ पर निरन्तर प्रहार में, शैतुब्रियाँ सोचता था कि उसने टैलीरॉ की मृत्यु पर निम्न टिप्पणी करके सबको पीछे छोड़ दिया है : "मुस्यों द टैलीरॉ, जिन्हें पिछले वर्षों में कई बार सर्वोच्च सत्ता के समक्ष उपस्थित होने के लिए बुलाया गया, बेहद ज़िद्दी और अवज्ञाकारी थे। ईश्वर के आदेश पर, मृत्यु उन्हें ढूँढ़ती हुई आई और अन्ततः उन्हें खोज लिया। यदि कोई व्यक्ति उनके जीवन को समीप से देखे तो उसे उतना ही सड़ा हुआ पाएगा जितना मुस्यो द लाफेयत का *अच्छा स्वास्थ्य* था। उसे एक ऐसी जुगुप्सा का सामना करना पड़ेगा जिससे मैं उबर नहीं पाया हूँ। महामारी ग्रस्त आदमी वेश्याओं की लाशों जैसे होते हैं : घाव उन्हें इस तरह नष्ट कर डालते हैं कि उन्हें (परीक्षण की) चीर-फाड़ के लिए भी प्रयोग नहीं किया जा सकता।" किन्तु एक और आदमी भी था जो इससे भी आगे गया : सेंट बौवे। अपनी शैली के प्रति निष्ठावान उसने अपने कठोर आक्रोश को अभिव्यक्ति दी, बस स्वयं को पुनश्च की विषैली फुसफुसाहट में छिपाए रखा : "ईश्वर हमें भ्रष्ट लोगों की douceur से बचाए रखे, यदि उनके बड़े स्वार्थ दाँव पर लगे हैं तो बिलकुल खैर नहीं।"

"यह कहा जा सकता है कि, फ्रांस के राजाओं की भाँति, अपने पूर्व कथन वापस लेने वाले बयान पर हस्ताक्षर करके टैलीरॉ सार्वजनिक नज़रों के सामने भरा।" ऐन आठ बजे लुई फिलिप पहुँचा, उसके साथ मदाम ऐडीलेड भी थीं। वह ब्राउन कोट और चमकते हुए जूते पहने हुए था, और उसने हैट अपने अस्थिर हाथों में लिया हुआ था। "कुछ-कुछ छोटे बुर्जुआ जैसा दिखते हुए," उसने प्रिंस के थोड़े बदरंग पड़ते हुए गाउन और उसके ऊँचे, चौड़े माथे को देखा। टैलीरॉ ने वहाँ उपस्थित सभी को प्रोटोकोल द्वारा स्थापित व्यवस्था के अनुसार राजा के सामने प्रस्तुत करके सारी अचकचाहट दूर कर दी थी, यहाँ तक कि अपने प्रथम निजी चाकर, हेली तक की भी। उसके बाद गुज़रने वाले घंटों में, मर रहे आदमी के शयनकक्ष के बराबर, ड्राइंग रूम में एक छोटी भीड़ इकट्ठी हो गई थी। उनमें कई राजनीतिज्ञ थे, "कुछ पावडर लगे सिर वाले, कुछ गंजे सिर वाले, तेज़ जलती आग के चारों ओर इकट्ठा हो गए थे। "उनका जीवन्त

वार्तालाप—यद्यपि, सुरुचिवश और उस आदमी का ध्यान रखते हुए जो इसे निर्देशित कर रहा था, यह धीमी टोन में था—फिर भी सारे अपार्टमेंट को अविरल बड़बड़ाहट से भर रहा था।'' प्रिंस का सेक्रेटरी, कोलमैश सारी भीड़ पर नज़रें लगाए हुए था। उसने मोन्त्रों को देखा, टैलीरॉ की बुराइयों और सट्टेबाजियों का साथी, एक तरफ़ अकेला और उदास बैठा था; ''दुखी और चुपचाप बाकी सबसे अलग; लगता था विचारों में खोया हुआ है, और उसका ध्यान अपने चारों ओर घट रहे दृश्य के विवरण पर बिलकुल नहीं था, और यदि यही दृश्य कहीं अन्यत्र होता तो फिर आप उसके व्यंग्य के तेज़-तर्रार तीर देखते जिनकी वजह से लोग उससे बेहद डरते थे।'' सुन्दर डचैस द वी खिड़की के पास एक दीवान पर लेटी हुई थी, जिन्हें ''सुन्दरियों का एक झुंड, जो सब डाकू जैसी लगती थीं, और युवा फ्रांस की खासियत थीं, घेरे हुए थीं। ये या तो उसके बराबर में कालीन पर घुटनों पर झुकी बैठी थी या दीवान पर डचैस के पायताने कुशन पर नीचे बैठी थीं। जैसे ही चारों ओर फुसफुसाहट फैली कि प्रिंस मर गया है, कमरे तुरन्त खाली हो गए : ''शायद किसी ने सोचा हो कि कौवे एक साथ उड़ गए, इतनी जल्दी हर कोई भवन से भागा, इस आशा में कि वह जल्दी-से-जल्दी अपने ग्रुप के, जिसके वह वेद व्यास था, सब लोगों को यह ख़बर पहुँचा दे कि प्रिंस नहीं रहा। केवल कुछ वफ़ादार लोग ही वहाँ बने रहे, जो शायद प्रिंस की मृत्यु पर गहरा शोक मना रहे थे : वे थे उसके नौकर। हर एक अपने उसी दैनिक कार्यक्रम के अनुसार काम करता रहा जिसका वह आदी था। अचानक, कोलमैश ने रसोइए को आते देखा : ''अनेक वर्षों से हर सुबह, एकदम नियत समय पर, जिस वक्त उसे प्रिंस से ऑर्डर लेने के लिए आने का आदेश था, आया, उसके पीछे-पीछे उसके (marmitons) सहायकों का झुंड था, एकदम बुर्राक सफेद कपड़ों में और काटनेवाले लम्बे चाकू लिए हुए रसोइयाँ, धीमे कदमों से पलंग के पैताने आया, और घुटनों पर झुकते हुए, हाथ में सूती टोपी लिए हुए, उसने मन-ही-मन एक छोटी-सी प्रार्थना बोली। हर एक ने शव पर पवित्र जल छिड़का, फिर वे सब उसी मौन के साथ बाहर चले गए जैसे आए थे।

पीटर्सबर्ग से पत्र

मुस्यों ल शिवैलियर,

मैं आपको चौदह महीनों के अन्तराल के बाद लिख रहा हूँ, और इस दौरान मेरा किसी से भी पत्राचार नहीं हुआ है। नेवा, जो मेरे सामने बह रही है, लगता है कि मुझे इस दौरान और भी आगे बहा ले गई है। *ताफ्ता* के परदों में से होकर काम चटख़ा की सुगन्ध मुझ तक पहुँच रही है।

तुम तो अच्छी तरह जानते हो मेरे ग़ुस्से और दुराग्रह के दौरे सदा मेरी जन्मजात प्रसन्नता से ही हल्के होते रहे हैं; किन्तु व्यर्थ निरन्तर कष्ट के जुए के नीचे यह उत्साही प्रसन्नता का भाव लगभग ग़ायब ही हो गया है। शाम के समय मैं अपनी गाड़ी मँगा लेता हूँ और स्वयं पर बलात दबाव बनाते हुए, उन महिलाओं से मिलने चला जाता हूँ जिनका कभी मुझ पर जादुई प्रभाव था। *शून्यता* के बहुत भारी बोझ के नीचे मेरा सिर अत्यन्त बोझिल, थका हुआ, *चपटा* हुआ लगता है। आजकल मैं मुख्यतः अपने आपसे ही बातचीत करता रहता हूँ, भले ही यह असामाजिक व्यवहार मुझे क्षुब्ध करता है। किन्तु एक आदमी को कुछ तो करना ही होता है। इसलिए मैं अपने आपको कमरे में बन्द कर लेता हूँ और पढ़ता हूँ ऐसी उत्कंठा के साथ कि मुझे कँपकँपी आ जाती है; रात को मैं स्वयं को उन आदमियों को बुरा-भला कहने पाता हूँ जो मर गए हैं किन्तु फिर भी घृणास्पद रूप से महत्त्वपूर्ण हैं। और राजनीति की निष्ठुर दुनिया सदैव ही मेरे मस्तिष्क पर आक्रमण करती रहती है, मेरे सारे विचारों में घुल-मिल जाती है और उन्हें विष में बदल देती है। अभी हाल का मेरा सबसे सुखद अनुभव चन्द महीने पहले हुआ : मैं लेना के दहाने पर बर्फ़ की एक चट्टान के अन्दर पाए गए विशाल मैमथ (प्राचीन विशालकाय हाथियों की लुहा प्रजाति) के शेषांश देखने गया। यद्यपि ध्रुवीय भालुओं ने अस्थिपंजर के कुछ भाग को फाड़ खाया था, फिर भी मैं इसे छू सका, इसे सहला सका (आदिम) बाढ़ का अकाट्य साक्षी, भावी *अग्नि* का संकेत जो अपनी अवश्यम्भाविता से हमें आज भी यन्त्रणा देती और चलाती है। इसका कान अभी भी फ़र से ढँका था। पाँच या छह बार मैं अपनी नाक इसके मांस के पास ले गया। उस सड़े हुए आदिम मांस की दुर्गन्ध से मुझे जैसा आनन्द आया मैं नहीं कह सकता कि कभी सबसे बढ़िया *पूर्वी* इत्रादि की

सर्वाधिक मस्त मांसल-कामुक गन्ध में मुझे वैसा मजा आया हो। Qood semper quod ubique, quod ab omnibus उस अस्थिपंजर की उपस्थिति में मैंने अनुभव किया कि *धर्म सिद्धान्त* की मधुरता—वह पन्ने का तकुआ जिस पर मेरे सारे संवेदन लिपटे हुए हैं—अभी भी कोमलता से स्पंदित हो रहा था। फिर मैं अलमारियों से बातें करने के लिए वापस आ गया। आधुनिक दर्शनशास्त्र के अकथनीय उपहास के समक्ष भी, उस विशाल जीव की भाँति मेरी निश्चितताएँ, बर्फ़ के पहाड़ में दबी, साबुत, सुरक्षित हैं। और उस अस्थिपंजर के समान, अपने आपको अपने एकाकीपन के ध्रुवीय रीछों द्वारा धीरे-धीरे टुकड़े-टुकड़े कर फाड़ खा लेने देता हूँ। मेरे अच्छे शिवैलियर, केवल एक ही चीज़ है जो मैं जानना चाहता हूँ : पेरिस में लोग आजकल किस विषय पर चर्चा करते हैं?

आपका
सेंट पीटर्सबर्ग से सिनेटर

सेंट-बौवे हमें दिखलाता है कि किस प्रकार bon mot (चतुर उक्ति) (बदलकर) fin mot (वास्तविक सत्य) हो गया—अन्तिम, गुह्य सत्य—और किस प्रकार fin mot इतना कड़वा सिद्ध हुआ कि शालीनता वश, लोगों ने इसे कहने से बचना शुरू कर दिया; और अन्ततः यह कई अन्य mots में मिलकर भ्रामक बन गया। अन्यथा जीवन के रास्ते पर मेहनत करते हुए धीरे-धीरे चलते चले जाने का एक नैराश्य भरे पक्षाघात में अन्त होता। "आपको अपने कुछ भ्रम बनाए रखने होते हैं, आपको जीवन की प्रगति में कुछ आस्था बनाए रखनी होती है। जब आप fin mot को बहुत ही अच्छी तरह समझ जाते हैं, तो प्रकृति आपको रंगमंच से हटा देती है, क्योंकि आप नाटक को आगे बढ़ने से रोकेंगे।"

"यदा-कदा कुछ *विचार* लोगों के दिमाग़ में पहुँचा दें, ताकि लोग उन्हें इधर-उधर फैला सकें : जैसा हम लिख्तेन्बर्ग में, मियेस्टर में, मैनिसियस में पढ़ते हैं...' " सेंट बौवे की सबसे बड़ी चिन्ता उन्हें इधर-उधर फैलाने की थी—अपने लेखों में उन विचारों के संकेत देना, वे छोटे-छोटे वाक्य, जो अधिकांशतः तो उसके अपने ही थे, किन्तु वह उन्हें अपने नहीं कहता था, ताकि वे स्पष्ट न होने पाएँ। अन्यथा वे अत्यधिक लाक्षणिक हो जाते—और अभिव्यक्ति से उनकी कोमलता को चोट पहुँचती। वह महसूस करता था कि एक लेखक को उन पाठकों की प्रतीक्षा करनी चाहिए जो उसकी बाहरी परतों को भेद सकें, और छिपे हुए स्पन्दनों को महसूस कर लें। किन्तु समय बीतने के साथ-साथ सेंट-बौवे की सावधानी आत्म-पराजयी बन गई। हमें उसके लेखन के सतह के नीचे देखने में कठिनाई आती है, और यह जानकर कुछ चिढ़ भी होती है कि वह कुछ लेखकों के प्रति, जिन्हें वह पहचानता नहीं था—पहचान भी नहीं सकता

था–इतना बहरा हो गया (प्रूस्ट ने तो उसके विरुद्ध यही आरोप लगाया)। किन्तु इस बीच, हम उसकी रचनाओं को उस दूर-दृष्टि से देखना भूल जाते हैं, जिससे न देख पाने का दोष हम उस पर मढ़ते हैं।

साहित्यिक जीवन की परिपाटियों के प्रति सेंट-बौवे से अधिक सम्मान दर्शाने वाला लेखक दूसरा नहीं है। जब वह मृत्यु शैया पर था, उसने कैरो के एक लेख के प्रत्युत्तर में कुछ विनम्र पंक्तियाँ लिखाईं। ("ऐसी भलमनसाहत! क्या मरहमी लेप! कितने सारे आधार-भूत सत्य प्रकाश में आते हैं, किन्तु थोड़े से पश्चात्ताप के बिना नहीं!") इन परिपाटियों ने किसी अन्य में इतना ज़हर पैदा नहीं किया जितना उसमें। इसी ज़हर का कुछ भाग मरणोपरान्त छपी पुस्तकों में पहुँच गया। गहन रंग के टुकड़े और इसी का कुछ भाग, 1843 से 1845 के तीन सालों में, स्विट्ज़रलैंड जा पहुँचा, जहाँ जस्टे ओलीवियर के *रिव्यू सुइस* (Revue Suisse) ने अज्ञात लेखक (सेंट-बौवे) का *क्रौनिके पैरिसियेने* (Chroniques Parisiennes) प्रकाशित किया। लेखक ने मुँह टेढ़ा करके कहा, "पेरिस अपना ताल्लुक सिर्फ़ उन्हीं (पुस्तकों) से रखता है जो पेरिस में प्रकाशित होती हैं।" और हुआ ऐसा कि *रिव्यू द दू मौन्डेस* (Revue des Deux Mondes) में प्रकाशित शैतुब्रियाँ के *बाई द रॉन्शे* (Vie de Rance) का दो सप्ताह पहले ही सम्मानपूर्ण स्वागत करने के उपरान्त ("जब मुस्यों द शैतुब्रियाँ की बात आती है, आलोचक अब आलोचक की तरह काम नहीं कर सकता; वह रास्ते में फूल चुनता जाता है और अपनी टोकरी भर लेता है।") उसी कलम ने *रिव्यू सुइस* में उस पुस्तक का व्यंग्य के साथ स्वागत किया। सेंट-बौवे को बड़ी अच्छी तरह याद था कि किस प्रकार शैतुब्रियाँ के खोखले स्वर साहित्यिक यौवन में गुंजायमान होते थे। उसे याद था कैसे शैतुब्रियाँ मदाम रिकैमिय के बराबर में खड़े होते थे, और वे किस प्रकार "उसकी प्रशंसा को पुनः नवीन बनाने के लिए, हज़ारों आकर्षक तरीकों की परिकल्पना किया करती थी," वे प्रशंसाएँ जिनसे यह ग़मग़ीन बूढ़ा आदमी कभी थकता नहीं था : "वह सब ओर से नए मित्रों और प्रशंसकों को उसके गिर्द इकट्ठा कर लेती थी। वह हम सबको उसकी मूर्ति के पाँवों से सुनहरी ज़ंजीर से बाँध देती थी।" काफ़ी लम्बे समय तक सेंट-बौवे ऐबे-औ-बोई के प्रसन्नतादायी मन्दिर का शर्मीला भक्त रहा था। ग्रहीय परिभ्रमण मार्गों की भाँति कुर्सियाँ गोलकों में लगाई जाती थीं और शैतुब्रियाँ *मैमुआ द औतरे-टूम्बे* (Memoires d' outre-tombe) की रेशमी रूमाल में लिपटी पांडुलिपि लेकर आते थे। युवा आलोचक गुरु की महिमा और मदाम रिकैमिय से बेहद अभिभूत था। उन वर्षों में वह कभी भी वह उन बातों की ओर संकेत न कर पाया जो उसके सामने बिलकुल स्पष्ट थीं; यह कि शैतुब्रियाँ का वास्ता धर्म, राजनीति या विचार से उतना नहीं था जितना कि उन दो आपसी द्वेष रखने वाली शक्तियों के दूषित करनेवाले पंथ से : साहित्य और स्त्रियाँ। सेंट-बौवे के लिए कँपकँपी का यह और भी अधिक कारण था यह क्योंकि वह अपने अन्दर भी इसी प्रकार के झुकाव को

पहचान रहा था; किन्तु यह उसके अध्ययन कक्ष या *बिब्लियोथैक मैजेरीन* में एक कमरे या एक अनाम घुमक्कड़ पेरिस की सड़कों पर भटकनों तक सीमित थे—ख़ैर जो भी हो यह एक विद्वत्ता के गम्भीर लबादे के नीचे हमेशा छुपी रहती थी, छायाओं में छिपे घर चलानेवाले के नीचे जिसका बटुए पर नियन्त्रण था। और यह झुकाव कई वर्षों तक एक कोने में पड़ा रहा, और इस दौरान उसका जाना न तो अमेरिकी जंगल थे, न कुलीन घरों की मोटी दीवारों के उस पार हो सका और न ही वह किसी *पावन भूमि* की यात्रा या चित्ताकर्षक शान्त सागर झील का भ्रमण। उसकी आत्मा ने (जोसेफ़ डैलॉर्मी की समय से पहले मुरझाई हुई कविताओं की गन्ध में साँस लेते हुए, "केवल एक ही यात्रा की थी : ऐमियेन्स से पेरिस तक, या छुट्टियों के दिनों में शायद इकोल द मैडिसिन से एक बार रोऊएँ तक गया हो।" किन्तु अब अंग्रेजी समाचार-पत्र शैतुब्रियॉ को 'अच्छा बूढ़ा आदमी" कह रहे थे। सेंट-बौवे ने दुर्भावना से भरकर इसका फ्रेंच अनुवाद किया "le vieux bonhomme" ('वह सरल बूढ़ा व्यक्ति।') और इस तरह अपने चाकू को टेढ़ा कर दिया : "इसका मतलब हुआ कि उसे Laurel के पत्रों के मुकुट और मोज़ा टोपी से विभूषित किया गया है।"

गठियाग्रस्त शैतुब्रियाँ ने *रियू दु बाक* पर स्थिति अपने कमरे में लोहे के पलंग से *वाइ द रॉन्शे* (Vie de Rance) डिक्टेशन देकर लिखाई थी; उस कमरे में फरनीचर के नाम पर केवल लकड़ी की सफेद बाक्स था जिसका ताला टूटा हुआ था। उसने सत्रहवीं शताब्दी की कुछ पुस्तकों से उद्धरण इकट्ठे किए थे जो उसे उसके वीभत्स ब्रैटन सचिव ने लाकर दी थी और फिर उसने उन्हें अपनी अदम्य स्मृतियों के साथ घुला-मिला लिया था, जो बार-बार दूसरे Outre-tombre में उभर आती थीं, क्योंकि *मैमुआ* तो वह पहले ही पूरी कर चुका था, और उसके निष्ठावान अभिभावकों, मदाम द शैतुब्रियाँ और मदाम रिकैमिय को यह भय था कि उनके प्रिय (शैतुब्रियाँ) की कल्पना को अब कोई और मार्ग नहीं मिल पाएगा। और अब जब *वाइ द रॉन्शे,* वह प्रेतीय और फिर भी कामुक सरसाम, उसके सामने आया तो सेंट-बौवे गपशप-कॉलम लेखक की निर्ममता से स्विस लोगों को ज़ोर से बतला सका : "शैतुब्रियाँ की *रॉन्शे* तो एक निराशा है।" फिर उसने स्पष्ट किया : "हममें से जो लोग दूर खड़े हैं और जो दूसरों की अपेक्षा सम्मान प्रदर्शन के लिए कम विवश हैं उन्हें सहर्ष स्पष्ट स्वीकार कर लेना चाहिए कि यह पुस्तक, जिसके विषय में हम सोचते थे कि यह सरल और संयत होगी, लेखक की लापरवाही और गम्भीरता के अभाव में, वास्तव में सजावटी चीज़ का नमूना हो गई है। लेखक इसमें अपनी सब चीज़ें डाल देता है, उल्टा-सीधा मिला देता है, अपनी सारी अलमारियाँ खाली कर देता है।" उपहास-भरे शब्दों में, उसने आगे कहा, "सबसे आकर्षक और महत्त्वहीन छवियाँ निरन्तर बाहर उड़ी जा रही हैं, मठ के हर कोने में और हर स्तम्भ के पीछे मँडराती हुई। एक मस्त तुरतमति सज्जन ने हास्यमय व्यंग्य से एक दिन उल्लेख किया कि पुस्तक सच्चे अर्थों में सेंट

एन्थनी के प्रलोभन जैसी है : इसमें इतने सारे शैतान हैं, जो बहुत सुन्दर हैं। कुछ भागों में तो ऐसा लगता है कि *ला ट्रैपे* में वे गलियारे हैं जो ऑपेरा रंगमंच के पार्श्व में ले जाते हैं।''

ट्रैपिस्ट्स (सन्त, साधु) भी खुश नहीं थे : इस पुस्तक में, जिसे शैतुब्रियाँ ने इस पन्थ के संस्थापक महान सुधारक *अरमॉ द रॉन्शे* के प्रति सम्मानस्वरूप और अपने आचार उल्लंघन के लिए पश्चात्ताप स्वरूप लिखा था, पावन जैसा कुछ भी नहीं था। सच तो यह है कि इसने *ला ट्रैपे* पर दुनिया भर के दानव छोड़ दिए। मठ के सचिव ने भाँप लिया था कि पुस्तक के मूल में ''कुछ आपत्तिजनक और असम्भव कहानियों के प्रति मूर्खतापूर्ण विश्वास था।'' ऐबे डुबॉई ने, जो स्वयं गम्भीर इतिहासकार थे और जिन्होंने रॉन्शे पर एक अध्ययन प्रस्तुत किया था, शैतुब्रियाँ पर गलत और निन्दनीय भाव से उन सब तथ्यों की अनदेखी करने का आरोप लगाया ''जो उसके उपन्यास में फिट नहीं होते थे।'' और यह सच है : *वाइ द रॉन्शे,* शैतुब्रियाँ की अन्तिम भटकन, शायद ही एक सम्मानजनक जीवनी हो। यह उन्मुक्त और अनियन्त्रित सम्बन्ध के प्रति उसका अन्तिम समर्पण अपनी स्मृति के कोटर में हड़बड़ाई उपल-पलट थी, जिसने समय के खंडहरों में छायाओं को छेड़कर उभार दिया था। इनकी गति आकस्मिक, असंयमित और त्रुटिपूर्ण है। इसे पढ़ते हुए सद्गुणी कठिन कर्म के पीछे का तनाव और उफ़नकर बहते हुए स्व-कथन का आकर्षण साफ़ दिखाई देता है। गद्य अनेक तथ्यों, उद्धरणों और स्मृतियों को अनेक पत्थरों की तरह एक साथ प्रस्तुत करता है, जो उन पर उभर आई काई द्वारा एक-दूसरे से जुड़े हैं। इसमें तार्किक संगति और एकरूपता का नितान्त अभाव है और इसका फैलाव सुला देने वाली कोमलता से लेकर क्रूर, तेज़ अन्तर्दृष्टियों तक है। पुस्तक उस आदमी पर है जिसने लिखने की हिम्मत की थी, ''हम मरने के लिए जीते हैं। यह ईश्वर की योजना है : उसने हमें ज्योति के आनन्द का अनुभव प्रदान किया है, ताकि हमें इससे वंचित कर सके।'' फिर भी *वाई द रॉन्शे* खोए हुए जीवन के हर क्षण के लिए जलते आक्रोश की अभिव्यक्ति है और हमें एक ऐसी मनोदशा में छोड़ देती है, शान्ति से जिसकी संगति नहीं बैठती। यह एक ऐसी अलविदा है, जो गहन पश्चात्ताप के मुखौटे की आड़ में पाप की स्मृतियों के पीछे भागती है। एक बूढ़े आदमी की बेचैनी और थकान से अधिक अन्धकारमय दूसरी कोई चीज़ नहीं।

आख़िर में, शैतुब्रियाँ ने अपनी पुस्तक में एक असम्मानजनक अन्धविश्वास का प्रयोग किया था और निश्चय ही यही वह चीज़ थी जिसकी ओर मठ का कठोर सचिव संकेत कर रहा था। यह डचैस द मांटबेजॉ के कटे हुए सिर की कहानी थी—जो पिछले लगभग दो सौ वर्षों से चर्चा में बनी रही थी। युवा रॉन्शे की प्रेमिका ''इतनी सुन्दर थी कि आपकी आँखों ने उस जैसी कभी नहीं देखी होगी'' ''हर बाल-नृत्य में वह अन्य महिलाओं को पीछे छोड़ जाती थी। टालेमाँ हमें इस विषय में आश्वस्त करता

है, हालाँकि वह उसकी सुरुचि के अनुरूप नहीं थी, क्योंकि "उसके उरोज आकार में सामान्य से दुगने थे। निश्चय ही वे सुन्दर, सफ़ेद और कड़े थे, किन्तु उन्हें छिपाकर रखना और भी कठिन था। कार्डिनल द रैट्ज ने इन शब्दों में उसके लक्षण ये बतलाए थे "उन्होंने ऐसा कोई नहीं देखा जो पाप में इतना लिप्त रहकर सद्गुणों के प्रति इतना कम सम्मान रखता हो।" उसे कम उम्र में ही दरबार में प्रस्तुत किया गया था, शुरू से उसमें प्रेम-प्रसंगों और रुपए-पैसे के लिए तीव्र आवेग था और ऐसे अवसरों पर इन दोनों को वह प्रायः मिला देती थी; "उसका लोभ-लालच उसके व्यभिचार पर प्रभाव तो डालता था, किन्तु उसके मार्ग की बाधा नहीं बनता था। उसका दावा था कि जब वह तीस साल की हो जाएगी तो वह किसी काम की नहीं रहेगी। फिर उसे नदी में फेंक देने के अलावा और कुछ नहीं रह जाएगा। उस समय वह पैंतीस की थी जब राजकुमारी मैरी का विवाह सम्पन्न हो रहा था, किन्तु उसका सौन्दर्य अभी भी अद्वितीय था। रॉन्शे, जो उससे चौदह साल छोटा था, उसके प्रेम में पड़ने से पहले ही ऐबे बन चुका था। जिस दिन उसका उससे परिचय कराया गया, उसके लम्बे घुँघराले बाल थे, उसकी कलाइयों पर दो पन्ने थे, एक उँगली में हीरे की अँगूठी, उसके एक तरफ़ तलवार लटकी हुई थी, उसकी काठी में दो पिस्तौलें थीं और वह अति सुन्दर कपड़े का बैंगनी रंग का लबादा (डबलैट) पहने हुए था। डैनियल द लारॉक ने एक पैम्फ्लैट में, जो उसने *"ला ट्रैपेका* ऐबे के (धर्म) परिवर्तन के सच्चे कारण "विषय पर लिखा और 1685 में प्रकाशित कराया था और मकसद था रॉन्शे पर प्रहार करना, कहा कि रॉन्शे के जीवन में परिवर्तन मदाम द मॉन्ट बेजॉ की अचानक मृत्यु से आया : "मैं पहले ही कह चुका हूँ कि ला ट्रैपेका ऐबे महिलाओं का प्रिय आदमी था और उसके कई प्रेम-प्रसंग थे। अन्तिम प्रेम सम्बन्ध एक डचैस के साथ था जो अपनी सुन्दरता के लिए प्रसिद्ध थी, जो एक बार नदी पार करते हुए बाल-बाल बची थी, पर कुछ महीनों बाद मर गई। ऐबे प्रायः कुछ दिन देहात में बिताना पसन्द करता था और इसलिए तब पेरिस में नहीं था जब वह अप्रत्याशित मृत्यु हुई। उसके नौकरों ने, जो इस विषय में उसके तीव्र आवेग के बारे में जानते थे, यह ध्यान रखा कि यह बुरी ख़बर उसे न दी जाए। उसे वापस आने पर ही इसका पता चला...वह सीधा डचैस के अपार्टमेंट्स तक गया, जहाँ वह किसी समय प्रवेश कर सकता था; किन्तु बजाय उस आनन्द को पाने के जिसका उसने पूर्वानुमान किया था, वहाँ जो पहली चीज़ उसने देखी वह था एक ताबूत। वह जान गया कि ताबूत उसकी प्रेमिका का है—उसने उसका खून में सना सिर देखा, जो उस कपड़े के नीचे से लुढ़क गया था जिससे इसे असावधानीपूर्वक ढँका गया था। यह उसके शरीर से अलग हो गया था क्योंकि ताबूत बहुत छोटा था, और इस प्रकार एक नए और लम्बे ताबूत को लाने की ज़रूरत नहीं रही थी।" दूसरों ने कहा है कि रॉन्शे ने मदाम द मॉटबेजॉ का सिर चुरा लिया—और यह कि ये उसके धर्म-परिवर्तन के सभी चरणों में उसी के पास रहा और उसने मठ

में कठोर नियमों के पालन की अवधि में भी अपने छोटे से कमरे में अपने पास रखा। वर्षों बाद ये अफ़वाह भी फैली कि *ला ट्रैपे* में रॉन्शे के उत्तराधिकारियों के कमरे में सिर का प्रदर्शन बना रहा। रॉन्शे के पोर्ट्रेट में प्रायः उसके काग़ज़ात, बड़ी पुस्तकों और ईसा की आकृति वाले सलीबों के साथ एक खोपड़ी भी दिखाई देती है। यह खोपड़ी, जिसके मौन में *ला ट्रैपे* का नियम सघन बनकर जम गया था, इस प्रकार मृत्यु की छवि न होकर एक निर्विकल्प पूजनीय वस्तु थी, उस स्त्री की याद दिलाती हुई ''जो जीवन के वक्ष पर अनेक बार झुकी थी।''

निर्लज्ज शैतुब्रियाँ इस गाथा की विश्वसनीयता को भाषा विज्ञान की सटीकता की दृष्टि से जाँच करने का बहाना करता है। वह एक मानने लायक स्पष्टीकरण भी प्रस्तावित करता है : डचेस का सिर शरीर-रचना के अध्ययन करने के लिए काट लिया गया था, न कि इस कारण से कि कोई कंजूस ताबूत पर होने वाले खर्चे में बचत करने की सोच रहा था। बात जो भी हो, उसका निष्कर्ष साफ़ है : ''सभी कवियों ने लारॉक का संस्करण स्वीकार किया है; और सभी धार्मिक व्यक्तियों ने इसे अस्वीकार किया है।'' यहाँ धाराएँ बँट जाती हैं और अलग-अलग दिशाओं में चली जाती हैं। शैतुब्रियाँ की अन्तिम पुस्तक में, जो उसे दुनिया के सामने एक पश्चात्ताप कर रहे आदमी के रूप में प्रस्तुत करने वाली थी, वास्तव में उसका सबसे अधिक शैतानी भरा रहस्योद्घाटन होता है : इस केस में और सदैव ही वह अपने आपको उन लोगों की पंक्ति में खड़ा करने वाला जो धर्म से अधिक विश्वास किंवदन्ती में रखते हैं, उन लोगों के साथ जिनके लिए धर्म ही स्वयं एक गाथा है। आख़िर में उसने यह स्वीकार कर ही लिया कि वह प्रमुखतः एक लेखक है। जाने की आज्ञा लेने से पहले, उसने मदाम द मांटबेजॉ का सिर ला ट्रैपे के सुधारक की कोठरी में लाकर रख दिया। यह सचमुच उसके भानुमती के पिटारे की अन्तिम कलाकृति थी। उसके बाद उसने अपनी अलमारियाँ बन्द कर दीं।

''आप इन पिछले चालीस वर्ष क्या करते रहे हैं?''

ट्रैपिस्ट के होंठ मौन भंग करने के लिए एक क्षण को अलग हुए ; ''मैं अमरत्व में वर्षों के बारे में सोच रहा था।'' ("Annos acternos in mente habui")

मुस्यों द सेंट-लुई : मैं हमेशा एक सैनिक रहा हूँ, और जब मैं पहली बार *ला ट्रैपे* गया तब भी मैं एक रेजीमेंट को कमांड कर रहा था, जो जनरल टुरैने के अधीन थी। मठ देहात के मेरे वाले ही भाग में था, *ले परशे* के प्राचीन जंगलों में, पहाड़ी और झीलों के बीच। बड़े अकेले पत्ते पानी पर ऐसे तैर रहे थे मानो शीशे की सतह पर फिसल रहे हों। केवल मठ को छोड़कर, मैंने इतना निर्जन और निर्जीव क्षेत्र अपने जीवन में नहीं देखा था। मुझे सूचना दी गई थी कि हमारे *मुस्यों द ला ट्रैपे,* रॉन्शे को उन लोगों द्वारा धमकी दी जा रही थी जो उसके सुधारों का विरोध कर रहे थे; उसके सुधार मौन

के प्रति सम्मान की अभिव्यक्ति थे। मैंने उनकी रक्षा के लिए अपनी सेवाएँ देने की बात कही। उन्होंने मेरे प्रस्ताव को अस्वीकार नहीं किया; पर उन्होंने मेरा प्रस्ताव स्वीकार भी नहीं किया। वे मुसकुराए तक नहीं। समय बीतता गया और मैंने अपनी रेजीमेंट की कमांड विलासर्फ के सबसे बड़े बेटे को बेच दी। मैं रॉन्शे के पास वापस लौट आया और उनसे *ला ट्रैपे* में प्रवेश देने के लिए कहा। उन्होंने मुझे उस इमारत में रख दिया जो उन्होंने मठ की दीवारों के बाहर बनाई थी। एक दिन उन्होंने मुझसे कोई बात कही जो अगले तीस वर्षों तक मेरे कामों में मार्गदर्शन करने वाली थी। "अपने लिए एक *नियम* बनाओ। ये तुम्हारी इच्छानुसार जितना चाहो उतना सरल हो सकता है, किन्तु तुम्हें इसका पालन अवश्य करते रहना चाहिए।" और एक बार उन्होंने कहा (मुझे उस व्यक्ति की झलक दिखलाते हुए जिसने मदाम द मांटबेजॉ, हमारे समय की सर्वाधिक सौन्दर्यवान और बुराई में सर्वाधिक निर्लज्ज स्त्री से प्यार किया था) कि मुझे, दुनिया के अपने लम्बे अनुभव के आधार पर, पहले ही जानना चाहिए कि कौन से अपमान मेरी प्रतीक्षा कर रहे हैं; इस दुनिया में जिन लोगों के बीच हम रहते हैं ईश्वर ने उन्हीं को हमें अपमानित करने के लिए औजार के रूप में चुना है और एक ही क्षण में हम उन सारे अपमानों से अपमानित हो सकते हैं जिन्हें एक साधु अनेक वर्षों की अवधि में बर्दाश्त करता है। एक लम्बे अरसे तक मैं बेहद परेशान रहा और कभी अपने रहने की जगह से बाहर नहीं गया, जो सच्चे *नियम* की चहारदीवारी से बाहर बना हुआ था। किन्तु एक दिन, मौन के बीच से होकर मैंने हवा के एक झोंके पर दुनिया को गुज़रते देखा। ये हलकी, सार-हीन (भार-हीन) खोखली थी। नियम ने अपना काम कर दिया था। तब मैं फिर अपने हथियारों को साथ लेकर खुश हो गया, दुनिया के छोर पर एक सुदूर गैरिसन (Garrison) में जहाँ आप तेज़ आवाज़ों के अन्त की प्रतीक्षा करते हुए अभी भी एक सैनिक के गीत के कुछ अंश और लुढ़कते हुए पीपे की खड़खड़ सुन सकते हैं।

टिप्पणियाँ

1. ''अनुगमन करने की दृष्टि से कठिन व्यक्ति,'' *हिस्टोइ दे सेलून द पेरिस* (पेरिस : लाडवोकेट, 1838), अंक 6, पृ. 1, में *सेलून दे मुस्यो द टैलीरॉ,* डचैस द ऐबरेन्टीज़।
2. ''देवताओं के लिए अधिक बड़ा स्थान,'' *सतपथ ब्राह्मण* (अनु. जे. ऐजेलिंग) 1, 4, 1, 23।
3. ''लोगों की पहचान के विषय में अनिश्चितता,'' *ऊवरेज* में 'ल' ऐमी द नैपोलियन', एल. ब्लाय, (पेरिस : मरक्युरी द फ्रांस, 1966) अंक 6, पृ. 266- 267।
4. ''एक नैपोलियन की ज़रूरत थी,'' *वही* पृ. 306।
5. ''साधारण एकसारता,' लेवेटर से ग़ेटे को लिखा पत्र, नवम्बर 1773, डब्ल्यू. ग़ेटे के *वर्क* (ज्यूरिख, आरटेमिस, 1954), अंक 13, पृ. 108।
6. ''प्रकृति मनुष्य को बनाती है,'' 'ऑस लेवेटर्स फीज़ियोनॉमिशेन, फ्रेगमेन्टेन', *वर्क* में, अंक 13, पृ. 33।
7. ''हमारी वाइमार विनम्रता'', सुल्पिज बोई सेरे, *गेटेज ग्रेस्प्राशे* 1817-1832 में, *वर्क* डब्ल्यू. ग़ेटे, अंक 13, पृ. 434।
8. ''शताब्दी का सर्वोच्च कूटनीतिज्ञ,'' डब्ल्यू, ग़ेटे, 'कलेक्शन दे पोर्ट्रेट्स हिस्टोरीक दे एम. ले बैरॉ जैराई, *वर्क* में, अंक 13, पृ. 993-994
9. ''पूरी तरह साधारण,'' डचैस द दिनो, क्रॉनिके द 1831 अ 1862 (पेरिस : प्लॉन, 1909) अंक 1, पृ. 248।
10. ''ग़ेटे, कला का टैलीरॉ,'' सेंट-बौवे, 'मॉलियर' *ऊवरे द मॉलियर* में (पेरिस : पॉलिन, 1835) अंक 1, पृ. 248।
11. ''सेंट बौवे को तर्क पसन्द नहीं आया,'' बारबे द' औरेविली, *ग़ेटे ए डिडेरो* (पेरिस : लमेरे, 19 बी), पृ. 116।
12. ''सेंट बौवे को प्रेरणा की कौंध हुई,'' *वही,* पृ. 274।
13. ''शीशे में स्वयं को निहारना,'' *वही,* पृ. 60-61।
14. ''सांसारिक जीवन पसन्द था,'' डचैस द' ऐबरैन्टीज़, *हिस्टोइर दे सेलून द पेरिस,* अंक 6, पृ. 5-6।
15. ''वे लाभ जो उसने उठाए,'' *वही,* पृ. 6।

16. ''केवल एक ही रास्ता था,'' *मैमुआ द प्रिंस द टैलीरॉ* (पेरिस : कॉलमैन लैवी, 1891) अंक 1, पृ. 124।

17. ''क्रान्तियों का युग'', सेंट बौवे, 'मीराबॉ ए सोफी', *कॉजेरीज द लुण्डी* (पेरिस : गार्नियर, 1926) अंक 4, पृ. 1।

18. ''तत्वमसि,'' *छान्दोग्य उपनिषद्* VI, 8

19. ''भारत जर्मनी होकर रह गया,'' वी ह्यूगो, *लाविजन द' आउ एस्ट सॉर्टी से लिवरे, ला लिजेंड सिएक्लिस* (पेरिस : गॉलीमार्ड, 1891) पृ. 10।

20. ''सदियों की दीवार,'' *वही,* पृ. 8

21. ''एक्सप्रेसा नो सेंट''; डचैस द' ऐबरैंटीज़, *हिस्टोइर दे सेलून द पेरिस,* अंक 6, पृ. 2।

22. ''उसके मुँह के ढलते किनारे,'' शैतुबियॉ, *मैमुआ द औतरे-टूम्बे (पेरिस* : गॉली मार्ड, 1958), अंक 2, पृ. 901।

23. ''हर बुराई का योग,'' *मैमुआ द बरास (पेरिस : हैचेट,* 1896) अंक 3, पृ. 134।

24. ''राजकुमार, टैलीरॉ का,'' जी. फ्लावेयर, *डिक्शनैरी दे आइडीज रेश्यूज, ऊवरे* में (पेरिस : गॉलीमार्ड, 1975) अंक 2, पृ. 1022।

25. ''लोगों से भीड़ भरे बूलीवार'' *लैटर्स ए पैपियर्स दु चाँसेलियर काम्टे द नैसलेरोड,* 1760-1815, (पेरिस. ए. लहुरे, एन.डी. (1908) अंक 2, पृ. 114।

26. ''सिद्धान्त ठीक है,'' टैलीरॉ, *मैमुआ* (पेरिस : प्लॉन, 1982), पृ. 443।

27. ''वाहनंग्वे के स्रोत,'' एल. फ्रोबेनियस, *इरी थ्रॉ* (बर्लिन : एटलांटिस, 1931) पृ. 149-150।

28. ''सबसे पुराने परिवारों में एक का वंशज,'' ई. ड्यूमॉ, सूवेनीयर्स सुर मीराबॉ, (ब्रुसेल्स : हॉमैन, 1832), पृ. 250।

29. ''एक नाम और एक राज चिह्न,'' टैलीरॉ, *मैमुआ,* पृ. 34 बाद के उद्धरण भी उसी स्रोत से आते हैं, ''बड़े घर,'' पृ. 35; ''फारमेसी'', पृ. 36; ''जन्म सिद्ध अधिकार,'' पृ. 37 ''लेस से सज्जित रेशमी पोशाक,'' पृ. 37; ''अलमारी जिसमें सोने ओढ़ने के कपड़े होते थे,'' पृ. 37; ''भावनाओं की वंश रेखा,'' पृ. 38; ''प्रबुद्ध सभ्यता,'' पृ. 36; ''अधिक वैज्ञानिक फारमेसियाँ,'' पृ. 37।

30. ''भीड़ की मुस्कान,'' सेंट-बौवे, ''जनरल लाफायेत के मैमुआ', ऊवरे में *'पोरट्रेट लिटरेरिय'से* (पेरिस : गॉलीमार्ड, 1960) अंक 2, पृ. 164; बाद के उद्धरण भी उसी स्रोते से हैं, ''सम्मान की मूर्ति,'' पृ. 146; ''लाफायेत का मूल उद्देश्य,'' पृ. 148।

31. ''मेरे पास अनेकों आदमियों के गुप्त रहस्य हैं,'' बाजज़ाक, *ले पेरे गोरिओ, ला कॉमेडी ह्यूमेन से,* (पेरिस : गॉलीमार्ड, 1971) अंक 2, पृ. 940-941।

32. ''एक ठंडा, निर्वेद चेहरा'', स्टेंडहॉल, *सूवेनीयर्स द' इगोटिज्मे, ऊवरे इन्टीमे* में से, (पेरिस : गॉलीमार्ड, 1955), पृ. 1451; बाद वाले उद्धरण भी इसी स्रोत से हैं; ''प्लूटार्क

का नायक'', पृ. 1952, ''आधारभूत शालीनता,'' पृ. 1453; ''राजा की तरह विनम्र,'' पृ. 1453; ''हर एक का नाम याद रखें,'' पृ. 1451; ''सारे षड्यन्त्रकारी,' पृ. 1452; ''छोटी भतीजियाँ,'' पृ. 1458।

33. ''लूसियन को बर्दाश्त करना पड़ा'' स्टैंडहाल, *लूसियेन लियूवेन, रोमन्स एट नॉवेलेज़* (पेरिस : गॉलीमार्ड, 1972) अंक 1, पृ. 854।

लूसियैं के लिए टिप्पणी

1. ''खेल जो मेरा कलम खेल रहा है'', स्टैंडहाल, *सूवेनियर्स द' इगोटिज्मे, ऊवरे* इन्टीमे में से, (पेरिस : गॉलीमार्ड, 1955) पृ. 1503।
2. ''अपनी घड़ी निकालकर देखते और आह भरते हुए'', *मैमुआ द काम्टे एलेक्सज़ांड्रे द टिली,* (पेरिस : जौन्क्वीयर्स, 1929) अंक 1, पृ. 224।
3. ''मुझे बताया गया है कि वह अभी भी ज़िन्दा है,'' वही, पृ. 225।
4. ''इटालियन *ओपेरा बफ़ा* की तरह नीरस,'' लाक्लो, *लैटर्स इनडिटे* (पेरिस : मरक्यूरे द फ्रांस, 1904), पृ. 167।
5. ''हल्का पड़ गया,'' स्टैंडहाल, *सूवेनियर्स द' इगोटिज़्मे,* पृ. 1512।
6. ''नई नई तरकीबें,'' लाक्लो, *लैटर्स इनडिटे,* पृ. 239।
7. ''नई दुनिया का रंग,'' शैतुब्रियाँ, *मैमुआ द' औतरे-टूम्बे* (पेरिस : गॉलीमार्ड, 1958), अंक 1, पृ. 293।
8. ''मानव जाति की खुशी,'' *वही,* पृ. 292।
9. ''वाह ! क्या मन्दिर है,'' हीगल का अपनी पत्नी को पत्र, 30 सितम्बर, 1827, *ब्रीफ़े वॉन उण्ड सन हीगल,* (लाइपज़िग : डंकर एंड हम्बलोट, 1887) अंक 1, पृ. 271-272।
10. ''जब मैं अपनी माँ से मिलने गया,'' टैलीरॉं, *मैमुआ* (पेरिस : प्लॉन, 1982), पृ. 63।
11. ''निरन्तर हल्का तरीका,'' *मैमुआ द मदाम द रेमुसा* (पेरिस : कॉलमैन लेवी, 1880), अंक 1, पृ. 196।

धारा के बीच रहना

1. ''मामलों की तेज़ धारा,'' सेंट साइमन, *मैमुआ* (पेरिस : गॉलीमार्ड, 1958) अंक 4, पृ. 718।
2. ''जन्मजात नीरस,'' *वही।*
3. ''बोनापार्ट के वपु में,'' टैलीरॉं, *मैमुआ,* (पेरिस : प्लॉन, 1982) पृ. 764।
4. ''नए साहसी कार्यों पर चल पड़ना,'' *सूवेनियर्स दु बैरॉ द बरान्टे* (पेरिस : कॉलमैन लैवी, 1901), अंक 3, पृ. 550।

5. "स्थायी दशा," ए.डी. टोकेवील, *लॉ एंशियेन रिजीम एट ला रिवॉल्यूशन, ऊवरे कम्पलीट में,* (पेरिस : गॉलीमार्ड, 1971), अंक 2, पृ. 349।
6. "अपने उद्देश्यों की प्राप्ति करने के लिए," *वही,* पृ. 337।
7. "अध्ययन करना और प्रशिक्षित होना," *वही,* पृ. 338।
8. "तूफ़ान स्वयं," मेटरनिख, *मैमुआ डाक्यूमेंट्स एट ईक्रिट्स डाइवर्स* (पेरिस : प्लॉन, 1881) अंक 3, पृ. 445।
9. "राजनेताओं की बर्फीला बौछार," 4 जनवरी, 1821 का पत्र, *वही* पृ. 447।
10. "कुछ गम्भीर चिन्तन," शैतुब्रियॉ *मैमुआ द' औतरे-टूम्बे* (पेरिस : गॉलीमार्ड, 1958) अंक 1, पृ. 938।
11. "इन मृतकों के आलिंगन," वही, पृ. 907।
12. "पाग़ल, प्यारा फ्रांस," सेंट-बौवे "शैतुब्रियाना," *शैतुब्रियॉ ए सौं ग्रुपे लिटरेरिये साउ ल एम्पायर* (पेरिस : गार्नियर, 1948) अंक 2, 347।

कामातिरेक के उदाहरण

1. "पता ही न रहा क्या हो रहा है," शैतुब्रियाँ, *मैमुआ द' औतरे-टूम्बे* (पेरिस : गॉलीमार्ड, 1958) अंक 1, पृ. 92।
2. "ये एक ग़ुलाम था जिसने मेरा स्वागत किया," *वही,* पृ. 217।
3. "हंसों का घोंसला," *वही,* पृ. 425।

द ग्रेट बॉल

1. "पराजितों सी छीनी गई चीज़ें," "मैमुआ द फ्रैडरिक द जैन्ट्ज़," मेटरनिख के *मैमुआ, डाक्यूमेंट्स एट ऐक्रिट डाइवर्स* में से (पेरिस : प्लॉन, 1881) अंक 2, पृ. 474।
2. "ये रिपोर्ट सही है,' *वही,* पृ. 474-475।
3. "लोगों का मकसद," टैलीरॉ, *मैमुआ* (पेरिस : प्लॉन, 1982) पृ. 769।
4. "इसका पतन के बाद सुधार," बी. कान्स्टैंट, *द ले' स्पिरिट द कॉन्क्वे एट द लॅ यूज़रपेशन ऊवरे* में से (पेरिस : गॉलीमार्ड, 1979) पृ. 1003-1005, इससे पहले के पाँच उद्धरण इसी स्रोत से हैं।
5. "यदि सम्प्रभु राजा इसे नहीं छोड़ता," *इंस्ट्रक्शंस पूर ले एम्बैसेडियर दुरॉई औ कांग्रेस,* टैलीरॉ के *मैमुआ* से पृ. 671।
6. "राज्यों का रहस्यमय समुदाय," जी. फेरेरो, *रिकॉस्ट्रज़िऔने* (मिलान : गरजान्टी, 1948), पृ. 165।

छोटी-छोटी धोखेबाज़ चीज़ें

1. "बरबाद करने की लम्बी आदत," फेनेलॉन, *कॉरेस्पोंडेंस* (पेरिस : फैरा ज्यूने-लक्लेयर, 1827) अंक 6, पृ. 211-212।

2. ''दरारें जो दुनिया ने बनाई हैं,'' *वही*, पृ. 218।
3. ''सामाजिक वार्तालाप के आनन्द,'' *वही*, पृ. 227।
4. ''दानवी भ्रम,'' पास्कल *पैन्सीज़, ऊवरे कम्पलीट* में (पेरिस : गॉलीमार्ड, 1926) पृ. 1210।
5. ''असम्बद्ध और दूरस्थ घटनाएँ,'' एल. ब्लॉय , *ल' ऐमी द नैपोलियन, ऊवरे* में (पेरिस : मरक्यूरे द फ्रांस, 1966) अंक 5, पृ. 292।
6. ''भयंकर ख़तरा,'' *वही*, पृ. 306।
7. ''गर्व जनित,'' टैलीरॉ, *मैमुआ* (पेरिस : प्लॉन, 1982), पृ. 156।
8. ''बड़े प्रयास, *कू डीटा*,'' बी. कॉनस्टैंट, *द ल' सिटिट द कान्क्वे एट द ल यूजरपेशन, ऊवरे* में (पेरिस : गॉलीमार्ड, 1979) पृ. 1050-1051।

उदास गौरव

1. ''भ्यावह और भव्य,'' नैपोलियन *लैटर्स द' एमौर अ जोज़ेफाइन* (पेरिस : फेयार्ड, 1931) पृ. 99।
2. ''उसकी योग्यता का प्रमाण,'' *बी. कॉन्स्टेंट, द ल' स्पिरिट द कॉन्क्वे एत द ल' यूज़रपेशन,* (पेरिस गॉलीमार्ड, 1979), पृ. 1052।
3. ''अभेद्य मौन,'' एफ वॉन जेन्ट्ज़ *''जनरल द से क्वी मे स्ट ऐराइवे द फ्लू मारक्वॉ दॉस ल वायेज क्वे जंआई फै ऑ क्वार्टीय जनरल द एम. एम. ल रॉई द प्रस ल 2 द' ओक्टोब्रे एट ले जूर सुइवॉ,'' मैमुआ एटलैटरे इनेडिट्स डू शिवेलियर द जेन्टज* (स्टुटगार्ट : एल हालबर्गर, 1841) पृ. 280-281।
4. ''अर्थशास्त्रियों के विचार,'' *मैमुआ द जी. जे. ओवरार्ड, सुरः सा वाई एत दे डाइवर्सेज आपरेशियॉ फिनान्शियेर* (पेरिस : मौरतार्डियर, 1827) अंक 1, पृ. 135।
5. ''राजाओं का काम इसके बिना नहीं चलता,'' *वही*, 128।
6. 'उसने उनकी रचना नहीं की''; शैतुब्रियाँ, मैमुआ द' औतरे-टूम्बे (पेरिस : गालीमार्ड, 1958), खंड-2, पृ. 908
7. ''एक अन्तहीन रास्ता,'' *मैमुआ द जी. जे. ओवरार्ड*, अंक 1, पृ. 59।
8. ''द ब्रेकिंग पॉइंट'' : टैलीरॉ, ''मैमुआ अ कौंसिल एक्सीक्यूटिफ प्रोविजोइर सुर लेस रैपोर्ट्स, एक्च्युएल्स डि ल फ्रांस एवेक लेस ऑतरे ईटेट्स डि एल' यूरोप,'' जी पैलेन, *कॉरस्पोन्डेंस डिप्लोमेटिक डि टैलीरॉ : ले मिनिस्ट्रे डि टैलीरॉ सॉस ली डायरोक्टायर* में (पेरिस, प्लॉन, 1891), पृ. XIII
9. ''साम्राज्य के बड़े परिवार,'' टैलीरॉ, *मैमुआ* (पेरिस : प्लॉन, 1982) पृ. 326।
10. ''अत्यधिक खुशी के साथ स्वागत किया, *वही*।
11. ''इतने निर्णायक ढंग से लेखिका,'' सेंट-बौवे, *मदाम द जेनेलिस, कॉज़ेरीज़ द लुंडी में* (पेरिस : गार्नियर, 1926), अंक 3, पृ. 25।
12. ''घर में,'' टैलीरॉ, *मैमुआ*, पृ. 32।

13. "हम देखेंगे," *वही।*
14. "शान की तरह," पी.-एल. रोडरर, *मैमुआ सुर ला रिवॉल्यूशियॉ, ल कॉन्सुल्टेट ए ल एम्पायर* (पेरिस : प्लॉन, 1942), पृ. 173।
15. "अपने पतियों के बिना," स्टैंडहाल, *न्यू मंथली मैगजीन* में 1 फरवरी, 1825 का पत्राचार, *कुरियर ऐंग्ले* में (पेरिस : *ल दीवान,* 1935), अंक 2, पृ. 479।
16. "रोज़मर्रा की चीज़," स्टैंडहाल, पत्राचार, *वही* अंक 2, पृ. 256-257।
17. "पेरिस के चारों ओर कभी नहीं गया," स्टेंडहाल, अप्रैल 1827 में पत्राचार, वही, अंक 3, पृ. 338-342।
18. "इस राक्षस का पूर्वाभास देने वाला," एल. ब्लॉय, ल' ऐमी द नैपोलियन, ऊवरे में (पेरिस : मरक्यूरे द फ्रांस, 1966), अंक 5, पृ. 301।
19. "अभिमानी और गन्दे भिखारी," *वही,* पृ. 316।
20. "सबसे पहली आधुनिक नियमित सेनाएँ," सी. श्मिट *थिअरी द पार्टीसानेन* (बर्लिन : डंकर एंड हम्बोल्ट, 1975), पृ. 12।
21. "हित रखने वाले तृतीय पक्ष," *वही,* पृ. 78।
22. "निर्धनों का बलिदान," एल ब्लॉय, *हिस्टोरीज द' सोबलीजिएंटीज़* (पेरिस : क्रैस, 1914) पृ. 223।
23. "बोनापार्ट के दिमाग़ की गलतियाँ," *मैमुआ द मदाम द रीमूसा* (पेरिस : कॉलमैन लैवी, 1880), अंक 3, पृ. 265।
24. "एक प्रसिद्ध कूट-संकेत," एल. ब्लॉय, *ल सैंग दु पावरे* (पेरिस : स्टॉक, 1922), पृ. 31।
25. "भीख माँगना वर्जित है," *वही,* पृ. 34

वैधता की रहस्यमयी शक्ति

1. "उल्लंघित नियम का भय," जी फरेरो, पोटेर (मिलान : कॉम्यूनिटा, 1947) पृ. 34।
2. "भय निकाल बाहर करने की ताकत," *वही,* पृ. 52।
3. "वैधता की रहस्यमयी शक्ति," 25 जुलाई, 1820 को टैलीरॉ द्वारा डचैस ऑफ़ कुरलैंड को लिखा गया पत्र, जी. लकौर-गये के *टैलीरॉ* में (पेरिस : पेयोट, 1931) अंक 3, पृ. 107-108।
4. "बने रहने का अच्छा अवसर," [सी-एम द विलेमारेस्त] *मुस्यों द टैलीरॉ* (पेरिस : जे. पी. रोरे, 1834), अंक 1, पृ. 168।
5. "धर्मशास्त्रीय विप्लव," एम. स्टर्नर, *डर आइनज़िगी एंड सीयेन आइजनियम* (स्टुटगार्ट : रिक्लैम, 1972) पृ. 29।
6. "इस दुनिया की चीज़ें," एल. ड्यूमॉ, *लॉ जिनेसे क्रेटियेने द ल-इंडिविजुअलिस्मे, ल दे बात,* 15 (सितम्बर-अक्तूबर 1981) : 143।
7. "इच्छा का आदिरूप" वही, पृ. 142

8. "इस दुनिया का नहीं," *वही,* पृ. 144।
9. "इसका निम्न कार्य," *मैमुआ द ला कॉम्टेसे पोटोका* (पेरिस; प्लॉन, 1911), पृ. 65।

मधुरता के स्रोत

1. "बाल के लिए बलिदान किया गया," फ्रेजर द *गोल्डन बॉउ* (लन्दन, मैकमिलन, 1976), पृ. 810।
2. "चुम्बन द्वारा धोखा," एल. विट्जैन्सटाइन, "बेमर कुंगेन यूबर फ्रेजर्स *गोल्डन बाउ*" *सिन्थेसी* 17 में (1967) : 249।
3. "अतीव मधुरता प्राप्त कर ली," सेंट-बौवे, *शैतुब्रियाँ एत सौं ग्रुपै लिटरेरिये साउ लॅ एम्पायर,* (पेरिस : गार्नियर, 1948) अंक 1, पृ. 38।
4. "मृतकों की दयालु आत्माएँ," एल.एफ. सैलीन *मोर्ट ए क्रेडिट* (पेरिस : गॉलीमार्ड, 1962), पृ. 501।
5. "उनके स्पष्टीकरण," एल.एफ. सैलीन, "लैटरे अ से ऐमी" *कैहियर्स सैलीन* में (पेरिस : गलीमार्ड, 1979) अंक 5, पृ. 198।
6. "चीज़ों से और प्यार से बातें करें," एल.एफ. सैलीन, *मौर्ट ए क्रेडिट,* पृ. 501।
7. "कॉग्रेस अपनी सीट वहाँ नहीं रखेगी," जे. द मैइस्त्रे, *कन्सीडरेशियाँ सुर ला फ्रांस,* (पेरिस : रुसांड, 1829), पृ. 111, बाद के सन्दर्भ भी उसी स्रोत से हैं : "अस्तित्व ही नहीं है," पृ. 94 : "अपरिभाष्य गुणवत्ता," पृ. 104; "नियति *मिटा देती है,*" पृ. 31।

इयूलॉजियस

1. "अन्तर-चिह्न," एल. मैसीनॉन, *ल वोयु एत ल दैस्तिन, ओपेरा माइनोरा* में (बेरुतः दार-अल-मारेफ, 1963) अंक 3, पृ. 697।
2. "मुझे एक विद्वान में बदल दिया," सी. नॉडियर, *सुवेनीयर्स,* *ऐपीसोडस एत पोरत्रेत्स यूर सरविर अ ल' हिस्तोरी द ला रिवॉल्यूशियाँ एत द ल एम्पायर* (ब्रुसेल्स, हॉमन, 1835), अंक 1, पृ. 1।
3. "बहुत ऊँचा पढ़ा लिखा सम्पादक," वही, पृ. 2।
4. "समाप्त कर देने का तर्क," वही, पृ. 14।
5. "गुलाबी पाँवों वाला देहाती," एल. ब्लॉय, *ला शिवैलियेर द ला मोर्ट, ऊवरे* में (पेरिस : मरक्यूरे द फ्रांस, 1966), अंक 5, पृ. 52।
6. "मेरी भौहों को गीला कर दो," सी नॉडियर, *सुवेनीयर्स,* पृ. 18।
7. "अलसेस का अभिशाप," मेटरनिख *मैमुआ डॉक्यूमेन्ट्स एत इक्रिट्स डाइवर्स* पेरिस : प्लॉन, 1880) अंक 1, पृ. 7।
8. "उसके पद का निशान," *वही,* पृ. 8।

9. "मेरी रायों के विरुद्ध हिंसा", वही।
10. "जूरा की पहाड़ियाँ," सी. नॉर्डियर, *सुवेनीयर्स*, पृ. 3-4।
11. "मदाम टैश के यहाँ सान्ध्य भोज," *वही,* पृ. 5।
12. "हृदय को बाँध रखने जैसा कुछ नहीं," *वही,* पृ. 6।
13. "कन्वेंशन का हल्का रुख," *वही,* पृ. 15।
14. "रॉबेस्पीयरे का दूत," जे. मिचैले, *हिस्तौरी द ला रिवॉल्यूशियॉ फ्रान्शाये* (पेरिस : गॉलीमार्ड, 1977), अंक 2, पृ. 679।
15. "हर कोई रुक गया," सी. नॉर्डियर, *सुवेनियर्स,* पृ. 27।
16. "और आदेशों की प्रतीक्षा करें," *वही,* पृ. 28।
17. "इसका और अधिक ये स्वयं है," जे. मिचैले, *हिस्तौरी द लाखिल्यूशियॉ फ्रांशाये,* अंक, पृ. 995।
18. "ब्रिटानी और वैंडी," *वही,* पृ. 993।
19. "वे फूल उगा रहे हैं," *वही,* पृ. 993-994।

ऑस्ट्रियन

1. "अन्तर-चिह्न," एल. मैसीनॉन, "बाई-सेंटीनेरे एत नैसांस द मैरी-एन्टोइनेटे," *ओपेरा माइनौरा मे,* (बेरुत : दार-अल-मारेफ, 1963), अंक 3, पृ. 685।
2. "आनन्द-प्रिय महिला," डब्यू ग़ेटे, *डाइखंटुंग उंड बाहरहाइट, वर्क* में (ज़्यूरिख : आर्टेमिस, 1954), अंक 10, पृ. 399-400; इडैम, *द ऑटोबॉयोग्राफ़ी ऑफ़ जे. डब्ल्यू वॉन ग़ेटे,* अनुवाद जॉन ऑक्सेनफोर्ड (न्यूयार्क, 1969; लन्दन, 1971) पृ. 393।
3. "रानी स्वयं और उसका दरबार," गेटे, *डाइखटुंग उंड वाहर हाइट,* पृ. 400।
4. "मनाने में सदैव कष्टकर," प्रिंस द लिग्ने, *मैमुआ, मैमुअ एत लैटरे* में (पेरिस क्रेस, 1923), पृ. 88।
5. "अच्छे साहचर्य की स्वादहीनता", स्टैंडहाल, *सुवेनियर्स द इगोटिज़्मे, ऊवरे इन्टाइम* में (पेरिस : गॉलीमार्ड, 1955) पृ. 1486।

लकड़हारा और मछुआरा

1. "मानव आत्मा की प्रगति," टैलीरॉ, "मैमुआ सुर ले रिलेशियॉ कॉमर्शियल दे इतात्स-यूनिस अवैक एंग्लेटेरे," *मैमुआ* में (पेरिस : प्लॉन, 1982) पृ. 227।
2. "वह जगह जहाँ बह रहा है," वही।
3. "केवल सर्वदेशीय बनाते हैं," वही, पृ. 228।

वेनिस में ग़ेटे

1. "फ्रांस का विवाह," जे मिचैले, *हिस्तौरी द ला रिवॉल्यूशियॉ फ्रांशाये* (पेरिस : गॉलीमार्ड, 1977), अंक 1, पृ. 414।

2. ''वह पावन क्षण,'' *वही,* पृ. 412।
3. ''मासूमियत और सहज विश्वास,'' *वही,* पृ. 427।
4. ''कोई भी मन्दिर अपर्याप्त होता,'' *वही,* पृ. 409।
5. ''उसने आशा में भाग लिया,'' *वही,* पृ. 410।
6. ''वह जिसे उठाया जाता है,'' *वही,* पृ. 418।
7. ''ताड़ के पेड़ की छाया में,'' मोरू द जोनूस के शब्द, *वही,* पृ. 706-707।
8. ''ये रहा,'' जी ऐवेनेल, *ऐग्नाकर्सिस क्लूट्स,* (पेरिस : चैम्प लिबरे, 1976) पृ. 112।
9. ''जितनी जल्दी हो सके आ जाना,'' ए. क्लूट्स, *ईक्रिट्स रिवाल्यूशियॉ नेयरे* (पेरिस : चैम्प लिबरे) 1979, पृ. 53-54।
10. ''इसे नष्ट करना व्यर्थ होगा,'' [सी.एम. द विलेमारेस्ट] *मुस्यों द टैलीरॉ* (पेरिस : जे. पी. रोरे, 1834) अंक 1, पृ. 306।
11. ''जुलाई की चौदह तारीख,'' *मैमुआ एत रिलेशियॉ पोलिति के दुबैरॉ द वित्रौले* (पेरिस : चारपेंटियर, 1884), अंक 1, पृ. 451।
12. ''इस पत्र को जला दो,'' टैलीरॉ का पत्र, *मुस्यो द टैलीरॉ* [सी.एम. द विलेमारेस्ट] में पूरा प्रकाशित, अंक 1, पृ. 315-318।
13. ''किसी को भी हँसा देगा,'' एल. मेडेलिन, *टैलीरॉ* (पेरिस : फ्लैमेरियॉ, 1944), पृ. 46।
14. ''भविष्य वक्ता प्रतीक,'' जे. मिचैले, हिस्तौरी द ला रिवॉल्यूशियॉ फ्रांशाये, अंक 1, पृ. 414।
15. ''पुराना अपराध,'' *वही,* पृ 420।
16. ''एकता में खो जाता है,'' *वही,* पृ. 423।
17. ''एक पॉलिसी हो जाना,'' *वही,* पृ. 543।
18. ''उग्रतम राजाशाही वादी,'' *वही,* पृ. 698।
19. ''डरावनी सरलता,'' *वही,* पृ. 697।
20. ''वहाँ ऐसे अभिमान पूर्वक चढ़ जाना,'' *वही,* पृ. 698।
21. ''एक प्राणवान पर्वत,'' मोरु द जोनूस के शब्द, वही, 706।
22. ''चालाक और महत्वाकांक्षी,'' गॉवरनर मौरिस, *ए डायरी ऑफ़ द फ्रैंच रिवॉल्यूशन* (लन्दन : हराप, 1939), अंक 1, पृ. 108।
23. ''बहुत गर्म,'' वही, अंक 2, पृ. 222-223।

सुरुचि

1. ''आत्मा की मानवीय सहजता,'' मदाम द देफाँ द्वारा हॉरेस वाल्पोल को लिखित पत्र, 2 दिसम्बर, 1770, *हॉरेसवाल्पोलस कॉरेस्पॉडेंस विद मदाम दु देफाँ एंड विआर्ट* (न्यू हेवन, येल यूनिवर्सिटी प्रेस, 1939), अंक 2, पृ. 489।

2. ''ज्यॉ जेम्स की शुरुआत'', सेंट-बौवे, ''हैमिल्टन,'' *कॉज़ेरीज़ दु लुंडी* में (पेरिस : गार्नियर, 1926), अंक 1, पृ. 94।
3. ''श्रेष्ठ honnete homme'' वही, पृ. 93।
4. ''फ्रेंच उद्योग पर प्रदर्शित वस्तु'' [एच द लतौचे] *एलबम पैंड्य* (पेरिस : औ मारचॉ द नौवूते, 1829), पृ. 171।
5. ''सारे इतिहास को समझना,'' सेंट बौवू, 'ले रीग्रेटे' *कॉजेरीज़ दुलुंडी* में अंक 6, पृ. 403।
6. ''मानवीय नहीं था,'' शैतुबियॉ, मैमुआ द' औतरे-टूम्बे (पेरिस : गॉलीमार्ड, 1958), अंक 2, पृ. 10।
7. ''कुछ स्थान,'' जनरल एंड्रिओसी को टैलीरॉ के निर्देश, जी पालें द्वारा सम्पादित, *कॉरेस्पांडेंस दिप्लोमैतिक ला मिशन द टैलीरॉ अ लौन्द्रे एन 1792* (पेरिस : प्लॉन, 1889) पृ. 151।
8. ''हमें लिखें,'' शैतुब्रियॉ, *मैमुआ द' औतरे-टूम्बे* अंक 1, पृ. 975।
9. ''नया मन्त्रिमंडल चुनना,'' *मैमुआ एत रिलेशॉ पोलीतिक दु बैरॉद वित्रौले* (पेरिस : चार पेन्टियर, 1884), अंक 3, पृ. 228।
10. ''पर्याप्त रूप से ढँका न होना,'' 25 सितम्बर, 1815 को टैलीरॉ द्वारा कुरलैंड की डचैस को लिखा पत्र, ''आरकाइव्ज़ टैलीरॉ' में, जी लाकौर-गये के *टैलीरॉ* में (पेरिस : पयोट, 1931), अंक 3, पृ. 44।
11. ''सम्भावना के लिए,'' सेंट-बौवे, ''ल कैहियर वर्त,'' *कैहियर्स* में (पेरिस, गॉलीमार्ड, 1973), अंक 1, पृ. 119-120।
12. ''तलवार का साम्राज्य,'' सेंट-बौवे, *पोर्ट-रॉयल* (पेरिस : रेंडुऐल, 1842), अंक 2, पृ. 42।
13. ''ऊर्जावान और चतुर,'' सेंट-बॉवे, ''ल कैहियर वर्ट,'' पृ. 80।
14. ''एक कवि के रूप में अपनी सम्पत्ति पर रहते हुए,'' *वही,* पृ. 169।

शैली के रूपान्तरण

1. ''महानता और शान,'' *लैटरे चॉइसीज़ दु सिनियर द बालज़ाक* (लीडेन : ऐल सीरीज़ 1652), पृ. 350।
2. ''रुझान की पूरी कमी,'' सेंट-बौवे, *पोर्ट-रॉयल* (पेरिस : रेंडुराल, 1842), अंक 1, पृ. 30।
3. ''नए नए वाक्यांश,'' सेंट-बौवे, ''ल कैहियर वर्ट,'' *कैहियर्स* में (पेरिस : गॉलीमार्ड, 1973), पृ. 120।
4. ''औरों के लिए इसे बिगाड़ देता है,'' सेंट-बॉवे, *पोर्ट-रॉयल,* अंक 1, पृ. 50।
5. ''जो हमेशा पुनः प्रगट हो जाता था,'' *वही,* पृ. 69।
6. ''वह गुएज़ द बालज़ाक से इतना दूर नहीं जितना वह सोचता है,'' वही, पृ. 55।

7. ''ढाँचा मात्र,'' वही, पृ. 53।
8. ''सभी फसलों के फूल,'' सेंट बौवे, ''ल कैहियर वर्ट,'' पृ. 103-104।
9. 'यथार्थ पर लाद देता है,'' एम. प्रूस्ट, *कॉन्ये सेंट-बौवे; बाई वे ऑफ़ सेंट-बौवे,* अनुवाद सिल्विया टाउन सैंडवार्नर (लन्दन, 1958) पृ. 127।
10. ''सज्जा परिवर्तित की और आत्मसात् कर ली,'' *वही*।
11. ''हम जो हैं उसकी हमारे कर्म पर छाप,'' आर. डौमल, ''डॉयलॉग दु स्टाइल,'' *ले पूवाई द ला पेरॉल* (पेरिस : गॉलीमार्ड, 1972), पृ. 265।
12. ''मनुष्य और उसके कार्य को नहीं अलगाते हुए'', वही, पृ. 76
13. ''वार्तालाप की तरह समान स्तर पर'' : प्रूस्त, कौंत्रे सेंट-बौवे, पृ. 78
14. ''भिन्न विचारधारा,'' *वही* पृ. 81।
15. ''ईसाई धर्म का अनुसरण करते हुए,'' सेंट-बौवे, 'ल कैहियर वर्ट,' पृ. 100।
16. ''मिलने नहीं दिया गया,'' *वही,* पृ. 58।
17. ''एक ओविड जैसा आमूल-चूल परिवर्तन,'' *वही,* पृ. 100।
18. ''सामान्य बुद्धिजीवियों जैसा,'' *वही,* पृ. 124।
19. ''लम्बे सफ़र के आदमी जैसा,'' जे.जी. एकहार्ट, ''डे सील, हर्न वॉन लाइबनिज, लेबे स्लाफ,'' *म्यूरर्स जनरल जुर कुन्स्टजैशीश्टे उंड ऐलजैमैनेन लिटराटुर* (न्यूरेम्बर्ग, 1779), अंक 7, पृ. 200।
20. ''बन्दर जैसी फ़िजाँ,'' *मैमुआ द मदाम द हौसे, फम्मे द चैम्बरे द मदाम द पोम्पे दू* (पेरिस : फरमिनडिडो, 1882), पृ. 101।

शोक की विलम्बित स्मृति

1. ''प्राची का साम्राज्य,'' टैलीरॉ, *मैमुआ* (पेरिस : प्लॉन, 1982), पृ. 76।
2. ''वह मुझे भुंडी लगती है,'' काम्टेसे द कील मैन्सेगे, *मैमुआ सुर नैपोलियन* I (पेरिस : विक्टर ऐटिंगर, 1928) अंक 1, पृ. 131-132।
3. ''उसकी टाँगों और पैरों को ठीक करो,'' *जनरल द गॉन्कोर्ट* (पेरिस : चारपंटियर-फैस्क्वैले, 1894), अंक 7, (1885-1887), पृ. 210।
4. ''मैं यह प्राप्त करता हूँ,'' मदाम द स्टेअल, *डेल्फीन ऊवरे कम्पलीट* में (पेरिस : फरमिन-डिडो, 1838) अंक 1, पृ. 378।
5. ''हर चीज़ की तह तक पहुँचना है,'' मदाम द स्टेअल, 28 फरवरी, 1809 को टैलीरॉ को लिखा पत्र, *लैटरे* (1778-1817) में (पेरिस : क्लिक सीक, 1970), पृ. 383।
6. ''आदतन ऊँघता हुआ,'' मैमुआ द मदाम द रीमूसा (पेरिस : कॉलमैन लैवी, 1880) अंक 3, पृ. 325।
7. ''कष्ट उठाना बेहतर होता,'' *वही,* पृ. 327।
8. ''दर्द के लिए देर से उभरती टीस के लिए,'' ई. ब्लेई, *टैलीरॉ* (बर्लिन : रोवोहल्ट, 1932), पृ. 19।

बेरी में एक पार्क की क्लान्ति

1. "इसे अब ख़त्म करें," टैलीरॉ, कुछ भाग जो बी द लाकोम्ब में प्रकाशित हुए *ल वाई प्रिवी द टैलीरॉ* (पेरिस : प्लॉन, 1910), पृ. 249।
2. "मैं हर चीज़ के लिए तैयार हूँ," वही, पृ. 250।
3. "आवश्यकता के विरुद्ध संघर्ष," टैलीरॉ, "आरकाइव्ज़ ब्रौग्ली" से जी. लाकौर-गयेट के *टैलीरॉ* से (पेरिस : पेयोट, 1931), अंक 3, पृ. 310।
4. "इससे कुलीन दूसरी कोई चीज़ नहीं है," 10 मई, 1839 को मदाम द डचैस ऑफ़ डिनो द्वारा ऐबे दुपाँलौ को भेजा गया पत्र, डचैस द दिनो के *क्रोनिके द 1831 अ 1862* में (पेरिस : प्लान, 1909), अंक 1, पृ. 239।
5. "जासूस सो गए," *मैमुआ द ऐमी द कोइनी* (पेरिस : कॉलमैन-लेवी, 1902), पृ. 165।
6. "समाज स्वयं जो समाप्त हो रहा है," टैलीरॉ, "आरकाइव्ज़ ब्रौग्ली" से, पृ. 293।
7. "छोटे तिकोने ब्रैकेट्स," बारबी द औरेविली *ल शिवेलियरे द टोचे, ऊवरे रोमानेस्क कम्पलीट* से (पेरिस : गॉलीमार्ड, 1977), अंक 1, पृ. 749।
8. "गुमसुम, गम्भीर और पांत्यिपूर्ण जैसा," *वही,* 790।
9. "पाग़लपन की भूल-भुलैया में," *वही,* 870।
10. "लोगों को दिखाने के लिए," जे. फ्लेमर माँ, *ला जरनी दु 14 जुलियट* 1789 (पेरिस : सोसाइटी द हिस्तोरी द ला रिवॉल्यूशन फ्रांशाये, 1892), पृ. 105।

पोर्ट-रॉयल के आसपास

1. "अनीश्वरवादी शान्त है," जे. द मेइस्त्रे, *द ल' इगलिसे गलीकेन* (पेरिस : रुसाँद, 1821), पृ. 105।
2. "एक धर्मशास्त्रीय क्लब," *वही,* पृ. 40।
3. "ख़ासतौर पर स्त्रियाँ," *वही,* पृ. 52।
4. "स्वाभाविक रूप से विद्रोह में," *वही,* पृ. 32।
5. "इसे मृत समझते हुए," *वही,* पृ. 102।
6. "भवन का मुख्य भाग (पत्थर)" *वही,* पृ. 107।
7. "पवित्र आत्मा का खिलौना-सैनिक," बॉदिलेयर, *"द ल' इसेंस दु टायर', ऊवरे कम्पलीट* में, (पेरिस : गॉलीमार्ड, 1976), अंक 2, पृ. 526।
8. "विश्व की सत्ताएँ," जे. द मैइस्त्रे, *द ल' इगलिसे गलीकेन,* पृ. 107।
9. "बोनापार्ट को अपना आपा उजागर कर दिया," ई. एम. सिओरन, *ऐसे सुर ल पेंसी रिएक्शनेयर* (मांटपिलर : फाटा मोरेगाना, 1977), पृ. 71।
10. "पूरी तरह यह हॉब्स का ही है," जे द मैइस्त्रे, *द ल' इगलिसे गलीकेन,* पृ. 28।

11. "कितना प्यार और चित्ताकर्षक," सेंट बौवे में "रिलेशॉ द ला कैप्टीविटी द लामियर एन्गोलीके द सेंट जोन" के पांडुलिप संस्करण से, *पोर्ट रॉयल* (पेरिस : रेंडुअल, 1842), अंक 4, पृ. 142।
12. "शुद्ध सुगन्ध," *वही।*
13. "धर्म में घुला-मिला," *वही,* पृ. 151।
14. "उन्हें उनकी पृष्ठभूमि से मृदुलता से अलग करें," *वही,* पृ. 152।

कश के भग्नावशेषों के बीच

1. "आनन्द में डूबे हुए" : एल. फ्रोबेनियस, "ब्रीफ़ औस डैम ओस्ट सूडान," *वॉम स्रेबटिश जूम एक्वेर* से (फ्रैकफुर्ट : सोसाइटॉट्स ड्रकेरी, 1925), पृ. 411-412।
2. "कशिटिक ओशियन," *वही,* 414।
3. "तुम ये नहीं समझोगे"; एल. फ्रोबेनियस, *एटलांटिस* (जेना : डाइडेरिक्स, 1923), अंक 4, पृ. 8।
4. "बहादुरी की परम्परा के निशान," एल. फ्रोबेनियस, *मोनूमेंटा अफ्रीकाना* (फ्रैकफुर्ट : सोसाइराट्स ड्रकेरी, 1929), पृ. 293-294।
5. "इस बाबत सवाल कि हम आये कहाँ से" : एल. फ्रोबेनियस, *एटलांटिस,* अंक 4, पृ. 4।
6. "पूरब का कश," *वही,* पृ. 21।
7. "विश्व साहित्य में कभी भी," एल-फ्रोबेनियस, *कल्चरगेशिस्टे अफ्रीकास* (ज्यूरिख, फेइडन, 1933), पृ. 273-274।
8. "चूल्हे के देवता से शादी," एम. ग्रेनेट, *डान्सेज़ एत लीजेन्डेज़ द ल चीनी एंशियेने* (पेरिस : प्रेसेज़ यूनिवर्सिटेयरे द फ्रांस, 1959), अंक 2, पृ. 500-501।
9. "चाऊ का राज्य अपने आपको सुरक्षित कह सकता था" : चुआंग जू., XXI

बलिदान के तत्त्व

1. "आकाश की गहराइयों में रहता है" *ऋग्वेद* X, 93, 5।
2. "सत्य बलिदान है" : *मैत्रेयानी संहिता,* 1, 10, 11।
3. "बलिदान सर्वश्रेष्ठ कर्म-कांडी कार्य है" : आर. ग्वेनॉन *एत्यूडे सुर ल हिन्दुइज़्मे* (पेरिस : ऐडीशंस ट्रैडीशनलेज़्म, 1966), पृ. 263।
4. "विजयी अश्व," *ऋग्वेद,* 1, 163, 12।
5. "कुल्हाड़ा तुम्हारे शरीर को दीर्घकालीन हानि नहीं करेगा" : वही, 1, 162, 20।
6. "देवताओं के पहले देवता" : *तांड्य महा ब्राह्मण,* 25, 8, 2।
7. "स्वयं को बलिदान से ऊपर समझते थे" : *तैत्तरीय संहिता,* 6, 3, 4, 8।
8. "कभी नहीं, एक क्षण के लिये भी नहीं," *भगवद्गीता,* III, 5।

9. ''चक्र इस प्रकार घूमता है,'' *वही,* III, 16।
10. ''संसार के प्राणियों के नष्ट होने का कारण,'' *वही,* III, 24।
11. ''बलिवेदी पर प्रचुर मात्रा में फैला हुआ,'' ल्यूक्रेशियस, *द रेरम नैचुरा,* V, 1200-1201।
12. ''सामाजिक और अलौकिक'' : एस. वील, *कैहियर्स* (पेरिस : प्लॉन, 1970), अंक 1, पृ. 263।
13. ''समाज की गुलामी,'' *वही,* पृ. 27।
14. ''सूर्य के रिश्तेदार,'' *महा-कर्मविभंग,* 1।
15. ''जो जाल बिछाते हैं,'' *माझीमणिकाय,* XXVI
16. ''क्योंकि भूख मृत्यु है'' : *बृहद् आरण्यक उपनिषद्,* 1, 2, 1।
17. ''कष्ट से ज्ञान'' : एस्काइलस, *ऐग्मैम्नॉन,* 177।
18. ''नगण्य का विचार'' : एस. वील, *कैहियर्स,* अंक 1, पृ. 143।

कानून और व्यवस्था

1. ''मांस से और खून से'' : पॉरफिरी, *द एब्सटीनेंशिया,* II, 46, 2।
2. ''जादूगरी'' : वही, I, 28, 1।
3. ''अनासक्ति हिंसा द्वारा प्राप्त की जा सकती है'' : *वही,* I, 32, 1।
4. ''विचार का बलिदान'' *वही,* I, 45, 4।
5. ''अन्य प्राणियों से लिया गया'' : *वही।*
6. ''स्वयं को दूसरों के लिए मरने के लिए प्रशिक्षित करना'' : वही, II, 61,8।
7. ''कानून के लिए मृत'' : गेलेशियन्स, 2 : 19।
8. ''पाप के लिए मृत'' : रोमन्स, 6 : 2।
9. ''दार्शनिकों की जाति,'' पॉरिफिरी, *द एब्स्टीनेंशिया,* II, 26, 3।
10. ''बलिदानी वस्तुओं की बहुतायत'' : *वही,* II, 15, 3।
11. ''अकर्मण्य आत्मा,'' *वही,* II, 61, 1।
12. ''टैक्सों की अदायगी'' : *वही,* II 61, 2।
13. ''बलिदान का सारभूत कार्य'' : आर. ग्वेनॉन, *एत्यूडेज़ सुर ल हिन्दुइज़्मे,* (पेरिस : ऐडीशन्स ट्रैडीशियोनेले, 1966), पृ. 194।
14. ''एक गृह-प्रबन्धक के पास पाँच बूचड़खाने हैं'' : *मनु-स्मृति* (अनु. जी. बुहलर) III, 67-71।
15. ''उसने सितारों से बातचीत की'' : सी. लुलियर, *मेस केशोट्स* (पेरिस : लेखक द्वारा प्रकाशित, 1881), पृ. 205।
16. ''आप इसका ठीक से बलिदान कर दें'' : *ऑरैकल* (देववाणी) सं. 537, एच. डब्ल्यू. पार्के और डी. ई. डब्ल्यू. वॉरमेल में, *द डैल्फिक ऑरैकल* (ऑक्सफोर्ड : बेसिल ब्लैकवैल, 1956), अंक 1, पृ. 365; अंक 2, पृ. 214।

17. ''चूँकि जीवन अपराधी है'' : जे. द मेइस्त्रे, 'एक्लेयरसिसमॉ सुर ले सैक्रिफिसेज' *ले सोइरीज़ द सेंट-पीटर्स बर्ग* (पेरिस : लाइब्रेरी ग्रेके, लैटिनएत फ्रांशाये, 1821), अंक 2, पृ. 395।
18. ''कला जादू है'' : टी. डब्ल्यू. अडॉर्नो, *मिनिया मॉरिलिया* (फ्रेंकफुर्ट : सुहरकैम्प, 1951), पृ. 428।
19. ''मॉलियर की कमी न समाप्त न होने वाली टिप्पणी'' : आर. गिरार्ड, *डेस चोसेज के चेज दि पुइज ला फाउंडेशन दु मांडे,* (पेरिस : ग्रासेट, 1978), पृ. 428।
20. ''सारे लोग नहीं'' : जॉन, 11:56)
21. ''किसी और ने इतना अच्छा नहीं किया,'' आर. गिरार्ड *ल बाउक ऐमिसेयर* (पेरिस : ग्रासेट, 1982), पृ. 164।
22. ''सिवाय इसके कि शिकार की कीमत पर हो'' : वही, पृ. 208।
23. ''कौन किसका बलिदान करेगा ?'' आर. गिरार्ड, *ला वायोलेंस एत ल सेकरे* (पेरिस : ग्रासेट, 1972), पृ. 177।
24. ''सहमति और खुशी होनी चाहिए'' : बॉदिलेयर, *मॉ कोइम मिस ऊनू, ऊवरे कम्पलीट* में, सम्पादक पिचोई (पेरिस : गॉलीमार्ड, 1975), अंक 1, पृ. 683।
25. ''उनके कलम में रहते हैं,'' चुआंग ज़ू, XIX, 6।
26. ''कोई मूल्य (महत्त्व) नहीं रखता'', के. मार्क्स, *दास कैपिटल, मार्क्स एंजेल्स वर्क* में, (बर्लिन : डाइट्ज़, 1970), अंक 25, पृ. 660।
27. ''मृत्यु भूख है'' : *सतपथ ब्राह्मण,* X, 6, 5।
28. ''सफ़ेद हड्डियाँ'' : हिसोइड, *थियोगोनी,* 500।
29. ''मारने का अर्थ सदैव स्वयं को मारना होता है'' : एस. वील, *कैहियर्स* (पेरिस : प्लॉन, 1970), अंक 1, पृ. 152।
30. ''सारे सत्य का भंडार,'' बॉदिलेयर, *मॉ कोईम मिस अ नू,* पृ. 678।
31. ''नृवंश सम्बन्धी स्थिति,'' आर. गिरार्ड,*डेस चोसेज के चेज दि पुइजला फांडेशन दु मॉण्डे,* पृ. 90।
32. ''गुप्त सागर'' : *ऋग्वेद* VIII, 41, 8।
33. ''गुंजायमान सारतत्त्व''; एम. श्नाइडर, ''ल रोल द ला म्यूज़िक दॉस ला मिथॉलॉजी एत ले राइट्स देस सिविलिजेशियॉ नॉन यूरोपिनीज,'' *हिस्तौइरे द ला म्यूजिक* में, *इन्साइक्लोपेडी दल ल प्लेइड* (पेरिस : गॉलीमार्ड, 1960), अंक 1, पृ. 213।
34. ''अमर कहे जाते हैं,'' *ईलियड* V, 341-342 अनुवाद रिशमॉण्ड लैटीमोर।
35. ''मरने का साधन'' : प्लूटार्क, *सेप्टेम सेपियेन्टम कॉन्विवियम,* 160 B, 1-2।
36. ''केतली की तरह उबलना'' : *जाब,* 41 : 31।
37. ''सब ओर ज्वालाएँ फेंकते हुए'' : *भगवद्गीता,* XI, 16-17।
38. ''लोगों का मैक्यावैलिज्म,'' एच. टेन ने *ले ओरिजिने द ला फ्रांस कन्टैम्पोरेरी : ला रिवॉल्यूशिया* में रिपोर्ट किया (पेरिस : हैचेट, 1890) अंक 2, पृ. 69।

39. "एक कैंसर जो सारे शरीर को प्रभावित कर सकता था"; *वही।*
40. "जनसंख्या के एक-तिहाई का सफ़ाया" : *वही,* पृ. 70।
41. "फ्रेंच लोगों की आधुनिक खुशहाली" : जे. बर्कहार्ड्ट, *हिस्टोरिशे फ्रेगमेन्टे* (बेसल : बेनो श्वाब, 1942)।
42. "उस शक्ति और समरसता से मैंने अनजाने में सम्बन्ध नहीं बनाया" : मैक्रोबियस, *इन सोमनियम शिपियोनिस,* I, 14।
43. "अविरल प्रार्थना करें" : *थिसेलोनियन्स,* I, 5 : 17।
44. *"जली वस्तु और पाप की भेंट" : हिब्रयूज़,* 10 : 4।

जंगल का सिद्धान्त

1. "स्वर्ग का मार्ग दृष्टव्य हो गया है" : *ऋग्वेद* I, 46, 11।
2. "तलहटी-हीन अन्तरिक्ष में एक टेक बनाई" : *वही,* I, 24, 7।
3. "सूर्य के लिए एक विशाल मार्ग" : *वही,* I, 24, 8।
4. "प्रथम रचना को नापा", एल. सिलबर्न, *इंस्टैंट एट कॉज* (पेरिस : व्रिन, 1955), पृ. 22।
5. "जादू को नापना" : एल. सिल्बर्न, *इंस्टेंट एत कॉज़* (पेरिस : व्रिन, 1955), पृ. 22।
6. "आकाश और पृथ्वी और भी दूर आगे" : *ऋग्वेद,* X, 113, 5।
7. "अन्धकार में उनको लपेटे हुए" : वही, X, 113, 7।
8. "जलीय निवास"; जे. सी. हीस्टरमैन, द *एन्शियेंट इंडियन रॉयल कॉन्सीक्रेशन* (द हेग : मोटन, 1957), पृ. 149।
9. "अस्तित्व की सभी अवस्थाओं को जोड़ता है" : आर. ग्वेनॉन, *सिम्बोले फांडामेंटॉ द ला साइंसे सैकरी* (पेरिस : गॉलीमार्ड, 1962), पृ. 400।
10. "वह जो इस धागे (प्रसंग) को जानता है" : *बृहदारण्यक उपनिषद्,* III, 7, 1।
11. "गुप्त सागर" *ऋग्वेद,* VIII, 41, 8।
12. "हर एक का मित्र," *शतपथ ब्राह्मण* IV, 1, 4, 8।
13. "अन्य संसार," वही, XII, 9, 2, 12।
14. "आज्ञाकारी कानून," ए. स्टिफ्टर, *बन्टी स्टीन* की प्रस्तावना।
15. "रात्रि में कोई सहारा नहीं" : एल. स्टिलबर्न, इस्टेंट *एत कॉज़* पृ. 401-402।
16. "अपने स्वरूप में वैश्वीय नाटक को दर्शाता है" : जे. सी. हीस्टरमैन, द *एंशियेंट इंडियन रॉयल कॉन्सीक्रेशन,* पृ. 6।
17. "गुस्ताख़ी और लालच का मिश्रण" : एल ड्यूमॉ, "ल रिनॉन्सेमॉ दॉस ले रिलीजियॉ द ल इंडी', *होमो हायरार्किकस* के परिशिष्ट B में (पेरिस : गॉलीमार्ड, 1906), 335।
18. "बलिदान के बीहड़," *शतपथ ब्राह्मण* IX, 2, 3, 12।

19. ''मर्त्य प्राणियों के आपस में रिश्ते'' : सी. मालमौद, ''टर्मिनरल सैक्रिफिस : रिमार्के सुर ले होनोरेर रिचुएल दॉस ल ब्राह्मनिज्मे'' : एम. बिशरदू और सी. मालमौद द्वारा सम्पादित *ल सैक्रिफिस दॉंस ल इन्दी ऐन्शियेने* में (पेरिस : प्रैसे यूनिवर्सिटेयरे द फ्रांस, 1976), पृ. 156।
20. ''रुद्र का भाग'' : *शतपथ ब्राह्मण,* I, 4, 7, 9।
21. ''बलिदान कर्ता का शरीर इसके स्वामी के पास वापस आ सकता है'' सी. मालमौद, ''टर्मिनर ल सैक्रिफिस,'' पृ. 194।
22. ''मृत्यु और अशुद्धता को (अपने ऊपर) ले लेना''; जे.सी. हीस्टरमैन, ''ब्राह्मण कर्म-कांड और त्याग कर्ता,'' पृ. 4।
23. ''भारत द्वारा ज्ञात तमाम नवाचारों के लिए उत्तरदायी'' : एल. ड्यूमों, ''ला जेनेस चेरिटिएन डि ल' इंडिविजुअलिज़्म,'' ल डेबा, 15 (सितंबर-अक्तूबर, 1981), पृ. 126।
24. ''पारलौकिकता के तत्त्व,'' *वही,* पृ. 144।

अभिलेखागार और असफल खोज

1. ''राष्ट्रीय अभिलेखागार में एक शोधकर्ता के अच्छा दिन बिताने के बाद,'' आर. कॉब, ''एक इतिहासकार बनना,'' *ए सैंस ऑफ़ प्लेस* में (लन्दन : डकवर्थ, 1975), पृ. 19।
2. ''अन्दर के कमरे में घुस जाना,'' *वही,* पृ. 20।
3. ''सारे इतिहासों में सर्वाधिक अज्ञात''; एल. ब्लॉय, *ल ऐमी द नैपोलियन, ऊवरे* में (पेरिस : मरक्यूरे द फ्रांस, 1966), पृ. 271।
4. ''निर्माण करना और फिर लूटने के लिए चल देना'', आर. कॉब, ल' ऐफेयरे परकेन,'' कॉब के ए सैंस ऑफ़ प्लेस से, पृ. 76।
5. ''सद्‌गुणों का एक कार्यक्रम'' : आर. कॉब, *रिएक्शन्स टू द फ्रैंच रिवॉल्यूशन* (लन्दन : ऑक्सफोर्ड यूनिवर्सिटी प्रैस, 1972), पृ. 20।
6. ''नौकरशाही का आतंक'' : *वही,* पृ. 19।

पुनरावृत्ति का दानव

1. ''हमारे प्राण का चक्रीय आवेश'' : पी. वैलरी *कैहियर्स* (पेरिस : गॉलीमार्ड, 1973) अंक 1, पृ. 313।
2. ''अहोरात्र के चक्र के समान ही जीवन-चक्र,'' *वही,* पृ. 175।
3. ''गहन कार्य के अनेकों वर्ष,'' एस. फ्रॉयड, *जेन्सीट्स देस लस्टप्रिंज़िप्स, फ्रॉयड-स्टूडियेनौसगेबे* में, (फ्रेंकफुर्ट; फिशर, 1975), अंक 3, पृ. 228।
4. ''रहस्यमयी,'' *वही,* पृ. 263।

5. “चीज़ें अन्ततः,” *वही,* पृ. 268।
6. “मैंने स्वयं को फिर उसी चौक में पाया”, : एस. फ्रॉयड, *दास उन्हेमलिशे, फ्रॉयड-स्टूडियेनौसगेबे* में, अंक 4, पृ. 259-260।
7. “स्वतः अनायास पुनरावृत्ति”; *वही,* पृ. 260।
8. “वह आयु जिस तक जीने की उसे आज्ञा है,” *वही,* पृ. 260-261।
9. ‘मनो-रोग पीड़ितों का विश्लेषणात्मक इलाज”; *वही,* पृ. 261।
10. “इसके अन्तिम स्वरूप तक सबसे छोटा रास्ता,” फ्रॉयड, *जोन्सीट्स देस लस्ट प्रिंज़िप्स,* पृ. 247।
11. “किसी ‘दानवी शक्ति’ के वश में” : *वही,* पृ. 231।
12. “एक तरह की परेशानी,” एस. फ्रॉयड, *दास उन्हेमलिशे,* पृ. 244।
13. “लगता है मृत्यु-इच्छाओं का काम कर रही है” : फ्रॉयड, *जेन्सीट्स देस लस्ट प्रिंजिप्स,* पृ. 271।
14. “अपना काम अनावरोध करते हुए” : *वही।*
15. “इधर अब तक स्पष्ट से पहचाना नहीं गया,” *वही,* पृ. 248।
16. “निर्जीव अवस्था में वापस लौट जाना” : *वही।*
17. “हिचक और अनिर्णय से बच गया” : एस. फ्रॉयड, *दास उन्बेहाजेन इन डर कल्चर, फ्रॉयड-स्टूडियेनौसगेबे* से, अंक, पृ. 223-224।
18. “मरने के लिये जीवित सार-पदार्थ” : फ्रॉयड, *जैन्सीट्स देस लस्टप्रिंजिप्स,* पृ. 248।
19. “और लम्बे घूमते-घुमाते रास्ते” : *वही।*
20. “अपने ही तरीके से मरना” : *वही,* पृ. 249।
21. “कुछ तो ऐसा अस्तित्ववान है” : डब्ल्यू. ग़ेटे, *गेस्प्राशे मिट एकरमान, वर्क* में (ज़्यूरिख : आर्टेमिस, 1954), अंक 24, पृ. 399।
22. “समस्त पुरानी पीढ़ियों की परम्परा” : के. मार्क्स, *डर एक्जेहन्टे ब्रूमेयर देस लुई बोनापार्टे, मार्क्स, एंजेल्स वर्क* में (बर्लिन : डाइट्ज, 1970) अंक 8, पृ. 115।
23. “निश्चय ही अधिक क्रान्तिकारी रहे हैं” : ए. द टोकेवील, *सूवेनीयर्स, ऊवरे कम्पलीट* में, (पेरिस : गॉलीमार्ड, 1971) अंक 12, पृ. 115।
24. “अन्य क्रान्तिकारी दृश्यों की खिल्ली” : वही, पृ. 139।
25. “प्रान्तीय शौकियाओं द्वारा प्रणीत दुखान्तिका” : वही, पृ. 75।
26. “अविरल संशोधन” : जे. बर्कहार्ड्ट्, *हिस्टोरिशे फ्रेगमेन्टे* (बेसल : बेनो श्वाब, 1942), पृ. 205।
27. “इसके ऊपर एनामिल” : जी. बैन, *आल्टर्न आल्स प्रॉब्लम फुर कुरन्स्टलर इन जिसेमेल्ट वर्क* (वाइजबेडेन : लाइम्स, 1962), अंक 1, पृ. 577।
28. “प्राणवान और निरन्तर बदलते हुए” : शैतुब्रियाँ, *मैमुआ द’ औतरे-टूम्बे* (पेरिस : गॉलीमार्ड, 1958) अंक 1, पृ. 182।
29. “हँसती, खिलखिलाती औरतों की भीड़,” *वही।*

30. ''अल्हाम्ब्रा के वीरान हॉल'' : *वही,* पृ. 183।

31. ''स्नायवी पाग़लपन की *अकर्मण्यता* का सिद्धान्त'' : एस. फ्रॉयड, ''एन्टवर्फ आइनर साइकोलोजी, फ्रॉयड के *औस डेन एनफाँजेन डर साइकोऐनेलीज* 1887-1902 से (फ्रैंकफुर्ट : फिशर, 1975), पृ. 306।

32. ''बराबर (स्थिर) बने रहने का सिद्धान्त,'' फ्रॉयड, *जेन्सीट्स देस लस्टप्रिंज़िप्स,* पृ. 270।

33. ''जीवन के उसी मार्ग की पुनरावृत्ति'' : वही, पृ. 247।

34. ''तनाव,'' वही, पृ. 248।

35. ''अलंकारिक भाषाएँ,'' *वही,* पृ. 268।

36. ''बाह्य दुनिया के नमूने'' : *वही,* पृ. 237।

37. ''थोड़ी-थोड़ी मात्रा में चखते हुए'' : वही।

38. ''रक्षात्मक कवच,'' *वही।*

39. ''ऊपरी परत,'' *वही।*

40. ''किसी अंश तक अकार्बनिक,'' *वही।*

41. ''समान भाग्य'' : वही

42. ''उसी प्रकार की नियति''; पृ. 239।

43. ''तितलियों या ऑरचिड जैसी ही प्रजाति'' : ओ. स्पैंग्लर, *डर उंटरगैंग देस ऐबेंडलैंड्स* (म्यूनिख : बैक, 1927), अंक 1, पृ. 27।

44. ''समुद्र के बीच से होकर,'' *एक्सोडस,* 14:16।

45. ''तेरे हाथ द्वारा रक्षित,'' *बुक ऑफ़ विज्डम,* 19 : 7-8।

46. ''वे जल जिन्हें वह समुद्र कहता था,'' *जिनेसिस,* 1 : 10।

47. ''जुइडर ज़ी का खाली हो जाना'' : एस. फ्रॉयड, *न्यू फोल्गे डर वोरलेसन्जेन जुर आइनफुहरंग इन डी साइकोऐनेलीज़े, फ्रॉयड-स्टूडियेनौसगेबे,* अंक 1, पृ. 516।

48. ''किसी धार्मिक बेचैनी से कभी परेशान नहीं हुआ'' : सी. लैगी-स्ट्रॉस, *ल' होमे नू* (पेरिस प्लॉन, 1971), पृ. 615।

49. ''इससे निबटना दूसरों का काम है, हमारा नहीं'' : *वही,* पृ. 597।

50. ''एक जुनूनी और बदहवास पक्ष,'' *वही,* पृ. 608।

51. ''विश्राम और पुनरावृत्तियों द्वारा सुमधुर बनाया हुआ''; एस. फ्रॉयड, *ज्वांगशैंडलगेन उंड रिलीजियन सुबंगेन,* फ्रॉयड के *फ्रॉयड-स्टूडियेनौसगेबे* से, अंक 7, पृ. 14।

52. ''इसके अत्यन्त स्पष्टता से चित्रित पहलू'' : सी. लैवी-स्ट्रॉस, *ल होमे न्यू* पृ. 603।

53. ''इसमें कर्म-कांड का सार है'' : *वही।*

54. ''श्रेणियाँ, कानून और स्वयंसिद्ध सिद्धान्त कहावतें'' : *वही,* पृ. 608।

55. ''हर प्रकार की अस्पष्टता को घनी बनाते हुए'' : वही।

56. ''आश्चर्य का स्रोत'' : सी लैवी-स्ट्रॉस, *ल पैंसी सैवेज* (पेरिस : प्लॉन, 1962), पृ. 295।

57. "निरन्तरता के परिक्षेत्र में"; *वही,* पृ. 296।

58. "अन्तर उन्मूलन का एक साधन" : *वही,* 308।

59. "वह इसे निरन्तर की तरह दर्शाता है" : *वही,* पृ. 301।

60. "विशेष चर्चा दर्शाता है" : *वही,* पृ. 301-302।

ग़ेटे का जन्मदिन

1. "अश्रुपूरित नेत्रों से" : एफ़. वॉन गेन्ट्ज़, *गैस्प्राशे,* 1817-1832, ग़ेटे के *वर्क* में से (ज़्यूरिख : आर्टेमिस, 1954), पृ. 38।

2. "विनिमय दर के कारण" : डब्ल्यू. ग़ेटे, *ब्रीफ़,* 1814-1832, *वर्क* से, अंक 24, पृ. 677।

3. "पुनरावर्त कौमार्य" : डब्ल्यू ग़ेटे, गैस्प्राशे मिट ऐकरमैन, *वर्क* से, अंक 24, पृ. 677।

4. "मैं बेकार में ही शराब में धुत हो गया" : एडुआर्ड जिनास्ट, *गेटेज, गेस्प्राशे* 1817-1832 से, पृ. 39-40।

बलिदानी टुकड़े

1. "उसके सिर पर एक मुखौटा" : बोकेशियो, *डेकामेरॉन,* IV, 2।

2. "सभी ओर बर्फ़ ही बर्फ़ था" : एस. टी. कॉलरिज, "द राइम ऑफ़ एंशियेंट मैरिनर", पंक्ति 59-60।

3. "एक चित्रित सागर पर" : *वही,* पंक्तियाँ, 117-118।

4. "तीन मिनटों से भी कम समय में फाड़ खा गया" : मारक्वी द साद *द हिस्तोरी द जूलियेत, ऊवरे कम्पलीट* से (पेरिस : टेटे द फिडले, 1973), अंक 9, पृ. 14।

5. "चिकनाना साथ में," वही, पृ. 15।

6. "हर नाविक एक कसाई है" : एच. मैल्वील, *मॉबी-डिक,* अध्याय 67।

7. 'व्हेल का गर्भ-गृह," *वही,* अध्याय 78।

8. "श्वेत प्रेत" : *वही,* अध्याय 69।

9. "अनन्त परिप्रेक्ष्यों में लुप्त," *वही।*

10. "ग्रहण का क्षेत्र," जी. द सैंटीलाना, "ला स्टोरिया दा रैस्क्रीवर," *रिफ्लैक्शंस ऑन मैन एंड आइडियाज़* (कैम्ब्रिज, मैसेच्यूसेट्स, एमइटी प्रैस, 1968), पृ. 319-320।

11. "कोपरनिकस के सिद्धान्त को स्वीकार कर लिया," एफ. येट्स, *गियोडेनो ब्रूनो एंड द हरमैटिक ट्रैडीशन,* (लन्दन : राउतलेज एंड केगान पॉल, 1964), पृ. ix।

12. "इसमें कुछ और अन्तर्निहित है" : *वही।*

13. "सच्चे और एकमात्र निवासी" : जी. द सैंटीलाना, "रिफ्लैजियॉ सुल फैटो : फेटो एंटिको" *रिफ्लैक्शंस ऑन मैन एंड आइडियाज़* से पृ. 326।

14. "पीछे की ओर जाने का यह जन्मजात रुझान" : प्लेटो, *पोलिटिक्स,* 269 सी-डी।

15. "हम (इसे) स्वर्ग और दुनिया कहते हैं," *वही,* 269 डी।

16. ''इसकी अपनी सही गति से,'' *वही,* 269 ई।
17. ''अपरिमेयों का नाटक'' : एस. वील, *सुर ला साइन्स* (पेरिस; गॉलीमार्ड, 1966), पृ. 216, 245।
18. ''उनकी सर्वाधिक आश्चर्यजनक विजय'' : एस. वील *ला सोर्स ग्रेके* (पेरिस : गॉलीमार्ड, 1933), पृ. 156।
19. ''इसमें एक समकक्ष सिद्धान्त भी सम्मिलित है'' : आर. ग्वेनॉन, *ऐत्यूदे सुर ल' हिन्दुइज़्मे* (पेरिस ऐडीशन ट्रैडीशनैले, 1966), पृ. 263।
20. ''अन्धविश्वास को पुष्ट करता है'' : बॉदिलेयर, *मॉन कोयू मिस अ नू, ऊवरे कम्पलीट से, सम्पादक पिचॉई* (पेरिस : गॉलीमार्ड, 1975), अंक 1, पृ. 680।
21. ''सभी सत्यों का भंडार,'' *वही,* पृ. 678।
22. ''हर व्यक्ति अपनी ही भाषा में'' : आर. ग्वेनॉन, *ले प्रिंसिपे दु कैल्कुल इन्फिनिटेसीमाल,* (पेरिस : गॉलीमार्ड, 1946), अंक 1, पृ. 39।
23. ''टोरा और ताओ के बीच'' : डब्ल्यू. बैंजामिन ''परालिपोमेना जुकापाका,'' *जिसामेंटे श्रिफ्टेन* से (फ्रैकफुर्ट : सुहरकैम्प, 1977), अंक 2, भाग 3, पृ. 1219।
24. ''भयानक चीज़ें...बस बहुत हो चुका'' : एफ. काफ़का ब्रीफे (फ्रैंकफुर्ट : फिशर, 1959), पृ. 333-334।
25. ''उस तरह का आदमी होने के लिए पर्याप्त पौरुष'' : डब्ल्यू. बैंजामिन, *ब्रीफ़े* (फ्रैकफुर्ट : सुहरकैम्प, 1966), अंक 2, पृ. 803।
26. ''ट्रेपिस्ट्स ने उसे कसाई बना दिया'' : विक्टर ह्यूगो, *चोज़े व्यू,* 1830-1848 (पेरिस : गॉलीमार्ड, 1972), पृ. 439।
27. ''दूसरा घोड़ा, जो पिछले का स्थान ले लेता है'' : यू. हारवा, *डी रिलीजियोसेन वौर्स्टेलंगेन डर आल्टेइशेन वोल्कर* (हैलेसिंकी : वरनर सॉडेस्ट्रॉम, 1938), पृ. 218।
28. ''ईश्वर के बिना कोई धुआँ नहीं'' : आर. हमायॉ, *इल न'स अ पास द.फ्यूमी सॉस द्यु'' ल' एथ्नोग्राफ़ी,* 118, संख्या 74-75 (1977) : 171।

रोमांच-विरोधी बालक

1. ''एक संवेदनशील और चिन्तशील प्राणी'' : जे. बैन्थम, ''द फिलॉसफी ऑफ़ इकोनॉमिक साइंस,'' *इकोनॉमिक राइटिंग्स* से, (लन्दन : ऐलेन एंड अनविन, 1952), अंक 1, पृ. 82।
2. ''अपराधों और दंडों के बीच'' : *वही,* पृ. 117-118।
3. ''एकमात्र समान मापदंड'' : जे. बैन्थम, ''परिशिष्ट-2'' में प्रकाशित कुछ अंश, *ला फॉरमेशियाँ दु रैडीकलि़्मे फिलॉसॉफिके,''* ई. हालेवी से, (पेरिस : फैलिक्स एल्कॉन, 1901), अंक 1, पृ. 412।
4. ''भाड़े की भाषा बोलना'' : *वही,* पृ. 412-414।
5. ''चूँकि वर्तमान साधन पैसा है'' : *वही,* पृ. 406।

6. “जिसके परे आनन्द नहीं जा सकता” : *वही,* पृ. 408।
7. “योग और योग के बीच,” *वही।*
8. “बहुत बड़ा विप्लवी (तोड़-फोड़ी)” : जे. एस. मिल, “बैन्थम”, *मिल ऑन बैन्थम* से (कैम्ब्रिज : कैम्ब्रिज यूनिवर्सिटी प्रैस, 1980), पृ. 42।
9. “मुख्य विप्लवी विचारक” : *वही,* पृ. 44।
10. “अपने सह-प्राणियों पर” : *वही,* पृ. 62-63।
11. “रूपाकार असंख्य हैं” : ए. ब्लांकी, *ल इटरनिटे पार ले ऐस्ट्रेस* (पेरिस : बेलिअर, 1872), पृ. 12।

सीमाएँ

1. “पवित्र सीमा” : के. मार्क्स, *ग्रंड्रिसे डर क्रिटिक पॉलीटिशेन ओकोनॉमी* (बर्लिन : डाइट्ज, 1974), पृ. 440।
2. “अलग होने के बिन्दु के पर” : *वही,* पृ. 438।
3. “पूँजी की असीमित सजीवता” : आर लक्सैम्बर्ग : “डाई एक्यूमुलेशन देस कैपिटल्स,” *जिसामेल्टे वर्क* से (बर्लिन : डाइट्ज, 1975), अंक 5, पृ. 276।
4. “तुलना में बच्चों के खेल जैसा” : *वही,* पृ. 274।
5. ‘बिलकुल वैसी ही एकल आस्था’ : ई. कैनेटी, *मासे उंड माख़्त* (हैम्बुर्ग : क्लासेन, 1952), पृ. 563।

प्रक्रिया

1. “इसके तत्त्व की सम्पन्नता” : जी. डब्ल्यू. ई. हीगल, *फेनोमेनॉलॉजी देस जीएस्ते* (हैम्बुर्ग, मेइनर, 1952), पृ. 563।

मार्क्स पर टिप्पणियाँ

1. “उत्पादन का लक्ष्य धन” : के. मार्क्स, *ग्रंड्रिसे डर क्रिटिक पोलिटीशेन ओकोनॉमी* (बर्लिन : डाइट्ज़, 1974), पृ. 387।
2. “सबसे अच्छे नागरिक पैदा करता है” : *वही।*
3. “और उसके अपने स्वभाव के भी” : *वही।*
4. “अपनी सम्पूर्णता पैदा करता है” : *वही।*
5. “ये भोंडा है” : *वही,* पृ. 388।
6. “कार्य-सामग्री”; *वही,* पृ. 376।
7. “बुर्जुआओं का सुखद अन्त” : *वही,* 79-80।
8. “हर व्यक्ति में सामाजिक शक्ति है” : *वही,* पृ. 75।
9. ‘अलग-थलग क्षेत्रों में” : *वही।*
10. “विश्वव्यापी योग्यताएँ” : *वही।*

11. ‘‘एक प्रकार की नियति’’ : *वही,* पृ. 76।
12. ‘‘तृतीय चरण’’ : *वही,* पृ. 75।
13. ‘‘इस बिन्दु पर हम जाँच नहीं कर सकते’’ : *वही,* पृ. 77।
14. ‘‘एक स्वतन्त्र जिन्स’’ : *वही,* पृ. 114।
15. ‘‘प्रत्येक वस्तु का विनिमय हो सकता है’’ : अरस्तू, *पालिटिक्स,* 1, 9, 1257, अ, 16।
16. ‘‘स्वयं विश्व के तत्त्व’’ : के. मार्क्स, *ग्राण्ड्रिस,* पृ. 271।
17. ‘‘तोड़-फोड़ी कार्य करते हुए’’ : के. मार्क्स, *जुर क्रिटिक डर पोलीटिशेन ओकोनॉमी, मार्क्स, एंजेल्स वर्क* से (बर्लिन : डाइट्ज, 1970), अंक 13, पृ. 36।
18. ‘‘विनिमय का सामान्य माध्यम’’ : *वही,* पृ. 34।
19. ‘‘क्रय और विक्रय के बीच’’ : *वही,* पृ. 77।
20. ‘‘यह सामाजिक आन्तरिक आदान-प्रदान’’ : *वही,* पृ. 77।
21. ‘‘परंपरा और मूर्ख भाव’’ : *वही।*
22. ‘‘व्यक्ति की उत्पादकीय शक्तियाँ : के. मार्क्स, *ग्रंड्रिसे,* पृ. 414।
23. ‘‘एक प्रत्यक्ष विडंबना’’; *वही,* पृ. 324।
24. ‘‘पूँजी पर आधारित उत्पादन’’ : *वही,* पृ. 318।
25. ‘‘सुनिश्चित मूल्य की जिन्स’’ : के. मार्क्स, *दास कैपिटल, मार्क्स एंजेल्स वर्क* से (बर्लिन : डाइट्ज़, 1970) अंक 23, पृ. 131।
26. ‘‘पेड़ों में लकड़ी’’ : *वही,* पृ. 55।
27. ‘‘वे जुड़वाँ हैं’’ : एम. गिरौले, *दिऊ दि लाओ* (पेरिस : एडीशंस द शेने, 1948), पृ. 238।

रिकार्डो की निर्ममता

1. ‘‘अपने आप में लक्ष्य’’ : के. मार्क्स, *थिओरिएन उबर मेहरवर्ट, मार्क्स एंजेल्स वर्क* से (बर्लिन : डाइटज़, 1970), अंक 26, भाग 2, पृ. 110-111।
2. ‘‘श्रम की उत्पादकीय शक्तियाँ’’ : के. मार्क्स, *ग्रांड्रिसे डर क्रिटिक पोलीटिशेन ओकोनॉमी* (बर्लिन : डाइट्ज़, 1974), पृ. 635।
3. ‘‘केवल बाह्य रूप से ही’’, *वही,* पृ. 540।
4. ‘‘वह बुर्जुआओं के प्रति भी उतना ही निर्मम है’’ : के. मार्क्स, *थ्योरियेन ऊबर डेन मेहरवर्ट,* पृ. 111।
5. ‘‘ये वह है जिसे वे नहीं समझ सकते’’ : *वही।*

रुपये पैसे की मणि

1. ‘‘समकक्षता का पूर्वानुमान करता है’’ : के. मार्क्स, *ग्रूण्डिसे डर क्रिटिक पोलिटिशेन ओकोनॉमी* (बर्लिन : डाइट्ज़, 1974), पृ. 90।

2. “स्वयं अपने आपमें घर-बढ़ में परिवर्तनशील न हो”; डी. रिकार्डो, “एब्सॉल्यूट वैल्यू एंड एक्सचेंजेबल वैल्यू,” *द वर्क एंड कॉरेस्पांडेंस ऑफ़ डेविड रिकार्डो,* (कैम्ब्रिज : कैम्ब्रिज यूनिवर्सिटी प्रेस, 1966), अंक 4, पृ. 361।
3. “पेंटिंग और मूर्तिकला” : मार्क्स, *ग्रंड्रिसे,* पृ. 90।
4. “अनाज की बराबर मात्रा,” *वही।*
5. “बावजूद इसके कि मेरा व्यक्तित्व कैसा है” : *वही,* पृ. 133।
6. “नाश न होने वाली जिन्स” : *वही,* पृ. 67।
7. “समाज की सन्दें” : *वही,* पृ. 387।
8. “और रुपया-पैसा सभी चीज़ों का मूल्य” : ई. एम [एडवर्ड मिसेलडेन], “द सर्किल ऑफ़ कॉमर्स, और द बैलेंस ऑफ़ ट्रेड,” द *डिफैंस ऑफ़ फ्री ट्रेड* से (लन्दन : निकोलस बॉर्न, 1623), पृ. 94।
9. “रुपए-पैसे की मणि” : के. मार्क्स, *दास कैपिटल, मार्क्स एंजेल्स वर्क* से (बर्लिन : डाइट्ज़ 1970), अंक 23, पृ. 145।
10. “सामान उसमें से निकाल लिया गया है” : *वही,* पृ. 127।
11. “अमुक मूल्य की जिन्स” : *वही,* पृ. 131।
12. “समाज का बड़ा ऐलेम्बिक” : *वही,* पृ. 145।
13. “समुदाय को समाप्त कर देता है” : मार्क्स, *ग्रंड्रिसे,* पृ. 136।
14. “भयानक मौका,” एफ. नीत्शे, आल्सो स्पेक ज़ैराथुस्ट्रा, भाग 2, “वॉन डर ऐर्लोसंग”

इतिहास परीक्षण करता है

1. “वह तरीका जिससे आदमी आदमी को बनाता है” : के. मार्क्स और एफ़. एंजेल्स, *डी डॉयच आईडियालॉजी, मार्क्स एंजेल्स वर्क* से (बर्लिन : डाइट्ज़, 1970), अंक 3, पृ. 36।
2. “विश्वव्यापी इतिहास का एक तथ्य,” *वही,* पृ. 45।
3. “खाना खाता है, पीता है और कपड़े पहन लेता है” : *वही,* पृ. 46।
4. “हमें परेशान होना चाहिए,” पी. वैलरी, “टेल क्वेल”, ऊवरे से (पेरिस : गॉलीमार्ड, 1962) अंक 2, पृ. 706।
5. “विदेशी तरीकों से जुनूनी लगाव,” सी रूलहीयर, “ऐनेक्डोट्स सुरला रसी,” *हिस्तौयरी द ल' अनारकी द पोलोन* (पेरिस : निकोले एत देसेने, 1807), अंक 4, पृ. 341।
6. “समय बूँद-बूँद करके गिरता है” : मदाम द स्टेअल, द *ल' एलीमने* (पेरिस : गार्नियर-फ्लॉमैरिऑन, 1968) अंक 1, पृ. 117।
7. “और न ही आगे बढ़ने के लिए पाँव,” *वही,* पृ. 121।
8. “रहस्योद्घाटन का दर्शनशास्त्र” : एफ. एंजेल्स, *एंटी शैलिंग, मार्क्स एंजेल्स वर्क से,* सहायक अंक 2, पृ. 163।

9. "इसके आख़िरी छोर तक," ए. सीएसज्कॉव्स्की, *प्रोलीगोमेना जुर हिस्टोरिओसोफी* (बर्लिन : बेइट, 1848), पृ. 85।
10. "स्वयं इसके बाहर एक उप-परत" : *वही,* पृ. 99।
11. "इच्छाशक्ति का क्षेत्र", *वही,* पृ. 114-115।
12. "विचार का प्राणी के पास वापस लौटना" : *वही,* पृ. 120।
13. "नॉन फुएरिट इन इन्टैलैक्चू", *वही,* पृ. 121।
14. "जैसा कला और दर्शनशास्त्र ने किया है" : *वही,* पृ. 122।
15. "कार्य-क्षेत्र में" *वही,* पृ. 129।
16. "जिस पर उफ़ान की पूर्व-छाया थी" : *वही,* पृ. 153।
17. "हीगल प्रणाली" : मार्क्स और एंजेल्स, *डी डॉयच आइडियॉलॉजी,* पृ. 17।
18. "आन्तरिक एवं बाह्य के बीच शान्ति" : सीएस्ज्कॉव्सकी, *प्रोलीगोमेना,* पृ. 128।

कृत्रिम बर्बर

1. "रात्रि की नीरवता में चिड़ियाएँ" : एस. कर्केगार्ड, *ऐन्टेन-ऐलर* (मिलान, ऐडेल्फ़ी, 1977), अंक 2, पृ. 116।
2. "स्टर्नर का नाम चुना" : जी. डॉमर, *दास क्रिस्चेन्थम उण्ड साइन उर्हेबर* (मैंन्ज़ : किरछैम, 1864), पृ. 135।
3. "छेड़ने उभाड़ने की प्रतिभा" : ई.एम. सिआरन, *ऐसेइ सुरला पैन्सी रिऐक्शनेयर* (मौन्टपेलियर : फाटा मोरगाना, 1977) पृ. 9।
4. "नाज़ुक विध्वंशक"; पी बौरजे, *ला डिसिप्लीन* की प्रस्तावना, (पेरिस : नेल्सन, एन. डी.) पृ. 8।
5. "स्नायुओं की कुलीनता" : वही, पृ. 7।
6. "फिर दौड़ (जाति) का भाग बन गए" : एम. बारे, *ल जार्डिन द बेरेनिस* (पेरिस : ऐमिले-पॉल, 1910), पृ. 210।
7. "त्रिमूर्ति का प्राक़ट्य" : वही, पृ. 64।
8. "1889 के लड़के" : बॉरजे, *ला डिसिप्लीन* की प्रस्तावना, पृ. 5।
9. "सामुदायिक जीवन के प्रति कुछ ख़ास रुख" : पी. वैलरी, *कैहियर्स* (पेरिस : गॉलीमार्ड, 1973), अंक 2, पृ. 1452।
10. "हमारे नास्तिक पवित्र लोग हैं" : एम. स्टर्नर, *डर आइनज़िगी उण्ड साइन आईजैंटम* (स्टुटगर्ट : रिक्लेम, 1972), पृ. 203।
11. "बिना आराम किए आगे ही बढ़ता रहता है" : *वही,* पृ. 158।
12. "सभी द्वारा बनाया जाना चाहिए"; लॉत्रेमों, *पोयजीज़* II, *ऊबरे कम्पलीट* से (पेरिस : जोज़ कोर्टी, 1958), पृ. 386।
13. "हम कर्त्तव्य के उल्लंघन को पी जाते हैं" : *वही,* पृ. 373।

14. ''वह दार्शनिक भाई चारा'' : के. मार्क्स और एफ. ऐन्जेल्त, *डी डॉयच आइडियॉलॉजी, मार्क्स ऐजेल्स वर्क* से, (बर्लिन : डाइट्ज 1970) अंक 3, पृ. 168।
15. ''हम कभी सर्वहारा (श्रमिक) नहीं होंगे'' : *वही,* पृ. 183।
16. ''ये क्रान्ति-विरोधी है'' : आर. लक्सेमबर्ग, *इन रिवॉल्यूशनेरर स्टुण्डे, जिसामेल्टे वर्क* से (बर्लिन : डाइट्ज, 1975), अंक 2, पृ. 34।
17. ''ये सर्वहारा जैसा नहीं है'' : वी. आई. लेनिन, *डर अनार्किस्मस* (बर्लिन : डाइट्ज़, 1953) पृ. 20।
18. ''समूचा विचारों से उत्पन्न'' : एफ. दॉस्तयवस्की, *नोट्स फ्रॉम अंडग्राउंड,* अनुवाद एंड्रयू, आर. मैक्सेंड्रयू (न्यूयार्क : साइनेट, 1961), पृ. 203।
19. ''आख़िर वे मुझे मिलेंगे कहाँ ? '' *वही,* पृ. 36-37।
20. ''कुख्यात कार्य'' : एफ. ऐ. लाँगे, *गैशिस्टे देस मैटिरियलिस्मस* (आइसरलोह्न : बेडेकर, 1886), पृ. 292।
21. ''हमारी जानकारी में सबसे अतीव पुस्तक'' : *वही।*
22. ''हम *सर्वाधिक अति हैं''* : एफ. नीत्शे, ''नाचगेलेसेन फ्रैगमैंट (हर्ब्स्ट 1887 बिसमार्ज़ 1888),'' *वर्क* से (बर्लिन : डब्ल्यू द ग्रुयटर, 1970), अंक 7, भाग 2, पृ. 176।
23. ''ये पुस्तक जीवन स्वयं हैं'' : जे. एच. मैके, *मैक्स स्टर्नर : साइन लेबेन उंड साइन वर्क* (बर्लिन : लेखक द्वारा प्रकाशित, 1914), पृ. 158।
24. ''उसमें हास्य-विनोद की एक बूँद भी नहीं है'' : के जोएल, *फिलॉसॅफेनवेजे* (बर्लिन : हरमैन हैफेल्डर, 1901) पृ. 234।
25. ''बड़े बाहरी अनुभव'' : मैके, *मैक्स स्टर्नर,* पृ. 6।
26. ''कर्त्तव्यनिष्ठ और सशक्त कार्यकर्ता'' : *वही,* पृ. 21।
27. ''गम्भीरतापूर्वक गलत सिद्ध करने लायक भी नहीं'' : *वही,* पृ. 19।
28. ''महान जीवन के बाहरी निशान'' : *वही,* पृ. 8।
29. ''मैं जानता हूँ तुम नहीं समझोगे'' : ''ऐरिनरंगेन वॉन फ्राड इडा ओवरबैक'', सी.ए. बरनौली के *फ्रैंज ओवरबैक उंड फ्रैडरिक नीत्शे आइने फ्रेयंडशाफ्ट* (जेना : डीडेरिक्स, 1908), अंक 1, पृ. 238-239।
30. ''बेहिसाब भीड़ होगी'' : स्टर्नर, *डर आइनज़िगी उण्ड साइन आइजेन्टम,* पृ. 35।
31. ''क्या हम वह हैं जो हमारे अन्दर है ?'' : *वही,* पृ. 34।
32. ''नाशवान् अहम्', *वही,* पृ. 213।
33. ''अन्यदेशीयता का विनाश'' : मार्क्स एवं एंगेल्स, डी डॉयच आइडियोलॉजी, पृ. 35
34. ''सब कुछ,'' स्टर्नर, *डर आइनज़िगी उंड साइन आइजेंटम,* पृ. 5।
35. *''सॉर्टिर ड़ सोइ'' : (इच्छा की साहित्यिक अभिव्यक्ति)* बॉदिलेयर, *मॉन कोइयु मिस अनु, ऊवरे कम्पलीट* से, सम्पादक पिचौई (पेरिस : गॉलीमार्ड, 1975), अंक 1, पृ. 692।

36. ''उपयोगी और उपयोगिता के बीच का रिश्ता'' : के. मार्क्स, ग्रांड्रिसे डर क्रिटिक पोलिटिशेन ओकोनॉमी (वर्लिन : डाइट्ज़, 1974), पृ. 80
37. ''वेश्या से लेकर पोप तक'' : *वही,* पृ. 183।
38. ''फोरमैन और नियामक'' : *वही,* पृ. 592।
39. ''वज्रमूर्ख को भी सजीव बना दे'' : *वही,* पृ. 184।
40. ''भाव-भूमि जिस पर समाज टिका है'' : *वही,* पृ. 188।
41. ''सी एस्ट ल गौट द ला प्रॉस्टीटयूशियॉ'' : (ये वेश्यावृत्ति की गठिया है) बॉदिलेयर, *फ्यूज़ीज़, ऊवरे कम्पलीट* से, अंक 1, पृ. 649।
42. 'ल' एत्रे ल प्लू प्रोस्टीटयू'' : (वेश्या और ग्राहक की भूमिका) बॉदिलेयर, *मॉन कोइयु मिस अ नु.* पृ. 692।

एक नई उत्तेजना

1. ''हम प्रथम थे,'' *जनरल द गॉन्कोर्ट* (पेरिस : फैस्क्वैले, 1902), अंक 3, (1886-1870) पृ. 248।
2. ''लिस्ट द कैनेले'' (कैनेले की सूची) बॉदिलेयर, *मॉन कोइयु मिस अ नु, ऊवरे कम्पलीट* से, सम्पादक पिचौई, (पेरिस : गॉलीमार्ड, 1975) अंक 1, प. 694।
3. ''उलटा-पुलटा और विशालता'' : बॉदिलेयर, *फ्रैगमेंट्स डाइवर्स, ऊवरे कम्पलीट* से सम्पादक ल दॉन्तेक (पेरिस : गॉलीमार्ड, 1954), पृ. 1282।
4. ''चौकोर आसमान'' बॉदिलेयर, *पोएज़ीज द ज्युने से, ऊवरे कम्पलीट* से, सम्पादक पिचौई, अंक 1, पृ. 206।
5. ''विशेषण की आवाज़'' : बॉदिलेयर *तितरे ऐत केनेवास* , वही, पृ. 504।
6. ''ला सौटिसे के लिए तीव्र इच्छा'' : बॉदिलेयर, ''कैनेवास द 'लैटरे द'उन अराबिलेयर,'' *वहीं,* पृ. 781।
7. ''मैं उनके सामने *कभी गिड़गिड़ाऊँगा नहीं''* : 11 दिसम्बर, 1861 को ए. विलेमै को लिखा पत्र, *कॉरेस्पांडेंस* से, सम्पादक पिचौई (पेरिस : गॉलीमार्ड, 1973) अंक 2, पृ. 194।
8. ''व्याकरणीय नृत्य'' : बॉदिलेयर, *तितरे ऐत केनेवास,* पृ, 594।
9. ''तब हम उसे कभी नियुक्त नहीं करेंगे'' : ए. द विग्नी, अप्रकाशित दैनिक पुस्तक से, उसके कुछ भाग पिचैई ने *बॉदिलेयर, कॉरेस्पांडेंस* (अंक 2, पृ. 751) में प्रकाशित किए।
10. ''अध्येता और परिश्रमी व्यक्ति''; *वही।*
11. ''हमेशा ही अनन्त घृणा लिए हुए'' : बॉदिलेयर ''ल' एस्पिरित ऐत ल स्टाइल द एम. विलेमै'' *ऊवरे कम्पलीट* में, सम्पादक पिर्चोई, अंक 2, पृ. 192-194।
12. ''विष-ज्ञान''; बॉदिलेयर, 23 दिसम्बर, 1861 को विक्टर द लाप्रादे को लिखा पत्र, *कॉरेस्पांडेंस* से, अंक 2,पृ. 199।

13. "उसे अच्छी कीमत चुकाने को विवश किया" : बॉदिलेयर 25 दिसम्बर, 1861 को मदाम औपिक को लिखा पत्र, कॉरेस्पांडेंस से, अंक 2, पृ. 203।
14. "आप कैसे जानेंगे ?" पॉउले-मलासीस, *बॉदिलेयर देवां सेस कॉन्टेम्पोरेयिन,* सम्पादक डब्ल्यू. टी. ब्रैण्डी और सी. पिचौई (पेरिस : यू. जी. ई. 1967), पृ. 162।
15. "इसी के समान एक रिवाज़ मनाते थे" : यू. हारवा, *डी रिलीजिओसेन वॉरस्टेलंगेन डर अल्टाइशेन वॉल्कर* (हैलेसिंकी; वरनर सोडर स्ट्रॉम, 1938), पृ. 567।
16. "पाइथिया भविषवाणी कर सकता था" : के. मेडली, *ग्रीशिशे ओफ़रब्रॉशे, जिसामेल्टे श्रिफ्टेन* से, (बेसल : श्वाब, 1975), अंक 2, पृ. 995।
17. "शिकार की स्वयं स्वीकृति" : बॉदिलेयर, *तितरे ऐत केनेवास,* पृ. 598।
18. "तुमने एक नए प्रकाश का सृजन किया है" : टी. गॉटियर, *सूवेनियर्स, रोमांटिके* (पेरिस : गार्नियर, 1929) पृ. 267।
19. "वह सभी से विनय करता है" : बॉदिलेयर, 28 अक्तूबर, 1865 को माने को लिख पत्र, *कॉरेस्पांडेंस* से, अंक 2, पृ. 539।
20. "संस्कार का एक भाग बन जाता है" : एफ. काफ़का *बैट्राश्टुंगेन ऊबर संडे, लीड, हॉफ नंग, उंड डेन वाहरेन वैग होश जाइट्सवॉरबेरेइटुंगेन ऑफ़ डेम लैंडे* से (फ्रैंक्फुर्ट : फिशर, एन. डी. 1982), पृ. 31।

खिड़की के शीशे के पीछे

1. "इससे गम्भीर कोई अन्य विषय नहीं" : सी. बॉदिलयेर, *ल स्प्लीन द पेरिस, ऊबरे कम्पलीट* से, सम्पादक पिचौई (पेरिस : गॉलीमार्ड, 1975), अंक 1, पृ. 339।
2. "रोग जिससे फ्लावेयर की मृत्यु हुई" : जे. लाफॉग, 1 अप्रैल, 1882 को ऐफ्रुसी को लिखा पत्र, *मिलांजे पौस्थ्यूम* में लाफ़ॉग से पेरिस : मरक्यूरे द फ्रांस, 1903), पृ. 258।
3. "सुनसान रेलवे स्टेशन" : जे. लाफॉग, "पैन्सीज ऐत पराडॉक्सेज," वही, पृ. 16।
4. "मगरमच्छों की बुद्धू जैसी नज़र" : जे. लाफ़ॉग, "पैसेजेस ऐत इम्प्रेशंस," वही, पृ. 16।
5. "पानी का स्वप्नवत मौन," वही।
6. "अन्य भोंडेपन के प्रति मौन" : सेंट-बौवे, "ल कैहियर वर्ट" *कैहियर्स,* में (पेरिस : गॉलीमार्ड, 1973), पृ. 91।
7. "वह मृतकों से बात करना चाहता है" आर. डार्न्टन, *द लिटरेरी अंडर ग्राउंड ऑफ़ द ओल्ड रिजीम* (कैम्ब्रिज मैसेच्यूसेट्स : हार्वर्ड यूनिवर्सिटी प्रेस, 1982), पृ. 5।
8. "एक दूसरे के लिए लालायित" जे. द गोबीनू *ले प्लेइडस* (पेरिस : प्लॉन, 1963), पृ. 34।
9. "केवल प्रियजनों के हाथों में" : सेंट-बौवे, "ल कैहियर वर्ट," पृ. 57; बाद वाले उद्धरण भी उसी स्रोत से हैं : "पैलेट," पृ. 58; "वैंडेटास", पृ. 124; "ऑर्गन्स," पृ.

316; ''थियोक्रिटस,'' पृ. 342; ''हार्ट,'' पृ. 114; ''थीफ,' पृ. 169; ''करप्शन,'' पृ. 352; ''वेनैस्ट,' पृ. 200; ''इमैंस सिटी,'' पृ. 136-137; ''नेचर,'' पृ. 273।

10. ''वहाँ कोई चीज़ है ?'' चार्ल्स-ऑगस्टिन सेंट-बौवे, *लैतरे इनेडिटेंस अ कौलाम्बे* (पेरिस : सोसायटी फ्रांशाये द इम्प्रीमेरी ऐत लाइब्रेरी, 1903), पृ. 238।

बियेन-ऐमी

1. ''(उन्हें) बड़ी पेंशनें स्वीकृत की गईं,'' एच. वाल्पोल, *मैमुआ ऑफ़ द रेन ऑफ़ किंग जार्ज द थर्ड,* (लन्दन : लॉरेन्स एंड बुलेन-पुटनम, 1894), अंक 2, पृ. 169-170।
2. ''बंजर, विद्वेषपूर्ण, व्यंग्यात्मक'' : ई और जे. द गोन्कोर्ट, *ला डचैस द चैतूरॉ ऐत सेस सोइयुर* (पेरिस : चारपेंटियर, 1879) पृ. 48।
3. ''जो केवल एक के रहने के लिए बनाए गए थे'' : ई. और जे. द गोन्कार्ट, *मदाम द पौम्पेदू* (पेरिस : फेस्क्वैले, 1903), पृ. 151।
4. ''ये उसका दिल है जिसका मैं दीवाना हूँ,'' *मैमुआ मदाम द' हौसे, फम्मे द चेम्बे द मदाम द पौम्पेदू,* (पेरिस : फरमिन-डिडो, एन. डी. (1882), पृ. 79।
5. ''(इसको) बहुत महत्त्व देता है'' : *वही,* पृ. 71।
6. ''साँचे। ऐलोन्ज़े! क्लोविस!'' विक्टर ह्यूगो, *ला पिती सुप्रीम* (पेरिस : कॉलमैन-लैवी, 1879), पृ. 4।
7. ''एक बेवकूफ खुशी'' : *वही,* पृ. 20।
8. ''भव्य और शान्त'' : *कार्डिनल द बर्नी,* 31 मार्च, 1757 को काउंट स्टेनवील को लिखा पत्र, *मैमुआ ऐतलैतरे द ई. जे. द पीयरे कार्डिनल द बरनी* (पेरिस : प्लॉन, 1878), अंक 2, पृ. 198।
9. ''जो कभी ख़ास मौकों पर ही किया जाता था'' : आर. ए. स्टीन, *प्रेजैंटेशियाँ द ल' ऊवरे पोस्थ्यूमे द मार्सल ग्रेने : 'ल रॉइ बॉइत' ल ऐनी सोसियोलॉजिके* 3, (1952), 63-64।
10. ''पासी पर उसके द्वारा पाले गए पक्षी'' : *क्रोनिके द ला रीजेन्से ऐत दु रेन द लुई* XV आउ जनरल द बारबीयर, पहली सीरीज़, 1718-1726 (पेरिस : चारपेंटियर, 1878), पृ. 212।
11. ''इस प्रकार की सर्वोत्कृष्ट कृति'' : ड्यू द ब्रोग्ली, *ल सीक्रेत दु रॉई* (पेरिस : कॉलमैन लैवी, 1878), अंक 2, पृ. 421।
12. ''(इस पर) विचार नहीं किया जाएगा'' : लुई XV का पत्र, ई. और जे. द गोन्कार्ट के *पार्त्रेत इन्तीमे दु* XVIII *सीएक्ल,* पहली सीरीज़, (पेरिस : चारपेंटियर, 1878), पृ. 259।
13. ''एक स्कूली लड़का या आधा राजा'' : एस. आर्नोल्ड, 'पेपियर्से इनेडित द सोफी आर्नोल्ड,' *वहीं,* पृ. 260।

14. "साज-सज्जा को इस सीमा तक बदल देना" : *मैमुआ द मदाम दु हौसे,* पृ. 146।
15. "मैंने भी प्रायः कष्ट उठाया है" : *वही,* पृ. 147।
16. "सर्वाधिक प्रिय व्यक्ति" : *मैमुआ इनेदित ल मदाम ला कॉन्तेसे द जेनेलिस* (पेरिस कॉलबर्न, 1825), अंक 3, पृ. 32-33।
17. "मैं खुद पुराने ज़माने का हूँ" : कॉर्डिनल द बर्नी का पत्र, *ल कार्डिनल द बर्नी देपुइ सॉ मिनिस्तेर* से (पेरिस : प्लॉन, 1884), पृ. 383।
18. "किसी से इस विषय में बात करनी चाहिए" : मदाम लुइजे का 3 सितम्बर, 1789 का कार्निडल द बर्नी को पत्र, "गुस्ताव II ऐत ल कार्डिनल बर्नी" में, पी. सॉमर-वोगेल के *ऐत्यूदे रिलीजियसेज, हिस्तौरिके ऐत लितरेरे पार देस पेरे द ला कॉम्पेनी द जीसस* से, चौथी सीरीज़, अंक 4, (1869) पृ. 198।

पिकपस कब्रिस्तान में

1. "मानस लहर" : ए. वारबर्ग, "बर्कहार्ड्ट-ऊबन्जेन (1927)" ई. एच. गौम्ब्रिच के *ऐबी वारवर्ग* (लन्दन : वारबर्ग इन्स्टीट्यूट, 1970) में प्रकाशित, पृ. 274।
2. "इतना खूबसूरत जितना स्वयं सपना," सेंट-बौवे *द ला' लिटरेचर इंडस्त्रियेले, पोत्रेत कान्तेम्पोरेरिन* से (पेरिस : कालमैन-लैबी, 1889), अंक 2, पृ. 448।
3. "तीन साउ प्रतिदिन" : स्टैंडहाल, "प्रोजेत द आर्तिकिल *ल रूज ऐत ल नॉइ, रामांस ऐत नोवेल* से (पेरिस : गॉलीमार्ड, 1972) अंक 1, पृ. 702।

संगठन इसे पसन्द नहीं करता

1. "हम (इसे) अब कभी नहीं देखेंगे" : फेनेलॉन, "सप्लीमैंट ल एक्ज़ामेन द कॉन्शियेंस," *ऐक्रित्स ऐत लैतरे पोलितिके* (पेरिस : बोसार्ड, 1920), पृ. 79-80।
2. "समस्त सत्ता उसकी इच्छानुसार" : थ्यूसीडाइड्स, *हिस्टोरियम,* V, 105।
3. "सबसे ख़राब तरह का युद्ध" सी. शिमट, *एक्स कैप्टिव सालुस* (कॉलोन : ग्रेवेन, 1950) पृ. 30।
4. "सम्पूर्ण विध्वंश का कोई युद्ध नहीं हुआ" : सी शिमट, *डर नोमोस डर अरडे* (बर्लिन : डंकर एंड हम्बलोट, 1974), पृ. 123।
5. "अन्य सभी तकनीकी मशीनें" : सी. शिमट, *गेस्प्रैच ऊबरे डी माख्त उंड डेन जुगांग जुम माख्तेबर,* (फुलिंगेन : नेस्के, 1954), पृ. 26।
6. "भूमंडलीय गृह युद्ध," शिमट, *डम नोमोस डर अरडे,* पृ. 271।
7. "अदीक्षित कभी अन्दर घुस नहीं सकते" : *मैमुआ ऐट रिलेशियॉ पोलितिके दु बैरॉ द वित्रौले,* (पेरिस : चारपेंटियर, 1884) अंक 1, पृ. 316।
8. "अपने प्रधानमन्त्री को देखने आए" : *वही,* पृ. 326।
9. "समाज की समाज के ऊपर सम्प्रभुता" : वी ह्यूगो, *चोजेस ब्यूज़* (1830-1848) (पेरिस : गॉलीमार्ड 1972), पृ. 110।

मॉनटेन का जगना

1. ''एक दूसरे की तरफ़ पीठ मोड़कर खड़े हो गए'' : सी. रूलिहर, ''ऐनेक्डोटे बडोटे सुर ला रूसी,'' *हिस्तौरी द ल' अनारकी द पोलोन* से (पेरिस : निकोले ऐत देसेने, 1807) पृ. 336।
2. ''उनका लम्बा चला दुर्भाग्य'' : *वही,* पृ. 338।
3. ''वर्तमान शासन के कृपा पात्र'' : *वही,* पृ. 339।
4. ''एक भाई या एक मित्र का रक्त'' : *वही,* पृ. 334।
5. ''मेरे विचारों का क्षेत्र'' : डब्ल्यू. बैंजामिन, ब्रीफ़े (फ्रैंकफुर्ट : सुहरकैम्प, 1966), अंक 1, पृ. 470।
6. ''टोन''; *वही,* पृ. 462।
7. ''केवल कैंसिल की गई स्टाम्प्स में ही रुचि रखने वाला'' : डब्ल्यू. बैंजामिन, *आइनबाहनस्टास, जिसामैल्टे श्रिफ्टेन* से (फ्रैंकफुर्ट : सुहरकैम्प, 1977), अंक 4, भाग 1, पृ. 135।
8. ''समूचे प्रायःद्वीपों के बीच में खाई'' : *वही।*
9. ''लेसदार श्वेत ढीली पोशाक'' : *वही।*
10. ''कंघा करना माँ का काम है'' : डब्ल्यू. बैंजामिन, *ऊवर हशीश* (फ्रैंकफुर्ट : सुहरकैम्प, 1972) पृ. 131।
11. ''अनडिफ्राइजेबल'' : डब्ल्यू. बैंजामिन, *दास पैसेजेन-वर्क, जिसैमैल्टे श्रिफ्टेन* से, अंक 5, भाग 2, पृ. 1213।
12. ''कंघे में हमें सांत्वना मिलती है'' : डब्ल्यू. बैंजामिन, *ऊबर हशीश,* पृ. 131।
13. ''उसे खुला हुआ और शानदार पाना'' : *मैमुआ द ऐमी द कॉयनी* (पेरिस : कॉलमैन-लैवी, 1902), पृ. 239।
14. ''मधुमक्खी के सूखे छत्ते के सैल्स'' : *जरनल द गॉन्कोर्ट* (पेरिस : चारपेंटियर, 1895), अंक 8, (1889-1891), पृ. 53।

भेड़िया-मानव याद रखता है

1. ''सबसे बढ़िया अवलोकन-बिन्दु'' : प्रिंस द लिग्ने, *मैमुआ, मैमुआ ऐत लैतरे* (पेरिस : क्रेस, 1923), पृ. 94।
2. ''लज्जा एवं कामुकता'' : वही, पृ. 92-93।
3. ''पांडित्यपूर्ण दिखने को फ़ैशनेबल बना दिया'' : स्टैंडहाल *लन्दन मैगज़ीन* के लिए नवम्बर 1824 का पत्राचार, *कुरिअर ऐन्ग्ले* में (पेरिस : ल दीवान, 1936) अंक 4, पृ. 16।
4. ''एक बार पति कमरे में प्रवेश कर लेता है'' : *वही,* पृ. 18।
5. ''कई स्त्रियों से सम्बन्ध'' : टैलीरॉ, *मैमुआ* (पेरिस : प्लॉन, 1982) पृ. 50।

6. ''सांसारिक लोगों का देवता'' : फेनेलॉन, ''लैतरे स्पिरिचुऐले,'' *ऊवरे स्पिरिचुऐले* से (पेरिस : ल क्लेयर, 1802), अंक 4, पृ. 37।
7. ''आन्दोलन में नहीं पाया जाएगा'' : *वही,* पृ. 301।
8. ''लगता था कि शुद्ध औचित्य के अनुसार काम कर रहे हैं'' : *वही,* पृ. 120।
9. ''आत्म-प्रेम के कारण'' *वही,* पृ. 209-210।
10. ''जैसा हवा एक मोमबत्ती को बुझा देती है'' : *वही,* पृ. 124-125।
11. ''जब इसे मुक्त रूप से काम करने दिया जाता है'' : वही, पृ. 291।
12. ''समूचा व्यक्ति'' : सेंट-साइमन, *मैमुआ* (पेरिस : गॉलीमार्ड, 1958), अंक 4, पृ. 606।
13. ''दम्भी और अति-परिष्कृत'' : फेनेलॉन, ''लैतरे स्पिरिचुऐले,'' अंक 3, पृ. 409।
14. ''वह प्रसन्नता जिसके साथ वह सभी का स्वागत करता था'' : सेंट-साइमन, *मैमुआ* अंक 4, पृ. 607।
15. ''सच्चा शून्य कभी प्रतिरोध नहीं करता'', फेनेलॉन, ''लैतरे स्पिरिचुऐले'', अंक 4, पृ. 144।
16. ''सैनिकों की मूर्ति'' : सेंट-साइमन, *मैमुआ* अंक 4, पृ. 608।
17. ''पुरानी एत्रियों (बातों) का ही वमन करता रहता है'' : वी ह्यूगो, ''एक्रित एन 1846,'' *ल कटैम्प्लेशियॉ* से, *ऊवरे पोयतिके* में (पेरिस : गॉलीमार्ड, 1978), अंक 2, पृ. 680।
18. ''पूरी तरह जैकोबिनवाद'' : *वही,* पृ. 671।
19. ''प्राचीन गठिया'' : *वही,* पृ. 679।
20. ''हमारे सामने आ खड़ा होता है'' : *वही,* पृ. 678।
21. ''दुनिया के कन्धे पर'' : वही ह्यूगो, ''सी क्वे दित ला बाउशे द ओम्ब्रे,'' *ल कन्टेंम्लेशियॉ* से, पृ. 815।
22. ''प्रकाश से चमकता है'' : *वही,* पृ. 821।
23. ''घास की पत्तियाँ सम्राट हैं'' : *वही,* पृ. 819।
24. ''अनाथ विश्व'' : *वही,* पृ. 821।
25. ''विश्व दुबला-पतला हो गया है'' : *वही,* पृ. 819।
26. ''केवल एक धर्मशास्त्र'' : डब्ल्यू. गेटे, *विल्हैल्म्स मेइस्टर्स वांडरजाहरे, वर्क* से (ज्यरिख : आर्टेमिस, 1954), अंक 8, पृ. 40।
27. ''परजीवी धार्मिकता'' : जे. लेवालॉई, *सेंट-बौवे* (पेरिस : डिडियर, 1872), पृ. 13।
28. ''ईसाई भाव-प्रवणता'' : सेंट-बौवे, *शैतुब्रियॉ ऐत सौं ग्रुपे लितरेरिये साउ ल एम्पायर* (पेरिस : गार्नियर, 1948) अंक 1, पृ. 72।
29. ''विश्वास की ओर सूक्ष्मतापूर्वक'' : वही
30. ''आधारभूत उदासीनता'' : सेंट-बौवे, दु जीनी कितीके ऐत द बेयल,'' *पार्त्रेत लितरेरिये, ऊवरे से,* (पेरिस : गॉलीमार्ड, 1960), अंक 1, पृ. 983।

31. ''उसको भेंट की गयी खुशियाँ'' : *वही,* पृ. 984-985।

32. ''दस हज़ार पुस्तकें'' : सेंट-बौवे, ''मेस लिवरे,'' ''जोसेफ डिलार्मे'' से, *पायेजीज कम्प्लीट* से (पेरिस : चारपेंटियर, 1855), पृ. 80।

33. ''सभी प्रकार की जगहों में'' : सेंट-बौवे, ''नोट्स ऐत पैंसीज,'' *कॉजरीज द लुंडी* से (पेरिस : गार्नियर, 1926) अंक 11, पृ. 442।

पैले-रॉयल (शाही महल) से आती आवाज़ें

1. ''बड़े शहर की उथल-पुथल का केन्द्र'' : रैस्टिफ द ला ब्रैटोने, *ल नुइट्स द पेरिस* (पेरिस : औ जोई कॉम्पेनॉन्स, 1947), पृ. 306।

2. ''अपने दर्शकों को स्त्रैण बना देता था'' : [एल. मर्सियर] *ल ऐन दिउ मिले क्वातरे-सेंट-क्वारन्ते* (पेरिस; 1786), अंक 1, पृ. 352।

3. ''पूरी तरह शान्ति'' *वही,* अंक 3, पृ. 181।

4. ''मासूमियत लजाती है'' : एल. मर्सियर, *टेबलॉ द पेरिस* (पेरिस : फ्लूगर, 1904) अंक 3, पृ. 131-132।

5. ''उनके छोटे गोदवाले कुत्ते या तोते'' : *वही,* पृ. 132।

6. ''हर प्रकार की कीमत पर'' : *वही,* पृ. 136।

7. ''सबसे बहुमूल्य और दीर्घकाल तक चलने-बने रहनेवाले हीरे-जवाहरात'' : *वही,* पृ. 137।

8. उसकी परिस्थिति के अनुसार'' : *वही।*

9. ''उदास और न आबाद क्षेत्र'' : *वही।*

10. ''रिबनों के चक्रव्यूह'' : *वही, पृ.* 138।

11. 'दिल फेंकने का भांडा'' : टैलीरॉ, *मैमुआ* (पेरिस : प्लॉन, 1982), पृ. 120।

12. ''मक्कार राजनीतिज्ञ'' जे. मिचैले, *हिस्तौरी द लारिवॉल्यू शॉं फ्रांशाय* (पेरिस : गॉलीमार्ड, 1977), अंक 1, पृ. 126।

13. ''मेरे विचार मेरी रंडियाँ हैं'' : डिडरो, *ल नैव्यू द रार्मो, ऊवरे* से (पेरिस : गॉलीमार्ड, 1969), पृ. 395।

14. ''गहन सुस्ती'' : मर्सियर *टैब्लॉ द पेरिस,* अंक 3, पृ. 138।

15. ''विशाल देह बाज़ार'' : ई. और जे. द गौल्कोर्ट, *ह़िस्तौरी द ला सोसयटी फ्रांशाय पैण्डेन्ट ला रिवॉल्यूशियॉ,* (पेरिस : क्वांटिन, 1889), पृ. 183।

16. ''अजीबो-गरीब अनुमान'' : जे. दुसॉल्क्स ''ल ऊवरे द सेप्त जूआर्स'', *मैमुआ सुर ला बैस्तील,* (पेरिस : लाइब्रेरी द बिब्लियोफील्स, 1889), पृ. 190।

17. ''कामुकता से निर्धारित'' : [रेस्टिफ़ द ला ब्रेटोने] *ल पैले रॉयल* (पेरिस : और पैले-रॉयल, 1790 और ब्रुसेल्स क्रिस्चियेन्स, एन.डी.) अंक 1, पृ. 14।

18. ''वास्तविक ख़तरा'' : गोन्कोर्ट, *हिस्तौरी द ल सोसायटी फ्रांशाय पेंडान्ट ला रिवॉल्यूशियॉ,* पृ. 184।

19. "पैले-रॉयल की रसोई के दरवाज़े पर" : बोदिलेयर, *ल स्लीन द पेरिस, ऊवरे कम्प्लीट* से, सम्पादक पिचौई (पेरिस : गॉलीमार्ड, 1975) अंक 1, पृ. 361।

20. "उस तरह के चालीस हज़ार हैं" : एच. टेन, *ले ओरिजिने द ला फ्रॉस कन्टेम्पोरेरिन : ला रिवॉल्यूशियॉ,* (पेरिस : हैचेट, 1890), अंक 1, पृ. 41-42।

21. "हर चीज़ झूठी है" : मिचैले, *हिस्तौरी द ला रिवॉल्यूशियॉ फ्रॉशाय,* अंक 1, पृ. 126।

22. "उनकी दशा की दयनीयता" : नैपोलियन इन्कोन् : *पैपियर्स इनेडिट्स* (1786-1793) *पब्लीस पार फ्रैडरिक मेसॉ ऐत गिडो बियाजी* (पेरिस : ओलेंडॉर्फ, 1895), अंक 1, पृ. 181-182।

23. "समय से पहले गिरे हुए पत्ते" कोले, द *मा फेनेजे, ऊवरे कम्पलीट* से (पेरिस : फ्लियूरॉ, 1950), अंक 12, पृ. 361।

24. "शैतान के चिह्न" : बॉदिलेयर, द *ल इसैंस दु राइट, ऊवरे कम्पलीट* से (पेरिस : गॉलीमार्ड, 1976), अंक 2, पृ. 350।

25. "आप्लावित, सडान्ध से भरी" : *वही,* पृ. 528।

26. "लहरों की आदिकालीन छवियाँ" : *वही,* पृ. 529।

27. "ऊबी हुई और सूक्ष्मदर्शी सभ्यता", *वही।*

28. "डर से मिलती-जुलती कोई चीज़" : *वही।*

29. "राहत का साधन" : *वही,* पृ. 528।

गड्ढा खुला है (मुंडस पटेट)

1. 'उन तंग गलियों से गुज़रने की हिम्मत करना" : डब्ल्यू बैंजामिन, *दास पैसेजेन-वर्क, जिसामैल्टे श्रिफ्टेन* से, (फ्रैंकफुर्ट : सुहरकैम्प, 1977) अंक 5, भाग 2, पृ. 1046।

2. "प्रकृति के अनुसार आवश्यक" : प्लूटार्क, *वाइटा रोमूली* XI, 1

3. "नर्क के मुँह" ए. पैग्नीओल, *रिचर्चेज़ सुर ले जिउ रोमें* (स्ट्रॉसबर्ग : पब्लीकेशियॉ दल फैकल्टी देस लैतरे द ल' यूनिवर्सिटी द स्ट्रॉसबर्ग, 1923), पृ. 9।

4. "आँख को सुख देता था" : बैंजामिन, *दास-पैसेजन-वर्क,* पृ. 1045।

5. "लम्बी जुदाई के बाद" : *वही।*

6. "ऊँचाई पर गड्ढे की" केस्टस में कैटो द *सिग्निफ़िकेशियॉ वरबोरम,* सम्पादक लिंडसे, पृ. 144, 18-21।

7. "हर चीज़ को एक साथ मिला देना" : प्लूटार्क, *वाइटा रोमूली,* XI, 1

8. "साहित्य का सम्पूर्ण क्लिनिकल विध्वंश" : डब्ल्यू. बैंजामिन, ब्रीफे (फ्रैंकफुर्ट : सुहरकैम्प, 1966), अंक 2, पृ. 731।

9. "हर चीज़ से निबटने से पहले" : एल. एफ. सैलीन *"लैतरे अ देस अमी", कैहियर्स सैलीन* से, (पेरिस : गॉलीमार्ड, 1979) अंक 5, पृ. 263।

10. "कूटनीतिक भत्ते" : *मैमुआ द बरास* (पेरिस : हैचेट, 1896), अंक 4, पृ. 257।

11. ''केवल रोकड़ा'' : एच. सी. फ्रेहर वॉन गगर्न ''हैर टैलीरॉ उंड साइन यरहान्टनिस जुडेन डॉयचेन,'' *मैन ऐन्थील एन डर पोलिटिक* से (लाइपज़िग : ब्रॉक हॉस, 1845), अंक 5, पृ. 204।

12. ''कभी भी छोटे शैतान मत बनो'' *मैमुआ ऐत रिलेशियाँ पोलीतिके दु बैरॉ द वित्रौले* (पेरिस : चारपेंटियर, 1884), अंक 3, पृ. 128।

13. ''दिखावे के सारे बढ़े-चढ़े भाव'' : स्टैंडहाल, मुस्यों द टैलीरॉ, *मिलांजे द पोलिटिके ऐत द हिस्तौरी* (पेरिस : ल दीवान, 1933), पृ. 111, 117।

14. ''रुपए की तंगी'' : *वही,* पृ. 111।

15. ''भयानक रूप से इतनी सारी चीज़ें'' : ''लैतरे ऐड्रेस पार मदाम ला डचैस द टैलीरॉ अ ल' ऐबे ड्यूपॉलो,'' 10 मई, 1839, डचैस द दीनो में, *क्रोनिके द 1831 अ 1862* (पेरिस : प्लॉन, 1909) अंक 1, पृ. 239।

16. ''बचपन से चली आ रही कमज़ोरी'' : ''डाक्यूमेंट द मुस्यों ड्यूपॉलो,'' बी द लाकोम्बे के *ला वाई प्रिवी द टैलीरॉ* में प्रकाशित टैक्स्ट (पेरिस : प्लॉन-नौरित, 1910), पृ. 281।

17. ''उनके लेखनों में कई बार वर्णित'' : टैलीरॉ, *मैमुआ* (पेरिस : प्लॉन, 1982), पृ. 44-45।

18. ''प्राकृतिक न्याय के अतिरिक्त कुछ नहीं,'' रोमन्स, 13:1।

19. ''मेरी स्थिति को सरल बना देती है'' : ''लैतरे ऐड्रेस पार मदाम ला डचैस द टैलीरॉ, पृ. 233।

20. 'अर्ध-गम्भीरता लिए मुस्कान : ''ऐसिट फैत पार ले ऐबे डयूपॉलो द सेस रिलेशियाँ अवैक मुस्यों द टैलीरॉ,'' लाकोम्बे के *ला वाई प्रिवी द टैलीरॉ* से, पृ. 345।

21. ''सबसे अधिक पूजनीय'' : *वही,* पृ. 351।

22. ''दो वर्दीधारी पुरुष-नौकर'' : सेंट-बौवे, ''टैलीरॉ,'' *नौवू लुंडी में* (पेरिस : कॉलमैन लैवी, 1884) अंक 12, पृ. 107।

23. ''वाल्टेयर की सर्वोत्कृष्ट कृति ! अवस्था !'' : *वही,* पृ. 110।

24. ''सबसे अग्रणीय धर्म-शास्त्रियों में से एक'' : [एच. सी. फ्रेहर वॉन गगर्न] *मैंन एन्थील ऐनडर पोलीटिक* (स्टुटगर्ट : कोट्टा, 1823), अंक 1, पृ. 105।

25. ''मुझे केवल एक बात का डर है'' : सेंट-बौवे, ''टैलीरॉ,'' पृ. 112।

26. ''बहुत सुन्दर!'' ला कोम्बे, *ला वाई प्रिवी द टैलीरॉ,* पृ. 287।

27. ''रोम को मनाने के लिए कुछ'' : ''रेसिट फैट पार ल ऐबे ड्यूपॉलो,'' पृ. 368।

28. ''अधिकांश चीज़ें (अपने आप) हो जाती हैं'' : [फ्रेहर वॉन गगर्न] *मैंन एन्थील एन डर पोलिटिक,* अंक 1, पृ. 128।

29. ''बहुत बड़ा घाव'' : पॉलीन द पैरीगार्ड द्वारा एक मित्र को लिखा पत्र, जी. लाकोर-गये के *टैलीरॉ* में, (पेरिस : पेयोट, 1931), अंक 3, पृ. 401।

30. "छत से रस्सी लटकाए हुए" *वही।*
31. "चीर-फाड़ के लिए प्रयोग नहीं किया जा सकता" : शैतुब्रियाँ, *मैमुआ द औतरे-टूम्बे* (पेरिस : गॉलीमार्ड, 1938), अंक 2, पृ. 905।
32. "भ्रष्ट लोगों की *शालीनता* (भेंट)" : 8 मार्च 1869 को सेंट-बौवे द्वारा नैफ्टजर को लिखा पत्र, सेंट-बौवे के *टैलीरॉ* में, पृ. 132।
33. "टैलीरॉ की मृत्यु सार्वजनिक हुई" : सेंट-बौवे, "टैलीरॉ," पृ. 114।
34. "बुर्जुआओं के व्यंग्य बाण" एम. कोलमैक, *रेवेलेशंस ऑफ़ द लाइफ़ ऑफ़ प्रिंस टैलीरॉ* (लन्दन : हेनरी कॉलबर्न, 1850) पृ. 342।
35. "इसकी अविरल बड़बड़ाहट" : *वही,* पृ. 345।
36. "जिसके कारण लोग उससे डरते हैं" : *वही,* पृ. 346।
37. "युवा छैला, बिलकुल डाकू-जैसा"; *वही।*
38. "कौवों की उड़ान" : *वही,* पृ. 348।
39. "उसी मौन के साथ जिसे लिए उन्होंने प्रवेश किया था" : वही।

पीटर्सबर्ग से पत्र

1. "जब आप *सच्ची कहानी* को अच्छी तरह जानते हैं" : सेंट-बौवे, "ल कैहियर वर्ट," *कैहियर्स* से, (पेरिस : गॉलीमार्ड, 1973), पृ. 168।
2. "लोगों के दिमाग़ों में कुछ विचार रखना" : वही, पृ. 88।
3. "ऐसी सज्जनता !" सेंट-बौवे *कॉरेस्पांडेंस* (पेरिस : कॉलमैन लेवी, 1878) अंक 2, पृ. 391।
4. "जो पेरिस में प्रकाशित होता है" : सेंट-बौवे, "मैथियु मराइ," *नौवू लुंडी से* (पेरिस : कॉलमैन लैवी, 1884) अंक 9, पृ. 17।
5. "अपनी टोकरी भर लेता है" : सेंट-बौवे, 'शैतुब्रियाँ (1844)," *पार्त्रेत कौन्तेम्पोरेरिन* से, (पेरिस : कॉलमैन लेवी एन. डी.) अंक 1, पृ. 49।
6. "एक सुनहरी ज़ंज़ीर से," सेंट-बौवे, "मदाम रिकैमिय," *कॉजरीज द लुंडी* से (पेरिस : गार्नियर, 1926) अंक 1, पृ. 135।
7. 'इकौल द मैडीशियाँ से छुट्टियों में" : सेंट-बौवे, "जोसेफ डिलार्मे," *प्रीमियर्स लुंडी* से, *ऊवरे* में (पेरिस : गॉलीमार्ड, 1960) पृ. 379।
8. "एक मौजे की टोपी पहने हुए" : सेंट-बौवे, *क्रोनिके पैरिसियेन* (पेरिस : कॉलमैन लेवी, 1876) पृ. 154।
9. "राँसे से निराशा (ही) हुई" : वही, पृ. 221।
10. "फिर अपनी सारी अलमारियाँ खाली कर देता है" : *वही,* पृ. 222।
11. "ओपेरा मंच के पार्श्व में" : *वही।*
12. "जो भी फिट नहीं होता था" : ऐबे डुबौई, *हिस्तौरी द ल' ऐबे द रॉशे ऐत द सा रिफार्मे,* (पेरिस : एम्ब्रॉइज़ ब्रे, 1866), अंक 1, पृ. 113।

13. ''सब औरतों में वह अलग ही चमकती थी'' : टैलेमॉ द रौ, *हिस्तौरियेत* (पेरिस : गॉलीमार्ड, 1980) अंक 2, पृ. 217।

14. ''सुन्दर वांछित आकार से दुगने बड़े स्तन'' : *वही।*

15. ''पाप में आकंठ डूबे'' : कार्डिनल द रेट्ज़ *मैमुआ* (पेरिस : गॉलीमार्ड, 1961), पृ. 159।

16. ''लालच उसके व्यभिचार को प्रभावित करता था'' : शैतुब्रियॉ, *वाइ द राँशे, ऊवरे रोमानेस्क ऐत वायेजेज़* में से (पेरिस : गॉलीमार्ड, 1969) अंक 1, पृ. 1377।

17. ''उसने उसका खून के धब्बे लगा सिर देखा'' : [डैनियल द लैरॉक] *ले वैरीटेबल मोटिफ़्स द ला कॉन्वरज़ियॉ द ल ऐबेज द ला ट्रैपे* (कॉलोन : दयूमारतू, 1865), पृ. 78।

18. ''जीवन के वक्ष (में)'' : शैतुब्रियॉ, *वाई द राँशे,* पृ. 1023।

19च. ''धार्मिक लोगों ने इसे अस्वीकार किया'' : *वही।*